以史鉴今
资政育人

2024年11月，燕山大学党委书记赵险峰为《燕山大学年鉴》题词。

燕山大學年鉴

YANSHAN UNIVERSITY YEARBOOK

2024

燕山大学档案（校史）工作委员会 编

燕山大学出版社
·秦皇岛·

图书在版编目（CIP）数据

燕山大学年鉴. 2024 / 燕山大学档案（校史）工作委员会编. -- 秦皇岛 : 燕山大学出版社, 2024. 12.

ISBN 978-7-5761-0792-0

Ⅰ. G649.282.23-54

中国国家版本馆 CIP 数据核字第 2024F3P522 号

燕山大学年鉴 2024

YANSHAN DAXUE NIANJIAN 2024

燕山大学档案（校史）工作委员会 编

出 版 人： 陈 玉

责任编辑： 朱红波

责任印制： 吴 波　　**封面设计：** 刘韦希

出版发行： 燕山大学出版社　　**电　　话：** 0335-8387555

地　　址： 河北省秦皇岛市河北大街西段 438 号　　**邮政编码：** 066004

印　　刷： 涿州汇美亿浓印刷有限公司　　**经　　销：** 全国新华书店

开　　本： 889 mm×1194 mm　1/16　　**印　　张：** 30　　**插　　页：** 24

版　　次： 2024 年 12 月第 1 版　　**印　　次：** 2024 年 12 月第 1 次印刷

书　　号： ISBN 978-7-5761-0792-0　　**字　　数：** 1016 千字

定　　价： 220.00 元

燕山大学档案（校史）工作委员会

主　　任：王跃华

副 主 任：郭　沛

委　　员：（以姓氏笔画为序）

王耀峰　丛喜慧　刘　永　刘国安　孙　利

孙红磊　严书亭　李　瑛　杨永涛　周高仪

赵庆新　黄华贵　董国疆　薛传佳

《燕山大学年鉴》编纂组

主　　编：郭　沛

副 主 编：柯铁军

责任编辑：丛　楠　彭宗忠

编辑说明

《燕山大学年鉴》是系统汇辑学校上一年度重要文献信息、逐年编纂连续出版的资料性工具书，反映的是学校年度基本面貌和发展情况，具有鉴往知今、存史留志、资教育人等功能和价值，为学校决策提供科学依据，为业务开展提供参考借鉴，为师生校友及社会各界了解学校提供渠道窗口。

根据学校安排，2023 年开始，《燕山大学年鉴》编纂工作由学校档案馆（校史馆）牵头组织实施。《燕山大学年鉴（2024）》编纂工作于 2024 年 3 月启动，通过配齐配强年鉴编纂人员队伍、制定《燕山大学年鉴编纂管理办法》、召开编纂工作部署暨业务培训会议等举措，进一步推动了学校年鉴编纂工作的科学化、规范化和常态化。

《燕山大学年鉴（2024）》采用分类编纂法，主要分为类目、分目、条目三个层次，设学校概况、特载专文、组织架构、党建群团、教育教学、学科建设、科学研究、社会服务、师资队伍、对外交流与合作、财务审计与资产设备、办学支撑、后勤基建与产业、教学与科研单位、考核与表彰奖励、附录等 18 个类目。各项内容和数据的统计起止时间为 2023 年 1 月 1 日至 12 月 31 日，部分内容依据实际情况，在时限上略有延伸。本年鉴包含大量图片、文字和表格，编纂工作力求做到客观全面、准确翔实、简明扼要、亮点突出，确保年鉴编纂的质量和水平。

本年鉴编纂得到学校党委和行政的高度重视，以及学校办公室、燕山大学出版社等单位的大力支持，所刊内容由各单位确定专人撰稿，并经本单位审稿人和主要负责人审定，在此谨表示衷心感谢。由于年鉴内容浩繁，众手成书，难免存在疏漏之处，欢迎读者批评指正。

以史鉴今，资政育人。让我们本着对历史高度负责的态度，记载好学校“匠心为国铸重器、矢志不移育英才”的生动实践，使《燕山大学年鉴》成为“存史之书、资治之鉴、教化之本”，助力学校“双一流”建设和内涵式高质量发展。

《燕山大学年鉴》编纂组

2024 年 11 月

2023 年 1 月 7 日，燕山大学与美国托列多大学共建“燕山大学托列多学院”。（国际合作处 供）

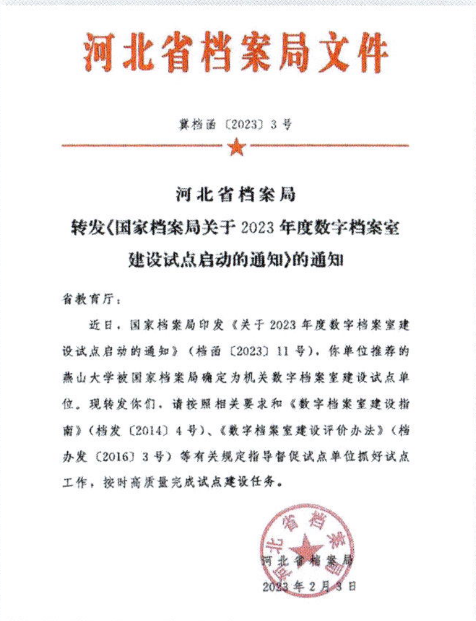
河北省档案局文件

冀档函〔2023〕3 号

河北省档案局

转发《国家档案局关于 2023 年度数字档案室建设试点启动的通知》的通知

省教育厅：

近日，国家档案局印发《关于 2023 年度数字档案室建设试点启动的通知》（档函〔2023〕11 号），你单位推荐的燕山大学被国家档案局确定为机关数字档案室建设试点单位。现转发你们，请按照相关要求和《数字档案室建设指南》（档发〔2014〕4 号）、《数字档案室建设评价办法》（档办发〔2016〕3 号）等有关规定指导督促试点单位抓好试点工作，按时高质量完成试点建设任务。

河北省档案局

2023 年 2 月 3 日

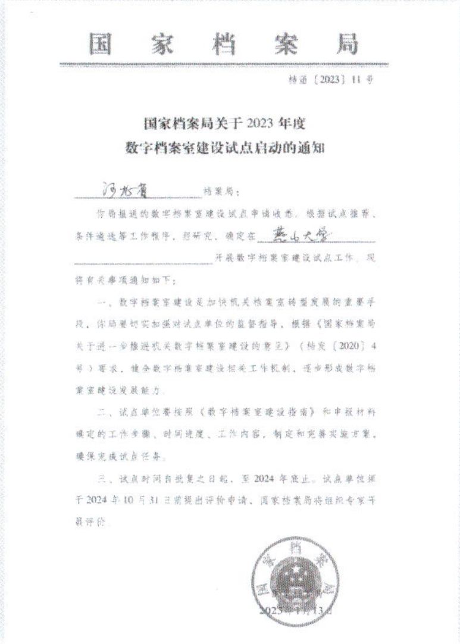
国家档案局

档函〔2023〕11 号

国家档案局关于 2023 年度数字档案室建设试点启动的通知

2023 年 1 月 13 日，国家档案局印发《关于 2023 年度数字档案室建设试点启动的通知》，燕山大学入选全国数字档案室建设试点单位。（档案馆（校史馆）供）

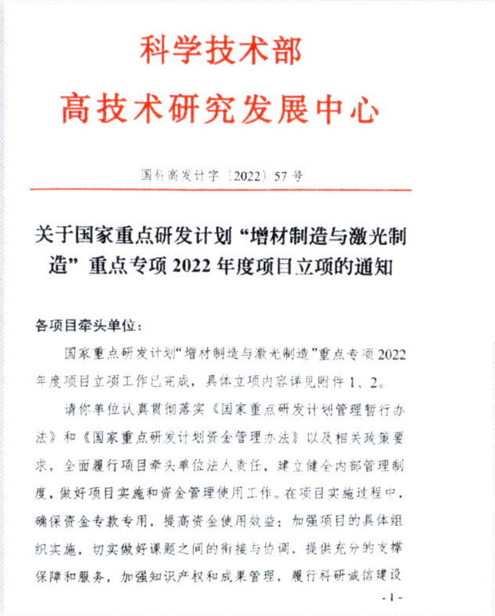
科学技术部

高技术研究发展中心

国科高发计字〔2022〕57 号

关于国家重点研发计划“增材制造与激光制造”重点专项 2022 年度项目立项的通知

各项目牵头单位：

国家重点研发计划“增材制造与激光制造”重点专项 2022 年度项目立项工作已完成，具体立项内容详见附件 1、2。

请你单位认真贯彻落实《国家重点研发计划管理暂行办法》和《国家重点研发计划资金管理办法》以及相关政策要求，全面履行项目牵头单位法人责任，建立健全内部管理制度，做好项目实施和资金管理使用工作。在项目实施过程中，确保资金专款专用，提高资金使用效益；加强项目的具体组织实施，切实做好课题之间的衔接与协调，提供充分的支撑保障和服务，加强知识产权和成果管理，履行科研诚信建设

-1-

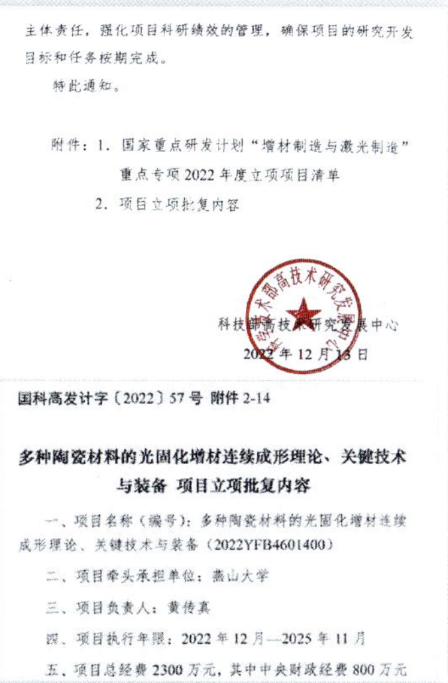
主体责任，强化项目科研绩效的管理，确保项目的研究开发目标和任务按期完成。

特此通知。

附件：1. 国家重点研发计划“增材制造与激光制造”重点专项 2022 年度立项项目清单

2. 项目立项批复内容

科技部高技术研究发展中心

2022 年 12 月 13 日

国科高发计字〔2022〕57 号 附件 2-14

多种陶瓷材料的光固化增材连续成形理论、关键技术与装备 项目立项批复内容

一、项目名称（编号）：多种陶瓷材料的光固化增材连续成形理论、关键技术与装备（2022YFB4601400）

二、项目牵头承担单位：燕山大学

三、项目负责人：黄传真

四、项目执行年限：2022 年 12 月—2025 年 11 月

五、项目总经费 2300 万元，其中中央财政经费 800 万元

2023 年 2 月，燕山大学机械工程学院黄传真教授主持的国家重点研发计划“增材制造与激光制造”重点专项“多种陶瓷材料的光固化增材连续成形理论、关键技术与装备”项目获科技部批准立项。（科学技术研究院 供）

2023 年 2 月 24 日，燕山大学召开亚稳材料制备技术与科学国家重点实验室优化重组工作推进会。（褚玉晶 摄）

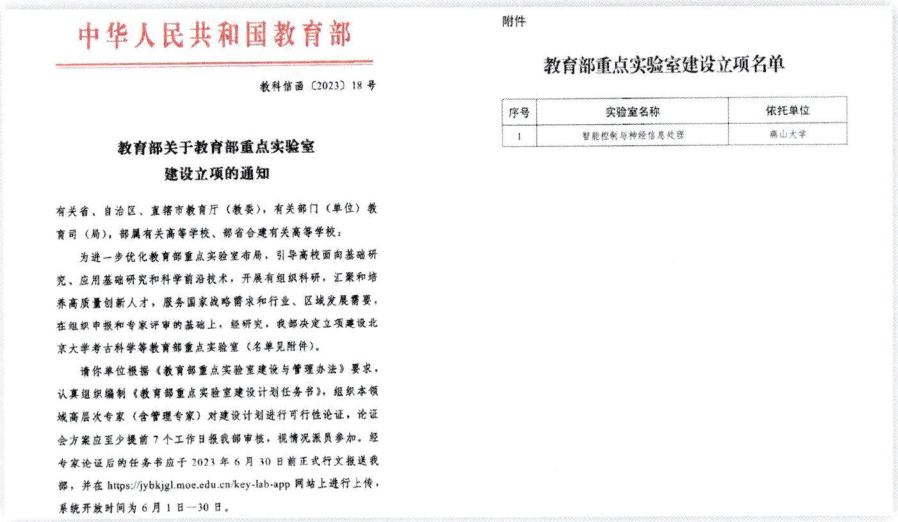

中华人民共和国教育部

教科信函〔2023〕18 号

教育部关于教育部重点实验室
建设立项的通知

有关省、自治区、直辖市教育厅（教委），有关部门（单位）教育司（局），部属有关高等学校、部省合建有关高等学校：

为进一步优化教育部重点实验室布局，引导高校面向基础研究、应用基础研究和科学前沿技术，开展有组织科研，汇聚和培养高质量创新人才，服务国家战略需求和行业、区域发展需要，在组织申报和专家评审的基础上，经研究，我部决定立项建设北京大学考古科学等教育部重点实验室（名单见附件）。

请你单位根据《教育部重点实验室建设与管理办法》要求，认真组织编制《教育部重点实验室建设计划任务书》，组织本领域高层次专家（含管理专家）对建设计划进行可行性论证，论证会方案应至少提前 7 个工作日报我部审核，视情况派员参加。经专家论证后的任务书应于 2023 年 6 月 30 日前正式行文报送我部，并在 https://jybkjgl.moe.edu.cn/key-lab-app 网站上进行上传，系统开放时间为 6 月 1 日—30 日。

附件

教育部重点实验室建设立项名单

序号	实验室名称	依托单位
1	智能控制与神经信息处理	燕山大学

2023 年 3 月，教育部发布《关于教育部重点实验室建设立项的通知》，燕山大学“智能控制与神经信息处理”教育部重点实验室获批建设。（科学技术研究院 供）

2023 年 3 月 3 日，燕山大学与石家庄市鹿泉区共建燕山大学（鹿泉）新一代电子信息产业技术研究院合作协议签约暨“燕山大学教授专家鹿泉行”活动启动仪式举行。（技术转移中心 供）

2023 年 3 月 9 日，“强国有我 未来我来——燕山大学创新创业教育成果展”在燕山大学东校区档案馆（校史馆）开幕。（聂东雪 摄）

2023 年 3 月 28 日，燕山大学与博茨瓦纳国际科技大学共同申办的博茨瓦纳国际科技大学孔子学院正式获批。（国际合作处 供）

2023 年 4 月 6 日，河北省科学技术奖励大会在石家庄隆重召开，燕山大学获 2022 年度河北省科学技术奖 11 项（含参与 4 项），其中一等奖 2 项、二等奖 5 项、三等奖 4 项。（科学技术研究院 供）

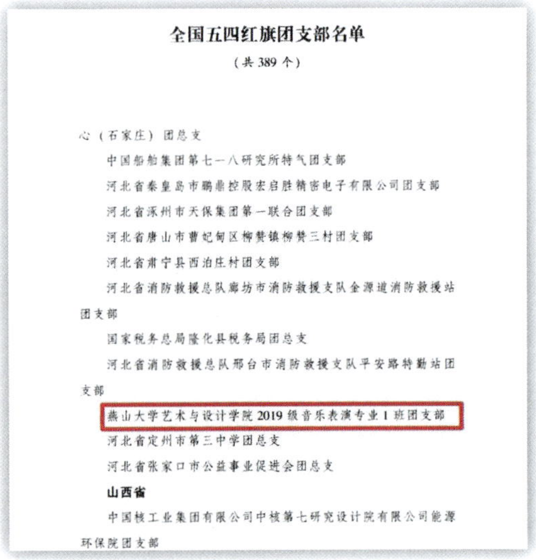

全国五四红旗团支部名单

（共 389 个）

心（石家庄）团总支

中国船舶集团第七一八研究所特气团支部

河北省秦皇岛市鹏鼎控股宏启胜精密电子有限公司团支部

河北省涿州市天保集团第一联合团支部

河北省唐山市曹妃甸区柳赞镇柳赞三村团支部

河北省肃宁县西泊庄村团支部

河北省消防救援总队廊坊市消防救援支队金源道消防救援站团支部

国家税务总局隆化县税务局团总支

河北省消防救援总队邢台市消防救援支队平安路特勤站团支部

燕山大学艺术与设计学院 2019 级音乐表演专业 1 班团支部

河北省定州市第三中学团总支

河北省张家口市公益事业促进会团总支

山西省

中国核工业集团有限公司中核第七研究设计院有限公司能源环保院团支部

2023 年 4 月 7 日，团中央下发《关于表彰全国五四红旗团委（团支部）、全国优秀共青团员、全国优秀共青团干部的决定》，燕山大学艺术与设计学院 2019 级音乐表演专业 1 班团支部被授予“全国五四红旗团支部”荣誉称号。（艺术与设计学院　校团委　供）

2023 年 4 月 15 日，燕山大学召开学习贯彻习近平新时代中国特色社会主义思想主题教育动员部署会议。（魏林涛　摄）

2023 年 4 月 20 日，燕山大学举办学习贯彻习近平新时代中国特色社会主义思想主题教育第一次理论学习专题辅导报告。（魏林涛　摄）

2023 年 4 月 21 日，燕山大学双碳科学与技术研究院揭牌仪式举行。（聂东雪 摄）

2023 年 4 月 25 日，燕山大学与广西柳工机械股份有限公司战略合作协议签约仪式在柳工全球研发中心举行，燕山大学校长赵丁选，柳工副总裁朱斌强、总工程师林明智等领导出席签约仪式。（大学科技园 技术转移中心 供）

2023 年 5 月 5 日，燕山大学－深圳市汇川技术股份有限公司校企战略合作协议签约暨燕山大学－汇川技术工业智能控制现代产业学院揭牌仪式举行。（电气工程学院 供）

2023 年 5 月 9 日，燕山大学学习贯彻习近平新时代中国特色社会主义思想主题教育读书班开班，主题教育领导小组组长、学校党委书记赵险峰作读书班开班第一讲。（蔡巧怡 摄）

中华人民共和国教育部
中外合作办学
Chinese-Foreign Cooperation in Running Schools
监管工作信息平台
教育部予以资格认定的中外合作办学单位
燕山大学西里西亚智能科学与工程学院（英文：Silesian College of Intelligent Science and Engineering, Yanshan University）
MOE13PLA02DNR20222282N

2023 年 5 月 11 日，燕山大学西里西亚智能科学与工程学院申请增设硕士研究生学历教育层次培养资格获教育部批准。（西里西亚智能科学与工程学院 供）

2023 年 5 月 12—14 日，燕山大学在国家级大学生创新创业训练计划十五周年荣誉表彰活动中荣获优秀组织奖，信息科学与工程学院（软件学院）教师赵逢达荣获最佳导师奖。（创新创业教育与指导中心 供）

2023 年 5 月 18 日，燕山大学党委书记赵险峰率团访问波兰西里西亚技术大学并看望我校欧洲学院波兰校区师生。（西里西亚智能科学与工程学院 供）

2023 年 6 月 6 日，燕山大学机械工程学院黄传真教授牵头，联合山东大学、上海精密机械研究所和北京卫星制造厂有限公司申报的项目“航天飞行器难加工弱刚性构件形性创成的高效精密切削加工关键技术”荣获教育部 2022 年度高等学校科学研究优秀成果奖。（科学技术研究院 供）

2023 年 6 月 8 日，燕山大学 2023 届本科生毕业典礼在东校区第二体育场举行，校领导赵险峰、赵丁选、谢延安、任家东、王德松、黄传真、王利民、孙录印、蔡星周出席典礼。（王晓宁 摄）

2023 年 6 月 15 日，燕山大学召开本科教育教学审核评估动员会。（王晓丹 摄）

2023 年 6 月 19 日，中国共产主义青年团第十九次全国代表大会在人民大会堂开幕，燕山大学团委书记段磊当选共青团第十九届中央委员会候补委员。（校团委 供）

2023 年 6 月 25 日，燕山大学 2023 年研究生毕业典礼暨学位授予仪式在东校区大学生活动中心举行。赵险峰、赵丁选、谢延安、任家东、陈国强、黄传真、文桂林、王利民、孙录印、蔡星周等校领导、相关学院和职能部门负责人出席学位授予仪式。（蔡巧怡 摄）

2023 年 6 月 27 日，燕山大学“新时代·新青年”青春心向党、奋斗新征程系列活动——重温入党誓词在东校区第一体育场举行。（王晓宁 摄）

2023 年 6 月 28 日，秦皇岛市人民政府、燕山大学共同主办的“2023 秦皇岛市政校银企对接合作洽谈会暨燕山大学汽车零部件制造成果发布专场活动”在秦皇岛市经济技术开发区管委成功举办。（技术转移中心 供）

2023 年 6 月 28 日，燕山大学庆祝中国共产党成立 102 周年暨表彰大会在西校区大学生活动中心隆重召开。（魏林涛 摄）

2023年7月4—6日，燕山大学党委书记赵险峰带队到邢台推进校地合作，深化“科技创新+县域经济”融合对接工作。(大学科技园 技术转移中心 供)

2023年7月5日，燕山大学-统信软件技术有限公司校企战略合作协议签署暨燕山大学-统信软件信创应用生态联合实验室揭牌仪式在世纪楼2103会议室举行。(聂东雪 摄)

2023年7月7日，燕山大学党委书记、学习贯彻习近平新时代中国特色社会主义思想主题教育领导小组组长赵险峰在东校区三教213报告厅讲授主题教育专题党课。(聂东雪 摄)

2023年7月8日，燕山大学校长、学习贯彻习近平新时代中国特色社会主义思想主题教育领导小组副组长赵丁选在材料馆B424会议室讲授主题教育专题党课。（材料科学与工程学院 供）

2023年7月21—22日，河北省委书记、省人大常委会主任倪岳峰来燕山大学调研。（《河北日报》供）

2023年8月，燕山大学材料科学与工程学院赵智胜教授荣获2023年度国家自然科学基金杰出青年科学基金项目资助，项目资助经费400万元。（科学技术研究院 供）

2023 年 8 月 3 日，学习贯彻习近平新时代中国特色社会主义思想主题教育燕山大学领导班子调研成果交流会在世纪楼 2103 举行。（蔡巧怡 摄）

2023 年 8 月 22—25 日，全国机械工程学院院长 / 系主任联席会议委员会主办，燕山大学机械工程学院与河北工业大学机械工程学院联合承办的第二十届全国机械工程学院院长 / 系主任联席会议在河北秦皇岛召开。（机械工程学院 供）

2023 年 8 月 25 日，燕山大学党委常委班子召开学习贯彻习近平新时代中国特色社会主义思想主题教育专题民主生活会。（王晓丹 摄）

2023 年 9 月 7 日，燕山大学召开学习贯彻习近平新时代中国特色社会主义思想主题教育总结会议暨 2023 年秋季学期中层干部大会。（王晓宁 摄）

2023 年 9 月 8 日，燕山大学第三届校史文化节开幕式在东校区原图书馆一楼大厅举行。（岳睿燕 摄）

2023 年 9 月 9 日，燕山大学教师王银思受邀参加全国优秀教师代表座谈会。习近平总书记致信与会教师代表，李强总理作出批示，丁薛祥副总理出席座谈会并讲话。（人力资源处 供）

2023年9月10日，燕山大学（东重）汽车行业校友会成立大会在燕山大学东校区大学生活动中心召开。（田果儿 摄）

2023年9月10日，燕山大学隆重举行庆祝教师节暨师德先优表彰大会。（岳睿燕 摄）

2023年9月18日，河北省高等学校科研管理研究会第九届换届大会暨第一次全体会员大会、2023年度河北省高等学校科研管理学术研讨会在秦皇岛隆重召开。（王晓丹等 摄）

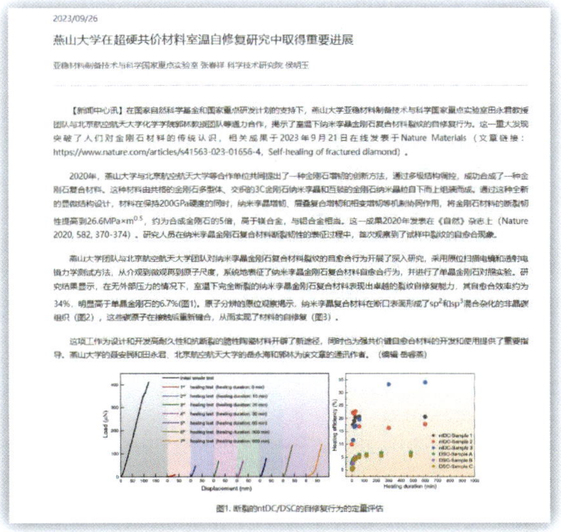

2023/09/26

燕山大学在超硬共价材料室温自修复研究中取得重要进展

亚稳材料制备技术与科学国家重点实验室 张春祥 科学技术研究院 侯明玉

【新闻中心讯】在国家自然科学基金和国家重点研发计划的支持下，燕山大学亚稳材料制备技术与科学国家重点实验室田永君教授团队与北京航空航天大学化学学院郭林教授团队等通力合作，揭示了室温下纳米孪晶金刚石复合材料裂纹的自修复行为。这一重大发现突破了人们对金刚石材料的传统认识，相关成果于2023年9月21日在线发表于Nature Materials（文章链接：https://www.nature.com/articles/s41563-023-01656-4，Self-healing of fractured diamond）。

2020年，燕山大学与北京航空航天大学等合作单位共同提出了一种金刚石增韧的创新方法，通过多级结构调控，成功合成了一种金刚石复合材料。这种材料由共格的金刚石多型体、交织的3C金刚石纳米孪晶和互锁的金刚石纳米晶粒自下而上组装而成。通过这种全新的显微结构设计，材料在保持200GPa硬度的同时，纳米孪晶增韧、层叠复合增韧和相变增韧等机制协同作用，将金刚石材料的断裂韧性提高到26.6MPa×m$^{0.5}$，约为合成金刚石的5倍，高于镍合金，与铝合金相当。这一成果2020年发表在《自然》杂志上（Nature 2020, 582, 370-374）。研究人员在纳米孪晶金刚石复合材料断裂韧性的表征过程中，首次观察到了试样中裂纹的自愈合现象。

燕山大学团队与北京航空航天大学团队对纳米孪晶金刚石复合材料裂纹的自愈合行为开展了深入研究，采用原位扫描电镜和透射电镜力学测试方法，从介观到微观再到原子尺度，系统地表征了纳米孪晶金刚石复合材料自愈合行为，并进行了单晶金刚石对照实验。研究结果显示，在无外部压力的情况下，室温下完全断裂的纳米孪晶金刚石复合材料表现出卓越的裂纹自修复能力，其自愈合效率约为34%，明显高于单晶金刚石的6.7%(图1)。原子分辨的原位观察揭示，纳米孪晶复合材料在断口表面形成了sp^2和sp^3混合杂化的非晶碳组织（图2），这些碳原子在接触后重新键合，从而实现了材料的自修复（图3）。

这项工作为设计和开发高耐久性和抗断裂的脆性陶瓷材料开辟了新途径，同时也为强共价键自愈合材料的开发和使用提供了重要指导。燕山大学的聂安民和田永君、北京航空航天大学的岳永海和郭林为该文章的通讯作者。（编辑 岳睿燕）

图1. 断裂的ntDC/DSC的自修复行为的定量评估

2023 年 9 月 21 日，燕山大学亚稳材料制备技术与科学国家重点实验室田永君教授团队和北京航空航天大学化学学院郭林教授团队等通力合作，揭示了室温下纳米孪晶金刚石复合材料裂纹的自修复行为，相关成果在线发表于 *Nature Materials*。（亚稳材料制备技术与科学国家重点实验室 科学技术研究院 供）

2023 年 10 月 19 日，燕山大学召开乡村振兴工作阶段性总结报告会。学校领导班子全体成员、全校处科级干部、2021 年以来全体驻村干部参加会议，围场满族蒙古族自治县银窝沟乡党委书记李俊文应邀参会。（王晓宁、尚鑫妍 摄）

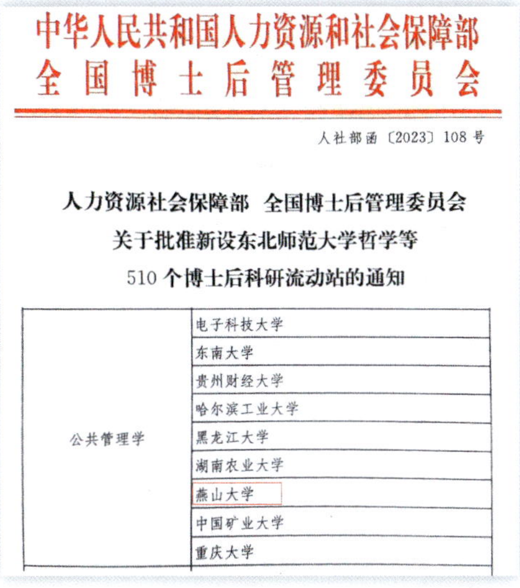

中华人民共和国人力资源和社会保障部
全国博士后管理委员会

人社部函〔2023〕108 号

人力资源社会保障部 全国博士后管理委员会
关于批准新设东北师范大学哲学等
510 个博士后科研流动站的通知

公共管理学	电子科技大学
	东南大学
	贵州财经大学
	哈尔滨工业大学
	黑龙江大学
	湖南农业大学
	燕山大学
	中国矿业大学
	重庆大学

2023 年 10 月 20 日，人力资源和社会保障部、全国博士后管理委员会联合下发《关于批准新设东北师范大学哲学等 510 个博士后科研流动站的通知》，燕山大学申报的公共管理学博士后科研流动站获批。（人力资源处 文法学院（公共管理学院）供）

2023 年 10 月 26 日，中国共产党燕山大学第四届委员会第三次全体会议在西校区大学生活动中心报告厅召开。（岳睿燕 摄）

2023 年 10 月 27—29 日，教育部学校规划建设发展中心、河北省教育厅主办，燕山大学材料科学与工程学院、亚稳材料制备技术与科学国家重点实验室共同承办的“2023 亚稳材料制备技术与科学国际产学研用合作会议暨亚稳材料论坛”在秦皇岛召开。（材料科学与工程学院　亚稳材料制备技术与科学国家重点实验室　国际合作处　供）

2023 年 10 月 29 日，2023 年全国大中城市联合招聘高校毕业生秋季专场活动燕山大学站暨燕山大学 2024 届毕业生秋季就业洽谈会在燕山大学西校区举办。（招生就业处　供）

2023 年 10 月 31 日，博茨瓦纳国际科技大学孔子学院揭牌仪式在博茨瓦纳国际科技大学大礼堂隆重举行，燕山大学校长赵丁选率领中方理事会成员，博茨瓦纳国际科技大学校长奥特洛格斯特•托托洛率领全体校领导和所有中层单位负责人参加了揭牌仪式。（国际合作处 供）

2023 年 11 月 22 日，“打造一流学术期刊 支撑学科高质量发展”高端论坛暨《燕山大学学报》创刊六十周年座谈会在燕山大学隆重召开，赵丁选、王德松、陈国强、黄传真、文桂林、王利民、蔡星周等校领导出席会议。（尚鑫妍 摄）

2023 年 11 月 22 日，燕山大学亚稳材料制备技术与科学国家重点实验室主任、材料科学与工程学院刘日平教授和燕山大学亚稳材料制备技术与科学国家重点实验室和国家冷轧板带装备及工艺工程技术研究中心学术带头人张福成教授当选中国工程院院士。（党委宣传部 供）

2023 年 12 月 10 日，燕山大学与北京高科大学联盟共同举办的“燕山大学对接京津高校合作发展大会”在河北省秦皇岛市举行。（蔡常山 摄）

2023 年 12 月 21 日，燕山大学生命健康与智能医学学院揭牌仪式在康养人才培训中心举行。秦皇岛市市长丁伟、燕山大学党委书记赵险峰共同为学院揭牌。（尚鑫妍 摄）

2023 年 12 月 28 日，教育部党组成员、副部长吴岩，职业教育与成人教育司副司长林宇，高教司副司长武世兴等到燕山大学调研。河北省教育厅副厅长贾海明、张春生，秦皇岛市副市长李国强，燕山大学党委书记赵险峰、校长赵丁选陪同调研。（王晓宁 摄）

目　录

学校概况

特载专文

组织架构

党建群团

教育教学

学科建设

科学研究

社会服务

师资队伍

对外交流与合作

财务审计与资产设备

办学支撑

后勤基建与产业

教学与科研单位

考核与表彰奖励

附录

学校概况

学校简介

燕山大学是河北省人民政府、教育部、工业和信息化部、国家国防科技工业局四方共建的全国重点大学，河北省重点支持的国家一流大学和世界一流学科建设高校，北京高科大学联盟成员。

学校源于哈尔滨工业大学，始建于1920年。1958年，哈尔滨工业大学响应国家号召，将重型机械及相关专业迁至工业重镇齐齐哈尔市富拉尔基区，组建了哈尔滨工业大学富拉尔基分校，分校先是定名为哈尔滨工业大学富拉尔基重型机械学院，后改名为哈尔滨工业大学重型机械学院。1960年独立办学，定名为东北重型机械学院，成为原机械工业部直属高校。1978年被确定为全国重点高等院校。1985年至1997年学校整体南迁秦皇岛市。1997年经原国家教委批准，更名为燕山大学。1998年，由原机械工业部划转到河北省，实行中央与地方共建，以河北省管理为主。2000年，河北轻工业管理学校并入燕山大学。

学校有34个专业入选国家级一流本科专业建设点。2016年，作为教育部选定的两所高校之一，学校的工程专业国家认证接受了《华盛顿协议》国际专家的观摩考察，支撑我国正式加入《华盛顿协议》国际工程教育组织。学校现有18个工科专业通过工程教育专业认证（评估），标志着这些专业的人才培养质量得到国际认同。

学校占地面积4000亩，建筑面积125万平方米。现有普通高等教育在校生40000人。现有教职工3200人，包含专职教师2200人，其中，教授568人，副教授678人。教师中含博士生导师451人。有中国科学院院士3人，中国工程院院士2人，国务院学科评议组成员1人，国家“万人计划”入选者7人，“长江学者奖励计划”特聘教授、“长江学者奖励计划”讲座教授、“长江学者奖励计划”青年学者人选17人，国家杰出青年、优秀青年科学基金获得者27人。

学校设有12个博士后流动站，14个博士学位一级学科，2个博士专业学位类别，30个硕士学位一级学科，19个硕士专业学位类别，73个本科专业，已形成以工学为主，经济学、法学、教育学、文学、理学、管理学、艺术学、交叉学科等9个学科门类共同发展的学科格局；拥有5个国家重点学科、5个国防特色学科和16个省级重点学科，工程学、材料科学、化学、计算机科学4个学科进入ESI排名全球前1%。在教育部第五轮学科评估中取得突破性进展，机械工程、材料科学与工程两个学科跻身中国高校第一方阵，部分学科实现跨越提升。

学校设有研究生院和18个直属学院，即机械工程学院、材料科学与工程学院、电气工程学院、信息科学与工程学院（软件学院）、经济管理学院、外国语学院、建筑工程与力学学院、文法学院（公共管理学院）、马克思主义学院、理学院、环境与化学工程学院、艺术与设计学院、车辆与能源学院、体育学院、里仁学院、继续教育学院、国际教育学院和西里西亚智能科学与工程学院。

学校建有亚稳材料制备技术与科学国家重点实验室、起重机械关键技术全国重点实验室、冷轧板带装备及工艺国家工程技术研究中心、先进制造成形技术及装备国家地方联合工程研究中心、极端条件下机械结构和材料科学国防重点学科实验室、国家创新人才培养示范基地、国际科技合作基地、省部共建协同创新中心、国家技术转移示范机构、4个河北省协同创新中心以及60个省部级科技创新平台（含与外单位共建）和26个省部级社会科学研究基地；设有国家大学科技园和燕山大学出版社。

学校在重型机械成套设备、亚稳材料科学与技术、并联机器人理论与技术、流体传动与电液伺服控制技术、工业自动化控制理论与技术、精密塑性成形技术、大型锻件锻造工艺与热处理技术、极端条件下机械结构与材料科学等研究领域具有国际先进水平。2000年以来，学校连续获得国家科技奖励20项，其中国家科技进步奖一等奖2项、二等奖9项、国家技术发明二等奖5项、国家自然科学二等奖4项，承担“973”、“863”、国家重点研发计划、国家自然科学基金和国家社会科学基金项目1300余项。2013年和2014年，学校连续有2项科研成果入选“中国科学十大进展”和“中国高校十大科技进展”。

学校主动顺应新时代、新科技、新经济发展的需要，积极促进科学研究的交叉融合和协调发展，布局新兴研究领域和研究方向，以全面提高科技创新能力、产出一流科研成果为目标，重点布局建设“四个研究院、三个中心”，即人工智能与机器人研究院、海洋科学与工程研究院、康养产业技术研究院、双碳科学与技术研究院，高压科学研究中心、纳米能源材料研究中心、特种运载装备研究中心。这些新科研机构的建设将对打造学科高峰、培养顶尖人才、引领科技创新、促进产业发展起到重要推动作用。

燕山大学积极推进教育对外开放，构建高质量全球核心伙伴关系网络，与30多个国家和地区的100余所国（境）外高水平大学和科研机构建立了友好合作关系，在中外合作办学、师生交流、科学研究等方面开展长期、广泛的合作。学校积极响应国家“一带一路”倡议，全面实施国际化发展战略，致力于培养更多具有“家国情怀、国际视野和全球竞争力”的国际化人才，不断提升学校国际影响力和教育对外开放水平。

以服务国家装备制造业、战略性新兴产业、国防科技工业和区域经济社会发展为己任，燕山大学4万余名师生员工意气风发，解放思想，锐意进取，科学发展，为把学校建设成为“特色鲜明、国内一流、世界知名的研究型大学”而不懈奋斗。

（供稿人：学校办公室 孔倩雯）

学校历史沿革

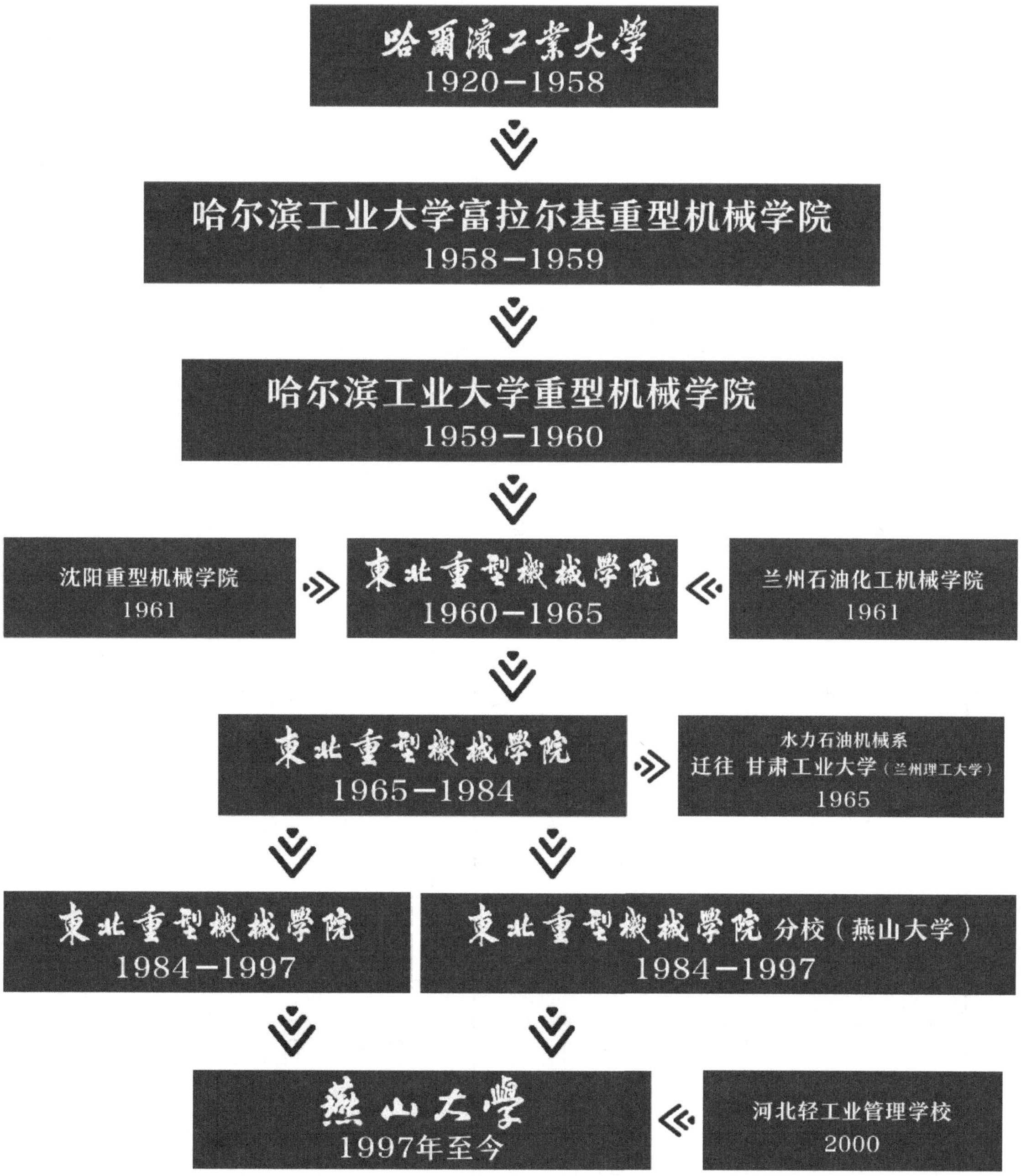

（供稿人：档案馆（校史馆）高静）

学校基本数据统计

（以下数据统计时间截至 2023 年 9 月 30 日）

学生情况

类别	总计	博士生					硕士生					普通本科生				预科生	函授生	业余生	留学生
		合计	全日制学术型	全日制专业型	非全日制学术型	非全日制专业型	合计	全日制学术型	全日制专业型	非全日制学术型	非全日制专业型	合计	高中起点	专科起点	第二学位				
招生数	15353	370	267	103	0	0	3545	1526	1725	0	294	5840	5531	0	309	60	3911	1687	82
在校生数	49041	1458	1168	280	0	10	10381	4511	4960	0	910	23268	22937	0	331	60	9375	4559	319
毕业生数	15315	204	200	3	0	1	3060	1393	1393	0	274	5743	5727	0	16	60	4537	1771	7

教职工情况

分类	教职工数	专任教师			行政人员	教辅人员	工勤人员	专职科研人员	其他附设机构人员	校外教师	行业导师	外籍教师	离退休人员
		合计	博士学位	硕士学位									
总计	2921	2009	1375	549	503	272	136	1	0	263	377	38	1348
其中女	1309	857	488	337	270	154	27	1	0	70	50	10	651
正高级	—	489	439	43	—	—	—	—	—	—	—	—	—
副高级	—	619	404	170	—	—	—	—	—	—	—	—	—
中级	—	830	519	279	—	—	—	—	—	—	—	—	—
初级	—	31	0	30	—	—	—	—	—	—	—	—	—
未定级	—	40	13	27	—	—	—	—	—	—	—	—	—

学校资产等办学条件

指标名称	计量单位	代码	学校产权	非学校产权	独立使用	共同使用
占地面积	平方米	01	2633108.86	0	0	0
# 绿化用地面积	平方米	02	1260000	0	0	0
# 运动场地面积	平方米	03	156369.37	0	0	0
校园足球场	个	04	7	0	0	0
11 人制足球场	个	05	4	0	0	0
7 人制足球场	个	06	0	0	0	0
5 人制足球场	个	07	3	0	0	0
图书	册	08	2334369	0	0	0
# 当年新增	册	09	18606	0	0	0
数字资源量	—	—	—	—	—	—
电子图书	册	10	1506822	353837	0	353837
电子期刊	册	11	216000	1128743	0	1128743
学位论文	册	12	8870353	3128619	0	3128619
音视频	小时	13	0	219853	0	219853
数字终端数	台	18	16736	0	0	0
# 教师终端数	台	19	9288	0	0	0
# 学生终端数	台	20	7448	0	0	0
教室	间	21	998	0	0	0
# 网络多媒体教室	间	22	389	0	0	0
固定资产总值	万元	23	428206.11	0	0	0
# 教学科研实习仪器设备资产值	万元	24	119737.93	0	0	0
# 当年新增	万元	25	18160.87	0	0	0

学校校舍情况

单位：平方米

指标名称	学校产权校舍建筑面积				正在施工
	上学年	增加面积	减少面积	本学年	校舍面积
总计	1092514.45	45348.90	0.00	1137863.35	27760
#C 级危房	0	0.00	0.00	0	—
#D 级危房	3945	0	0	3945	—
一、教学及辅助用房	485669.27	42881.10	0.00	528550.37	27760
教室	166422.53	0.00	0.00	166422.53	0
# 艺术院校专业课教室	0	0	0	0	0
实验实习用房	163002.44	5980.00	0	168982.44	27760
专职科研机构办公及研究用房	59924.4	0	0	59924.4	0
图书馆	42639.68	0	0.00	42639.68	0
室内体育用房	18324.39	16944.10	0	35268.49	0
师生活动用房	6744.94	0	0	6744.94	0
会堂	25787.39	0	0	25787.39	0
继续教育用房	2823.5	19957.00	0	22780.5	0
二、行政办公用房	23102.26	0	0	23102.26	0
校行政办公用房	12531.02	0	0	12531.02	0
院系及教师办公用房	10571.24	0	0	10571.24	0
三、生活用房	321183.08	0	0	321183.08	0
学生宿舍（公寓）	263843.84	0	0	263843.84	0
食堂	36291	0	0	36291	0
单身教师宿舍（公寓）	8740	0	0	8740	0
后勤及辅助用房	12308.24	0	0	12308.24	0
四、教工住宅	237483.38	0	0	237483.38	0
五、其他用房	25076.46	2467.80	0	27544.26	0
# 被外单位租（借）用	5765	0	0	5765	—

（供稿人：学校办公室 孔倩雯）

大事记

1 月

1 月 7 日　燕山大学与美国托列多大学（The University of Toledo）签署协议，共同建立“燕山大学托列多学院”，这是学校在北美洲建立的第一家境外办学机构。

1 月 13 日　国家档案局印发《关于 2023 年度数字档案室建设试点启动的通知》，燕山大学成功入选全国数字档案室建设试点单位，是河北高校首家试点单位。

1 月 20 日　东北重型机械学院原院长林秀安先生，因病医治无效于 2023 年 1 月 20 日 7 时 45 分与世长辞，享年 95 岁。

2 月

2 月 17 日　燕山大学双聘院士阎锡蕴教授荣获 2021 年度何梁何利基金科学与技术进步奖。

2 月 19 日　燕山大学召开 2023 年春季学期中层干部大会暨安全稳定工作会议，学校领导班子成员和全体中层干部参加会议。

2 月 24 日　燕山大学召开亚稳材料制备技术与科学国家重点实验室优化重组工作推进会，学校领导赵险峰、赵丁选、任家东、王德松、陈国强、王利民、蔡星周出席会议，多个职能部门和相关学院负责人参加会议。

2 月　依托燕山大学建设的“近海水质监测智能传感技术与装备”河北省工程研究中心列入 2022 年省级工程中心筹备建设计划，这是学校在海洋科学研究领域取得的一项重要突破。

2 月　燕山大学机械工程学院黄传真教授主持的国家重点研发计划“增材制造与激光制造”重点专项“多种陶瓷材料的光固化增材连续成形理论、关键技术与装备”项目正式获得科技部批准立项，项目研究期三年，总经费 2300 万元。

3 月

3 月 2 日　燕山大学举办 2023 年春季校友企业专场招聘会，来自全国 15 个省 33 个地市的 90 余家校友企业来校招聘，提供各类高质量就业岗位 6000 余个。

3 月 3 日　燕山大学与石家庄市鹿泉区共建燕山大学（鹿泉）新一代电子信息产业技术研究院合作协议签约暨“燕山大学教授专家鹿泉行”活动启动仪式在鹿泉区举行，学校副校长王德松和鹿泉区委副书记、区长李争出席活动并致辞。

3 月 9 日　燕山大学创新创业教育与指导中心、档案馆（校史馆）联合秦皇岛市科技局共同举办的“强国有我 未来我来——燕山大学创新创业教育成果展”在学校校史馆开幕，秦皇岛市委副书记张淑云，市委副秘书长曹永生，市科技局党组书记、局长冯智恩以及学校党委书记赵险峰，党委副书记、校长赵丁选，党委常委、副校长任家东等领导出席开幕式。

3 月 10 日　燕山大学与临西县人民政府共建“华北轴承智能制造产业孵化基地”签约仪式举行，学校副校长文桂林、河北省工信厅民营处处长边少阳、临西县副县长孙通志等领导出席签约仪式。

3 月 21 日　燕山大学召开 2023 年党的建设工作会议，交流新时代高校党建示范创建和质量创优工作经验，全面加强和改进学校党的建设各项工作，学校党委书记赵险峰出席会议并讲话，党委副书记、校长赵丁选主持会议，党委副书记谢延安部署党的建设工作重点任务。

3 月 22 日　燕山大学召开 2023 年全面从严治党工作会议，深入学习贯彻党的二十大精神和二十届中央纪委二次全会精神、省纪委十届三次全会精神、2023 年教育系统全面从严治党工作视频会议精神，回顾总结学校 2022 年全面从严治党工作，安排部署 2023 年重点任务，学校领导班子成员、党委委员、纪委委员、科级及以上干部参加会议。

3 月 28 日　燕山大学与博茨瓦纳国际科技大学（Botswana International University of Science and Technology）共同申办的博茨瓦纳国际科技大学孔子学院正式获批，这是学校在全球建立的第二所孔子学院，实现了燕山大学与非洲高校实质性合作的历史性突破。

3 月　教育部发布《关于教育部重点实验室建设立项的通知》，燕山大学申报的“智能控制与神经信息处理”教育部重点实验室成功获批建设，这是学校继 2011 年后获批立项建设的第二个教育部重点实验室。

3 月　中国科学技术协会印发《关于同意认定中国科协海智计划基地的批复》，燕山大学获批 2022 年度中国科协海智计划基地，是河北省首所高校获批该平台。

4月

4月6日 河北省科学技术奖励大会在石家庄隆重召开，省委书记、省人大常委会主任倪岳峰出席会议并讲话，省政协主席廉毅敏、副省长胡启生等出席会议，燕山大学校长赵丁选等在秦皇岛分会场参加会议。燕山大学获2022年度河北省科学技术奖11项（含参与4项），其中一等奖2项、二等奖5项、三等奖4项。

4月7日 团中央下发《关于表彰全国五四红旗团委（团支部）、全国优秀共青团员、全国优秀共青团干部的决定》，燕山大学艺术与设计学院2019级音乐表演专业1班团支部被授予“全国五四红旗团支部”荣誉称号，是河北省唯一获此殊荣的高校团支部。

4月15日 燕山大学召开学习贯彻习近平新时代中国特色社会主义思想主题教育动员部署会议，学校党委书记赵险峰作动员讲话，省委第二十一巡回指导组组长张瑞书出席会议并讲话，党委副书记、校长赵丁选主持会议，省委第二十一巡回指导组副组长全荣哲出席会议。

4月20日 燕山大学举办学习贯彻习近平新时代中国特色社会主义思想主题教育第一次理论学习专题辅导报告，河北省委党校副校长、行政学院副院长、省新型智库党建研究中心首席专家孟庆云教授作题为《马克思主义中国化时代化的大逻辑——深化对习近平新时代中国特色社会主义思想的理解和把握》的辅导报告。

4月21日 燕山大学双碳科学与技术研究院（简称“双碳研究院”）揭牌仪式举行，秦皇岛市委常委、常务副市长张福杰，市常务副秘书长、金融监管局局长郭勇兵，市生态环境局三级调研员王再平，市发展和改革委员会四级调研员王东，以及学校党委书记赵险峰，党委副书记、校长赵丁选，副校长、双碳研究院院长王德松出席揭牌仪式。

4月22日 燕山大学第二届东北亚古丝路文明论坛成功举办，来自全国95所高校、科研院所等单位120余位专家学者参加了此次论坛。

4月23日 以“讲好长城故事，建设书香城市”为主题的秦皇岛市第十四届读书节暨惠民书市活动启动仪式在燕山大学图书馆举行。

4月25日 燕山大学与广西柳工机械股份有限公司战略合作协议签约仪式举行，学校党委副书记、校长赵丁选，柳工副总裁朱斌强、总工程师林明智等出席签约仪式。同期以“新基建、新装备、新机遇”为主题的第三届全球工程机械技术高峰论坛隆重召开，赵丁选受邀作了题为《车辆惯性调控悬挂技术研究进展》的主题报告。

5月

5月4日 燕山大学2023年学团工作暨表彰大会举行，会议对2022年学团系统先进个人和先进集体进行了表彰，冯益为、白怡凡、王昕琦、宁岩鹏分别代表获奖学生、获奖学团工作者和获奖单位发言，学校领导班子成员出席大会，相关职能部门负责人、各学院党委书记、学团工作者及学生代表参加了大会。

5月5日 燕山大学—深圳市汇川技术股份有限公司（简称“汇川技术”）校企战略合作协议签约暨燕山大学－汇川技术工业智能控制现代产业学院揭牌仪式举行，汇川技术董事长、朱兴明校友线上参加签约揭牌仪式，汇川技术副总裁付作军校友、汇川技术人力资源总裁苏通、学校党委书记赵险峰和党委常委、副校长任家东出席仪式。

5月5日 湖北省咸宁市委书记孟祥伟，市委常委、组织部部长徐小兵，市委常委、秘书长乐建舜一行到燕山大学，举办咸宁市2023年企事业单位“引才专列”活动并开展合作交流。

5月9日 燕山大学学习贯彻习近平新时代中国特色社会主义思想主题教育读书班开班，主题教育领导小组组长、学校党委书记赵险峰作读书班开班第一讲，主题教育领导小组办公室副主任、理论辅导组组长、马克思主义学院党委书记王新华作学习辅导报告，省委第二十一巡回指导组副组长全荣哲、指导组成员张良良到会指导，学校处级以上领导干部参加开班式。

5月11日 燕山大学西里西亚智能科学与工程学院申请增设硕士研究生学历教育层次培养资格获教育部批准。

5月13日 燕山大学在国家级大学生创新创业训练计划十五周年荣誉表彰活动中荣获优秀组织奖，信息科学与工程学院（软件学院）教师赵逢达荣获最佳导师奖。

5月15日 燕山大学党委副书记、校长赵丁选一行赴深圳市坪山区比亚迪集团总部调研访问、洽谈合作。比亚迪集团执行副总裁、CTO兼汽车工程研究院院长廉玉波会见了赵丁选一行，双方就加强校企合作进行了深入交流。

5月18日 燕山大学党委书记赵险峰率团访问波

兰西里西亚技术大学并看望学校欧洲学院波兰校区师生。代表团还访问了波中教育基金会、捷克布拉格金融管理大学、德国比勒菲尔德应用技术大学、北黑森应用技术大学等高校及教育机构，就学生联合培养、境外办学、来华留学生生源基地建设、科研合作等方面达成合作意向。

5月29日 燕山大学召开学习贯彻习近平新时代中国特色社会主义思想主题教育读书班总结会，学校党委副书记、主题教育领导小组副组长兼办公室主任谢延安主持会议并作总结报告，学校领导班子成员、全体处级干部参加会议，省委主题教育第二十一巡回指导组王会军、张良良到会指导。

5月 河北省科学技术厅发布《关于发布2023年度河北省国际科技合作基地认定结果的通知》，依托燕山大学建设的“非晶材料基础科学问题国际联合研究中心”被认定为河北省国际科技合作基地，这是学校获批的第2个河北省国际科技合作基地。

6月

6月5日 燕山大学党委副书记、校长赵丁选，党委常委、副校长任家东、王利民一行赴北京航空航天大学开展对接合作。北京航空航天大学校长、中国工程院院士王云鹏等会见了赵丁选一行，双方就两校交流合作事宜进行了深入研讨。

6月7日 燕山大学“新时代·新青年”青春心向党、奋斗新征程系列活动——欢送2023届毕业生启程建功文艺演出顺利举行。

6月7日 燕山大学召开学科建设经验交流暨学科评估总结会，学校相关领导和14个二级学院相关负责人、研究生院科级以上干部参加了会议。

6月8日 燕山大学举行2023届本科生毕业典礼，学校领导班子成员出席典礼，各学院及相关职能部门负责人、教职工代表、辅导员及部分家长应邀观礼。

6月8日 燕山大学档案工作会议暨全国数字档案室建设试点启动仪式召开，学校党委书记赵险峰，党委常委、副校长任家东，校属各单位分管档案工作领导以及全校专兼职档案员参加了会议。会议表彰了学校全国档案系统“三支人才队伍”、档案工作先进集体和先进个人。中国人民大学教授、博士生导师、中国高等教育学会秘书学专业委员会理事长胡鸿杰教授作了题为《“十四五”时期如何推进档案事业高质量发展》的讲座。

6月14日 秦皇岛军分区主办、海港区人民武装部承办、燕山大学协办的2023年第一届“港城征兵集结号”系列宣传活动——驻秦高校大学生携笔从戎巡回宣讲报告暨文艺演出启动仪式举行。秦皇岛市市长丁伟，军分区司令员何晓东、政委邱梁，学校党委副书记、校长赵丁选以及驻秦各高校领导，各区县人民武装部主官，师生代表参加了启动仪式。

6月15日 燕山大学召开本科教育教学审核评估动员会，学校党委副书记、校长赵丁选，党委常委、副校长任家东，全校中层领导干部，各教学单位全体教学管理工作人员和教师代表等近500人参加了会议。

6月17日 亚行项目——北戴河康养产业发展大会在北戴河举行，河北省妇联副主席石慧敏、妇女发展部部长梁励慧，秦皇岛市委副书记张淑云，燕山大学党委书记赵险峰等领导出席本次会议。燕山大学党委常委、副校长陈国强和北戴河区委常委、常务副区长马馨代表校地签署了康养战略合作协议。

6月19日 燕山大学团委书记段磊参加中国共产主义青年团第十九次全国代表大会，并当选为共青团第十九届中央委员会候补委员。

6月25日 燕山大学举行2023年研究生毕业典礼暨学位授予仪式，学校领导班子成员、相关学院和职能部门负责人出席了学位授予仪式。

6月27日 燕山大学举行“新时代·新青年”青春心向党、奋斗新征程系列活动——重温入党誓词，学校党委书记赵险峰带领校领导、全校党员处级干部、教师党员代表、学生党员代表共2526人重温入党誓词。

6月28日 燕山大学隆重召开庆祝中国共产党成立102周年暨表彰大会，表彰了50名优秀共产党员、50名优秀党务工作者和30个先进基层党组织，为“光荣在党50年”的党员代表颁发纪念章，艾超、章仕起、颜世晔、杜一平等先进典型作了发言，学校领导班子成员、科级及以上干部、党支部书记、师生党员代表等参加会议。

6月28日 “2023秦皇岛市政校银企对接合作洽谈会暨燕山大学汽车零部件制造成果发布专场活动”成功举办，秦皇岛市市长丁伟，市委常委、开发区党工委副书记樊海涛，副市长李国强和燕山大学党委书记赵险峰、副校长陈国强等市校领导出席了活动。活动发布了学校汽车零部件高价值专利233项，集中展出汽车零部件制造领域科技成果15项及相关技术产品。学校与秦皇岛市科技局、市场监管局签订了秦皇岛市汽车零配件产业知识产权联盟框架协议，秦皇岛3个公司与学校3个团队签订项目合作意向书。

7月

7月2日 21世纪马克思主义研究会和燕山大学主办，燕山大学马克思主义学院、燕山大学社科处承办的21世纪马克思主义论坛（第12次）暨“中国式现代化与21世纪马克思主义”学术研讨会举行，中共中央党校（国家行政学院）、清华大学等高校和科研机构的10余位专家学者、驻秦高校200余位师生代表参加了本次会议。

7月4—6日 燕山大学党委书记赵险峰带队到邢台推进校地合作，深化“科技创新+县域经济”融合对接工作，深入中钢集团邢台机械轧辊有限公司等多家市、县（区）重点企业、园区实地考察调研。其间举行了燕山大学与邢台市校政企合作签约和共建平台揭牌仪式、燕山大学和临西县共建的华北轴承智能制造产业孵化基地主任聘任暨首期重点项目发布会、燕山大学与任泽区政府共建的邢湾智能制造产业科研中心主任聘任暨首期重点项目发布会。

7月5日 燕山大学-统信软件技术有限公司校企战略合作协议签署暨燕山大学-统信软件信创应用生态联合实验室揭牌仪式举行，燕山大学党委常委、副校长任家东与统信软件教育事业部总经理吕彬彬签署了合作协议，党委副书记、校长赵丁选与统信软件高级副总经理卢振宇为燕山大学-统信软件信创应用生态联合实验室揭牌。

7月6日 河北省教育厅副厅长贾海明一行到燕山大学调研座谈，二级巡视员朱智国、财务处处长魏锡政、科技处处长雷彦广、一级调研员高明、高教处副处长朱慧霞等随同调研，学校党委副书记、校长赵丁选，副校长黄传真及相关部门和学院负责人参加座谈。

7月7日 燕山大学党委书记赵险峰以《坚守教育初心凝聚奋进力量 以高质量主题教育成效推动事业高质量发展》为题，面向学校领导班子成员、全体处级干部、师生党员代表讲授主题教育专题党课，省委第二十一巡回指导组组长张瑞书、联络员王会军到场指导。

7月8日 燕山大学党委副书记、校长赵丁选以《立德树人 办好人民满意的高等教育》为题，面向材料科学与工程学院领导班子成员、科级干部、师生代表、审计处职工代表讲授主题教育专题党课。

7月21日 河北省委书记、省人大常委会主任倪岳峰到燕山大学调研，察看校史陈列馆和国家重点实验室，详细了解教学和科研情况。倪岳峰指出，近年来，燕山大学紧紧围绕服务重大国家战略和河北省经济社会发展，落实立德树人根本任务，强化关键核心技术攻关，在育才和创新方面取得了丰硕成果。要深入开展学习贯彻习近平新时代中国特色社会主义思想主题教育，切实用党的创新理论武装头脑、指导实践、推动工作，教育引导广大师生坚定不移听党话、跟党走。要不断创新教学方式方法，加强“双一流”建设，提升燕山大学知名度和影响力，培养更多高素质人才。要充分发挥学科优势，围绕河北省主导产业和特色产业集群，加强科技研发，推动更多科技成果走出实验室，转化为现实生产力，为河北省高质量发展提供有力科技支撑。省领导严鹏程、胡启生参加调研。

7月21—22日 燕山大学党委常委、副校长任家东、蔡星周赴革命老区石家庄市平山县、保定市阜平县和塞罕坝精神发源地承德市围场满族蒙古族自治县，将学校2023年首批高招录取通知书送到10名国家专项计划新生代表手中。

7月 教育部办公厅公布了《关于2022年度高等学校科学研究优秀成果奖（科学技术）奖励的决定》，燕山大学机械工程学院黄传真教授牵头，联合山东大学、上海精密机械研究所和北京卫星制造厂有限公司申报的项目“航天飞行器难加工弱刚性构件形性创成的高效精密切削加工关键技术”，荣获教育部2022年度高等学校科学研究优秀成果奖科技进步二等奖。

8月

8月1日 燕山大学党委书记赵险峰一行到秦皇岛军分区走访慰问，军分区大校司令员何晓东、大校政治委员邱梁、大校副司令员王杰等接待了学校到访人员，双方开展座谈交流，共叙军民鱼水情，携手推动军校融合高质量发展。

8月3日 燕山大学举办学习贯彻习近平新时代中国特色社会主义思想主题教育校领导班子调研成果交流会，省委第二十一巡回指导组组长张瑞书、指导组成员李树永到会指导。

8月22—25日 全国机械工程学院院长/系主任联

席会议委员会主办、燕山大学机械工程学院与河北工业大学机械工程学院联合承办的第二十届全国机械工程学院院长/系主任联席会议在秦皇岛召开，中国两院院士林忠钦、邓宗全、黄庆学、田永君、涂善东、贾振元、张卫红、刘宏、马玉山以及来自全国300余家单位、500余名院长/系主任、1000余名参会人员齐聚一堂，共话机械学科发展的新方向新思路，共谋建设一流机械学科的新举措新作为。

8月25日 燕山大学党委常委班子召开学习贯彻习近平新时代中国特色社会主义思想主题教育专题民主生活会，学校党委书记、主题教育领导小组组长赵险峰主持会议并作总结讲话，省委主题教育第二十一巡回指导组副组长全荣哲到会指导并作点评讲话。

8月30—31日 燕山大学开展2023级学生迎新工作，5574名本科生、3579名研究生按时到校并完成所有报到手续。

8月 燕山大学材料科学与工程学院赵智胜教授荣获2023年度国家自然科学基金杰出青年科学基金项目资助，资助经费400万元。

9月

9月3日 燕山大学举行2023级新生开学典礼，学校领导班子成员及各学院、相关职能部门负责人出席典礼。

9月7日 燕山大学召开学习贯彻习近平新时代中国特色社会主义思想主题教育总结会议暨2023年秋季学期中层干部大会，学校领导班子成员和全体中层干部参加会议，有关同志列席会议。

9月8日 燕山大学举行第三届校史文化节开幕式，本届校史文化节以“厚植家国情怀，涵养进取品格”为主题，为期三个月，学校党委书记赵险峰，党委常委、副校长任家东和相关职能部门、学院负责人，老教师、校友、校史宣讲团师生、新生代表等出席开幕式。

9月9日 全国优秀教师代表座谈会在北京人民大会堂召开，习近平总书记致信与会教师代表，李强总理作出批示，丁薛祥副总理出席座谈会并讲话。本次座谈会共有来自全国各级各类优秀教师代表54人参会，学校教师王银思受邀参加。

9月10日 燕山大学举行庆祝教师节暨师德先优表彰大会，会议表彰了师德先进集体和个人，刘永、产佳作为师德标兵代表、师德建设先进单位代表在会上发言，学校领导班子成员、部分科级及以上干部、受表彰的先进集体和个人以及部分师生代表参加了大会。

9月10日 燕山大学举办第四届“强校兴业”校友企业专场招聘会，来自京津冀等15个省（区、市）40个地市的150家校友企业到校招聘，提供就业岗位8000余个。

9月10日 燕山大学（东重）汽车行业校友会成立大会召开，中国汽车工程学会副秘书长闫建来，中国汽车工程学会特聘专家陈刚，1979级金相专业校友、长春市汽车行业协会会长张丕杰，1995级液压专业校友、吉利汽车研究院（IPO）副院长张晓东以及来自全国各地的400多位汽车领域知名校友企业负责人、行业领军代表等参加了会议。

9月8—11日 河北省力学学会主办，燕山大学建筑工程与力学学院、机械工程学院、河北省重型装备与大型结构力学可靠性重点实验室、河北省轻质结构设计与制备工艺技术创新中心共同承办的北戴河力学论坛成功举办，北京理工大学胡海岩院士担任大会主席，燕山大学副校长文桂林教授担任大会执行主席。

9月14—16日 燕山大学主办，中国高等教育学会学习科学研究分会、地方大学教育研究分会、职业技术教育分会联合协办的首届职普融通培养高质量人才研讨会在秦皇岛召开，来自北京大学等40余所高校的专家学者和保定市教育局等地方教育主管部门负责同志参加了会议。

9月18日 河北省高等学校科研管理研究会第九届换届大会暨第一次全体会员大会、2023年度河北省高等学校科研管理学术研讨会召开，燕山大学当选河北省高等学校科研管理研究会第九届会长单位，学校党委书记赵险峰当选研究会会长，副校长王德松当选常务副会长，科学技术研究院院长严书亭当选副会长兼秘书长。

9月21日 燕山大学亚稳材料制备技术与科学国家重点实验室田永君教授团队与北京航空航天大学化学学院郭林教授团队等通力合作，揭示了室温下纳米孪晶金刚石复合材料裂纹的自修复行为。这一重大发现突破了人们对金刚石材料的传统认识，相关成果在线发表于*Nature Materials*。

9月23日 燕山大学举行“强国有我 青春有为”2023年迎新文艺演出。

9月25日 根据全国博士后管委会办公室、中国博士后科学基金会公示，燕山大学电气工程学院博士研究生孟蕊入选2023年度国家“博士后创新人才支持计划”。

9月26—28日 燕山大学举行第五十一届体育运动会，全校23个学院和单位的900多名运动员参加了6个组别46个比赛项目的角逐。

9月27日 燕山大学主办的“移动机器高效驱动与传动”学术研讨会暨“智能电静液驱动执行器基础研究”重大项目学术交流会召开，中国工程院院士林忠钦、杨华勇、邓宗全，国家自然科学基金委工程与材料科学部机械设计与制造学科项目主任叶鑫、流动项目主任黄志权，以及来自燕山大学、浙江大学等70余名高校的专家学者参加了会议。

10月

10月8—11日 中国机械工业教育协会主办、燕山大学承办的2023年秋季中国机械工业教育协会院校就业创业工作委员会工作交流研讨会成功举办。

10月12日 中国高等教育学会主办，燕山大学、中国高等教育学会学习科学研究分会、中国高等教育培训中心、国药励展展览有限责任公司承办的学习科学与教育数字化转型论坛在青岛召开。

10月19日 燕山大学召开乡村振兴工作阶段性总结报告会。

10月20日 人力资源和社会保障部、全国博士后管理委员会联合下发通知，燕山大学公共管理学博士后科研流动站成功获批。

10月21日 燕山大学欧美同学会会长王利民教授作为留学归国人员代表应邀参加在北京举行的欧美同学会成立110周年庆祝大会。

10月26日 燕山大学召开中国共产党燕山大学第四届委员会第三次全体会议，审议通过了《关于深入学习贯彻习近平总书记重要讲话精神，加快推进“双一流”建设、实现内涵式高质量发展，为谱写中国式现代化建设河北篇章贡献燕大力量的实施方案》。

10月27日 李四光先生外孙女，李四光纪念馆高级顾问、馆长特别助理邹宗平老师为燕山大学师生作题为《无悔的选择》的专题讲座。

10月26—28日 燕山大学中国长城文化研究与传播中心举办成立三周年系列活动。

10月27—29日 教育部学校规划建设发展中心、河北省教育厅主办，燕山大学材料科学与工程学院、亚稳材料制备技术与科学国家重点实验室共同承办的“2023亚稳材料制备技术与科学国际产学研用合作会议暨亚稳材料论坛”召开，来自澳大利亚、西班牙等国家和国内知名院所的200余名专家学者、研究人员参加了会议。

10月29日 2023年全国大中城市联合招聘高校毕业生秋季专场活动燕山大学站暨燕山大学2024届毕业生秋季就业洽谈会成功举办，来自全国81个地市的708家招聘单位齐聚燕山大学，助力2024届高校毕业生就业。

10月31日 博茨瓦纳国际科技大学孔子学院揭牌仪式在博茨瓦纳国际科技大学大礼堂举行，燕山大学校长赵丁选率领中方理事会成员，博茨瓦纳国际科技大学校长奥特洛格斯特•托托洛（Otlogetswe Totolo）率领全体校领导和所有中层单位负责人参加了揭牌仪式。博茨瓦纳国际科技大学孔子学院是燕山大学在全球建立的第二所孔子学院，实现了学校与非洲高校实质性合作的历史性突破。

10月 河北省发展和改革委员会发布《关于下达2023年省级工程研究中心筹备建设计划的通知》，依托燕山大学建设的“化石能源低碳开发与资源化利用”河北省工程研究中心列入2023年省级工程中心筹备建设计划。

10月 燕山大学材料科学与工程学院外籍教师Rehman Javed主持的“Constructing Novel Graphene-based Heterostructures for Alkali-metal ion batteries”项目获2023年度国家自然科学基金外国学者研究基金项目立项。

11月

11月3日 著名的社会活动家，中国国民党革命委员会的杰出领导人，中国共产党的亲密朋友，第十一届全国人民代表大会常务委员会副委员长，中国人民政治协商会议第九届、十届全国委员会副主席，中国国民党革命委员会第十一届中央委员会主席，燕山大学（东重）杰出校友周铁农同志，因病于2023年11月3日16时15分在北京逝世，享年85岁。

11月3—5日 中国机械工程学会空间机构分会主办，燕山大学、北京空间飞行器总体设计部与哈尔滨工业大学联合承办的第一届全国空间机构学术会议在秦皇岛召开，53家科研院所和42家高校的400余名专家学者出席此次会议。

11月9日 燕山大学机械工程学院黄传真教授主持承担的国家重点研发计划“增材制造与激光制造”重点

专项“多种陶瓷材料的光固化增材连续成形理论、关键技术与装备”项目启动会暨研讨会召开。

11 月 10—12 日 虚拟仿真实验教学创新联盟指导，材料类专业工作委员会主办，燕山大学承办的“2023 年材料类虚拟仿真实验教学体系与课程建设研讨会”在秦皇岛召开，31 所高校的 70 余名专家代表参加了研讨会。

11 月 22 日 燕山大学亚稳材料制备技术与科学国家重点实验室主任、材料科学与工程学院刘日平教授和华北理工大学校长、燕山大学亚稳材料制备技术与科学国家重点实验室和国家冷轧板带装备及工艺工程技术研究中心学术带头人张福成教授当选中国工程院院士。

11 月 22 日 “打造一流学术期刊 支撑学科高质量发展”高端论坛暨《燕山大学学报》创刊六十周年座谈会召开，会上为“十佳论文”“优秀审稿人”“团队贡献奖”“特殊贡献奖”“突出贡献奖”等获奖人代表颁发奖杯。

11 月 24 日 燕山大学党委书记赵险峰，党委副书记、校长赵丁选，党委常委、副校长陈国强一行到亚稳材料制备技术与科学国家重点实验室，看望学校新当选中国工程院院士的刘日平教授。

11 月 29 日 秦皇岛市委书记王曦、政协主席闫五一一行来到燕山大学，看望慰问刘日平院士并举行政校银企对接交流会。

11 月 30 日 燕山大学申报的音乐认知科学与音乐治疗人才培养项目获批国家留学基金管理委员会 2024 年艺术类人才培养特别项目立项资助。

12 月

12 月 6 日 河北省科学技术厅指导、燕山大学承办的河北省自然科学基金创新研究群体项目“科学家讲科学”科普讲座（燕山大学专场）活动举办。

12 月 10 日 燕山大学对接京津高校合作发展大会举行，河北省政府副省长、省委教育工委书记、省教育厅厅长董兆伟，北京航空航天大学校长、中国工程院院士王云鹏，华北电力大学校长、中国工程院院士杨勇平，北京高科大学联盟理事长、北京邮电大学原党委书记王亚杰，秦皇岛市委书记王曦、市长丁伟等领导出席大会。燕山大学分别与北京航空航天大学、北京交通大学、北京科技大学、华北电力大学、北京工业大学、河北清华发展研究院签署了战略合作协议，与清华大学马克思主义学院、南开大学科学技术研究部、天津大学机械学院签署了重点项目合作协议。会议期间还举办了“燕山大学对接京津高校创新成果展”。

12 月 11 日 博茨瓦纳国际科技大学校长奥特洛格斯特 • 托托洛（Otlogetswe Totolo）先生和汉语办公室负责人马文慧女士来访，燕山大学党委书记赵险峰亲切会见托托洛校长一行。

12 月 12 日 燕山大学党委书记赵险峰，党委副书记、校长赵丁选，党委常委、副校长陈国强一行赴华北理工大学看望新当选中国工程院院士的张福成教授。

12 月 18 日 燕山大学获批 2023 年度国家社科基金项目 15 项，立项数量创历史新高。

12 月 18—20 日 河北省高等教育学会档案工作分会主办、燕山大学承办的分会第五次会员代表大会暨高校档案工作数字化转型研讨会在秦皇岛召开，学校档案馆（校史馆）馆长郭沛当选为档案工作分会副理事长兼秘书长。

12 月 21 日 燕山大学生命健康与智能医学学院揭牌仪式在康养人才培训中心举行，秦皇岛市市长丁伟、燕山大学党委书记赵险峰共同为学院揭牌。

12 月 21 日 燕山大学召开中国共产党燕山大学学生社区工作委员会揭牌暨燕山大学“一站式”学生社区综合管理模式建设工作推进会议，学校党委书记赵险峰、党委副书记谢延安为中国共产党燕山大学学生社区工作委员会揭牌。

12 月 23 日 燕山大学李大钊研究院揭牌仪式举行，中国李大钊研究会常务理事、天津市党史学会常务副会长、南开大学党内法规研究中心副主任纪亚光和燕山大学党委书记、李大钊研究院院长赵险峰共同为研究院揭牌。

12 月 25 日 燕山大学召开第十二届学术委员会 2023 年度会议。

12 月 28 日 教育部党组成员、副部长吴岩，职业教育与成人教育司副司长林宇，高教司副司长武世兴等一行到燕山大学调研，河北省教育厅副厅长贾海明、张春生，秦皇岛市副市长李国强，学校党委书记赵险峰和党委副书记、校长赵丁选陪同调研。

12 月 28 日 燕山大学举办 2024 年新年音乐会。

12 月 28 日 燕山大学举行 2024 届毕业生就业工作推进大会，会上向荣获学校 2023 届毕业生“就业工作杰出贡献单位”“就业工作先进集体”“就业课程教研工作先进单位”“就业工作先进个人”的单位和个人代表颁发了奖牌和证书。

12月29日 河钢集团有限公司与燕山大学共建"绿色材料智造产业研究院"签约揭牌仪式暨第一次管理委员会议在燕山大学举行，燕山大学党委书记赵险峰、河钢集团副总经理李毅仁共同为研究院揭牌。

（供稿人：档案馆（校史馆）丛楠　学校办公室 孔倩雯）

特载专文

学思践悟谋发展　立德树人建新功
以高质量主题教育引领学校事业高质量发展
——燕山大学学习贯彻习近平新时代中国特色社会主义思想主题教育总结

燕山大学党委坚持不懈用习近平新时代中国特色社会主义思想凝心铸魂，切实把思想和行动统一到党中央、省委决策部署要求上来，在省委第二十一巡回指导组有力指导下，牢牢把握“学思想、强党性、重实践、建新功”的总要求，以高度的政治责任感和历史使命感抓实抓好主题教育，不断夯实捍卫“两个确立”、做到“两个维护”的思想根基。7月21日，倪岳峰书记莅临学校考察并作出重要指示，为我们走好新征程进一步指明了前进方向。学校党委扛牢主体责任，强化政治担当，围绕落实立德树人根本任务，扎实推进理论学习、调查研究、推动发展、检视整改、建章立制有机融合、一体贯通，在以学铸魂、以学增智、以学正风、以学促干上下功夫，切实把主题教育成效转化为学校“双一流”建设和内涵式高质量发展的生动实践。

一、坚持系统观念谋全局，凝聚共识勇担当，着力推动主题教育见行见效

学校党委把开展好主题教育作为一项重大政治任务，坚决扛起主体责任，加强组织领导，强化统筹协调，务求真抓实干，力戒形式主义、官僚主义，教育引导全校师生提高政治站位，凝聚思想共识，做到“一盘棋”推进，确保主题教育各项工作落实落细。

（一）高站位推动，抓好谋划部署，在加强统筹推进上下功夫

学校党委突出“早”字抓谋划，第一时间召开党委常委会，专题学习主题教育相关内容，成立领导机构，党委书记总负责、领导小组统一协调、专项工作组稳步推进，层层压实责任，确保主题教育有力有序开展。高标准、严要求召开学校和基层党委动员部署大会，推动主题教育迅速升温。围绕主题教育总要求，在广泛听取基层党委意见建议的基础上，制定1个实施方案、6个工作方案，明确“规定动作”，细化工作安排。召开领导小组会议4次，研究布置主题教育各项工作；领导小组办公室会议9次，深入落实工作要求、细化方案、制定措施；中层单位推进会、调度会6次，梳理要点、明确要求，强化部署推动、确保工作落实。

（二）高标准引领，抓好示范带动，在有效督导指导上下功夫

校领导班子成员充分发挥“头雁”作用，把领导干部带头贯穿主题教育始终，态度坚决、行动有力，以身作则、率先垂范，一级做给一级看，一级带着一级干，形成以上率下、整体推进的生动局面。校领导班子成员带头开展党委理论学习中心组学习会、读书班领学、主题教育专题党课、调研走访、正反典型案例解剖式调研、问题清单检视整改、为民服务等工作，为基层党委树立标杆。党委书记、领导小组组长赵险峰两次带队深入基层调研主题教育开展情况并给出指导意见，党委副书记、领导小组副组长兼办公室主任带队赴23个基层党委调研指导，面对面听取各单位的意见建议，点对点指出工作中的问题和不足，保质保量将主题教育工作延伸至“组织末梢”。校领导班子成员带头召开调查研究和问题整改调度会，把解决真问题、真解决问题作为工作遵循，督促指导各基层党委每两周召开一次调查研究和问题整改推进会，切实做到破难题、解新题、谋发展。

学校制定主题教育相关文件63份，其中，领导小组发文2份，领导小组办公室发文5份，工作提示22份，工作简报34期；发布有关理论学习、调查研究、问题整改等各类工作通知、提醒100余条，严督实导，着力提高主题教育质效。

（三）高效率运行，抓好机制建设，在提升管理水平上下功夫

学校党委注重构建主题教育工作制度与机制，严格落实固定工作机构、固定负责人员、固定办公地点要求，制定领导小组及办公室工作规则、会议制度，建立主题教育公文流转机制和流转台账，办理公文100余份。创新建设线上“主题教育督导平台”，涵盖“动员部署会”“党委中心组学习”“政治理论集体学习”“支部党员大会”“组织生活会”“处级干部讲党课”“主题党日”“党支部书记讲党课”以及“调查研究”和“问题整改”等功能版块内容，各单位已上传各类信息3766条，提高了督导时效性、精准性，保证了主题教育高质量、高标准、一体化推进。

（四）高质量宣传，抓好舆论引导，在营造浓厚氛围上下功夫

学校党委开通了主题教育专题网站，设置电子屏、展板、橱窗、条幅共71处（块），各二级单位均设置固定点位，多形式全方位进行宣传引导，严防各种“低级红”“高级黑”，推动主题教育深入师生、深入基层、深入人心。制作主题教育宣传视频，刊发《燕山大学报》主题教育理论学习专版3期，通过校园网和微信、微博、学习强国等新媒体平台发布相关报道600余篇，形成立体式宣传态势。学校主题教育理论辅导组、“双线并行”式督导、高质量调查研究、聚焦式问题整改、“一站式”学生社区、助力乡村振兴、服务国家重大需求和河北经济社会发展等特色经验做法，受到中国教育报、河北日报等多家主流媒体关注，先后报道29篇。我校主题教育成果在《河北新闻联播》报道2次，国家重点实验室重组、学科建设有关举措及进展，创新主题教育工作载体等亮点工作被省委主题教育简报采纳3次。

校党委书记、主题教育领导小组组长赵险峰在全省主题教育推进会上，作为全省高校代表作典型发言，汇报交流学校主题教育经验做法。

二、坚持培根铸魂强信念，真读真信真思考，着力推进创新理论入脑入心

学校党委统筹学习资源，构建学习体系，抓实读书班、理论学习中心组学习会、专题辅导报告、专题党课等规定动作，搭建学习平台，开展互促共学、实践育人报告会、师生党员重温入党誓词等特色活动，抓好“关键少数”，影响“绝大多数”，在真学真信真用上下功夫。

（一）构建学习体系，夯实理论学习根基

构建“1+1+6”学习体系，把校院两级党委理论学习中心组作为处级以上干部理论学习的一条主轴，坚持读原著学原文，贯穿主题教育始终。把读书班作为处级以上干部理论学习的一条主干，书记、校长带头讲，校领导班子成员领头学，踏踏实实学足七天。明确了“原原本本学、领导带头学、集中研讨学、专家辅导学、网络平台学、调研实践学”6条学习路径，围绕党的二十大报告、党章、《习近平著作选读》等规定书目，对习近平新时代中国特色社会主义思想全面系统学、融会贯通学，把握精髓要义，自觉用以武装头脑、指导实践，解决学校改革发展中的实际问题。

（二）理论辅导先行，发挥专家智库作用

创新成立由15名马克思主义学院专家组成的理论辅导组，在理论学习、宣讲研讨、教育培训等方面进行整体谋划、指导审查把关，精心设计了“开创马克思主义中国化时代化的新境界”等21讲主题教育专题辅导课程，全部开放给各基层党委、师生党支部进行选学，有效推动理论学习全覆盖。理论辅导组精心选派教师在读书班期间作专题辅导报告，协助邀请中央党校、中央党史和文献研究院、省委党校、省党的建设研究会等单位的领导、专家来校作专题辅导报告，共计15场次，全面提升理论学习质效。

（三）集中学习研讨，推进理论武装深化

制定主题教育党委理论学习中心组学习方案和学习安排，制作学习视频4期和《党委中心组学习参考》6期，增刊2期，组织开展学习研讨。第一时间跟进学习了习近平总书记视察河北重要讲话精神，围绕习近平总书记在广东、陕西、内蒙古、江苏考察时对“以学铸魂”“以学增智”“以学正风”“以学促干”提出的具体要求，树立和践行正确政绩观，浙江“千万工程”经验案例，中央、省委民主生活会学习要求等内容开展6次集中学习会。

制定并印发了主题教育读书班工作方案，面向处级以上干部举办读书班学习活动。读书班期间，书记、校长率先开讲，累计面向处级以上干部开展11场专题辅导报告，校领导班子成员牵头10个学习小组研读研讨，各开展专题研讨3次，22个基层党委和23个机关职能部门党支部各开展专题研讨3次。针对读书班期间请假学员，开展主题教育读书班集中补学，校领导带头参加。

校党委、各基层党委执行党委会“第一议题”制度，及时跟进学习习近平总书记最新重要讲话精神和重要指示批示，建立“第一议题”学习台账，坚持先学一步、思考在前，做好理论学习强信念的表率。

师生党员按照中央指定的3本书目，主要依托“三会一课”、主题党日、集中政治理论学习等形式组织学习，坚持从实际出发，坚持做好“结合”文章，切实激活广大师生党员学习动力，全校党支部开展“三会一课”2487次、主题党日1624次。

（四）丰富学习方式，加强干部促学领学

处级以上干部原原本本通读5本必读书目、3本选读书目，处级干部利用暑假期间专门制订自学计划，做到经常学、反复学、深入学，并通过网络平台完成河北省学习贯彻习近平新时代中国特色社会主义思想等3个专题网班共78学时的学习考核。

充分发挥党员领导干部的引领作用，继承好、发扬好讲党课这一优良传统。主题教育领导小组逐一审定校领导班子成员讲党课意向题目，严格要求、压实责任。9名校级党员领导班子成员、165名处级党员领导干部、311名党支部书记精心准备讲稿，各级党委严格审核把关，高质量完成485场主题教育专题党课，引领广大党员、干部进一步学深悟透、深刻把握习近平新时代中国特色社会主义思想，增进对党的创新理论的政治认同、思想认同、理论认同、情感认同。

（五）创新形式方法，引领学生学习实践

创建“共学堂”，搭建机械工程学院和马克思主义学院共同学习新平台，以基层党建推动立德树人高质量发展。引进北京科技大学创新创业金课“跟党学创业”，强化“思创融合”建设，构建“思政课程＋课程思政＋实践活动＋文化浸润”的大思政育人格局。举办“新时代·新青年”青春心向党、奋斗新征程系列活动10期，邀请冬奥冠军徐梦桃、全国道德模范崔译文、青年科技专家石庞、珠峰高程测量队员徐伟航、全国劳动模范竺士杰、优秀学生代表等与师生面对面交流，开展五四特别主题团日、青春诗会、青春分享会等主题鲜明、内容丰富、反响热烈的主题教育，有效扩大主题教育覆盖面，将主题教育成果转化为育人实效，引领青年学子成长成才。

三、坚持问题导向破难题，扑下身子查实情，着力推动调查研究做深做透

学校党委严格对照党中央和省委提出的12个方面调研内容，科学统筹、深入一线，大力弘扬求真务实的作风，着力提高调查研究的质量。

（一）围绕“四个聚焦”，科学统筹有序推进

学校党委聚焦习近平总书记关于建设教育强国、科技强国、人才强国的重要论述，聚焦发展战略路径、办学视野格局，聚焦提升服务地方经济社会发展能力，聚焦师生急难愁盼、干部工作作风四个方面，研究制定调查研究工作方案，明确12个选题方向，确立正、反面典型案例解剖式调研课题各24项。校党委书记、校长各牵头1项重大专题调研，校领导班子成员牵头课题调研9项，中层单位领导班子成员每人牵头1项调研课题开展调研，开展了“剖析案例做调研”“聚焦发展做调研”“深入师生做调研”“服务政企做调研”等多个方面的调查研究工作。

认真贯彻落实习近平总书记重要批示精神，坚决防止和纠正调查研究不良倾向，采取校领导和部门之间“嵌入式”调研、部门与部门之间“联动式”调研、调研人和调研对象之间“座谈式”调研、调研课题与日常工作相结合的“融合式”调研等模式，有效避免了多头调研、扎堆调研、盆景式调研，使调查研究工作与中心工作协同推进。

（二）突出“三个吃透”，推动调研走深走实

一是“吃透上情”。学校党委和各基层党委通过党委会、“第一议题”、党委理论学习中心组学习、读书班等形式，专题学习习近平总书记关于调查研究的一系列重要论述，练好调查研究“基本功”。二是“吃透内情”。坚持把“千万工程”和“浦江经验”作为典型案例，落实一线工作原则，下沉到宿舍、食堂、课堂、实验室、“一站式”社区听取广大师生的意见建议，集中解决了一批事业所需、师生所盼、基层所望的问题。校内调研点位数528个，解决问题125个。三是“吃透外情”。坚持走出燕大看燕大，到部委厅局、兄弟院校、地方政府、企事业单位考察交流、寻计问策、开拓思路，以调研开思路，以调研开新局，外出调研点位数273个。

（三）围绕“两个清单”，推进成果科学转化

坚持将调查研究贯穿主题教育全过程，努力在调查研究课题实效化、调查研究成果高质量转化、调查研究工作常态化三方面做好调查研究“后半篇文章”。

每项调研课题均制定调研清单和成果转化清单，进行“一周一报”和“问题清单”即时更新工作制度，切实抓好问题整改销号，把解决问题作为调研成效的“试金石”。对调研中发现的问题即知即改，立行立改，并通过创新制度机制、开展相关工作举措等方式，将调研成果及时“落地”，使调研成果转化为推动学校内涵式高质量发展的实际举措，真正实现“调、研、用”的良性循环。调研发现的125个问题全部解决，转化工作举措118项（推动事业发展方面79项，难点堵点痛点问题整改方面39项）、制度机制98项（推动事业发展方面59项，难点堵点痛点问题整改方面39项）。

党委书记赵险峰领题重大专题调研，制定了《生命

健康与智能医学学院筹建方案》，为推动我省生命健康领域创新驱动发展提供科技支撑和智力保障。校长赵丁选领题的调研，实现了起重机械关键技术全国重点实验室顺利揭牌，为提升国家战略科技全球竞争力等提供坚强科技支撑。其他校领导班子成员从安全稳定工作、本科教学质量保障体系建设、智库队伍建设、学校资产管理信息化、研究生教育综合改革、学校重点领域廉政风险防控制度体系、美丽校园建设等方面开展调研，问计问需问效，出台政策举措，切实解决实际问题，取得了丰硕的调研成果。

各基层党委和职能处室也从不同角度开展调研，机械工程学院调研成果转化中，出台了《机械工程学院师生党员参加组织生活的有关规定》《“机械工程学院党委－马克思主义学院党委”习近平新时代中国特色社会主义思想“共学堂”实施方案》等制度机制，推动了党建与业务深度融合，以高质量党建促进学院事业高质量发展。

（四）突出“一正一反”，开展案例警示借鉴

以正面典型为标杆，以反面案例为镜鉴，总结经验教训，检视存在问题，共形成制度机制 19 项，开展工作举措 64 项。学校层面形成《聚焦特色优势推动学科建设发展的成功经验》正面典型案例调研，通过组织召开学校学科建设经验交流会，将机械工程、材料科学与工程学科建设的成功经验推广至其他学科，提高学校学科建设整体水平，14 个二级学院相继召开学科建设研讨会，进一步明确了学科建设思路。围绕《学生住宿条件改善不快、未能及时满足学生利益诉求》的反面案例，建立整体维修改造工作模式，形成非公寓主体结构改造的四年一轮次系统维保机制，并对新建学生公寓进行规划。学校领导班子和处级领导班子按要求组织调研成果交流会，结合正反面典型案例，总结经验启示，检视存在问题，摸清相关问题，找准关键症结，并提出解决办法和措施。

四、坚持靶向痛点狠发力，动真碰硬补短板，着力推动检视整改有力有序

学校党委坚持目标导向、问题导向，将“持续学”“当下改”与“长久立”贯穿主题教育始终，边学习、边对照、边检查、边整改，全面梳理问题，扎实抓好整改。

（一）立足持续发展，着眼重点领域，精准全面开展问题检视

学校党委对标对表习近平总书记系列重要讲话精神和重要指示精神，严格按照省委有关部署要求，坚持以理论学习清醒对照检视自身不足，全员动员、全领域覆盖，自始至终奔着问题去、奔着解决问题去。

立足主题教育“进行时”，围绕 4 个方面、8 个渠道，着眼学校发展“未来时”，聚焦理论学习、“双一流”建设和内涵式高质量发展、大学生思想政治教育、国家级重点实验室建设和优化重组、基层党建、拔尖创新人才培养、高质量科研获奖、人才引育留用机制、校园廉洁文化建设、民生服务项目等重点领域，将影响学校改革发展的体制机制障碍一起检视、共同研究，经过近 10 轮修改完善，找准查实突出问题，形成了全面、准确的“问题清单”。对问题清单逐条进行党性分析，深挖思想根源，找准问题症结，确保问题定位精准、措施行之有效，力戒形式主义、官僚主义。学校问题清单中检视问题 10 个，二级单位问题清单中检视问题 168 个。

（二）紧盯问题清单，分类细化措施，全力以赴抓好整改落实

坚持问题导向与目标指向相统一，以“抓铁留痕”的态度进行整改，对检视出的 10 个工作领域的问题清单，分类制定整改整治台账，逐项细化分解，形成 54 项整改措施，二级单位形成整改措施 520 项。明晰整改路线和完成时限，明确牵头领导，落实具体负责人。责任单位每两周召开 1 次整改整治推进会，研究部署推进整改整治工作。对能立行立改的，马上行动、立刻着手解决；需要长期推进的问题，盯住不放、持续加力。建立整改整治联络员机制，挂图作战、台账管理、倒计时推进，紧盯各项整改措施按期落实到位。学校限期整改的 8 个问题均已落实到位，长期坚持的 2 个问题也已取得了明显成效，并制定了进一步的工作举措，以钉钉子精神紧盯不放。学校层面各项整改举措取得成效 54 项，二级单位取得成效 520 项。学校整改整治进展及成效及时通过新闻宣传等形式进行公开公布，形成校内稿件 500 余篇，校外媒体报道 20 余篇。

（三）锚定关键要害，明确目标任务，动真碰硬推进专项整治

学校党委坚持以师生员工为中心的发展理念，从站在保障改善民生的高度和更好满足师生学习工作生活需求的角度深入查摆分析，有针对性地选取民生项目短板问题作为专项整治重点内容，制定专项整治方案，明确整治目标，提出了 8 项整改举措，并以公文形式发放至二级单位，向党员干部进行公示。学校主题教育专项整治牵头负责人、校党委常委、副校长蔡星周组织召开工作会议3次，实地走访、现场推进2次，推动专项整治和服务师生工作落地落实。目前学校《主题教育专项整治方案》8项整改措施已全部落实到位，专项整治取得了明显成效，建设了一批惠及民生的项目，着力解决了一批师生关心关注的热点难点问题，修订出台了《燕山大学经费审批、使用和报销管理办法》《燕山大学财务制度》等文件，形成了服务民生、保障民生、赋能民生的长效机制，师生的获得感和幸福感、安全感不断增强。

（四）完善顶层设计，抓好建章立制，持之以恒巩固整改成效

坚持“当下改”和“长久立”相结合，把制度建设作为体现和巩固整改整治成果的重要举措。对多点出现、反复发生的问题深入研究其规律性，查缺补漏、出台政策；对立行立改问题，从思想上挖根源，从机制上查瓶颈，提出完善顶层设计的意见建议，及时以制度形式固定下来。学校层面整改整治建立完善《基层党委党员领导干部联系师生党支部、青年教师工作制度》《燕山大学本科教育教学审核评估工作方案》《燕山大学青年教师导师制实施办法》《燕山大学教师试讲考核办法》《燕山大学职称评审工作实施细则（试行）》《关于加强校园廉洁文化建设的实施方案》等制度18个，二级单位整改建立完善制度120个。通过健全完善一批管长远、固根本的长效机制，切实把主题教育成果转化为推进学校事业高质量发展的强大动力。

（五）创新工作手段，实现管理闭环，双线并行推进立体督导

一是创新方法、谋求实效，应用信息化手段开展督导检查。充分利用信息技术快捷、便利、时效性强等特点，建设“主题教育督导平台”，能够实现实时督导、精准指导、分类汇总、成果晾晒、数据共享、学习借鉴等多项功能，确保主题教育规定动作不走样、具体举措不漏项。处级以上领导干部主动认领整改任务，加强领导，精心组织，有力有序推进各项工作。通过督导平台公开公示先进工作经验，实现整改各单位借鉴学习、各项工作有机融合，放大叠加效应和联动效应，形成“比学赶超”的良好氛围。二是双线并行、闭环管理，助推主题教育各项工作提质增效。结合督导平台线上督导，通过不定期随机现场抽查和定期全覆盖检查两种形式，形成“线上督导+线下检查”的“双线”并行工作机制，实现主题教育督导闭环管理。完成对23个基层党委的两轮“全覆盖”调研督导和一轮抽查，通过实地走访、查阅资料、沟通交流等方式，详细了解了各基层单位主题进展情况，探讨如何聚焦本单位实际情况和中心工作解决各项事业发展的痛点难题。同时，针对主题教育的开展情况提出具体的指导意见，确保主题教育各项工作扎实开展、取得成效。

五、坚持践行知信行统一，敢为善为出实绩，着力推动事业发展高质高效

学校党委坚持把开展主题教育与推动中心工作、促进事业发展紧密结合，把“建新功”作为根本标尺，以强化理论学习指导发展实践，以细化调查研究破解发展瓶颈，以深化问题整改推动解决发展难题，实干担当促发展、践行宗旨办实事，将“问题清单”转化为“成效清单”，以推动学校各项事业高质量发展的新成效检验主题教育成果。

（一）强化党建引领，构建大思政育人格局

学校党委加强政治引领，教育引导广大党员干部坚持不懈用习近平新时代中国特色社会主义思想凝心铸魂，自觉地在思想上政治上行动上同以习近平同志为核心的党中央保持一致。作为“全省党建工作示范高校”，通过召开党的建设工作会议，制定年度党的建设重点任务，制定《关于落实河北省高校党建领航工程的工作方案》，修订《基层党委书记抓基层党建工作实施细则》，组织党建工作交流研讨会等形式进一步对标对表，不断夯实党建工作基础。机械工程学院党委等3个党组织顺利通过全国高校党建示范创建和质量创优工作中期考核，学校党委等4个党组织顺利通过河北省新时代高校党建示范创建和质量创优工作中期考核，机械工程学院冶金机械系研究生第三党支部顺利通过第二批全国高校“百个研究生样板党支部”验收。评选表彰了一批全校各条战线上涌现出来的30个先进基层党组织、50名优秀共产党员和50名优秀党务工作者，在全校上下形成了对标争先、奋发作为的浓厚氛围。学校党员组织生活馆组织了“熠熠青春逢盛世、奋斗追梦正当时”纪念五四运动学习活动、“不忘初心方致远、砥砺奋进再出发”庆祝中国共产党成立102周年学习活动，春季学期接待150余场次4000余人到馆参观学习、开展主题党日、讲微党课、过政治生日等组织生活，为开展主题教育提供了生动的教育阵地。建成“寓”见美好、“寓”见关爱、“寓”见知心等7个新时代大学生文明实践中心，立体化满足学生在思想教育、学业指导、心理帮扶、爱心资助等多方面需求，以精准滴灌的方式将思想政治教育融入大学生生活场域。

（二）破解瓶颈难题，推动学校高质量发展

聚焦学校发展中存在的重点问题和薄弱环节，查找原因、分析根源，集中力量调动各方资源，全力以赴攻坚克难。亚稳材料制备技术与科学国家重点实验室是河北省唯一的学科类国家重点实验室，为有效推动其优化重组工作，专门成立“实验室优化整合工作领导小组”，紧密跟踪上级部门对重组工作的导向要求，争取专项政策支持，持续完善实验室重组建设方案，投入实验室扩建专项资金，扎实推进人员、场地、经费、设备和招生等各项任务落实。完善和规范学校博士教师招聘工作流程，持续加强高层次人才队伍建设和青年骨干教师引进培养，不断改进工作措施。主题教育期间，引进优秀博士中青年骨干教师 35 名，燕山学者“拔尖人才”A 类 1 名，“优秀人才”A 类 1 名、B 类 5 名、C 类 5 名。着力破解学科布局不够完善的发展难题，召开学科建设与研究生培养专题调研会，聘请第三方机构对学校 14 个一级学科博士点、部分一级学科硕士点作分析报告，对学校学科建设工作全面诊断，重点谋划材料与化工专业学位博士点申报，积极推进数学、化学等基础学科博士点，以及纳米科学与工程、设计学等交叉学科博士点申报，努力推动学科交叉融合和交叉学科建设，加强基础学科建设，扩充专业学位授权类别。

（三）提升服务能力，融入现代化建设大局

以服务国家重大战略和地方经济社会发展为己任，积极发挥我校在高科技人才和科技创新方面的优势。不断增强科技成果转移转化和产业服务能力，修订了《燕山大学科技成果转化管理办法》，制定了《燕山大学赋予科研人员职务科技成果所有权或长期使用权试点工作实施细则（试行）》，充分调动科研人员开展科技成果转化工作的积极性，不断提高科研服务人才培养、服务社会需求的水平。主动对接河北省产业发展需求，有效推进建设“燕山大学（鹿泉）新一代电子信息产业技术研究院”，在临西县设立了“华北轴承智能制造产业孵化基地”，在任泽区设立了“邢湾智能制造产业科研中心”，与深州市、新河县先后共建技术转移分中心。学校成功入选首批河北省“工业医院”，将成为学校以科技创新助力河北工业产业转型升级的重要新平台。深入贯彻落实习近平总书记关于碳达峰、碳中和工作的重要讲话和指示批示精神，成立双碳科学与技术研究院，瞄准“双碳”领域的重要关键技术，围绕绿色燃料制备科学与技术、储能科学与技术、双碳战略与政策法规等方向开展研究工作，积极服务国家“双碳”战略。为企业“把脉治病”，机械工程学院师生为中信戴卡自主研发轮毂边角精整加工设备，节约至少 40% 的人力成本，让更多创新成果加快转化为创新成效。3 支驻村工作队“扎根乡村，服务围场；投身振兴、福惠百姓”，组织专家到村解读党的精神，助力开展讲文明树新风活动，发挥专业特长，为农村生活污水处理提供个性化建议，对农作物生长期进行动态监测，提升种植品质，引导青年学子社会实践训练营参与乡村振兴。

（四）立足岗位职责，坚持为民服务作贡献

积极推动党员、干部完整、准确、全面贯彻新发展理念，树立和践行正确政绩观。深入落实习近平总书记关于“三个区分开来”重要指示要求和关于容错纠错思想的丰富内涵，坚持严管和厚爱相结合、激励和约束并重，建立了干部激励机制和容错纠错机制，进一步激励党员干部敢于担当、积极作为。积极组织引导党员、干部在立足本职、服务群众、奉献社会中发挥积极作用。如：面对汛期强降雨增多情况，关注恶劣天气下道路积淤积水情况，及时排查清理道路积水情况，全力保障雨后校园清洁与道路通畅；组织开展专项清理志愿服务活动，为暑期到图书馆学习备战考研学生和师生读者打造一个整洁、舒适、安全的公共学习环境；在毕业季以远低于市场价的协议价确定多家快递公司在毕业生离校期间提供上门收取快件的快递绿色通道服务；智能制造平台建设完成验收，为改善工训条件、提升学生能力向数字化智能化发展提供保障等。深入贯彻落实习近平总书记重要讲话精神，强化为师生服务的意识和能力，多措并举办实事解民忧，切实推动主题教育与民生实事互融共进。围绕办实事、服务民生梳理问题清单和工作台账，坚持以问题为导向，不断细化落实举措，强化为师生服务的意识和能力。根据师生反映较多的办理报销手续流程烦琐、科研经费落款速度较慢、学生宿舍基础设施不完善、食品安全监管有缺陷、校园网络服务不优等 6 项民生问题建立民生项目清单。与开展服务民生、解决民生短板问题专项整治行动、问题清单整改、“为师生办实事”等一体推进，同步落实。截至目前，已推进落实 19 项具体措施，为师生办实事 170 件，切实把惠民生、暖民心、顺民意的工作做到师生员工心坎上。

学校党委将持续深入学习贯彻习近平新时代中国特色社会主义思想，做好主题教育后半篇文章，进一步总结提升，凝练成功经验和做法，总结问题和不足，推动主题教育取得更大实效。紧密结合学校工作实际，坚持不懈推动主题教育学习成果的巩固和深化工作，汲取思想伟力，把学习成效转化为党员干部干事创业的精气神和苦干实干的自觉行动，以坚定的政治站位、强烈的责任担当、过硬的工作作风，做好“强国建设、教育何为”“强省建设、燕大何为”的时代答题人，加快推进学校“双一流”建设和内涵式高质量发展，为加快建设经济强省、美丽河北，奋力谱写中国式现代化建设河北篇章贡献燕大力量。

关于深入学习贯彻习近平总书记重要讲话精神，加快推进“双一流”建设、实现内涵式高质量发展，为谱写中国式现代化建设河北篇章贡献燕大力量的实施方案

一、形势背景

（一）党和国家对高等教育发展提出新的更高要求

推进中国式现代化赋予高等教育发展新使命。党的二十大明确提出“以中国式现代化全面推进中华民族伟大复兴”，并强调“教育、科技、人才是全面建设社会主义现代化国家的基础性、战略性支撑”。高等教育作为教育体系的龙头，其发展水平是国家发展水平和发展潜力的重要标志，以高等教育高质量发展支撑中国式现代化既是建设教育强国的应有之义，也为经济社会发展提供基础支撑。习近平总书记在主持中共中央政治局第五次集体学习时，总结了我国建设教育强国的进展和成就，分析了面临的形势和需要解决的问题，围绕我国建设什么样的教育强国、怎样建设教育强国这一重大课题，进行了深入细致的分析和全面系统的部署，确定了加快建设高质量教育体系的目标，明确指出“建设教育强国，龙头是高等教育”“要把加快建设中国特色、世界一流的大学和优势学科作为重中之重”。习近平总书记的指示和要求，为建设高等教育强国、大力提升高等教育影响力和竞争力，指明了前进方向，提供了路径遵循。

京津冀协同发展等重大国家战略为学校发展提供新机遇。习近平总书记在河北视察时指出，京津冀作为引领全国高质量发展的三大重要动力源之一，拥有数量众多的一流院校和高端研究人才，创新基础扎实、实力雄厚，要强化协同创新和产业协作，在实现高水平科技自立自强中发挥示范带动作用，要构建产学研协作新模式，提升科技成果区域内转化效率和比重。借助京津资源推进协同创新发展，河北高等教育大有可为。省委书记、省人大常委会主任倪岳峰来我校调研考察时强调，要充分发挥学校学科优势，围绕我省主导产业和特色产业集群，加强科技研发，推动更多科技成果走出实验室，转化为现实生产力，为我省高质量发展提供有力科技支撑。京津冀协同发展战略在地缘优势、政策红利、资源集聚等方面，为学校实现跨越式发展提供了难得的历史机遇。

建设教育强国对教师队伍建设提出新标准。第三十九个教师节来临之际，习近平总书记致信全国优秀教师代表，强调要大力弘扬教育家精神，深刻阐释了中国特有的教育家精神的时代内涵。高校教师要自觉以教育家为榜样，把教育家精神转化为执教的理想和追求，牢记为党育人、为国育才使命，不断增强自身综合素质与水平，切实做到心有大我、言为士则、启智润心、勤学笃行、乐教爱生、胸怀天下，积极投身强国建设民族复兴伟业。

（二）党的二十大召开以来，学校各项工作高效推进，发展基础更加坚实

扎实开展学习贯彻习近平新时代中国特色社会主义思想主题教育。牢牢把握“学思想、强党性、重实践、建新功”总要求，一体推进理论学习、调查研究、推动发展、检视整改等重点措施。建立“1+1+6”理论学习体系，坚持问题导向开展调查研究，坚持靶向痛点发力开展检视整改，坚持把开展主题教育与推动中心工作、促进事业发展紧密结合，把学习成效转化为具体实践，解决了一批发展所需、改革所急、师生所盼、民心所向的问题。学校主题教育工作在全省第一批主题教育总结评估中获评“好”等次。

党的全面领导持续加强。坚持把学习贯彻党的二十大精神、习近平总书记重要讲话和指示批示、中央重要决策部署作为党委常委会“第一议题”。制定了《深入学习宣传贯彻党的二十大精神工作方案》。3个党组织顺利通过全国高校党建示范创建和质量创优工作中期考核，1个党支部顺利通过第二批全国高校“百个研究生样板党支部”验收。

人才培养质量继续提升。制定了《关于加强新时代学生思想政治工作的实施意见》，建成8个“一站式”学生社区工作站；1人入选2022年教育部思政工作中青

年骨干；蝉联河北省高校辅导员素质能力大赛团体特等奖；1 个团支部获评全国“五四红旗团支部”；562 名冬奥师生志愿者圆满完成各项任务，荣获国家突出贡献个人以及河北省先进集体等市级以上荣誉 66 项；斩获第八届中国国际“互联网 +”大学生创新创业大赛主赛道金奖。

学科建设取得突破进展。学校在教育部第五轮学科评估中取得突破性进展，机械、材料学科共同进入学科第一方阵；制定了《加快“双一流”建设实施方案（2022—2025 年）》；着力打造两大高峰学科，2022 年获批河北省“双一流”建设经费 2.4 亿元，占全省总经费的 48%。

科研创新能力不断加强。与中联重科股份有限公司重组成功起重机械关键技术全国重点实验室，亚稳材料制备技术与科学国家重点实验室重组工作有序推进，实现了两个优势学科各有一个国家重点实验室的夙愿；成立双碳科学与技术研究院；获批“智能控制与神经信息处理”教育部重点实验室；再次入选国家国防科技工业局与河北省人民政府共建高校，成为省内唯一“局省共建”高校。

师资队伍建设成效显著。新增全国高校黄大年式教师团队 1 个；新增教育部“长江学者”特聘教授 1 名、讲座教授 1 名、青年学者 1 名，国家杰青 1 名，国家优青 1 名，国家海外优青人选 3 名；新增优秀中青年骨干教师 198 名；引进 2 名外国院士，获批外国院士（诺奖）工作站；制定了《深入实施新时代人才强校战略的若干措施》。

社会服务水平快速提升。获批省内首批“河北省工业医院”；新增“鹿泉新一代信息技术产业研究院”等 7 个校政企合作创新平台；深化“科技创新 + 县域经济”校地企融合对接，与邢台市政府签署全面战略合作协议；为社会提供各类科技服务 1000 余项，合同额 3.6 亿元，服务企事业单位 600 余家；73 篇咨政报告获得省部级以上领导批示。

国际合作交流开辟新领域。获批博茨瓦纳国际科技大学孔子学院；与美国托列多大学共建燕山大学托列多学院；加入南亚东南亚大学联盟；与 9 所海外高水平大学签署合作协议；欧洲学院完成增设硕士研究生培养层次合作协议签署工作；西里西亚智能科学与工程学院获批硕士研究生学历教育层次培养资格。

办学保障条件明显改善。直面新冠疫情大考，打赢了校园疫情防控阻击战；完成学生宿舍校园全光无线网络改造及整体调整优化；完成康养人才培训中心、先进结构材料研究中心项目和多功能风雨操场项目的施工工作；制定了防范化解重大风险隐患工作实施方案，常态化开展重大决策社会稳定风险评估研判，平安校园建设稳步提升。

（三）勇担发展重任，应对风险挑战，奋力走好第四次创业新征程

近年来，学校综合实力和办学水平显著提高，但仍存在许多不足，面临不少困难和挑战，主要是：制约学校发展的一些关键环节和重点领域的改革仍需加快；创新人才培养模式有待完善；优质教学资源供给能力仍显不足，教学管理服务水平需要提升；基础研究仍需加强，原始创新能力还需提升，“撒手锏”式的原创性成果还不够多，对解决国家“卡脖子”问题的贡献还不够大；新兴交叉学科建设力度不够，针对热点领域和主流方向的前瞻性布局不足；哲学社会科学主攻方向不够明确；领军人才、高水平创新团队仍然紧缺；国际交流与合作的影响力还不够大；服务国家战略和地方经济社会发展能力还需进一步提升；治理体系和治理能力现代化水平距离一流大学仍有较大差距。国家级科学技术奖、国家级教学成果奖等标志性成果的缺项，高端人才、尖端成果的不足，对学校冲击“双一流”建设高校的制约日益明显。

未来三年，是我国从“教育大国”向“教育强国”迈进的关键阶段，也是我校实现多重发展的机遇期、深化改革的攻坚期和加快“双一流”建设、实现内涵式高质量发展的黄金期。面对新机遇和新挑战，全校上下要乘势而为、积极作为，找准定位，发挥自身优势，进一步提升学校治理体系和治理能力现代化水平，更好服务国家重大战略和河北经济社会发展需求，加快形成新优势，培育壮大新动能，开拓发展新空间，答好“推进中国式现代化，燕大何为”的新命题，为建设经济强省、美丽河北，奋力谱写中国式现代化建设河北篇章作出新的更大贡献。

二、总体要求

（一）指导思想

坚持以习近平新时代中国特色社会主义思想为指导，全面贯彻落实党的二十大精神，深入学习贯彻习近平总书记关于教育、科技、人才的重要论述，全面贯彻党的教育方针，坚持党对教育事业的全面领导，落实立德树人根本任务，以为党育人、为国育才为根本目标，以服务中华民族伟大复兴为重要使命，以“加快推进

‘双一流’建设和内涵式高质量发展，投身中国式现代化建设”为主线，为建设经济强省、美丽河北，奋力谱写中国式现代化建设河北篇章贡献燕大力量。

（二）基本原则

——坚持党建引领

毫不动摇坚持和加强党对学校工作的全面领导，坚持和完善党委领导下的校长负责制，确保党的教育政策和党中央重大决策部署有效贯彻落实，以党建新成效引领学校各项事业发展开新局、谱新篇。

——坚持立德树人

把立德树人成效作为检验学校一切工作的根本标准，牢记为党育人、为国育才使命，坚持不懈用习近平新时代中国特色社会主义思想铸魂育人，培养造就大批德才兼备的燕大“栋梁”，为中国式现代化建设提供更加坚实的人才支撑。

——坚持人才强校

把人才强校作为学校发展的优先战略。加强基础研究人才、国家急需高层次人才、哲学社会科学人才等高素质人才培养。在人才引进培育、管理服务和考核激励等方面构建科学高效、功能完善的工作体系。

——坚持科技创新

不断完善科技创新体系，强化科技创新能力，主动服务重大国家战略、河北经济社会发展。大力推进交叉融合学科建设，繁荣哲学社会科学，深化产学研合作，加速科研成果转化，以服务求支持、以贡献谋发展，推动学校特色发展与地方经济社会高质量发展之间形成良性互动。

——坚持深化改革

立足办学实际，深刻认知当前面临形势，准确把握学校发展新阶段的目标要求，以推进教育强国、教育强省建设为指引，持续深化教学、科研、人才队伍等重点领域综合改革，持续增强发展动力和活力。

——坚持系统谋划

统筹教育、科技和人才三大体系建设，坚持“跳出燕大看燕大”，用长远的、发展的观点正确处理和解决学校面临的改革与稳定、发展与安全等领域的重大风险挑战，实现办学质量、规模、速度、效益、安全相统一。

（三）总体目标

经过持续努力和奋斗，到2026年6月，学校办学特色更加鲜明，综合实力显著增强。具有燕大特色的党建思政体系、人才培养体系、学科发展体系、科技创新体系、服务发展体系、对外开放体系、精神文化体系和现代大学治理体系日臻完善，学校各项核心指标均有显著提高。1～2个学科达到国家一流学科建设水平，学术研究引领作用显著增强，师资队伍整体达到国内同类高校领先水平，服务国家、地方经济社会发展的能力显著提高。学校整体实力、社会声誉得到大幅提升，具备跻身新一轮国家“双一流”大学建设行列实力，为建成特色鲜明、国内一流、世界知名的研究型大学奠定更加坚实的基础。

三、主要任务与举措

（一）实施“凝心铸魂强基固本”行动，推动党建高质量发展，筑牢事业发展基石

主要任务：坚持不懈用习近平新时代中国特色社会主义思想铸魂育人，全面加强党的建设，落实全面从严治党主体责任，确保学校社会主义办学方向，把党对高校的全面领导落实到办学治校、教书育人全过程。

工作举措：

1. 加强党的全面领导，把牢正确办学方向。坚持和完善党委领导下的校长负责制，不断健全完善党委统一领导、党政分工合作、协调运行的工作机制，切实发挥好把方向、管大局、作决策、抓班子、带队伍、保落实职责，把党的领导落实到办学治校全过程各方面。坚持把学习贯彻党的二十大精神、习近平总书记重要讲话和指示批示、中央重要决策部署列为党委常委会“第一议题”。严格履行管党治党主体责任，党委书记切实履行第一责任人职责，班子成员认真落实“一岗双责”，压紧压实学校各级党组织政治责任。认真做好巡视整改工作，按时完成整改问题销号。大兴调查研究之风，每年常态化开展校领导班子调查研究工作，班子成员每人牵头1个课题开展调研，每月至少1次深入基层调查研究。加强对学校重要决策部署贯彻落实情况的督促检查，每年开展定期督查不少于2次，专项督查不少于5次。加强学校领导班子成员对分管部门和联系学院的指导和督查。完善保密管理体制机制，确保顺利通过新一轮保密资质认定。**（责任单位：学校办公室）**

2. 加强思想政治建设，巩固意识形态阵地。坚持党管意识形态，党委常委会定期研究意识形态工作。维护网络意识形态安全，完善突发事件网络舆情应急处置机制，统筹分析研判和引导校园网络舆情，定期印制《网情参阅》《网络舆情快报》。加强宣传思想文化阵地管理，严格执行哲学社会科学报告会、研讨会、讲座、论坛等审批制度。加强对学校微博、微信公众号的管理，

做好重大活动和热点问题、突发事件的网上舆论引导。**（责任单位：党委宣传部）**

3. 加强干部队伍建设，锻造发展中坚力量。优化干部选拔任用工作流程。加强领导班子和干部队伍综合分析研判。加大优秀年轻干部培养选拔力度。不断完善中层单位党政领导班子和处级领导干部考核办法。完善干部激励机制，建立走访慰问制度和定期谈心谈话制度。完善培训内容，改进培训方式。大力推进学校党校建设，打造精品课程，拓展现场教学基地。拓展干部教育培训载体，开展校内机关部门与基层学院的“双向互派”挂职锻炼，选派优秀干部到地方部门、高水平大学等校外单位进行跟班学习。**（责任单位：党委组织部）**

4. 加强基层组织建设，筑牢坚强战斗堡垒。做好基层党委书记抓基层党建工作述职评议考核，确保党建工作任务落实落地。推进教师党支部书记“双带头人”培育工程。加强专职组织员队伍建设，明确岗位设置、工作职责等。培树新一批党建标杆党委、样板支部和“双带头人”党支部书记工作室、优秀共产党员等先进典型。修订完善《发展党员工作指导手册》。制定《党校工作细则》。加强对入党积极分子、发展对象和党员的分层分类教育培训，每年培训不少于7000人次。加强党员组织生活馆建设管理，每年开展3～4次学习教育活动。落实党内激励和关怀帮扶机制。**（责任单位：党委组织部）**

5. 加强纪律作风建设，营造风清气正环境。以“责任清单”为抓手，统筹发挥“四责协同”联动效应，推动全面从严治党责任落实落细。坚持标本兼治，一体推进不敢腐、不能腐、不想腐。强化党风廉政教育和廉洁文化建设，推进落实学校《关于加强校园廉洁文化建设的实施方案》，每年开展集中性警示教育不少于1次，廉洁文化活动不少于2次，建立“线上＋线下”廉洁教育平台，不断增强不想腐的自觉。推进政治监督具体化、精准化、常态化，以政治监督为统领，努力构建“日常监督常态化、专项监督精准化”工作格局，围绕党中央及上级决策部署，跟进监督、创新监督，紧盯关键少数、重点岗位、关键节点，每年开展各类监督不少于50次。建立完善制度体系，加强制度执行情况的监督检查，统筹协调各类监督，建立健全与各监督主体信息沟通、分析研判、线索移交、措施配合、成果共享机制，逐步扎紧不能腐的笼子。保持惩治腐败高压态势，及时严肃查处违规违纪行为，加强纪律执行力度，强化不敢腐的震慑。进一步完善作风纪律考核机制，持续巩固风清气正的校园政治生态。**（责任单位：纪委办公室（监察处））**

（二）实施“多向锻造全面育人”行动，提高人才自主培养质量，培养拔尖创新人才

主要任务：落实立德树人根本任务，不断完善“多向锻造式”大思政育人格局。坚持“五育”并举，注重以“工匠精神”培养学生，以“卓越目标”锻造学生，以“创新思维”拓展学生，不断深化“课程思政＋思政课程＋实践育人＋文化浸润”育人体系，促进价值塑造与人格养成、知识传授与能力培养有机结合。

工作举措：

1. 加强思想政治教育。贯彻落实《关于加强新时代学生思想政治工作的实施意见》，修订完善《新时代“翔燕工程”思政育人体系的实施意见》。全面开展“一站式”学生社区综合管理模式建设，深入推进学生社区党的工作委员会建设，建强用好8个新时代大学生文明实践中心。加强校院两级学业发展指导中心建设。编写心理健康教育公共必修课教案。新建10个辅导员工作室。坚持落实“学生工作处处长午餐会”制度。**（责任单位：学生工作处）**推选参评各级五四红旗团组织等共青团荣誉称号，确保获得省级荣誉，争取多项国家级荣誉。每年度培育和推荐“挑战杯”竞赛作品不少于20项，力争获得“挑战杯”竞赛国家级奖项。打造优秀社会实践项目，力争获得“全国优秀单位”等国家级荣誉1项以上。做好“西部计划”志愿者管理服务工作，特别是研究生支教团招募、选拔和派遣工作，每年派出人数不少于12人。**（责任单位：团委）**

2. 加强思政课程和课程思政建设。加强思政课教师队伍建设，引进马克思主义理论及相关学科博士学位教师8～10人。推进思政课教学改革，建设国家级一流课程1项，建设省级虚拟仿真体验教学中心1个，建成教学资源库1个，增开思政课选修课3～5门。加强马克思主义理论学科本硕博一体化建设，建成马克思主义理论本科专业，办好马克思主义理论硕士专业，积极申报马克思主义理论一级学科博士点和中共党史党建学一级学科硕士点。整合拓展实践教学资源，建好燕山大学马克思主义学院实践基地、燕山大学李大钊干部学院教研基地，新增校外实践教学基地10个。**（责任单位：马克思主义学院）**全面推进习近平新时代中国特色社会主义思想进教材进课堂进头脑，开展课程思政示范项目建设，争取新增国家级课程思政示范课程1门。全面落实学校体育、美育、劳动教育工作方案，完善学校统筹、

部门联动、学院负责的管理机制。**（责任单位：教务处）**

3. 提升本科教育教学水平。建设主打专业和骨干专业体系，推进国家级、省级一流本科专业建设。开展专业动态调整管理工作，完善专业预警机制，持续优化专业结构。完成新版本科生培养方案修订工作。优化工程教育专业认证（评估）工作流程，新增通过工程教育专业认证（或评估）专业 7 个。继续推进课程项目式教学改革、线上线下混合式教学改革、考试方式改革等，新增国家级一流课程 5 门。完善教材编写资助和审查机制，制定教材建设规划，建设一批学校特色优秀教材。扎实做好本科教育教学审核评估工作，认真做好迎接审核评估和整改各项工作。进一步完善本科教学质量保障体系，制定、修订《教师本科教学质量考核实施办法》《毕业设计管理规定》等制度。加强顶层规划、系统设计，进一步健全完善校院两级教学改革规划。完善《教学成果奖培育实施办法》，培育国家级教学成果，力争每个评奖周期新增省级教学成果一等奖 2 ～ 3 项、国家级本科教学成果奖 1 ～ 2 项。**（责任单位：教务处）**

4. 推进高质量研究生教育。开设交叉学科研究生课程、跨学院专业课，鼓励研究生跨学院选修课程，面向全体研究生开设海外名校交叉学科选修课。模块化设置课程体系，按课程功能划分为基础理论类、研究方法类、工具类、交叉学科类等。利用好优势科研资源，探索并推进与条件成熟的科研院所、企事业单位建立研究生联合培养基地。大力推进河北省研究生工作站、研究生联合培养基地和专业学位研究生校外实践基地建设。实行课程设置校企论证制度，创新实践应用课程、案例（库）课程等教学内容，引导和鼓励校外导师、科研院所团队进课堂参与研究生培养。**（责任单位：研究生院）**

5. 提升招生就业工作质量。实施专业学位和学术学位研究生招生分类选拔，完善博士专业学位研究生申请考核选拔方式。深化优秀本科生源基地内涵建设，新增优秀生源基地 40 所，其中省内基地不少于 20 所。完善“学院区域负责”招生宣传模式，形成专家学者、专业教师、机关干部和优秀学子共同参与的招生宣传工作队伍，每年参与招生宣传人数不低于 300 人次。持续加强毕业生就业市场建设，每年安排校企对接联系 400 次，参与人员不少于 400 人次。联系对接各类招聘招考单位 1000 家次，其中河北省不少于 300 家次。每年邀请到校招聘招考单位 2000 家次，其中河北省不少于 600 家次。持续加大就业指导与服务力度，每年举办各类就业指导培训、讲座不少于 100 场次，其中面向服务河北省不少于 30 场次。**（责任单位：招生就业处）**

6. 深化创新创业教育改革。高标准推进国家级创新创业学院建设，重点围绕思创融合、创新创业课程建设、创新创业教材建设、大学生创新创业能力提升、创新创业师资培育、创新创业教育专项研究、创新创业竞赛激励等 7 个方面，重点实施 21 项改革举措。全面实现创新创业教育与思想政治教育、专业教育、科技创新、产业发展和区域经济社会发展深度融合，构建具有燕大特色的创新创业教育体系。**（责任单位：创新创业教育与指导中心）**

（三）实施“交叉融合育才引智”行动，夯实学科建设龙头地位，引育高水平师资队伍

主要任务：加强学科建设顶层设计，强化学科深度交叉融合和内涵建设，全力打造国内一流、燕大特色的高峰学科。国家一流学科建设实现重大突破，辐射带动其他学科整体跃升。深入实施人才强校战略，夯实学校创新发展的人才基础，处理好人才培养与引进、人才发展与评价的关系。大力弘扬教育家精神，努力打造高素质师资和管理服务队伍。

工作举措：

1. 推进特色优势学科群建设。以机械工程、材料科学与工程两大高峰学科为核心，促进群内学科和群间学科融合快速发展，形成“重器”“强材”组合拳。充分发挥高峰学科引领作用，辐射带动控制、计算机、化工、电气、管理等相关学科发展，着力打造一批高原学科，构建“一流引领、相互支撑、协同发展”的学科生态体系。加强物理、数学、化学等基础学科建设，推动理学和工学交叉融合，培养学生创新意识和创新能力。加快培育特色人文社会学科，鼓励人文社会学科与理工学科开展交叉特色研究。鼓励研究生导师跨学科指导研究生，激发广大教师开展学科交叉研究的积极性与主动性，营造学科交叉融合学术环境。支持学院积极探索多学科交叉培养研究生工作模式。**（责任单位：研究生院）**

2. 优化学科布局。围绕国家当前重点急需学科和交叉领域，围绕区域经济社会发展需求，以自主设置目录外二级学科形式，增设国别和区域研究等 5 个急需学科领域，停办撤销一批陈旧低质学科。提升一批学位点授权层次。保持工程学、材料科学、化学、计算机科学等四个 ESI 排名全球前 1% 学科优势，扶持新的潜力学科进入排名。进一步拓宽专业学位博士授权类别，做好国家新增学位授权审核工作，力争新增博士学位授权点

1～2个，在基础学科、交叉学科门类实现新的突破。**（责任单位：研究生院）**

3. 着力打造高层次人才集聚平台。通过新建平台和对原有平台升级改造，优化整合资源，打造高层次人才集聚平台，逐步建强高层次人才梯队。持续开展杰出人才工程和青年拔尖人才工程，带动师资队伍整体实力和水平提升。完善柔性引才机制，建立引进人才一站式报到机制。加快引进教师校内考核、审批以及报到手续的办理速度。**（责任单位：人力资源处）**

4. 建全人才培育机制。完善以岗位管理为核心的教师职务聘任制，形成职务能上能下、人员能进能出、待遇能升能降、优秀人才能脱颖而出的人才管理机制。针对各学科不同特点以及岗位类别的不同要求，制定以重实绩为核心的教师考核评价机制。持续加大对人才队伍建设的资金投入。结合绩效工资制度改革，在坚持“效率优先”前提下，保持教职工工资水平逐步增长，在分配上体现按岗取酬，并向表现优异的团队、重点岗位以及优秀人才倾斜。探索建立校内职员制，建立科学的薪酬提升与发展晋升机制。**（责任单位：人力资源处）**

5. 强化师德师风建设。坚持把师德师风作为评价教师第一标准，严格实行师德“一票否决制”。加大师德考核力度，师德师风考核评价实现全覆盖。完善学术不端与师德违规共享及处理联动机制。健全师德正面清单和负面清单，严格落实教职员工准入查询制度，完成全校在职教职工首次准入查询。推动师德师风教育活动常态化，大力挖掘学校涌现出的师德先优典型，每年教师节组织开展先优表彰。**（责任单位：党委教师工作部）**

6. 提升教师职业能力。优化教师发展培训体系，每学年组织各类培训不少于30场次，师德师风培训不少于8场次，遴选学院层面教师培训工作优秀典型不少于3个。完善教学竞赛组织模式，加大以赛促教机制建设，每学年获得省级及以上教学竞赛奖项的教师不少于10人次。加大名师培育工作力度，力争国家级教学名师获得新突破。每学年评选优秀教师20名予以表彰奖励。**（责任单位：教务处）**每年选派40～50名优秀人才到国（境）内外的高水平大学或科研机构研修、访问。每年选派20～30名骨干教师赴国（境）内外的高水平院校在职攻读学位，不断改善教师队伍学历结构，提升教师业务能力和水平。**（责任单位：人力资源处）**

（四）实施“顶天立地自立自强”行动，建强高水平科研平台，推动科技创新能力提升

主要任务：坚持“四个面向”，精准聚焦国家战略需求，瞄准关键核心技术，特别是制约国家科技发展的“卡脖子”技术难题，加强科研基础能力建设，强化有组织科研，进行原创性、引领性科技攻关，产出一批标志性重大成果。构筑一批高水平人文社科创新平台，布局一批人文社会科学重大研究项目，打造一批特色知名智库。

工作举措：

1. 扩大总体科研规模。聚焦国家战略需求，加强大科学工程、国家重大项目的组织策划，整合校内外资源重点扶持、联合攻关。加快提升国家自然科学基金等基础科学研究能力，有效提升重大标志性科研项目数量，力争实现国家科学技术一等奖的突破。年度科研总经费达到5.8亿元以上，新增各类科技计划项目350项以上。提升基础科学研究能力，以国家自然科学基金为主要抓手，做好各级各类基础科学研究项目的申报组织工作。提升项目立项数量和层次，力争每年新增国家自然科学基金立项80项以上，并保持稳步增长。产出高水平科技成果，力争在下一个国家科学技术奖励申报周期内获得至少1项国家科学技术奖励。**（责任单位：科学技术研究院）**

2. 加强科研平台建设和管理。发挥实验室管理委员会作用，全力推进亚稳材料制备技术与科学国家重点实验室优化重组工作，高质量建设起重机械关键技术全国重点实验室。打造以国家级平台为引领、以省部级平台为支撑、以市级平台强化属地合作、以行业平台促进领域深度融合、以校级平台探索新方向的科研平台建设体系。持续做好“四院三中心”的建设工作（人工智能与机器人研究院、海洋科学与工程研究院、康养产业技术研究院、双碳科学与技术研究院，以及高压科学研究中心、纳米能源材料研究中心、特种运载装备研究中心）。完善《科技创新平台管理办法》，发挥高水平科研平台在科学研究、技术开发、成果转化、人才凝聚等方面的重要载体和核心作用。确保各级各类科研平台通过年度验收、评估、考核。**（责任单位：科学技术研究院）**

3. 提升军工科研质量。落实好国防科工局共建任务要求，以国防特色学科实验室为抓手，推动军民融合创新平台建设和高水平人才梯队建设。增加重大重点项目承担数量和标志性成果数量。保证武器装备科研生产保密管理和质量体系管理规范运行、武器装备科研生产和装备承制资格持续有效，确保通过年度审核、复查等各项工作。**（责任单位：先进技术研究院）**

4. 提升哲学社会科学水平。做好国家社科基金、教育部人文社科研究重大项目培育工作。健全完善高层次人文社科项目培育管理机制，力争获批国家级项目不少于30项。力争获得省部级以上领导批示、省人大等部门采纳的咨政报告不少于90篇，拓展国家层面报送渠道，建立定向征集、分类报送的工作机制。整合优势资源组建高效精干、特色鲜明的校级人文社科研究机构，新增省部级以上新型智库3～6个。制定《人文社会科学研究平台管理办法》，细化对各类平台的评估考核，确保平台建设成效。制定《"两院一中心"推进建设实施方案（2023—2025）》。（两院一中心指全面依法治省研究院、东北亚丝路文明研究院、长城文化研究与传播中心）。**（责任单位：社会科学处）**

（五）实施"全链驱动服务发展"行动，深化政产学研深度融合，提高科技成果转化水平

主要任务：面向国家重大战略和区域经济社会发展需求，统筹学科、人才、知识、技术、平台等优势要素，深化校地、校企合作，加快产教融合、科教融会，促进专业链、人才链、科技链、创新链与产业链紧密对接，推进科技创新的"发现"环节与政府企业的"发展"环节紧密结合，实现优势互补、共同发展。

工作举措：

1. 开展科技转化成果培育。建好"河北省科技特派员工作室""河北省工业医院"。每年对接河北省各类企事业单位50家以上，推介优秀技术成果不少于200项次，开展工业诊断服务不少于200项。动态掌握地方、行业、企业产学研合作信息和成果转化需求信息，建立完备的成果库、需求库、校企合作专家库。完善项目库，制定相应的培育举措和计划，扩大项目库规模。完善培育举措和保障措施，推动一批项目实现转化应用，突破1～3项典型技术高价值转化。**（责任单位：科技产业促进中心）**

2. 加强校政企合作平台建设。联合装备制造、钢铁冶金、新材料、信息技术等行业领域企业，共建校企协同创新平台。建好深圳研究院、齐齐哈尔产业发展研究院等现有平台，围绕河北省县域特色产业集群以及京津冀、长三角等工业发达和产业聚集地区设立研究院、技术转移中心分中心等分支机构，多点布局校外转移转化服务平台。制定《校地企共建科技合作平台管理暂行办法》，规范各类校企科技合作平台审批管理，新增地方合作平台不少于2个。探索以"事业化管理+市场化运营"为主要特征的新型技术转移机构，推进建设独立法人的市场化运营主体。建立知识产权运营与成果转化线上平台，深化技术转移协作网络建设，探索建立统一的技术信息标准和技术转移服务规范。**（责任单位：科技产业促进中心）**

3. 加快创新成果孵化。制定《国家大学科技园管理办法》，规范园区管理，完善科技成果转化、产业化激励机制。内培外引建立孵化项目库，建档跟踪项目孵化发展，着力培育科技型企业，三年内新增孵化企业20家，培育科小企业15家。每年举办对接会4次，园区项目推介会2次，入企服务10次，三年内科技成果转化达到15项。多元化开展双创人才培养，持续开展双创培育品牌活动，每年不少于12场。**（责任单位：大学科技园）**

（六）实施"双向融合多维联动"行动，创建开放合作交流新格局，增强国际化办学影响力

主要任务：服务国家高水平对外开放战略布局，服务我国国际传播能力建设，开辟交流合作新领域。积极建设国际合作平台，服务学校一流学科建设，努力提升学校国际影响力。不断完善来华留学教育发展支撑体系，优化合作办学项目，提高学校国际化办学整体质量。

工作举措：

1. 完善全球伙伴关系网络，加强国际传播能力建设。新增海外合作院校和合作项目不少于30个。推进教育部高层次国际化人才培养创新实践基地建设，开设交叉学科高水平国际课程，引进国际知名高校优质课程。提高出国留学项目层次与质量，鼓励师生出国促进人员国际流动，每年派出学生不少于350人次、教师不少于50人次。推进校级国际合作基地建设，实现"一院一基地"目标。引进海外优质资源，探索人文交流合作新模式。建好"燕山大学托列多学院"，积极探索中美人文交流合作新路径。推进博茨瓦纳国际科技大学孔子学院建设，完成中方院长、外派教师以及志愿者的选派工作。加入南亚东南亚大学联盟，依托"中国－东盟教育交流周"活动，与东盟国际组织与联盟建立联系，签署友好协议。深化与现有国际组织与联盟交流合作。**（责任单位：国际合作处）**

2. 融合国际合作交流渠道，持续提升师资队伍国际化水平。全面实施"走出去"策略，选派一批优秀管理干部学习国外高校管理经验，同时为青年教师提供政策支持、资金支撑。依托引才引智项目，深入落实"引进来"策略。推进河北省外国院士工作站引智工作，申报河北省"外专百人"计划和河北省引进国外智力项目。每年选聘至少20名优秀外籍教师到校任教，引进更多

高端外国专家，深入开展各级各类引才引智项目。**（责任单位：国际合作处）**

3. 完善来华留学教育发展支撑体系，提高留学生培养质量。加强来华留学生专职师资队伍建设。建立具有质量提升、自我进化功能的中外研究生趋同培养模式。完善全英文授课专业课程体系建设，丰富相关教材建设。推动来华留学生校友和学校共同发展，支持来华留学生校友为促进文明交流、增进人民友谊、深化国际合作作出贡献。**（责任单位：国际教育学院）**

4. 优化合作办学项目，打造合作办学“燕大范式”。提高合作办学项目培养质量，保证学生录取分数线稳中有升，进一步提高生源质量。逐年增加项目出国学生申读国外高一级学位人数，逐年提升毕业生高质量就业率。做好欧洲学院招生宣传工作，保证欧洲学院中国籍学生录取分数线逐年提升，增设硕博层次招生资格，构建本硕博一体化合作办学模式。积极与塞尔维亚、波兰等沿线国家高校和科研机构开展深层次务实合作，筹建燕山大学中波联合研究院。进一步优化计划内英语课程设置，赴波兰派出教师实现全英文课程授课。**（责任单位：国际教育学院）**顺利通过教育部中外合作办学机构合格性评估。筹建中外联合创新中心。**（责任单位：西里西亚智能科学与工程学院）**

（七）实施“多域沉浸文脉传承”行动，推进校园文化内涵建设，建设特色文化育人体系

主要任务：学习贯彻习近平总书记关于宣传思想文化工作的重要指示，建强校园文化育人载体功能，提升文化育人质量，营造多要素沉浸式的文化育人矩阵，大力弘扬燕大人文化品格，努力构建境界高雅、底蕴深厚、特色鲜明的文化育人体系，提升校园文化软实力和引领力。

工作举措：

1. 营造特色鲜明的校园文化氛围。实施“一流大学文化涵育工程”，将校园文化建设贯穿立德树人和“双一流”建设全过程。加强对基层文化建设的宏观指导和监督检查。加大对基层文化立项项目的扶持力度，每年打造精品文化项目 3 ～ 5 项，利用各类媒体平台对优秀校园文化建设成果进行宣传推广。举办新年音乐会，打造内容丰富高雅、艺术形式多样的校园文化品牌。开展绿色学校创建工作，争创全国文明校园。注重发挥仪式礼仪浸润作用，坚持举办春、秋季学期开学升国旗和奏唱国歌仪式，激励师生表达爱国主义情感、践行爱国主义精神。**（责任单位：党委宣传部）**

2. 搭建各领域文化育人实践平台。高质量开展主题文化阅读推广活动，组织品牌文化活动，定期举办主题书展，成立以学生为主体的读书会，持续开展主题阅读活动，营造校园阅读氛围。优化图书馆功能布局，细化主题阅读与功能阅读分区服务，打造红色经典等主题阅读厅。高质量推进“燕大文库”建设，展现并传承燕大精神和燕大人文化品格。**（责任单位：图书馆）**扩大学报影响力，进一步提升综合性科学技术类核心期刊排名，持续打造学报“典籍翻译”和《教学研究》“学习科学”特色栏目。举办“知名编辑走进燕大”主题系列活动，强化学位论文撰写规范服务指导，推进“论文写作指导”讲座常态化。**（责任单位：期刊社）**打造校史陈列馆、校史宣讲团、校史文化节“以史育人、以文化人”新模式，争创省市爱国主义教育基地。开展口述校史访谈和实物征集活动，开通“燕山大学年鉴在线编纂系统”，发挥档案、校史文化育人功能。**（责任单位：档案馆（校史馆））**策划出版美育系列教材。进一步丰富“艺术让生活更美好”校园文化和美育活动，每年组织各类校园美育活动不少于 30 场。**（责任单位：艺术与设计学院）**

3. 打造中华优秀传统文化育人软环境。建设“长城学”学术领地，每年编撰出版 1 期《长城学研究》学术集刊，每年举办 1 届“长城学论坛”。打造高水平长城文化出版品牌，推进“长城历史文化研究学术文库”出版项目，分步实施“中国长城学术研究发掘出版工程”。发挥“读懂长城”主题书店文化传播作用。建设秦皇岛市大中小学生及留学生长城文化实践基地。**（责任单位：出版社）**推进东北亚古丝路文明博物馆申报国家三级博物馆，创新馆地合作模式，推进博物馆数字化建设。通过举办“东北亚古丝路文明”论坛等形式，为国内外学界搭建学术交流平台。以项目课题、智库成果等为载体，加强理论研究阐释。筹建考古与科研教学实验室，推进文物硕士点申报和建设工作。**（责任单位：东北亚古丝路文明博物馆）**充分发挥中华优秀传统文化传承基地（篆刻）的平台优势，新增 3 个篆刻艺术示范小区，加强篆刻艺术研究，争取获批 1 ～ 2 个国家和省级科研项目，编写篆刻普及教材。**（责任单位：艺术与设计学院）**

（八）实施“崇法守正效能提升”行动，加快推进治理体系和治理能力现代化，增强事业发展内生动力

主要任务：统筹各类办学资源和办学力量，全面推进依法治校，深化综合改革，在办学理念、治理体系、质量文化、服务保障、信息化建设等方面实现高质量发展，积极构建系统完备、运转高效的现代大学治理体系。

工作举措：

1. 完善管理运行机制。持续优化二级单位目标绩效考核机制，每年度跟踪《深化新时代教育评价改革重点任务》执行情况。做好学校“十四五”规划进展评估工作，超前谋划、科学推进“十五五”规划编制工作。推进现代大学制度建设，做好大学章程执行与落实工作。优化我校特色“四级三议规范性文件体系”，完成新一轮校内规范性文件“承、废、改、立”工作。规范荣誉表彰体系。完善法律风险管控制度，修订《法律风险控制办法》，形成法律风险防控网格。创新法律顾问聘任方式，完成新一轮法律顾问招标工作。积极应对诉讼案件，维护学校合法权益。**（责任单位：高等教育发展研究中心）**

2. 优化资源配置。健全完善国有资产管理制度，修订《国有资产管理暂行规定》《国有资产出租出借管理办法》等制度。定期开展国有资产清查盘点，摸清家底，实现账物相符。搭建房产可视化管理平台。制定《采购项目履约验收管理实施细则》《采购需求审查实施细则》。将 30 万元以上的大型仪器设备纳入共享管理系统，鼓励其他设备主动入网开放共享。每学年开展重要危险源安全专项检查不少于 2 次。**（责任单位：实验室与资产管理处）**

3. 增强资金支撑保障能力。加强对各类收入的统筹谋划，改革经费分配机制，建立部门创收激励机制。推进预算绩效管理改革，提高预算资金使用效益。加快财务管理信息化进程，稳步推行科研电子票据，修订《票据管理办法》。修订《内部控制规范》，规范内部控制，切实防范财务风险。全力争取各方面政策和资金支持，破解发展资金不足难题。鼓励各单位加强与校友和社会各界联系，积极争取社会捐赠和资助。**（责任单位：计划财务处）**

4. 提升美丽校园建设水平。高标准谋划校园建设，改善办学物理空间和环境品质，论证建设一批教学、科研、实习、实训用房和学生生活配套设施并编制建设项目库。规划建设西校区学生公寓，计划总建筑面积约 85000 平方米。推进东校区浴池等生活设施建设。**（责任单位：校园规划建设中心）**

5. 提升平安校园建设水平。组织、协同安全监管部门定期开展全校性或业务领域内的安全稳定（生产）督导检查。打造“互联网 +”安全管理平台。实现每年对我校设有建筑消防设施的场所检测全覆盖，建立“消防物联网系统”，建成消防主机信号联网项目。加强应急处置队伍建设，经常性组织开展应急演练活动，定期开展专项模拟演练，备齐备足应急救援和保障物资。完善校园安全“双控”预防机制建设（学校风险分级管控和隐患排查治理双重预防）。制定《交通安全管理办法》。**（责任单位：安全工作处）**加强信访工作，落实部门责任，认真受理办理、及时就地解决职责范围内的信访问题。强化信访工作考评，纳入中层单位党政领导班子和处级干部考核，纳入学校二级单位目标绩效考核。建强信访专业队伍，努力打造学校高素质专业化信访干部队伍。完善信访工作制度，修订《信访工作实施办法》。**（责任单位：学校办公室）**建立完善的网络安全管理体系，完善网络安全应急预案。推进重点基础设施网络安全技术防护体系化建设。推动应用服务网络安全技术防护精准化，建立网络安全态势感知体系。推动办公电脑国产化操作系统应用，探索基础应用平台国产化替代方案。**（责任单位：信息技术中心）**

6. 提升智慧校园建设水平。持续推进教学设施信息化管理建设，引进或开发数字化教学设备管理平台，建成网络化多媒体教学设备调度管理中心，实现多媒体教室管理与教务管理系统的数据对接互联，实现教室的智能化管理。改进标准化考场设施，完善标准化考场管理中心建设。加强教务管理系统的数据开发和应用。**（责任单位：教务处）**筹建 CPU 算力不低于 500TFlops 校级高性能计算平台，筹建新一代校园一卡通系统，拓展基于 5G 通信的科研实验场应用场景，持续深化推广 IPv6 网络建设和应用平台普及工作。深化应用服务价值产出，实施基于公共基础数据资产管理平台的“一张表工程”建设。完善数据价值发现手段，建设关键主题分析模型。深化综合服务平台运营中心应用建设。推进可信计算和可信验证，构建校级可信数据服务平台。制定《校园网络管理办法》《电子邮件系统管理办法》等校级文件。**（责任单位：信息技术中心）**

7. 提高师生服务保障能力。更新完善餐饮数据库，开发餐饮管理系统，运用好“互联网 + 明厨亮灶”机制，创建智慧餐厅。完成西校区学生公寓卫生间重点设施维修改造。每年整体粉刷 2 栋学生公寓，更新部分家具。为学生公寓配置独立挂式空调，教室安装吊扇，更换西校区开水房老旧电锅炉。实现教学、宿舍区室内日常维修当日报修当日处理，满意率达到 95% 以上。加强校医院基础设施建设，达到一级医院建设要求。全方位提升幼儿园办园品质，保障职工适龄子女能够接受到优质的学前教育。逐年提高后勤服务中心管理人员队伍整体学历层次。**（责任单位：后勤服务中心）**

四、组织实施

1. 加强领导，统筹协调。各项工作在学校党委统一领导下组织实施，建立党委统一领导、党政齐抓共管、部门各负其责的工作机制，确保各项任务落地落实。各责任单位要按照任务要求精心组织、细化举措、协同推进，责任单位主要负责同志要靠前站位、亲自推进，形成任务明确、措施有力、责任到人的工作局面，构建上下贯通、执行有力的工作体系，不断提高领导班子和干部抓改革、促发展的政治能力和业务本领。

2. 压实责任，加强监督。各责任单位要围绕实施方案提出的目标、任务和举措，制订切实可行的年度执行计划，确定时间表和施工图，分年度有步骤地组织实施，确保任务到人、责任到岗、要求到位，确保各项任务目标如期高质量完成。学校将按照每年为一个周期，组织对方案执行情况进行督促检查。督查结果纳入中层单位党政领导班子和处级干部考核，纳入学校二级单位目标绩效考核。

3. 动态调整，高效推进。根据方案实施过程中遇到的新形势新问题新任务，及时对相关目标任务、工作举措进行优化调整，确保内容科学合理、有效实施。注重信息公开，主动接受师生、校友、社会的意见建议，通过多种形式及时反映各单位工作动态和成效，积极宣传先进典型和成功经验，充分调动各方面积极性，凝聚起推动学校事业快速发展的强大力量。

在燕山大学九届四次教职工代表大会暨十届四次工会会员代表大会闭幕式上的讲话

（2023年3月21日）

校党委书记　赵险峰

各位代表、同志们：

经过会前认真筹备和大家共同努力，燕山大学九届四次教职工代表大会暨十届四次工会会员代表大会圆满完成各项议程，即将胜利闭幕。在此，我代表学校党委，向大会的成功召开表示热烈的祝贺！向全体与会代表和工作人员的辛勤付出表示衷心的感谢！

本次大会是在全国两会胜利闭幕之际，在全校上下全面深入学习贯彻落实党的二十大精神、两会精神，众志成城推进实施“十四五”规划，加快推进“双一流”建设和内涵式高质量发展，努力推动中国式现代化在燕山大学展现美好图景的背景下召开的一次重要会议；也是在我国取得疫情防控重大决定性胜利后，全校教职员工代表齐聚一堂、共商良策、共谋发展的一次重要集会。会议紧凑充实、高质高效，我们用半天时间审议通过了校长工作报告、财务工作报告、工会工作报告、提案工作报告，全面总结了学校2022年重点工作，强调部署了2023年重点任务目标，圆满完成了大会预定的各项任务。会前，收到一批高质量代表提案。会上，代表们立足学校发展大局、结合岗位工作实际，踊跃建言献策，提出了很多宝贵意见建议。会后，学校将认真研究代表们提出的提案和意见，优化工作部署、细化落实举措，促进学校各项工作高质量发展。

总的来说，本次“双代会”是一次统一思想、统一意志、统一行动，提振士气、增强信心、团结奋进的大会，取得了预期效果。下面，就贯彻落实好本次会议精神，我代表学校党委讲三点意见。

一、抢抓高等教育发展历史机遇，牢牢掌握学校“双一流”建设和内涵式高质量发展主动权

高等教育是国家实施科教兴国战略、人才强国战略、创新驱动发展战略的关键着力点，是科技第一生产力、人才第一资源、创新第一动力的重要结合点，是国家整个教育体系的高端和龙头，在实现中国式现代化过程中发挥着基础性、战略性支撑作用，角色不可替代、作用不可或缺。党的十八大以来的十年，党和国家高度重视高等教育事业，引领带动高教事业取得历史性成就。站在新的历史起点、面对新的时代挑战，党的二十大将教育、科技、人才“三位一体”统筹安排，并摆在前所未有的突出位置，正是党和国家深刻把握三者内在规律和发展逻辑的战略选择，也必将开启高等教育新十年发展的新征程。广大党员干部、教职员工代表要自觉站在政治的高度、全局的高度来审视这一历史机遇对学校事业发展的重大意义，要充分认识这一历史机遇的稀缺性、这一发展窗口期的宝贵性，务必以时不我待的紧迫感和时时放心不下的责任感，抢抓开局起步先机，牢牢掌握住学校“双一流”建设和内涵式高质量发展的主动权。

我们欣喜地看到，2022年是学校开启新百年第四次创业新征程之后的一个成果丰收年！在第二轮国家“双一流”高校遴选失利、新冠疫情反复侵扰等种种困难和挑战下，学校在学科高峰建设、新国家重点实验室组建、基础科学研究中心立项等领域实现了重大突破，进一步夯实了学校机械、材料两个一流学科群在省内的领先地位，进一步突出了学校在基础科学研究、有组织科研建设方面的特色优势，进一步扩大了学校在国内国际的影响力知名度。此外，我们在北京冬奥会冬残奥会志愿服务、创新创业教育、中外合作办学、教育教学改革、科研项目申报、智库平台建设、高层次人才引育、助力区域经济社会发展、文化传承与创新、管理服务等方面也都取得了亮眼成绩。在2022年度河北省高校领导班子年度考核中，我校领导班子在省属骨干本科院校中再次位列优秀等次第一名。这是全校上下共同努力拼搏奋斗的结果。可以说，我们在逆境中争得的每一项荣誉，都凝聚着全校师生的智慧和汗水，都彰显着融入燕大人骨子里的文化品格，都是我们与强手竞争，抢抓高等教育事业发展先机的信心和底气！

同时，我们也要清醒地看到，当前高校之间对发展机遇、办学资源、各类人才的竞争日趋白热化，早已不再是局限于校与校之间的办学水平之争，而是省域之间、地域之间的科技实力之争、人才红利之争、经济要素之争、产业链条之争。我们要做的，就是在有限的办学资源条件下，产出最大的办学绩效。但是按照高标准衡量，我们的治理能力和管理水平远没有达到现代化要求；我们的学科建设水平、教育教学水平、科技创新能力、成果转化效率在全国范围内还缺乏比较优势；我们的人才队伍建设，特别是高端领军人才团队还相对单薄；我们国际化办学水平、中外合作项目规模和层级尚处在成长发展期；我们的师德师风、校风学风、干部作风都需要以更高的标准要求，向老一辈东重人、燕大人学习；我们的基建项目、基础设施、校园环境、生活条件还有更新改善的迫切需求；我们学生管理、招生就业、综合服务的质量还有提档进位的渴盼呼声；等等。这些影响学校“双一流”建设和内涵式高质量发展的问题现象都需要我们拿出自我革命的魄力和勇气，拿出改革创新的智慧和精神，一项一项加以破解。

二、用好改革创新“关键一招”，全力推进学校各项事业“开局破题”“进位争先”

习近平总书记指出，“我们党勇于改革创新，不断破除各方面体制机制弊端，为中国式现代化注入不竭动力”“推进中国式现代化是一个探索性事业，还有许多未知领域，需要我们在实践中去大胆探索，通过改革创新来推动事业发展，决不能刻舟求剑、守株待兔”。总书记的指示为我们今后的前行指明了方向、提供了遵循。燕山大学能取得今天的发展成就，一个重要原因就是始终听党话、跟党走，时刻与党和国家事业发展同向同行、同频共振，在关键时刻敢于改革创新、敢于自我突破。在第四次党代会上，我们回顾奋斗历程，总结了“六个必须”的发展经验，其中一条就是“必须深化改革创新，破解瓶颈难题，激发办学活力”。——响应党和国家号召，为解决“缺乏重型机械高端技术人才”这个关乎我国重工业发展命脉的核心问题，从大城市哈尔滨奔赴边陲小镇富拉尔基，创造了艰苦条件下高起点办学、20年就跻身全国重点院校行列的奇迹，这是我们心怀“国之大者”、改革创新的生动实践；——顺应改革开放大势，打破常规、主动求变，南迁建校、划转更名，创造了“当年设计、当年施工、当年招生”的燕大效率，实现了由“北国起航”到“山海扬帆”的办学壮举，这是我们心怀“危机意识”、改革创新的生动实践；——把握国家经济社会发展提档加速的黄金期，敢于贷款建设新校区，储备事业发展空间，顺应经济社会多元化的人才需要，通过扩大规模、创建学科点和平台，由专门工科院校发展为以工为主的多科性大学，在办学规模和体量上迅速发展，顺利实现省、部、部、局四方共建，这是我们心怀“进取精神”、改革创新的生动实践。当前，我们新百年第四次创业新征程正处在起步加速的关键期。船到中流浪更急、人到半山路更陡，唯有不断自我加压，坚定不移推进改革创新，才能先人一步、快人一招、掌握主动、进位争先。

我们要紧跟国家战略和区域经济社会发展需求推进改革创新，围绕贯彻新发展理念、构建新发展格局，推动高质量发展，升级优化学校事业发展顶层设计；围绕服务国家科技自立自强，探索创新学校在基础科学研究、原创性引领性科技攻关，在重点领域、关键环节实现自主可控等方面创新科研组织方式；围绕高层次领军人才引育和拔尖创新人才自主培养，改进优化学校人才引育政策、本科研究生人才培养方案；围绕促进创新链产业链资金链人才链深度融合，合理调度科技创新与成果转化着力方向。我们要紧密结合中国式现代化建设步伐推进改革创新，全面对标对表党的二十大提出的新战略、新规划、新举措，认真贯彻落实中央、省委决策部署，结合学校党委研究制定的《“中国式现代化燕山大学实践场景”实施方案》，深入推进“凝心铸魂式”的党建引领场景、“多向锻造式”的立德树人场景等八大重点任务，不断创新思路、细化实化实践场景落实举措，提升学校实践场景的影响力和显示度。我们要紧扣提升治理能力管理水平推进改革创新，近年来，学校陆续开展了校院两级管理改革、二级单位绩效工资改革，已经取得了初步成效。当前，我们正在稳步推进新时代教育评价改革，要以此项改革为总抓手，深化推进全校各领域、各层面的系统改革，继续清除阻碍学校事业发展的沉疴积弊，切实提升学校治理能力和管理水平，通过改革提精神提绩效，向改革要成果要产出，为学校“双一流”建设和内涵式高质量发展提供一流的现代化管理服务保障。

三、坚持和加强党对学校工作的全面领导，不断汇聚全校教职员工团结奋进的强大合力

党的领导直接关系着中国式现代化的根本方向、前途命运、最终成败。全校各级党组织、广大党员干部要坚持以习近平新时代中国特色社会主义思想为指引，深

刻领悟“两个确立”的决定性意义，增强“四个意识”、坚定“四个自信”、做到“两个维护”，牢记“为党育人、为国育才”的初心使命，认真落实立德树人根本任务，不断提升基层党组织的政治功能和组织力，切实发挥堡垒作用和先锋模范作用，坚决把学校党委的精神和重点工作任务执行到基层、落实到末端、见之于实效。

同心若金、攻错若石。近年来，学校各级教代会和工会组织充分发挥了党联系教职员工的桥梁和纽带作用，围绕学校中心工作和教职员工需求，做了大量卓有成效的工作，发挥了民主决策、民主管理和民主监督重要作用，为学校改革发展作出了重要贡献。下一步，学校党委将进一步加强对教代会和工会工作的领导，按照党中央要求大兴调查研究之风，鼓励调动广大教职员工积极为学校发展开诚布公地建言献策、贡献才智。各位代表要认真履行代表职责，与学校党委同心同德、同向而行，及时准确传达学校党委精神，协助学校党委团结广大师生校友，最大限度地汇聚推进学校“双一流”建设和内涵式高质量发展的强大合力。

各位代表、同志们，慎终如始，则无败事。今年是全面贯彻落实党的二十大精神的开局之年，是落实学校“十四五”规划、深化“双一流”建设、推动内涵式高质量发展承上启下的关键一年。让我们更加紧密地团结在以习近平同志为核心的党中央周围，以习近平新时代中国特色社会主义思想为指导，全面深入学习贯彻党的二十大精神，弘扬伟大建党精神，彰显融入燕大人骨子里的文化品格，牢记“三个务必”，继续真抓实干、改革创新、团结奋进，以优异的成绩推进中国式现代化在燕山大学展现美好图景，为强国建设、民族复兴伟业贡献燕大力量。

谢谢大家！

积厚成势　笃行致远
奋力开创学校内涵式高质量发展新局面

——在燕山大学九届四次教职工代表大会上的工作报告

（2023年3月21日）

校党委副书记、校长　赵丁选

各位代表，同志们：

受学校委托，我向燕山大学九届四次教职工代表大会作工作报告，请予审议。

第一部分　2022 年工作回顾

2022 年是学校“双一流”建设和内涵式高质量发展取得突破性进展的一年。面对严峻的疫情防控形势和繁重的改革发展任务，学校坚持以习近平新时代中国特色社会主义思想为指导，锚定一流、团结奋进，顺利完成了九届三次教代会确定的主要目标任务，学校的核心竞争力、综合实力、办学影响力得到显著提升。

一、坚持党的领导，党建和宣传思想文化工作成效显著

党建引领保障作用持续增强。制定《燕山大学深入学习宣传贯彻党的二十大精神工作方案》，组建师生宣讲团 2 个，开展校内外宣讲 6 场，举办专题辅导 4 场，在全校掀起学习党的二十大精神热潮。充分发挥学校党委总揽全局、协调各方的领导核心作用，不断完善党委领导下的校长负责制，全年召开党委常委会 23 次、校长办公会 13 次，研究议题 243 项。

全面从严治党得到深化。巩固深化巡视、审计整改成果，强化巡视、审计整改精准分类指导，紧盯需要继续推进的五大类整改问题 15 个具体事项，明确 10 个牵头责任单位，健全完善对账销号机制，梳理巡视整改台账 8 次；召开审计整改会议 4 次，向审计厅提交了审计整改进展报告 2 份。持续纠治各类隐形变异“四风”问题，完成 23 项整改任务。深化运用监督执纪“四种形态”，纪检监察机关共接收信访举报件 9 件，立案 2 件，给予党纪处分 2 人。

新时代党的建设成效显著。学校入选“全省党建工作示范高校”培育创建单位，新增 1 个“全国党建工作标杆院系”和 1 个“全国党建工作样板支部”培育创建单位。党员组织生活馆围绕“五四”“七一”等重要纪念日组织主题活动 4 次，全年接待师生 1000 余人次。

意识形态阵地管理进一步强化。坚决落实基层党委定期报告和党委常委会定期研究意识形态制度，将意识形态工作列为基层党委年度考核专项指标。在官方媒体平台发布文章 1973 篇，粉丝关注数量达到 42 万，在新华社、人民日报等媒体发布外宣报道 153 篇，学校获评全省教育系统宣传工作突出单位，1 人获评宣传工作突出通讯员。

二、坚持重点突破，学校核心竞争力显著增强

聚焦“双一流”建设关键性指标精准发力，学校事业取得突破性进展。高峰学科建设获得重要突破，在教育部组织的第五轮学科评估中，我校较上一轮取得了更加优异的成绩，进一步巩固了我校在全省学科建设领域的优势地位。科技创新获得重要突破，田永君院士牵头申报的国家自然科学基金基础科学中心项目“材料高压调控”正式获批，作为国家自然科学基金人才类资助体系中定位最高、资助强度最大的项目类型，目前全国仅有 28 所高校获批此类项目，该项目的获批彰显了我校在全国科学研究领域的实力与水平。科研平台建设获得重要突破，积极推进国家重点实验室优化重组，机械工程学科全国重点实验室建设工作取得重要进展。人才培养工作获得重要突破，学校入选首批国家级双创学院建设单位，再次获得“互联网+”双创大赛全国总决赛主赛道金奖，成为河北省唯一连续两届大赛获得金奖的高校。国际化办学获得重要突破，获教育部批准成立首个中外合作办学机构——燕山大学西里西亚智能科学与工程学院，首届招生 281 人，开启了学校中外合作办学新局面。

三、坚持立德树人，人才培养质量显著提高

学团工作成绩亮眼。学校获批教育部“一站式”学

生社区综合管理模式建设自主试点高校，省教育厅质量评级为“A”。连续三年被评为“全国优秀易班共建高校”，荣获“三下乡”社会实践活动“全国优秀单位”，校团委获2022年度“河北省十佳高校团委”。1人入选2022年教育部高校思政工作中青年骨干，1人入选“中国好人榜”，1人获评“全国优秀共青团员”，1人获评社会实践“全国优秀个人”，2人获评“中国大学生自强之星”。

圆满完成冬奥会、冬残奥会志愿服务任务。打造了一支覆盖领域多、综合素质高、工作周期长、服务效能优的冬奥志愿团队，圆满完成各项志愿服务和闭幕式演出任务，荣获中共中央、国务院表彰“突出贡献个人”“河北省先进集体”等市级以上荣誉66项，被《新闻联播》、人民日报、新华社等主流媒体报道300余次，在国际舞台上充分展示了燕大学子的青春风采。

教育教学和双创工作成果丰硕。深化教育改革，国家级一流本科专业建设点总数达到34个；通过工程教育专业认证的专业总数达到18个；新增“智能医学工程”等本科专业3个，新增国家级虚拟教研室建设试点项目1个。新增研究生联合培养基地22家，院级校外实践基地16家；获评省级优博、优硕论文数量连续七年居省内高校首位，其中省级优博论文数量创我校历史最好成绩。本科生获一类学科竞赛国家级奖项491项，研究生获学科竞赛国家级奖项199项，较2021年分别增长47.4%、48.5%。

国际化人才培养工作进步明显。燕山大学欧洲学院波兰校区揭牌运行，首批61名中国籍学生赴波兰校区学习，成为中国在波兰首个境外办学机构。首次获批中国政府奖学金“高校研究生”项目，顺利通过来华留学生高等教育质量认证现场审查，在籍在册长短期留学生规模达到400人，其中学历留学生占比达55%。

招生就业工作取得新进展。深入推进“招生质量提升工程”，本科57个招生专业中共有32个实现了大类招生；硕士研究生录取人数较2021年增加130人，“一本”生源率达62.71%；博士研究生录取人数较2021年增加49人，“推免直博”和“硕博连读”占比达63.32%。制定实施“重点就业市场建设”和“访企拓岗”方案，邀请省内外重点单位800余家，举办校园招聘活动300余场，1人入选“全国大学生就业创业典型事迹”人物。

独立学院和继续教育质量大幅提升。里仁学院学生在各类竞赛中获国际级奖项13项，国家级奖项100项，位居“民办及独立学院大学生竞赛排行榜”全国第14位、河北省同类院校榜首。继续教育学院完成函授站管理改革，在“大数据”“智能制造”两个领域入选人社部“数字技术工程师培育项目首批评价机构和培训机构”名单。

四、坚持目标导向，“双一流”建设取得重要进展

学科建设成绩优异。制定《加快“双一流”建设实施方案（2022—2025年）》，明确六大建设任务，提出预期标志性成果。机械工程、材料科学与工程两个学科入选河北省第二轮“一流学科建设项目优先支持学科”，并获得教育厅大力支持。持续优化调整学科布局，增设交叉学科门类，探索构建学科发展综合评价体系。

人才工作卓有成效。深入实施新时代人才强校战略，中国科学院阎锡蕴院士受聘为我校“双聘院士”，新增全国高校黄大年式教师团队1个，教育部长江学者“讲座教授”1人，海外优青3人，中组部海外引才计划人选1人，教育部高校思政课教指委委员1人，中国科协“青年人才托举工程”入选者1人，其他省部级人才4人。实施教学名师培育工程，构建多元化、多维度、高覆盖面的教师教学竞赛体系，获中国外语微课优秀作品全国一等奖1项。出台《燕山大学加强和改进新时代师德师风建设实施办法》，推进师德师风建设工作制度化、常态化。

科技创新能力大幅提升。加强有组织科研，获批国家自然科学基金项目96项，资助经费总额达1.16亿元，立项数量和经费总额均创我校历史最好成绩；获批国家社科基金项目14项，其中重大项目1项，中国历史研究院重大历史问题研究专项1项。阎锡蕴院士荣获2021年度何梁何利基金科学与技术进步奖，黄传真教授获得国家重点研发计划“增材制造与激光制造”重点专项支持，学校获得高校科学研究优秀成果奖1项、河北省科学技术奖11项、其他有影响力的行业奖6项。在*Nature*及其子刊、*Science*子刊上发表高水平论文4篇。授权国家发明专利700余件，国（境）外发明专利26件。

科研平台建设和服务军工能力显著增强。学校新增省级协同创新中心1个、省级工程研究中心1个、省级社科研究机构和研究基地各2个。河北省公共政策评估研究中心入围CTTI全国高校智库百强榜，东北亚古丝路文明研究中心、互联网＋与产业发展研究中心入选CTTI来源智库。与中国船舶工业系统工程研究院等10余家军工单位深入开展合作，全年签订军工科研生产合同21项，经费7748万元。新增河北省军民融合先进集体 1 个，获评河北省军民融合先进个人 2 人。

服务地方经济社会发展成果丰硕。推进产学研用深度融合，获批河北省首批职务科技成果赋权改革试点单位，与河北省工信厅签署战略合作框架协议，与石家庄、唐山、沧州等地市签订 10 项政校企战略合作协议，新增校企联合研发平台 6 个，落地转化项目 576 项，合同额 1.5 亿元，服务企业 364 家。突破性揭榜广东能源集团科技创新项目，促成 23 项发明专利在粤港澳大湾区转化。完成 2 个园区 1 个厂区共计 1.8 万平方米的孵化空间建设，新增入孵企业 68 家。56 篇咨政报告获省级以上领导批示或部门采纳，其中国务院 1 篇、全国政协 1 篇、民盟中央 1 篇、民建中央 5 篇。加强乡村振兴工作指导力度，组织赴帮扶村调研指导 6 次，与围场县委党校签订战略协作框架协议。

国际交流与合作打开新局面。积极融入教育部“一带一路”教育行动，加入金砖国家大学联盟和“一带一路”高校联盟；新增海外友好高校 8 个，实现南美洲友好院校零的突破。完成美国孔子学院改制工作，成立燕山大学托列多学院；获批高层次国际化人才培养创新实践基地建设高校和“中外高水平大学学生交流计划”，首次获批省级外国院士工作站。2022 年派出 112 名师生赴国（境）外交流学习，较 2021 年增长 128.5%。

五、坚持改革攻坚，学校治理体系和治理能力现代化水平不断提升

重点领域改革推向深入。加强顶层设计，制定《燕山大学中长期发展战略规划纲要》《中国式现代化燕山大学实践场景实施方案》；细化分解新时代教育评价改革重点任务，明确 17 个方面 96 项目标；深化校院二级管理改革，出台《二级单位目标管理与绩效考核办法》；持续推进人事制度改革，人事代理人员转总量控制工作取得关键进展。

内部治理能力显著提升。制定《督促检查工作办法（试行）》《国内公务接待管理办法》等文件，健全治理制度体系；开展“审计业务规范年”活动，强化审计监督作用；优化师生意见建议反馈服务平台，畅通师生员工意见反馈渠道；组织党外人士围绕学校中心工作建言献策，征集调研报告 13 份；成立学校第一个校友产业园，收到校友现金捐赠 290 余万元，实物及无形资产捐赠价值约 90 万元，学校教育基金会被评为 4A 级社会组织。

资源配置进一步优化。完善国有资产管理制度，完成 6 个二级学院公用房调整和搬迁工作，学校获得“2021 年度政府采购工作表现突出单位”荣誉称号；出台《燕大资产经营公司下属企业管理办法》等制度，有序推进校属企业体制改革重难点收尾工作。

校园文化氛围日益浓厚。全国首家东北亚古丝路文明博物馆全面建设落成；图书馆完成整体搬迁工作，开展的第九届“读书节”涵盖 20 项文化活动；学校成功入选全国数字档案室建设试点单位，3 人入选全国档案系统“三支人才队伍”；《燕山大学学报》入选 2022 年度高校科技期刊建设示范例库名单；出版社全年出版图书 206 种，实现码洋 3021 万元，获评河北书业“服务教育先进单位”荣誉称号。

六、坚持成果共享，师生安全感归属感幸福感持续提升

校园建设持续推进。获批国家科研教学仪器设备更新改造中长期贷款项目 5 亿元的贷款额度，争取政府债券资金 6000 万元，引入智慧校园建设项目资金 2000 万元，获批预算绩效奖补资金 1436 万元，为加快学校发展提供了资金保障。完成东校区一、四学生公寓改造和西校区主干道路工程建设；后勤调整社会用工工资结构、降低社会用工成本，较上一年节省采暖经费 287.5 万元。

服务保障能力显著增强。完成安全专项整治三年行动总结评估，制定保密工作制度 3 项，修订 14 项，废止 1 项，开展全校保密宣教工作；办理一般信访事件 146 件及信访积案 10 件，完成关键敏感时期无进京上访的政治任务；提升“一网通办”服务支撑能力，上线服务事项达到 282 项；解决 166 名职工子女入学问题，多维度打造“暖心工程”，学校被省总工会授予“优胜单位奖”；积极引导老同志为党和人民的事业发挥余热，多位老专家受聘“青龙县乡村振兴银龄顾问”。

教职工福利待遇稳步提高。为在职及离退休人员发放 2022 年度取暖补贴 2598 万元；为在职人员发放 2020 年部分奖励性绩效工资 9976 万元；为离退休人员发放 2022 年一次性慰问金 396 万元、年终一次性生活补贴及月度生活补贴 5308 万元；为在职人员调整国家工资标准、2022 年度薪级工资及各类社会保险、职业年金和住房公积金缴存基数，增加支出 3283 万元。综合全年各类工资福利项目，学校共计增加支出 1.36 亿元。

尤其值得一提的是，2022 年是国家疫情防控政策调整前的最后一年，也是防疫形势最为严峻复杂的一年，学校按照上级要求全年封闭校园达四个半月，这对正常的人才培养、科学研究、学生管理而言都是巨大的挑战。学校最大限度地保障了师生员工的健康安全，并以担当精神尽力推进事业发展。在常态化疫情防控阶段，

学校根据疫情形势变化，提前构建应急指挥体系和工作预案，各相关单位工作人员长期驻扎校内，有力保障了学校基础工作的正常运行。2022 年 11 月 29 日校内出现阳性病例后，学校以快制快、果断处置，开展流调筛查、隔离转运、紧急疏散、消毒消杀等工作，各级党员干部和志愿者迎难而上、坚守一线，广大师生临危不乱、听从调度，仅用 4 天时间就有效阻断了病毒传播，扑灭了校园疫情，守住了不发生规模性疫情和涉疫舆情的底线。处置突发疫情期间，全校师生坚定必胜信心、凝聚抗疫合力，共同上演了一场鲜活生动的抗疫思政课，“你可以永远相信燕山大学”在各类媒体平台持续“刷屏”，出色的疫情防控成绩进一步提高了学校的社会声誉。

艰难困苦、玉汝于成。过去一年取得的辉煌成绩，是校党委坚强领导的结果，更是全体师生员工勠力同心、艰苦奋斗的结果。在此，我代表学校向大家表示衷心的感谢！

成绩令人欣慰，但我们决不能小胜即满，还必须清醒地认识到，对照高水平研究型大学的建设目标，学校发展仍然存在许多困难和问题，主要表现在：落实立德树人根本任务有薄弱环节，高水平教学平台和成果数量与学校办学实力不相符；学科高峰优势不突出，学科建设进步幅度与兄弟院校相比仍有差距；高端人才引育仍有不足，高质量、标志性的科研成果和获奖还不够多；国际化办学起步晚、底子薄，办学规模和品牌影响力还需持续提升；重点领域改革推进缓慢，部分党员干部谋事干事、敢于斗争的精神不足；办学经费十分紧张，开源增收的渠道不多，各方面资金缺口仍然很大；等等。对此，我们要正视差距、直面困难，大力提升人才培养质量的“硬功”、高水平科技自立自强的“真功”以及治理体系与治理能力现代化的“内功”，用行动证明，以成绩说话，推动学校沿着“内涵式高质量发展”航道破浪前行！

第二部分 学校发展前景分析与设想

党的二十大报告首次把教育、科技、人才统筹安排、一体部署，深入实施科教兴国、人才强国、创新驱动发展战略，赋予了高等教育新的历史使命，导向鲜明、意义深远。在未来的一段时间里，我国高等教育的竞争将愈发激烈，高校只有更加主动地融入中国式现代化的伟大实践，在建设教育强国的历史进程中找准发展方位、展现积极作为，才能更好地自我发展。

学校虽然遗憾地与两轮国家“双一流”建设名单失之交臂，但作为一所特色鲜明、底蕴深厚，为新中国重型机械行业发展作出过重要贡献的高校，我们既不能安于现状，躺在功劳簿上吃老本，更不能妄自菲薄，丧失继续冲击国家“双一流”建设高校的信心和决心。对表党和国家对高等教育的新要求，对标同层次兄弟院校的建设情况，我校在未来发展中的优势有以下几点：一是基础科研能力日渐增强。我校近年来一直狠抓基础科研能力的提升，同时得益于在人才引育工作中的大力投入和科研管理领域的不断改革，每年获得的国家自然科学基金数量和资助经费额度保持持续增长态势，特别是 2022 年资助经费总额首次突破亿元大关，获批基础科学中心项目更是实现了河北省历史性突破，进一步提升了我校在全国基础科学研究领域的地位和影响力。二是高峰学科优势地位日益突显。在上一轮学科评估中，我校机械学科获评河北省唯一的 A 类学科，在本轮学科评估中，机械与材料学科均获得较好的评估成绩，实现了我校学科高峰建设的重要突破，为两个学科在新一轮“双一流”动态调整时进入世界一流学科建设行列创造了有利条件。三是国家级科研平台布局日趋完善。学校机械学科在全国强手如林的激烈竞争中脱颖而出，在全国重点实验室重组工作中取得好成绩，再加上我校已有的省内唯一的学科类国家重点实验室，和国家工程技术研究中心、国家地方联合工程中心等，我校国家级科研平台的数量、布局均走在国内省属高校前列。四是高水平体系化科研成果日臻成熟。学校高压科学中心有多个方向的研究成果处于世界领先水平，后续将不断产出高水平原始创新性成果，为冲击国家自然科学一等奖积蓄力量。此外，我校获得河北省自然科学、技术发明、技术进步一等奖的数量稳居省内首位，为冲击国家科技一等奖和国家自然科学二等奖奠定了坚实基础。

各位代表、同志们，我们学校这几年的发展确实较快，为冲击下一轮国家“双一流”建设高校行列积累了一定的优势，但是从横向来看，国内兄弟院校特别是经济发达省份的院校得到了大量资金投入，吸引了更多青年人才，发展势头较我校更为迅猛。我们要辩证地看待这些问题，自助者天助、自助者人助，唯有坚持不懈、百折不挠，才能战胜困难、达到自己的目标！所以我校一定要充分发挥优势、认真补齐短板，谋事从大局出发、做事从小处入手，积跬步以至千里，积小流以成江海，以“敢为、敢闯、敢干、敢首创”的担当作为竭力做好今后一段时间的工作。

第一，要胸怀“国之大者”，深刻把握学校发展新方位。习近平总书记在二十大报告中强调，教育、科技、人才是全面建设社会主义现代化国家的基础性、战略性支撑。有为才能有位，面向教育强国新需求，直面工业强国和高水平科技自立自强的新要求，燕山大学的发展新方位，就是要锚定国家“双一流”，在推进“特色鲜明、国内一流、世界知名研究型大学”建设过程中，全力以赴成为服务“国家装备制造业、战略性新兴产业、国防科技工业”国家重大战略需求的主力军、国家队，成为推动中国式现代化河北场景乃至“京津冀协同发展”新实践的重要方面军。近年来，学校在“国字头”指标上实现了一系列突破，这些成绩的取得，充分证明学校已经具备了跻身国家“双一流”行列的坚实基础。我们必须坚定信心、乘势而上，推动高水平大学建设迈向新境界。

第二，要强化攻坚克难，着力增强学校发展新动能。增强燕山大学发展新动能，关键在于深刻领会党的二十大赋予高等教育的新内涵、新要求，准确把握中国式现代化对高等教育现代化的时代性要求、高等教育强国建设的规律性认识，全面落实“双一流”创建的目标要求。当前，学校发展已经进入特殊时期，正处在由“量变积累”向“质变突破”的关键阶段。只有敢拼敢干、善作善为，对照“双一流”遴选标准占领一座座“山头”、攻克一个个“堡垒”，才能让梦想照进现实。2023 年又到了院士增选、国家级教学科研成果奖评审、学位点申报等重要工作开展的年份，这是检验我校教育教学改革成效、人才培养质量、学科发展水平等工作的重要节点。全体燕大人要拿出一贯的敢于战斗、善于战斗的担当和勇气，以敢啃硬骨头、敢于打硬仗的工作作风，攻难关、解难题、破难局，努力实现学校发展的新跨越。

第三，要聚焦特色优势，找准把稳学校发展新路径。学校应国家工业化战略发展需求而生，必将在服务国家工业强国建设的伟大进程中实现新跨越。当前，国家对发展高端装备制造、新材料、新能源、人工智能、生物医学等高度重视，出台了一系列政策文件，为学校发挥特色优势、提升办学影响提供了广阔的舞台。燕山大学的发展新路径，就是以党的二十大精神为指引，深刻把握加快建设教育强国、科技强国、工业强国的重要意义与历史机遇，重点面向国家重大战略需求、经济社会发展主战场，加强优势学科领域的教育、科技、人才国际交流合作；深化与行业龙头企业的产教融合，面向应用、创新应用、突出应用；强化拔尖创新人才培养与“卡脖子”技术攻坚，努力产出标志性、原创性重大科研成果，争取在中国式现代化建设进程中展现新担当、实现新作为。

第三部分　2023 年学校重点工作

2023 年是全面贯彻落实党的二十大精神的开局之年，是学校落实“十四五”规划、推进“双一流”建设、实现内涵式高质量发展的重要一年。做好今年的工作，事关长远、意义重大。

2023 年工作总体要求是：坚持以习近平新时代中国特色社会主义思想为指导，以深入学习贯彻党的二十大精神为主线，更加深刻领悟“两个确立”的决定性意义，增强“四个意识”、坚定“四个自信”、做到“两个维护”，坚持和加强党对学校工作的全面领导，落实立德树人根本任务，坚持为党育人、为国育才。全年工作坚持稳中求进总基调，更好统筹疫情防控和学校事业发展，以高质量党的建设为引领，以健全德智体美劳全面发展的育人体系为根基，以加强学科内涵建设、提升科技创新能力为驱动，以打造一流师资队伍为关键，以提升治理能力为支撑，以改善办学条件为保障，加快推进“双一流”建设和内涵式高质量发展，全力推进学校“十四五”发展规划和中国式现代化燕山大学实践场景落地落实，一步一个脚印把党的二十大决策部署和学校事业发展蓝图付之于行动、见之于成效。

本年度主要做好以下 6 个方面 28 项工作。

一、以高质量党建为引领，加强党对学校工作的全面领导

一是把学习贯彻党的二十大精神作为首要政治任务。坚持把学习贯彻党的二十大精神、习近平总书记重要讲话和指示批示、中央重要决策部署列为党委常委会“第一议题”。组织师生宣讲团，围绕党的二十大精神开展校内外宣讲不少于 60 场次，开展校级宣传教育活动不少于 10 项。

二是落实党委领导下的校长负责制。严格执行党委全委会、党委常委会、校长办公会等会议议事决策规则和“三重一大”决策制度。巩固深化巡视 、审计整改成果，党委常委会每学期研究 1 次工作进展情况。加强对学校重要决策部署贯彻落实情况的督促检查，全年开展定期督查不少于 2 次，专项督查不少于 5 次。

三是抓好宣传思想工作。提升融媒体平台建设水平，拓展国家级外宣渠道。全年专题研究意识形态工作不少于 2 次，开展基层党委落实意识形态工作责任制情况专项督查不少于 1 次。对负面舆情分级分类处置，每

学期每月编纂1期《网情参阅》。

四是全面加强党组织建设和干部队伍建设。对中层领导班子和干部队伍开展集中调研和调整，做好基层党组织换届工作。制定《党校工作细则》，加强和改进校院两级党校工作。培树一批党建示范创建和质量创优先进典型，开展重大节日纪念日专题学习实践不少于4次。

五是深入推进全面从严治党。制定《2023年度纪检监察监督工作实施方案》，开展各类监督不少于100次，召开监督沟通协调会议至少1次。开展廉洁文化活动不少于4场，积极探索纪检监察学科建设。

二、以建立德智体美劳全面发展的育人体系为根基，全面落实立德树人根本任务

一是强化学生思想政治引领。在学生公寓建设5个主题突出、特色鲜明的“一站式”学生社区工作站，孵化优秀网络思政工作室。加强专业教师、研究生导师心理工作培训，建设1个马克思主义理论类本科专业，做好马克思主义理论一级学科博士点申报工作。

二是深化本科人才培养模式改革。做好新一轮本科教育教学审核评估准备工作，启动2024年培养计划修订工作。制定《朋辈导师制管理办法（试行）》，完善本科生导师制度。持续凝练积累教学改革成果，争取新增国家级教学成果奖1～2项，新增国家级一流本科课程不少于5门。

三是完善研究生培养体系。大力推进研究生联合培养基地建设，修订研究生与导师互选办法，充分发挥研究生导师第一责任人作用。力争新增博士学位授权点1～2个，专业学位博士授权类别在基础学科、交叉学科门类实现新突破，新增省级优秀博士硕士学位论文不少于35篇。

四是强化创新实践育人作用。启动5门专创融合示范课程建设工作。培育双创教学名师5人、双创教学名师团队2个。建设一类双创竞赛微课10门，争取在一类双创竞赛中获得国家级奖项200项，在研究生双创竞赛中获得国家级奖项100项，在第九届中国国际“互联网+”大学生创新创业大赛中取得全国总决赛银奖以上奖项1项。

五是推进国际化创新人才培养。继续扩大中外合作办学规模，中外合作办学机构和境外办学机构争取从本科生办学层次提高到研究生办学层次。拓宽拓深留学生招生渠道，2023年来华留学生人数争取达到500人，学历生占比达到60%。建立“知华讲堂”中国国情教育新模式，打造“一师一室三课”的国际中文线上线下混合式教学虚拟实践场景。

六是不断优化招生质量，完善就业育人体系。适度压缩本科招生计划，大力争取研究生招生计划特别是博士生计划以及推免生名额。继续实施大类招生，提升生源质量。组织就业工作学习培训、交流研讨、专题研究和绩效考核等不少于4次，全年引入校园招聘单位不少于3000家。

三、以加强学科内涵建设、提升科技创新能力为驱动，加快推进“双一流”建设

一是构建学科建设发展新格局。根据第五轮学科评估结果，组织参评学科开展评估结果分析，确定未来4年建设重点。制定《一流学科交叉创新团队建设管理办法》，遴选建成一批特色鲜明、实力突出的团队。确保顺利通过2023年专项评估与周期性合格评估年度自评。

二是产出高质量科研成果。持续开展标志性项目组织培育，争取新增国家级三大科技奖（项）至少1项，在*Nature*、*Science*、*Cell*及子刊发表论文不少于3篇，新增国家自然科学基金项目不少于78项，新增科研经费不少于5.6亿元。制定《国家社科基金重大项目培育办法》，新增人文社科类国家级科研项目不少于10项，获省部级以上领导批示的咨政报告不少于30篇。

三是加强高水平科研平台建设。争取上级主管部门提供重要条件支持，整合校内各方面资源提供全方位保障，完善细化重组方案，确保“亚稳材料制备技术与科学国家重点实验室”顺利通过优化重组。全力推进机械学科全国重点实验室的建设工作，完善机构设置及相关配套政策。在此基础之上，努力打造两个实验室的国家战略科技力量优势地位。制定“局省共建”落实方案，强化军民融合办学特色。推进特色新型智库建设，校级人文社科研究机构获批省部级以上新型智库1～2个。

四是推动产学研深度融合。深化校地企融合对接，积极筹建河北省首家“国家级未来产业科技园”，力争创建河北省首批省级工业医院。新增实质性合作关系单位不少于10家，校地共建“政产学研用”合作平台不少于1个，校企共建创新平台不少于3个。推进国家技术转移示范机构建设，新增产学研合作项目不少于500项，合同额不少于1.1亿元，服务企事业单位不少于300家，新增专利成果转化项目不少于150项，合同额不少于500万元。构建孵化网络体系，孵化培育科技型企业不少于10家。积极筹建生命健康学院，开展康养中心项目合作，签约合作单位不少于2个，组织开展康养高端培训或参加国家级竞赛不少于1次。

五是推进高水平对外交流合作。加大国际化力度，教师参与国际交流项目和赴外交流不少于50人次，学生不少于350人次，聘任长短期外籍专业教师和语言类教师不少于30人。争取博茨瓦纳国际科技大学孔子学院顺利获批，新增海外友好学校不少于7所，力争与1所世界排名前500名的海外院校拓展友好关系，机械工程学院、材料科学与工程学院各建成1个稳定的国际合作基地。

四、以打造一流师资队伍为关键，健全高端人才引育机制

一是引育更多创新拔尖人才。制定《深入实施新时代人才强校战略的若干措施》，争取新增“两院”院士1人、其他高层次人才4人、专任教师不少于120人，具有博士学位的教师比例达到75%。

二是加强师德师风建设。开展师德标兵和教书育人楷模选树工作，举办庆祝教师节暨教职工荣誉表彰活动。在人才招聘、职称评聘、岗位聘用等过程中加强师德行为考察，坚决落实师德失范“一票否决”制。

三是进一步推进人事制度改革。加强与省人社厅沟通与协调，完成人事代理人员转总量管理的人员调配工作。制定《职称评审管理暂行办法（试行）》等文件，推进职称评聘、岗位管理、奖励性绩效改革任务。理顺校内职责，完成学校内设机构调整工作。

五、以提升治理能力为支撑，不断增强发展动力活力

一是完整准确全面贯彻新发展理念。及时监测《“十四五”发展规划纲要》年度进展情况。将“中国式现代化燕山大学实践场景”目标任务纳入校属二级单位2023年度目标责任书，确保各项任务高效落实。

二是扎实推进校内评价体系改革。跟踪学校《深化新时代教育评价改革重点任务》完成进展，督促各项教育评价改革工作加快落实。健全二级单位目标管理与绩效考核机制，强化目标导向、效果导向。

三是提升精细化管理服务水平。制定《信息办理工作办法》，向上级主管部门报送信息不少于12次。加强校名校徽管理，完成学校VI视觉标志及校名、简称商标注册工作。制定《财务管理制度》，提升资金使用效益。开展经济责任、采购内控管理审计，对部分领导干部开展经济责任审计。加强资产管理和优化配置，推进公用房有偿使用机制。加强校属企业管理力度，提高校属企业盈利能力。稳步推进里仁学院转设工作，及时防范和化解重大风险。

四是推进校园文化建设。认真做好“全国文明校园”申报工作。高质量举办档案主题展览、“国际档案日”宣传教育活动和“第三届校史文化节”。争取学报高水平约稿数量达到30篇左右。优化出版结构，与山海关中国长城博物馆结成共建关系，主办一届高层次学术论坛“全国长城学学术研讨会”。完成“燕大文库”实体建设，东北亚古丝路文明博物馆积极申报国家三级博物馆。

五是增强事业发展合力。推进统战团体建设，举办同心讲坛系列活动不少于4次，开展征求党外人士意见建议工作2次。每学期开展一次涉宗教领域排查工作，落实“月报”制度、包联制度、“一对一”谈话制度等。持续提升教代会、工代会提案工作水平，实现提案答复率100%，满意率80%以上。提高工会会员普惠标准，继续上调节日慰问金比例。设立校友特色筹款项目，出台捐赠奖励制度。

六、以改善办学条件为保障，推动发展成果由全校师生共享

一是推进平安校园建设。全年召开安全稳定工作推进会不少于4次，督导检查校属各单位安全稳定（生产）责任落实情况不少于2次，组织安全教育、培训和应急处置演练不少于10场次。针对涉密人员及项目、考试、自媒体等开展保密检查不少于4次，指导各单位开展保密自查1次。切实做好健康驿站日常管理、防疫物资与治疗药品储备，以及新冠病毒感染者的诊疗和救治等工作。完善网络安全态势感知体系，严格落实信息设备和存储设备安全保密归口管理工作。

二是推进美丽校园建设。完成亚稳材料技术融合中心、东校区浴池项目的报建及整体工程施工，完成智能制造交叉融合中心、先进结构材料研究中心、多功能风雨操场、康养人才培训中心等项目整体工程施工，推进西校区新增土地划转及校区整体规划调整工作。开展“互联网+明厨亮灶”建设，推进后勤内部管理改革，严格控制后勤服务用工总数及成本。

三是推进智慧校园建设。挖掘和实现学校公共基础数据资产的更多价值，推进全光有线无线一体化网络改造重建和感知型校园千兆网络升级，完成校园电子身份互联认证平台建设。高标准完成智能档案库房二期建设，制定《“全国示范数字档案室”建设试点实施方案》，完善学校电子文件归档与电子档案管理制度。

四是推进幸福校园建设。提升楼宇公寓、食堂、浴池、经营网点、校车等管理服务水平，加大对第三方公司的监管力度。提升幼儿园办园和校医院医疗服务水平。发挥好师生意见反馈平台作用，提升服务质量。认真落实离退休干部政治、生活“两项待遇”，开展“我为群众办实事”活动不少于3项。

各位代表，同志们，志高心远者成，披荆斩棘者进。建设特色鲜明、国内一流、世界知名研究型大学既是一个循序渐进、日积月累的过程，又是一个时间紧迫、形势逼人的任务；既要求我们一切从实际出发，尊重高等教育发展的自身规律，持之以恒、久久为功，又需要我们破除一切束缚桎梏，准确把握时代大潮走向，不等不靠、分秒必争。回看2022，砥砺前行浓墨重彩；展望2023，宏图新启战鼓催征。让我们以党的二十大精神为指引，胸怀“两个大局”、心系“国之大者”，埋头苦干、守正创新，在中国式教育现代化的进程中推动学校内涵式高质量发展，在实现中华民族伟大复兴的时代洪流中乘风破浪、奔腾向前！

巩固学习成果　勇担发展重任
奋力谱写“双一流”建设和内涵式高质量发展新篇章
——在主题教育总结会议暨2023年秋季学期中层干部大会上的讲话
（2023年9月7日）

校党委书记　赵险峰

同志们：

今天，我们召开学习贯彻习近平新时代中国特色社会主义思想主题教育总结会议暨2023年秋季学期中层干部大会，这既是我们主题教育的成果总结会，又是梳理上半年和暑期工作，检视存在问题，推动新学期各项任务落实落地的调度部署会。大家要从政治和全局的高度，充分认识本次会议统一思想、统一意志、统一行动，总结经验、坚定信心、推动发展的重大意义，切实按照学校党委部署要求，巩固学习成果、勇担发展重任，自我加压、笃行实干，全力保障学校各项目标任务高标准推进、高质量落实。

今天的会议共有两项议程：一是谢延安副书记总结学习贯彻习近平新时代中国特色社会主义思想主题教育工作；二是赵丁选校长总结学校2023年上半年和暑期工作，部署学校新学期重点工作任务。首先，请延安副书记总结主题教育工作。

……

下面请丁选校长总结学校2023年上半年和暑期工作，部署学校新学期重点工作任务。

……

同志们，刚才延安副书记系统总结了学校主题教育工作经验、主要成果并就巩固深化主题教育成果提出具体要求，丁选校长以《担当作为、务实进取，加快推进学校跨越式发展》为题，梳理了学校上半年和暑期工作，就新学期和今后一个时期的目标任务进行了安排部署，所讲的意见我完全赞同，请大家切实抓好贯彻落实。下面，我代表学校党委再强调三点意见。

一、以终为始、接续推进，让主题教育成果利在当下、惠及长远

9月5日，学习贯彻习近平新时代中国特色社会主义思想主题教育第一批总结暨第二批部署会议召开，中共中央政治局常委蔡奇出席会议并讲话。会议充分肯定了第一批主题教育成效，并要求认真总结有效做法和成功经验，指导第二批主题教育工作开展。学校作为第一批开展主题教育的单位，圆满完成主题教育工作。刚才延安副书记讲到，我校作为唯一高校代表，在全省主题教育推进会上作典型发言；相关经验做法得到省内外多家媒体报道；省委主题教育第二十一巡回指导组在对学校主题教育工作评估报告中给予了“好”的等次意见，等等。这些都充分反映了我校主题教育所取得的优异成绩，实现了以主题教育推动学校事业高质量发展的目标，值得充分肯定。主题教育期间，主题教育领导小组及其办公室和全校各级党组织、各单位以及广大党员干部展现出了优良工作作风和良好精神风貌，在此，我代表学校党委向大家付出的辛勤努力表示感谢！

我们党始终坚持理论创新每前进一步，理论武装就要跟进一步。主题教育虽然告一段落，但我们党员干部的理论武装不能停步。要巩固深化主题教育打下的良好基础，持续推动学校各项事业提质量、上台阶。具体要在四个方面进行“回头看”。一是在以学铸魂方面，“回头看看”自身思想之源净化得纯不纯，信仰之基夯得牢不牢，主题教育之后是否存在松懈、滑坡迹象；二是在以学增智方面，“回头看看”自身思路眼界有没有充分打开、能力本领有没有明显长进、工作举措有没有实质创新，有没有持续用足用好主题教育期间的调研成果；三是在以学正风方面，“回头看看”我们的党风政风校风、教风师风学风有没有明显改善，“我为师生办实事”“师生意见反馈平台”等良好工作制度、工作平台是否充分发挥作用，师生的幸福感、满意度有没有明显提升。四是在以学促干方面，“回头看看”我们的重点工作进度是否达到预期，方法上还有哪些“先手棋”“小妙招”没得到充分运用，执行上还存在哪些淤点、堵点、痛点未彻底整改，等等。通过“回头看”，进一步弥补工作中的短板弱项，真正巩固主题教育成果，惠及学校事业长远发展。

二、知责担责、不负重托，将“胸中志”“肩上责”融入学校事业发展大局大势

今年，学校对中层干部进行了一次相对集中的调整。一批为学校事业拼搏奋斗多年的干部因年龄原因调整到一般管理岗位或教学岗位工作，一批年富力强的干部留任原岗位，一批充满活力的中青年干部任命到新岗位。在这里，我们向走上新工作岗位的同志们表示祝贺，向所有为学校事业发展殚精竭虑、矢志奋斗的中层干部致以崇高敬意！

我相信，每一位干部都胸怀理想、心有抱负，都有志于干一番事业。希望大家把自己的“胸中志”同所在岗位职责充分结合，同学校事业发展大局充分结合，同党和国家发展大势充分结合，乘势而上、顺势而为，知责担责、不负重托，在推动学校事业发展的大局中建功立业、同时也成就自我。在这里，给大家提几点要求，帮助大家深入理解干部“是什么”“干什么”“怎么干”。

第一，要清楚“是什么”。如果要给我们干部贴个“标签”，给大家在学校事业发展中的身份定个位，我认为，不能简单用“中层干部”来界定。我想，我们应该是新时代“教育强国”“教育强省”“办好人民满意教育”的答卷人，是燕山大学新百年第四次创业新征程上的探路人，是历代燕大人、东重人矢志不渝推进“双一流”强校建设的逐梦人，更是情系学校、服务师生、引领学生成长成才的知心人。这些“标签”，这种定位，是机缘、是荣誉，更是我们肩上沉甸甸的责任。

第二，要明白“干什么”。“答卷人”“探路人”“逐梦人”“知心人”的责任决定着我们这一代干部的光荣使命，决定着我们当下的主要任务。一要坚决落实立德树人根本任务，坚决贯彻党的教育方针，不断拓展深化“多向锻造式”大思政育人格局，把人才培养这一中心工作牢牢抓在手上，切实提高拔尖创新人才自主培养质量，强化学生创新创业能力养成，为党和国家培养更多可堪大用、能担重任的合格建设者和可靠接班人。二要稳步推进深化新时代教育评价改革，不断提升教育治理体系和治理能力现代化水平，以“功成不必在我、功成必定有我”的胸怀格局，聚焦国家重大战略和经济社会发展需求，聚焦研究型大学建设目标要求，立足长远、超前谋划，科学调整优化学科专业布局，加强基础科学、前沿科学研究，强化有组织科研，努力产出更多原创性、突破性成果。三要加快推进“双一流”建设，聚焦国家“双一流”遴选的关键政策指标，在“大平台、大团队、大项目、大成果”建设等方面勇当先锋闯将，为学校早日跻身国家“双一流”建设高校行列攻城拔寨、铺平道路。四要强化宗旨意识、站稳人民立场，加强师德师风建设，以师生为本，增强服务意识，主动回应关切，用好主题教育形成的好制度、好成果，切实帮助师生解决急难愁盼问题，增强师生对学校的认同感、归属感、幸福感。

第三，要懂得“怎么干”。前进的道路没有坦途。我们工作中会遇到大量发展中的问题和前进中的困难。怎么面对这些问题，怎么克服这些困难，我总结，最重要的是做好三件事。一要持续解放思想。没有思想的解放，就没有方法的创新，遇到历史性、顽固性、复杂性问题时就会被困在原地，无从解决。二要反复研究政策。政策中包含着我们事业发展所需的各类办学资源，我们必须要全力去“争”去“跑”。争取政策支持，前提是研究政策、吃透政策，不吃透上级政策，就会束手无策、无所作为，导致贻误发展时机。三要永远团结拼搏。事业的成功在于精诚团结、形成合力，在于立足长远、顾全大局。干部要干的是事业，我反复强调，大家要少琢磨人、多研究事。一事当头，要从学校事业发展去考虑，不能以个人关系、个人感情因素去代替、去干扰，也不能因为一时一事、某时某事的分歧影响团结、影响事业发展。

同时，还要提醒大家，身为党员干部，我们有干事业的责任，没有谋私利的权利，要时刻注意增强法纪意识、规矩意识，严格按程序、按规则办事，守好廉洁从政的底线红线。

三、锚定目标、感恩奋进，把牢时代赋予我们这一代燕大人逐梦圆梦的历史机遇

今年暑期，省委书记、省人大常委会主任倪岳峰来校调研考察，对学校紧紧围绕服务重大国家战略和我省经济社会发展，落实立德树人根本任务，强化关键核心技术攻关，在育才和创新方面取得的丰硕成果给予了充分肯定，进一步坚定了我们办好燕山大学的信心和决心。我们深知，学校历经百年发展，能够取得当前的办学成绩，离不开中央、省委省政府、省委教育工委的正确领导，离不开老一辈燕大人、东重人的无私奉献，离不开广大校友的关心支持，作为手持接力棒的这一辈燕大人，我们要认清肩上的责任与重托，常怀感恩之心，珍惜岗位平台，加倍珍惜当前的发展机遇，牢牢把握住事业发展窗口期，扎扎实实做好当前亚稳材料制备技术与科学国家重点实验室重组，“起重机械关键技术全国重点实验室”建设，国家科技奖、教学成果奖申报，高端拔尖人才引育，学科专业调整优化，本科教育教学审核评估等重点要点工作，以具有标志性、显示度的工作业绩，夯实我们冲击国家“双一流”建设高校的信心底气。

同志们，目标希望长在、事业永远向前。作为一所应新中国工业布局而生，始终牢记“匠心为国铸重器、矢志不渝育英才”初心使命的高等学府，从建校时的“工业报国”到新时代的“教育强国”，学校事业发展始终与党和国家事业发展同向同行、与时代变革同频共振，不断用“燕大之为”诠释着大学的使命担当。让我们坚持以习近平新时代中国特色社会主义思想为指引，以习近平总书记在中共中央政治局第五次集体学习时的重要讲话精神为根本遵循，发扬熔铸在燕大人骨子里的奋斗基因、工匠精神、卓越品质和家国情怀，以实际行动奋力谱写“双一流”建设和内涵式高质量发展的崭新篇章！

……

担当作为　务实进取
加快推进学校跨越式发展

——在主题教育总结会议暨2023年秋季学期中层干部大会上的讲话

（2023年9月7日）

校党委副书记、校长　赵丁选

同志们：

大家上午好！转眼间暑期已经结束，新的学期开始了。今天，我们在这里召开主题教育总结会议暨2023年秋季学期中层干部大会，这既是一场收拢心思、总结动员的大会，也是处级干部集中调整以来的第一次全体大会。我的讲话分为两个部分，一是对今年上半年和暑期工作的梳理回顾，二是对新学期需要集中力量开展的几项重点工作进行安排部署。

第一部分　工作回顾

刚刚过去的春季学期，是新冠疫情防控进入“乙类乙管”常态化防控阶段的第一个学期。在学校党委的坚强领导下，全校师生员工紧扣“双一流”建设和内涵式高质量发展主线，团结一致、砥砺奋进，推动学校各项工作取得了长足进步。

一、党建和宣传思想文化工作

扎实开展学习贯彻习近平新时代中国特色社会主义思想主题教育，创建“1+1+6”理论学习体系，处级以上领导干部每人牵头一项主题开展调研，落实整改措施572条，在以学铸魂、以学增智、以学正风、以学促干上见到了实效。学校作为高校代表在全省主题教育推进会上作典型发言。

加强党对学校工作的全面领导，今年以来共传达学习中央、省委重要会议及习近平总书记重要指示批示和回信精神9次，涉及内容17项，召开党委常委会16次、校长办公会9次。压紧压实全面从严治党主体责任，开展党风廉政建设专项监督3项，实施其他各类监督60余次，受理纪检方面的信访举报8件。

组建党建理论研究专项工作组，3个党组织顺利通过全国高校党建示范创建和质量创优工作中期考核，1个党支部顺利通过第二批全国高校“百个研究生样板党支部”验收。基本完成处级干部集中调整工作，我校处级干部队伍结构得到进一步优化。

推动学习宣传贯彻党的二十大精神走深走实，组织师生宣讲团开展校内外宣讲138场；加强校园文化建设，获批教育部高校思想政治工作精品项目1项，河北省校园文化建设优秀成果一等奖、三等奖各1项；加快推进融媒体平台建设，在学校各平台发布文章1900余篇，在各级各类媒体发布外宣作品104篇，全面展示学校特色亮点。

二、人才培养

新增国家级一流本科课程10门，获批省级各类教学研究与改革项目32项、省级优秀基层教学组织20个。新增专业学位研究生校外实践基地13家，研究生联合培养基地20家。出台体育工作实施方案等制度文件，全方位推进德育、体育、美育、劳育工作。优化“双创”教育工作机制，荣获教育部“国创计划”十五周年优秀组织奖，为河北省唯一入选高校。

增强思政工作育人实效，成立学生社区党的工作委员会，相关工作得到中国教育报等权威媒体的报道；学校连续六年蝉联河北省高校辅导员素质能力大赛团体特等奖，第四次被评为“全国优秀易班共建高校”，1人当选共青团第十九届中央委员会候补委员，1个团支部获评全国“五四红旗团支部”，1人获河北省高校军事教师授课竞赛特等奖。

持续优化招生结构，博士生招生计划较2022年增加54人，达到373人，总量和增量均居河北省首位，其中首次获批少数民族高层次骨干人才专项博士计划8人、国际产学研用联培博士培养专项计划10人。再次获批人社部全国大中城市巡回招聘高校站点，获批教育部就业育人项目16项，获省级以上就业荣誉奖励30项。

里仁学院获批河北省教学名师1人，河北省优秀教学团队1个；学生在各类竞赛中荣获国际奖项2项，国家级奖项32项。继续教育学院完成非学历教育培训项目18个，培训人数1494人；举办4期康养人才培训班，培训人数达500余人。

三、学科建设

学校在教育部第五轮学科评估中取得突破性进展，部分学科实现跨级提升，2个学科获评A类学科，进一步巩固了我校在省内的领先优势。聚焦特色优势推动学科建设发展，开展典型案例剖析式调研，深入分析学科建设现状和差距不足。围绕重点领域急需学科、交叉学科及河北省重点布局学科，启动学位点申报与学科优化调整，拟增列博士学位授权点5～6个，硕士学位授权点1～2个。

四、科学研究

强化有组织科研，提升基础研究能力。获批“增材制造与激光制造”重点专项国家重点研发计划项目，获批国家杰出青年科学基金1项，荣获2022年度高等学校科学研究优秀成果奖（科学技术）二等奖1项。申报河北省科学技术突出贡献奖1项，自然发明、科技发明和科技进步奖43项，目前行业评审工作基本结束，据了解形势较好。上半年获得国家专利授权460件，其中发明专利授权395件，国（境）外发明专利授权24件，学校获首届河北省专利奖二等奖1项。

加强平台建设，“亚稳材料制备技术与科学”国家重点实验室重组工作有序推进，“双碳科学与技术”研究院正式揭牌成立，获批“智能控制与神经信息处理”教育部重点实验室，获批省部级以上新型智库4个，河北省五星级科普示范基地1个、四星级2个。国防科研生产管理持续优化，获批国家级军工纵向项目4项，科研到款2752万元。

五、师资队伍建设

加强高层次人才引育工作。聘任郑志明院士为我校信息学院首席科学家，日本工程院外籍院士、日本东海大学教授石岩为信息学院讲座教授，英国爱丁堡皇家学院院士、英国阿伯丁大学教授玛丽安·维尔奇格罗赫为机械学院外聘院士。刘日平老师入选中国工程院院士有效候选人；新增教育部“长江学者”特聘教授1人，国家杰青1人，其他“四青”人才4名。上半年引进优秀博士中青年骨干教师62名，其中“拔尖人才”A类1名，“优秀人才”A类3名、B类7名、C类17名。

加强师德师风建设，完成2022年度燕山大学师德先优评选工作。完善教师教学能力提升机制，在全国高等学校教师工程创客教学能力大赛中，荣获特等奖1项、一等奖1项；获批省级教学名师3名、省级教学团队3个。

六、服务地方社会经济发展

加强科技成果转移转化力度，截至目前，落地科技成果转移转化项目344项，合同额近1亿元，服务企业240余家。新增孵化企业2家，升级科技型中小企业8家。深化“科技创新＋县域经济”校地企融合对接，深入9个地市调研主导产业发展需求，对接重点企事业单位40多家；与邢台市政府签署全面战略合作协议，建立4个产学研合作平台；获批省内首批“河北省工业医院”；新增“燕山大学（鹿泉）新一代信息技术产业研究院”等7个校政企合作创新平台。上半年共有73篇咨政报告获得省部级以上领导批示，其中63篇提交第十四届全国人民代表大会一次会议，3篇获得全国政协十四届一次会议立案，1篇获得民盟中央采纳。乡村振兴工作迭代升级，新选派驻村干部4人，驻银里村工作队获评全省乡村振兴先进驻村工作队，相关事迹受到人民日报媒体平台“人民号”、河北日报、河北新闻网等主流媒体连续报道。

七、国际化办学

加强国际合作和平台建设，学校正式获批2022年度中国科协海智计划基地，为河北省首所获批此平台的高校；获批博茨瓦纳国际科技大学孔子学院，加入南亚东南亚大学联盟；完善全球伙伴关系网络，与9所海外高水平大学签署合作协议；开设高水平定制化线上国际课程，学生参与国际交流项目1038人。欧洲学院完成增设硕士研究生培养层次合作协议签署工作，西里西亚智能科学与工程学院获批硕士研究生学历教育层次培养资格，系河北省高校首次获得合作办学研究生教育层次。获批中国政府奖学金“高水平研究生”项目推荐资格并录取8人。截至目前，学校长短期来华留学生人数达596人，其中硕士191人，博士95人，学历生占比达56%。

八、综合管理服务

完成学校内设机构调整工作，完成546名人事代理人员转总量控制人员的相关调动手续。申请校名、校徽标志商标130件，加强对无形资产的保护。首次开展联合审计，拓展了审计的广度和深度。上线科研管理和财务管理对接系统、大型仪器设备共享管理系统，初步搭建房产可视化管理平台。推进完成产业集团剥离资产入账及2家遗留改制企业清理关闭。

成立燕山大学欧美同学会，凝聚统战工作强大发展合力。用心用情做好老干部工作，离退休党委一个党支部获评“全省离退休干部示范党支部”荣誉称号。积极推进校友组织建设，成立四川、南京、轻管校友会以及天津校友企业联合会。校史陈列馆入选河北省青少年教育基地，书香燕园建设取得新进展。《燕山大学学报（哲学社会科学版）》和《教学研究》入选2022年度中国人文社会科学期刊AMI综合评价扩展期刊。出版社连续两年入选“中国图书海外馆藏影响力出版100强”。

九、办学条件保障

完成学生宿舍校园全光无线网络改造及整体调整优化，与统信软件技术有限公司共建“信创应用生态联合实验室”，为学校节约了大额资金投入。圆满完成康养人才培训中心、先进结构材料研究中心项目和多功能风雨操场项目的施工工作，智能制造交叉融合中心项目稳步推进，综合实验训练中心项目获得河北省优质工程金奖。后勤服务中心党委获全省高校后勤系统新冠疫情防控典型案例一等奖，燕山大学第二幼儿园获评河北省示范性幼儿园。

安全工作处消防主机信号联网项目取得新进展，进一步增强了学校火灾突发事件的预警和应急处置能力。学校累计处理信访事件91件，赴北京、石家庄处理信访事件3次，接待省教育厅来校信访专项工作调研1次。坚持更新上报教育部高校疫情数据管理平台在线信息，妥善做好新冠疫情防控工作。上调节日慰问金比例，优化体检报销流程，全力解决教职工子女入学问题，持续提升广大教职工幸福感和满意度。

以上我总结的是各单位的主要工作成绩，受时间限制，还有很多基础性工作不再一一展开。事非经过不知难，上半年以来，全体师生员工为把疫情耽误的时间“抢”回来，埋头苦干、昼夜奋战，整个暑期，校园里到处都有燕大人忙碌的身影。上述成绩的取得，离不开大家的辛苦付出和共同努力，在此，我代表学校，向同志们表示衷心的感谢和崇高的敬意！

第二部分　新学期重点工作部署

同志们，2023年是深入学习贯彻党的二十大精神的开局之年，是学校落实“十四五”规划、推进“双一流”建设、实现内涵式高质量发展的重要一年，做好今年各项工作意义重大。现在到年底仅剩不到4个月的时间，我们还有很多工作需要争分夺秒加快进度。

今年上半年，根据主题教育的要求，我带队先后到北京航空航天大学、上海大学、南方科技大学等3个国家“双一流”建设高校调研，7月22日，跟随董兆伟副省长到清华大学进行交流座谈，这期间认真学习了4所高校在建设高水平研究型大学方面的办学经验。结合调研内容和学校办学实际，下面，我就事关学校长远发展的几项重点工作进行安排部署，没提到的内容请大家对照工作要点继续推进落实。

一、持之以恒加快推进“双一流”建设

进入“双一流”，重返“国家队”，是全体燕大人孜孜以求的奋斗目标，是我们这代人必须完成的使命任务。学校近年来取得的办学成绩具有较高的“含金量”，具备了冲击国家“双一流”高校的实力和底气。但对照上一轮国家“双一流”遴选指标，结合学校办学实际，我们还有2个短板亟待补齐。一是国家科技奖方面，我校以第一完成单位没有获得国家科技奖励一等奖或自然科学二等奖，这也是学校上次遴选失利的主要原因。目前学校高压科学中心的多个研究成果处于世界领先水平，正为冲击国家自然科学一等奖积蓄力量，此外学校在“十三五”期间还获得多项省部级一等奖，为下一步冲击国家科技一等奖和国家自然科学二等奖奠定了坚实的基础。但据悉，国家科技奖励政策将迎来重大变化，评奖周期加长、奖项总数减少，这意味着冲击国家科技奖励一等奖或自然科学二等奖以上奖励将面临比以往更加残酷的竞争，需要科研管理部门精心组织、周密谋划，全力做好种子团队培养和服务保障工作，确保在新一轮建设周期内取得实质性突破。二是在国家教学成果奖方面，自1998年以来，我校仅2018年获得1项国家级教学成果奖，与我们同级别高校相比存在较大差距，如江南大学仅2022年就获得了4项国家级教学成果奖，昆明理工大学2000年以来获得7项国家级教学成果奖，现在高水平教学成果奖偏少已经成为学校发展的短板。我在评审第一轮机械学科国家“双一流”建设材料时发现，所有参评的一流学科在一个建设周期内至少获得1项以上国家级教学成果奖，我非常担心教学成果奖会成为下一轮“双一流”遴选的硬性指标，成为我们新的“卡脖子”问题。为此，学校要把教学成果奖当成一项重要且紧迫的任务来抓，由教学主管部门牵头拿出系统性的培育建设方案，作为一项攻坚工程坚决抓好。

二、全力以赴做好两个重点实验室的重组和建设工作

亚稳材料制备技术与科学国家重点实验室的优化重组和起重机械关键技术全国重点实验室的建设工作，其重要性无论怎么强调都不为过。亚稳材料国家重点实验室不仅在科研创新、成果产出方面为学校作出过重要贡

献，作为省内唯一的学科类国家重点实验室，也是河北省的“眼珠子”。目前，学校在国重机构设置、干部配备、资金政策方面给予了最大力度的支持，重组工作也已经到了最后阶段，不久科技部即将启动重组工作。虽然我们对顺利通过重组一直抱有信心，但“不到火候不揭锅”，重组结果一刻没有公布，我们就一刻不能松懈。科研院、国重实验室和材料学院要紧紧盯住关键部门的信息和动态，做好万全的准备工作。起重机械关键技术全国重点实验室是河北省2022年第一批优化重组过程中唯一新增的全国重点实验室，填补了我省在机械工程学科领域全国重点实验室的空白，同样意义非凡。今年6月19日，实验室正式揭牌成立并召开了第一届学术委员会暨咨询委员会会议，学校也正式出文成立了起重机械关键技术全国重点实验室燕山大学管理委员会。虽然台子搭起来了，但在人员编制、经费投入、场地建设、运营管理等方面还有很多困难需要克服，特别是起重机械关键技术全国重点实验室定位于成为全球起重机械领域技术创新、人才聚集和开放融通的高地，我们必须按照这个标准投入建设力量，以重点实验室为平台，辐射带动机械、电气、信息、车辆等相关学科发展，为扩大学校高层次人才队伍规模、培育新的国家科技奖励后备力量打下坚实基础。

三、以“大人才”为抓手深化人才强校战略

习近平总书记指出，“要把我们的事业发展好，就要聚天下英才而用之。要干一番大事业，就要有这种眼界、这种魄力、这种气度”。人才是第一资源，人才工作是学校战略性、基础性、根本性、长远性的工作。近年来，学校在基础研究领域不断取得突破性进展，自然科学基金立项数量和资助额度翻倍式增长，基础科学中心项目成功获批，都离不开人才工作的牵引作用。得益于省委省政府的专门文件支持，学校近几年在人才引育工作上投入了大量资金，取得了显著成效，但对照高水平研究型大学的建设要求仍存在明显差距，例如：世界知名学术大师、顶尖人才数量还比较少；人才队伍的学科结构布局不够合理，国际化程度还不够高；等等。需要我们改进工作思路、创新工作办法，下大力气解决。在这里我特别强调一点，今后学校要牢固树立“大人才观”，以“大人才”为抓手推进学校人才工作高质量发展。所谓“千军易得，一将难求”，“大人才”对我校而言，是指能够带领团队拿到国家级科研或教学奖的团队带头人。对于“大人才”，要在培养机制、使用机制、激励机制、竞争机制上探索创新，以便于更好地引育和发挥好“大人才”的作用。例如，在人才引进过程中，不能随便是个大人物就引进，盲目扩张，要注重与学校的学科布局和发展方向相适应，重点引进缺位的大团队带头人或后备带头人；在人才考评体系方面放宽限制，对认定的“大人才”实行终身教授制，不进行或一定期限内免于上岗考核，为“大人才”快出大成果提供更多有利条件。

四、加快构建“大人才、大团队、大平台”三位一体科研体系

党的二十大报告指出，要健全新型举国体制，强化国家战略科技力量，这为高校科技创新发展指明了道路。学校要想在国家科技奖励方面有所突破，补齐上一轮国家“双一流”遴选失利的短板，就必须持续加强有组织科研，着力培养“大人才”、组建“大团队”、打造“大平台”。“大人才”前面已经说过，组建“大团队”是因为世界已经进入大科学时代，需要更多的人跨学科、跨部门、跨学校、跨地区甚至跨国家的集体攻关。必须以优势学科为基础，打破传统学院学科藩篱，组建高水平的大型科研团队，通过集中目标、集中力量、集中资源，取得一批重大原创性成果，在服务国家重大需求中彰显价值。科研平台是高校学科建设、人才培养和科研项目实施的依托和基础。目前学校最大的两个科研平台就是前面提到的机械、材料国家重点实验室，我们必须举全校之力建设好这两个实验室，使之成为汇聚“大团队”、产出“大成果”的基地。构建“大人才、大团队、大平台”三位一体科研体系，其形成顺序是，先努力培养出“大人才”，然后再努力培养形成大的团队，三个以上的“大团队”构成一个“大平台”。像全国重点实验室这样的“大平台”，最少要有三个大的团队，团队带头人至少应由国家奖的获得者或有能力获得国家奖的教师担任，完备的团队要有40多岁和30多岁的后备带头人，分别为“长江”“杰青”级别和“四青”级别的人才，以形成长期稳定的科研力量，提升学校科技创新的源头供给能力。

五、着力打造“名师、名课、名教材”三位一体教学体系

教学是高校人才培养最基础的工作，“基础不牢、地动山摇”。我校以工程教育见长，出色的人才培养质量曾支撑我国正式加入《华盛顿协议》国际工程教育组织。但是，近年来受办学资源紧张等因素影响，学校在教育教学领域的投入有限，取得的成绩不够理想，像前面提到的，国家级教学成果奖数量与我校办学实力极不

相称，“万人计划”教学名师我校还没有人当选。培养标志性教学成果最有效的途径是建立“名师、名课、名教材”三位一体教学体系。其形成的顺序是，先有名课，再有名教材，在此基础上培养出名师。学校要建立一套国家教学名师培育计划，以国家教学名师及其教研成果为基础去申报国家教学成果奖。要重视以名师为带头人的教学团队的建设，完备的团队要有40多岁和30多岁的后备带头人，以形成长期稳定的优势教学力量。下一步，我们要坚持“抓青年、筑塔基；抓骨干、强塔身；抓名优、亮塔尖”的思路搭建名师培养机制。坚持以学生发展为中心，将“金课”建设作为“牛鼻子”带动整体教学团队建设；坚持将教材建设与教学研究、课程建设、一流学科和一流专业建设相融合，加强高水平教材建设包括高水平外文教材的编写；更重要的是，要加快谋划国家教学名师团队建设和国家教学成果奖的筹备工作。我校要以“名师、名课、名教材”三位一体教学体系作为抓手，把有限的经费资源用到“刀刃上”，切实提高教育教学水平，努力为国家培养更多的“一流”人才，并争取到“一流”的位置。

以上是我重点强调的几项工作，但这不代表其他工作不重要。单独说是因为这几项工作紧迫性强、涉及面广，不是仅仅依靠责任单位自己就能完成的，必须依靠全校各部门、各学院通力配合才能做好。其他还有像本科教育教学审核评估等工作，也是时间紧、任务重、涉及部门较多的任务，因为之前专门召开过动员会，前不久还组织了全校的中层干部、科级干部、各系部主任及教师代表参加培训，这里就不再重复布置。我在春季学期中层干部大会上讲过，年底我们是要对照工作要点完成情况逐一考核的，所以请大家振奋精神、铆足干劲，把未完成工作一项一项、一件一件抓好落实，争取以全胜的姿态迎接新的一年的到来。

同志们，承前方可启后，拾阶必能登高。今天在座的各位同志有些是新提任的中层干部，有些刚刚调整了工作岗位，更多的是原位留任的干部。在新学期开始之际，大家都要迅速调整好状态，努力地工作，确保两个学期之间、两任干部之间的各项工作无缝衔接、有序推进。我们要把主题教育所学所思所悟切实转化为推动事业发展的强大动力，以崭新的精神风貌和扎实的工作作风，担当作为、昂扬进取，为我校早日跻身国家“双一流”建设高校，早日建成“特色鲜明、国内一流、世界知名的研究型大学”付出我们每个人的最大努力，作出我们每个人的最大贡献！

聚焦服务我省生命健康产业，推动医工交叉融合创新发展

校党委书记　赵险峰

习近平总书记在党的二十大报告中对推进健康中国建设作出了全面部署，他指出，“人民健康是民族昌盛和国家强盛的重要标志”，“实施积极应对人口老龄化国家战略，发展养老事业和养老产业”。为更好服务京津冀协同、创新驱动发展和健康中国等重大战略需求，服务我省生命健康产业发展和区域产业转型升级，根据学习贯彻习近平新时代中国特色社会主义思想主题教育的要求，决定围绕“聚焦服务我省生命健康产业、推动医工交叉融合创新发展”这一重要课题开展调查研究。自2023年4月下旬开始，先后召开多次研讨会，赴北戴河生命健康产业创新示范区、燕山大学康养产业技术研究院等地开展实地调研，结合网络、电话等多种途径开展线上调研。力求通过全面调查、系统分析和深入思考，总结学校前期建设成效与经验，研判现存的问题与瓶颈，谋划下一步建设方向和路径，最终形成本调研报告。

一、调研背景与意义

当前，工业化、城镇化、人口老龄化进程加快重塑社会生活形态。基于人民对美好生活的向往，国家适时提出了健康中国、科教兴国、产业结构转型升级等重大战略部署，为新时代经济与社会发展指明了方向。聚焦河北省生命健康产业，探索医工交叉融合创新发展，对服务国家战略需求、服务区域经济社会发展及加快实现中国式现代化燕山大学实践场景具有重要意义。

（一）服务生命健康产业，推动医工交叉融合创新发展，有利于保障国家重大战略任务

《“健康中国2030”规划纲要》提出了健康中国建设的目标和任务，京津冀协同发展战略对河北省各城市发展提出了更高的要求。秦皇岛市拥有首个国家级生命健康产业创新示范区——北戴河生命健康产业创新示范区，大力发展生命健康产业，是国家和河北省赋予秦皇岛的重要使命，也是推动秦皇岛市高质量发展，打造“中国康养名城”的重要突破口。燕山大学聚焦生命健康产业，推动医工交叉融合创新发展，将有利于秦皇岛市承接京津医疗资源，服务京津冀协同发展战略，为健康中国建设提供医学人才和科教支撑。

（二）服务生命健康产业，推动医工交叉融合创新发展，有利于河北经济社会发展及产业转型升级

《河北省康养产业发展“十四五”规划》立足我省区位优势、资源禀赋、产业基础、城镇格局，按照产业集聚、错位协同、均衡发展的原则，构建“一环引领、两极带动、三带集聚、多点支撑”的康养产业空间发展格局，秦皇岛是主要增长极。北戴河创新示范区作为秦皇岛市经济发展的新引擎，承担着河北省调整产业结构和转变发展方式、秦皇岛市经济增长和产业升级的试验田和突破口的重任，将逐步推进包括高端医疗、健康管理、康复疗养、养老服务等各领域各产业发展。学校推动医工交叉融合创新发展，必将有利于更好地服务区域生命健康产业，促进冀东北地区产业融合、协同发展，加快推进我省产业转型升级。

（三）服务生命健康产业，推动医工交叉融合创新发展，有利于学校“双一流”建设向纵深拓展

医学学科建设对于大学发展的助力不容忽视。从20世纪六七十年代开始，美国许多研究型大学就关注到医学与多学科的交叉与结合，纷纷投入巨资开展医工交叉学科研究，先后成立了医工交叉研究所或研究中心，揭开了科研机构推进医工结合发展的序幕。近年，我国诸多“双一流”建设高校也积极布局医工交叉学科建设，如北京大学、清华大学、西安交通大学、北京航空航天大学等纷纷建立医工融合研究院、医工交叉研究中心、联合创新研究院。2018年，教育部增设“智能医学工程”专业及“医学技术”一级学科，2022年增设了“医工学”专业，推动医工交叉人才培养模式改革，促进了医学与信息、工程等学科的深度融合。医工交叉既强化医工学科交融，又促进产学融合，带来了从基础研究到转化研究、从临床治疗到卫生保健等各个领域发展的新可能，代表着现代医学创新发展的方向，在未来具有巨大的发展潜能，也为一流大学建设提供了强大发展驱动力。

二、学校前期探索与成效

近年来，燕山大学依托在人工智能、仪器科学、生物制药等领域的学科基础，积极布局“医工交叉”学科建设，与医疗机构、医科大学开展了一系列合作，取得明显成效，主要表现在以下三个方面。

（一）通过联合科研攻关助力医学创新发展

学校立足自身工学特色学科优势，围绕“医学+”现代医学发展方向，在医工交叉科技创新方面持续发力，与秦皇岛市第一医院、承德医学院、中国中医科学院中医基础理论研究所、河北省康复医院、北京华医天然药物研究院等医学机构签订科技战略合作协议，建设了“京津冀脑与认知科学研究所”，联合设立“医工交叉特色专项培育项目”，筹建数字医学中心（国家重点实验室），举办了“医工结合”学术交流研讨会，聚集了京津冀相关领域的优势科研团队，在脑电信号检测分析、医疗人工智能等领域开展了一系列深入合作，取得了一定突破。学校在药物研发、医疗器械研发与智慧医疗等领域获得了国家重点研发计划项目、国际科技合作项目、国家自然科学基金以及河北省自然科学基金等一大批科研项目，成功当选了人工智能医疗器械创新任务揭榜的入围单位。

（二）通过医工结合培养复合型人才

在科技发展的迫切需求与学科融合的时代背景下，燕山大学与时俱进，以培养医工交叉的复合型人才为己任，积极探索医工融合的专业建设和人才培养模式。2021年，学校依托仪器科学与技术学科，开设了智能医学工程本科专业，培养具有良好职业道德、扎实专业基础、较强专业技能，能够在智能诊断、智能影像分析、健康医疗检测、医学大数据挖掘等领域从事研究、设计、开发、集成与技术支持等工作的复合型专业人才。2022年，学校与承德医学院签订协议，共同组建联合培养工作组，根据人才培养要求联合制订教学计划，开展医工结合人才培养工作。当年，学校承接首批承德医学院生物医学工程班进校学习，并于2023年6月顺利完成全部培养任务。

（三）通过校地合作服务区域康养产业发展

学校多年持续推进医工融合与成果转化，服务京津冀生命健康产业和区域地经济社会发展。2018年，学校融合了机械工程学院、电气工程学院、信息科学与工程学院、环境与化学工程学院和康养培训中心等10个学院、机构的相关团队和资源，成立燕山大学康养产业技术研究院，以服务秦皇岛“国际滨海休闲度假之都”“国际健康城”和“北戴河生命健康产业创新示范区”建设需求，融入秦皇岛大健康产业发展，推进康养产业转型升级和创新发展，成为秦皇岛大健康领域的创新高地和拉动区域经济发展的重要推动力。学校在北戴河医院设立智能医学工程专业实训基地和康养人才培训中心实训基地，推动人才培训与师资共享。学校与解放军第980医院、第281医院等开展军地合作，推进康复装备和训练伤防控等更好地服务部队。

三、存在问题与发展瓶颈分析

学校近年来在医工交叉融合创新方面不断改革，对河北省及秦皇岛市生命健康产业作出了一定贡献。但调研发现，在学校探索过程中面临着行政的、组织的、学科的等内外部多重壁垒与障碍，制约了医工交叉助推区域生命健康产业发展的步伐。

（一）外部因素

第一，我省生命健康产业结构和产学研用链条的制约。近年来，以医药制造业、中医药、健康养老为代表的河北省大健康产业整体稳中向好，但与发达省份相比，仍然存在产业结构不合理、产业链整合不足、创新能力不强、发展动能不足等问题。在产学研用结合方面，大部分高校、医疗机构与企业尚未搭建有效的医工融合平台和完整的医工结合产学研转化链，这是河北省健康产业发展亟待破解的课题。

第二，高校现行体制机制的制约。我省高校现行人事管理、科研评价和绩效分配机制过多强调科研项目、经费、高水平论文及专利等，院系或行政部门的资源分配和评聘考核主要针对“主干方向”和“传统学科”，跨学科研究被置于边缘地位而得不到足够重视，对医工结合交叉学科的资助力度和方式有限，医工融合仍然是貌合神离。

第三，医工学科之间巨大差异的制约。运用工科的技术手段解决临床需求是医工结合最重要的目标之一。但医学和工科在研究对象、学科内容、应用领域和价值体现等方面存在着较大的差异，且长期以来均以较为独立的学科姿态和知识壁垒存在，教学和科研人员更多地将目光投向自己所在的优势领域，导致双方学科交叉、产教融合意识薄弱，热情不高，难以实现强强联合、优势互补的目标。即便不少高校组建了医工科研组织或研究团队，也都普遍存在缺乏向心力和凝聚力的现象。

（二）内部因素

第一，学校医学类学科基础不完备。燕山大学多年来以工科见长，缺乏医学学科基础与医科背景的师资队伍是学校必须正视的短板。秦皇岛市也没有医学类高校，很难为医工交叉学科建设及区域生命健康产业提供强有力的人才和智力支撑，极大制约了医工融合创新发展。

第二，学校医工交叉组织机构不完善。尽管学校集结了多学科的人员力量成立了康养产业技术研究院，但四年来尚未发展成独立建制的二级单位，仍旧挂靠在继续教育学院运行。各领域科研人员归属多个二级学院，与医疗机构开展研究也多以教师个体需求驱动的合作或科研项目联结的合作为主，缺乏独立的实体组织、稳定的合作团队及经费来源作支撑，不利于长期性、持续性跨学科科研活动的开展。

第三，学校医工交叉重点领域科研优势不突出。通过调研发现，目前学校尚未凝练出医工交叉突出的、可持续的学科建设方向及重大前沿科学方向，不利于调动医学与工学学科建设的活力和校内外广大科技工作者的积极性、创造性，难以聚焦重点领域开展有组织的科研攻关和创新活动。

第四，学校医工交叉培养复合型人才机制不健全。学校与秦皇岛市第一医院、承德医学院签署的战略合作框架，尽管涵盖了医工交叉人才联合培养的内容，含有医工交叉研究生科研训练，但尚未有实质性、可持续性的项目落地。当前学校与承德医学院开展本科生联合培养工作刚刚起步，培养对象均为工科专业学生，尚未探索出工程教育支持医学教育的培养目标和双向融合人才培养体系。

综上，学校近年来在推进医工交叉融合创新发展、服务我省生命健康产业方面开展了一系列工作，取得了一定成绩，但并未形成规模效应和高峰现象，也未能产出相关领域的代表性成果。形成这一局面的原因既有政府、医院、产业界等相关外部条件制约，也有学校自身在学科基础、科研组织、师资队伍等方面存在的不足。因此，推进“医工交叉”是一项系统工程，学校需要整合多方面力量进行长期不懈的努力。

四、发展对策与设想

2021 年习近平在清华大学考察时指出，要用好学科交叉融合的“催化剂”，加强基础学科培养能力，打破学科专业壁垒，对现有学科专业体系进行调整升级，瞄准科技前沿和关键领域，推进新工科、新医科、新农科、新文科建设，加快培养紧缺人才。这为我们积极推动学科交叉融合、加快推进医工交叉学科建设指明了前进方向。选择医工交叉融合发展，服务区域生命健康产业之路，是学校继承传统、突破传统、超越传统的战略之举，更是对标国家战略、立足区域发展的重要布局。为此，我们要抢抓北戴河生命健康产业创新示范区发展的政策机遇，聚焦服务我省生命健康产业，瞄准医工结合新蓝海，建设一流平台，组建一流团队，培养一流人才，开展一流研究，为构建一流学科交叉融合发展新形态探索有效途径。

（一）树立医工交叉融合发展新理念

医工交叉理念与价值的普遍认同是推动事业发展的原动力。一是通过各种方式积极推动交叉融合理念传播，促进校内外医学、理工学科的教师和研究人员消除思想芥蒂，摒弃封闭传统，主动投入跨学科研究中，全方位凝聚交叉融合共识。二是将医工融合理念融入学校各项重大发展规划，促使全校上下在愿景与使命的指导下凝聚合力，增强学校的持续竞争优势和对环境变化的适应能力。三是树立稳扎稳打、久久为功的意志信念，从医学实践的需求出发，围绕“健康中国”战略和河北省健康产业创新发展需要，凝练出若干以临床诊治为导向的创新研究方向，警惕盲目投入，跟风办学。

（二）组建生命健康与智能医学学院新机构

整合校内外资源，加快筹备建设生命健康与智能医学学院，是学校变革科研范式和组织模式、加强有组织科研，以更高质量服务国家战略需求的积极举措。成立生命健康与智能医学学院筹建领导小组及工作小组，统领推动相关工作。面向校内外选聘学科带头人和学术骨干，实行医疗机构或医学院与工科学院教师“双聘”制，灵活组建一批具有医工交叉学科背景和创新意识的高水平师资队伍。优化校内专业布局，将智能医学工程等相关专业并入生命健康与智能医学学院。科学论证，稳步推进医工学、医学信息工程、运动康复、健康服务与管理等新专业建设。加强医工交叉跨学科平台建设，为开展学科交叉合作提供条件资源，更好地发挥各学科优势特色，扩大交叉学科科学研究及创新人才培养的有效供给。

（三）建立医工交叉融合新机制

促进医工交叉学科发展的良性循环，必须建立配套的体制机制，其中最关键的是革除阻碍医工交叉融合的制度性因素。一是制定科学高效的科研管理制度。与医疗机构建立资源开放与共享机制，鼓励教师积极申报医工交叉基金，鼓励自由选题，以项目为纽带建立医工学科间的联系，培育新的学科生长点。二是建立科学合理的评价体系。从成果水平、社会经济效益、成果重要性、成果消耗性等多方面指标综合评价交叉学科成果。

三是完善职称评聘和绩效考核机制。制定弹性科学的考核制度，逐步减少刚性量化的考核指标，为跨院系、跨学科研究团队或群体扫清体制障碍，凝聚和调动科研团队的向心力。

（四）构建生命健康领域人才培养新模式

2020年年底河北省印发了《关于加快医学教育创新发展的实施方案》，提出要加强高层次复合型医学人才培养，结合新医科建设和卓越医生培养，促进医工、医理、医文学科交叉融合，推进“医学+X”多学科背景的复合型创新拔尖人才培养。学校要围绕复合型人才培养目标，根据不同专业特点，通过打破医工学科专业界限，采用宽口径的教学模式，制定深度融合的人才培养方案，设立医工交叉模块课程，设立创新实验班和多样化的“学校－医（学）院”协同方式强化学生创新能力培养。探索与医（学）院联合招收医工结合方向的研究生，建立医工“双导师”联合培养研究生制度。

（五）创建生命健康领域科研转化新场景

学校走医工结合之路，要植根当地经济社会发展实际，破解医工交叉领域迫切需要解决的技术难题，推动生命健康产业快速发展。一是完善政策激励机制，鼓励科研人员走出实验室，根据社会、企业、市场的需求选择医学领域研究项目，建立多种科技成果评价方式，激励科研人员重视成果转化。二是强化学校技术转移中心及大学科技园职能，与医疗机构共建生命健康产业孵化器，逐步建成贯通研发、孵化、商品化等成果转化环节的一站式服务与整体化覆盖通道，助力医药健康事业成果转化。三是用足北戴河生命健康产业创新示范区政策红利，向深向实推动更多高水平成果向新区转移转化，一方面可以借助风险投资机制拓宽经费来源渠道，另一方面探索建立学校自有的科技开发风险基金，遴选一批优秀医工融合科技成果，利用学校自身力量组织中试，加快科技成果转化。

一场面向世界科技前沿、面向经济主战场、面向国家重大需求、面向人民生命健康的大变革正在燕山大学孕育。经过方案制定、选址勘察、专业规划等一系列前期筹备工作，学校拟于近期成立“生命健康与智能医学学院”，力争三年内建成专业方向齐备、师资队伍充足、管理机制健全的独立二级学院。经过不懈努力，学校必将在生命健康和医工交叉领域形成创新发展特色鲜明、本硕博人才培养体系完备、学研产教深度融合的优势学科体系。

五、结语

探索医工交叉融合创新，是学校推进医疗科技创新和康养人才培养的有效途径，也是学校深入践行服务地方社会经济发展的重要举措。学校要乘势而上，踔厉奋进，积极促进医工学科交叉融合和创新发展，布局新兴研究领域和研究方向，培养医工交叉领域高层次复合型人才，为推动秦皇岛市乃至河北省生命健康领域创新驱动发展提供科技支撑和智力保障，为建设创新型国家、创新型河北，全面打造中国式现代化卫生健康河北场景作出新的更大贡献。

高效推进国家重点实验室优化重组，建强我省战略科技力量“国家队”

校党委副书记、校长　赵丁选

习近平总书记在二十大报告中指出，要完善科技创新体系。坚持创新在我国现代化建设全局中的核心地位。完善党中央对科技工作统一领导的体制，健全新型举国体制，强化国家战略科技力量，优化配置创新资源，优化国家科研机构、高水平研究型大学、科技领军企业定位和布局，形成国家实验室体系，加强科技基础能力建设，提升国家创新体系整体效能。2022年，国家正式发布《重组国家重点实验室体系方案》，国家重点实验室的改革重组工作全面展开。依托我校建设的亚稳材料制备技术与科学国家重点实验室（以下简称亚稳国重），将在2023年年底前完成第二批次材料领域国家重点实验室的重组工作。由于第一批进行重组的国家重点实验室淘汰率约为10%，作为依托地方建设的唯一一家材料领域的国家重点实验室，亚稳国重面临的挑战是不言而喻的，所以必须全校同心、高效协同、共同推进，才能确保顺利通过优化重组。

一、高效推进亚稳国重优化重组的意义

习近平总书记指出，要把服务高质量发展作为建设教育强国的重要任务。建设教育强国、科技强国、人才强国具有内在一致性和相互支撑性，要把三者有机结合起来、一体统筹推进，形成推动高质量发展的倍增效应。亚稳国重是2006年经科技部批准设立的河北省唯一一家学科类国家重点实验室，在激烈的竞争中，经历了四次运行绩效评估，均取得了良好的成绩。按照科技部重组工作计划，将在2023年年底前完成第二批次材料领域国家重点实验室的重组工作。虽然国家重点实验室优化重组挑战是巨大的，但是机遇也是前所未有的。为了推进学校跨越式发展，学校要以优化重组为契机，主动融入新一轮科技革命和产业变革，作为自我提升的良好机遇。通过重组后，亚稳国重的地位和得到的支持将大幅提升，实验室能够持续通过原创性基础研究与技术攻关，在提高具有国家重大战略需求关键材料的综合性能上取得更多突破，为提升国家的综合国力作出更实质性贡献，同时也是建强我省战略科技力量“国家队”的最有利机遇。

为做好本次重大专题调研工作，学校组织了多次调研活动。到亚稳国重现场进行调研，考察场地空间落实情况，听取亚稳国重重组工作进展及面临困难的汇报；到省科技厅和教育厅等上级部门调研汇报，积极寻求和落实上级政策支持；调研同领域其他国家重点实验室的做法和经验，对标开展相应工作；组织召开重组工作落实推进会，深入调研和逐项落实各方面重组工作任务；调研跟踪科技部等上级部门的管理政策，及时获取重要信息和工作要求等。经过多方位、多层次、多形式的大量调研和反复论证后，形成本次专题调研报告。

二、其他单位的相关经验和做法

国家重点实验室优化重组是为了建成支撑有力、前沿领域、根基深厚，体现国家使命，布局合理，促进创新发展的具有中国特色的全国重点实验室建设体系。经过重组、推荐和评议，已遴选出首批20个标杆全国重点实验室批准建设。经过这第一轮的国家重点实验室的优化重组建设，各地普遍加大了国家重点实验室的建设支持力度。

广东省优化重组前对国家重点实验室给予500万元到1000万元不等运行经费的支持，所在地市对国家级平台是偏于政策的支持，优化重组后省级财政将加大支持力度，同时所在地市在政策支持的基础上将给予专项经费的支持。

高端装备机械传动全国重点实验室依托重庆大学建设，重庆市将投入4亿元，用于实验室5万平方米研发大楼的建设，同时每年给予1亿元运行经费支持，投入26亿元用于实验室大科学装置。运行1000万元，创新成果奖励1000万元。

流体动力基础件与机电系统全国重点实验室依托浙江大学建设，已建成2万平方米的独立大楼，未来将扩建4万平方米大楼。坚持加大经费投入，每年给予1000

万元运行经费支持，重庆大学额外给实验室增配招生指标，保障双聘人员的研究生指标。作为中央高校每年单列支持。

材料结构精密焊接与连接全国重点实验室依托哈尔滨工业大学、首都航天机械渤海造船厂和中国航发沈阳黎明有限公司建设，工信部专项支持 1.6 亿元，黑龙江省和哈尔滨市出资 2.3 亿元专项经费支持，其中 8000 万元建立焊接基团，保证成果转化，哈尔滨工业大学在学科建设经费给予大力支持，每年给予 1000 万元运行经费支持，其他共建企业给予相应的配套经费支持。

绿色低碳钢铁冶金全国重点实验室依托北京科技大学建设，北京科技大学统筹经费每年为全国重点实验室拨款不低于 1 亿元，用于人才引进、设备购置和实验室发展。扩建实验室面积 3 万平方米，作为中央高校每年 1 亿元经费单列支持。

工业装备结构分析优化与 CAE 软件全国重点实验室依托大连理工大学和郑州大学建设，辽宁省已为重组投入200万元，成功后给予每年1000万元运行经费支持，大连市给予每年3800万元专项经费支持，河南省给予每年1000万元运行经费支持。大连理工大学给予每年1000万元运行经费支持，郑州大学给予五年 5150 万元专项经费支持。

从掌握的数据来看，各学科国家重点实验室得到的支持经费较以往大幅增加，企业国家重点实验室得到的经费支持更大，一般每年在亿元以上。地方加大对国家重点实验室投入与国家的定位和国家重点实验室的重要性和作用是息息相关的。国家重点实验室是全国各地区可遇而不可求的，是国家布局的作前沿的科技创新平台，未来国家也会加大投入和支持力度。国家重点实验室优化重组后，会给地方争取到巨大的中央科研经费的支持，其引育人才的能力、学科教育能力、科技创新能力和服务国家重大工程能力都会得到跨越性提升。国家重点实验室的辐射和带动作用也是不容小觑的。

三、亚稳国重优化重组工作方案与规划

（一）建设目标定位和研究方向

习近平总书记强调，要强化国家战略科技力量，有组织推进战略导向的体系化基础研究、前沿导向的探索性基础研究、市场导向的应用性基础研究，注重发挥国家实验室引领作用、国家科研机构建制化组织作用、高水平研究型大学主力军作用和科技领军企业“出题人”“答题人”“阅卷人”作用。根据多年的研究和建设基础，亚稳国重定位于应用基础研究型实验室建设，重组后以“燕山大学亚稳材料全国重点实验室”命名。实验室以亚稳材料科学与技术为主题，面向世界科技前沿和国家重大需求，重点开展亚稳材料设计新理论、亚稳材料制备新技术、亚稳材料服役评价新工艺等应用基础研究，将实验室建设成知名的亚稳材料研究制造创新策源地，孕育重大原始创新，提出原创性的新概念、新原理、新方法。围绕超高压技术、新一代舰船用钢和极端服役环境下的铁路用钢等科研任务工作，创造性地解决高端装备制造中的材料与技术难题，形成持续创新能力。

组建后，实验室将建成世界一流、具有广泛国际影响的亚稳材料创新研究中心，引领国际高压技术、舰船材料、运载材料等领域研究，解决国家重大战略科技难题，凝聚培养优秀创新人才，成为国家战略科技力量之一，服务于我国国民经济和国防建设的重大需求和战略目标的重要平台。

（二）组织机构和运行模式

习近平总书记强调，要协同构建中国特色国家实验室体系，布局建设基础学科研究中心，超前部署新型科研信息化基础平台，形成强大的基础研究骨干网络。实验室是依托燕山大学建设的独立科研实体。应成立燕山大学亚稳材料全国重点实验室管理委员会，负责领导、协调实验室建设发展的重大事项。实验室实行委员会领导下的主任负责制，实验室设立党委，配置党委书记 1 人，实验室主任 1 人，实验室副主任 3 ～ 4 人。建立学术委员会、战略指导委员会等平行机构，负责实验室的重大学术事项。设置教授委员会，负责在学术委员会休会期间对实验室重要日常事务进行决策。设置综合管理部，负责实验室的日常运行管理。综合管理部包括：（1）科研与研究生办公室，负责实验室的日常科研与研究生管理，包括项目管理、成果统计、科学道德和学风建设、知识产权保护、导师遴选与考核、招生指标分配、研究生课程安排、培养方案、学生管理等；（2）学术交流办公室，负责实验室的对外交流工作，包括开放课题、学术会议、国际合作、访问学者等；（3）综合办公室，负责实验室的日常行政事务，包括公文流转、宣传、人员引进与考核、财务、来访接待等；（4）平台与技术服务办公室，负责实验室平台建设与运行，主要包括设备的管理与维护、房屋分配、实验室安全等。

为解决亚稳材料基础科学与技术问题，实验室将成立应用基础研究中心，开展基础与应用基础研究。围绕 4 个重点任务，与国内重点企业国机集团、鞍钢集

团、中国一重和中铁山桥等，具体通过高压科学中心、清洁纳米能源中心、先进结构材料中心和运输关键材料中心等开展合作研究，重点开展超硬材料与加工技术、舰船钢轻量化技术、高原铁路辙叉与轴承技术和材料极端环境服役演变评估与装置等关键技术研究。通过构建“1+4”的运行模式，形成多元交叉、校企协同攻关体系，打造从基础科学研究、关键共性技术突破到成果产业化的完整创新链条。

（三）固定人员配备和规划

习近平总书记指出，加强基础研究，归根结底要靠高水平人才。必须下气力打造体系化、高层次基础研究人才培养平台，让更多基础研究人才竞相涌现。实验室现有专职骨干研究人员95人，其中中国科学院院士1人，973首席科学家1人，863项目负责人1人，国家自然科学基金重大项目负责人1人，国家基础科学中心负责人1人，国家重点研发计划项目负责人1人，国家海外高层次人才引进计划4人，长江学者8人，国家杰出青年基金获得者10人，青年长江学者1人，国家优秀青年科学基金获得者5人，中青年科技创新领军人才3人，人社部百千万人才工程8人，其他人才计划67人。研究人员以中青年为主，其中40～60岁占66%，40岁以下占19%。重组后，根据研究需求，实验室研究人员规模逐步扩大，拟于2025年年底达到200人，2030年年底达到250人。

实验室现有专职管理人员3人，其中行政副主任1人，行政秘书1人，学术秘书1人，负责实验室各项日常行政事务。重组后，实验室拟在党务、工会、人员引进与考核、经费、平台建设与管理、研究生招生等方面独立运行，需要扩充专职管理人员队伍到12人，且结合实验室工作性质，要求具有实验室相关学科专业的学习经历。

实验室现有技术人员12人，其中高级职称7人，博士研究生8人。重组后技术人员需要承担科研服务工作、设备的管理与维护、公共平台对外服务共享等。拟扩充技术人员队伍到30人，以满足日益扩大的科研需求，其中要求技术人员博士研究生比例达到80%以上。

（四）独立空间和研究场地设置

实验室目前科研用房包括材料馆A、B（一、二、三层）、C（一、二层），建筑面积1.4万平方米；高压科学中心，建筑面积0.7万平方米；清洁纳米能源中心，建筑面积0.3万平方米；亚稳材料制备中心，建筑面积0.3万平方米。实验室总建筑面积为2.7万平方米。

未来两年，实验室的建筑面积将增加2万平方米。具体措施为：

（1）将材料科学与工程学院（主要包括行政、系部、教学及示范中心）迁出材料馆，腾出材料馆B（四层）、C（三、四层）给实验室使用，建筑面积为0.4万平方米，从而实现实验室在物理空间上的独立性。

（2）新建的先进结构材料中心（在材料馆B、C东侧），将于2023年投入使用，建筑面积为0.6万平方米。

（3）新建亚稳材料技术融合中心，建筑面积1万平方米。

短期内，亚稳国重的建筑面积将由2.7万平方米增至4.7万平方米，并实现了物理空间的独立。根据长远规划，计划通过向河北省申请建设经费等方式，建设亚稳材料创新中心科研大楼，建筑面积5万平方米，用于满足人员大幅增长和科研急剧膨胀的用房需求。

（五）依托管理和经费支持

亚稳国重是依托地方建设的唯一一家材料领域的国家重点实验室，河北省科学技术厅是主管部门。按照国家重点实验室重组工作要求，为支持亚稳国重重组建设，经过学校积极争取，河北省科技厅将于实验室重组成功后的下一年，每年给予实验室1000万元省级财政科技专项经费支持，连续支持5年，由实验室统筹用于高水平人才培养引进、关键核心技术攻关、科研条件建设等方面。

学校作为依托单位，优先支持实验室的科研条件建设，在学科建设经费等经费分配中单独予以大力支持。其中，通过中长期贷款等方式，2022—2023年配置1.7亿元平台建设费；自2023年起每年给予500万元的运行经费支持。

四、亚稳国重优化重组尚未落实的工作及解决方案

（一）实验室指南编列

学校已经草拟了一份亚稳材料方面的指南，并已正式报河北省科学技术厅，由其向科技部汇报对接，争取深层次列入。目前，科技部正在组织专家开展材料领域指南的编写工作。后续，学校将持续跟踪指南的确定和发布情况，待指南正式发布后，将严格按照指南准备和上报亚稳国重优化重组方案，并做好后续评审答辩和现场检查等工作。

（二）机构和岗位设置

原来申请的二正和四副的处级岗位设置，未得到省编办批复，计划通过校聘的方式予以解决；科级机构及

一般人员岗位设置问题，将于今年换届时启动解决。

（三）亚稳国重党委设立

重组要求实验室成立独立党委，计划结合机构设置问题解决情况，按照成立党委的程序和要求，尽快成立亚稳国重党委，配备相应人员后，尽早开展工作。

（四）管理制度与文件制定

在科学技术研究院、人力资源处、亚稳国重和相关学院的共同努力下，已经完成实验室人员管理、成果认定等系列管理办法文件，计划于近期审稿确定后，形成学校正式文件。

（五）新建实验室建设和搬迁

先进结构材料中心预计 7 月交付使用，力争用 2 个月时间完成家具等办公设备采购，交付后启动设备搬迁工作，预计 12 月左右完成搬迁。亚稳材料融合中心将于近期开始施工方招标工作，并办理施工许可，计划于 8 月动工。由于大量设备急需在该中心安装，需要提前做好电力扩容等工作，并倒排施工时间抓紧建设，力争在 12 月底交付使用。

（六）实验室与学院独立空间

按照重组工作要求，实验室必须与材料学院在空间上彼此独立。经过前期努力，里仁行政楼一层已腾空并交付材料学院，正在开展粉刷、维修等准备工作，计划于 7—8 月完成修缮改造，9 月初完成搬迁。受面积所困，仅能完成学院行政办公和部分本科教学设备的搬迁，正在协调其他空间，尽最大可能将材料学院行政及和科研无关的实验室迁出材料馆，满足独立空间的需求。

（七）继续争取上级部门支持

经过积极争取，省科技厅出台了《河北省科学技术厅关于支持燕山大学重组建设亚稳材料制备技术与科学国家重点实验室的函》（冀科平函〔2023〕13 号），确定重组成功后给予实验室每年 1000 万元省级财政科技专项经费的支持，连续支持 5 年。将继续争取河北省教育厅等部门对实验室重组工作的支持政策和措施，为顺利完成重组提供更多保障。

（八）亚稳国重科研大楼建设方案编制

对比材料领域其他国家重点实验室，亚稳国重在实验室面积方面规模太小。同时，为了顺利通过国家重点实验室优化重组，其他实验室都已经开始建设科研大楼，或提出了建设新的科研大楼的规划和方案，为了为亚稳国重重组工作添加砝码，计划开启 5 万平方米亚稳国重科研大楼建设方案的编制工作，力争尽快形成建设方案，作为实验室重组工作的重要规划内容上报。

五、亚稳国重重组建设中长期规划

习近平总书记在党的二十大报告中强调，坚持面向世界科技前沿、面向经济主战场、面向国家重大需求、面向人民生命健康，加快实现高水平科技自立自强。以国家战略需求为导向，集聚力量进行原创性引领性科技攻关，坚决打赢关键核心技术攻坚战。未来 5 年，计划建设 5 万平方米的亚稳国重大楼，投入 5 亿元完成超高压技术平台、机加工技术平台、结构材料研发平台与交通运载研发平台等，逐步完善所需的各类研究平台，为解决相关材料与技术难题奠定基础；实验室拟引进高水平青年学者 50 人，招聘博士后 50 人，打造一支年龄结构合理、多学科交叉的高水平研究队伍；针对机加工刀具、能源材料和高压对顶砧等领域用超硬材料的合成、加工与生产技术，航空发动机用 TiAl 金属间化合物单晶的材料与技术，军用武器装备用的新型轻质、低磁、耐腐蚀舰船用钢研发，太空、核工业、海洋等极端服役环境用新型高强韧锆钛合金材料的开发应用，以及极端复杂环境下服役的铁路辙叉用高锰钢的稳定性控制全流程技术等，开展相关材料与技术研究，解决关键材料与技术难题，并初步实现工程应用。

未来 10 年，实验室再投入 3 亿元，全面建成亚稳材料研究平台；实验室人员规模达到 250 人，建成一支多位院士领衔、国家杰出青年基金获得者或教育部长江学者特聘教授为研究团队负责人、年龄结构合理、多学科交叉的高水平研究队伍；针对机加工刀具、能源材料和高压对顶砧等领域用超硬材料，航空发动机用 TiAl 金属间化合物单晶，军用武器装备用的新型轻质、低磁、耐腐蚀舰船用钢，太空、核工业、海洋等极端服役环境用新型高强韧锆钛合金材料以及极端复杂环境下服役的铁路辙叉用高锰钢等，开展相关工业生产技术研究，全面实现其工程应用，为我国经济和国防建设作出重大贡献。

六、结语

亚稳国重是河北省唯一的学科类国家重点实验室，是河北省重要的战略科技力量，是推进“京津冀”科技协同创新发展国家战略的重要抓手。同时，亚稳国重更是我校最重要的高层级科研平台，是学校发展的“金字招牌”，顺利通过重组是学校必须完成的工作任务，绝不能有半点闪失。目前，亚稳国重又是材料领域国家重点实验室中唯一的地方类高校实验室，实验室重组工作形势严峻、要求极高、内容复杂、时间紧迫，实验室目前已面临生死存亡的紧张考验。

在全校各有关单位的共同努力下，重组准备工作取得了重大进展和成效，但仍然存在一些没有完全解决的“难点”问题。在重组工作的最关键阶段，学校各有关单位要严格按照国家重点实验室优化重组工作要求，集中力量，高效推进，从学校实际出发攻坚克难，切实保障各项工作及时落实到位，为优化重组工作做好全方位准备，确保顺利通过国家重点实验室优化重组，保住和建强这支我省战略科技力量的“国家队”。

燕山大学2023年度工作要点

2023年是全面贯彻落实党的二十大精神的开局之年，也是落实学校“十四五”规划、深化“双一流”建设、推动内涵式高质量发展承上启下的关键一年，做好今年各项工作意义尤为重要。

一、总体要求

学校2023年工作坚持以习近平新时代中国特色社会主义思想为指导，以深入学习贯彻党的二十大精神为主线，更加深刻领悟“两个确立”的决定性意义，增强“四个意识”、坚定“四个自信”、做到“两个维护”，坚持和加强党对学校工作的全面领导，落实立德树人根本任务，坚持为党育人、为国育才。全年工作坚持稳中求进总基调，更好统筹疫情防控和学校事业发展，以高质量党的建设为引领，以健全德智体美劳全面发展的育人体系为根基，以加强学科内涵建设、提升科技创新能力为驱动，以打造一流师资队伍为关键，以提升治理能力为支撑，以改善办学条件为保障，加快推进“双一流”建设和内涵式高质量发展，全力推进学校“十四五”发展规划和中国式现代化燕山大学实践场景落地落实，一步一个脚印把党的二十大决策部署和学校事业发展蓝图付之于行动、见之于成效。

二、重点任务

1. 以高质量党建为引领，加强党对学校工作的全面领导。把学习贯彻党的二十大精神作为首要政治任务，深入开展主题教育，贯彻落实好学校《深入学习宣传贯彻党的二十大精神工作方案》，坚持党委常委会“第一议题”制度，积极开展宣传教育活动，持续推动党的创新理论武装走深走实。严格落实意识形态工作责任制，全面加强党组织建设和干部队伍建设，坚持不懈把全面从严治党向纵深推进。

2. 以建立德智体美劳全面发展的育人体系为根基，全面落实立德树人根本任务。提升思想政治工作质量，深化本科人才培养模式改革，加快推进研究生教育改革发展，加强学生创新创业能力培养，推进国际化创新人才培养，全力做好招生就业工作。

3. 以加强学科内涵建设、提升科技创新能力为驱动，加快推进“双一流”建设。积极构建学科建设发展新格局。加强基础研究，健全和完善有组织科研。确保亚稳材料制备技术与科学国家重点实验室顺利通过优化重组，全力加强机械学科全国重点实验室建设。推动产学研深度融合，积极筹建河北省首家“国家级未来产业科技园”，力争创建河北省首批省级工业医院，积极筹建生命健康学院，更好服务区域社会经济发展。推进高水平对外交流合作，扩大中外合作办学规模，争取变更西里西亚学院和欧洲学院的办学层次。

4. 以打造一流师资队伍为关键，健全高端人才引育机制。持续推进人才强校战略，不断加强教师思想政治和师德师风建设，进一步推进人事制度改革。

5. 以提升治理能力为支撑，不断增强发展动力活力。完整、准确、全面贯彻新发展理念，高质量落实“十四五”发展规划和中国式现代化燕山大学实践场景，不断健全和完善内部治理体系，凝聚人心汇集力量，增强事业发展合力。

6. 以改善办学条件为保障，推动发展成果由全体师生共享。持续推进平安校园、美丽校园、幸福校园建设，提高安全生产治理能力，关心维护师生员工切身利益，不断提升服务保障能力。

三、主要内容

（一）以高质量党的建设为引领，加强党对学校工作的全面领导

1. 坚持把学习贯彻党的二十大精神作为首要政治任务

目标任务：在全面学习、全面把握、全面落实上持续用功，坚持不懈用习近平新时代中国特色社会主义思想凝心铸魂。

工作措施：根据中央、省委决策部署，深入开展主题教育，持续推动党的创新理论武装走深走实。**（责任单位：党委组织部）**贯彻落实好学校《深入学习宣传贯彻党的二十大精神工作方案》，开展学习、宣传、贯彻党的二十大精神工作。**（责任单位：党委宣传部）**坚持把学习贯彻党的二十大精神、习近平总书记重要讲话

和指示批示、中央重要决策部署列为党委常委会“第一议题”，及时组织专题学习和研讨。**（责任单位：学校办公室）**扎实推动党的二十大精神进教材、进课堂、进头脑，师生宣讲团成员围绕党的二十大精神开展校内外宣讲不少于60场次。**（责任单位：马克思主义学院）**强化学生理想信念教育和行为规范教育，组织校级宣传教育活动不少于10项。**（责任单位：学生工作处）**

2. 以党的政治建设为统领，落实党委领导下的校长负责制

目标任务：以党的政治建设统领学校事业改革发展。

工作措施：严格执行党委全委会、党委常委会、校长办公会等会议议事决策规则和“三重一大”决策制度。弘扬重视调查研究的优良传统，围绕学校中心工作谋划选题，组织开展调研活动，组织开好校领导班子务虚会。巩固深化巡视整改成果，落实月志报表、学期总结盘点机制，党委常委会每学期研究1次工作进展情况。完善督促检查工作机制，加强对学校重要决策部署贯彻落实情况的督促检查，全年开展定期督查不少于2次，专项督查不少于5次。进一步梳理规范校级议事协调机构，及时调整校级议事协调机构。**（责任单位：学校办公室）**

3. 抓好宣传思想工作，贯彻落实意识形态工作责任制

目标任务：紧扣学习宣传贯彻党的二十大精神主线，扎实做好宣传思想工作。压紧压实意识形态工作。

工作措施：提升融媒体平台建设水平，重点加强在《河北日报》和河北广电平台上的宣传工作，拓展国家级外宣渠道。举办“燕山大学品牌影响力提升”系列讲座。层层压实意识形态工作责任，全年专题研究意识形态工作不少于2次，开展基层党委落实意识形态工作责任制情况专项督查不少于1次。实行7×24小时网络监测，对负面舆情分级分类处置，每日日报进行留档备案，每学期每月编纂1期《网情参阅》。**（责任单位：党委宣传部）**

4. 深入落实新时代党的建设总要求和新时代党的组织路线，全面加强党组织建设和干部队伍建设

目标任务：着力打造符合事业发展需要的高素质专业化干部队伍，着力健全党组织工作体制和运行机制，建强基层党务工作队伍，培育基层党建示范典型。

工作措施：召开学校党的建设工作会议，制定年度党的建设重点任务。对中层领导班子和干部队伍开展集中调研和调整，优化处级、科级干部队伍。以处级干部为重点，举办干部专题培训班。做好基层党组织换届工作，选优配强基层党组织书记和组织员队伍。评选表彰一批全校各条战线涌现出的先进基层党组织、优秀共产党员和优秀党务工作者。加强和改进校院两级党校工作，制定《党校工作细则》。抓实抓细党员教育管理培训，做好基层党务工作者专门培训。巩固全国、全省党建“双创”单位培育创建成果，培树一批党建示范创建和质量创优先进典型。发挥党员组织生活馆教育阵地作用，加强大学生党史传习社建设，开展重大节日纪念日专题学习实践不少于4次。**（责任单位：党委组织部）**

5. 深入推进全面从严治党，推进党风廉政建设常态化长效化

目标任务：坚持不懈把全面从严治党向纵深推进，坚持党性党风党纪一起抓，深化落实中央八项规定精神、持续纠治“四风”，维护风清气正校园政治生态。

工作措施：组织召开全面从严治党工作会议、校纪委四届五次全会，督促指导各基层党委制订落实全面从严治党工作计划。制定《2023年度纪检监察监督工作实施方案》，明确重点工作任务。紧盯“关键少数”和重点领域，开展各类监督不少于100次。推动形成监督工作多部门横向联动、系统内上下贯通的整体合力，至少召开1次监督沟通协调会议。紧盯重要时间节点，持续开展专项整治，深化落实中央八项规定精神、纠治“四风”。综合运用“四种形态”，加强执纪问责力度。组织开展全校领导干部集中警示教育，通报典型案例，教育引导党员干部坚守遵规守纪底线。制定《关于加强新时代廉洁文化建设的实施意见》，推进廉洁文化进校园，开展廉洁文化活动不少于4场，完善廉政文化长廊内容，不断营造良好校园廉洁文化学习氛围。加强纪检监察队伍建设，开拓性探索纪检监察学科建设。**（责任单位：监察处（纪律检查委员会办公室））**

（二）以建立德智体美劳全面发展的育人体系为根基，全面落实立德树人根本任务

6. 强化学生思想政治引领，着力提升思想政治工作质量

目标任务：建设思政教育标志性成果。更好发挥校院两级团组织带动引领作用。

工作措施：修订《“翔燕工程”主题教育实践活动实施意见》，完成2期学风建设系列活动。继续推进“新时代大学生文明实践中心”建设，在学生公寓建设5个主题突出、特色鲜明的“一站式”学生社区工作站。加强易班建设，继续开展好“大学生网络文化节”等网络文化品牌活动，孵化优秀网络思政工作室。加强专业教

师、研究生导师心理工作培训，开展心理育人工作先进导师或课题组经验介绍会。建立健全学生参与学生社区建设和校园事务管理的长效机制，制定《学生参与校务管理工作实施办法》。运营好24小时学生咨询热线、"学生处长午餐会"等师生联络平台。制定《征兵工作奖励办法》，做好征兵保障工作和退役学生的优抚工作。扎实推进"多维矩阵式"辅导员队伍专业化职业化建设方案，着力提升辅导员育人能力与素质水平。**（责任单位：学生工作处（党委学生工作部））**推进"青年马克思主义者培养工程"，从全校选拔优秀学员500人以上，遴选骨干学员组建"鸿燕班"。开展大学生科技节、科技知识竞赛等活动。丰富校园文化生活，举办"百团巡礼"学生社团文化展示活动，举办迎新晚会、毕业生晚会、"五四"精神的文艺歌舞会等。**（责任单位：团委）**建设1个马克思主义理论类本科专业。做好马克思主义理论一级学科博士点申报工作。推进"英雄故事"虚拟仿真课程融入思政课教学，开展第二轮虚拟仿真课程建设。**（责任单位：马克思主义学院）**

7. 深化本科人才培养模式改革，健全完善培养质量保障体系

目标任务：进一步完善本科教育教学管理体制机制，推动"大思政"建设，深化本科教育教学改革。

工作措施：做好新一轮本科教育教学审核评估准备工作，完善本科教学管理制度，制定《本科教学质量保障体系建设方案》《本科教学大纲管理办法》等文件。开展课程思政与思政课程"双向融合"教研活动，更好推进"三进"工作落实落细。全方位推进体育教育、美育教育、劳动教育各项工作。启动2024年培养计划修订工作，制定《2024年本科专业培养计划修订原则性意见》，进一步完善专业人才培养体系。制定《本科毕业设计（论文）管理办法》，进一步提升本科毕业设计（论文）质量。制定《朋辈导师制管理办法（试行）》，完善本科生导师制度。持续改善教学资源基础设施，推进多媒体教室设备更新替换，对所有教室进行标准化考场建设，推进本科教学实验室视频监控系统建设。持续凝练积累教学改革成果，培育教学名师，力争新增国家级教学成果奖1～2项。推进一流本科专业建设点、一流本科课程和校级特色教材建设，新增国家级一流本科课程不少于5门。完善专业认证管理制度，进一步推动专业认证工作。完善校院两级培训交流管理模式，办好精品特色项目，打造一支精于"技术"和"艺术"的培训师队伍。**（责任单位：教务处、教师培训中心）**

8. 加快推进研究生教育改革发展，完善研究生培养体系

目标任务：对标国家一流学科，深化研究生教育综合改革，不断完善以提升创新能力为目标的研究生培养体系建设。

工作措施：开展新时代研究生教育改革发展研究，深化研究生教育教学改革项目建设成效及应用。启动2024版研究生培养方案修订工作。修订研究生与导师互选办法，充分发挥研究生导师第一责任人作用。大力推进研究生联合培养基地建设，强化科教融合、产教融合培养模式，为服务国家战略和区域经济社会发展提供高层次人才支撑。做好2023年新增学位授权点申报工作，力争新增博士学位授权点（类别）1～2个。进一步拓宽专业学位博士授权类别，在基础学科、交叉学科门类实现新突破。加强研究生培养全方位全过程管理，新增省级优秀博士硕士学位论文不少于35篇。**（责任单位：研究生院）**

9. 提升学生创新创业能力，强化创新实践育人作用

目标任务：推进思创融合，强化创新创业教育专项研究，加强创新创业师资队伍建设，提升学生创新创业能力。

工作措施：举办4期"燕园创新发展论坛"。立项10项创新创业教育教学改革研究与实践项目，遴选10篇创新创业教育改革优秀论文，更好发挥双创教指委"智库"作用。启动5门专创融合示范课程建设工作。结合创新创业精品课程建设，开展创新创业教材建设试点工作。培育创新创业教学名师5人，培育创新创业教学名师团队2个。实施大学生创新创业能力提升行动，支持800项大学生创新创业训练计划项目，举办2期"燕巢计划"创业训练营，建设大学生创新创业实践基地。建设一类创新创业竞赛微课10门，在一类创新创业竞赛中获得国家级奖项200项，在研究生创新创业竞赛中获得国家级奖项100项，在第九届中国国际"互联网+"大学生创新创业大赛中取得全国总决赛银奖以上奖项1项。**（责任单位：创新创业教育与指导中心）**加强"燕工坊"硬件建设和运行管理，打造主题工坊6个，建设工程实践创新导师库（不少于100人），开发高质量的工程实践创新项目（体验课程）5项以上，积极开展工程创新类活动。**（责任单位：工程训练中心）**

10. 推进国际化创新人才培养，推进高质量培养体系建设

目标任务：培养造就更多国际化复合型优秀人才，

以质量和效益为主线推进学校国际化办学内涵式高质量发展。

工作措施：拓宽拓深留学生招生渠道，来华留学生人数达到500人，学历生占比达到60%。建立发展支撑体系，推行中外学生教学、管理和服务趋同化，推动各培养学院成为来华留学生培养主体。从海内外生源基地建设、校企合作、校友资源、项目建设等方面，推动来华留学生教育内涵式高质量发展。打造留学燕大品牌，建立“知华讲堂”中国国情教育新模式，培养“知华友华爱校”国际化人才。加强现代信息技术与教育教学的深度融合，打造“一师一室三课”的国际中文线上线下混合式教学虚拟实践场景。依托长城文化体验与研究基地，讲好长城故事，讲好中国故事，提升国际传播能力。**（责任单位：国际教育学院）**

11. 不断优化招生质量，完善就业育人体系

目标任务：坚持优化生源结构，多措并举提升各类生源质量，完善就业育人体系，引导、服务和促进毕业生高质量充分就业。

工作措施：适度压缩本科招生计划，大力争取研究生招生计划特别是博士生计划以及推免生名额。统筹调整招生计划，继续实施大类招生，持续推进“全员参与、学院区域负责”的招生宣传模式。严格控制博士研究生在职人员比例，提升生源质量。组织开展就业工作学习培训、交流研讨、专题研究和绩效考核等不少于4次。统筹做好访企拓岗促就业活动、人社部巡回招聘会和各类专场招聘活动，全年校招单位不少于3000家。持续扩大学校国家级就业平台影响力，完善优化学校智慧就业平台等新媒体功能和信息审核发布机制。建立重点群体毕业生就业帮扶工作台账，健全校院两级“一对一”结对帮扶推荐机制，办好教育部“宏志助航计划毕业生就业能力培训项目”。**（责任单位：招生就业处）**

（三）以加强学科内涵建设、提升科技创新能力为驱动，加快推进“双一流”建设

12. 积极构建学科建设发展新格局，增强学科发展内生动力

目标任务：完成“双一流”建设年度任务，做好第五轮学科评估结果的研究和反馈使用工作，引导各学科不断完善自我评估和监测机制。

工作措施：推进落实学校《加快“双一流”建设实施方案（2022—2025年）》，开展阶段性总结，确保建设任务按时保质保量完成。根据第五轮学科评估结果，组织参评学科开展评估结果分析，对标对表、查找短板，确定未来4年建设重点。制定《一流学科交叉创新团队建设管理办法》，促进学校学科交叉融合与交叉学科建设。面向国际科学前沿和国家战略需求，遴选若干交叉团队，建成一批特色鲜明、实力突出的团队，逐步构建跨学院、跨学科的交叉融合创新长效机制。组织参评学位授权点开展自我评估，确保顺利通过2023年专项评估与周期性合格评估年度自评。**（责任单位：研究生院）**

13. 精准对接国家战略需求，推动产出高质量科研成果

目标任务：加强基础研究，健全和完善有组织科研。持续推进科研“放管服”及评价体制改革，保持学校科研项目和经费体量稳步增长势头，提升参与承担大科学工程、国家重大项目能力。推进人文社科高质量发展，完善智库研究队伍建设机制。

工作措施：持续开展标志性项目组织培育，继续组织培育“医工交叉”“智能制造”和“双碳”等科研新方向和增长点。落实国家科学技术奖培育工作举措，紧跟国家奖政策动态，及时制定完善工作措施，更好对接服务国家奖培育团队，对各阶段工作给予支持，新增国家级三大科技奖（项）至少1项。加强高水平科研成果产出，与有潜力的科研团队进行点对点对接，加强沟通联系、政策引导、人才待遇支持，新增*Nature*、*Science*、*Cell*及子刊论文不少于3篇。坚持开展学校基础创新科研培育项目等科研培育工作，鼓励科研人员承担更多研究水平高、影响力强的基础研究标志性项目，新增国家自然科学基金项目不少于78项，新增科研经费不少于5.6亿元。加强科研诚信和荣誉体系建设，制定《科研荣誉评选和管理办法》。**（责任单位：科学技术研究院）**继续做好燕山大学国家社科基金培育项目的评审立项工作，制定《国家社科基金重大项目培育办法》，新增人文社科类国家级科研项目不少于10项。加强交互式沟通合作，邀请政府有关部门的领导和专家来校讲座培训，定期举办有影响力的智库沙龙或高端论坛。拓展报送渠道，获省部级以上领导批示的咨政报告不少于30篇。推进开展“燕山大讲堂”学术论坛。**（责任单位：社会科学处）**

14. 加强高水平科研平台建设，夯实科技创新基础

目标任务：确保亚稳材料制备技术与科学国家重点实验室顺利通过优化重组，全力加强机械学科全国重点实验室建设，确保省部级科技创新平台顺利通过主管部门组织评估，制定新一轮“局省共建”落实方案。提升人文社科研究机构建设水平。

工作措施：加强对接沟通，争取上级主管部门为亚稳材料国家重点实验室优化重组工作提供重要条件支持，整合校内各方面资源为重组工作提供全方位保障，完善细化国家重点实验室优化重组方案，高质高效推进优化重组工作。全力加强机械学科全国重点实验室建设，严格按照建设标准完善机构设置及相关配套政策，高质量推进实验室建设。开展学校省部级科技创新平台校内预评估工作，充分做好组织动员、服务保障工作。完善科研管理服务体系，推进学术评价改革，加强科研诚信和荣誉体系建设。加强与高水平学校、科研单位的交流，拓展思路和空间。**（责任单位：科学技术研究院）**制定“局省共建”落实方案，强化军民融合办学特色，进一步完善国防科研评价体系。开展国防科技重点实验室申报工作。引导优势科研方向纳入武器装备质量管理、装备承制单位资格等体系管理范畴。**（责任单位：先进技术研究院）**制定《人文社会科学研究平台管理办法》，细化对各类平台的评估考核。制定《“两院一中心”推进建设实施方案（2023—2025）》，推进特色新型智库建设，校级人文社科研究机构获批省部级以上新型智库1～2个。与国外（境外）知名大学、研究机构签订合作协议，多渠道多层次搭建平台共建新型智库。**（责任单位：社会科学处）**

15. 推动产学研深度融合，更好服务区域社会经济发展

目标任务：探索建立专业化技术转移机构，畅通对外科技合作渠道，加快促进知识产权转化运用，有效增强国家大学科技园区域创新能力。推进康养产业技术研究院建设，积极筹建生命健康学院。

工作措施：跟踪教育部、科技部有关政策，联合秦皇岛经济技术开发区，积极筹建河北省首家“国家级未来产业科技园”。建好建强河北省科技特派员工作室、河北省工业诊所等社会服务平台，力争创建河北省首批省级工业医院，为河北特色产业集群、专精特新小巨人及其他科技型企业提供公共科技服务。深化“科技创新+县域经济”校地企融合对接，对接政府、企事业单位不少于25家，新增实质性合作关系单位不少于10家，校地共建政产学研用合作平台不少于1个，校企共建创新平台不少于3个。推进国家技术转移示范机构建设，强化高价值科技成果培育，新增产学研合作项目不少于500项（合同额不少于1.1亿元），服务企事业单位不少于300家，新增专利成果转化项目不少于150项（合同额不少于500万元）。完善国家大学科技园、国家众创空间载体建设，打造科技成果超市，构建孵化网络体系，孵化培育科技型企业不少于10家。完善科技成果转化体制机制，修订《科技成果转化管理办法》，制定《赋予科研人员职务科技成果所有权或长期使用权试点工作实施办法》《国家大学科技园管理办法》《校外科技合作与成果转化机构管理办法》。**（责任单位：大学科技园、技术转移中心）**积极筹建生命健康学院，汇集特色优势学科资源，在生命科学、智能医学、运动康复、医疗大数据、生物医药、医疗器械、健康管理、心理治疗等领域开展科学研究和人才培养，促进科研成果转化，更好支持康养产业发展。开展康养中心项目合作，签约合作单位（项目）不少于2个，推动项目成果进入实训或临床试验阶段，组织开展康养高端培训或参加国家级竞赛不少于1次。建设数字技术工程师培育项目“大数据”和“智能制造”两个新职业方向培训体系。完善校外教学点管理机制。**（责任单位：继续教育学院）**

16. 推进高水平对外交流合作，积极提升学校国际传播力影响力

目标任务：加强与“一带一路”沿线国家教育交流合作，加强国际传播能力建设，完善学校全球伙伴关系网络。扩大中外合作办学规模。

工作措施：选派更多青年骨干教师赴世界知名高校访学、留学，教师参与国际交流项目和赴外交流人次增幅不少于10%（年度累计不少于50人次），聘任长短期外籍专业教师和语言类教师不少于30人。开设高水平定制化线上国际课程不少于5项，学生参与国际交流项目和赴外交流人次增幅不少于10%（年度累计不少于350人次）。**（责任单位：国际合作处）**争取变更西里西亚智能科学与工程学院和欧洲学院的办学层次，招收硕博层次学生，探索构建本硕博一体化的合作办学“燕大范式”。**（责任单位：西里西亚智能科学与工程学院、国际教育学院）**构建“在地与赴外”相结合的人才培养国际化新发展模式，获批博茨瓦纳国际科技大学孔子学院，推进在美国“燕山大学托列多学院”建设，推进CDIO国际工程教育组织、“一带一路”高校联盟等国际组织和联盟、东北亚丝路文明研究院（博物馆）等学校国际合作和展示平台建设。拓展更多国家节点，提高友好学校层次，签署友好学校不少于7所，力争与1所世界排名前500的海外院校拓展友好关系。继续推进“一院一基地”校级国际合作基地建设，实现机械工程学院、材料科学与工程学院各建成1个稳定的国际合作基地。健全港澳台工作机制。**（责任单位：国际合作处）**

（四）以打造一流师资队伍为关键，健全高端人才引育机制

17. 持续推进人才强校战略，着力培养引进更多创新拔尖人才

目标任务：完善科技领军人才和创新团队引育机制，加强国家战略人才、青年创新人才引进培育力度。

工作措施：深入实施人才强校战略，制定《深入实施新时代人才强校战略的若干措施》。通过柔性引进、顾问指导、合作研究等方式聘请院士来我校工作，将科研基础强、培养潜力大、发展势头好的拔尖人才列为重点培养对象，新增高层次人才4人、"两院"院士1人。扩大人才政策宣传力度，制订2023年博士教师和紧缺专业硕士教师招聘计划，设置伯乐奖，加强与中国科学人才网等平台合作，加快报到进程，提高报到率，新增专任教师不少于120人，具有博士学位的教师比例达到75%。**（责任单位：人力资源处）**

18. 坚持把师德作为教师评价第一标准，加强师德师风建设

目标任务：加强教职工思想政治教育和核心价值引领，完善教师思想政治和师德师风建设工作体制机制。

工作措施：加强师德师风建设研究与探索，了解和掌握教职工思想动态，有针对性地开展职业规划与辅导。开展多种形式的师德师风教育宣传培训工作，开展师德标兵和教书育人楷模选树工作，举办庆祝教师节暨教职工荣誉表彰活动。在人才招聘、职称评聘、岗位聘用等过程中加强师德行为考察，坚决落实师德失范"一票否决"。**（责任单位：党委教师工作部）**

19. 进一步推进人事制度改革，不断激发人才队伍发展潜能

目标任务：完成人事代理人员转总量管理工作，推进职称评聘、岗位管理、奖励性绩效改革，完成学校内设机构调整工作。

工作措施：加强与省人社厅沟通与协调，完成人事代理人员转总量管理的人员调配工作。制定《职称评审管理暂行办法（试行）》《专业技术岗位聘用管理办法（试行）》《实验人员编制管理办法（试行）》，推进职称评聘、岗位管理、奖励性绩效改革任务。理顺校内职责，完成学校内设机构调整工作。**（责任单位：人力资源处）**

（五）以提升治理能力为支撑，不断增强发展动力活力

20. 完整准确全面贯彻新发展理念，确保"十四五"发展规划和"中国式现代化燕山大学实践场景"各项目标任务有序开展、落到实处

目标任务：及时监测《"十四五"发展规划纲要》年度进展情况，撰写评估报告，全面落实《"中国式现代化燕山大学实践场景"实施方案》。

工作措施：及时监测规划各量化指标完成情况，引导各相关部门聚焦重点工作任务，系统分析规划九大重点任务完成情况与规划蓝图的契合度，撰写评估报告，进一步加强和规范评估结果的科学运用，切实发挥规划对学校事业发展的引领作用。加强对"中国式现代化燕山大学实践场景"的宣传，增强全校师生的认同感和凝聚力，将"中国式现代化燕山大学实践场景"目标任务纳入校属二级单位2023年度目标责任书，确保各项任务高效落实。**（责任单位：高等教育发展研究中心）**

21. 扎实推进校内评价体系改革，做好新时代教育评价改革工作

目标任务：推进新时代教育评价改革取得新进展，发挥好目标绩效考核"指挥棒"作用，推动学校各项事业又好又快发展。

工作措施：跟踪学校《深化新时代教育评价改革重点任务》完成进展，建立健全领导小组内部沟通及反馈机制，督促各项教育评价改革工作加快落实。健全二级单位目标管理与绩效考核机制，强化目标导向、效果导向，制定2023年度各二级单位目标责任书，修订校属二级单位目标管理与绩效考核实施细则，建立健全对二级单位年度目标完成情况的日常考核机制，定期了解掌握工作推进情况，提出改进意见建议。**（责任单位：高等教育发展研究中心）**

22. 不断健全和完善内部治理体系，提升精细化管理服务水平

目标任务：进一步提高学校职能机构运转效率，提升运行效能、管理水平、治理能力。

工作措施：制定《信息办理工作办法》，向上级主管部门报送信息不少于12次。加强校名校徽管理，制定《校名校徽使用管理暂行办法》。做好文件印信管理，制定《公文处理工作办法》《公文版头适用范围及发文字号管理办法》《印章管理办法》。做好校园大型活动统计工作，制定《大型活动审批管理办法》。**（责任单位：学校办公室）**完成学校VI视觉标志及校名、简称商标注册工作。推进学校法治建设，开展法治培训和法治宣传教育工作。**（责任单位：高等教育发展研究中心）**建立健全学校财务管理机制，制定《财务管理制度》。合

理编制学校预算，科学制定债务偿还方案和重点项目资金支出方案，确保到期银行贷款及其他到期债务及时偿还。强化绩效理念，加强预算绩效管理，优化财务资源配置，提升资金使用效益。加强支出管理，修订《经费审批、使用和报销管理办法》。**（责任单位：计划财务处）**对部分领导干部开展经济责任审计、强化干部管理监督，规范权力运行。对大宗物资和基建工程采购开展内控管理审计，完善采购内控制度。**（责任单位：审计处）**加强资产管理和优化配置，制定三年国有资产清查工作实施方案，开展新一轮国有资产清查工作。提高资产管理信息化水平，搭建校级资产闲置调剂平台。推进公用房有偿使用机制，加大科研用房收费力度，搭建公用房管理系统，加强公用房信息化管理。推进院级大型仪器设备开放共享实体平台建设，推进共享管理系统建设，实现大型仪器科学化、现代化管理。**（责任单位：实验室与资产管理处）**加强校属企业管理力度，确保学校国有资产的保值增值。提高校属企业盈利能力，强化预算管理，确定经营目标，加强成本管理控制。**（责任单位：产业集团）**稳步推进里仁学院转设工作，及时防范和化解重大风险，保障校园安全稳定，保障师生合理权益。**（责任单位：里仁学院）**

23. 强化文化育人功能，推进校园文化建设

目标任务：弘扬燕大人文化品格，积极拓宽文化育人路径，深入推进大学文化建设，推进文化传承创新。

工作措施：认真做好“全国文明校园”申报工作。聚焦学习宣传贯彻党的二十大精神，遴选培育第九批基层文化建设项目。**（责任单位：党委宣传部）**高质量举办档案主题展览、“国际档案日”宣传教育活动和“第三届校史文化节”，探索档案校史文化传播新模式。**（责任单位：档案馆）**扩大期刊影响力，继续加大高水平约稿数量，力争30篇以上。围绕《燕山大学学报》创刊六十周年举办庆祝活动。**（责任单位：期刊社）**优化出版结构，提升学术出版、地域文化、长城文化三个板块的品牌影响，培育精品佳作。建设长城文化主题书店，与山海关中国长城博物馆结成共建关系，联合开展长城主题文化活动，主办一届高层次学术论坛“全国长城学学术研讨会”。**（责任单位：出版社）**举办第十届读书节、第五届“我和我的祖国”主题活动，继续开展毕业季、迎新季、考研季等特色活动。完成“燕大文库”实体建设，持续开展特色文献的收集、整理和揭示，为读者提供智慧化场景服务。**（责任单位：图书馆）**持续提升博物馆文化内涵建设，让文物“活起来”，举办博物馆文物鉴定、展览等。积极申报国家三级博物馆，将博物馆打造成独具地域特色的文博精品。**（责任单位：东北亚丝路文明研究院（博物馆））**继续推进中华优秀传统文化传承基地（篆刻）建设，积极培育师资、开展科研，加强对外联系。**（责任单位：艺术与设计学院）**

24. 凝聚人心汇集力量，增强事业发展合力

目标任务：进一步巩固新时代统一战线团结奋斗的共同思想政治基础。强化民族宗教工作。推进学校民主管理和民主监督。做好校友服务和联系工作。

工作措施：加强政治引领，支持和协助统战团体开展形式多样的主题实践活动。推进统战团体建设，举办“同心讲坛”系列活动不少于4次。开展征求党外人士意见建议工作2次。组织开展“党委出题·党外调研”品牌活动，征集党外人士调研成果。加强防范宗教渗透的多部门联动协调，每学期开展一次涉宗教领域排查工作，实行网格化管理，落实“月报”制度、包联制度、“一对一”谈话制度等。**（责任单位：党委统战部）**认真做好燕山大学九届四次教代会和十届四次工代会的筹备和组织工作。加强提案征集阶段的指导把关，提升提案质量，实现提案答复率100%，满意率80%以上。做实做细全体教职工健康体检和女教职工专项体检工作，举办校院两级工会开展健康讲座4场以上。提高工会会员普惠标准，继续上调节日慰问金比例。**（责任单位：工会）**全方位做好服务校友工作，凝聚校友力量，协助校友组织做好成立、换届工作。设立校友特色筹款项目，出台捐赠奖励制度。**（责任单位：校友工作办公室）**

（六）以改善办学条件为保障，推动发展成果由全体师生共享

25. 坚持总体国家安全观，推进平安校园建设

目标任务：落实安全稳定（生产）责任。统筹做好疫情防控和教育教学工作。压紧压实师生健康、信访、实验室、网信、工程项目、食品、保密等安全责任。

工作措施：召开年度安全稳定工作会议，与校属各单位签订《2023年度安全稳定责任书》，每月开展政治、稳定、安全生产等各领域重大风险隐患排查化解。部署重大活动和重要时期安全稳定工作任务，全年召开推进会不少于4次。督导检查校属各单位安全稳定（生产）责任落实情况，开展全校性检查不少于2次。完善“双控”机制，对建筑场所开展新一轮风险辨识，至少组织开展4次隐患排查整改。做好宿舍、食堂、水电暖等区域日常督导检查。完成智慧型平安校园建设三期、消防控制室主机联网等项目。加强重点岗位人员安全培训，

组织安全教育、培训和应急处置演练不少于10场次。开展包含国家安全等方面主题内容的专题安全宣传教育活动。（**责任单位：安全工作处（党委安全工作部）**）针对涉密人员及项目、考试、自媒体等开展保密检查不少于4次，指导各单位开展保密自查1次，加强宣传教育，组织召开保密委工作例会。推进重点信访事件化解，做好进京信访维稳工作。（**责任单位：学校办公室**）严格落实省市及防疫直管部门要求，做好日常涉疫会议、材料的组织和整理工作，收集整理2020—2022年形成的新冠疫情防控档案。（**责任单位：疫情防控工作领导小组办公室**）切实做好健康驿站日常管理、防疫物资与治疗药品储备，以及新冠病毒感染者的诊疗和救治等工作。（**责任单位：后勤服务中心**）开展实验室重要危险源专项安全检查，完善重点实验场所安全相关的配套设施，开展实验室安全知识宣传教育及应急演练活动。（**责任单位：实验室与资产管理处**）完善网络安全态势感知体系，严格落实重要时期网络安全保障，开展校园网络安全应急演练。开展第三期网络安全等保测评，严格落实信息设备和存储设备安全保密归口管理工作。加强网络安全技术培训和宣传教育，推进校园软件正版化普及和国产软件应用。（**责任单位：信息技术中心**）

26. 加强校园规划建设管理，推进美丽校园建设

目标任务：推进校区建设长期规划及建设。不断优化校园后勤服务保障水平。

工作措施：完成亚稳材料技术融合中心、东校区浴池项目的报建及整体工程施工。完成智能制造交叉融合中心、先进结构材料研究中心、多功能风雨操场、康养人才培训中心等项目的整体工程施工。推进西校区土地划转及校区整体规划调整工作。（**责任单位：校园规划建设中心**）做好2023年校园维修改造工作，进一步提高维修效率。持续开展校园环境综合整治，美化、净化校园环境。开展“互联网＋明厨亮灶”建设。推进后勤内部管理改革，深入推进降本增效、开源节流、节能降耗。创新管理手段，严格控制后勤服务用工总数及成本。增强后勤财务预算前置等检查监督功能，管好用好后勤经费，厉行节约、量入为出，提高后勤经费使用效益。（**责任单位：后勤服务中心**）

27. 不断提升校园智慧化水平，推进智慧校园建设

目标任务：深化智慧型服务校园建设，建设学校公共基础数据资产管理平台，推进下一代互联网建设，提升校园网承载能力，逐步构建与学校发展需要相适应的信息化体系。

工作措施：推动公共基础数据资产价值产出，开展数据资产管理、数据仓库建设、数据质量管理、数据运营管理、数据决策服务、数据安全和个人信息保护等工作。完成校园电子身份互联认证平台建设，推动融合门户平台升级，开展一网通办运营中心应用建设，深化智信数据服务价值产出。推进全光有线无线一体化网络改造重建和感知型校园千兆网络升级，完成西校区第1至11组团学生公寓校园网络重建，完成东区建筑馆、环化馆、第一教学楼等区域千兆网络升级改造。完善信息化关键基础设施，完成数据中心扩容，推进校园一卡通人脸场景应用，确保关键基础平台平稳运行，做好学校各项重点工作技术支撑和保障。（**责任单位：信息技术中心**）制定实施方案，启动全国数字档案室建设试点工作，完善学校电子文件归档与电子档案管理制度。高标准完成智能档案库房二期建设，完成干部人事档案搬迁。（**责任单位：档案馆（校史馆）**）

28. 关心维护师生员工切身利益，推进幸福校园建设

目标任务：进一步提升校园服务水平，精准精细做好教职工管理服务工作。

工作措施：提升楼宇公寓、食堂、浴池、经营网点、校车等管理服务水平，加大对第三方公司的监管力度。提升幼儿园办园和校医院医疗服务水平，发挥好居委会社区管理和服务功能。充分发挥好后勤师生意见反馈平台作用，健全师生满意度评价体系，促进服务质量提升。（**责任单位：后勤服务中心**）认真落实离退休干部政治、生活“两项待遇”，做好省直特困离退休干部帮扶申报工作，开展“我为群众办实事”活动不少于3项，扎实开展“敬老月”活动。（**责任单位：离退休工作处**）

燕山大学领导班子2023年度工作总结

2023年是深入贯彻落实党的二十大精神的开局之年，学校领导班子在省委省政府的坚强领导下，坚持以习近平新时代中国特色社会主义思想为指导，深入贯彻落实习近平总书记对河北工作的重要指示精神和关于建设教育强国的重要论述，认真贯彻落实倪岳峰书记来校调研考察指示精神、王正谱省长在省属骨干高校座谈会上讲话精神，深刻领会新时代党和国家赋予高等教育的新使命、新要求，团结带领全校师生干事创业、担当作为，加快推进学校"双一流"建设、实现内涵式高质量发展，各项事业取得显著进展，学校发展态势良好，为建设经济强省、美丽河北，奋力谱写中国式现代化建设河北篇章作出了燕大贡献。

这一年，学校党委坚持党建引领，深入开展学习贯彻习近平新时代中国特色社会主义思想主题教育，主题教育工作获得省委巡回指导组好评和省委主题教育领导小组的充分肯定；深入实施人才强校战略，亚稳材料制备技术与科学国家重点实验室主任、材料科学与工程学院刘日平教授和亚稳材料制备技术与科学国家重点实验室、国家冷轧板带装备及工艺工程技术研究中心学术带头人张福成教授当选中国工程院院士；矢志立德树人，全面打造"多项锻造式"育人工作体系，不断提高拔尖创新人才自主培养能力；打造科技创新策源地，亚稳材料制备技术与科学国家重点实验室优化重组取得重要进展，起重机械关键技术全国重点实验室建设稳步推进，新增教育部重点实验室1个；积极主动服务京津冀协同发展等国家战略，筹备举办"燕山大学对接京津高校合作发展大会"。

具体来说，学校领导班子集中精力主要抓了以下六个方面的重点工作。

一、以高质量党的建设为引领，加强党对学校工作的全面领导

一是深入开展学习贯彻习近平新时代中国特色社会主义思想主题教育。学校牢牢把握"学思想、强党性、重实践、建新功"总要求，一体推进理论学习、调查研究、推动发展、检视整改。建立"1+1+6"理论学习体系，举办主题教育专题党课485场；坚持问题导向开展调查研究，校领导班子开展专题调研11项（含重大专题调研2项），转化工作举措27项；坚持靶向发力开展检视整改，梳理校领导班子问题清单10项，落实整改措施52条；制定专项整治方案，8项整改举措全部落实到位。解决了一批发展所需、改革所急、师生所盼、民心所向的问题，为师生办实事170件，建立完善相关制度138项。主题教育工作成效显著，学校作为全省高校主题教育的先进典型在省委主题教育大会上作经验交流，并得到国家、省、市主流媒体宣传报道。学校正积极抓好主题教育整改落实"回头看"工作，确保整改工作取得实效，成果得到进一步深化巩固。

二是以党的政治建设为统领，落实党委领导下的校长负责制。学校坚持将学习习近平新时代中国特色社会主义思想和党的二十大精神、习近平总书记重要讲话、党中央决策部署等内容列为党委常委会"第一议题"，组织专题学习、研究落实意见12件次。召开校党委四届三次全会，审议通过《关于深入学习贯彻习近平总书记重要讲话精神，加快推进"双一流"建设、实现内涵式高质量发展，为谱写中国式现代化建设河北篇章贡献燕大力量的实施方案》，确立了未来三年发展总体目标，谋划了8个专项行动，制定了各项重点任务和具体工作举措。严格执行党委常委会、校长办公会等会议议事决策规则和"三重一大"决策制度，累计召开党委常委会26次，审议议题158项；召开校长办公会12次，研究议题72项。巩固深化巡视整改成果，落实月志报表、学期总结盘点机制，党委常委会每学期研究整改进展。完善督促检查工作机制，搭建线上督查平台，完成国务院推动高质量发展综合督查的自查工作。梳理校级议事协调机构，制定《校级议事协调机构设置方案》，明确规范校级议事协调机构组织职能。

三是抓好宣传思想工作，贯彻落实意识形态工作责任制。细化学习宣传贯彻党的二十大精神工作方案，组

织召开党委理论学习中心组学习8次，1名教师入选全国学习贯彻党的二十大精神宣讲团，7人入选省宣讲团，组建学习贯彻党的二十大精神“红色旋律”师生宣讲团，面向校内外开展90余场宣讲活动，受众约3万人。举办“新时代·新青年”青春分享会，聘任4位全国劳动模范、全国道德模范、大国工匠为“大思政课”兼职导师。强化学生理想信念教育和行为规范教育，开展各类校级宣讲活动15项。压紧压实意识形态工作责任制，党委常委会专题研究意识形态工作，开展意识形态工作责任制情况专项督查，编撰《舆情日报》145期、《网情参阅》7期。

四是深入贯彻落实新时代党的建设总要求，全面加强党的建设。召开学校党的建设工作会议，制定年度党的建设重点任务。召开庆祝中国共产党成立102周年暨表彰大会，评选表彰先进基层党组织、优秀共产党员和优秀党务工作者。加强和改进校院两级党校工作，制定《党校工作细则》。培树一批党建示范创建和质量创优先进典型，省委教育工委推荐学校党委参评全国党建示范创建高校、推荐4个基层党组织参评全国党建“双创”单位和百个研究生样板党支部、推荐1人参评全国百名研究生党员标兵。进一步选优配强基层党委委员，23个基层党委完成委员补选（选举）工作。23个基层党委按要求完成党支部换届选举工作。发挥党员组织生活馆教育阵地作用，接待200余场次、6000余人次。

五是深入贯彻落实新时代党的组织路线，全面加强干部队伍建设。着力选拔忠诚干净担当的高素质专业化干部，修订处、科干部选拔任用工作实施办法，有序高效地完成了处、科级干部集中调整。处级干部提拔或进一步使用85人、同级交流24人，干部流动任职达65.2%。举办干部专题培训班，全体处级干部参加中国干部网络学院“学习贯彻党的二十大精神网上专题班”等培训。圆满完成驻村干部调整，确保驻村帮扶工作不断档、不降速，组织召开乡村振兴工作阶段性总结报告会，举办乡村振兴风采展，学校和三支驻村工作队在2022年度考核中获评“优秀”等次，驻银里村工作队荣获“全省乡村振兴先进驻村工作队”，驻马连道村工作队申报项目获批“教育部省属高校精准帮扶典型项目”。

六是深入推进全面从严治党，推进党风廉政建设常态化长效化。召开全面从严治党工作会议，校纪委四届五次、六次全会，对全面从严治党工作进行精心部署；督促指导各基层党委制订落实全面从严治党工作计划并开展现场督导，提出督导整改建议10余条。制定年度监督工作实施方案和监督清单，明确14类49项监督内容，开展专项监督10项。结合“室组”联动监督完成七大方面督导检查，制定整改措施44条并全部整改到位，构建监督闭环工作机制。协助省纪委监委做好校级领导班子廉政教育，开展对全校领导干部及其家属的警示教育，建立干部容错纠错机制，营造“宽严相济、刚柔并重”的监督氛围。加强对“三重一大”决策事项、重点领域、重点岗位的监督，实施各类监督130余次。聚焦14类重点领域和关键岗位，排查廉政风险点82个、风险隐患107条，组织制定廉洁风险点管理及防范措施，不断提升廉政风险防控水平。紧盯重要节点强化作风建设监督检查，深入开展“六纠六促”作风建设活动，贯通运用监督执纪“四种形态”，严肃执纪问责，受理信访举报20件，立案1件，给予党纪处分1人，发放纪检监察建议书2份，充分发挥案件查办的治本功能。以抓好源头预防营造清正廉洁的校园氛围，开展廉政教育、廉洁文化活动18项，获省级及以上奖项7项，学校获评教育厅颁布的“廉洁教育系列活动优秀组织院校”称号。搭建3个网络学习资源平台，制定《关于加强校园廉洁文化建设的实施方案》，建立廉洁文化建设长效机制。深入开展纪检监察干部教育整顿，高质量完成学习教育、检视整治、巩固提升各环节任务，开展各类教育活动76次，检视问题204个，制定整改措施232条，出台文件制度21项，省教育整顿督导组对我校工作给予充分肯定，省教育整顿工作简报对我校优秀做法进行采编报道。

二、以建立德智体美劳全面发展的育人体系为根基，全面落实立德树人根本任务

一是强化学生思想政治引领，着力提升思想政治工作质量。落实教育部“时代新人铸魂工程”，健全四位一体发展、四向融合提升的“多向锻造式”大思政育人格局。制定《关于加强新时代学生思想政治工作的实施意见》《新时代“翔燕工程”思政育人体系的实施意见》。规划16个学生社区工作站，已建成9个，其中5个升级为新时代大学生文明实践中心。成立省内高校首个学生社区党工委，成立14个功能型党支部，实现学生社区党建和思政工作深度融合。建立线下“社区议事厅”，解决学生急难愁盼问题150余件。召开先进导师“润心育人”心理健康教育工作沙龙1次，坚持运行24小时心情热线。制定《“国防奖学金”实施细则》，开展6次集中征兵宣讲。扎实推进“多维矩阵式”辅导员队伍专业化职业化建设，着力提升辅导员育人能力与素质水平。获省辅导员大赛团体特等奖1项、单项奖4项，省高校辅导员年度人物1人。组织开展河北省第七届大学生网络文化节和高校网络教育优秀作品推选展示活动。举办大学生社团文化节，开展“新时代·新青年”青春心向党、奋斗新征程系列活动。升级改造“英雄故事”思政课虚拟仿真体验中心。

二是深化本科人才培养模式改革，健全完善培养质量保障体系。持续凝练积累教学改革成果，新增高等教育（本科）国家级教学成果奖1项（二等奖，与浙江大学等合作完成）。推动“大思政”建设，制定《课程思政与思政课程“双向融合”教研活动方案》，开展集体备课、共上一门课等教研活动百余次，获批省级课程思政示范项目2项。深化本科教育教学改革，制定《本科教育教学审核评估工作方案》《本科课程教学大纲管理办法》《关于进一步加强教风学风考风建设工作的实施意见》《本科毕业设计（论文）管理办法》等，做好新一轮本科教育教学审核评估准备工作。建设《理解当代中国》多语种系列教材“三进”工作校级教改项目7项，获批省级教改1项，17门课程开展了“三进”教学工作。全方位推进体育教育、美育教育、劳动教育，启用劳动教育实践课管理平台，划拨美育教育、劳动教育专项经费，制定本科生劳动教育课程修读说明。新增国家级一流本科课程10门，首批省级一流本科专业建设点验收合格。推进教育数字化建设，改善教学资源基础设施，实现标准化考场全覆盖，建成本科教学实验室视频监控系统。

三是加快推进研究生教育改革发展，完善研究生培养体系。深化研究生教育综合改革，报送教育部学位与研究生教育发展中心2022年主题案例3项、河北省研究生精品课程建设项目5项、河北省研究生专业学位精品案例库建设项目5项。启动2024版研究生培养方案修订工作，制定《2024年研究生培养方案修订指导性意见》。修订研究生与导师互选办法，充分发挥研究生导师第一责任人作用。大力推进研究生联合培养基地建设，强化产教融合、科教融会培养模式，新增院级专业学位研究生校外实践基地22家，新增研究生联合培养基地28家。完成2023年新增学位授权点申报工作，完成马克思主义理论、数学、化学等6个拟申报学科（类别）申报工作。

四是提升学生创新创业能力，强化创新实践育人作用。推进思创融合，举办4期“燕园创新发展论坛”，举办创新创业教育成果展，立项创新创业教育教学改革研究与实践项目30项，启动创新创业课程建设工作，遴选31门课程参评2023年省级创新创业课程。实施大学生创新创业能力提升行动，支持大学生创新创业训练计划项目1085项，举办2期“燕巢计划”创业训练营，建设大学生创新创业实践基地4个。在一类创新创业竞赛中获得国家级奖项657项，在研究生创新创业竞赛中获得国家级奖项270项，2个项目入围第九届中国国际“互联网+”大学生创新创业大赛全国总决赛。持续提升燕工坊硬件水平，建设主题工坊6个，入驻科技社团8个。建设工程创客导师库，在全国高等学校教师工程创客教学能力大赛中荣获特等奖和一等奖各1项，开发立项工程实践创新项目10项，开发工程创新体验课程2门。

五是推进国际化创新人才培养，推进高质量培养体系建设。拓宽拓深留学生招生渠道，长短期留学生达596人，学历生占比63.9%，与泰国春武里科技职业学院签订海外生源基地协议。举办第三届“学在中国——中外研究生学术文化交流论坛”，评选2022年度来华留学生高水平论文14篇。打造留学燕大品牌，建立“知华讲堂”中国国情教育模式，开展“中华民族文化与民族精神”“讲好中国故事，提升中华文化国际影响力”等系列活动。承办教育部国际合作与交流司2023来华留学管理干部培训班。获批教育部中外语言合作交流中心国际中文教育研究课题2项。加强现代信息技术与教育教学的深度融合，打造“西里西亚大讲堂”品牌，实现线下燕大校区师生、线上国内家长、境外波兰校区师生同堂互动。

六是不断优化招生质量，完善就业育人体系。统筹调整招生计划，大力争取研究生招生计划特别是博士生计划及推免生名额，完成硕士研究生招生3635人，较去年增加72人；博士研究生招生373人，较去年增加54人。持续推进“全员参与、学院区域负责”招生宣传模式，组织赴19个省区市200多所高中进行生源基地授牌、科普讲座、招生宣讲等活动，新增优秀生源基地19所。举办校友企业招聘会、人社部巡回招聘会等大型招聘会累计6场，全年各类招聘活动546场，参会单位3037家，提供岗位28万余个。开展教育部“宏志助航计划毕业生就业能力培训”3期，参训学员毕业去向落实率明显提升。中国教育报、工人日报、河北日报等媒体报道我校就业工作20次。

三、以加强学科内涵建设、提升科技创新能力为驱动，加快推进“双一流”建设

一是精准对接国家战略需求，推动产出高质量科研成果。获评河北省科学技术奖11项（自然奖一等奖1项、发明奖一等奖1项、进步奖一等奖1项，公告中）。“双聘院士”阎锡蕴院士荣获何梁何利基金科学与技术奖，黄传真教授牵头申报项目荣获教育部2022年度高等学校科学研究优秀成果奖（科学技术）科学技术进步奖二等奖。田永君教授团队受邀在*Science*正刊发表展望性文章1篇。新增国家自然科学基金86项，其中杰出青年基金1项。获批教育部人文社会科学研究项目8项。加强科研诚信和荣誉体系建设，制定《科研荣誉评选和管理办法》。推进人文社科高质量发展，制定《国家社科基金重大项目培育实施办法》，获批国家社科基金15项，其中马工程重大项目1项，专项项目1项。开展“燕山大讲堂”学术论坛2期。完善智库研究队伍建设机制，获省部级以上领导及部门采纳咨政报告共73篇，其中63篇作为建议被河北省全国人大代表采纳并提交第十四届全国人民代表大会一次会议，3篇获得全国政协十四届一次会议立案。承办了2023中国品牌发展论坛、中国智库建设高端论坛等国内高端哲社论坛。主动把握京津冀协同发展战略历史机遇，推进京津冀教育、科技、人才一体化发展，筹备举办“燕山大学对接京津高校合作发展大会”。

二是加强高水平科研平台建设，夯实科技创新基础。在省科技厅、省教育厅的大力支持下，举全校之力推进亚稳材料国家重点实验室优化重组工作，制定完善优化重组方案，积极完善实验室重组材料，做好答辩准备工作，扩建高压科学中心、清洁纳米能源中心、先进结构材料中心和亚稳材料技术融合中心等研究机构，积极推进人员、场地、经费、设备和招生等各项配套工作。全力加强起重机械关键技术全国重点实验室建设，成立管理委员会，完善实验室组织架构，举办第一届学术委员会暨咨询委员会等会议，制定《起重机械关键技术全国重点实验室整体建设方案》。获批“智能控制与神经信息处理”教育部重点实验室，设立双碳科学与技术研究院。制定“局省共建”落实方案，积极办理武器装备质量管理体系军品扩项事宜，引导新方向纳入武器装备质量管理体系。制定《人文社会科学研究平台管理办法》，细化对各类平台的评估考核。推进特色新型智库建设，学校2个河北省哲学社会科学研究基地（河北省公共政策评估研究基地、河北省东北亚丝路文明研究基地）在年度考核中获“优秀”等次，获批成立河北省人大常委会法工委立法基地。

三是积极构建学科建设发展新格局，增强学科发展内生动力。深入推进机械工程、材料科学与工程学科群建设，着力打造两大学科高峰；充分发挥高峰学科引领作用，辐射带动控制、计算机、化工、管理等学科发展，构建“一流引领、相互支撑、协同发展”的学科生态体系。完成机械工程、材料科学与工程等7个学科“双一流”建设中期自评工作；对照学校《加快“双一流”建设实施方案（2022—2025年）》进行检查，绝大多数年度指标已完成。制定《学科专业调整优化实施方案（2023—2025）》，新增先进制造、智能装备2个博士学位授权二级学科，以及新能源技术和储能技术、智能电动车辆、国别和区域研究等3个硕士学位授权二级学科，撤销6个自主设置目录外二级学科。推进新增学位授权审核工作，组织6个拟申报学科做好准备工作，向基础学科、新兴学科、交叉学科倾斜。完成23个学科的2022年度自评估工作，组织19个学位授权点参加学科专项核验。

四是推动产学研深度融合，更好服务区域社会经济发展。获批河北省首批工业医院，积极为河北特色产业集群、专精特新小巨人及其他科技型企业提供公共科技服务。加强河北省科技特派员工作室建设，目前在服务类科技特派员141人。组织专家特派员深入河北10个地市、56个区县、240家科技型企业开展科技服务。深化“科技创新+县域经济”校地企融合对接，校地共建“燕山大学鹿泉新一代信息技术产业研究院”等合作平台3个。新增产学研合作项目534项（合同额1.54亿元，同比增长18%），服务企事业单位405家，新增专利转化项目188项（合同额1240万元，同比增长125%），300万元以上项目6项，千万级项目1项，专利转化项目平均额度达6.6万元，百万以上转化5项，产学研合作项目平均额近30万元，修订《科技成果转化管理办法》。推进国家大学科技园、国家众创空间建设，打造“4万+平方米”孵化总空间，新增入孵企业13家，孵化培育科技型中小企业11家，创客学院新增入孵团队17个。积极筹建生命健康学院，汇集特色优势学科资源开展科学研究和人才培养，拟于12月揭牌运行。

五是推进高水平对外交流合作，积极提升学校国际传播力影响力。学校在全球建立的第二所孔子学院博茨瓦纳国际科技大学孔子学院顺利揭牌，顺利实现当年获批、当年揭牌，为近五年来河北省获批的首家孔子学院。成为中俄工科大学联盟正式成员单位，开拓中俄两国人才联合培养、科研合作攻关、创新成果转化的全链条合作模式。加入南亚东南亚大学联盟，开展南亚东南亚教育合作论坛、国际文化交流研讨会等活动。与13

所海外高水平大学签署合作协议，其中伊利诺伊大学芝加哥分校等3所高校世界排名前500。85名教师赴世界知名高校访学、留学、参与国际交流项目，同比增长193.1%。聘任长短期外籍专家和教师41人。西里西亚智能科学与工程学院获批增设硕士研究生招生资格。

四、以打造一流师资队伍为关键，健全高端人才引育机制

一是持续推进人才强校战略，着力培养引进更多创新拔尖人才。刘日平教授和张福成教授新当选中国工程院院士。聘任英国爱丁堡皇家学院院士、阿伯丁大学教授Marian Wiercigroch为机械学院外聘院士，聘任中国科学院院士、太原理工大学教授黄庆学为机械学院客座教授，聘任中国科学院院士郑志明为信息学院首席科学家，聘任日本工程院外籍院士、日本东海大学教授石岩为信息学院讲座教授。新增“长江学者”特聘教授人选1名，“长江学者”青年学者1名，国家海外优青人选2名，国家海外引才青年项目人选1名。制定《深入实施新时代人才强校战略的若干措施》《职称评审工作实施细则（试行）》。完成547名人事代理人员转入总量管理工作。

二是坚持把师德作为教师评价第一标准，加强师德师风建设。1人荣获2023年度河北省师德标兵，1人获评第九届河北省道德模范提名奖，3人获评河北省教学名师，1名教师应邀参加全国优秀教师代表座谈会。在人才招聘、职称评聘、岗位聘用等过程中加强政治、学术、师德师风等方面的审查，坚持落实师德失范“一票否决”制。举办庆祝教师节暨师德先优表彰大会，组织开展师德先优评选推荐工作，开展2022年度师德考核工作，制定《师德集中学习教育实施方案》，组织全校教职工开展师德集中学习教育。

五、以提升治理能力为支撑，不断增强发展动力活力

一是不断健全和完善内部治理体系，提升精细化管理服务水平。扎实推进评价体系改革，跟踪《深化新时代教育评价改革重点任务》开展全面自评。理顺校内职责，完成内设机构职能汇编。制定《信息办理工作办法》，向上级主管部门报送信息75篇。加强校名校徽管理，制定《校名校徽使用管理暂行办法》。规范文件印信管理，制定《公文处理工作办法》《公文版头适用范围及发文字号管理办法》《印章管理办法》等。健全学校荣誉表彰制度，制定《荣誉表彰办法》。健全学校财务管理机制，制定《财务管理制度》。编制2024年度预算计划，科学制定债务偿还方案和重点项目资金支出方案。加强支出管理，修订《经费审批、使用和报销管理办法》。对部分干部开展经济责任审计、强化干部管理监督，对大宗物资和基建工程采购开展内控管理审计。新建大型仪器设备共享管理系统，实现大型仪器设备科学化、现代化管理。稳步推进里仁学院转设工作，与秦皇岛市等9家政府、企业召开转设洽谈会38场。推进统战团体建设，举办“同心讲坛”系列活动，组织开展“党委出题·党外调研”品牌活动，征集党外人士调研成果11项。全方位做好服务校友工作，凝聚校友力量，协助四川、南京等8个校友组织做好成立、换届工作。

二是强化文化育人功能，推进校园文化建设。举办《燕山大学学报》创刊六十周年庆祝活动，出版的《哲史论衡》等4种图书和选题入选河北省2023年优秀出版物和2024年优秀选题，主办首届全国长城学学术研讨会，承办“入古出新”首届全国高等院校篆刻教学成果展巡展。东北亚古丝路文明博物馆入选中国博物馆协会团体会员。打造文化育人标志性空间载体，建设7个校内长城文化研究机构，在内蒙古、山西、河北等省区共建8个校外研究基地（工作站），建成全国首家长城主题书店“读懂长城”主题书店，校史陈列馆入选“河北省青少年教育基地”。

六、以改善办学条件为保障，推动发展成果由全体师生共享

一是推进平安校园建设。制定《2023年防范化解重大风险隐患工作方案》，开展涉政、涉稳、安全生产等领域重大风险隐患评估研判11次。组织校属各单位签订《2023年度安全稳定责任书》《反间谍安全防范目标管理责任书》，开展安全大排查大整治和重大事故隐患专项排查整治，组织开展重点场所综合应急演练2次。以消防微课堂形式，组织重点岗位人员和师生进行消防知识培训和灭火救援、疏散逃生演练240余场。组织开展国家安全、保密、防灾减灾、防范网络电信诈骗、实验室安全等各类专题安全宣传教育活动。1人获得河北省国家安全人民防线宣讲比武一等奖。开展实验室重要危险源专项安全检查，完善重点实验场所安全相关的配套设施。召开保密委例会，开展保密专项检查4次，自查2次。不断提升值班工作水平，坚持实行全年24小时校领导带班、工作人员值班工作制。全年办理各类信访事件136件，按照上级要求开展信访维稳工作，督办师生意见反馈平台370件，办结完成率100%。完善网络安全态势感知体系，严格落实重保时期网络安全保障。切实做好健康驿站日常管理、配足配齐防疫物资与治疗药品储备。

二是推进美丽校园建设。亚稳材料科研大楼项目获批我省专项资金支持。不断改善师生学习和生活环境，粉刷公寓房间1480间，公共区域12000平方米，维修屋面防水14300平方米，更换暖气立管8300米，为4851个学生宿舍安装吊扇，更换第一体育场人工草坪和第二体育场天然草坪，新建第三体育场（含人工草坪足球场）。规划建设的先进结构材料研究中心、多功能风雨操场、康养人才培训中心等项目，正在进行竣工验收。完成“学生食品安全监管一体化平台”硬件建设，实现全校食堂400个重点监控点位的集中管理，实现“互联网+明厨亮灶”全覆盖，为食品安全工作提供了有力支撑。高效处理师生住、用、行相关抢修、维修工作，及时处理维修和抢修任务700余次。

三是推进智慧校园建设。深化智慧型服务校园建设，完成数字资产管理平台建设，构建数据门户，人事系统、学工等11个业务数据库639张表入库。启动“校园一张表”工程等跨域、跨场景数据应用，提高办事工作效率，催动数据价值产出。完成一网通办融合门户建设，全面提升一网通办业务支撑能力和智能化服务水平。完成校园电子身份互联认证平台建设，实现多重身份认证，全面提升身份认证安全性。实现全校宿舍无线网络全覆盖，网络设备7×24小时稳定运行，全面提升校园网络服务质量。完成数据中心扩容升级，提升校园网络基础资源服务能力。制定《全国数字档案室建设试点工作方案》，实施档案工作“4933”转型提档升级工程，高标准完成智能档案库房二期建设，完成4848份干部人事档案整体搬迁。

四是推进幸福校园建设。加强后勤服务人员培训，开展“微笑服务”活动，持续优化服务水平。持续改进餐饮服务质量，确保食品安全。加大校园经营网点商户监督管理，确保商户的证件齐全，建立日巡查机制，做好与市场价格的对比登记工作，确保商品质量合格、价格稳定。学校第二幼儿园获评河北省示范性幼儿园。认真落实老干部“两项待遇”，开展7次文体活动，6次老有所为活动，为14位离退休干部争取省直特困帮扶资金。积极开展关心下一代工作，校史宣讲团老同志开展20场入学教育报告会。退休第十五党支部荣获全省离退休干部“示范党支部”称号，1人获省委老干部局“银发风采”奖。

在看到成绩的同时，学校领导班子也清醒地认识到，学校的各项工作与省委省政府和省委教育工委省教育厅对学校内涵式高质量发展的要求还有差距，与广大师生和校友对学校发展的热切期待还有差距，学校事业发展还面临很多困难和挑战。下一步，学校领导班子将准确把握新时代党和国家对高等教育工作的新部署新要求，切实提升学校领导班子管党治党、办学治校的能力和水平，不断巩固深化主题教育成果，全力推动学校“双一流”建设、内涵式高质量发展。

风正劲足逐浪高，奋楫扬帆谱新篇。2024年是深入学习贯彻党的二十大精神的关键之年，是学校落实“十四五”规划、推进“双一流”建设、实现内涵式高质量发展的攻坚之年。学校领导班子将坚持以习近平新时代中国特色社会主义思想为指导，深入学习贯彻党的二十大精神，认真答好“推进中国式现代化，燕大何为”的新命题，不断为建设经济强省、美丽河北，奋力谱写中国式现代化建设河北篇章作出新的更大贡献！

组织架构

学校内设机构

处级内设机构及干部职数一览表

党政群团类

序号	党政群团机构	挂牌、挂靠管理机构	干部岗位名称及职数					备注
			正处级岗位	职数	副处级岗位	职数	合计	
1	学校办公室	保密办公室	主任（保密办公室主任）	1	副主任（1副主任兼任保密办公室副主任）	2	3	保密办公室另2副主任分别由先进技术研究院副院长、信息技术中心1副主任兼任
2	纪委办公室	监察处	纪委副书记（纪委办公室主任、监察处处长）	1	副主任（副处长）	1	3	
			纪委副书记	1				
3	党委组织部	党校	部长（党校副校长）	1	副部长	1	2	相关负责人兼任党委教师工作部副部长
4	党委宣传部	新闻中心	部长（新闻中心主任）	1	副部长	1	2	相关负责人兼任党委教师工作部副部长
5	党委统战部	机关党委	部长（机关党委书记）	1			1	
6	工会	妇女委员会	主席	1	副主席	1	2	其中一人兼任妇女委员会主任
7	团委		书记	1	副书记	1	2	
8	教务处		处长	1	副处长	2	3	
9	研究生院	学位评定委员会办公室、学科建设办公室	院长（学位评定委员会办公室主任、学科建设办公室主任）	1	副院长（1副院长兼任学位评定委员会办公室副主任、1副院长兼任学科建设办公室副主任）	2	3	
10	科学技术研究院	知识产权办公室、科学技术协会	院长（知识产权办公室主任、科学技术协会主席）	1	副院长（1副院长兼任知识产权办公室副主任）	2	3	
11	社会科学处		处长	1			1	
12	人力资源处	老干部处、党委教师工作部、博士后管理办公室	处长（党委教师工作部部长、博士后管理办公室主任）	1	副处长（1副处长兼任党委教师工作部副部长）	3	4	党委教师工作部另3副部长分别由党委组织部、党委宣传部、教师培训中心相关负责人兼任
13	计划财务处		处长	1	副处长	2	3	
14	审计处		处长	1			1	
15	学生工作处	党委学生工作部、人民武装部、学生资助管理中心	处长（党委学生工作部部长、人民武装部部长、学生资助管理中心主任）	1	副处长（1副处长兼任党委学生工作部副部长）	2	3	

序号	党政群团机构	挂牌、挂靠管理机构	干部岗位名称及职数					备注
			正处级岗位	职数	副处级岗位	职数	合计	
16	国际合作处	港澳台事务办公室	处长（港澳台事务办公室主任）	1	副处长（副主任）	1	2	
17	实验室与资产管理处		处长	1	副处长	1	2	
18	安全工作处	党委安全工作部	处长（党委安全工作部部长）	1	副处长（副部长）	1	2	
19	招生就业处		处长	1	副处长	2	3	
合计	19 个			20		25	45	

教学机构类

序号	教学机构	干部岗位名称及职数（小括号表示兼任）					备注
		正处级岗位	职数	副处级岗位	职数	合计	
1	机械工程学院（党委）	书记	1	副院长	2	5	
		院长	1	副书记	1		
2	材料科学与工程学院（党委）	书记	1	副院长	2	5	
		院长	1	副书记	1		
3	电气工程学院（党委）	书记	1	副院长	2	5	
		院长	1	副书记	1		
4	信息科学与工程学院（党委）	书记	1	副院长	2	5（3）	软件学院与信息学院合署办公，信息学院书记、院长、1副院长分别兼任软件学院书记、院长、副院长
		院长	1	副书记	1		
	软件学院（党委）	书记	（1）	副院长	（1）		
		院长	（1）				
5	经济管理学院（党委）	书记	1	副院长	2	5	
		院长	1	副书记	1		
6	外国语学院（党委）	书记	1	副院长	2	5	
		院长	1	副书记	1		
7	建筑工程与力学学院（党委）	书记	1	副院长	2	5	
		院长	1	副书记	1		
8	文法学院（公共管理学院）（党委）	书记	1	副院长	2	5	
		院长	1	副书记	1		
9	马克思主义学院（党委）	书记	1	副院长	2	5	
		院长	1	副书记	1		
10	理学院（党委）	书记	1	副院长	2	5	
		院长	1	副书记	1		
11	环境与化学工程学院（党委）	书记	1	副院长	2	5	
		院长	1	副书记	1		

序号	教学机构	干部岗位名称及职数（小括号表示兼任）					备注
		正处级岗位	职数	副处级岗位	职数	合计	
12	艺术与设计学院（党委）	书记	1	副院长	2	5	
		院长	1	副书记	1		
13	车辆与能源学院（党委）	书记	1	副院长	2	5	
		院长	1	副书记	1		
14	体育学院（党委）	书记	1	副院长	2	5	
		院长	1	副书记	1		
15	西里西亚智能科学与工程学院（党委）	书记	1	副院长	2	5	
		院长	1	副书记	1		
16	国际教育学院（欧洲学院）	院长	1	副院长	3	4	
17	继续教育学院（党委）	书记	1	副院长	2	5	
		院长	1	副书记	1		
18	里仁学院（党委）	书记	1	副院长	1	5	
		院长	1	副书记（副院长）	2		
合计	18 个		35（2）		54（1）	89（3）	

科研教辅机构类

序号	科研教辅机构	干部岗位名称及职数（小括号表示兼任）					备注
		正处级岗位	职数	副处级岗位	职数	合计	
1	亚稳材料制备技术与科学国家重点实验室	主任	1	副主任	2	3	
2	国家冷轧板带装备及工艺工程技术研究中心（与轧制设备及成套技术教育部工程研究中心合署办公）	主任	1	副主任	2	3	
3	极端条件下机械结构和材料科学国防重点学科实验室			主任	1	1	
4	先进制造成形技术及装备国家地方联合工程研究中心			主任	1	1	
5	高端装备产业技术研究中心			主任	（1）	（1）	主任由科学技术研究院1副院长兼任
6	先进技术研究院	院长	（1）	副院长	1	1（1）	院长由科学技术研究院院长兼任；副院长兼任保密办副主任
7	全面依法治省研究院	院长	1	副院长	1	2	
8	起重机械关键技术全国重点实验室	主任	1	副主任	1	2	

序号	科研教辅机构	干部岗位名称及职数（小括号表示兼任）					备注
		正处级岗位	职数	副处级岗位	职数	合计	
9	高等教育发展研究中心（法律事务服务中心）	主任（法律事务服务中心主任）	1	副主任（1副主任兼任法律事务服务中心副主任）	2	3	
10	创新创业教育与指导中心	主任	1	副主任	2	3	
11	科技产业促进中心	主任	1	副主任	2	3	
12	大学科技园	主任	1	副主任	2	3	
13	工程训练中心（党委）	主任（书记）	1	副主任	2	3	
14	河北省高校网络思想政治工作中心	主任	（1）	副主任	1	1（1）	主任由学生工作处处长兼任
15	信息技术中心	主任	1	副主任	2	3	1副主任兼任保密办副主任
16	图书馆（知识产权信息服务中心）（党委）	馆长（书记、知识产权信息服务中心主任）	1	副馆长（1副馆长兼任知识产权信息服务中心副主任）	2	3	
17	期刊社	社长	1	副社长	2	3	
18	档案馆（校史馆）	馆长（校史馆馆长）	1	副馆长（校史馆副馆长）	1	2	
19	校园规划建设中心	主任	1	副主任	2	3	
20	后勤服务中心（党委）	主任（书记）	1	副主任	2	3	
21	教师培训中心			主任	1	1	相关负责人兼任党委教师工作部副部长
22	东北亚古丝路文明博物馆			馆长	1	1	
23	离退休党委	书记	1	副书记	1	2	
24	会议服务中心	主任	1	副主任	1	2	
合计	24个		17（2）		35（1）	52（3）	

校属企业类

序号	校属企业机构
1	河北燕大资产经营有限公司（党委）
2	秦皇岛燕大后勤实业有限公司
3	燕山大学出版社有限公司
4	秦皇岛燕山大学科技开发总公司
5	秦皇岛燕大轧制设备成套技术工程研究中心
合计	5个

（供稿人：人力资源处 闫常春）

科级机构及干部职数一览表

党政群团类

<table>
<tr><th>序号</th><th>单位名称</th><th>下设科级机构</th><th>下设科级岗位</th><th>职数</th><th>合计职数</th><th>备注</th></tr>
<tr><td rowspan="2">1</td><td rowspan="2">学校办公室（保密办公室）</td><td>（信访工作办公室）</td><td>（主任）</td><td>（1）</td><td rowspan="2">5（1）</td><td rowspan="2">信访工作办公室主任由学校办公室1副主任兼任</td></tr>
<tr><td></td><td>正科级秘书</td><td>5</td></tr>
<tr><td rowspan="2">2</td><td rowspan="2">纪委办公室（监察处）</td><td>纪检监察一室</td><td>主任</td><td>1</td><td rowspan="2">2</td><td rowspan="2"></td></tr>
<tr><td>纪检监察二室</td><td>主任</td><td>1</td></tr>
<tr><td rowspan="3">3</td><td rowspan="3">党委组织部（党校）</td><td>党校办公室</td><td>主任</td><td>1</td><td rowspan="3">3</td><td rowspan="3"></td></tr>
<tr><td></td><td>正科级专职组织员</td><td>1</td></tr>
<tr><td></td><td>正科级干事</td><td>1</td></tr>
<tr><td>4</td><td>党委宣传部（新闻中心）</td><td></td><td>正科级干事</td><td>4</td><td>4</td><td></td></tr>
<tr><td rowspan="2">5</td><td rowspan="2">党委统战部（机关党委）</td><td></td><td>正科级干事</td><td>2</td><td rowspan="2">3</td><td rowspan="2"></td></tr>
<tr><td></td><td>正科级干事（正科级专职组织员）</td><td>1</td></tr>
<tr><td rowspan="2">6</td><td rowspan="2">工会（妇女委员会）</td><td>计划生育办公室</td><td>主任</td><td>1</td><td rowspan="2">3</td><td rowspan="2"></td></tr>
<tr><td></td><td>正科级干事</td><td>2</td></tr>
<tr><td rowspan="3">7</td><td rowspan="3">团委</td><td>社团部</td><td>部长</td><td>（1）</td><td rowspan="3">（3）</td><td rowspan="3">由辅导员担任；科级机构及职数不计入统计</td></tr>
<tr><td>宣传部</td><td>部长</td><td>（1）</td></tr>
<tr><td>科技部</td><td>部长</td><td>（1）</td></tr>
<tr><td>8</td><td>教务处</td><td></td><td>正科级秘书</td><td>5</td><td>5</td><td></td></tr>
<tr><td>9</td><td>研究生院（学位评定委员会办公室、学科建设办公室）</td><td></td><td>正科级秘书</td><td>5</td><td>5</td><td></td></tr>
<tr><td rowspan="3">10</td><td rowspan="3">科学技术研究院（知识产权办公室、科学技术协会）</td><td>（学术委员会秘书处办公室）</td><td>正科级秘书（主任）</td><td>1</td><td rowspan="3">5</td><td rowspan="3"></td></tr>
<tr><td>（河北省高等学校科研管理研究会秘书处）</td><td>正科级秘书（主任）</td><td>1</td></tr>
<tr><td></td><td>正科级秘书</td><td>3</td></tr>
<tr><td>11</td><td>社会科学处</td><td></td><td>正科级秘书</td><td>2</td><td>2</td><td></td></tr>
<tr><td>12</td><td>人力资源处（党委教师工作部、博士后管理办公室、老干部处）</td><td></td><td>正科级秘书</td><td>5</td><td>5</td><td></td></tr>
<tr><td>13</td><td>计划财务处</td><td></td><td>正科级秘书</td><td>6</td><td>6</td><td></td></tr>
<tr><td>14</td><td>审计处</td><td></td><td>正科级审计员</td><td>2</td><td>2</td><td></td></tr>
<tr><td>15</td><td>学生工作处（党委学生工作部、人民武装部、学生资助管理中心）</td><td></td><td>人民武装部副部长</td><td>1</td><td>1</td><td>由辅导员担任</td></tr>
<tr><td>16</td><td>国际合作处（港澳台事务办公室）</td><td></td><td>正科级秘书</td><td>3</td><td>3</td><td></td></tr>
<tr><td>17</td><td>实验室与资产管理处</td><td></td><td>正科级秘书</td><td>5</td><td>5</td><td></td></tr>
<tr><td>18</td><td>安全工作处（党委安全工作部）</td><td></td><td>正科级秘书</td><td>3</td><td>3</td><td></td></tr>
<tr><td>19</td><td>招生就业处</td><td></td><td>正科级秘书</td><td>5</td><td>5</td><td></td></tr>
<tr><td colspan="5">合计</td><td>67</td><td></td></tr>
</table>

教学机构类

序号	单位名称	下设科级机构	下设科级岗位	职数	合计职数	备注
1	机械工程学院（党委）	综合办公室	正科级秘书	4	6	
			正科级秘书（正科级专职组织员）	1		
		学生工作办公室				
			团委书记	1		
2	材料科学与工程学院（党委）	综合办公室	正科级秘书	3	5	
			正科级秘书（正科级专职组织员）	1		
		学生工作办公室				
			团委书记	1		
3	电气工程学院（党委）	综合办公室	正科级秘书	4	6	
			正科级秘书（正科级专职组织员）	1		
		学生工作办公室				
			团委书记	1		
4	信息科学与工程学院（软件学院）（党委）	综合办公室	正科级秘书	3	5	
			正科级秘书（正科级专职组织员）	1		
		学生工作办公室				
			团委书记	1		
5	经济管理学院（党委）	综合办公室	正科级秘书	3	5	
			正科级秘书（正科级专职组织员）	1		
		学生工作办公室				
			团委书记	1		
6	外国语学院（党委）	综合办公室	正科级秘书	3	5	
			正科级秘书（正科级专职组织员）	1		
		学生工作办公室				
			团委书记	1		
7	建筑工程与力学学院（党委）	综合办公室	正科级秘书	3	5	
			正科级秘书（正科级专职组织员）	1		
		学生工作办公室				
			团委书记	1		
8	文法学院（公共管理学院）（党委）	综合办公室	正科级秘书	3	5	
			正科级秘书（正科级专职组织员）	1		
		学生工作办公室				
			团委书记	1		

序号	单位名称	下设科级机构	下设科级岗位	职数	合计职数	备注
9	马克思主义学院（党委）	综合办公室	正科级秘书	3	5	
			正科级秘书（正科级专职组织员）	1		
			团总支书记	1		
10	理学院（党委）	综合办公室	正科级秘书	3	5	
			正科级秘书（正科级专职组织员）	1		
		学生工作办公室				
			团委书记	1		
11	环境与化学工程学院（党委）	综合办公室	正科级秘书	3	5	
			正科级秘书（正科级专职组织员）	1		
		学生工作办公室				
			团委书记	1		
12	艺术与设计学院（党委）	综合办公室	正科级秘书	4	6	
			正科级秘书（正科级专职组织员）	1		
		学生工作办公室				
			团委书记	1		
13	车辆与能源学院（党委）	综合办公室	正科级秘书	3	5	
			正科级秘书（正科级专职组织员）	1		
		学生工作办公室				
			团委书记	1		
14	体育学院（党委）	综合办公室	正科级秘书	4	6	
			正科级秘书（正科级专职组织员）	1		
			团委书记	1		
15	西里西亚智能科学与工程学院（党委）	综合办公室	正科级秘书	3	5	其中1个科级秘书职数待2025年新生入学后核拨，未核拨无空编绩效
			正科级秘书（正科级专职组织员）	1		
		学生工作办公室				
			团委书记	1		
16	国际教育学院（欧洲学院）	综合办公室	正科级秘书	2	2	
		学生工作办公室				
17	继续教育学院（党委）	综合办公室	正科级秘书	4	5	
			正科级秘书（正科级专职组织员）	1		
合计					86	

科研教辅机构类

序号	单位名称	下设科级机构	下设科级岗位	职数	合计职数	备注
1	亚稳材料制备技术与科学国家重点实验室（党委）		正科级秘书	3	4	
			正科级秘书（正科级专职组织员）	1		
2	国家冷轧板带装备及工艺工程技术研究中心（与轧制设备及成套技术教育部工程研究中心合署办公）		正科级秘书	1	1	
3	极端条件下机械结构和材料科学国防重点学科实验室		正科级秘书	1	1	
4	先进制造成形技术及装备国家地方联合工程研究中心		正科级秘书	1	1	
5	先进技术研究院		正科级秘书	2	2	
6	起重机械关键技术全国重点实验室		正科级秘书	2	2	
7	高等教育发展研究中心（法律事务服务中心）		正科级秘书	2	3	
		法律事务办公室	主任	1		
8	创新创业教育与指导中心		正科级秘书	2	2	
9	高端装备产业技术研究中心		正科级秘书	1	1	
10	科技产业促进中心		正科级秘书	3	3	
11	大学科技园		正科级秘书	3	3	
12	工程训练中心（党委）		正科级秘书	2	3	
			正科级秘书（正科级专职组织员）	1		
13	河北省高校网络思想政治工作中心					由辅导员担任
14	信息技术中心		正科级秘书	4	5	
		安全管理部（安全管理中心）	部长（主任）	1		
15	图书馆（党委）（知识产权信息服务中心）		正科级秘书	2	3	
			正科级秘书（正科级专职组织员）	1		
16	期刊社	《燕山大学学报》编辑部	主任	1	3	
		《燕山大学学报（哲学社会科学版）》编辑部	主任	1		
		《教学研究》编辑部	主任	1		
17	档案馆（校史馆）	档案管理中心	主任	1	2	
		校史研究中心	主任	1		
		校友服务中心	主任	1	2	
		基金会管理办公室	主任	1		
18	校园规划建设中心		正科级秘书	2	2	

序号	单位名称	下设科级机构	下设科级岗位	职数	合计职数	备注
19	后勤服务中心（党委）		正科级秘书	1	5	
		校医院	院长	1		
		幼儿园	园长	1		
		居委会	主任	1		
			正科级秘书（正科级专职组织员）	1		
20	教师培训中心		正科级秘书	2	2	
21	东北亚古丝路文明博物馆		正科级秘书	1	1	
22	离退休党委		正科级秘书	1	2	
			正科级秘书（正科级专职组织员）	1		
23	会议服务中心		正科级秘书	2	2	
合计					55	

（供稿人：人力资源处 闫常春）

学校议事协调机构

序号	机构名称	牵头部门
1	燕山大学党的建设工作领导小组	党委组织部
2	中国式现代化燕山大学实践场景工作领导小组	高等教育发展研究中心（法律事务服务中心）
3	燕山大学深化新时代教育评价改革工作领导小组	高等教育发展研究中心（法律事务服务中心）
4	燕山大学“双一流”建设工作领导小组	研究生院
5	燕山大学校院两级管理体制改革工作领导小组	人力资源处（党委教师工作部）
6	燕山大学二级单位目标管理与绩效考核工作领导小组	高等教育发展研究中心（法律事务服务中心）
7	燕山大学绩效工资制度改革工作领导小组	人力资源处（党委教师工作部）
8	中共燕山大学委员会保密委员会	学校办公室
9	燕山大学意识形态工作领导小组	党委宣传部
10	燕山大学意识形态领域突发事件应急处置指挥部	党委宣传部
11	燕山大学精神文明建设委员会	党委宣传部
12	燕山大学大学生思想政治教育工作领导小组	学生工作处（党委学生工作部）
13	燕山大学课程思政工作领导小组	教务处
14	燕山大学落实《习近平谈治国理政》多语种版本“三进”教学工作小组	教务处
15	燕山大学党风廉政建设工作领导小组	纪委办公室（监察处）

序号	机构名称	牵头部门
16	燕山大学深化纠正“四风”和作风纪律专项整治领导小组	学校办公室、纪委办公室（监察处）、机关党委
17	燕山大学廉洁文化建设工作领导小组	纪委办公室（监察处）
18	燕山大学统一战线工作领导小组	党委统战部
19	燕山大学人才工作领导小组	人力资源处（党委教师工作部）
20	燕山大学师德师风建设委员会	人力资源处（党委教师工作部）
21	燕山大学职称改革工作领导小组	人力资源处（党委教师工作部）
22	燕山大学博士后管理委员会	人力资源处（党委教师工作部）
23	燕山大学招生委员会	招生就业处
24	燕山大学毕业生就业工作领导小组	招生就业处
25	燕山大学教材工作委员会	教务处
26	燕山大学体育工作领导小组	体育学院
27	燕山大学美育工作领导小组	教务处
28	燕山大学语言文字工作委员会	教务处
29	燕山大学“一站式”学生社区综合管理改革工作领导小组	学生工作处（党委学生工作部）
30	燕山大学征兵、军训工作领导小组	人民武装部
31	燕山大学大学生心理健康教育工作和心理危机干预工作领导小组	学生工作处（党委学生工作部）
32	燕山大学学团工作系统评奖评优、奖助学金评审工作领导小组	学生工作处（党委学生工作部）
33	燕山大学大学生创新创业教育工作领导小组	创新创业教育与指导中心
34	燕山大学国家重点实验室优化重组工作领导小组	科学技术研究院
35	燕山大学标志性科研项目及成果组织培育工作领导小组	科学技术研究院
36	燕山大学校设研究院管理委员会	科学技术研究院
37	燕山大学新型智库建设工作领导小组	社会科学处
38	燕山大学科技成果转移转化工作领导小组	科技产业促进中心
39	燕山大学国际化建设工作领导小组	国际合作处（港澳台事务办公室）
40	燕山大学国际产学研用工作领导小组	国际合作处
41	燕山大学港澳台学生管理委员会	港澳台事务办公室
42	燕山大学高层次国际化人才培养工作领导小组	国际合作处（港澳台事务办公室）
43	燕山大学国际学生招生工作领导小组	国际教育学院
44	燕山大学预算绩效管理工作领导小组	计划财务处

序号	机构名称	牵头部门
45	燕山大学审计工作领导小组	审计处
46	燕山大学国有资产监督管理委员会	实验室与资产管理处
47	燕山大学经营性资产管理委员会	河北燕大资产经营有限公司
48	燕山大学采购工作领导小组	实验室与资产管理处
49	燕山大学公用房管理工作领导小组	实验室与资产管理处
50	燕山大学校园规划建设工作领导小组	校园规划建设中心
51	燕山大学里仁学院转设工作领导小组	里仁学院
52	燕山大学信息公开工作领导小组	学校办公室
53	燕山大学安全稳定（生产）工作领导小组	安全工作处（党委安全工作部）
54	燕山大学网络安全和信息化建设工作领导小组	党委宣传部、信息技术中心
55	燕山大学疫情防控工作领导小组	后勤服务中心
56	燕山大学信访工作领导小组	学校信访工作办公室
57	燕山大学消防安全委员会	安全工作处（党委安全工作部）
58	燕山大学实验室技术安全工作委员会	实验室与资产管理处
59	燕山大学扫黑除恶斗争工作领导小组	安全工作处（党委安全工作部）
60	燕山大学外籍教师突发事件应急处置工作小组	国际合作处（港澳台事务办公室）
61	燕山大学来华留学生突发事件应急处置工作小组	国际教育学院
62	燕山大学档案（校史）工作委员会	档案馆（校史馆）
63	燕山大学全国数字档案室建设试点工作领导小组	档案馆（校史馆）
64	燕山大学大学生社团建设管理评议委员会	团委
65	燕山大学青年学生读书行动领导小组	图书馆
66	燕山大学计划生育委员会	工会
67	燕山大学老干部工作领导小组	离退休党委
68	燕山大学关心下一代工作委员会	离退休党委
69	燕山大学校友工作领导小组	校友办
70	燕山大学东北亚古丝路文明博物馆申报国家三级博物馆工作领导小组	东北亚古丝路文明博物馆
71	燕山大学学习贯彻习近平新时代中国特色社会主义思想主题教育领导小组	
72	河北省北戴河事务中心人员接收安置工作小组	人力资源处（党委教师工作部）
73	燕山大学本科教育教学审核评估领导小组	教务处

（供稿人：学校办公室 孔倩雯）

任职人员

学校党政领导

党委书记　赵险峰
党委副书记、校长　赵丁选
党委副书记　谢延安
党委常委、副校长　任家东
副校长　王德松
党委常委、副校长　陈国强
副校长　黄传真
副校长　文桂林
党委常委、副校长　王利民
党委常委、纪委书记　孙录印
党委常委、副校长　蔡星周
党委常委、副校长　汪殿龙（2023 年 6 月任）

（供稿人：党委组织部 盖鸿章）

学校中层领导

学校中层领导（2023 年 1—6 月）

姓名	现任职务	任职时间
王跃华	学校办公室主任兼保密办公室主任、西里西亚智能科学与工程学院党委书记	2019 年 12 月
杜　超	学校办公室副主任兼保密办公室副主任	2021 年 12 月
姜文超	学校办公室副主任	2019 年 12 月
张　明	纪律检查委员会副书记、监察处处长	2013 年 1 月
赵希海	纪律检查委员会副书记兼纪律检查委员会办公室主任	2019 年 5 月
张立臣	副处级纪检员	2016 年 3 月
董国疆	党委组织部部长兼党校副校长	2022 年 12 月
李　亮	党委组织部副部长	2016 年 3 月
李飞虎	副处级专职组织员兼党委教师工作部副部长	2019 年 12 月
孙红磊	党委宣传部部长兼新闻中心主任	2019 年 5 月
逯宝峰	党委宣传部副部长兼党委教师工作部副部长	2019 年 12 月
左　莉	党委统战部部长、机关党委书记	2019 年 5 月
丁　华	工会主席兼妇女委员会主任	2019 年 11 月
杨健民	工会副主席	2019 年 12 月
段　磊	团委书记	2020 年 11 月
王海涛	团委副书记	2020 年 11 月
金海龙	教务处处长	2017 年 3 月
赵春梅	教务处副处长	2017 年 7 月
赵逢达	教务处副处长	2021 年 11 月
卢辉斌	研究生院院长兼学位评定委员会办公室主任、学科建设办公室主任	2019 年 11 月
李兴国	研究生院副院长兼学位评定委员会办公室副主任、学科建设办公室副主任	2023 年 3 月
赵延治	研究生院副院长	2019 年 12 月

姓名	现任职务	任职时间
严书亭	科学技术研究院常务副院长（正处级）兼科学技术协会主席、知识产权办公室主任、先进技术研究院院长	2019 年 12 月
黄华贵	科学技术研究院副院长兼高端装备产业技术研究中心主任	2017 年 7 月
周向锋	科学技术研究院副院长兼知识产权办公室副主任	2022 年 12 月
周高仪	社会科学处处长	2021 年 12 月
张世良	人力资源处处长兼党委教师工作部部长、人才工作办公室主任、博士后管理工作办公室主任、人才交流中心主任	2019 年 11 月
马巨海	人力资源处副处长	2016 年 3 月
刘汉峰	人力资源处副处长兼党委教师工作部副部长	2019 年 12 月
刘国安	计划财务处处长	2019 年 12 月
高新宇	计划财务处副处长	2016 年 3 月
赵　孟	计划财务处副处长	2020 年 11 月
欧阳渊	审计处副处长（主持工作）	2019 年 12 月
薛传佳	学生工作处处长兼党委学生工作部部长、人民武装部部长、学生资助管理中心主任、河北省高校网络思想政治工作中心主任	2020 年 10 月
郝海滨	学生工作处副处长兼党委学生工作部副部长	2019 年 12 月
王银思	学生工作处副处长兼党委学生工作部副部长	2021 年 12 月
陆　军	国际合作处处长兼港澳台事务办公室主任	2019 年 12 月
朱　虹	国际合作处副处长兼港澳台事务办公室副主任	2020 年 11 月
杨　帆	实验室与资产管理处处长	2019 年 12 月
王　东	实验室与资产管理处副处长	2016 年 3 月
张红兵	招生就业处处长	2016 年 3 月
宋晓飞	招生就业处副处长	2016 年 3 月
陈树冬	招生就业处副处长	2019 年 12 月
陈　徽	安全工作处处长兼党委安全工作部部长	2019 年 12 月
李　瑛	安全工作处副处长兼党委安全工作部副部长	2019 年 12 月
韩昱卓	离退休党委书记、离退休工作处处长	2019 年 12 月
郝晓丹	离退休党委副书记	2021 年 12 月
产　佳	机械工程学院党委书记	2022 年 12 月
彭　艳	机械工程学院院长、国家冷轧板带装备及工艺工程技术研究中心主任、轧制设备及成套技术教育部工程研究中心主任	2019 年 5 月
姚　静	机械工程学院副院长	2020 年 1 月
姚建涛	机械工程学院副院长	2019 年 12 月
杨东峰	机械工程学院党委副书记	2019 年 12 月
刘祥城	副处级专职辅导员	2021 年 12 月
李曦达	材料科学与工程学院党委书记	2019 年 11 月

姓名	现任职务	任职时间
张新宇	材料科学与工程学院副院长（主持行政工作）	2022 年 12 月
赵元春	材料科学与工程学院副院长	2019 年 12 月
袁云岗	材料科学与工程学院党委副书记	2013 年 1 月
王亦晨	副处级专职辅导员	2019 年 12 月
漆汉宏	电气工程学院党委书记	2023 年 2 月
华长春	电气工程学院院长	2019 年 12 月
刘　爽	电气工程学院副院长	2019 年 12 月
郭小强	电气工程学院副院长	2019 年 12 月
李浩然	电气工程学院党委副书记	2019 年 12 月
刘立伟	正处级专职辅导员	2019 年 12 月
王　昕	信息科学与工程学院党委书记兼软件学院党委书记	2019 年 11 月
齐跃峰	信息科学与工程学院院长兼软件学院院长	2022 年 5 月
练秋生	信息科学与工程学院副院长	2013 年 1 月
王常武	信息科学与工程学院副院长兼软件学院副院长	2019 年 12 月
苏　静	信息科学与工程学院党委副书记	2019 年 12 月
陈革新	正处级专职辅导员	2016 年 3 月
王恩福	副处级专职辅导员	2019 年 12 月
张振华	经济管理学院党委书记	2021 年 11 月
李春玲	经济管理学院院长	2017 年 1 月
陈晶璞	经济管理学院副院长	2016 年 3 月
靖鲲鹏	经济管理学院副院长	2016 年 3 月
张志超	经济管理学院党委副书记	2019 年 12 月
刘　琳	正处级专职辅导员	2019 年 12 月
胡铁巍	外国语学院党委书记	2019 年 11 月
王林海	外国语学院院长	2013 年 1 月
郑占国	外国语学院副院长	2010 年 1 月
付继林	外国语学院副院长	2016 年 3 月
朱　坤	外国语学院党委副书记	2019 年 12 月
夏亮亮	副处级专职辅导员	2019 年 12 月
宗家富	建筑工程与力学学院党委书记	2016 年 3 月
赵庆新	建筑工程与力学学院院长	2019 年 12 月
郝圣旺	建筑工程与力学学院副院长	2017 年 6 月
胡建军	建筑工程与力学学院副院长	2021 年 12 月

姓名	现任职务	任职时间
王　兵	建筑工程与力学学院党委副书记	2019 年 12 月
甄红军	文法学院（公共管理学院）党委书记	2019 年 5 月
丛　鑫	文法学院（公共管理学院）副院长（主持行政工作）	2016 年 3 月
郑志峰	文法学院（公共管理学院）副院长	2016 年 3 月
杨小丽	文法学院（公共管理学院）党委副书记	2019 年 12 月
张玉华	副处级专职辅导员	2019 年 12 月
王新华	马克思主义学院党委书记	2019 年 5 月
柴　勇	马克思主义学院院长	2022 年 8 月
刘永志	马克思主义学院副院长	2013 年 1 月
刘遵峰	马克思主义学院党委副书记	2019 年 12 月
严　冰	理学院党委书记	2019 年 5 月
刘　永	理学院院长	2016 年 3 月
王明利	理学院副院长	2016 年 3 月
胡林敏	理学院副院长	2019 年 12 月
曾　慧	理学院党委副书记	2019 年 12 月
王继东	环境与化学工程学院党委书记	2019 年 11 月
高大威	环境与化学工程学院院长	2022 年 5 月
焦体峰	环境与化学工程学院副院长	2017 年 6 月
张庆瑞	环境与化学工程学院副院长	2022 年 5 月
韩　冰	环境与化学工程学院党委副书记	2019 年 12 月
张文超	艺术与设计学院党委书记	2019 年 11 月
孙　利	艺术与设计学院院长	2019 年 5 月
赵　琳	艺术与设计学院副院长	2016 年 3 月
刘维尚	艺术与设计学院副院长	2021 年 12 月
宁岩鹏	艺术与设计学院党委副书记	2019 年 12 月
张典范	车辆与能源学院党委书记	2019 年 11 月
金立生	车辆与能源学院院长	2020 年 6 月
杨满平	车辆与能源学院副院长	2013 年 1 月
李　昊	车辆与能源学院副院长	2016 年 3 月
才　华	车辆与能源学院党委副书记	2019 年 12 月
任　海	体育学院党委书记	2019 年 11 月
杨广辉	体育学院副院长（主持行政工作）	2016 年 3 月
赵　猛	体育学院副院长	2016 年 3 月

姓名	现任职务	任职时间
赵　宁	体育学院党委副书记	2019 年 12 月
张向前	里仁学院党委书记	2016 年 3 月
王洪斌	里仁学院院长	2016 年 3 月
李仕华	里仁学院副院长	2016 年 3 月
尚雪梅	里仁学院党委副书记兼副院长	2013 年 1 月
张　冬	里仁学院党委副书记兼副院长	2020 年 1 月
张文莉	国际教育学院院长兼西里西亚智能科学与工程学院副院长	2022 年 12 月
姜　炼	国际教育学院副院长	2019 年 12 月
王国伟	继续教育学院党委书记	2020 年 10 月
戚伟欣	继续教育学院院长	2019 年 11 月
王会波	继续教育学院副院长	2013 年 1 月
张　宁	继续教育学院副院长	2019 年 12 月
沈鹏超	继续教育学院党委副书记	2021 年 12 月
王　晶	西里西亚智能科学与工程学院副院长	2022 年 8 月
冯清华	西里西亚智能科学与工程学院党委副书记	2022 年 8 月
刘日平	亚稳材料制备技术与科学国家重点实验室主任	2004 年 3 月
彭秋明	亚稳材料制备技术与科学国家重点实验室副主任	2016 年 3 月
张春祥	亚稳材料制备技术与科学国家重点实验室副主任	2019 年 12 月
李　明	国家冷轧板带装备及工艺工程技术研究中心副主任	2019 年 12 月
李国栋	国家冷轧板带装备及工艺工程技术研究中心副主任	2021 年 12 月
齐效文	先进技术研究院副院长、极端条件下机械结构和材料科学国防重点学科实验室主任兼保密办公室副主任	2016 年 3 月
刘鑫刚	先进制造成形技术及装备国家地方联合工程研究中心主任	2013 年 1 月
刘立霞	全面依法治省研究院副院长	2020 年 4 月
侯培国	工程训练中心党委书记、主任	2019 年 11 月
刘利刚	工程训练中心副主任	2019 年 12 月
李　朋	工程训练中心副主任	2021 年 12 月
胡春海	期刊社社长	2019 年 11 月
唐志国	期刊社副社长	2019 年 12 月
闫　波	期刊社副社长	2019 年 12 月
屈晓阳	图书馆党委书记	2017 年 1 月
袁旭梅	图书馆馆长兼知识产权信息服务中心主任	2019 年 11 月
王一淳	图书馆副馆长兼知识产权信息服务中心副主任	2016 年 3 月
杨永涛	信息技术中心主任	2021 年 12 月

姓名	现任职务	任职时间
陈　飞	信息技术中心副主任兼保密办公室副主任	2019 年 12 月
曾　涛	信息技术中心副主任	2021 年 12 月
宋俊杰	教师培训中心主任兼党委教师工作部副部长	2022 年 8 月
郭　沛	档案馆副馆长（主持工作）	2019 年 12 月
柯铁军	档案馆副馆长	2016 年 3 月
郝连旺	大学科技园主任、技术转移中心主任	2022 年 1 月
李俊哲	大学科技园副主任、技术转移中心副主任	2019 年 12 月
郑海武	大学科技园副主任、技术转移中心副主任	2019 年 12 月
王培龙	高等教育发展研究中心副主任（主持工作）	2023 年 2 月
张　欣	河北省高校网络思想政治工作中心副主任	2019 年 12 月
张　杨	创新创业教育与指导中心主任	2022 年 12 月
李德凡	创新创业教育与指导中心副主任	2022 年 8 月
历　帅	创新创业教育与指导中心副主任	2019 年 12 月
董立峰	后勤服务中心党委书记、主任	2019 年 12 月
王耀峰	后勤服务中心副主任	2016 年 3 月
贾晓光	后勤服务中心副主任	2019 年 12 月
丛喜慧	校园规划建设中心主任	2019 年 12 月
韩增锟	校园规划建设中心副主任	2019 年 12 月
张亚杰	校园规划建设中心副主任	2020 年 3 月
常顺利	产业集团党委书记	2020 年 11 月
张　力	产业集团总经理	2010 年 1 月
王　升	产业集团副总经理	2019 年 12 月
陈　玉	燕山大学出版社有限公司社长	2016 年 3 月
董世非	燕山大学出版社有限公司副社长	2019 年 12 月
赵　欣	燕山大学出版社有限公司副社长	2019 年 12 月

说明：

2023 年 2 月：

漆汉宏同志任电气工程学院党委书记，免去高等教育发展研究中心主任职务；免去卢志刚同志电气工程学院党委书记职务；王培龙同志任高等教育发展研究中心副主任（主持工作），免去研究生院副院长、学位评定委员会办公室副主任（兼）、学科建设办公室副主任（兼）职务。

2023 年 3 月：

李兴国同志任研究生院副院长兼学位评定委员会办公室副主任、学科建设办公室副主任，免去高等教育发展研究中心副主任职务。

（供稿人：党委组织部 盖鸿章）

学校中层领导名单（2023 年 7—12 月）

姓名	现任职务	任职时间
王跃华	学校办公室主任兼保密办公室主任	2019 年 12 月
杜　超	学校办公室副主任兼保密办公室副主任	2021 年 12 月
孔庆瑞	学校办公室副主任	2023 年 8 月
赵希海	纪委副书记兼纪委办公室主任、监察处处长	2019 年 5 月
李曦达	纪委副书记	2023 年 8 月
张立臣	正处级纪检员	2023 年 7 月
闫　波	纪委办公室副主任兼监察处副处长	2023 年 8 月
董国疆	党委组织部部长兼党校副校长	2022 年 12 月
李　亮	正处级专职组织员	2023 年 7 月
李飞虎	党委组织部副部长	2023 年 8 月
韩　倩	副处级专职组织员兼党委教师工作部副部长	2023 年 8 月
孙红磊	党委宣传部部长兼新闻中心主任	2019 年 5 月
逯宝峰	党委宣传部副部长兼党委教师工作部副部长	2019 年 12 月
韩昱卓	党委统战部部长、机关党委书记	2023 年 7 月
韩增锟	工会主席	2023 年 7 月
骆秀曼	工会副主席兼妇女委员会主任	2023 年 8 月
段　磊	团委书记	2020 年 11 月
陈　硕	团委副书记	2023 年 8 月
刘　永	教务处处长	2023 年 8 月
赵春梅	教务处副处长	2017 年 7 月
赵逢达	教务处副处长	2021 年 11 月
赵庆新	研究生院院长兼学位评定委员会办公室主任、学科建设办公室主任	2023 年 10 月
李兴国	研究生院副院长兼学科建设办公室副主任	2023 年 3 月
赵延治	研究生院副院长兼学位评定委员会办公室副主任	2019 年 12 月
严书亭	科学技术研究院院长兼科学技术协会主席、知识产权办公室主任、先进技术研究院院长	2019 年 12 月
周向锋	科学技术研究院副院长兼知识产权办公室副主任	2022 年 12 月
许　岩	科学技术研究院副院长	2023 年 8 月
周高仪	社会科学处处长	2021 年 12 月
黄华贵	人力资源处处长兼党委教师工作部部长、博士后管理办公室主任	2023 年 8 月
马巨海	人力资源处副处长	2016 年 3 月
刘汉峰	人力资源处副处长兼党委教师工作部副部长	2019 年 12 月

姓名	现任职务	任职时间
潘　芳	人力资源处副处长	2023 年 8 月
刘国安	计划财务处处长	2019 年 12 月
高新宇	计划财务处副处长	2016 年 3 月
赵　孟	计划财务处副处长	2020 年 11 月
欧阳渊	审计处处长	2023 年 7 月
薛传佳	学生工作处处长兼党委学生工作部部长、人民武装部部长、学生资助管理中心主任、河北省高校网络思想政治工作中心主任	2020 年 10 月
张志超	学生工作处副处长	2023 年 8 月
王银思	学生工作处副处长兼党委学生工作部副部长	2021 年 12 月
陆　军	国际合作处处长兼港澳台事务办公室主任	2019 年 12 月
朱　虹	国际合作处副处长兼港澳台事务办公室副主任	2020 年 11 月
王耀峰	实验室与资产管理处处长	2023 年 7 月
曲文静	实验室与资产管理处副处长	2023 年 8 月
陈　徽	安全工作处处长兼党委安全工作部部长	2019 年 12 月
鹿　鸣	安全工作处副处长兼党委安全工作部副部长	2023 年 8 月
宋晓飞	招生就业处副处长	2016 年 3 月
陈树冬	招生就业处副处长	2019 年 12 月
朱文华	招生就业处副处长	2023 年 10 月
产　佳	机械工程学院党委书记	2022 年 12 月
彭　艳	机械工程学院院长兼国家冷轧板带装备及工艺工程技术研究中心主任、轧制设备及成套技术教育部工程研究中心主任、起重机械关键技术全国重点实验室（燕山大学）主任	2019 年 5 月
姚　静	机械工程学院副院长	2020 年 1 月
姚建涛	机械工程学院副院长	2019 年 12 月
韩　冰	机械工程学院党委副书记	2023 年 8 月
郝海滨	正处级专职辅导员	2023 年 7 月
刘祥城	副处级专职辅导员	2021 年 12 月
王国伟	材料科学与工程学院党委书记	2023 年 7 月
张新宇	材料科学与工程学院院长	2023 年 7 月
赵元春	材料科学与工程学院副院长	2019 年 12 月
梁永日	材料科学与工程学院副院长	2023 年 8 月
王亦晨	材料科学与工程学院党委副书记	2023 年 8 月
袁云岗	正处级专职辅导员	2023 年 7 月
漆汉宏	电气工程学院党委书记	2023 年 2 月
郭小强	电气工程学院副院长（主持行政工作）	2019 年 12 月

姓名	现任职务	任职时间
刘　爽	电气工程学院副院长	2019 年 12 月
马　锴	电气工程学院副院长	2023 年 8 月
朱　坤	电气工程学院党委副书记	2023 年 8 月
杨东峰	正处级专职辅导员	2023 年 7 月
张　颖	副处级专职辅导员	2023 年 8 月
胡铁巍	信息科学与工程学院党委书记兼软件学院党委书记	2023 年 7 月
齐跃峰	信息科学与工程学院院长兼软件学院院长	2022 年 5 月
顾广华	信息科学与工程学院副院长	2023 年 8 月
王　林	信息科学与工程学院副院长兼软件学院副院长	2023 年 8 月
李浩然	信息科学与工程学院党委副书记	2023 年 8 月
苏　静	正处级专职辅导员	2023 年 7 月
刘学才	副处级专职辅导员	2023 年 8 月
张振华	经济管理学院党委书记	2021 年 11 月
李春玲	经济管理学院院长	2017 年 1 月
陈晶璞	经济管理学院副院长	2016 年 3 月
靖鲲鹏	经济管理学院副院长	2016 年 3 月
王海涛	经济管理学院党委副书记	2023 年 8 月
杨小丽	正处级专职辅导员	2023 年 7 月
张　薇	副处级专职辅导员	2023 年 8 月
屈晓阳	外国语学院党委书记	2023 年 7 月
王林海	外国语学院院长	2013 年 1 月
付继林	外国语学院副院长	2016 年 3 月
赵志刚	外国语学院副院长	2023 年 8 月
夏亮亮	外国语学院党委副书记	2023 年 8 月
王继东	建筑工程与力学学院党委书记	2023 年 7 月
郝圣旺	建筑工程与力学学院副院长（主持行政工作）	2017 年 6 月
胡建军	建筑工程与力学学院副院长	2021 年 12 月
沈鹏超	建筑工程与力学学院党委副书记	2023 年 10 月
詹　丽	副处级专职辅导员	2023 年 8 月
杨健民	文法学院（公共管理学院）党委书记	2023 年 7 月
丛　鑫	文法学院（公共管理学院）院长	2023 年 7 月
郑志峰	文法学院（公共管理学院）副院长	2016 年 3 月

姓名	现任职务	任职时间
王春城	文法学院（公共管理学院）副院长	2023 年 8 月
张玉华	文法学院（公共管理学院）党委副书记	2023 年 8 月
徐　进	副处级专职辅导员	2023 年 8 月
甄红军	马克思主义学院党委书记	2023 年 7 月
柴　勇	马克思主义学院院长	2022 年 8 月
张云飞	马克思主义学院副院长	2023 年 8 月
黄　娟	马克思主义学院副院长	2023 年 8 月
刘遵峰	马克思主义学院党委副书记	2019 年 12 月
刘　琳	理学院党委书记	2023 年 7 月
王明利	理学院副院长（主持行政工作）	2016 年 3 月
胡林敏	理学院副院长	2019 年 12 月
曾　慧	理学院党委副书记	2019 年 12 月
王景琳	副处级专职辅导员	2023 年 8 月
严　冰	环境与化学工程学院党委书记	2023 年 7 月
高大威	环境与化学工程学院院长	2022 年 5 月
焦体峰	环境与化学工程学院副院长	2017 年 6 月
张庆瑞	环境与化学工程学院副院长	2022 年 5 月
才　华	环境与化学工程学院党委副书记	2023 年 8 月
李　莹	副处级专职辅导员	2023 年 8 月
张文超	艺术与设计学院党委书记	2019 年 11 月
赵　琳	艺术与设计学院院长	2023 年 10 月
刘维尚	艺术与设计学院副院长	2021 年 12 月
王年文	艺术与设计学院副院长	2023 年 10 月
宁岩鹏	艺术与设计学院党委副书记	2019 年 12 月
徐　原	副处级专职辅导员	2023 年 8 月
张典范	车辆与能源学院党委书记	2019 年 11 月
金立生	车辆与能源学院院长	2020 年 6 月
李　楠	车辆与能源学院副院长	2023 年 8 月
唐先智	车辆与能源学院副院长	2023 年 8 月
张　欣	车辆与能源学院党委副书记	2023 年 8 月
张　磊	副处级专职辅导员	2023 年 8 月
任　海	体育学院党委书记	2019 年 11 月

姓名	现任职务	任职时间
杨广辉	体育学院院长	2023 年 7 月
赵　猛	体育学院副院长	2016 年 3 月
林琴琴	体育学院副院长	2023 年 8 月
赵　宁	体育学院党委副书记	2019 年 12 月
王　晶	西里西亚智能科学与工程学院党委书记	2023 年 7 月
郑占国	西里西亚智能科学与工程学院院长	2023 年 7 月
徐向伟	西里西亚智能科学与工程学院副院长	2023 年 8 月
刘雪强	西里西亚智能科学与工程学院副院长	2023 年 8 月
冯清华	西里西亚智能科学与工程学院党委副书记	2022 年 8 月
张文莉	国际教育学院院长兼欧洲学院院长	2022 年 12 月
姜　炼	国际教育学院副院长	2019 年 12 月
王志宙	国际教育学院副院长	2023 年 8 月
吴伟龙	国际教育学院副院长兼欧洲学院副院长	2023 年 8 月
姜文超	继续教育学院党委书记	2023 年 7 月
戚伟欣	继续教育学院院长	2019 年 11 月
张　宁	继续教育学院副院长	2019 年 12 月
彭建交	继续教育学院副院长	2023 年 8 月
张向前	里仁学院党委书记	2016 年 3 月
李　昊	里仁学院院长	2023 年 7 月
李仕华	里仁学院副院长	2016 年 3 月
张　冬	里仁学院党委副书记兼副院长	2020 年 1 月
常　鑫	里仁学院党委副书记兼副院长	2023 年 8 月
尚雪梅	正处级专职辅导员	2023 年 7 月
张世良	亚稳材料制备技术与科学国家重点实验室党委书记、会议服务中心主任	2023 年 8 月
刘日平	亚稳材料制备技术与科学国家重点实验室主任	2004 年 3 月
彭秋明	亚稳材料制备技术与科学国家重点实验室常务副主任（正处级）	2023 年 7 月
张春祥	亚稳材料制备技术与科学国家重点实验室副主任	2019 年 12 月
温　斌	亚稳材料制备技术与科学国家重点实验室副主任	2023 年 8 月
李　明	国家冷轧板带装备及工艺工程技术研究中心副主任	2019 年 12 月
孙建亮	国家冷轧板带装备及工艺工程技术研究中心副主任	2023 年 8 月
齐效文	极端条件下机械结构和材料科学国防重点学科实验室主任	2019 年 12 月
陈子明	先进制造成形技术及装备国家地方联合工程研究中心主任	2023 年 8 月

姓名	现任职务	任职时间
温银堂	先进技术研究院副院长兼保密办公室副主任	2023 年 8 月
刘立霞	全面依法治省研究院副院长	2020 年 4 月
艾　超	起重机械关键技术全国重点实验室（燕山大学）副主任	2023 年 8 月
王培龙	高等教育发展研究中心主任兼法律事务服务中心主任	2023 年 7 月
王　东	高等教育发展研究中心副主任兼法律事务服务中心副主任	2023 年 8 月
胡艺馨	高等教育发展研究中心副主任	2023 年 8 月
张　杨	创新创业教育与指导中心主任	2022 年 12 月
李德凡	创新创业教育与指导中心副主任	2022 年 8 月
历　帅	创新创业教育与指导中心副主任	2019 年 12 月
郝连旺	科技产业促进中心主任	2023 年 7 月
李国栋	科技产业促进中心副主任	2023 年 8 月
王　鹏	科技产业促进中心副主任	2023 年 8 月
郑海武	大学科技园副主任（主持工作）	2019 年 12 月
李俊哲	大学科技园副主任	2019 年 12 月
陈月娥	大学科技园副主任	2023 年 8 月
侯培国	工程训练中心党委书记、主任	2019 年 11 月
刘利刚	工程训练中心副主任	2019 年 12 月
李　朋	工程训练中心副主任	2021 年 12 月
王恩福	河北省高校网络思想政治工作中心副主任	2023 年 8 月
杨永涛	信息技术中心主任	2021 年 12 月
陈　飞	信息技术中心副主任兼保密办公室副主任	2019 年 12 月
曾　涛	信息技术中心副主任	2021 年 12 月
袁旭梅	图书馆党委书记、馆长兼知识产权信息服务中心主任	2019 年 11 月
王一淳	图书馆副馆长兼知识产权信息服务中心副主任	2016 年 3 月
丁玉东	图书馆副馆长	2023 年 8 月
刘鑫刚	期刊社社长	2023 年 7 月
唐志国	期刊社副社长	2019 年 12 月
弓洪玮	期刊社副社长	2023 年 8 月
郭　沛	档案馆馆长兼校史馆馆长	2023 年 7 月
柯铁军	档案馆副馆长兼校史馆副馆长	2016 年 3 月
丛喜慧	校园规划建设中心主任	2019 年 12 月
张亚杰	校园规划建设中心副主任	2020 年 3 月

姓名	现任职务	任职时间
张宝竹	校园规划建设中心副主任	2023 年 8 月
董立峰	后勤服务中心党委书记、主任	2019 年 12 月
李　茂	后勤服务中心副主任	2023 年 8 月
王麒深	后勤服务中心副主任	2023 年 8 月
宋俊杰	教师培训中心主任兼党委教师工作部副部长	2022 年 8 月
李　瑛	离退休党委书记	2023 年 7 月
郝晓丹	离退休党委副书记	2021 年 12 月
朱可嘉	会议服务中心副主任	2023 年 8 月
张　力	河北燕大资产经营有限公司党委书记	2023 年 7 月
贾晓光	河北燕大资产经营有限公司总经理	2023 年 7 月
王　升	河北燕大资产经营有限公司副总经理	2019 年 12 月
陈宝峰	河北燕大资产经营有限公司副总经理	2023 年 8 月
陈　玉	燕山大学出版社有限公司社长	2016 年 3 月
赵　欣	燕山大学出版社有限公司副社长	2019 年 12 月
董明伟	燕山大学出版社有限公司副社长	2023 年 8 月
说明：2023 年 5 月，学校党委进行处级党政领导干部集中调整，至 8 月基本完成。		

（供稿人：党委组织部 盖鸿章）

学校业务干部岗位及人员

序号	单位名称	业务机构设置	岗位	人员姓名
1	机械工程学院	冶金机械系	副主任	刘　丰
			副主任	任伟杰
			副主任	余　超
		机械设计系	副主任	翟富刚
			副主任	黄世军
		机械电子工程系	主任	许允斗
			副主任	李二伟
			副主任	韩　博
		机电控制工程系	副主任	袁晓明
			副主任	白　云
			副主任	纪　云
		塑性成形工程系	副主任	翟瑞雪
			副主任	于高潮
			副主任	胡建良

序号	单位名称	业务机构设置	岗位	人员姓名
1	机械工程学院	机械制造及其自动化系	副主任	郭保苏
			副主任	陈　昊
		机械工学部	主任	周野飞
			副主任	刘大伟
			副主任	赵传军
		工程图学部	主任	董志奎
			副主任	梁瑛娜
		机械基础实验中心	主任	张文文
		机电液一体化实验教学中心	主任	彭　艳
			副主任	李　斌
2	材料科学与工程学院	金属材料系	副主任	李艺君
			副主任	顾江龙
		无机非金属材料系	主任	邱海龙
			副主任	刘　迪
		材料物理系	主任	薛天宇
		高分子材料系	主任	张振琳
		综合实验室	副主任	乔　琪
			副主任	王岳峰
		材料综合实验教学中心	主任	张新宇
			副主任	王　鹏
3	电气工程学院	自动化系	主任	梁振虎
			副主任	李建雄
			副主任	呼子宇
			副主任	赵广磊
		仪器科学与工程系	主任	孟　宗
			副主任	江国乾
			副主任	潘　钊
			副主任	张云刚
		电气工程系	主任	曲正伟
			副主任	沈　虹
			副主任	张金龙
			副主任	丁　浩
		电子实验中心	主任	丁伟利
			副主任	梅　林
		电子实验教学中心	主任	郭小强
			副主任	呼忠权

序号	单位名称	业务机构设置	岗位	人员姓名
4	信息科学与工程学院（软件学院）	计算机科学与工程系	主任	吴培良
			副主任	陈　真
			副主任	孔维航
		电子与通信工程系	主任	张　涛
			副主任	李玉博
			副主任	孙　哲
		光电子工程系	主任	付兴虎
			副主任	王　伟
			副主任	刘　烁
		软件工程系	副主任	冯建周
			副主任	谢志刚
			副主任	赵谷雨
5	经济管理学院	工商管理系	主任	尤振来
			副主任	潘宏亮
		经济系	主任	郑　涛
			副主任	胡月秀
			副主任	刘伟岩
		旅游系	主任	宋　娜
			副主任	高　磊
		会计系	副主任	汤景辉
			副主任	王玉坤
		工业工程系	主任	胡海菊
			副主任	张　旭
		电子商务系	主任	宓　翠
			副主任	刘　琳
		MBA 教育中心	主任	刘海鸥
		实验中心（大学生创业教育与实践中心）	副主任	安　静
6	外国语学院	英语系	主任	张　颖
			副主任	侯　羽
			副主任	赵一璠
			副主任	韩天骄
		日语系	主任	刘洪岩
			副主任	王大宝

序号	单位名称	业务机构设置	岗位	人员姓名
6	外国语学院	西语系	主任	刘立军
			副主任	崔　岩
			副主任	潘　地
			副主任	李　姝
		大学英语一系	副主任	杜俊杰
			副主任	岳文华
		大学英语二系	主任	李继燕
			副主任	曲　炎
		研究生英语系	主任	初胜华
			副主任	何晓静
		翻译硕士专业学位（MTI）教育中心	主任	付继林
			副主任	王　倩
7	建筑工程与力学学院	土木工程系	副主任	李雨浓
			副主任	吴吉贤
			副主任	陈正心
			副主任	王　强
		工程力学系	副主任	梁　希
			副主任	郝　颖
		建筑环境与能源应用工程系	副主任	张天虎
			副主任	梁　林
		建筑系	副主任	冯　柯
			副主任	刘　芳
		实验中心	主任	刘小蛮
8	文法学院（公共管理学院）	法学系	主任	伦海波
			副主任	
		公共事业管理系	主任	臧誉琪
		行政管理学系	主任	娄文龙
			副主任	邓　昭
		中文系	副主任	徐　敏
			副主任	陈　静
		MPA 教育中心	主任	张　强
		汉语国际教育系	主任	姜永超

序号	单位名称	业务机构设置	岗位	人员姓名
9	马克思主义学院	毛泽东思想和中国特色社会主义理论体系概论教研部	主任	李　晔
		习近平新时代中国特色社会主义思想概论教研部	主任	杨红星
		中国近现代史纲要教研部	主任	沈德昌
		马克思主义基本原理教研部	主任	王　磊
		思想道德与法治教研部	主任	杨新宾
		形势与政策教研部	主任	李鹏昊
		研究生思想政治理论课教研部	主任	郭亚军
10	理学院	应用数学系	主任	方汶铭
			副主任	张海锋
			副主任	陈爱红
		统计学系	主任	李　心
			副主任	李建东
		信息与计算科学系	主任	韦　超
			副主任	马　旭
		应用物理系	主任	郭得峰
			副主任	盖彦峰
			副主任	郝　锐
		物理系	主任	牟从普
			副主任	杨云帆
		大学物理系	主任	王晓颖
			副主任	曹立朋
		实验中心	主任	徐天赋
			副主任	周春宇
			副主任	赵志鹏
11	环境与化学工程学院	应用化学系	主任	王　静
			副主任	李志平
		化学工程与工艺系	主任	刘素燕
			副主任	王龙刚
			副主任	
		环境科学与工程系	主任	唐首锋
			副主任	刘元望
		过程装备与控制工程系	主任	张　前
			副主任	郭　凯
		生物技术与工程系	主任	韩增胜
			副主任	李小雨

序号	单位名称	业务机构设置	岗位	人员姓名
11	环境与化学工程学院	能源化学工程系	主任	王　林
			副主任	郭万春
		实验中心	主任	陈蓉娜
			副主任	刘志伟
			副主任	姜　洋
12	艺术与设计学院	工业设计系	副主任	侯士江
			副主任	李　静
			副主任	卢　颖
		环境设计系	副主任	温　瑀
			副主任	桑　懿
		视觉传达设计系	主任	
			副主任	蒋　玉
		音乐系	主任	马凌云
			副主任	孟丹娜
			副主任	吴　迪
		艺术基础教研部（美育教研部）	主任	杨志宏
			副主任	杜小婉
		实验中心	副主任	杨立新
13	车辆与能源学院	车辆工程系	副主任	李学良
			副主任	贾　拓
			副主任	李梦林
		能源与动力工程系	主任	张　亮
			副主任	王　强
		石油工程系	主任	马平华
			副主任	施而修
		实验中心	主任	赵　登
14	体育学院	社会体育教研室	主任	杨　敏
			副主任	曹　亮
		公共体育教研室	主任	
			副主任	陈　杰
			副主任	赵文楠
15	继续教育学院	教学研究办公室	副主任	伊春光
		康养项目教学研究室	主任	
		康养人才培训中心	主任	高海波

序号	单位名称	业务机构设置	岗位	人员姓名
16	亚稳材料制备技术与科学国家重点实验室	实验室测试中心	主任	王　鹏
			副主任	
			学术秘书	王锁涛
			学术秘书	张利强
			学术秘书	高宇飞
		成果转化与科普服务中心	副主任	杨　猛
17	国家冷轧板带装备及工艺工程技术研究中心	中试部	副主任	杜金龙
		平台建设管理部	副主任	杜金龙
18	先进制造成形技术及装备国家地方联合工程研究中心		学术秘书	刘晓飞
			学术秘书	李　莹
			学术秘书	杨卓云
19	起重机械关键技术全国重点实验室		学术秘书	王　真
			学术秘书	邓英杰
			学术秘书	刘才溢
			学术秘书	杨　柳
20	工程训练中心	普通加工实训部	主任	韩雪艳
		先进制造技术实训部	副主任	宋佳秋
		信息化技术实训部	主任	李海涛
			副主任	王艳芬
		电工电子技术实训部	主任	张　瑝
			副主任	王正峰
21	图书馆		业务主任	石伟铂
			业务主任	单　伟
			业务主任	许子媛
			业务副主任	石丽红
			业务主任	赵欧荣
			业务主任	宋乐平
			业务副主任	李凤念
22	后勤服务中心		业务主任	刘安平
			业务主任	刘道胜
			业务主任	王德鹏
			业务主任	温利国
			业务主任	李青松
			业务主任	朱小亮
			业务主任	吕耀鹏

序号	单位名称	业务机构设置	岗位	人员姓名
23	离退休党委		业务主任	吴　斌
24	学生工作处	军事教研部	副主任	周志国
		心理健康服务中心（心理科学研究所、心理健康教育教研室）	主任	陶建刚
25	安全工作处		业务主任	刘亚军
			业务主任	史悦军
			业务主任	张晓勇
			业务主任	
26	招生就业处	职业指导与劳动教育教研室	副主任	魏冬明

（供稿人：人力资源处 闫常春）

中国共产党燕山大学委员会、中国共产党燕山大学纪律检查委员会

中国共产党燕山大学第四届委员会委员

（以姓氏笔画为序）

于树江 王利民 王宝诚 王新华 左　莉 卢辉斌 任家东 孙红磊 李　榕 李春玲 张向前 张红兵 陈国强 金海龙 赵丁选 赵永生 赵险峰 侯培国 高发明 黄　晟 董国疆 傅万堂 谢延安 蔡大勇 蔡星周

以上委员名单由2019年5月30日中国共产党燕山大学第四次代表大会正式选举产生。截至2024年4月，部分委员已调离我校或退出领导岗位。2019年8月至今，张立峰、王利民、孙录印、蔡星周、汪殿龙等五位同志新任学校党委常委（张立峰后调离我校）。

中国共产党燕山大学第四届纪律检查委员会委员

（以姓氏笔画为序）

王　昕 孙　利 李　榕 时钟平 张　明 张立臣 宗家富 屈晓阳 赵希海 胡铁巍 甄红军

以上委员名单由2019年5月30日中国共产党燕山大学第四次代表大会正式选举产生。截至2024年4月，部分委员已调离我校或退出领导岗位。2022年10月，孙录印同志新任学校纪委书记。

（供稿人：党委组织部 盖鸿章）

燕山大学第十二届学术委员会

（以姓氏笔画为序）

主任委员 田永君

副主任委员 王德松 任家东 华长春 郭金平 彭　艳

委　　员 于春肖 马玉峰 王大鹏 王丽雅 王利民 王林海 王新华 方一鸣 尹兆友 卢辉斌 乔桂英 刘　丰 刘日平 刘　永 刘邦凡 刘　舸 齐跃峰 孙　利 孙建亮 李世勇 李春玲 杨树军 吴培良 张庆瑞 张　明 张敬伟 金立生 金海龙 金　淼 孟　宗 赵庆新 胡宇达 姜万录 高大威 黄华贵 温福昇 漆汉宏

秘 书 长 黄华贵（兼）

（供稿人：科学技术研究院 侯明玉）

燕山大学学位评定委员会

（以姓氏笔画为序）

于树江 王大鹏 王利民 王林海 王宝诚 王新华 王德松 方一鸣 卢辉斌 田永君 任家东 华长春 刘日平 刘　永 刘邦凡 孙　利 李春玲 李　榕 杨满平 张立峰 陈国强 陈晶璞 金海龙 练秋生 赵丁选 赵永生 赵庆新 赵险峰 赵铁石 高发明 郭金平 黄华贵 黄　晟 彭　艳 谢延安

（供稿人：研究生院 杨潇）

驻村、挂职及援疆干部

驻村干部

派驻县	派驻村	驻村成员			调整回的驻村干部	
		职务	姓名	时间	姓名	起止时间
承德围场	银里村	第一书记 工作队长	马巨海	2023 年 6 月—	杨健民	2021 年 5 月—2023 年 6 月
		工作队员	姚　远	2021 年 5 月—	—	—
		工作队员	冯立颖	2023 年 10 月—	蔡常山	2021 年 10 月—2023 年 10 月
承德围场	马连道村	第一书记 工作队长	常　鑫	2023 年 10 月—	王　鹏	2018 年 3 月—2023 年 10 月
		工作队员	潘文宇	2023 年 6 月—	时腾飞	2021 年 5 月—2023 年 6 月
		工作队员	张　洋	2023 年 6 月—	王　莹	2021 年 10 月—2023 年 6 月
承德围场	来太沟村	第一书记 工作队长	常顺利	2018 年 3 月—	—	—
		工作队员	王怀宝	2023 年 6 月—	张　玮	2021 年 5 月—2023 年 6 月
		工作队员	王健楠	2023 年 10 月—	刘志坚	2021 年 10 月—2023 年 10 月

挂职干部

姓名	派往单位	挂任职务	派出时间
宁岩鹏	秦皇岛市	团市委副书记	2023 年 12 月

援疆干部

姓名	职务	派往单位	职务	派出时间	计划派出时长
宋　娜	经济管理学院旅游系主任	新疆科技学院	文化与传媒学院副院长（主持工作）	2022 年 9 月（2023 年 2 月转为省第十批援疆教师）	3 年
喻江平	经济管理学院旅游系教师		文化与传媒学院副院长	2023 年 10 月	1 年
梁顺攀	信息科学与工程（软件学院）学院教师		信息科学与工程学院院长	2023 年 8 月	1 年

（供稿人：党委组织部 盖鸿章）

各级党代表、人大代表、政协委员

赵险峰　河北省第十次党代会代表、河北省第十四届人大常委、秦皇岛市第十三届市委委员

田永君　全国第十三届人大代表、河北省第十次党代会代表

邱立成　全国第十三届人大代表
王德松　河北省第十三届政协常委
王利民　秦皇岛市第十三次党代会代表
董国疆　秦皇岛市第十三次党代会代表
王新华　秦皇岛市第十三次党代会代表
刘立霞　秦皇岛市第十五届人大代表
戚伟欣　秦皇岛市第十四届政协常委、海港区第十六届人大代表
陈月娥　秦皇岛市第十四届政协常委
任家东　秦皇岛市第十四届政协委员
周高仪　秦皇岛市第十四届政协委员
王　升　秦皇岛市第十四届政协委员
李　明　秦皇岛市第十四届政协委员
张文莉　秦皇岛市第十四届政协委员
罗永安　秦皇岛市第十四届政协委员
陈晶璞　秦皇岛市第十四届政协委员
张　楠　秦皇岛市第十四届政协委员
赵　琳　秦皇岛市第十四届政协委员
李春玲　海港区第十六届人大代表

（供稿人：党委组织部　盖鸿章）

民主党派各级组织负责人

序号	姓名	党派类别	性别	民族	党派任职情况	学校任职情况
1	王　升	民革	男	汉族	支部主委	河北燕大资产经营有限公司副总经理
2	孙志坚	民革	男	汉族	支部副主委	建筑工程与力学学院教师
3	闫静怡	民革	女	汉族	支部副主委	高等教育发展研究中心法律事务办公室主任
4	张阳阳	民革	男	满族	支部副主委	秦皇岛经济技术开发区燕山大学科技园培训学校校长
5	陈月娥	民盟	女	汉族	第十三届民盟中央科技委员会委员、总支部主委	大学科技园副主任
6	郝建斌	民盟	男	汉族	总支部副主委	艺术与设计学院教师
7	王　葛	民盟	男	汉族	总支部副主委	机械工程学院教师
8	钟嘉庆	民盟	男	汉族	总支部副主委	电气工程学院教师
9	欧新菊	民盟	女	蒙古族	总支部副主委	艺术与设计学院教师
10	林春雷	民盟	男	汉族	总支部副主委	经济管理学院教师
11	弓洪玮	民盟	女	回族	总支部副主委	期刊社副社长
12	杨燕霞	民盟	女	汉族	总支部副主委	车辆与能源学院职员
13	纪红月	民盟	女	汉族	总支部副主委	档案馆（校史馆）基金会管理办公室主任
14	刘海鸥	民建	男	汉族	支部主委	经济管理学院 MBA 教育中心主任
15	司景辉	民建	男	汉族	支部副主委	文法学院（公共管理学院）教师
16	栗　功	民进	男	汉族	支部主委	艺术与设计学院教师
17	郭得峰	民进	男	汉族	支部副主委	理学院教师
18	罗永安	农工党	男	汉族	支委会主任	材料科学与工程学院教师
19	刘　红	农工党	女	汉族	支委会副主任	继续教育学院教师
20	黄　浩	农工党	男	汉族	支委会副主任	材料科学与工程学院教师
21	陈晶璞	九三学社	男	汉族	九三学社第十五届中央经济专门委员会、中央教育文化专门委员会委员，支社主委	经济管理学院副院长
22	刘　颖	九三学社	女	汉族	支社副主委	图书馆馆员
23	张　楠	九三学社	男	汉族	支社副主委	机械工程学院教师
24	刘　华	九三学社	男	汉族	支社副主委	车辆与能源学院教师
25	朱瑞艳	九三学社	女	汉族	支社副主委	环境与化学工程学院教师

（供稿人：党委统战部（机关党委）聂东雪）

党建群团

巡视工作

【常规工作】扎实做好巡视整改后续工作。对涉及10个责任部门的5个问题类型、15个具体问题进一步明确整改要求和报送频次，根据问题情况，分别按照每月一次、每2月一次、每学期一次的频率报送巡视整改进展。梳理台账11次，召开协调推进会1次，10个具体问题已经整改完成。在党委常委会汇报工作进展并研究工作进展情况2次，向省委巡视办汇报全年工作进展和工作安排1次。

（供稿人：学校办公室 孔倩雯）

组织工作

【完成深入学习贯彻习近平新时代中国特色社会主义思想主题教育各项任务】主题教育获得省委指导组“好”等次评价，学校党委作为唯一高校代表在全省主题教育推进会上作典型发言，特色经验做法被主流媒体报道近30次。

【完成学校中层单位处、科级干部的集中调整工作】修订处、科级干部选拔任用工作实施办法，制定2023年处、科级干部集中调整工作实施方案，为扎实推进选人用人工作打下了良好的制度基础。

【完成全校各基层党支部换届、基层党的委员会委员调整工作】印发《燕山大学2023年党支部委员会换届工作方案》《燕山大学2023年基层党的委员会委员补选工作方案》，完成基层党支部按期换届工作和基层党的委员会委员补选工作。

【常规工作】主题教育工作。1. 作为学校主题教育领导小组办公室综合协调组，第一时间起草领导机构和工作专班的成立文件、领导小组及办公室工作规则、主题教育实施方案和5个专门工作方案，定期组织召开专项工作调度会等会议19次，确保学校主题教育“走在前列、当好标杆”。2. 联合推进实施“1+1+6”理论学习体系，制定主题教育读书班工作方案，牵头组织校党委理论学习中心组学习会1次、专题辅导报告15场、主题教育专题党课485场，组织开展“三会一课”2487次、主题党日1624次，制订专门的暑期自学计划，确保主题教育“不掉一人”。发布《关于建立基层党委会“第一议题”学习制度的通知》，指导基层党委建立“第一议题”学习台账。3. 建立主题教育公文流转等工作机制，累计办理资料1400余件；制定并发布主题教育文件、工作提示等60余份；发布工作通知、处理各项工作信息300余条；创新建设线上“主题教育督导平台”，收集信息4000余条。连续20周提交重点工作台账、重点工作进展情况统计表，完成工作月报3次，提交各类文稿10余篇。学校主题教育特色经验做法被《河北新闻联播》报道2次，被省委主题教育简报采纳3次。4. 牵头和配合有关工作组深入23个基层党委督导指导、督导10余次，参加省委指导组指导单位调度会3次，迎接省委指导组、督导组现场调研指导3次。协调校党委书记、副书记深入基层党委调研指导，协同做好问题清单的整改落实。召开主题教育总结大会，做好主题教育整改落实情况“回头看”，迎接省委督导组现场督导2次，召开中层单位推进会1次，推进问题清单整改成果巩固提升，85项新增整改措施已全部整改到位。组织召开学校党委常委班子、基层党委专题民主生活会，党支部专题组织生活会，确保主题教育取得扎实成效。

干部选拔任用工作。在处级干部集中调整工作中，提拔或进一步使用的85人、同级交流的24人、因到龄或自愿退出等免职的24人，干部流动任职达65.2%。截至目前，全校共有处级干部205人（含校属企业干部），其中，女干部44人、少数民族干部10人、民主党派和无党派干部13人、“80后”处级干部98人；在科级干部集中调整工作中，提拔的77人、交流的29人。

干部教育培训工作。举办主题教育专题读书班，历时7天，包括专题辅导10场、分组研讨和集中研学6次，集中补学1天，获得省委指导组充分肯定。组织全体处级干部参加国家、省干部网络学院培训班，共45门课程，确保学有成效。先后举办“应知应会”“学院议事规则”等专题培训，开展中国共产党历史展览馆现场参观教学，持续提振干部担当作为的精气神。

干部监督管理工作。开展全校官僚主义问题专项整治工作，制定《燕山大学官僚主义问题专项整治工作实施方案》，征集官僚主义问题线索160余条，开展问题线索梳理和清单制定工作。做好领导干部报告个人有关事项、部分处级干部人事档案专项审核等工作。

乡村振兴工作。有序完成两批次共7人的驻村干部调整轮换工作，召开全校乡村振兴工作阶段性总结报告会，举办“燕山大学2021年至2023年乡村振兴风采展”。学校作为乡村振兴驻村帮扶派出单位和三支驻村工作队在2022年度驻村帮扶工作考核评价中，均被评为“优秀”等次。马连道村驻村工作队工作做法入选“教育部省属高校精准帮扶典型项目”。银里驻村工作队荣获“全省乡村振兴先进驻村工作队”。选派干部下沉唐山市南赵庄子村驻村工作。

基层党建工作。组织召开学校年度党的建设工作会议，制定《关于落实河北省高校党建领航工程的工作方案》，修订《基层党委书记抓基层党建工作述职评议考核实施细则》，印发《关于贯彻落实“室组”联动调研督导反馈意见的整改方案》，持续推动党建工作提质增效。制定学校2022年度民主生活会工作方案，向省委督导组上报民主生活会好的做法2条并得到认可与好评。制定2022年度基层党委书记抓基层党建工作述职评议考核方案，市委组织部有关领导到会指导并给予肯定。

党员教育管理工作。严格把控发展党员质量，全年发展教职工党员16名，学生党员1480名。修订《中共燕山大学委员会党校工作细则》，为规范学校党校、分党校工作做好制度保障。推行党员组织关系线上转接，为广大师生党员转移组织关系提供便利。年内开展3次党员组织关系排查工作，建立党员信息动态台账，实现将每名党员纳入党组织的有效管理。承办河北省高校党校工作研讨会等上级培训任务，累计培训150余人次，进一步扩大了学校影响力。

党建理论研究工作。组织全校党务工作者等申报党建研究课题75项，其中，获批省、校党建研究课题立项61项，立项率为81.3%。9项课题列为省教育厅委托课题子课题，顺利通过阶段性成果验收。2022年度党建研究课题结项获奖20项，获奖总数居全省高校第一。学校党委分别与秦皇岛市教育局党组等3个单位签署结对共建协议。3个学生党支部继续与海港区天洋新城党委等单位开展联学共建活动10余次，上报经验类信息1条。

党建示范创建和质量创优工作。20个党组织顺利通过国、省、校党建示范创建和质量创优工作中期考核；1个党支部顺利通过第二批全国高校“百个研究生样板党支部”验收。6个党组织或个人全部通过新一批新时代高校党建“双创”申报审核，被推荐至教育部参评。隆重召开庆祝中国共产党成立102周年暨表彰大会。1人荣获河北省“千名好支书”称号。

党员组织生活馆工作。党员组织生活馆年内共接待参观200余场次、6000余人次。开展纪念一二•九运动学习活动等四次主题学习活动近20项，6000余人次参与，宣传稿件浏览量30000余次。召开党史传习社第三届成立大会，修订《大学生党史传习社章程》等制度文件，提升了组织建设水平。

（供稿人：党委组织部 盖鸿章）

宣传工作

【开展学习宣传贯彻党的二十大精神工作】面向基层党委发布《关于进一步落实〈燕山大学深入学习宣传贯彻党的二十大精神工作方案〉的通知》，以台账形式定期督促相关单位落实工作责任；将党的二十大精神纳入燕山大学主题教育党委理论学习中心组学习安排和春、秋政治理论学习；全年举办校党委理论学习中心组学习会9次。充分发挥党委讲师团和学生宣讲团作用，累计开展校内外宣讲104场；充分利用校内媒体平台和宣传文化阵地，宣传党的二十大精神；联合马克思主义学院党委，拍摄学生宣讲团宣讲短视频，择优向市委宣传部推荐报送2期宣讲视频；组织“奋斗正当时 逐梦新征程”微视频征集活动；在各级媒体发表相关外宣文章96篇。

【学习贯彻习近平新时代中国特色社会主义思想主题教育宣传工作】制定主题教育宣传工作方案、主题教育校园氛围营造方案、主题教育党委理论学习中心组学习方案和燕山大学主题教育党委理论学习中心组学习安排，主题教育期间组织召开党委理论学习中心组学习会5次，编辑《党委中心组学习参考》6期、增刊2期。开通运行主题教育专题网站，发布新闻673条，制作主题教育简报36期。各党委设置线上线下宣传点位92处。向省教育厅报送主题教育简报素材和新闻报道素材10次，共80余条，国家重点实验室重组、加强学科建设、完善学科布局等亮点工作被省委主题教育简报第9期采纳；发表主题教育外宣文章32篇次，《河北新闻联播》3次报道学校主题教育开展情况，学校事迹被河北卫视主题教育特别节目采用；完成主题教育调研工作并撰写调研报告。

【“燕山大学品牌影响力提升工程”提升融媒体平台建设水平】举办燕山大学品牌影响力提升专题讲座，邀请新华网传媒专家梁甜甜为学校通讯员展开培训。5月开通视频号，已形成由校报、新闻网、微信（含视频号）、微博、学习强国号、抖音、B站、人民号组成的全媒体传播体系；完成融媒体平台建设调研工作，撰写《燕山大学融媒体平台建设方案（草案）》。

【常规工作】意识形态。1. 完成省委教育工委2023年度高校意识形态工作专项督查迎检工作，撰写《中共燕山大学委员会2023年度意识形态工作情况汇报》；向省委教育工委专题汇报学校2023年度意识形态工作；配合省纪委“室组”联动检查；配合校纪委完成高校意识形态工作调查问卷。2. 落实意识形态监督检查常态化。6月，联合纪委办公室对基层党委的意识形态工作进行专项督查，撰写《燕山大学意识形态督查及研判工作汇报》；12月，对基层党委和相关职能部门落实意识形态工作责任制情况进行监督和检查，撰写《燕山大学2023年度意识形态工作报告》。学校党委常委会专题研究意识形态工作2次。3. 强化各类意识形态阵地管理。审批备案讲座125场，校园新闻851条，校园内宣传条幅、展板、电子显示屏宣传内容102项，设置校内宣传品84处，联合学生工作处更新宣传展板96块；加强标语口号规范管理，开展自查和互查，提交《燕山大学关于全面排查整治国旗升挂、使用及宣传标语不规范问题的情况报告》《燕山大学宣传点位标语口号台账》；全面排查校园电子屏管理情况。

思想政治。统筹全校政治理论学习工作，制定政治理论学习安排意见。统筹完成教育部师生访谈、网上问卷调查、报告撰写工作。

精神文明建设。完成河北省“文明校园动态管理系统”2022—2023年度文明校园建设档案填报工作，接受获评省级文明校园后的首次实地复检，并撰写复检自查报告和实地测评工作报告。完成2024年度党报党刊订阅工作；赴南京航空航天大学、河海大学、苏州大学学习全国文明校园创建经验；推进“绿色学校”创建工作，根据河北省绿色学校创建标准开展自评，制定《燕山大学绿色学校创建工作方案》。

大学文化。举办2024年新年音乐会；开展第九批基层文化立项申报工作，立项36个；在河北省优秀校园文化建设成果申报工作中，获评一等奖1项、三等奖1项；组织开展礼敬中华传统文化宣传教育活动，向教育部推送优秀作品3件；撰写“十四五”校园文化建设专项规划2022年度实施情况总结；完成《关于加强学校铸牢中华民族共同体意识教育实施方案》相应内容。

新闻宣传。内宣方面，派出新闻采访220次，学校官方各媒体平台发布文章2000余篇，粉丝关注数量增至43万；发布“印象燕大”组图21期，摄制各类视频146部，编辑出版《燕山大学报》8期，出版《印象燕大》画册，完成年度画册和年度宣传片制作；外宣实现央媒有声音、省媒有亮点、行业媒体广覆盖。社会主流媒体全年累计报道燕山大学各项工作253次，其中国家级媒体报道75次，省级媒体报道133次。学校获评“河北省2023年度教育宣传工作先进单位”。

舆情监控和舆论引导。针对地库舆情事件建立工作专班，制作专报4期，积极联络各媒体平台举报不实信息。完善舆情检测、预警、报送机制，在金鸽舆情监控服务的协助下，实行7×24小时实时网络监控，及时分类处置舆情71件，编辑《舆情日报》254份、《网情参阅》9期，制作舆情风险点提示3期，完成学校网评员队伍调整。

推优培优。1. 组织机械工程学院申报的“‘四位一体’党组织育人体系创建与实践”荣获教育部2023年度高校思想政治工作精品项目；向省教育厅推荐报送“河北省高校思想政治工作创新案例”2项，分别荣获二、三等奖；机械工程学院《听TA说——一道“如盐入味”的“网络思政大餐”》荣获2022年度河北省宣传思想文化工作优秀创新案例一等奖；组织申报教育部2024年度高校思想政治工作质量提升综合改革与精品建设项目4个，其中“王银思工作室”入选教育部2024年度高校辅导员名师工作室名单。2. 与艺术与设计学院选送的作品《旗帜的力量》交响合唱荣获第十四届河北省精神文明建设“五个一工程”优秀作品奖。3. 在河北省精神文明建设委员会组织的第九届河北省道德模范评选中，机械工程学院高殿荣老师荣获提名奖。4. 燕山大学获评2023年度全省教育系统宣传工作先进单位，褚玉晶获评2023年度全省教育系统宣传工作优秀通讯员。5. 推送的11部作品在“2022—2023全国高校影视作品交流展映”活动中获奖，其中一等奖2项、二等奖3项、三等奖6项。

（供稿人：党委宣传部 蔡常山）

纪检监察工作

【廉洁教育系列活动荣获国家级和省级奖项】10月，学校纪委委员甄红军申报的《“嵌入式”廉洁教育的实践探索》案例作品荣获教育部“第八届全国高校廉洁教育系列活动案例展示优秀作品”。6月，学校荣获中共河北省委教育工委授予的“廉洁教育系列活动优秀组织院校”称号。

【主题教育典型做法获得河北省主流媒体报道】7月，与党委组织部、信息技术中心联合建立的主题教育“立体式督导工作机制”典型做法被河北省主流媒体长城网报道，有力提升了学校的社会影响力和美誉度。

【教育整顿典型做法被河北省纪委第74期工作简报采编】9月，学校纪委教育整顿典型工作做法被河北省纪检监察干部队伍教育整顿领导小组办公室编发的第74期工作简报采编。

【常规工作】主体责任落实。及时传达学习习近平总书记在二十届中央纪委二次全会上的重要讲话精神及中纪委和省纪委全会精神、上级有关文件精神，学校党委常委会专题研究党风廉政建设相关议题14个。协调召开2023年全面从严治党工作会议，加强形势分析研判和工作统筹谋划；召开校纪委四届五次、六次全会，发挥纪委委员作用，延伸监督触角，夯实党的执政基础。制定《燕山大学2023年纪检监察工作要点》。督促各基层党委制订工作计划和责任清单，对落实全面从严治党主体责任情况开展2轮现场督导检查，提出共性问题9个，下发督导建议函24份，推进全面从严治党责任落实落细。

政治监督工作。制定《燕山大学2023年纪检监察监督工作实施方案》、监督清单，定期召开监督工作沟通协调会议，探索建立政治监督具体化精准化常态化工作机制。建设“燕山大学主题教育督导平台”，对基层党委主题教育进行了2轮“全覆盖”调研督导和1轮重点抽查，提出整改建议20余条；推动学校主题教育整改整治“回头看”，组织全校各单位对标对表，开展自查整改。围绕上级部署和学校重点工作，围绕学习贯彻党的二十大精神、全面从严治党责任落实等情况开展专项监督10项，切实加强政治监督，牢牢把握政治方向，确保党中央决策部署和省委、学校党委工作要求落地见效。结合省纪委“室组”联动监督，构建调研监督、反馈问题、制定举措、督导实施、检查验收等监督闭环工作机制，根据“室组”联动监督对学校调研督导反馈的问题，制定整改方案，专题动员部署，44条整改措施全部按时完成，相关单位修订完善制度18项。

日常监督工作。增加操办婚丧喜庆事宜网络报备、廉洁自律证明网络申请等模块，完善“日常监督管理平台”。加强对学校“三重一大”决策事项落实情况的监督，加大对重点领域、重点岗位的监督力度，严把“党风廉政意见回复”关，加强对党员干部的日常监督。围绕学校廉政风险防控建设扎实开展调查研究，聚焦学校14个重点岗位和关键环节，排查廉政风险点82个，督促完善学校廉政风险防控措施。

正风肃纪反腐。严格落实中央八项规定精神，深入推进纠治“四风”和作风纪律整治，严肃查处师生员工身边腐败问题和不正之风。紧盯元旦、春节、“五一”、端午、中秋、国庆等重要节点，通过纪律要求、廉洁提醒、警示教育、明察暗访，持续净化节日风气。在全校党员领导干部中深入开展“六纠六促”活动，建立问题整改清单台账190份。对全体教职员工开展“酒驾醉驾”专项整治，深挖彻查酒驾醉驾背后的“四风”问题。贯通运用监督执纪“四种形态”，严肃执纪问责，全年受理信访举报件20件，立案1件，给予党纪、政务处分1人。编撰《高校违纪违法典型案例警示录》，向全校科级及以上干部、教职工党支部书记、辅导员等人员发放800余册。

廉政文化建设。校领导班子成员带头讲党课、作廉政报告，全校领导干部及其家属深入开展警示教育。组织召开全校领导干部政治性警示教育大会、赴唐山监狱开展“沉浸式”警示教育、新任职干部集体廉政谈话等活动10项。组织开展作品征集、廉政演讲比赛、廉洁文化作品展等校园廉洁文化活动8项。其中，廉政案例获评教育部优秀案例，1名学生荣获全国知识问答优秀学员，2项作品荣获河北省一等奖，2项作品荣获河北省二等奖，学校获评省教育厅颁发的“廉洁教育系列活动优秀组织院校”称号。聚焦党的二十大精神，完善廉政文化长廊，开展集中教育活动20余次；在学校纪检监察网站搭建了廉政知识学习专栏和3个网络学习资源平台，多样化推进廉政学习教育走深走实。制定《关于加强校园廉洁文化建设的实施方案》，建立廉洁文化建设长效机制。

自身能力建设。制定“五方案三清单”，构建“四措并举”抓学习、“五位一体”促教育的学习教育体系，对照7个方面120项重点内容开展自查自纠，组织开展16项专项教育整治。把以学铸魂作为核心要求，扎实做好自学，认真组织教育学习；努力在调查研究课题实效化、调查研究成果高质量转化、调查研究工作常态化三方面做好调查研究“后半篇文章”；把以学正风作为根本标尺，检视整治下足“实”功务求实效。

全年学校纪委共制定文件23个，出台制度规定5个。强化制度执行，对2022年以来省纪委监委下发的54件规范性文件落实情况，逐一对照核查，确保上级各项制度要求落实到位。

（供稿人：纪委办公室 张莉莉）

统战工作

【成立燕山大学欧美同学会（燕山大学留学人员联谊会）】 5月16日，燕山大学欧美同学会（燕山大学留学人员联谊会）成立，党委常委、副校长王利民当选会长，并应邀作为河北省留学归国人员代表参加在人民大会堂举办的欧美同学会成立110周年庆祝大会。

【协助学校党委和上级相关部门做好党外干部举荐工作】 张亚明当选民建中央经济委员会委员；陈月娥当选民盟中央科技委委员、民盟河北省委教育委副主任；陈晶璞当选九三学社第十五届中央委员会经济专委会和教育文化专委会委员、担任九三学社第五届思想建设研究中心研究员；推荐校侨联副主席胡婕参加全省侨联系统干部培训班，校欧美同学会副会长刘洪岩、副秘书长付文彧参加全省归国留学人员骨干研修班。

【党派个人和团体获国家级别表彰】 民进燕山大学支部张文莉获得2023年“民进全国宣传思想工作先进个人”光荣称号；民建燕山大学支部张亚明获得2023年“民建中央参政议政先进个人”光荣称号。

【常规工作】 党外知识分子工作。学习宣传贯彻党的二十大精神，推进统战党派团体建设，举办“同心讲坛”4次；组织开展形式多样的教育实践活动：开展“凝心铸魂强根基、团结奋进新征程”主题教育，开设“党外人士讲述红色故事”专栏，开展主题征文和书画作品展，组织开展红色观影活动、燕山大学归国留学人员先进事迹展览、党外代表参观秦皇岛市博物馆等系列活动；召开2023年春季、秋季学期统一战线工作推进部署会，发放“加强我校统一战线工作调查问卷”74份，召开2023年度燕山大学党外人士、留学人员代表座谈会，征求对学校发展建设性的意见建议；做好党外人士政治举荐及各级各类党外人才、代表、专家等的选拔、培养和推荐工作，推荐全国欧美同学会专业委员会委员1人、省知联会理事3人、省高校侨联联盟理事3人、秘书长1人、省党外风采人士2人、市新阶层人士代表17人、市海联会第六届理事10人、市知新会教育专委会会长1人；持续开展“党委出题、党外调研”品牌活动和校情民意征集，围绕推进学校各项事业发展和地方经济建设建言献策，完成党外调研报告11份，完成省社会主义学院6项调研课题，提交市委统战部10篇调研报告；提交第十四届全国人民代表大会一次会议16份建言献策，1篇咨政报告得到全国政协十四届一次会议立案，4篇咨政报告被民主党派中央机构采用，3篇咨政报告获得省委省政府主要领导肯定性批示，37份提案被民主党派省委机构采用，5份提案获得市委市政府主要领导肯定性批示，1篇报告《燕山大学：为归国留学人员提供广阔天地》刊发在中国外文出版发行事业局主办的中国网；民进燕山大学支部在北戴河区育花路小学建立帮扶基地；学校27位专家学者与省侨联高端技术人才项目对接；召开2023年第四届京津冀高校民进基层组织联席会议，来自京津冀19所高校民进基层组织90余名代表参加了会议。

民族宗教。落实学校统一战线工作领导小组职责，严格督促基层党委贯彻执行《燕山大学党委统战部落实宗教工作责任制实施方案》；召开2023年燕山大学民族宗教工作会议，传达学习中央、省市有关会议和文件精神，部署学校2023年民族宗教重点工作；印制《河北省宗教事务条例》《习近平民族宗教工作讲话汇编》等学习资料，邀请专家作专题学习报告；做好日常教育引导；修订制定《燕山大学统战委员工作职责》等部门文件，明确相关人员工作职责；开展“铸牢中华民族共同体意识”专项活动，5月统筹组织体育学院、艺术与设计学院组队参加河北省第十一届少数民族传统体育运动会，获得多项奖项。

队伍建设。加强部门日常业务学习，购买相关理论书籍、开展部门业务培训、组织业务能力考试、学习上级相关文件精神；定期召开部务会，研究部门业务工作，安排部署相关重点工作，保障统战工作高效运转。

（供稿人：党委统战部（机关党委）聂东雪）

机关党委工作

【举办党员政治生日活动】 6月30日，举办以“初心如磐担使命、踔厉奋发建新功”为主题的“党员政治生日”活动，54名党员重温誓词、共忆初心，4名党员代表结合学习贯彻习近平新时代中国特色社会主义思想和党的二十大精神，分别进行了微党课讲授。

【持续开展党建“特色活动”立项工作】4月，启动2023年度党建“特色活动”立项工作，共有纪委办公室（监察处）党支部，教务处党支部，人力资源处党支部，国际合作处党支部，实验室与资产管理处党支部，档案馆（校史馆）与校友总会、基金会党支部等6个党支部获批立项。

【召开主题教育“以学正风”专题理论学习会】7月4日，召开学习贯彻习近平新时代中国特色社会主义思想主题教育“以学正风”专题理论学习会。会议对省主题教育领导小组下发的《关于认真贯彻落实习近平总书记重要批示精神 在主题教育中推动树立和践行正确政绩观的通知》《关于认真学习贯彻习近平总书记重要讲话精神 进一步落实以学正风重要要求的通知》和《党员干部作风粗暴、“耍官威”、搞特权问题专项整治方案》进行解读。

【常规工作】政治建设。1. 扎实推进学习贯彻习近平新时代中国特色社会主义思想主题教育，先后召开党委主题教育动员部署会、工作调度会，组织机关各单位召开问题整改专题推进会、调查研究专题推进会、机关处级党员领导干部主题教育专题民主生活会、组织生活会、总结会。主题教育期间发布工作通知和工作提醒80余条，通过主题教育网站、机关党委网站等平台累计发布新闻280条。同时，高度重视主题教育“回头看”整改整治工作，全面开展自查自纠。2. 健全党委议事决策机制，共召开党委会会议19次。3. 深入贯彻学校2023年全面从严治党工作会议精神，制定《2023年全面从严治党主体责任落实清单》，针对12个工作要点，提出20条目标与措施。

思想建设。1. 机关党委理论学习中心组开展集中学习7次；坚持“第一议题”制度，围绕习近平新时代中国特色社会主义思想开展专题学习研讨3次；组织开展主题教育读书班集中研学3次；组织科级以上党员干部参加学校主题教育专题辅导报告5次；制订春、秋学期政治理论学习计划；邀请马克思主义学院教师为机关党员代表作专题讲座。2. 围绕《习近平著作选读》《习近平新时代中国特色社会主义思想专题摘编》等书籍开展专题学习；组织观看《榜样》《共产党员》等视频素材。3. 围绕“凝心铸魂筑牢根本”“锤炼品格强化忠诚”“入心见行、善思善用”等主题开展主题党日活动。4. 举办机关“读书节”“文化节”系列活动。5. 增强网络载体建设，在机关党委网站增设“习近平总书记金句摘选”网站专栏，发布学习内容200余篇。

组织建设。1. 召开中共燕山大学机关委员会党员大会，会议差额选举出赵希海、董国疆、刘永、黄华贵4名同志补选为中共燕山大学机关委员会委员。2. 指导机关支部进行换届选举，机关现有党支部25个；协助完成机关46个科级岗位选任工作。3. 通过重温入党誓词和参观学习“燕山大学党建示范创建和质量创优工作展”专题展览，组织开展机关党支部书记专题培训活动。4. 召开机关党支部工作专题培训会，学习《中国共产党支部工作条例（试行）》；举办科级干部公文写作培训会，提高机关干部公文写作能力。5. 评选姜文超、韩辉、宋晓飞、刘冰4名同志为校级优秀共产党员，梁丽肖、聂东雪、周兆君、王宇、彭宗忠、董楠6名同志为校级优秀党务工作者，人力资源处党支部、计划财务处党支部为校级先进基层党组织；认真做好党员发展和入党积极分子培养工作，按期转正1名，发展新党员2名、入党积极分子2名。

作风建设。1. 召开机关党委会会议，专题研究机关作风建设工作；开展“党员活动月”系列活动。2. 召开“以学正风”专题理论学习会，并提出《关于加强和改进机关作风建设的五点要求》，严格按照党风党性要求，对标对表，深入查找自身差距和不足；建立《党员领导干部“六纠六促”自查自纠清单台账》；印发《家风廉政学习资料汇编》，组织各支部开展警示教育活动。3. 建立《官僚主义问题专项整治工作问题清单》，广泛征求意见建议，通过摆放楼层索引、召开业务培训会、增设办公流程一览表，简化办事流程，增强宗旨和服务意识。

预警防范。全面落实意识形态工作责任制，及时掌握各部门教职工的思想动态，做好教育引导，确保意识形态阵地安全。坚持实行党建工作月报制度。及时了解机关各党支部的学习情况、安全生产排查以及意识形态工作等内容，做到信息实时更新、数据准确、底数清楚。

（供稿人：党委统战部（机关党委）聂东雪）

师德师风建设

【完成师德师风集中学习教育】组织各职能部门负责人，

各学院书记、院长观看教育部召开的全国师德集中学习教育大会和河北省教育厅召开的河北省师德集中学习教育大会，制定《燕山大学师德集中学习教育实施方案》，各学院按照实施方案开展师德学习教育30余次。编纂《师德集中学习教育文件汇编》。

【开展师德先优选树】完成2023年度河北省师德标兵校内评选推荐工作，推荐理学院教师刘永参选。完成2023年度全国最美教师校内评选推荐工作，推荐退休教师赵静一参选。开展2022年度燕山大学师德先优评选工作，评选出4名师德标兵、33名师德先进个人、2个师德建设先进单位。

【举办燕山大学庆祝教师节暨师德先优表彰大会】由党委教师工作部牵头，在人力资源处、学校办公室、党委宣传部、团委、里仁学院五个部门的支持下，9月10日，燕山大学庆祝教师节暨师德先优表彰大会成功举办，对4名师德标兵、33名师德先进个人和2名师德建设先进单位予以表彰。

【常规工作】师德问题预防。开展2023年度教师思想政治状况调查工作，组织90名在职教职工填写问卷调查，并形成2023年教师思想政治状况调查报告。完成2022、2023年度37位“长江学者奖励计划”推荐人选的师德师风考察工作。筹备并举办“做新时代有德之师”专题讲座1场。

有效正面引导。通过官方公众号、展览板等形式宣传2022年度师德先优人员事迹37人次。

师德师风建设考核。完成2022年度基层党委书记抓基层党建述职评议实地考核工作，跟随党委组织部对校内23个部门走访调查。完成“室组”联动调研督导备检工作及“室组”联动监督第八协作单元调研督导反馈问题的整改落实与上报工作。

（供稿人：人力资源处 闫常春）

学生工作

【完善“多向锻造式”大思政育人格局】制定出台《燕山大学关于加强新时代学生思想政治工作的实施意见》，进一步落实立德树人根本任务，用习近平新时代中国特色社会主义思想铸魂育人，构建学校四位一体发展、四向融合提升的“多向锻造式”大思政育人格局，将其正式写入文件。修订《燕山大学关于新时代“翔燕工程”思政育人体系的实施意见》，依托思想引领建设和能力提升建设，每月突出一个主题，八个主题覆盖全体、贯穿全年，结合学校学生思想政治工作实践和重要时间节点，开展特色鲜明、形式多样的教育活动，立体化、全方位推进思政育人体系建设。

【推进“一站式”学生社区建设】推进“山海·扬帆”学生社区建设，以“寓”见为主题，建成11个主题突出、特色鲜明的“一站式”学生社区工作站和7个新时代大学生文明实践中心，建设经验与成果受到中国教育报、河北日报、全国高校思政网等媒体报道。完善组织架构，受校党委委派，承担中国共产党燕山大学学生社区工作委员会（河北省首个）的建设任务，在“寓见风华”等14个有条件的社区工作站成立功能型党支部，形成“学校党委—学生社区党工委—功能型党支部—功能型党小组”条块结合、纵横交互的网格组织体系，进一步强化党建引领，实现党的组织在学生社区深度辐射。

【推进“多维矩阵式”辅导员队伍专业化职业化建设】开展辅导员培训14场，培育思政工作创新项目15项，建设完成辅导员工作室10个。1名辅导员受邀参加全国优秀教师代表座谈会；1名辅导员获评“省高校辅导员年度人物”；1名辅导员入选教育部全国高校学习宣传党的二十大精神师生巡讲团；再次获得河北省高校辅导员素质能力大赛团体特等奖，蝉联六届特等奖。辅导员队伍建设成果被全国高校思政网、国家教育行政学院和河北省教育厅教育系统简报专题推介宣传。

【常规工作】理想信念教育。开展党的二十大精神宣讲百余场；开展4期以“学习二十大 争做好青年”为主题的“学而时习之”线上研习营活动；举办21天线上学习《习近平关于社会主义精神文明论述摘编》打卡活动。开展“赓续奋斗基因、传承燕大精神”校史校情体验教育活动，组织22场专题讲座和200余个班级参观校史馆。举行新学期升旗仪式和开学第一课；举办“新时代·新青年”青春心向党、奋斗新征程——重温入党誓词活动；举行“青春向党、不负人民”2023届本科生毕业典礼，打造弘扬爱党爱国精神的思政大课。评树先优典型，开展2022年“大学生年度人物”暨“鲲鹏”奖学金评选，10名学生获此殊荣；开展2022—2023学年学生先进个人和集体评选，2551 名学生荣获三好学生、优秀学生干部、优秀毕业生等称号，70 个班级获评燕山大学优秀班集体。

学生奖助工作。修订《研究生国家奖学金实施细则》《研究生学业奖学金实施细则》，建立勤工助学中期回访制度，确保各项学生资助政策落实落地。全年累计发放各类奖助学金 1.1 亿元，覆盖 6.5 万人次；减免代偿学费 455.853 万元；为受疫情影响的考研学生发放补贴 440 余万元；向受暑期洪涝灾害影响的 423 名学生发放补助金 42.3 万元。全年共安排勤工助学岗位 500 余个，覆盖 4500 余人次，发放勤工助学金约 280 万元，各项奖助学金评审公平、公正，无差错。全年开展 365 天资助热线。建立家庭经济困难认定“三查”工作机制，实现零失误、零举报。开展 8 期“添翼工程——资助大讲堂”，将扶智、扶志与扶贫相结合。

心理健康服务。优化心理健康教育课程体系，招聘兼职心理教师 17 人，开展集体备课、授课培训等 13 次，讲授本、硕心理健康课 1144 学时。坚持“全时段”咨询服务，每周七天，覆盖寒暑假，7×24×365 全年度岗位在线。全年接待心理咨询 689 人，干预紧急心理危机事件 50 起。邀请医院专家到校开展评估 4 次。完成 4 万余人次的心理普测，覆盖率 100%。对辅导员、研究生导师和心理委员开展专题培训 46 次。发挥专业特长，为学校中层干部、研究生导师等开展专题培训 6 次。开展大学生心理健康节和世界精神卫生日活动，近 2 万人次参与。“燕山大学心理危机预防工作体系建设项目”荣获河北省心理危机预防与干预工作成果一等奖。

网络思政工作。构建一体化全省思想政治教育互联网服务矩阵，承办第七届河北省“大学生网络文化节”，送课上门开展网络素质能力提升培训 4 场。“冀网育”微信公众号粉丝 19.5 万，影响力指数长期位于全国省级网络思政中心公众号榜单前三位。分两批培育 6 个大学生网络文化工作室，101 项作品在 2023 年全国、全省大学生网络文化节中获奖。“学生工作处”微信公众号全年累计阅读量达 95.8 万，连续多年被评为十佳校园网络通讯站、全国优秀易班共建高校。

日常教育管理。发布学生安全相关推文 150 篇，召开安全相关会议 200 次，共同组织消防演练 43 次，开展主题班会 3700 场，组织讲座 260 场。每月对学生寝室开展至少 2 次全范围安全检查，与相关部门开展 6 次联合巡检。制定《燕山大学“国防奖学金”实施细则》和《燕山大学征兵工作奖励实施细则》，新设专项奖学金“燕山大学国防奖学金”，欢送 62 名学生光荣参军入伍。扎实做好在校生基本医疗保险宣传参保工作，大学生参保率超过 95%。进一步加强“文明公寓”创建，评选 387 间优秀寝室。制定《学生参与校务管理工作实施办法》，每月举办处长午餐会，学生资助咨询热线和“社区议事厅”帮助同学们解决问题、接收建议 200 余件，建成“助飞衣坊”“爱心电栈”“社区教室”。

（供稿人：学生工作处 武永乐）

共青团工作

【加强思想政治引领】 与学生工作处等单位联合开展“新时代·新青年”青春心向党、奋斗新征程系列活动，包括实践育人报告会、以冬奥冠军徐梦桃为嘉宾的先进人物访谈、全国道德模范等榜样人物进行的青春分享会、与美育深度结合的欢送毕业生启程建功文艺演出等 10 项活动。本年度 1 个团支部获评全国五四红旗团支部，4 人获评中国大学生自强之星；校团委蝉联河北省十佳高校团委，14 人获评冀青之星标兵；获评秦皇岛市五四红旗团委 3 个、五四红旗团支部 6 个，优秀共青团干部 4 人、优秀共青团员 6 人；1 名学生代表参加河北省建设青年友好型省份座谈会并作交流发言。

【提升志愿服务能效】 组建暑期“三下乡”团队 164 支，其中团中央专项团队 10 支、国家级重点团队 5 支、省级重点团队 12 支，师生奔赴 18 个省份开展社会实践。5 个集体和个人获国家表彰，获得省级表彰 13 项、市级表彰 45 项。选拔西部计划志愿者 12 人，前往新疆、贵州、西藏、四川进行志愿服务。派出第 25 届研究生支教团 12 名成员分赴青海、四川支教，完成第 26 届研支团 14 名成员的遴选。本年度 2 支志愿服务队获评河北青年突击队，1 支队伍获评河北省学雷锋活动模范岗；1 个项目入选全国 2022“守护青春”防艾公益项目。

【搭建科创实践育人平台】 在“挑战杯”河北省比赛中，获特等奖 10 项、一等奖 1 项、二等奖 11 项、三等奖 3 项，同时荣获优秀组织奖；在“挑战杯”全国比赛中，获二等奖 3 项、三等奖 3 项，累进创新奖 1 项（全国共 17 项），“揭榜挂帅”专项赛二等奖 1 项、三等奖 1 项，“黑科技”专项赛卫星级作品 1 项。在全国大学生机器人科技创新交流营暨机器人大赛中获得二等奖 1 项、三等奖 1 项。河北省大学生“调研河北”社会调查活动获奖 24 项，其中特等奖 3 项、一等奖 6 项、二等奖 9 项、三等奖 6 项。

【常规工作】思想引领。扎实开展团员和青年主题教育，全校所有团支部完成 4 次主题学习和 1 次专题组织生活会；以“学习二十大、永远跟党走、奋进新征程”为主题，组织全校团支部开展主题团日、学习教育实践活动 5600 余场；举办五四特别主题团日活动和“筑梦新时代、扬帆正青春”迎国庆特别主题团日活动；面向全校选拔“青马工程”学员 501 人，结业率 98.4%，实施“鸿燕班”青马骨干学员跟踪培养计划，选拔鸿燕班（四期）学员 33 人，赴港口博物馆、兴龙产业园等地开展校外实践 3 次，开展分享交流会 3 次；邀请 7 位讲师开展“新青年”系列主题团课 4 期，累计覆盖校院两级学生组织及学生社团负责人、团支书和入团积极分子 1300 余人；“燕山大学青年先锋宣讲团”实施覆盖校院两级的宣讲活动，举办校级宣讲会 3 次、院级宣讲 6 次；“青年大学习”参与人数保持在 26000 人以上。

组织建设。持续推进团学改革，3 月 25 日召开燕山大学第十四次学生代表大会、第六次研究生代表大会；定期召开工作例会、党支部大会、学生组织培训大会，组织团学干部和骨干集体学习每月至少 1 次；完成 2022—2023 学年团费收缴工作，发展团员 451 名，学社衔接率 98%。出台《燕山大学学生社团建设管理办法》（燕大党字〔2023〕1 号），举办学生社团研讨会，促进社团繁荣有序发展。

志愿服务。坚持“立足校内、面向社会”，统筹开展各项志愿服务活动。实施“靓燕计划”，本年度学雷锋志愿服务月开展特色活动 38 项，组织无偿献血活动月系列活动，邀请秦皇岛市疾控中心专家开展防艾主题讲座，组织近千名志愿者参与迎新志愿服务、职普融通培养高质量人才研讨会、校园交通治理等活动。服务省市大型赛事和重要活动，派出近 2000 名志愿者服务亚洲轮滑锦标赛、驻华外交官帆船邀请赛、河北国际工业设计周、河北省少数民族运动会、中国康复辅助器具产业创新大会、秦皇岛马拉松、秦皇岛首届大学生运动会等，全年参与志愿服务人数 31100 人次。

科技活动。举办“挑战杯”竞赛校级比赛，开展大学生科技节、育苗工程、科普大冲关、科技知识竞赛、科创训练营、青创论坛等活动，营造科创氛围，覆盖学生 3500 余人次；2023 年培育“挑战杯”大学生课外学术科技作品竞赛作品数量 191 项，推荐参加省赛作品 25 项、国赛作品 6 项。

社会实践。积极开展各类暑期社会实践活动，包括“三下乡”“体验省情·服务群众”“调研河北”及各类专项实践活动，组建实践团队 212 支，3100 余名师生开展社会实践活动；春季学期和秋季学期分别举办“青春践行二十大 强国有我建新功”实践育人报告会和“青春正当时 实践建新功”实践育人报告会，各精选 6 支团队作展示报告，分享青春故事，展示实践成果。

校园文化。举办大学生艺术展演、欢送毕业生启程建功文艺演出、迎新文艺演出、第三十六届“华燕之声”校园歌手大赛、第二十八届大学生“潮汐杯”辩论赛、第十七届主持人大赛、“百团巡礼”学生社团文化展示、北京冬奥会官方电影《北京 2022》校园公益放映、“闪光的你”走进燕山大学歌手大赛等活动。以青年融媒体中心为依托，打造以“燕大青年”公众号为核心的团属新媒体矩阵，围绕宣传贯彻党的二十大精神、团员和青年主题教育、青春榜样、志愿活动、校园学习生活指引等主题，推送系列推文 323 篇。

（供稿人：校团委 张玮）

工会、教代会工作

【开展党的二十大精神学习活动】组织开展“学习二十大、永远跟党走、奋进新征程”知识答题活动，全校 1100 余名会员参与，优秀率达 85% 以上。在河北省总工会开展的党的二十大精神“大学习”活动中，学校马克思主义学院王新华老师荣获“优秀宣讲人、领学人”。

【多维度打造“暖心工程”】教职工节日慰问金上调至 1200 元 / 人；指导分工会规范、高效完成会员节日慰问品的采购和发放工作；扎实开展“三必知、三必访”工作，校工会慰问患大病职工 3 人，慰问去世职工家属 4 人，元旦、春节期间送温暖慰问 4 人。开展“服务职工在行动”活动 6 项；为 900 多位教职工办理旅游一卡通；为 232 位教职工办理秦工卡；联合移动公司开展面向教职工的优惠活动 2 次；20 个品牌汽车团购进校园；支持乡村振兴，全年采购 30 余万元农副产品。

【深入实施“健康工程”】组织 3000 余名职工参加健康体检，完善体检套餐方案，优化体检报销流程。组织完成心血管健康、运动健康养生和心理健康教育 3 场健康讲座。

【常规工作】民主工作。组织召开燕山大学九届四次教职工代表大会暨十届四次工会会员代表大会，共提交81条意见建议；指导全校22个基层单位召开了二级双代会，提案答复率100%，有效推进民主管理工作再上新台阶。组织开展第十一场校情通报会，通报亚稳材料制备技术与科学国家重点实验室优化重组、康养人才培训中心和创新创业工作进展等相关情况。

素养提升。召开学习宣传贯彻中国工会十八大精神暨工会干部业务培训会议，系统解读中国工会第十八次全国代表大会的基本情况、主要精神以及工会相关业务知识。召开工会办公会议，并深入三个基层分工会进行小家现场考察，逐一制定整改措施。增加青年教师基本功竞赛内容。结合第22个全国“安全生产月”，举办2023年“安康杯”校园安全知识竞赛活动。推荐1人申报秦皇岛市妇联“三八红旗手”，1人申报秦皇岛市总工会“二十大领学人”，1人申报河北省总工会“二十大领学人”。

群众工作。举办“普及互助政策、护航健康生活”大病医疗互助政策答题活动，全校800余名会员参与答题，有效提高了大病医疗互助政策的知晓度与帮扶作用。做好教职工子女入（升）学工作，本年度教职工子女入（升）学人数创历年报名人数新高，174名教职工子女入（升）学问题全部解决。组织开展省市劳模摸底、疗养、体检等工作。组织开展妇女节、端午节、中秋节等主题庆祝活动。

文体工作。组织开展教职工气排球、羽毛球、篮球、乒乓球等各种比赛，校院两级工会开展文体活动20余次。加大文艺活动开展力度，指导茶文化协会、声乐协会、舞蹈协会开展品鉴茶会、歌唱、拉丁、尊巴、瑜伽等培训活动，提升教职工参与度。

组织工作。推进职工小家建设，指导分工会加强小家建设，美化小家环境。召开“经验共分享、交流促提升”职工小家建设推进会，机械工程学院和理学院作为先进职工小家代表分享了建设成果。改善活动场所环境，为工会职工之家配备相应设备设施。召开“以会促慧 互学共鉴”分工会工作考核会，交流互动，拓宽思路，提升了业务水平。

（供稿人：校工会 王鑫）

离退休工作

【燕山大学退休第十五党支部荣获全省离退休干部“示范党支部”称号】6月，中共河北省委组织部、中共河北省委老干部局印发《关于全省创建离退休干部“示范党支部”的通报》，燕山大学退休第十五党支部荣获全省离退休干部“示范党支部”称号。11月，河北省委老干部局网站和河北老干部微信公众号在“示范党支部建设”栏目以《对标“六好”标准推进支部建设 坚守初心为党旗增光添彩》为题刊登退休第十五党支部工作事迹。

【在2023年教育部关工委“读懂中国”活动中荣获佳绩】12月18日，教育部关工委公布了2023年“读懂中国”活动作品评选结果，学校报送的两篇征文《钢枪，镰刀，党徽》（采访老战士邓丙根）、《弦歌不辍谱新曲，红色旋律润杏坛》（采访老教授魏黎波）获优秀征文奖，学校入选2023年“读懂中国”活动表扬单位名单。

【常规工作】待遇落实。春节走访慰问194位离休干部、老领导、重病及生活困难老同志，发放慰问金13.2万元。春节、八一慰问退役军人175人次，发放慰问金1.85万元。为412名离退休教职工发放生日慰问费4.55万元；为老同志订阅报纸杂志49份；完成元旦、春节、妇女节、端午节、中秋节、重阳节老同志节日慰问品的发放工作。为11位老党员颁发“光荣在党50年纪念章”。组织特邀老同志参加教代会开幕式。召开新退休教职工座谈会，举办新年茶话会并向老同志通报学校发展建设情况。对省直特困离退休干部进行建档立卡、动态管理，14位特困离退休干部获得帮扶资金7.3万元。组织400余位老同志到集发观光园参观。

老有所为。共刊出《秋实》两期。申光宪教授获河北省委老干部局“银发风采”奖；赵静一教授荣获河北省老教授协会“科教兴冀学术成果奖”先进个人；白靖老师被聘为河北省教育厅关工委理论研究中心成员；赵静一教授荣获2022年度市老科协工作先进个人称号。1篇征文获教育部关工委“枫叶正红——记教育系统关心下一代优秀人物”优秀征文奖；白靖老师指导的教育部2022年“读懂中国”最佳征文入选优秀作品展播并在中国教育电视台一套节目播出；校史宣讲团老同志开展20场新生入学教育报告会。

文体活动。组织秋韵艺术团参加燕达养老文艺演出；联合档案馆（校史馆）开展老同志口述校史活动；书画协会老同志作品在学校书画展展出；举办“凝心铸魂跟党走、银发生辉启新程”庆祝建党102周年文艺会演；老年太极队受邀参加学校运动会开幕式展演。举办7次体育活动，其中门球协会4次活动、钓鱼协会1次活动，举办第九届离退休教职工趣味运动会和离退休教职工秋季文体比赛。

老年教育。开设老年大学课程，包括电子琴课、收纳整理课、书法课、绘画课、瑜伽课等，吸引100余人次老同志参与。

建章立制。11月，重新修订《离退休人员手册》，制定《离退休党委理论学习中心组学习制度》。

为老服务。通过河北人社App和线下认证的方式，组织完成了退休人员2023年度养老金领取待遇资格认证工作。“敬老月”期间，开展涉老反诈防骗宣传、向老同志普及老年健康知识、走访慰问老同志、老年文体活动等系列敬老活动。开展8项“我为群众办实事”活动。

（供稿人：离退休党委 杨尧）

安全稳定工作

【完成消防主机信号联网项目】完成消防主机信号联网项目，在平安校园指挥中心设置数据中心，实现20台消防主机终端信号接入，实现了综合调度、定点值班与机动巡查相结合的动态管理模式。

【新增微型消防站】在东校区服务楼、燕鸣湖餐厅、东校区近邻宝、燕山大学校医院、燕山大学第一幼儿园、西校区燕园餐厅、燕山大学第二幼儿园、西校区近邻宝、西校区图书馆9个地点新增微型消防站，微型消防救援站内新增消防斧、消防锹、防烟面罩、灭火器等消防应急设施设备。配套建设9支消防志愿者队伍，并对消防志愿队伍开展业务培训，提升现场应急处置能力。

【强化重点群体安全教育】向2023级本科生、研究生发放《安全教育须知》，在2023级新生中开展“互联网+”安全宣传教育前置工作，使所有新生在入学前完成线上安全教育和考试。开设班级消防微课堂，全年共开展317场（2023级新生145场次）消防知识培训和灭火救援、疏散逃生演练。

【常规工作】交通安全管理。1.完善校园道路交通安全设施。对校园道路标线、标志等交通安全设施进行维修、补充。规划维护机动车位88个、车位停车入口指示箭头88个，规划非机动车停车位33个、车标20个，施画道路标志标线计1068.53平方米、交通主路指示大箭头8个，施画斑马线、黄色网格线、导流线10块和东区立交桥热熔线368平方米，非机动车路基沉降改造292平方米，维修更换减速带17条，更换交通护栏46组、防撞桶25个，加装改造路锥6个，加装硬化立杆17个，设立交通标牌、凹凸镜17块，更换红蓝爆闪灯7个、交通温馨提示牌26个，维修翻新交通隔离桩156个，硬化隔离护栏基础座32个，针对西校区新图书馆车辆逆行、人车混行等交通隐患增设红绿交通信号灯1台。2.开展交通安全治理。持续治理校园超速和违规停放行为，加强各类大型活动车辆疏导，优化重点区域非机动车停车秩序；协调交警支队、运管处加强校门周边交通运力，为七号门外设置交通信号灯。

消防安全管理。1.开展安全隐患排查整改。联合安全监管部门对学生宿舍、经营场所、食堂、实验室等重点场所集中开展安全督导检查6次，累计下发“责令限期改正通知书”7份，整改消除安全隐患20条。2.消防设施设备维修。全面排查、检修室内外消火栓、安全出口、灭火器等消防设施和器材，完成30余万平方米建筑消防设施设备的检测维保，更新维护消防器材7000余具。

治安防范工作。调解处理涉校师生治安矛盾纠纷和侦办校园偷盗案件共计369起，为师生提供监控查询服务806人次；与燕园派出所、学生工作部门搭建信息沟通平台，针对网络诈骗、盗窃案件及时通报典型案件，加强警示教育；部署落实学生返校、毕业离校和新生入学等重大活动期间的安全措施；加强治安巡逻，加强流动人口管理，开展流动人口信息登记备案2240人次，保障校园及周边治安环境。学校全年未发生重大责任事件（事故）。

安全宣传教育。1.组织消防值班、实验室、食堂、楼宇管理和图书馆等重点岗位人员进行安全教育培训和应急演练12场，提高重点岗位人员应急处置能力。2.开展国家安全、防灾减灾、安全生产、交通安全、防范网络电信诈骗、消防安全6个方面的专题安全宣传教育活动。编印下发《公民反恐防范手册》《中华人民共和国反间谍法》宣传手册共计14000余册；组织学生参加2023年河北省高校学生国家安全素养展示活动，在此项活动中学校综合成绩省内高校排名第一；选送辅导员王楠参加国家安全知识宣讲竞赛，获得河北省一等奖；学校获得“2023年度秦皇岛市国家安全人民防线工作先进集体”称号。联合秦皇岛市海港区禁毒办、秦皇岛市公安局海港分局、燕园派出所开展“健康人生、绿色无毒”毒品预防普法宣传活动，约1000名学生参加；在6月26日，组织200余名学生参加秦皇岛市禁毒办举办的“健康人生、绿色无毒”大型禁毒宣传活动，2022级学生刘斌斌作为禁毒志愿者代表宣读倡议书。

户籍工作。办理2022级新生入户51人次，2023级新生入户37人次，办理户口迁出169人次，协助师生开具无犯罪证明、未落户证明、政审材料等38人次。

政保工作。1.防范化解风险隐患。制定学校2023年防范化解重大风险隐患工作实施方案，梳理政治安全、校园安全、师德师风、教育民生、重点群体、信息化、国际合作、疫情防控八大领域25个方面的风险清单，逐项制定防控措施。落实全校各职能部门风险隐患排查月志制度和敏感时期日报制度，开展重大风险隐患排查、研判12次，共梳理出重大风险隐患30余条。2.强化国家安全人民防线建设。代表学校与各中层部门签订了《燕山大学反间谍安全防范目标管理责任书》，制定完善《燕山大学反间谍安全防范工作责任制》和《燕山大学国家安全宣传教育工作制度》等，组织开展调查咨询有偿机构自查，经排查，学校无人参与咨询公司有偿咨询活动。开展涉政治安全风险隐患排查研判12次，经排查学校无涉政治安全重大风险。开展年度反恐防暴演练1次，利用师生信息员、治安巡逻人员、后勤绿化保洁人员等多层次的监控防范队伍，完善防范和清缴反宣品的常态化工作机制，防范和抵御非法宗教和邪教渗透。

其他工作。组织召开2023年度安全稳定工作会议，代表学校与校属各单位签订《燕山大学2023年安全稳定工作责任书》。在重点时期召开防范化解重大风险工作会议、春季学期安全稳定工作推进会、暑假前重点单位安全稳定工作专项会议、秋季学期安全稳定工作推进会等6次，安排部署相关工作。全年组织落实学校主要领导两次带队对学生宿舍、食堂、经营场所、在建工程项目、实验室等重点部位开展集中安全督导检查。学校被评为“2023年全省学校安全工作先进集体”。

（供稿人：安全工作处 郝慧莹）

保密工作

【常规工作】宣传工作。开展集中保密培训7次，其中邀请外校专家进行国防科研专题报告1场，邀请秦皇岛市保密局专家进行保密教育培训4场，自行组织国防科研保密工作宣讲2场。开展保密知识普及活动，举办国家安全教育主题讲座4场，印发《高校师生保密知识》手册200余份，利用电子设备滚动播放保密安全教育视频30天等。参加国家保密局组织的“人人话保密”活动，学校作品被秦皇岛市保密机要局作为宣传资料在全市展播。组织开展保密公益宣传片创意文案和保密公益宣传海报征集评选活动，报送参赛作品29件。

人员管理。完成学校涉密人员信息系统建设，细化涉密人员岗位设置，涉密人员信息统计工作全部实现电子化。完成涉密人员年度考核，办理涉密人员入密、脱密管理，开具涉密人员审查、挂职、证明材料、签订承诺书、责任书等共计400人次。做好涉密人员在出入境部门办理备案，管理涉密人员因私出国（境）情况及相关证件，办理涉密人员工作调动、挂职、人事档案查询、退休等。1人取得国防科技工业企事业单位保密干部培训证书，2人取得国防科技工业企事业单位计算机及信息系统安全保密管理人员证书。将保密工作责任落实情况纳入绩效考核体系，对3个先进集体和3个先进个人予以表彰奖励。

定密和涉密载体管理。严格按照《燕山大学国家秘密事项范围细目》完成定密工作，加强对定密事项的审查和校内外涉密载体的交流与使用管理，制作密件69件，涉密载体制作350余件。对涉密载体的制作、保管、使用、传递、复制、销毁等环节进行规范操作，严防泄密风险，年度共销毁267件。做好机要文件管理工作，流转密文155件次，机要公文交换32次，机要寄递37次，寄送430余件，发送电子机要文电42件次。

技术防护。严格落实信息系统、信息设备和存储设备安全保密管理工作，本年度新增2台国产涉密机、4台Windows 10涉密机，停用涉密计算机3台，报废涉密计算机4台，在用涉密机19台，其中便携涉密机4台。开展涉密计算机审计209台次，涉密计算机运维404台次，完成信息系统、信息设备和涉密存储设备的风险评估报告1份，信息系统、信息设备和涉密存储设备审计报告12份。开展涉密人员非涉密机检查，完成检查报告37份。

日常工作。加强保密监督检查，本年度开展保密专项检查2次，保密自查4次，及时堵塞漏洞、排查风险隐患，强化涉密人员的责任意识。做好装备承制产品研发和生产服务工作，共完成产品验收8台。参加中国保密协会教育分会高校保密协作组2023年年会，其中吕春雁教师撰写的论文《高等院校保密归口管理体系构建研究》获奖并被收录到高校保密协作组学术论文集。

（供稿人：保密办公室 许思龙）

教育教学

本科生教育

总体情况

本科教学

【启动新一轮本科教育教学审核评估】出台《燕山大学本科教育教学审核评估工作方案》，成立领导小组，建设专题网站；组织召开全校动员会、领导小组工作会议，邀请校外专家组织审核评估专题培训会；多措并举开展学习动员、自评自建和自评报告撰写工作，完成自评报告第一稿撰写。制定、修订《燕山大学本科专业动态调整管理办法》《燕山大学青年教师导师制实施办法》《燕山大学教师试讲考核办法》《燕山大学本科课程教学大纲管理办法》《燕山大学关于本科生劳动教育课程修读说明》《燕山大学本科毕业设计（论文）管理办法》6个管理文件。

【教育教学改革工作提质增效、再创佳绩】新增质量工程项目69项，其中国家级一流本科课程10门，省级一流本科课程13门，省级课程思政示范课程2门；新增省级各类教学研究与改革项目35项；新增国家级教学成果奖1项（与浙江大学等合作）；组织51个国家级、省级一流本科专业建设点和32门一流本科课程开展阶段建设和总结，5项第二批国家级新工科研究与实践项目通过结题验收，3个国家级实验教学示范中心通过检查验收；2022届本科毕业设计（论文）全部通过教育部抽检；获批“智能制造工程”本科专业；承担河北省3所县中帮扶工作并制定帮扶协议。

【以“三风”建设、基层教学组织建设和教学竞赛为抓手，提升教师育人能力和水平】制定《关于进一步加强教风学风考风建设工作的实施意见》，在全校深入开展“三风”建设。制定《关于进一步推进基层教学组织建设工作的通知》，开展基层教学组织规范化建设，评选校级优秀基层教学组织27个，获批省级优秀基层教学组织12个。组织教师参加各级各类教学竞赛，增强教师履职本领。举办课程思政教学竞赛、教师教学创新大赛、混合式教学设计创新大赛等4类校、院两级教师教学竞赛，百余名教师参加了校级比赛。荣获第五届全国高校混合式教学设计创新大赛二等奖1项，河北省各类竞赛一等奖2项、二等奖7项、三等奖7项。评选校级优秀教学团队4个，新增河北省教学名师3名，新增省级优秀教学团队3个。

【常规工作】教学工作。完成7775条执行计划下达；10545门次理论课教学任务安排，9724学时实验教学任务安排，6406名学生毕业设计（论文）组织工作；20621门次、536400人次计划内课程考试，44690人次社会考试；545811份（册）试卷等资料印发，3724人次教材采购发放；399门公共选修课征集、35203人次选课，1144人次、4000余门次课程替换与成绩认定工作；23298人次学籍注册、4282人次学籍异动、2人勘误工作，2655人学业预警，309人转专业、2987人大类专业分流工作，5818人新生和5862人毕业生图像采集；6459人毕业生毕业资格审核，6200人主辅修专业学士学位授予审核；194篇校级优秀毕业设计（论文）评选，20人燕山大学荣誉学士学位颁发，123人次本科生助教聘用。

人才培养体系。组织课程思政与思政课程“双向融合”教研活动100余场次，遴选示范项目36项；推进31门课程实施“三进”教学改革，制定“党的二十大精神进教材工作”新编、修订教材计划。启动新版培养计划修订调研和评价工作，组织学校、企业调研488所次，组织师生座谈会22场，完成调查问卷1次，形成新版培养方案修订调研报告集1套。组织各单位制订2023年体育、美育、劳育工作计划，组织召开劳育、美育推进会，划拨美育、劳育专项经费，建设5间美育教室，组织参加省美育工作评估。

专业建设、课程建设和教学改革。落实承德医学院第二批学生联合培养和21个微专业建设招生工作，完成首批137名微专业、30名承德医学院学生培养工作。制定2023—2025年专业建设和调整方案，申请新增2个专业、撤销5个专业，建设主打、骨干专业建设体系。完成5门在线开放课程建设，自建53门课程上线主流课程平台运行，组织751门次课程实施线上线下混合式教学。备案院级教学改革项目219项，立项校级教学改革项目130项，开展了2批420项教学改革项目的阶段检查工作。组织完成3个国家级和10个省级实验教学示范中心完成年度总结和阶段总结报告提交工作，组织开展线上汇报和接受实地考察工作。

教师发展和教学质量保障。推进教师培训学分制落实，举办各类线上线下教师培训活动50余场次，其中，组织特色专题培训，如ISW教学技能工作坊、“燕知行”教学技能培训、全校本科教育教学审核评估培训、教师心理健康教育能力提升培训、师德师风培训、师德师风必修课学习等，累计培训教师6500余人次。开展教学质量保障相关工作，组织3个复评、3个初评专业提交专业认证申请和自评报告，其中5个自评报告通过，电气工程及其自动化和自动化2个专业接受了教育部联合考察专家组的进校考察；组织18个通过认证（评估）专业完成持续改进以及年度报备工作。与纳人公司、麦可思公司等开展第三方专项调查；完成2023届本科毕业设计（论文）和思想政治实践课实践报告抽检工作，完成6625篇2023届本科毕业论文全国抽检信息平台报送。

教学资源建设和教学管理服务。完成实验室督导项目建设，在403个实验教学场地内布设监控点位744个；更新标准化考场高清摄像头350个，安装手机信号屏蔽器150台，完成全部考务办公室、放音室及楼道区域的监控覆盖，增加四六级考试座位360个；更新多媒体教室投影机143台、电脑106台；新建多媒体教室12间；更换普通黑板60块，将部分120座以上教室内的黑板更换为推拉黑板，加装智慧互联黑板10块，安装更新多媒体讲桌11个；完成439间教室的电子时钟和红外放音设备的升级；在6间小语种专用考场内加装红外听力设备。更新多媒体服务外包工作，划定外包服务工作区域；联合相关单位进行了教学区域占座等清理并安装100个共享书架；对教务系统提交小助手需求152条，上线使用119条；引进建设“劳动教育实践课管理平台”等4个管理平台。

（供稿人：教务处 马明建）

本科招生与就业

【招生宣传工作中发挥学院专业老师积极作用】新建优秀生源基地19所，大力推进科普进校园系列讲座活动，全校14个教学学院的老师均参与到相关活动中。与中国教育在线等媒体合作，集中推出燕山大学招生政策和学院专业介绍线上直播活动，各学院院长、教学副院长和招生就业处相关人员都参与到现场直播中，累计观看人数达到30万人次。

【注重招生宣传信息化手段与平台建设】学校招生信息网开通24小时智能答疑系统，同时开通留言功能，安排专人进行回复，回应考生和家长关切；通过网站、微信公众号、校友和教工QQ群、微信群等服务平台，保证及时、准确地传递招生信息，解答各位老师、同学提出的问题；利用多种媒体组织开展线上宣讲，包括河北综合广播、河北日报、石家庄电视台、长城网、腾讯会议、今日头条、衡水中学宣讲平台、石家庄二中宣讲平台等。与此同时，在填报志愿咨询集中期间开通了20部招生咨询热线电话，白天12小时不间断接听电话咨询。

【常规工作】招生工作。圆满完成全国30个省份5800个本科招生计划，包括吉林、山西、安徽、河南等生源大省，录取质量呈现总体上升的良好态势，其中安徽、河南、陕西等5个省份录取位次提升超过1万名。本年度学校继续实施本科第二学士学位招生，共计招生350人，优化学校人才结构，培养跨学科复合型人才。

就业工作。举办人社部巡回招聘、河北省分区域招聘、校友企业招聘、重点地区和领域大型企业组团招聘、专场招聘宣讲等校园招聘活动909场次，来校招聘用人单位共2739家，提供就业岗位28万余个，岗位供需比超28 ∶ 1。组织42个工作组135人次，赴10个省28个地市参加访企拓岗促就业专项行动和人才交流活动10次，对接用人单位850家，开发就业单位450家，新建就业基地4个。荣获河北省高校就业创业指导课程教师教学大赛一等奖1项，三等奖1项，优秀组织奖1项；在首届大学生职业规划大赛上荣获省级金奖1项，省级铜奖1项。承办2023年河北省高校毕业生就业工作部门处长、主任培训班，教育部高校学生司副司长、省教育厅副厅长等领导出席开班仪式并到学校调研。

（供稿人：招生就业处 谢波）

本科专业设置

专业代码	校内专业名称	所属单位名称	设置年份	学位门类	招生状态
080202	机械设计制造及其自动化	机械工程学院	1958	工学	在招
080203	材料成型及控制工程	机械工程学院	1958	工学	在招

专业代码	校内专业名称	所属单位名称	设置年份	学位门类	招生状态
080803T	机器人工程	机械工程学院	2019	工学	在招
080213T	智能制造工程	机械工程学院	2022	工学	在招
080405	金属材料工程	材料科学与工程学院	1958	工学	在招
080406	无机非金属材料工程	材料科学与工程学院	1986	工学	在招
080402	材料物理	材料科学与工程学院	2000	工学	在招
080407	高分子材料与工程	材料科学与工程学院	2001	工学	在招
080801	自动化	电气工程学院	1959	工学	在招
080301	测控技术与仪器	电气工程学院	1978	工学	在招
080601	电气工程及其自动化	电气工程学院	1992	工学	在招
082601	生物医学工程	电气工程学院	2001	工学	已停招
080907T	智能科学与技术	电气工程学院	2019	工学	在招
101011T	智能医学工程	电气工程学院	2021	工学	在招
080303T	智能感知工程	电气工程学院	2021	工学	在招
080901	计算机科学与技术	信息科学与工程学院（软件学院）	1976	工学	在招
080701	电子信息工程	信息科学与工程学院（软件学院）	1958	工学	在招
080703	通信工程	信息科学与工程学院（软件学院）	1994	工学	已停招
080702	电子科学与技术	信息科学与工程学院（软件学院）	1995	工学	在招
080705	光电信息科学与工程	信息科学与工程学院（软件学院）	2002	工学	已停招
080902	软件工程	信息科学与工程学院（软件学院）	2009	工学	在招
120201K	工商管理	经济管理学院	1980	管理学	在招
120203K	会计学	经济管理学院	1993	管理学	在招
020401	国际经济与贸易	经济管理学院	1993	经济学	已停招
120901K	旅游管理	经济管理学院	1993	管理学	在招
120701	工业工程	经济管理学院	1999	管理学	在招
120801	电子商务	经济管理学院	2003	管理学	在招
020101	经济学	经济管理学院	2002	经济学	已停招
120701H	工业工程（中外合作办学）	经济管理学院	2015	管理学	在招
020307T	经济与金融	经济管理学院	2018	经济学	在招
050201	英语	外国语学院	1993	文学	在招
050207	日语	外国语学院	1995	文学	在招
050202	俄语	外国语学院	1997	文学	在招
050203	德语	外国语学院	2001	文学	在招
050204	法语	外国语学院	2005	文学	在招
050261	翻译	外国语学院	2016	文学	在招
081001	土木工程	建筑工程与力学学院	1993	工学	在招
080102	工程力学	建筑工程与力学学院	1999	工学	在招
082801	建筑学	建筑工程与力学学院	2001	工学	在招

专业代码	校内专业名称	所属单位名称	设置年份	学位门类	招生状态
081002	建筑环境与能源应用工程	建筑工程与力学学院	2000	工学	在招
070102	信息与计算科学	理学院	1998	理学	在招
071201	统计学	理学院	1997	理学	在招
070202	应用物理学	理学院	2000	理学	在招
080714T	电子信息科学与技术	理学院	2001	理学	已停招
030101K	法学	文法学院（公共管理学院）	1997	法学	在招
030201	政治学与行政学	文法学院（公共管理学院）	1999	法学	已停招
050101	汉语言文学	文法学院（公共管理学院）	2000	文学	在招
030202	国际政治	文法学院（公共管理学院）	2002	法学	已停招
120402	行政管理	文法学院（公共管理学院）	2004	管理学	在招
050302	广播电视学	文法学院（公共管理学院）	2003	文学	已停招
120401	公共事业管理	文法学院（公共管理学院）	1999	管理学	在招
050103	汉语国际教育	文法学院（公共管理学院）	2021	文学	在招
081301	化学工程与工艺	环境与化学工程学院	1994	工学	在招
070302	应用化学	环境与化学工程学院	1998	工学	在招
082502	环境工程	环境与化学工程学院	1998	工学	在招
080206	过程装备与控制工程	环境与化学工程学院	1958	工学	在招
083001	生物工程	环境与化学工程学院	2000	工学	在招
081304T	能源化学工程	环境与化学工程学院	2016	工学	在招
130201	音乐表演	艺术与设计学院	2000	艺术学	在招
130403	雕塑	艺术与设计学院	2002	艺术学	已停招
080205	工业设计	艺术与设计学院	1993	工学	在招
130504	产品设计	艺术与设计学院	1993	艺术学	在招
130502	视觉传达设计	艺术与设计学院	1998	艺术学	在招
130503	环境设计	艺术与设计学院	1998	艺术学	在招
130506	公共艺术	艺术与设计学院	2015	艺术学	已停招
130204	舞蹈表演	艺术与设计学院	2015	艺术学	在招
040203	社会体育指导与管理	体育学院	2002	教育学	在招
080207	车辆工程	车辆与能源学院	2002	工学	在招
081502	石油工程	车辆与能源学院	2002	工学	在招
080501	能源与动力工程	车辆与能源学院	2001	工学	在招
080202H	机械设计制造及其自动化（智能学院）	西里西亚智能科学与工程学院	2022	工学	在招
080801H	自动化（智能学院）	西里西亚智能科学与工程学院	2022	工学	在招
080702H	电子科学与技术（智能学院）	西里西亚智能科学与工程学院	2022	工学	在招
080902H	软件工程（智能学院）	西里西亚智能科学与工程学院	2022	工学	在招

（供稿人：教务处 马明建）

2023年本科招生章程

一、学校概况

学校名称：燕山大学。学校代码：10216。办学层次：普通本科。办学类型：公办全日制普通高等学校。

燕山大学是河北省人民政府、教育部、工业和信息化部、国家国防科技工业局四方共建的全国重点大学。学校已形成以工学为主，文学、理学、经济学、管理学、法学、艺术学、教育学等8个学科门类共同发展的学科格局，具备学士、硕士、博士完整的人才培养体系。

校址：河北省秦皇岛市。

二、招生省份与类别

燕山大学2023年面向北京、天津、河北、黑龙江等全国30个省（自治区、直辖市）招收本科生，其中含普通文理、艺术、体育、少数民族预科班、国家专项计划、地方专项计划、中外合作办学等类别。

三、录取原则

1. 学校普通本科招生对象为：参加全国普通高等学校统一招生考试的考生。

2. 学校将招生计划总数的1%作为预留计划，主要用于各省（自治区、直辖市）生源质量调控及解决同分考生的录取问题。

3. 调阅考生档案的比例控制在各省（自治区、直辖市）招生计划数的105%左右。

4. 对符合条件的加分考生的录取，根据教育部和各省招委统一政策执行。

5. 对于实行平行志愿的省份，若录取人数未完成招生省份计划总数，按各省招委政策进行征集志愿。

6. 除高考改革省份外，我校录取原则是：对进档考生按分数优先原则依次分配专业，不设专业志愿分数级差；在投档成绩相同的情况下，依次按照考生专业志愿顺序比对语文、数学、外语的高考成绩；进档考生不能满足所报专业志愿录取条件的，如果服从专业调剂，则调剂到尚有缺额专业，如果不服从专业调剂，则予以退档。

7. 实行“专业（类）+院校”志愿方式的高考综合改革省份，我校的录取原则是：对于投档到同一专业的考生按投档成绩从高分到低分依次录取；当进档考生不能满足所报专业志愿录取条件时，不进行专业调剂，予以退档。

8. 实行“院校专业组”志愿方式的高考综合改革省份，我校的录取原则是：在同一专业组内对进档考生按照分数优先原则依次分配专业，不设专业志愿分数级差；在投档成绩相同的情况下，依次按照考生专业志愿顺序比对语文、数学、外语的高考成绩；进档考生不能满足所报专业志愿录取条件的，如果服从专业调剂，则调剂到同一专业组尚有缺额专业，如果不服从专业调剂，则予以退档。

9. 对于内蒙古自治区考生，进档后我校采取“分数清”的录取原则。

10. 报考我校艺术类、体育类专业的考生，省统考专业成绩须达到生源所在省份要求的合格标准；高考文化课成绩须达到生源所在省份划定的艺术类、体育类专业本科相应批次录取控制分数线。

（1）对于实行平行志愿投档的省份，我校执行各省平行志愿投档规则，对进档考生按各省投档规则计算的成绩择优录取。若成绩相同，依次比较高考文化总成绩、语文成绩、数学成绩、外语成绩。

（2）对于不实行平行志愿投档的省份，我校对进档考生按“高考文化课成绩 / 文化课成绩满分 ×50%+ 专业统考成绩 / 统考成绩满分 ×50%”的综合成绩择优录取。若成绩相同，依次比较高考文化总成绩、语文成绩、数学成绩、外语成绩。

（3）我校舞蹈表演专业要求男生身高1.75米及以上、女生身高1.68米及以上；社会体育指导与管理专业要求男生身高1.75米及以上、女生身高1.65米及以上。

11. 工业工程（中外合作办学）专业为燕山大学与澳大利亚科廷大学本科合作教育项目，外语教学为英语，具体详见该项目招生简章。

12. 燕山大学欧洲学院是燕山大学在波兰设立的海外校区。报考波兰校区的考生，第一学年在燕山大学学习，第二、三、四学年须在波兰校区学习。外语教学为英语，具体详见该项目招生简章。

13. 燕山大学西里西亚智能科学与工程学院采取“4+0”培养模式，学生在燕山大学学习4年。外语教学为英语，具体详见该项目招生简章。

14. 根据我校专业设置及培养要求，英语、日语、俄语、德语、法语和翻译专业只招英语语种考生。

15. 我校部分专业按专业类招生，其中机械类含机械设计制造及其自动化、智能制造工程、机器人工程；材料类含金属材料工程、无机非金属材料工程、高分子材料与工程、材料物理；电气类含电气工程及其自动化、自动化、智能科学与技术；电子信息类含电子信息工程、电子科学与技术；工商管理类含工商管理、会计学、旅游管理、电子商务；外国语言文学类含英语、翻译；土木类含土木工程、工程力学、建筑环境与能源应用工程；公共管理类含公共事业管理、行政管理；化工与制药类含化学工程与工艺、生物工程、能源化学工程；能源动力类含能源与动力工程、石油工程；设计学类含产品设计、视觉传达设计、环境设计。

16. 我校除外语科目外的高考科目均要求汉语言答卷。

17. 我校招生专业选考科目要求详见本科招生网站。

18. 河北省生源的少数民族考生可报考我校少数民族预科班，按教育部及河北省招委相关政策进行录取、培养和就业。学生预科学习结束，考核达标后转入我校学习。

19. 考生体检方面，学校参照教育部、卫生部、中国残联印发的《普通高等学校招生体检工作指导意见》（教学〔2003〕3 号）和《教育部办公厅、卫生部办公厅关于普通高等学校招生学生入学身体检查取消乙肝项目检测有关问题的通知》（教学厅〔2010〕2 号）执行。

四、收费标准

1. 各专业学费标准详见各省（自治区、直辖市）公布的招生计划。

2. 住宿费为每生每年 800 元。

五、其他事宜

1. 学生在学校规定期限内达到所在专业毕业要求的，由燕山大学具印颁发经教育部电子注册、国家承认学历的本科学历证书（证书种类为普通高等教育毕业证书）；符合学校学位授予条件，颁发燕山大学学士学位证书。

2. 新生报到后，学校要进行新生入学资格和身体复查，对于弄虚作假、不符合录取条件的将取消入学资格。

3. 学校设有“国家奖学金、国家励志奖学金、国家助学金、国家助学贷款、校内奖学金、校内助学金和校内勤工助学岗位”等学生奖励资助体系，奖励品学兼优的学生、帮助家庭经济困难的学生顺利完成学业。

4. 招生电话：0335-8057069；学校网址：http:// www.ysu.edu.cn。

5. 本章程由燕山大学招生就业处负责解释。

（供稿人：招生就业处 谢波）

本科生录取情况

省份	总分	拟计划招生数	实际招生数	一本控制线		实际录取分	
				理工	文史	理工	文史
北京	750	7	7	448		549	
天津	750	180	180	472		561	590
河北	750	2936	3003	439	430	548	532
山西	750	255	255	480	490	543	518
黑龙江	750	350	350	408	430	446	449
吉林	750	210	203	463	485	488	503
辽宁	750	140	140	360	404	529	535
内蒙古	750	50	50	434	468	447	470
上海	660	8	8	405		487	
江苏	750	98	98	448	474	551	548
浙江	750	95	95	448		584	
安徽	750	145	145	482	495	570	529
福建	750	30	35	431		563	
江西	750	80	80	518	533	567	566
山东	750	220	220	443		496	
河南	750	140	140	514	547	575	586
湖北	750	110	110	424	426	574	555
湖南	750	105	105	415	428	554	541
广东	750	50	50	439	433	556	520
广西	750	50	50	475		510	
海南	900	30	30	483		603	
重庆	750	75	75	406	407	469	522
四川	750	110	110	520	527	545	546
贵州	750	30	30	459		490	
云南	750	68	68	485		535	
陕西	750	90	91	443	489	481	508
甘肃	750	25	25	433		498	
青海	750	5	5	330		418	
宁夏	750	10	10	397		474	
新疆	750	30	32	396		454	

获批教学质量工程项目情况

序号	学院	项目名称 / 名师姓名	项目类别	负责人	级别	批准文号	公布日期
1	材料科学与工程学院	创新型材料分析测试方法教学团队	河北省普通本科院校优秀教学团队	王利民	省级	冀教高函〔2023〕51 号	2023 年 6 月 27 日
2	建筑工程与力学学院	土木工程结构设计与实践教学团队	河北省普通本科院校优秀教学团队	郝圣旺	省级	冀教高函〔2023〕51 号	2023 年 6 月 27 日
3	信息科学与工程学院（软件学院）	计算机系统及软件教学团队	河北省普通本科院校优秀教学团队	赵逢达	省级	冀教高函〔2023〕51 号	2023 年 6 月 27 日
4	环境与化学工程学院	张庆瑞	河北省普通本科院校教学名师	—	省级	冀教高函〔2023〕51 号	2023 年 6 月 27 日
5	机械工程学院	姚静	河北省普通本科院校教学名师	—	省级	冀教高函〔2023〕51 号	2023 年 6 月 27 日
6	经济管理学院	李春玲	河北省普通本科院校教学名师	—	省级	冀教高函〔2023〕51 号	2023 年 6 月 27 日
7	机械工程学院	机械设计	课程思政示范课程、教学名师和团队	蔡星周	省级	冀教高函〔2023〕79 号	2023 年 11 月 27 日
8	理学院	大学物理 II	课程思政示范课程、教学名师和团队	张素红	省级	冀教高函〔2023〕79 号	2023 年 11 月 27 日
9	机械工程学院	面向新工科背景下的高校教师“双师型”师资能力培训	产学合作协同育人项目	张　颖	国家级	教高司函〔2023〕11 号	2023 年 12 月 11 日
10	环境与化学工程学院	数字孪生技术融入无机化学课程的改革与实践	产学合作协同育人项目	王龙刚	国家级	教高司函〔2023〕11 号	2023 年 12 月 11 日
11	建筑工程与力学学院	基于 CDIO 工程教育理念的建筑设计课程教学改革研究	产学合作协同育人项目	吴存华	国家级	教高司函〔2023〕11 号	2023 年 12 月 11 日
12	外国语学院	以产出为导向的高校创新创业教育模式探索与实践	产学合作协同育人项目	谢银珂	国家级	教高司函〔2023〕11 号	2023 年 12 月 11 日
13	电气工程学院	基于实时数字控制器的《数字控制传动系统》超级金课项目式教学改革	产学合作协同育人项目	张　迪	国家级	教高司函〔2023〕11 号	2023 年 12 月 11 日
14	艺术与设计学院	山海关古长城营造技艺互动媒体设计	产学合作协同育人项目	宋立巍	国家级	教高司函〔2023〕11 号	2023 年 12 月 11 日
15	信息科学与工程学院（软件学院）	组织计算机视觉学生社团助力校园开发者培育	产学合作协同育人项目	司菁菁	国家级	教高司函〔2023〕11 号	2023 年 12 月 11 日
16	外国语学院	校企协同助力语言服务人才培养的探索	产学合作协同育人项目	付继林	国家级	教高司函〔2023〕11 号	2023 年 12 月 11 日
17	电气工程学院	《电气系统仿真》示范课程建设项目	产学合作协同育人项目	张　迪	国家级	教高司函〔2023〕11 号	2023 年 12 月 11 日
18	车辆与能源学院	基于 OBE 教育理念的《燃料电池技术》产学合作课程教学改革	产学合作协同育人项目	马诗会	国家级	教高司函〔2023〕11 号	2023 年 12 月 11 日

序号	学院	项目名称 / 名师姓名	项目类别	负责人	级别	批准文号	公布日期
19	电气工程学院	半虚拟氢电耦合微网实验平台开发	产学合作协同育人项目	孙　乐	国家级	教高司函〔2023〕11 号	2023 年 12 月 11 日
20	电气工程学院	“新工科”背景下基于机器人实践课程的师资培训与建设	产学合作协同育人项目	高娟娟	国家级	教高司函〔2023〕11 号	2023 年 12 月 11 日
21	艺术与设计学院	基于 VR 技术的高校音乐类专业师资培训体系建设研究	产学合作协同育人项目	金红莲	国家级	教高司函〔2023〕11 号	2023 年 12 月 11 日
22	外国语学院	信息技术融合视域下的高校专业外语教师校本培训路径研究	产学合作协同育人项目	刘洪岩	国家级	教高司函〔2023〕1 号	2023 年 2 月 2 日
23	车辆与能源学院	“汽车电子控制器测试技术”师资培训及其教学导入	产学合作协同育人项目	祝军军	国家级	教高司函〔2023〕1 号	2023 年 2 月 2 日
24	信息技术中心	基于网络行为特征感知的创新实践教学辅助系统	产学合作协同育人项目	曾　涛	国家级	教高司函〔2023〕1 号	2023 年 2 月 2 日
25	经济管理学院	基于产学合作的大数据财税综合应用实践教学基地建设	产学合作协同育人项目	王玉坤	国家级	教高司函〔2023〕1 号	2023 年 2 月 2 日
26	研究生院	基于学堂在线平台的研究生教学管理研究与实践	产学合作协同育人项目	马新成	国家级	教高司函〔2023〕1 号	2023 年 2 月 2 日
27	车辆与能源学院	国产有限元软件课程应用师资培训	产学合作协同育人项目	郭　澍	国家级	教高司函〔2023〕1 号	2023 年 2 月 2 日
28	信息科学与工程学院（软件学院）	燕山大学－百度松果人才培养实践基地	产学合作协同育人项目	王常武	国家级	教高司函〔2023〕1 号	2023 年 2 月 2 日
29	工程训练中心	动态融合工程训练改革课程中三坐标测量创新平台课程体系建设	产学合作协同育人项目	韩雪艳	国家级	教高司函〔2023〕1 号	2023 年 2 月 2 日
30	外国语学院	基于驰声大学听说教学平台的英语口语能力等级考试实践基地建设研究	产学合作协同育人项目	刘立军	国家级	教高司函〔2023〕1 号	2023 年 2 月 2 日
31	经济管理学院	“消费者行为学”教学内容数字化设计探索与实践	产学合作协同育人项目	尤振来	国家级	教高司函〔2023〕1 号	2023 年 2 月 2 日
32	建筑工程与力学学院	基于广联达数维建筑设计软件的混合式教学改革	产学合作协同育人项目	李　茉	国家级	教高司函〔2023〕1 号	2023 年 2 月 2 日
33	机械工程学院	“大思政”视域下高校机械类专业“智造赋能”教学引育模式创新与实践研究	产学合作协同育人项目	高俊玲	国家级	教高司函〔2023〕1 号	2023 年 2 月 2 日

序号	学院	项目名称 / 名师姓名	项目类别	负责人	级别	批准文号	公布日期
34	经济管理学院	财务管理课程思政建设研究	产学合作协同育人项目	陈晶璞	国家级	教高司函〔2023〕1号	2023年2月2日
35	机械工程学院	机械设计	一流本科课程（线上线下混合）	邱雪松	国家级	教高函〔2023〕7号	2023年5月30日
36	艺术与设计学院	计算机辅助设计 I	一流本科课程（线上线下混合）	王媚雪	国家级	教高函〔2023〕7号	2023年5月30日
37	理学院	大学物理	一流本科课程（线上线下混合）	张素红	国家级	教高函〔2023〕7号	2023年5月30日
38	机械工程学院	传热学	一流本科课程（线上线下混合）	张兴中	国家级	教高函〔2023〕7号	2023年5月30日
39	机械工程学院	液压流体力学	一流本科课程（线下）	高殿荣	国家级	教高函〔2023〕7号	2023年5月30日
40	外国语学院	综合英语 I 、II	一流本科课程（线下）	耿延宏	国家级	教高函〔2023〕7号	2023年5月30日
41	马克思主义学院	毛泽东思想和中国特色社会主义理论体系概论	一流本科课程（线下）	王新华	国家级	教高函〔2023〕7号	2023年5月30日
42	电气工程学院	数字信号处理	一流本科课程（线下）	谢　平	国家级	教高函〔2023〕7号	2023年5月30日
43	艺术与设计学院	中国舞蹈史	一流本科课程（线下）	徐　熳	国家级	教高函〔2023〕7号	2023年5月30日
44	材料科学与工程学院	高温高压合成块设计虚拟仿真实验	一流本科课程（虚拟仿真）	于栋利	国家级	教高函〔2023〕7号	2023年5月30日
45	艺术与设计学院	专业实践训练 II	一流本科课程（社会实践）	孟丹娜	省级	冀教高函〔2023〕84号	2023年12月25日
46	理学院	MATLAB 数学建模仿真	一流本科课程（社会实践）	章　胤	省级	冀教高函〔2023〕84号	2023年12月25日
47	信息科学与工程学院（软件学院）	数据结构与算法	一流本科课程（线上线下混合）	窦　燕	省级	冀教高函〔2023〕84号	2023年12月25日
48	机械工程学院	特种塑性加工技术	一流本科课程（线上线下混合）	胡建良	省级	冀教高函〔2023〕84号	2023年12月25日
49	艺术与设计学院	园林设计	一流本科课程（线上线下混合）	温　瑀	省级	冀教高函〔2023〕84号	2023年12月25日
50	车辆与能源学院	地球科学概论	一流本科课程（线上）	褚庆忠	省级	冀教高函〔2023〕84号	2023年12月25日

序号	学院	项目名称 / 名师姓名	项目类别	负责人	级别	批准文号	公布日期
51	理学院	概率论与数理统计	一流本科课程（线上）	马占友	省级	冀教高函〔2023〕84 号	2023 年 12 月 25 日
52	经济管理学院	管理会计	一流本科课程（线上）	王玉坤	省级	冀教高函〔2023〕84 号	2023 年 12 月 25 日
53	环境与化学工程学院	有机化学	一流本科课程（线上）	肖海燕	省级	冀教高函〔2023〕84 号	2023 年 12 月 25 日
54	机械工程学院	嵌入式系统原理及应用	一流本科课程（线下）	史艳国	省级	冀教高函〔2023〕84 号	2023 年 12 月 25 日
55	马克思主义学院	马克思主义基本原理	一流本科课程（线下）	张云飞	省级	冀教高函〔2023〕84 号	2023 年 12 月 25 日
56	理学院	真空镀膜技术制备半导体功能器件（OLED、OSC）虚拟仿真实验	一流本科课程（虚拟仿真）	刘　永	省级	冀教高函〔2023〕84 号	2023 年 12 月 25 日
57	材料科学与工程学院	放电等离子烧结制备先进陶瓷材料虚拟仿真实验	一流本科课程（虚拟仿真）	张新宇	省级	冀教高函〔2023〕84 号	2023 年 12 月 25 日
58	车辆与能源学院	车辆工程系	优秀基层教学组织	李学良	省级	冀教高函〔2023〕80 号	2023 年 11 月 27 日
59	电气工程学院	自动化系	优秀基层教学组织	马　锴	省级	冀教高函〔2023〕80 号	2023 年 11 月 27 日
60	环境与化学工程学院	化学工程与工艺系	优秀基层教学组织	刘素燕	省级	冀教高函〔2023〕80 号	2023 年 11 月 27 日
61	建筑工程与力学学院	土木工程系	优秀基层教学组织	王　鼎	省级	冀教高函〔2023〕80 号	2023 年 11 月 27 日
62	经济管理学院	会计系	优秀基层教学组织	李春玲	省级	冀教高函〔2023〕80 号	2023 年 11 月 27 日
63	文法学院（公共管理学院）	中文系	优秀基层教学组织	徐　敏	省级	冀教高函〔2023〕80 号	2023 年 11 月 27 日
64	艺术与设计学院	工业设计系	优秀基层教学组织	王年文	省级	冀教高函〔2023〕80 号	2023 年 11 月 27 日
65	机械工程学院	机械电子工程系	优秀基层教学组织	金贺荣	省级	冀教高函〔2023〕13 号	2023 年 3 月 1 日
66	信息科学与工程学院（软件学院）	软件工程系	优秀基层教学组织	王　林	省级	冀教高函〔2023〕13 号	2023 年 3 月 1 日
67	理学院	大学物理系	优秀基层教学组织	王晓颖	省级	冀教高函〔2023〕13 号	2023 年 3 月 1 日
68	马克思主义学院	马克思主义基本原理教研部	优秀基层教学组织	张云飞	省级	冀教高函〔2023〕13 号	2023 年 3 月 1 日
69	工程训练中心	金工实习实训部	优秀基层教学组织	韩雪艳	省级	冀教高函〔2023〕13 号	2023 年 3 月 1 日

（供稿人：教务处 马明建）

获批教改项目、教学成果奖情况

2023 年获批教改项目情况

序号	学院	项目名称	项目类别	负责人	级别	批准文号	公布日期
1	外国语学院	英语语音类课程思政的探索与实践	河北省高等教育教学改革研究与实践项目	边　雅	省级	冀教高函〔2023〕12 号	2023 年 3 月 1 日
2	机械工程学院	新工科背景下机械类本科生研究型学习共同体的构建与实施	河北省高等教育教学改革研究与实践项目	蔡　伟	省级	冀教高函〔2023〕12 号	2023 年 3 月 1 日
3	文法学院（公共管理学院）	新文科背景下汉语言文学专业人才培养路径深化研究	河北省高等教育教学改革研究与实践项目	陈　静	省级	冀教高函〔2023〕12 号	2023 年 3 月 1 日
4	机械工程学院	面向工科专业基于数字孪生技术的项目式教学建设与实施新方案	河北省高等教育教学改革研究与实践项目	丰宗强	省级	冀教高函〔2023〕12 号	2023 年 3 月 1 日
5	工程训练中心	动态融合模式下“金工实习”教学中课程思政改革与探索	河北省高等教育教学改革研究与实践项目	韩雪艳	省级	冀教高函〔2023〕12 号	2023 年 3 月 1 日
6	电气工程学院	以科技竞赛为抓手的人才培养模式探索实践——以全国大学生智能汽车竞赛为例	河北省高等教育教学改革研究与实践项目	呼忠权	省级	冀教高函〔2023〕12 号	2023 年 3 月 1 日
7	建筑工程与力学学院	基于学生“抬头率”指标的课堂教学质量评估与提高机制研究	河北省高等教育教学改革研究与实践项目	胡建军	省级	冀教高函〔2023〕12 号	2023 年 3 月 1 日
8	马克思主义学院	“大思政课”视域下沉浸式教学在“原理”课教学中的应用研究	河北省高等教育教学改革研究与实践项目	黄　娟	省级	冀教高函〔2023〕12 号	2023 年 3 月 1 日
9	机械工程学院	校企资源深度融合与协同育人教学实践	河北省高等教育教学改革研究与实践项目	贾建波	省级	冀教高函〔2023〕12 号	2023 年 3 月 1 日
10	车辆与能源学院	面向“工程 +”的车辆工程专业试验类课程教学模式探索与实践	河北省高等教育教学改革研究与实践项目	李梦林	省级	冀教高函〔2023〕12 号	2023 年 3 月 1 日
11	车辆与能源学院	基于劳动教育理念的人才培养路径探索	河北省高等教育教学改革研究与实践项目	李　楠	省级	冀教高函〔2023〕12 号	2023 年 3 月 1 日
12	材料科学与工程学院	新工科背景下高分子材料与工程专业多元化创新实践型人才培养模式的改革探索	河北省高等教育教学改革研究与实践项目	梁永日	省级	冀教高函〔2023〕12 号	2023 年 3 月 1 日
13	信息科学与工程学院（软件学院）	电类基础课理论与实践交互融合教学方法研究	河北省高等教育教学改革研究与实践项目	刘　丰	省级	冀教高函〔2023〕12 号	2023 年 3 月 1 日
14	经济管理学院	工程教育认证标准下“管理沟通与团队建设”校级通识课混合式教学设计与实践	河北省高等教育教学改革研究与实践项目	刘　娜	省级	冀教高函〔2023〕12 号	2023 年 3 月 1 日
15	环境与化学工程学院	基于校企深度融合与 PDCA 模式的化工专业创新型人才培养途径的探索实践	河北省高等教育教学改革研究与实践项目	刘素燕	省级	冀教高函〔2023〕12 号	2023 年 3 月 1 日
16	机械工程学院	机械类专业基础平台课程思政建设研究与探索	河北省高等教育教学改革研究与实践项目	邱雪松	省级	冀教高函〔2023〕12 号	2023 年 3 月 1 日

序号	学院	项目名称	项目类别	负责人	级别	批准文号	公布日期
17	经济管理学院	以学生为中心的五位一体多元智能课堂教学创新	河北省高等教育教学改革研究与实践项目	石　蕊	省级	冀教高函〔2023〕12 号	2023 年 3 月 1 日
18	经济管理学院	会计学专业产学合作协同育人模式的探索	河北省高等教育教学改革研究与实践项目	汤景辉	省级	冀教高函〔2023〕12 号	2023 年 3 月 1 日
19	环境与化学工程学院	“大气污染控制工程”课程思政实践深化研究	河北省高等教育教学改革研究与实践项目	唐首锋	省级	冀教高函〔2023〕12 号	2023 年 3 月 1 日
20	理学院	“复变函数与积分变换”混合式课程教学改革研究	河北省高等教育教学改革研究与实践项目	王春艳	省级	冀教高函〔2023〕12 号	2023 年 3 月 1 日
21	经济管理学院	“本科－研究生＋教学－科研”一体化教研融合体系研究	河北省高等教育教学改革研究与实践项目	王艳亮	省级	冀教高函〔2023〕12 号	2023 年 3 月 1 日
22	电气工程学院	测控技术与仪器专业核心课程群实践环节融合的教学方法研究	河北省高等教育教学改革研究与实践项目	吴希军	省级	冀教高函〔2023〕12 号	2023 年 3 月 1 日
23	体育学院	“体育强国”战略思想赋能高校公共体育课程思政建设的理论与实践研究	河北省高等教育教学改革研究与实践项目	杨　敏	省级	冀教高函〔2023〕12 号	2023 年 3 月 1 日
24	机械工程学院	智能制造背景下面向复杂工程问题的多元层级项目式教学设计及考核模式研究	河北省高等教育教学改革研究与实践项目	姚建涛	省级	冀教高函〔2023〕12 号	2023 年 3 月 1 日
25	学生工作处	“大学生心理健康教育”公共必修课课程思政建设的实践深化研究	河北省高等教育教学改革研究与实践项目	臧刚顺	省级	冀教高函〔2023〕12 号	2023 年 3 月 1 日
26	环境与化学工程学院	新工科背景下过程装备与控制工程专业模块化课程群构建与探索	河北省高等教育教学改革研究与实践项目	张　前	省级	冀教高函〔2023〕12 号	2023 年 3 月 1 日
27	环境与化学工程学院	“新工科”背景下“固体废物处置与资源化”课程教学改革探索	河北省高等教育教学改革研究与实践项目	张庆瑞	省级	冀教高函〔2023〕12 号	2023 年 3 月 1 日
28	外国语学院	“专业—思政—创新”三位一体的“综合英语”协同教学模式探索与研究	河北省高等教育教学改革研究与实践项目	张馨月	省级	冀教高函〔2023〕12 号	2023 年 3 月 1 日
29	马克思主义学院	“马克思主义基本原理”重难点内容的短视频资源库建设及其在教学中的应用	河北省高等教育教学改革研究与实践项目	张云飞	省级	冀教高函〔2023〕12 号	2023 年 3 月 1 日
30	外国语学院	“理解当代中国”系列教材进课堂多语种课程群建设与教学实践研究	河北省高等教育教学改革研究与实践项目	郑占国	省级	冀教高函〔2023〕12 号	2023 年 3 月 1 日
31	外国语学院	基于混合式教学模式的通用学术英语读写课程思政资源建设	河北省高等学校英语教学改革（课程思政数字资源库）研究与实践项目	宋　葳	省级	冀教高函〔2023〕52 号	2023 年 7 月 11 日
32	外国语学院	POA 视域下基于“理解当代中国”的公共英语演讲课程思政数字资源建设	河北省高等学校英语教学改革（课程思政数字资源库）研究与实践项目	李继燕	省级	冀教高函〔2023〕52 号	2023 年 7 月 11 日

序号	学院	项目名称	项目类别	负责人	级别	批准文号	公布日期
33	外国语学院	跨文化交际课程思政数字资源建设与应用研究	河北省高等学校英语教学改革（课程思政数字资源库）研究与实践项目	曲　炎	省级	冀教高函〔2023〕52 号	2023 年 7 月 11 日
34	外国语学院	“理解当代中国”大学英语听说课程思政教学素材开发与移动应用研究	河北省高等学校英语教学改革研究与实践项目	刘立军	省级	冀教高函〔2023〕69 号	2023 年 9 月 18 日
35	外国语学院	“三进”背景下大学英语课程思政教学资源建设与应用研究	河北省高等学校英语教学改革研究与实践项目	杜俊杰	省级	冀教高函〔2023〕69 号	2023 年 9 月 18 日

（供稿人：教务处 马明建）

2023 年获批教学成果奖情况

学院	获奖成果名称	成果完成人	级别	获奖等级	批准文号	公布日期	备注
信息科学与工程学院（软件学院）	“三协同驱动、四平台支撑”光电专业开放融合育人新生态的创建与实践	毕卫红	国家级	二等奖	教师〔2023〕4 号	2023 年 7 月 21 日	联合完成排名第六

（供稿人：教务处 马明建）

教材建设情况

序号	单位	教材名称	作者	出版社	ISBN 号	出版日期
1	招生就业处	大学生生涯规划与就业能力提升	陈树冬，魏冬明，王鑫	世界图书出版西安有限公司	978-7-5232-0501-3	2023 年 7 月
2	信息科学与工程学院（软件学院）	Fundamentals of Electric Circuits	吴国庆，张燕君，金娃，王伟	燕山大学出版社	978-7-5761-0307-6	2023 年 7 月
3	环境与化学工程学院	环境影响评价	王帅杰，齐海云	燕山大学出版社	978-7-5761-0442-4	2023 年 2 月
4	电气工程学院	流体传动与控制	姚成玉，魏立新	机械工业出版社	978-7-111-73353-9	2023 年 7 月
5	车辆与能源学院	新能源汽车安全与可靠性测试	李昊，李学良，许宏鹏，闫梅	北京理工大学出版社	978-7-5763-2078-7	2023 年 1 月
6	材料科学与工程学院	材料 X 射线衍射基础与实践	王利民，吴立明，张宴会	化学工业出版社	978-7-122-43873-7	2023 年 8 月
7	材料科学与工程学院	金属腐蚀与防护实验教程	于金库，王利民，乔琪	燕山大学出版社	978-7-5761-0382-3	2023 年 7 月
8	经济管理学院	财务管理	韩楠，鲁云鹏，李念，李冉冉	燕山大学出版社	978-7-5761-0514-8	2023 年 6 月
9	经济管理学院	网络营销基础、实务与案例	张亚明	机械工业出版社	978-7-111-72906-8	2023 年 5 月
10	建筑工程与力学学院	土木工程材料双语简明教程	杜森，林建军，张洋洋，赵德志，陈正心	中国建材工业出版社	978-7-5160-3701-0	2023 年 11 月
11	机械工程学院	工程制图习题集	梁瑛娜，陆景丽	燕山大学出版社	978-7-5761-0557-5	2023 年 8 月

（供稿人：教务处 马明建）

实习基地建设情况

序号	基地名称	地点	建立时间	面向校内专业	是否是创业实习基地	是否是示范性教育实践基地	是否与行业企业共建	当年接纳学生总数
1	戴卡优艾希杰渤铝汽车零部件有限公司	校外	2023	金属材料工程	否	否	否	82
2	爱迪特（秦皇岛）科技股份有限公司	校外	2023	无机非金属材料工程	否	否	否	58
3	信诺立兴（黄骅）集团股份有限公司	校外	2023	化学工程与工艺	否	否	否	108
4	中关村生命园昌黎科技发展有限公司	校外	2023	化学工程与工艺	否	否	否	0
5	徐工集团铲车事业部	校外	2023	工业工程	否	否	是	30
6	河北亚大汽车	校外	2023	工业工程	否	否	是	30
7	邯郸银行秦皇岛分行	校外	2023	经济与金融	否	否	是	14
8	北京金地格林物业管理有限公司	校外	2023	工业工程	否	否	是	20
9	尼特智能科技股份有限公司	校外	2023	工业工程	否	否	是	30
10	石家庄欧恩力健身	校外	2023	社会体育指导与管理	否	否	是	7
11	白塔岭小学	校外	2023	社会体育指导与管理	否	否	是	16
12	崇德中学	校外	2023	社会体育指导与管理	否	否	是	2
13	北戴河区司法局	校外	2023	法学	是	是	是	50
14	上海哲寻信息科技有限公司	校外	2023	公共事业管理	否	否	是	50
15	深圳桃李未来科技有限公司	校外	2023	汉语国际教育	是	否	是	0
16	北戴河区司法局	校外	2023	法学	是	是	是	50
17	北戴河区人民法院	校外	2023	法学	是	是	是	20
18	北戴河区人民检察院	校外	2023	法学	是	是	是	20
19	秦皇岛市爱淘器工业设计有限公司	校外	2023	产品设计	是	否	是	200
20	雄安雄商发展有限公司	校外	2023	工程力学，建筑环境与能源应用工程，建筑学，土木工程	否	否	是	0
21	中铁建工集团有限公司	校外	2023	工程力学，建筑环境与能源应用工程，建筑学，土木工程	否	否	是	0
22	秦皇岛市抚宁区交通运输局	校外	2023	工程力学，建筑环境与能源应用工程，建筑学，土木工程	否	否	是	0
23	燕山大学－北戴河 国际一流旅游城市先行示范区对外话语及国际传播实践场景创新实训基地	校外	2023	英语，日语，俄语，德语，法语	否	否	是	157
24	燕山大学－译国译民实习实践基地	校内	2023	英语	否	否	是	154
25	燕山大学－卢龙县第二高级中学实习实践基地	校外	2023	日语	否	否	是	0
26	东软教育科技集团	校外	2023	计算机科学与技术	否	否	是	192

（供稿人：教务处 马明建）

本科生创新创业竞赛获奖情况

序号	竞赛名称	竞赛年份	获奖等级	奖项名称	获奖学生	指导老师
1	中国国际大学生创新大赛	2023	国家级	银奖	章仕起，孙贵康，祝捷，王嫣然，朱恒逸，卢衍航，李倩，王奕璇，李爽汲，李宝林，王冉，万中华，丁凡钦，刘淼淼	郭小强，刁乃哲
2	中国国际大学生创新大赛	2023	国家级	银奖	何小龙，王源，张艺杰，佘进波，胡书源，宋颜和，高宾，王鑫宇，李欣荣，沈虎，管锡康，张帅，刘旭，陈馨，王娅楠	巴凯先，马国梁，俞滨，张明莉，姚静，艾超，刘佳
3	中国国际大学生创新大赛	2023	国家级	铜奖	邱世超，郭伟龙，杜钇澎，林宇航	刘宇涵，赵静，郭栋梁，唐勇，赵延治
4	中国国际大学生创新大赛	2023	国家级	铜奖	贾存德，李海鹏，张钧勇，赵喆伟，姜春如，张嘉宁，李慧丰，刘泽玉，李明阳，凌树新，王明辉	艾超，孔祥东，陈文婷
5	中国国际大学生创新大赛	2023	国家级	铜奖	聂晓帅，唐元磊，时玉莹，左熙坤，侯超，徐易泽，李浩，马赛，平昕航	邸立明，李楠
6	中国国际大学生创新大赛	2023	国家级	铜奖	李锦康，赵兴旺，刘松浩，苑嘉雯，许阳，李嘉耀，崔思雨，杨鑫怡，郭博晗，张文琪，罗念慈，苗玉洁，王诗彤，张锦铃，王晴	张颖超，张志辉
7	中国国际大学生创新大赛	2023	国家级	铜奖	郝金鹿，郭琪，王定煜，李曼迪，李新浩，杨帅，王玉鹏，张遨翔，张熙堃，殷航，梁栋，李想，李云龙，李成祥，杨玉博	张晋，姚静，王佩，翟富刚，孔祥东，汪飞雪，艾超
8	中国国际大学生创新大赛	2023	国家级	铜奖	王源，马国梁，张艺杰，史亚鹏，宋颜和，何小龙，李化顺，黄智鹏，佘进波，李欣荣，陈春昊，朱琦歆，高宾，张秋实，许梦凯	巴凯先，张明莉，俞滨，孔祥东
9	中国国际大学生创新大赛	2023	国家级	铜奖	曹晟维，魏龙正，路丙瑞，徐永帅，赵佰旭，王勇，汤安梁，杨贵胜，常佳飞，刘旭东，张迪	艾超，陈立娟，刘思远，李轩，陈文婷，孔祥东
10	“挑战杯”全国大学生课外学术科技作品竞赛	2023	国家级	二等奖	丁凡钦，胡晓磊，吕沐茁，孔寒冰，孙贵康，万中华，刘松松，范俊杰	郭小强，张颖
11	“挑战杯”全国大学生课外学术科技作品竞赛	2023	国家级	二等奖	李晨辉，宋金华，胡皓	李英伟
12	“挑战杯”全国大学生课外学术科技作品竞赛	2023	国家级	二等奖	沈世辰，郭智聪，郭一曼，陈祺凯，孟伯禹，胡文俊	韩毅，刘丰
13	“挑战杯”全国大学生课外学术科技作品竞赛	2023	国家级	三等奖	魏梦浩，田昌家，樊昕宇，何明泽，安晓洋，杨开，昝舒翔，张添毅	王众，贾拓，李洪庆
14	“挑战杯”全国大学生课外学术科技作品竞赛	2023	国家级	三等奖	夏士坤，马赛，聂晓帅，杨昊鑫，李浩，左熙坤，侯超，平昕航	邸立明，李楠，杨春婧
15	“挑战杯”全国大学生课外学术科技作品竞赛	2023	国家级	三等奖	代言，刘连竣，刘欣宜，邓鹏伟，关舒心，严雪飞，李思超，王雪帆	呼子宇，魏立新，孙浩

序号	竞赛名称	竞赛年份	获奖等级	奖项名称	获奖学生	指导老师
16	ACM-ICPC 国际大学生程序设计竞赛	2023	国家级	银奖	孙振轩，李一阳，马信宏	穆运峰
17	ACM-ICPC 国际大学生程序设计竞赛	2023	国家级	铜奖	孙振轩，李一阳，吴亚楠	穆运峰
18	ACM-ICPC 国际大学生程序设计竞赛	2023	国家级	优秀奖	刘翔，商佳辉，张旭	穆运峰
19	ACM-ICPC 国际大学生程序设计竞赛	2023	国家级	优秀奖	李想，杨楠，张浩楠	穆运峰
20	全国大学生数学建模竞赛	2023	国家级	二等奖	默燚林，陈正琪，吴颖	章胤
21	全国大学生数学建模竞赛	2023	国家级	二等奖	白淅柔，胡一婷，董雨凇	于春宵
22	全国大学生电子设计竞赛	2023	国家级	二等奖	贾世杰，候林，刘志鑫	刘帅
23	全国大学生结构设计竞赛	2023	国家级	二等奖	曲海翔，肖璐，刘键	赵建波，宋坤
24	全国大学生广告艺术大赛	2023	国家级	一等奖	高璐，柳硕	王桂莉
25	全国大学生广告艺术大赛	2023	国家级	一等奖	陈祎捷	蒋玉
26	全国大学生广告艺术大赛	2023	国家级	二等奖	段可盈，江雨婷	蒋玉
27	全国大学生广告艺术大赛	2023	国家级	二等奖	金玉	蒋玉
28	全国大学生广告艺术大赛	2023	国家级	二等奖	温蕊擎，汪春澎	刘维尚
29	全国大学生广告艺术大赛	2023	国家级	三等奖	王嘉慧	王桂莉
30	全国大学生广告艺术大赛	2023	国家级	三等奖	李玉鹏，陈江飞	蒋玉
31	全国大学生广告艺术大赛	2023	国家级	三等奖	丁语欣，薛惠珍	蒋玉
32	全国大学生广告艺术大赛	2023	国家级	三等奖	王晓亚	王桂莉
33	全国大学生广告艺术大赛	2023	国家级	三等奖	柳硕，高璐	王桂莉
34	全国大学生广告艺术大赛	2023	国家级	三等奖	孙可	王桂莉
35	全国大学生广告艺术大赛	2023	国家级	优秀奖	刘洁	欧新菊
36	全国大学生广告艺术大赛	2023	国家级	优秀奖	吕汶倢，杨舒晴	熊艳辉
37	全国大学生广告艺术大赛	2023	国家级	优秀奖	温蕊擎，许哲	刘维尚
38	全国大学生广告艺术大赛	2023	国家级	优秀奖	刘洁	郑亚楠
39	全国大学生广告艺术大赛	2023	国家级	优秀奖	李诗琴	陈旭
40	全国大学生广告艺术大赛	2023	国家级	优秀奖	刘泽南，丁展展	蒋玉
41	全国大学生广告艺术大赛	2023	国家级	优秀奖	原文宇	郑亚楠
42	全国大学生广告艺术大赛	2023	国家级	优秀奖	杜安欣	蒋玉
43	全国大学生广告艺术大赛	2023	国家级	优秀奖	宋慧	蒋玉
44	全国大学生广告艺术大赛	2023	国家级	优秀奖	梁欣然	王桂莉
45	全国大学生广告艺术大赛	2023	国家级	优秀奖	李诗琴	王桂莉
46	全国大学生广告艺术大赛	2023	国家级	优秀奖	原文宇	王桂莉
47	全国大学生广告艺术大赛	2023	国家级	优秀奖	李玉鹏，陈江飞	蒋玉
48	全国大学生广告艺术大赛	2023	国家级	优秀奖	尉迟卓然，吕汶倢	欧新菊
49	全国大学生广告艺术大赛	2023	国家级	优秀奖	张曼蕾，江雨婷	蒋玉
50	全国大学生广告艺术大赛	2023	国家级	优秀奖	黄小可	蒋玉

序号	竞赛名称	竞赛年份	获奖等级	奖项名称	获奖学生	指导老师
51	全国大学生广告艺术大赛	2023	国家级	优秀奖	霍星月	王桂莉
52	全国大学生广告艺术大赛	2023	国家级	优秀奖	尉迟卓然，崔健	欧新菊
53	全国大学生广告艺术大赛	2023	国家级	优秀奖	尉迟卓然，路浩林	欧新菊
54	全国大学生广告艺术大赛	2023	国家级	优秀奖	温蕊擎，王一博	刘维尚
55	全国大学生广告艺术大赛	2023	国家级	优秀奖	杨舒晴，路浩林	欧新菊
56	全国大学生广告艺术大赛	2023	国家级	优秀奖	徐逍扬	郑亚楠
57	全国大学生广告艺术大赛	2023	国家级	优秀奖	李玉鹏，汪春澎	蒋玉
58	全国大学生广告艺术大赛	2023	国家级	优秀奖	黄小可	蒋玉
59	全国大学生广告艺术大赛	2023	国家级	优秀奖	胡可梦，燕红亚	王桂莉
60	全国大学生广告艺术大赛	2023	国家级	优秀奖	吴凯玟	王桂莉
61	全国大学生广告艺术大赛	2023	国家级	优秀奖	刘洁	郑亚楠
62	全国大学生广告艺术大赛	2023	国家级	优秀奖	姚思璐，刘霁杭	蒋玉
63	全国大学生广告艺术大赛	2023	国家级	优秀奖	李诗琴	王桂莉
64	全国大学生广告艺术大赛	2023	国家级	优秀奖	霍星月	王桂莉
65	全国大学生广告艺术大赛	2023	国家级	优秀奖	刘月	蒋玉
66	全国大学生广告艺术大赛	2023	国家级	优秀奖	王一博，胡慧雯	刘维尚
67	全国大学生智能汽车竞赛	2023	国家级	二等奖	张智炫，陈昊，林宇宸	呼忠权，梅林
68	全国大学生电子商务“创新，创意及创业”挑战赛	2023	国家级	二等奖	李正，张芷萱，付董雯，周茜	王宏艳
69	全国大学生电子商务“创新，创意及创业”挑战赛	2023	国家级	二等奖	赵晗琳，高思睿，刘郁婷，董先声，韩文星	宓翠，刘志坚，常顺利
70	中国大学生工程实践与创新能力大赛	2023	国家级	金奖	高梓涵，何越，张文博，张西硕	张莹，王正峰
71	中国大学生工程实践与创新能力大赛	2023	国家级	金奖	张志鹏，叶帅鑫，刘洪利，李彦杰	王雪姣，马亚磊
72	中国大学生工程实践与创新能力大赛	2023	国家级	银奖	李鑫桦，张立涛，李世博	贾婉君，宋佳秋
73	中国大学生工程实践与创新能力大赛	2023	国家级	银奖	林俊鹏，杨孟晨，韩雪岭，杜秋实	岳丽文，王建军
74	“外研社杯”全国大学生英语大赛－英语演讲赛	2023	国家级	铜奖	张恒远	张丽英
75	“外研社杯”全国大学生英语大赛－英语演讲赛	2023	国家级	铜奖	段雨虹	张馨月
76	“外研社杯”全国大学生英语大赛－英语辩论赛	2023	国家级	二等奖	刘毓南，段雨虹	张宇
77	“外研社杯”全国大学生英语大赛－英语写作赛	2023	国家级	铜奖	宋奕	曲炎
78	“外研社杯”全国大学生英语大赛－英语阅读赛	2023	国家级	铜奖	宋奕	边雅
79	两岸新锐设计竞赛“华灿奖”	2023	国家级	三等奖	王欣雨，杨星月，林昱圻	王敏杰，王丁
80	两岸新锐设计竞赛“华灿奖”	2023	国家级	优秀奖	黄小可，陆春杉	王年文
81	两岸新锐设计竞赛“华灿奖”	2023	国家级	优秀奖	董欢，温蕊擎	温瑀
82	两岸新锐设计竞赛“华灿奖”	2023	国家级	优秀奖	籍曼瑜，朱永旭	李冬

序号	竞赛名称	竞赛年份	获奖等级	奖项名称	获奖学生	指导老师
83	两岸新锐设计竞赛“华灿奖”	2023	国家级	优秀奖	朱永旭，籍曼瑜	李冬
84	两岸新锐设计竞赛“华灿奖”	2023	国家级	优秀奖	李雨荷，严沁荷	刘月林
85	两岸新锐设计竞赛“华灿奖”	2023	国家级	优秀奖	王子一	张芳兰
86	两岸新锐设计竞赛“华灿奖”	2023	国家级	优秀奖	邝庆龙，李湘楠，尹磊，刘树鹏	王媚雪
87	两岸新锐设计竞赛“华灿奖”	2023	国家级	优秀奖	王丽凤，李桂成	
88	两岸新锐设计竞赛“华灿奖”	2023	国家级	优秀奖	王愫，乔璐，梅笑雪	刘月林
89	两岸新锐设计竞赛“华灿奖”	2023	国家级	优秀奖	李江南，张硕，于利洋，李满坡	孙利，吴俭涛
90	两岸新锐设计竞赛“华灿奖”	2023	国家级	优秀奖	史凯文，徐晴	张芳兰
91	两岸新锐设计竞赛“华灿奖”	2023	国家级	优秀奖	万中华，黄涛，丁小怡，高歆妍，张静	王年文
92	两岸新锐设计竞赛“华灿奖”	2023	国家级	优秀奖	丁小怡，万中华，高歆妍，张静，黄涛	王年文
93	两岸新锐设计竞赛“华灿奖”	2023	国家级	优秀奖	李亚婧	
94	两岸新锐设计竞赛“华灿奖”	2023	国家级	优秀奖	张鹏，孙雪晴	陈国强
95	两岸新锐设计竞赛“华灿奖”	2023	国家级	优秀奖	王愫，杨立婷	
96	两岸新锐设计竞赛“华灿奖”	2023	国家级	优秀奖	干静茹，刘佳馨	巴玥，温瑀
97	全国大学生化工设计竞赛	2023	国家级	二等奖	赵文雅，杜秀兰，李化娜，姚世达，段欣宇	焦体峰，康建新，霍全，何云华，李莹
98	全国大学生化工设计竞赛	2023	国家级	三等奖	郝小静，李彦杰，赵湛杰，任锡波，熊如林	刘素燕，姜洋，何云华，郭丽杰，李莹
99	全国大学生机器人大赛（CURC）	2023	国家级	三等奖	王乐源，殷玉涵，金厚羽，王煜华，柴方鸣，高少博，孙媛媛，蔡小雅，李慧霖，曹沥壬，吴玉辉，李文腾，杨双戈，陈思宇，薛治尧，梁晴皓，陈子健，韩金峰，关旭，曹博鑫，林钊圮，杜秋实，罗灿力，马欣平，林宇宸，张兆荣，卢宇庆，王策，沈正涛，杨明宇，方璐瑶，张骏勇，王庆磊，毕皓则，徐一诺，赵健凯，宋旭初，宋莫寒，张琦，赵子鉴	丰宗强，王三众，姚建涛，边辉
100	全国大学生机器人大赛（CURC）	2023	国家级	机器人实战奖一等奖	高少博等	
101	全国大学生机器人大赛（CURC）	2023	国家级	机器人实战奖三等奖（英雄机器人）	王乐源等	
102	全国大学生市场调查与分析大赛	2023	国家级	一等奖	马瑞妍，王奕璇，余志敏，张紫妍，周银飞	李建东，石蕊
103	全国大学生市场调查与分析大赛	2023	国家级	二等奖	吕明睿，马士锦，唐雪倩，许璘瑶，闫正鑫	张旭
104	全国大学生市场调查与分析大赛	2023	国家级	二等奖	顾悦宁，郭凯轩，苏英，杨茗钧，赵景怡	冯鑫，王旭

序号	竞赛名称	竞赛年份	获奖等级	奖项名称	获奖学生	指导老师
105	全国大学生市场调查与分析大赛	2023	国家级	三等奖	陈正琪，葛京豫，郭思磊，康红美，刘韶璇	白静，石蕊
106	全国大学生市场调查与分析大赛	2023	国家级	三等奖	翟月，雷怡旋，倪海铨，汪夏，王喆	卢福强
107	全国大学生市场调查与分析大赛	2023	国家级	三等奖	李堉萌，李梓涵，刘力榕，刘郁婷	李忠华
108	全国大学生市场调查与分析大赛	2023	国家级	三等奖	樊梦丹，王振广，徐奇贤，杨紫琼，张晓颖	石蕊
109	全国大学生市场调查与分析大赛	2023	国家级	三等奖	陈世龙，刘天一，史明松，周浩	白静，王晶
110	全国大学生市场调查与分析大赛	2023	国家级	三等奖	高晓世，耿倩，韩雨霏，李宇航，石雨泉	李建东，徐秀丽
111	全国大学生市场调查与分析大赛	2023	国家级	三等奖	刘少聪，于春蕾，张笑然	李忠华
112	全国大学生市场调查与分析大赛	2023	国家级	三等奖	陈政融，关茜，覃苏红，田佳硕，王子超	石蕊
113	全国大学生市场调查与分析大赛	2023	国家级	三等奖	李芮杰，李瑶佳，连博宇，张雨新，赵子鉴	石蕊
114	全国大学生先进成图技术与产品信息建模创新大赛	2023	国家级	一等奖	洪政博	梁瑛娜，朱虹
115	全国大学生先进成图技术与产品信息建模创新大赛	2023	国家级	一等奖	洪展	梁瑛娜，朱虹
116	全国大学生先进成图技术与产品信息建模创新大赛	2023	国家级	一等奖	侯飞扬	梁瑛娜，朱虹
117	全国大学生先进成图技术与产品信息建模创新大赛	2023	国家级	一等奖	冯新帅	朱虹，梁瑛娜
118	全国大学生先进成图技术与产品信息建模创新大赛	2023	国家级	一等奖	文皓伟	李大龙，姚春东
119	全国大学生先进成图技术与产品信息建模创新大赛	2023	国家级	一等奖	李韬	郭长虹，于晓霞
120	全国大学生先进成图技术与产品信息建模创新大赛	2023	国家级	一等奖	刘金垚	郭长虹，于晓霞
121	全国大学生先进成图技术与产品信息建模创新大赛	2023	国家级	一等奖	陶林子	李春雨，吴吉贤，李倩，王兵
122	全国大学生先进成图技术与产品信息建模创新大赛	2023	国家级	二等奖	刘增鑫	朱虹，梁瑛娜
123	全国大学生先进成图技术与产品信息建模创新大赛	2023	国家级	二等奖	温师锦	梁瑛娜，朱虹
124	全国大学生先进成图技术与产品信息建模创新大赛	2023	国家级	二等奖	胡本豪	姚春东，李大龙
125	全国大学生先进成图技术与产品信息建模创新大赛	2023	国家级	二等奖	王湛然	李大龙，姚春东
126	全国大学生先进成图技术与产品信息建模创新大赛	2023	国家级	二等奖	敬硕	姚春东，李大龙
127	全国大学生先进成图技术与产品信息建模创新大赛	2023	国家级	二等奖	冯翼硕	李大龙，姚春东
128	全国大学生先进成图技术与产品信息建模创新大赛	2023	国家级	二等奖	李荣凯	李兴东，贾春玉

序号	竞赛名称	竞赛年份	获奖等级	奖项名称	获奖学生	指导老师
129	全国大学生先进成图技术与产品信息建模创新大赛	2023	国家级	二等奖	周梓翰	李兴东，贾春玉
130	全国大学生先进成图技术与产品信息建模创新大赛	2023	国家级	二等奖	童思睿	李兴东，贾春玉
131	全国大学生先进成图技术与产品信息建模创新大赛	2023	国家级	二等奖	孙铎瑞	李兴东，贾春玉
132	全国大学生先进成图技术与产品信息建模创新大赛	2023	国家级	二等奖	原浩然	郭长虹，于晓霞
133	全国大学生先进成图技术与产品信息建模创新大赛	2023	国家级	二等奖	马雨佳	董志奎，丁明超
134	全国大学生先进成图技术与产品信息建模创新大赛	2023	国家级	二等奖	李韬，孙浩原	郭长虹，于晓霞
135	全国大学生先进成图技术与产品信息建模创新大赛	2023	国家级	二等奖	李韬，刘金垚，原浩然，马雨佳，段仕博，孙浩原，王庆磊，王维，郑建伟，张志鹏	董志奎，张树存，郭长虹，于晓霞，郭成
136	全国大学生先进成图技术与产品信息建模创新大赛	2023	国家级	三等奖	陈龙彬	姚春东，李大龙
137	全国大学生先进成图技术与产品信息建模创新大赛	2023	国家级	三等奖	文永昊	贾春玉，李兴东
138	全国大学生先进成图技术与产品信息建模创新大赛	2023	国家级	三等奖	郭轩硕	贾春玉，李兴东
139	全国大学生先进成图技术与产品信息建模创新大赛	2023	国家级	三等奖	祁少康	贾春玉，李兴东
140	全国大学生先进成图技术与产品信息建模创新大赛	2023	国家级	三等奖	林楚然	郭长虹，于晓霞
141	全国大学生先进成图技术与产品信息建模创新大赛	2023	国家级	三等奖	陈昊	董志奎，丁明超
142	全国大学生先进成图技术与产品信息建模创新大赛	2023	国家级	三等奖	匡英杰	丁明超，董志奎
143	全国大学生先进成图技术与产品信息建模创新大赛	2023	国家级	三等奖	王维	董志奎，丁明超
144	全国大学生先进成图技术与产品信息建模创新大赛	2023	国家级	三等奖	李文浩	丁明超，董志奎
145	全国大学生先进成图技术与产品信息建模创新大赛	2023	国家级	三等奖	薛子暄	郭长虹，于晓霞
146	全国大学生先进成图技术与产品信息建模创新大赛	2023	国家级	三等奖	许华航	张树存，郭成
147	全国大学生先进成图技术与产品信息建模创新大赛	2023	国家级	三等奖	韩怡锋	张树存，郭成
148	全国大学生先进成图技术与产品信息建模创新大赛	2023	国家级	三等奖	段仕博	张树存，郭成
149	全国大学生先进成图技术与产品信息建模创新大赛	2023	国家级	三等奖	郑建伟	张树存，郭成
150	全国大学生先进成图技术与产品信息建模创新大赛	2023	国家级	三等奖	孟德航	郭长虹，于晓霞
151	全国大学生先进成图技术与产品信息建模创新大赛	2023	国家级	三等奖	梁喜昆	李倩，吴吉贤，李春雨，王兵
152	全国大学生先进成图技术与产品信息建模创新大赛	2023	国家级	三等奖	王彤秋	吴吉贤，王兵，李倩，李春雨

序号	竞赛名称	竞赛年份	获奖等级	奖项名称	获奖学生	指导老师
153	全国大学生先进成图技术与产品信息建模创新大赛	2023	国家级	三等奖	李雅倩	李春雨，吴吉贤，李倩，王兵
154	全国大学生先进成图技术与产品信息建模创新大赛	2023	国家级	三等奖	王庆磊，王维	丁明超，董志奎
155	全国大学生先进成图技术与产品信息建模创新大赛	2023	国家级	三等奖	尉迟新阳，王立波	吴吉贤，王兵
156	全国大学生先进成图技术与产品信息建模创新大赛	2023	国家级	三等奖	文皓伟，冯新帅，侯飞扬，洪政博，洪展，杨文博，王湛然，孙铎瑞，周梓翰	贾春玉，姚春东，朱虹，李兴东，李大龙
157	全国三维数字化创新设计大赛	2023	国家级	一等奖	李一鸣，李廉清，孙倩哲，宁圆盛	于鸿飞，牛建业
158	全国三维数字化创新设计大赛	2023	国家级	一等奖	张晓东，王俭辉，李健，渠雯菁	白振华，李学通
159	全国三维数字化创新设计大赛	2023	国家级	一等奖	杨孟伟，段立志，王润泽，焦逸帆，张子彤	许立忠
160	全国三维数字化创新设计大赛	2023	国家级	二等奖	闫占奇，杨慧，陈自力，刘鹏磊	赵延治
161	全国三维数字化创新设计大赛	2023	国家级	二等奖	刘嘉伟，樊政伟，韩振，亓焊同	赵延治
162	全国三维数字化创新设计大赛	2023	国家级	三等奖	王新童，焦毅维，张治海，魏雨林	刘丰，韩毅
163	“西门子杯”中国智能制造挑战赛	2023	国家级	一等奖	李孟亭，张赢元，崔骏菲	吴忠强
164	“西门子杯”中国智能制造挑战赛	2023	国家级	二等奖	赵世纪，张梦达，贾琳炫	孙浩，温淑慧
165	“西门子杯”中国智能制造挑战赛	2023	国家级	二等奖	马鑫鑫，董朝龙，崔作霖	孙迎兵，刘子健
166	中国大学生服务外包创新创业大赛	2023	国家级	二等奖	朱嘉晨，史凯伦，李佳航，曹仁杰，马践儒	
167	中国大学生服务外包创新创业大赛	2023	国家级	三等奖	魏千越，林翼航，刘才凤，叶凯，杨喻焯	冯建周
168	中国大学生服务外包创新创业大赛	2023	国家级	三等奖	赵景怡，顾悦宁，兰凯新	赵延治，王玉坤
169	中国大学生计算机设计大赛	2023	国家级	一等奖	石志峰	石中盘
170	中国大学生计算机设计大赛	2023	国家级	二等奖	王文睿，兰晨曦，孙明奇	余扬
171	中国大学生计算机设计大赛	2023	国家级	二等奖	郎铸荐	马凌云
172	中国大学生计算机设计大赛	2023	国家级	二等奖	董彭君，陈卓婷，甄晨蕊	王桂莉
173	中国大学生计算机设计大赛	2023	国家级	二等奖	刘郁婷，刘奇，展子洋	余扬
174	中国大学生计算机设计大赛	2023	国家级	二等奖	邢梦圆，乔义楠，阎嘉诚	李安冬
175	中国大学生计算机设计大赛	2023	国家级	二等奖	魏千越	冯建周，裴欢
176	中国大学生计算机设计大赛	2023	国家级	二等奖	刘才凤	郭栋梁
177	中国大学生计算机设计大赛	2023	国家级	二等奖	李正，杜安欣，石琳	余扬
178	中国大学生计算机设计大赛	2023	国家级	二等奖	张浩宇	余扬，尤殿龙
179	中国大学生计算机设计大赛	2023	国家级	二等奖	王丽敏，叶家惠，赵蕊	王宇
180	中国大学生计算机设计大赛	2023	国家级	三等奖	唐金霞，赵若轩	王年文

序号	竞赛名称	竞赛年份	获奖等级	奖项名称	获奖学生	指导老师
181	中国大学生计算机设计大赛	2023	国家级	三等奖	刘姿仪	王桂莉
182	中国大学生计算机设计大赛	2023	国家级	三等奖	张雅惠，苑琳，铉子逸	王艳亮，余扬
183	中国大学生计算机设计大赛	2023	国家级	三等奖	杨玥潇，袁文杰，史周	余扬
184	中国大学生计算机设计大赛	2023	国家级	三等奖	祝希韵，王祺骜，盖甜瑜	郭栋梁
185	中国大学生计算机设计大赛	2023	国家级	三等奖	唐聚贤，李夏楠，杨旺	李志明
186	中国高校计算机大赛－团体程序设计天梯赛	2023	国家级	全国团队二等奖	孙振轩，李一阳，李悠然，杨开开，叶凯，郭梓浩，牛彦深，金晨烨，赵玉航，刁玉军	穆运峰，郝小冰
187	中国高校计算机大赛－团体程序设计天梯赛	2023	国家级	全国团队三等奖	陈荣怀，孙明奇，张宇豪，李宝玉，杨楠，李佳龙，张浩楠，张云鹤，李想，敦子晗	李季辉，李可
188	中国高校计算机大赛－团体程序设计天梯赛	2023	国家级	全国团队三等奖	邵志旻，马英杰，颜立庆，吴亚楠，张鹤严，高翔宇，史诗雨，林翼航，朱梓潇，刘泽广	陈贺敏，余扬
189	蓝桥杯全国软件和信息技术专业人才大赛	2023	国家级	一等奖	侯健霖	李晓苗
190	蓝桥杯全国软件和信息技术专业人才大赛	2023	国家级	一等奖	田骏博	梅林
191	蓝桥杯全国软件和信息技术专业人才大赛	2023	国家级	一等奖	沈嘉博	骆曦
192	蓝桥杯全国软件和信息技术专业人才大赛	2023	国家级	一等奖	刘猛	袁精
193	蓝桥杯全国软件和信息技术专业人才大赛	2023	国家级	二等奖	宋庆豪	穆运峰
194	蓝桥杯全国软件和信息技术专业人才大赛	2023	国家级	二等奖	王舒正	李倩
195	蓝桥杯全国软件和信息技术专业人才大赛	2023	国家级	二等奖	何越	梅林
196	蓝桥杯全国软件和信息技术专业人才大赛	2023	国家级	二等奖	王红旭	丁浩
197	蓝桥杯全国软件和信息技术专业人才大赛	2023	国家级	二等奖	周子涵	窦燕
198	蓝桥杯全国软件和信息技术专业人才大赛	2023	国家级	二等奖	杨金茗	周悦
199	蓝桥杯全国软件和信息技术专业人才大赛	2023	国家级	二等奖	赵若岑	丁浩
200	蓝桥杯全国软件和信息技术专业人才大赛	2023	国家级	二等奖	黄松松	梅林
201	蓝桥杯全国软件和信息技术专业人才大赛	2023	国家级	二等奖	孙振轩	穆运峰
202	蓝桥杯全国软件和信息技术专业人才大赛	2023	国家级	二等奖	谢登辉	徐玉辰
203	蓝桥杯全国软件和信息技术专业人才大赛	2023	国家级	二等奖	张梦达	丁浩
204	蓝桥杯全国软件和信息技术专业人才大赛	2023	国家级	二等奖	宋吴覃	徐玉辰

序号	竞赛名称	竞赛年份	获奖等级	奖项名称	获奖学生	指导老师
205	蓝桥杯全国软件和信息技术专业人才大赛	2023	国家级	二等奖	汤洪宝	郭栋梁
206	蓝桥杯全国软件和信息技术专业人才大赛	2023	国家级	三等奖	刘泽广	李可
207	蓝桥杯全国软件和信息技术专业人才大赛	2023	国家级	三等奖	李一阳	穆运峰
208	蓝桥杯全国软件和信息技术专业人才大赛	2023	国家级	三等奖	刘哲源	穆运峰
209	蓝桥杯全国软件和信息技术专业人才大赛	2023	国家级	三等奖	赵玉航	穆运峰
210	蓝桥杯全国软件和信息技术专业人才大赛	2023	国家级	三等奖	唐湘黔	李可
211	蓝桥杯全国软件和信息技术专业人才大赛	2023	国家级	三等奖	王建权	张营
212	蓝桥杯全国软件和信息技术专业人才大赛	2023	国家级	三等奖	张佳浩	梅林
213	蓝桥杯全国软件和信息技术专业人才大赛	2023	国家级	三等奖	乔佳乐	王立新
214	蓝桥杯全国软件和信息技术专业人才大赛	2023	国家级	三等奖	叶凯	穆运峰
215	蓝桥杯全国软件和信息技术专业人才大赛	2023	国家级	三等奖	李汪洋	穆运峰
216	蓝桥杯全国软件和信息技术专业人才大赛	2023	国家级	三等奖	王焕文	呼忠权
217	蓝桥杯全国软件和信息技术专业人才大赛	2023	国家级	三等奖	杨开开	穆运峰
218	蓝桥杯全国软件和信息技术专业人才大赛	2023	国家级	三等奖	杨伊贝	周悦
219	蓝桥杯全国软件和信息技术专业人才大赛	2023	国家级	三等奖	李子傲	梅林
220	蓝桥杯全国软件和信息技术专业人才大赛	2023	国家级	三等奖	董博锐	袁精
221	蓝桥杯全国软件和信息技术专业人才大赛	2023	国家级	三等奖	吴亚楠	陈贺敏
222	蓝桥杯全国软件和信息技术专业人才大赛	2023	国家级	三等奖	李悠然	穆运峰
223	蓝桥杯全国软件和信息技术专业人才大赛	2023	国家级	三等奖	张旭	穆运峰
224	蓝桥杯全国软件和信息技术专业人才大赛	2023	国家级	三等奖	宋金环	刘国聘
225	蓝桥杯全国软件和信息技术专业人才大赛	2023	国家级	三等奖	王子易	陈树宗
226	蓝桥杯全国软件和信息技术专业人才大赛	2023	国家级	三等奖	刘婧源	周悦
227	蓝桥杯全国软件和信息技术专业人才大赛	2023	国家级	三等奖	牛彦深	穆运峰
228	蓝桥杯全国软件和信息技术专业人才大赛	2023	国家级	三等奖	温惠钞	骆曦

序号	竞赛名称	竞赛年份	获奖等级	奖项名称	获奖学生	指导老师
229	蓝桥杯全国软件和信息技术专业人才大赛	2023	国家级	三等奖	陈荣怀	李季辉
230	蓝桥杯全国软件和信息技术专业人才大赛	2023	国家级	三等奖	郭梓浩	郝晓冰
231	蓝桥杯全国软件和信息技术专业人才大赛	2023	国家级	优秀奖	李佳龙	陈贺敏
232	蓝桥杯全国软件和信息技术专业人才大赛	2023	国家级	优秀奖	金晨烨	余扬
233	蓝桥杯全国软件和信息技术专业人才大赛	2023	国家级	优秀奖	郭甜甜	李倩
234	蓝桥杯全国软件和信息技术专业人才大赛	2023	国家级	优秀奖	马金泽	周悦
235	蓝桥杯全国软件和信息技术专业人才大赛	2023	国家级	优秀奖	王梦阳	王立新
236	蓝桥杯全国软件和信息技术专业人才大赛	2023	国家级	优秀奖	李轩	沈秀敏
237	蓝桥杯全国软件和信息技术专业人才大赛	2023	国家级	优秀奖	杨楠	李季辉
238	蓝桥杯全国软件和信息技术专业人才大赛	2023	国家级	优秀奖	白玉涛	穆运峰
239	蓝桥杯全国软件和信息技术专业人才大赛	2023	国家级	优秀奖	沈兴悦	李学平
240	米兰设计周－中国高校设计学科师生优秀作品展	2023	国家级	一等奖	于宛佳慧，王劲松，陈昱志	王年文
241	米兰设计周－中国高校设计学科师生优秀作品展	2023	国家级	一等奖	陈祎捷	常鑫
242	米兰设计周－中国高校设计学科师生优秀作品展	2023	国家级	一等奖	朱林娜，马婧雯	王泽烨
243	米兰设计周－中国高校设计学科师生优秀作品展	2023	国家级	一等奖	史凯文，王佳宇，李陆源	张芳兰
244	米兰设计周－中国高校设计学科师生优秀作品展	2023	国家级	一等奖	李亚婧	刘月林
245	米兰设计周－中国高校设计学科师生优秀作品展	2023	国家级	一等奖	于新	陈旭
246	米兰设计周－中国高校设计学科师生优秀作品展	2023	国家级	一等奖	王美达，哈日其嘎，刘家兴	
247	米兰设计周－中国高校设计学科师生优秀作品展	2023	国家级	二等奖	赵千瑞，李沁灿，陈鸿明	温瑀
248	米兰设计周－中国高校设计学科师生优秀作品展	2023	国家级	二等奖	史凯文，朱文帅	张芳兰
249	米兰设计周－中国高校设计学科师生优秀作品展	2023	国家级	二等奖	薛小琪	常鑫
250	米兰设计周－中国高校设计学科师生优秀作品展	2023	国家级	二等奖	于宛佳慧，万中华	王年文
251	米兰设计周－中国高校设计学科师生优秀作品展	2023	国家级	二等奖	常鑫	
252	米兰设计周－中国高校设计学科师生优秀作品展	2023	国家级	二等奖	庞朝日，赵静，王泽伦	哈日其嘎，尚师宇

序号	竞赛名称	竞赛年份	获奖等级	奖项名称	获奖学生	指导老师
253	米兰设计周－中国高校设计学科师生优秀作品展	2023	国家级	二等奖	庞朝日，赵静，钟情	张萍，李倩
254	米兰设计周－中国高校设计学科师生优秀作品展	2023	国家级	二等奖	牛晓娟，赵雪，何咏璇	张芳兰
255	米兰设计周－中国高校设计学科师生优秀作品展	2023	国家级	二等奖	于宛佳慧，杨玉欣，饶思聪	王年文
256	米兰设计周－中国高校设计学科师生优秀作品展	2023	国家级	二等奖	张硕，张慧康，李经纬	孙利，吴俭涛
257	米兰设计周－中国高校设计学科师生优秀作品展	2023	国家级	二等奖	于利洋	孙利，吴俭涛
258	米兰设计周－中国高校设计学科师生优秀作品展	2023	国家级	二等奖	于利洋，于宛佳慧	孙利，吴俭涛
259	米兰设计周－中国高校设计学科师生优秀作品展	2023	国家级	二等奖	詹官杰，陈瑞，刘家兴	巴玥，翟艳
260	米兰设计周－中国高校设计学科师生优秀作品展	2023	国家级	二等奖	张曼蕾	
261	米兰设计周－中国高校设计学科师生优秀作品展	2023	国家级	二等奖	蔡祥，李晨洋	巴玥，温瑀
262	米兰设计周－中国高校设计学科师生优秀作品展	2023	国家级	二等奖	赵千瑞，周万翊，李梦杭	关泽
263	米兰设计周－中国高校设计学科师生优秀作品展	2023	国家级	二等奖	赵千瑞，周万翊，王思淼	翟艳，桑懿
264	米兰设计周－中国高校设计学科师生优秀作品展	2023	国家级	二等奖	张硕，孙倩哲，李一鸣	孙利，吴俭涛
265	米兰设计周－中国高校设计学科师生优秀作品展	2023	国家级	二等奖	张硕，孙倩哲，张慧康	孙利，吴俭涛
266	米兰设计周－中国高校设计学科师生优秀作品展	2023	国家级	二等奖	刘昱辰，赵千瑞，李文俊	温瑀
267	米兰设计周－中国高校设计学科师生优秀作品展	2023	国家级	二等奖	赵千瑞，周万翊，王思淼	巴玥
268	米兰设计周－中国高校设计学科师生优秀作品展	2023	国家级	二等奖	胡芳瑜，裘琳欣	巴玥
269	米兰设计周－中国高校设计学科师生优秀作品展	2023	国家级	三等奖	庞朝日，赵静，郭春静	尚师宇，王美达
270	米兰设计周－中国高校设计学科师生优秀作品展	2023	国家级	三等奖	曾甜，苏泽新，徐丽	冯希
271	米兰设计周－中国高校设计学科师生优秀作品展	2023	国家级	三等奖	胡晔，罗沛霖，翟素霞	秦崇伟
272	米兰设计周－中国高校设计学科师生优秀作品展	2023	国家级	三等奖	王文睿	于雷
273	米兰设计周－中国高校设计学科师生优秀作品展	2023	国家级	三等奖	曾甜，苏泽新，韩昕哲	李虹
274	米兰设计周－中国高校设计学科师生优秀作品展	2023	国家级	三等奖	陈涵泊，唐鑫	秦崇伟
275	米兰设计周－中国高校设计学科师生优秀作品展	2023	国家级	三等奖	黄涛，万中华，高歆妍，张静，丁小怡	王年文
276	米兰设计周－中国高校设计学科师生优秀作品展	2023	国家级	三等奖	周舒婷，赵雪，何咏璇	张芳兰

序号	竞赛名称	竞赛年份	获奖等级	奖项名称	获奖学生	指导老师
277	米兰设计周－中国高校设计学科师生优秀作品展	2023	国家级	三等奖	陈加桢	王年文
278	米兰设计周－中国高校设计学科师生优秀作品展	2023	国家级	三等奖	周舒婷，牛晓娟，孙岑颖	张芳兰
279	米兰设计周－中国高校设计学科师生优秀作品展	2023	国家级	三等奖	张依琳，范嘉音，李洁	扈剑颖
280	米兰设计周－中国高校设计学科师生优秀作品展	2023	国家级	三等奖	孙雪晴，杨莹莹，杨玉欣	王年文
281	米兰设计周－中国高校设计学科师生优秀作品展	2023	国家级	三等奖	吕帅帅，陈军，李贝	王泽烨
282	米兰设计周－中国高校设计学科师生优秀作品展	2023	国家级	三等奖	庞朝日，赵静，郭春静	尚师宇，王美达
283	米兰设计周－中国高校设计学科师生优秀作品展	2023	国家级	三等奖	严沁荷，李雨荷，王愫	刘月林
284	米兰设计周－中国高校设计学科师生优秀作品展	2023	国家级	三等奖	张硕，王若溪，王潇彤	孙利，吴俭涛
285	米兰设计周－中国高校设计学科师生优秀作品展	2023	国家级	三等奖	杨玉欣，孙雪晴，王劲松	王年文
286	米兰设计周－中国高校设计学科师生优秀作品展	2023	国家级	三等奖	何咏璇，赵雪，孙岑颖	张芳兰
287	米兰设计周－中国高校设计学科师生优秀作品展	2023	国家级	三等奖	乔璐，宋朋宇，梅笑雪	刘月林
288	米兰设计周－中国高校设计学科师生优秀作品展	2023	国家级	三等奖	李雨荷，严沁荷	刘月林
289	米兰设计周－中国高校设计学科师生优秀作品展	2023	国家级	三等奖	于宛佳慧，杨莹莹，张梦婷	王年文
290	米兰设计周－中国高校设计学科师生优秀作品展	2023	国家级	三等奖	田宁，陈永亮，冯新愿	吴俭涛，孙利
291	米兰设计周－中国高校设计学科师生优秀作品展	2023	国家级	三等奖	张硕，王若溪，王潇彤	孙利，吴俭涛
292	米兰设计周－中国高校设计学科师生优秀作品展	2023	国家级	三等奖	王佳宇，宇文瑞，张锐	
293	米兰设计周－中国高校设计学科师生优秀作品展	2023	国家级	三等奖	严沁荷，李雨荷，梅笑雪	刘月林
294	米兰设计周－中国高校设计学科师生优秀作品展	2023	国家级	三等奖	邱慎远，高江，王凯歌	王丁
295	米兰设计周－中国高校设计学科师生优秀作品展	2023	国家级	三等奖	尹磊，陈锴，金学爽	侯士江
296	米兰设计周－中国高校设计学科师生优秀作品展	2023	国家级	三等奖	黄向文，刘欣玥，刘世童	哈日期嘎，尚师宇
297	米兰设计周－中国高校设计学科师生优秀作品展	2023	国家级	三等奖	张硕，陈延纯，李经纬	孙利，吴俭涛
298	米兰设计周－中国高校设计学科师生优秀作品展	2023	国家级	三等奖	张硕，李满坡，李佳敏	孙利，吴俭涛
299	米兰设计周－中国高校设计学科师生优秀作品展	2023	国家级	三等奖	薛惠珍，刘婷婷，贺蔷蓉	王媚雪
300	米兰设计周－中国高校设计学科师生优秀作品展	2023	国家级	三等奖	杨莹莹，秦文静，孙雪晴	王年文

序号	竞赛名称	竞赛年份	获奖等级	奖项名称	获奖学生	指导老师
301	米兰设计周－中国高校设计学科师生优秀作品展	2023	国家级	三等奖	金学爽，陈锴，雷晗	侯士江
302	米兰设计周－中国高校设计学科师生优秀作品展	2023	国家级	三等奖	杜玉洁，刘婷婷，孙浩楠，韩昕哲	王媚雪
303	米兰设计周－中国高校设计学科师生优秀作品展	2023	国家级	三等奖	张硕，李一鸣，李满坡	孙利，吴俭涛
304	米兰设计周 - 中国高校设计学科师生优秀作品展	2023	国家级	三等奖	王文睿，许依诺，范琳，王雪帆	李广振，卢颖
305	全国大学生光电设计竞赛	2023	国家级	一等奖	尉洪玮，莫龙，朱梓潇	付兴虎
306	全国大学生光电设计竞赛	2023	国家级	一等奖	杨玥潇，王晨晓，樊莹莹	毕卫红
307	全国大学生光电设计竞赛	2023	国家级	二等奖	刘佳怡，郭宏利，陆雨晴	毕卫红
308	全国大学生光电设计竞赛	2023	国家级	二等奖	段利洋，何顺顺，郭欣园	温江涛，付兴虎
309	全国大学生光电设计竞赛	2023	国家级	二等奖	及松林，金琢然，何悦	齐跃峰
310	全国大学生光电设计竞赛	2023	国家级	二等奖	乔佳乐，周冬慧，孟然	李江昊
311	全国大学生金相技能大赛	2023	国家级	一等奖	宁榴莲	王妍，刘建华
312	全国大学生金相技能大赛	2023	国家级	一等奖	崔新齐	王鹏，刘建华
313	全国大学生金相技能大赛	2023	国家级	二等奖	李佳	范学美，刘建华
314	全国大学生金相技能大赛	2023	国家级	二等奖	张笑影	李艳国，刘建华
315	全国大学生金相技能大赛	2023	国家级	三等奖	张楚杭	王妍，刘建华
316	全国大学生金相技能大赛	2023	国家级	三等奖	翟尧乐	王妍，刘建华
317	全国大学生金相技能大赛	2023	国家级	三等奖	黄佳俊	王鹏，刘建华
318	全国大学生金相技能大赛	2023	国家级	三等奖	张晓晨	李艳国，刘建华
319	全国大学生金相技能大赛	2023	国家级	三等奖	奚聪硕	王亦晨，刘建华
320	全国大学生金相技能大赛	2023	国家级	团体二等奖	燕山大学	
321	未来设计师・全国高校数字艺术设计大赛	2023	国家级	一等奖	张雅惠，范琳，王雪帆	王艳亮，冯希
322	未来设计师・全国高校数字艺术设计大赛	2023	国家级	一等奖	杨星月，王欣雨，林昱圻	孙利，王敏杰
323	未来设计师・全国高校数字艺术设计大赛	2023	国家级	一等奖	李佳慧	王年文
324	未来设计师・全国高校数字艺术设计大赛	2023	国家级	一等奖	李桂成，张菡，田非凡	李虹
325	未来设计师・全国高校数字艺术设计大赛	2023	国家级	一等奖	董欢，杜玉洁，刘家兴	关泽，温瑀
326	未来设计师・全国高校数字艺术设计大赛	2023	国家级	一等奖	董景琦，邵黎明，伍清韵	王丁
327	未来设计师・全国高校数字艺术设计大赛	2023	国家级	二等奖	王龙昊，张宁	桑懿，姜博
328	未来设计师・全国高校数字艺术设计大赛	2023	国家级	二等奖	王子一	王年文，孙利
329	未来设计师・全国高校数字艺术设计大赛	2023	国家级	二等奖	干静茹，刘佳馨	巴玥
330	未来设计师・全国高校数字艺术设计大赛	2023	国家级	二等奖	赵畅，邱欣彤，侯霁航	扈剑颖

序号	竞赛名称	竞赛年份	获奖等级	奖项名称	获奖学生	指导老师
331	未来设计师•全国高校数字艺术设计大赛	2023	国家级	二等奖	陆冬雪，徐可，李晓玥	孙利，冯希
332	未来设计师•全国高校数字艺术设计大赛	2023	国家级	二等奖	于利洋，李满坡，于宛佳慧	孙利，吴俭涛
333	未来设计师•全国高校数字艺术设计大赛	2023	国家级	二等奖	万中华，黄涛，高歆妍	王年文，王青田
334	未来设计师•全国高校数字艺术设计大赛	2023	国家级	二等奖	赵靖祎，邹申奥	李虹
335	未来设计师•全国高校数字艺术设计大赛	2023	国家级	三等奖	陈怡涛，张齐馨，燕红亚	栗功
336	未来设计师•全国高校数字艺术设计大赛	2023	国家级	三等奖	李冬丽	王媚雪
337	未来设计师•全国高校数字艺术设计大赛	2023	国家级	三等奖	李慕琼，畅亦菲，李泽林	王泽烨
338	未来设计师•全国高校数字艺术设计大赛	2023	国家级	三等奖	董欢，张凯栋，陈俞昂	栗功，王泽烨
339	未来设计师•全国高校数字艺术设计大赛	2023	国家级	三等奖	郭珊，常佳琪，刘小丫	扈剑颖
340	未来设计师•全国高校数字艺术设计大赛	2023	国家级	三等奖	黄贤平	张芳兰
341	未来设计师•全国高校数字艺术设计大赛	2023	国家级	三等奖	赵雪，牛晓娟，周舒婷	张芳兰
342	未来设计师•全国高校数字艺术设计大赛	2023	国家级	三等奖	丁语欣，孟祥毅，侯泽业，李春旭，杜秋实	王三众
343	未来设计师•全国高校数字艺术设计大赛	2023	国家级	三等奖	翟素霞，曹阳，崔健	欧新菊
344	未来设计师•全国高校数字艺术设计大赛	2023	国家级	三等奖	徐丽，王帅，申正义	王年文，陈国强
345	未来设计师•全国高校数字艺术设计大赛	2023	国家级	三等奖	张宇泽，张博诚	侯士江
346	未来设计师•全国高校数字艺术设计大赛	2023	国家级	优秀奖	孟祥格，张训讯	欧新菊
347	全国周培源大学生力学竞赛	2023	国家级	三等奖	姚言普	
348	全国周培源大学生力学竞赛	2023	国家级	三等奖	赵禹熙	
349	全国周培源大学生力学竞赛	2023	国家级	三等奖	魏向倩	
350	全国周培源大学生力学竞赛	2023	国家级	三等奖	张韩枫	
351	全国周培源大学生力学竞赛	2023	国家级	三等奖	李何翔	
352	全国周培源大学生力学竞赛	2023	国家级	三等奖	骆昊宇	
353	全国周培源大学生力学竞赛	2023	国家级	三等奖	王翌辉	
354	全国周培源大学生力学竞赛	2023	国家级	三等奖	王新缘	
355	全国周培源大学生力学竞赛	2023	国家级	三等奖	王杰浩	
356	全国周培源大学生力学竞赛	2023	国家级	三等奖	李青	
357	全国周培源大学生力学竞赛	2023	国家级	三等奖	秦玺曜	
358	全国周培源大学生力学竞赛	2023	国家级	三等奖	郝傲宇	
359	全国周培源大学生力学竞赛	2023	国家级	三等奖	杨汝康	

序号	竞赛名称	竞赛年份	获奖等级	奖项名称	获奖学生	指导老师
360	全国周培源大学生力学竞赛	2023	国家级	三等奖	刘江悦	
361	全国周培源大学生力学竞赛	2023	国家级	三等奖	李清念	
362	全国周培源大学生力学竞赛	2023	国家级	三等奖	张泉	
363	全国周培源大学生力学竞赛	2023	国家级	三等奖	章志强	
364	全国周培源大学生力学竞赛	2023	国家级	三等奖	黄毅	
365	全国周培源大学生力学竞赛	2023	国家级	三等奖	傅鉴峰	
366	全国周培源大学生力学竞赛	2023	国家级	三等奖	刘家轩	
367	全国周培源大学生力学竞赛	2023	国家级	三等奖	鲁玉聪	
368	全国周培源大学生力学竞赛	2023	国家级	三等奖	陈亚楠	
369	全国周培源大学生力学竞赛	2023	国家级	三等奖	徐雨超	
370	全国周培源大学生力学竞赛	2023	国家级	三等奖	张昊	
371	全国周培源大学生力学竞赛	2023	国家级	三等奖	谷振宇	
372	全国周培源大学生力学竞赛	2023	国家级	三等奖	张添天	
373	全国周培源大学生力学竞赛	2023	国家级	三等奖	杜博豪	
374	全国周培源大学生力学竞赛	2023	国家级	三等奖	陈宝华	
375	全国周培源大学生力学竞赛	2023	国家级	三等奖	郑雨鑫	
376	全国周培源大学生力学竞赛	2023	国家级	三等奖	吴京涛	
377	全国周培源大学生力学竞赛	2023	国家级	三等奖	马嘉豪	
378	全国周培源大学生力学竞赛	2023	国家级	三等奖	石家赫	
379	全国周培源大学生力学竞赛	2023	国家级	三等奖	冯佳亮	
380	全国周培源大学生力学竞赛	2023	国家级	三等奖	张俊鹏	
381	全国周培源大学生力学竞赛	2023	国家级	三等奖	许晗迪	
382	全国周培源大学生力学竞赛	2023	国家级	三等奖	张慧龙	
383	全国周培源大学生力学竞赛	2023	国家级	三等奖	梁飞行	
384	全国周培源大学生力学竞赛	2023	国家级	三等奖	李秋霖	
385	全国周培源大学生力学竞赛	2023	国家级	三等奖	张云鹏	
386	全国周培源大学生力学竞赛	2023	国家级	“理论设计与操作团体赛”三等奖	吴京涛，魏向倩，张慧龙，赵禹熙	
387	全国周培源大学生力学竞赛	2023	国家级	三等奖	许华航	
388	全国周培源大学生力学竞赛	2023	国家级	三等奖	陶博勋	
389	全国周培源大学生力学竞赛	2023	国家级	三等奖	陈芝薄	
390	全国周培源大学生力学竞赛	2023	国家级	三等奖	杨骁	
391	全国周培源大学生力学竞赛	2023	国家级	优秀奖	李玉洁	
392	全国周培源大学生力学竞赛	2023	国家级	优秀奖	李锦涵	
393	全国周培源大学生力学竞赛	2023	国家级	优秀奖	王震	
394	全国周培源大学生力学竞赛	2023	国家级	优秀奖	汪勇林	
395	全国周培源大学生力学竞赛	2023	国家级	优秀奖	谭佳欣	

序号	竞赛名称	竞赛年份	获奖等级	奖项名称	获奖学生	指导老师
396	全国周培源大学生力学竞赛	2023	国家级	优秀奖	丁彦东	
397	全国周培源大学生力学竞赛	2023	国家级	优秀奖	张瑞琦	
398	全国周培源大学生力学竞赛	2023	国家级	优秀奖	贺泓翰	
399	全国周培源大学生力学竞赛	2023	国家级	优秀奖	王忠华	
400	全国周培源大学生力学竞赛	2023	国家级	优秀奖	郭彤辉	
401	全国周培源大学生力学竞赛	2023	国家级	优秀奖	石佳轩	
402	全国周培源大学生力学竞赛	2023	国家级	优秀奖	李思哲	
403	全国周培源大学生力学竞赛	2023	国家级	优秀奖	李梦寒	
404	全国周培源大学生力学竞赛	2023	国家级	优秀奖	安晓洋	
405	全国周培源大学生力学竞赛	2023	国家级	优秀奖	左剑霖	
406	全国周培源大学生力学竞赛	2023	国家级	优秀奖	史士奇	
407	全国周培源大学生力学竞赛	2023	国家级	优秀奖	韩怡锋	
408	全国周培源大学生力学竞赛	2023	国家级	优秀奖	廖若星	
409	全国周培源大学生力学竞赛	2023	国家级	优秀奖	冯和生	
410	全国周培源大学生力学竞赛	2023	国家级	优秀奖	田佳硕	
411	全国周培源大学生力学竞赛	2023	国家级	优秀奖	张任	
412	全国周培源大学生力学竞赛	2023	国家级	优秀奖	王梦阳	
413	全国周培源大学生力学竞赛	2023	国家级	优秀奖	王显夫	
414	全国周培源大学生力学竞赛	2023	国家级	优秀奖	万云晓	
415	全国周培源大学生力学竞赛	2023	国家级	优秀奖	董昂	
416	全国周培源大学生力学竞赛	2023	国家级	优秀奖	王晨哲	
417	全国周培源大学生力学竞赛	2023	国家级	优秀奖	宗臻	
418	全国周培源大学生力学竞赛	2023	国家级	优秀奖	朱恒飞	
419	全国周培源大学生力学竞赛	2023	国家级	优秀奖	付长睿	
420	全国周培源大学生力学竞赛	2023	国家级	优秀奖	魏梦浩	
421	全国周培源大学生力学竞赛	2023	国家级	优秀奖	米天浩	
422	全国周培源大学生力学竞赛	2023	国家级	优秀奖	韩嘉棋	
423	全国周培源大学生力学竞赛	2023	国家级	优秀奖	李卓	
424	全国周培源大学生力学竞赛	2023	国家级	优秀奖	于红淼	
425	全国周培源大学生力学竞赛	2023	国家级	优秀奖	董朝龙	
426	全国周培源大学生力学竞赛	2023	国家级	优秀奖	芦智奇	
427	全国周培源大学生力学竞赛	2023	国家级	优秀奖	金海枫	
428	全国周培源大学生力学竞赛	2023	国家级	优秀奖	洪展	
429	全国周培源大学生力学竞赛	2023	国家级	优秀奖	李春旭	
430	全国周培源大学生力学竞赛	2023	国家级	优秀奖	翁金旭	
431	全国周培源大学生力学竞赛	2023	国家级	优秀奖	冯智杰	
432	全国周培源大学生力学竞赛	2023	国家级	优秀奖	王严	
433	全国周培源大学生力学竞赛	2023	国家级	优秀奖	罗国传	

序号	竞赛名称	竞赛年份	获奖等级	奖项名称	获奖学生	指导老师
434	全国周培源大学生力学竞赛	2023	国家级	优秀奖	徐森	
435	全国周培源大学生力学竞赛	2023	国家级	优秀奖	梁瑞祥	
436	全国周培源大学生力学竞赛	2023	国家级	优秀奖	尹泽豪	
437	全国周培源大学生力学竞赛	2023	国家级	优秀奖	李洪冬	
438	全国周培源大学生力学竞赛	2023	国家级	优秀奖	曲海翔	
439	全国周培源大学生力学竞赛	2023	国家级	优秀奖	刘天尧	
440	全国周培源大学生力学竞赛	2023	国家级	优秀奖	王钘	
441	全国周培源大学生力学竞赛	2023	国家级	优秀奖	杨敬贤	
442	全国周培源大学生力学竞赛	2023	国家级	优秀奖	徐佳兴	
443	全国周培源大学生力学竞赛	2023	国家级	优秀奖	刘江昆	
444	全国周培源大学生力学竞赛	2023	国家级	优秀奖	张旭凤	
445	全国周培源大学生力学竞赛	2023	国家级	优秀奖	王子跃	
446	全国周培源大学生力学竞赛	2023	国家级	优秀奖	李少康	
447	全国周培源大学生力学竞赛	2023	国家级	优秀奖	张晓晨	
448	全国周培源大学生力学竞赛	2023	国家级	优秀奖	崔新齐	
449	全国周培源大学生力学竞赛	2023	国家级	优秀奖	张国强	
450	全国周培源大学生力学竞赛	2023	国家级	优秀奖	邸思铭	
451	全国周培源大学生力学竞赛	2023	国家级	优秀奖	高少博	
452	全国周培源大学生力学竞赛	2023	国家级	优秀奖	刘飞龙	
453	全国周培源大学生力学竞赛	2023	国家级	优秀奖	王丙乾	
454	全国周培源大学生力学竞赛	2023	国家级	优秀奖	沈茂宸	
455	全国周培源大学生力学竞赛	2023	国家级	优秀奖	陈昭旭	
456	全国周培源大学生力学竞赛	2023	国家级	优秀奖	殷鹏	
457	全国周培源大学生力学竞赛	2023	国家级	优秀奖	顾家骏	
458	全国周培源大学生力学竞赛	2023	国家级	优秀奖	胡本豪	
459	全国周培源大学生力学竞赛	2023	国家级	优秀奖	牛文亮	
460	全国周培源大学生力学竞赛	2023	国家级	优秀奖	韩亦伟	
461	全国周培源大学生力学竞赛	2023	国家级	优秀奖	黄俊钊	
462	全国周培源大学生力学竞赛	2023	国家级	优秀奖	罗曜坤	
463	全国周培源大学生力学竞赛	2023	国家级	优秀奖	李森	
464	全国周培源大学生力学竞赛	2023	国家级	优秀奖	宣其威	
465	全国周培源大学生力学竞赛	2023	国家级	优秀奖	张帅奇	
466	全国周培源大学生力学竞赛	2023	国家级	优秀奖	孙赵亮	
467	全国周培源大学生力学竞赛	2023	国家级	优秀奖	刘露芊	
468	全国周培源大学生力学竞赛	2023	国家级	优秀奖	谢文杰	
469	全国周培源大学生力学竞赛	2023	国家级	优秀奖	陈家俊	
470	全国周培源大学生力学竞赛	2023	国家级	优秀奖	刘旭东	
471	全国周培源大学生力学竞赛	2023	国家级	优秀奖	刘城	

序号	竞赛名称	竞赛年份	获奖等级	奖项名称	获奖学生	指导老师
472	全国周培源大学生力学竞赛	2023	国家级	优秀奖	庞嘉明	
473	全国周培源大学生力学竞赛	2023	国家级	优秀奖	涂宇鑫	
474	全国周培源大学生力学竞赛	2023	国家级	优秀奖	吴佳傲	
475	全国周培源大学生力学竞赛	2023	国家级	优秀奖	赵湛杰	
476	全国周培源大学生力学竞赛	2023	国家级	优秀奖	史兆延	
477	全国周培源大学生力学竞赛	2023	国家级	优秀奖	王子易	
478	全国周培源大学生力学竞赛	2023	国家级	优秀奖	高立媛	
479	全国周培源大学生力学竞赛	2023	国家级	优秀奖	谢昊霏	
480	全国周培源大学生力学竞赛	2023	国家级	优秀奖	祁少康	
481	全国周培源大学生力学竞赛	2023	国家级	优秀奖	许尧林	
482	全国周培源大学生力学竞赛	2023	国家级	优秀奖	宋林权	
483	全国周培源大学生力学竞赛	2023	国家级	优秀奖	伏磊	
484	全国周培源大学生力学竞赛	2023	国家级	优秀奖	师哲	
485	全国周培源大学生力学竞赛	2023	国家级	优秀奖	徐晶	
486	全国周培源大学生力学竞赛	2023	国家级	优秀奖	张磊	
487	全国周培源大学生力学竞赛	2023	国家级	优秀奖	丁亚鹏	
488	全国周培源大学生力学竞赛	2023	国家级	优秀奖	王刚	
489	全国周培源大学生力学竞赛	2023	国家级	优秀奖	朱烁	
490	全国周培源大学生力学竞赛	2023	国家级	优秀奖	王晨	
491	全国周培源大学生力学竞赛	2023	国家级	优秀奖	韩爽	
492	全国周培源大学生力学竞赛	2023	国家级	优秀奖	黄琦伟	
493	全国周培源大学生力学竞赛	2023	国家级	优秀奖	连正旸	
494	全国周培源大学生力学竞赛	2023	国家级	优秀奖	聂晓帅	
495	全国周培源大学生力学竞赛	2023	国家级	优秀奖	熊波	
496	全国周培源大学生力学竞赛	2023	国家级	优秀奖	王智	
497	全国周培源大学生力学竞赛	2023	国家级	优秀奖	杜博晗	
498	全国周培源大学生力学竞赛	2023	国家级	优秀奖	庄佳城	
499	全国周培源大学生力学竞赛	2023	国家级	优秀奖	刘旺盛	
500	全国周培源大学生力学竞赛	2023	国家级	优秀奖	孙亚楠	
501	全国周培源大学生力学竞赛	2023	国家级	优秀奖	许博文	
502	全国周培源大学生力学竞赛	2023	国家级	优秀奖	段仕博	
503	全国周培源大学生力学竞赛	2023	国家级	优秀奖	杨建行	
504	全国周培源大学生力学竞赛	2023	国家级	优秀奖	薛运起	
505	全国周培源大学生力学竞赛	2023	国家级	优秀奖	于博	
506	全国周培源大学生力学竞赛	2023	国家级	优秀奖	米国言	
507	全国周培源大学生力学竞赛	2023	国家级	优秀奖	韩淋善	
508	全国周培源大学生力学竞赛	2023	国家级	优秀奖	田林鑫	
509	全国周培源大学生力学竞赛	2023	国家级	优秀奖	赵田元	

序号	竞赛名称	竞赛年份	获奖等级	奖项名称	获奖学生	指导老师
510	全国周培源大学生力学竞赛	2023	国家级	优秀奖	王亚宁	
511	全国周培源大学生力学竞赛	2023	国家级	优秀奖	张宇鹏	
512	全国周培源大学生力学竞赛	2023	国家级	优秀奖	李千华	
513	全国周培源大学生力学竞赛	2023	国家级	优秀奖	徐崧凯	
514	全国周培源大学生力学竞赛	2023	国家级	优秀奖	姜久泰	
515	全国周培源大学生力学竞赛	2023	国家级	优秀奖	陈江文	
516	全国周培源大学生力学竞赛	2023	国家级	优秀奖	范嘉庆	
517	全国周培源大学生力学竞赛	2023	国家级	优秀奖	李子豪	
518	全国周培源大学生力学竞赛	2023	国家级	优秀奖	张正	
519	全国周培源大学生力学竞赛	2023	国家级	优秀奖	张志鹏	
520	全国周培源大学生力学竞赛	2023	国家级	优秀奖	蒋超	
521	全国周培源大学生力学竞赛	2023	国家级	优秀奖	李佳航	
522	全国周培源大学生力学竞赛	2023	国家级	“基础力学实验团体赛”优秀奖	吴京涛，魏向倩，张慧龙，赵禹熙	
523	中国大学生机械工程创新创意大赛	2023	国家级	决赛一等奖	姜泽，魏克，赵哲，李艺超	许允斗，韩博
524	中国大学生机械工程创新创意大赛	2023	国家级	决赛一等奖	贾雯喆，刘鑫，贾子锐，王晓琼，黄子薪	刘建华，范学美
525	中国大学生机械工程创新创意大赛	2023	国家级	决赛一等奖	王定煜，梁栋，郝金鹿，郭琪	姚静，王佩
526	中国大学生机械工程创新创意大赛	2023	国家级	决赛二等奖	陈博，贺俊清，魏欣陆，邢则拯	许允斗，蔡大军
527	中国大学生机械工程创新创意大赛	2023	国家级	决赛二等奖	闫学峰，董润洲，李宏光，付华君，张海达	杨志南
528	中国大学生机械工程创新创意大赛	2023	国家级	决赛二等奖	樊建勋，陈雪婵，张振，史凯伦	陈子明
529	中国大学生机械工程创新创意大赛	2023	国家级	决赛二等奖	齐浩楠	陈子明，刘飞
530	中国大学生机械工程创新创意大赛	2023	国家级	决赛二等奖	李彦杰，杜爽，董超杰，孔凡苏	郭凯，张红升
531	中国大学生机械工程创新创意大赛	2023	国家级	决赛二等奖	刘嘉伟，韩振，樊政伟，董历铭	赵延治
532	中国大学生机械工程创新创意大赛	2023	国家级	决赛三等奖	霍文腾，李正言，张正昊，马海克	毛清华
533	中国大学生机械工程创新创意大赛	2023	国家级	决赛三等奖	何育田，皮亚飞，曹艳强	金昕，李斌
534	中国大学生机械工程创新创意大赛	2023	国家级	决赛三等奖	张梦雅，牛子璇，沈圣涵，张琳曼，朱冉冉	刘建华，王天生
535	中国大学生机械工程创新创意大赛	2023	国家级	决赛三等奖	宁榴莲，李佳，王可欣，刘卓然，杨振熙	刘建华，王岳峰
536	中国大学生机械工程创新创意大赛	2023	国家级	决赛三等奖	邓济阳	袁晓明，葛俊礼

序号	竞赛名称	竞赛年份	获奖等级	奖项名称	获奖学生	指导老师
537	中国大学生机械工程创新创意大赛	2023	国家级	决赛三等奖	陈昱霖	李艳文，潘秋明
538	中国大学生机械工程创新创意大赛	2023	国家级	决赛三等奖	张文军，顾清，张冀，崔熙颖	白振华
539	中国大学生机械工程创新创意大赛	2023	国家级	决赛三等奖	韩文广，巴名远，柴文彬，郭硕磊	王艳亮
540	中国大学生机械工程创新创意大赛	2023	国家级	决赛三等奖	韩智聪，马超，牛迎豪，刘炜亮	孙建亮
541	“大唐杯”全国大学生新一代信息通信技术大赛	2023	国家级	二等奖	杨迪，严磊	魏东
542	全国大学生嵌入式芯片与系统设计竞赛	2023	国家级	二等奖	赵兴旺，卢宇庆，林钊矩	党会
543	全国大学生嵌入式芯片与系统设计竞赛	2023	国家级	二等奖	徐一诺，曹俊逸，敬硕	李晓磊
544	全国大学生嵌入式芯片与系统设计竞赛	2023	国家级	二等奖	黄远，孔维帅，闫帅凯	潘钊，陈白
545	全国大学生嵌入式芯片与系统设计竞赛	2023	国家级	三等奖	李佳豪，时磊，尉源枢	党会
546	全国大学生嵌入式芯片与系统设计竞赛	2023	国家级	三等奖	马常乐，于子航，莫亿龙	华长春，骆曦
547	全国大学生嵌入式芯片与系统设计竞赛	2023	国家级	三等奖	耿波，卢方耀，王鹏宇	华长春，骆曦
548	全国大学生嵌入式芯片与系统设计竞赛	2023	国家级	三等奖	王豪杰，马文钰，徐佳欣	党会
549	全国大学生嵌入式芯片与系统设计竞赛	2023	国家级	三等奖	邵振东，方凯，张坤朋	党会
550	全国大学生生命科学竞赛（CULSC）－生命科学竞赛	2023	国家级	一等奖	王俊杰，王菁，黄子芮，张敏，任锡波	韩增胜，李健
551	全国大学生生命科学竞赛（CULSC）－生命科学竞赛	2023	国家级	二等奖	齐素萱，杨可欣，贾海瑶，许婷婷	朱瑞艳，张晓宇
552	全国大学生生命科学竞赛（CULSC）－生命创新创业大赛	2023	国家级	二等奖	乔义楠，王奕璇，孟泽阳，邢梦圆	李安冬
553	全国大学生生命科学竞赛（CULSC）－生命创新创业大赛	2023	国家级	二等奖	刘松浩，李锦康，李嘉耀，崔思雨，苑嘉雯，赵兴旺	张颖超
554	全国大学生生命科学竞赛（CULSC）－生命创新创业大赛	2023	国家级	二等奖	郭智聪，王锐，陈子怡，许华航，陈晓睿	宓翠，刘思远
555	全国大学生生命科学竞赛（CULSC）－生命创新创业大赛	2023	国家级	二等奖	鲁家帆，苑琳，王文睿	高迎泽，朱旭晨
556	全国大学生生命科学竞赛（CULSC）－生命创新创业大赛	2023	国家级	三等奖	阎嘉诚，陈家俊，杨欣雅，王慧敏，徐佳欣，谢文杰	栗坤，李小雨
557	全国大学生生命科学竞赛（CULSC）－生命创新创业大赛	2023	国家级	三等奖	陈道州，杨悦，夏士坤，刘郁婷，陈鹏	李小雨

序号	竞赛名称	竞赛年份	获奖等级	奖项名称	获奖学生	指导老师
558	全国大学生生命科学竞赛（CULSC）－生命创新创业大赛	2023	国家级	三等奖	杨玥潇，徐思远，叶健康，李思哲，史瑞阳，宗臻	边辉
559	全国大学生物理实验竞赛	2023	国家级	一等奖	刘靖翔，刘佳朋，孟祥荣，孟浩鹏，曾一凡	高静，徐天赋
560	全国大学生物理实验竞赛	2023	国家级	二等奖	徐宇飞，程卓，涂智	徐天赋，高静
561	全国高校 BIM 毕业设计创新大赛	2023	国家级	特等奖	王娜，张毓泽，李腾，连晓科，李晶晶	潘鹏程
562	全国高校 BIM 毕业设计创新大赛	2023	国家级	一等奖	李子健，陶林子，孙嘉蔚，尉迟新阳，万云晓	潘鹏程，王男
563	全国高校 BIM 毕业设计创新大赛	2023	国家级	一等奖	刘昱彤，李雅倩，陆玉凤，万萌，周家羽	潘鹏程，李茉
564	全国高校 BIM 毕业设计创新大赛	2023	国家级	一等奖	庞朝日，赵静，钟情，徐佳兴，崔林健	潘鹏程，李倩
565	全国高校 BIM 毕业设计创新大赛	2023	国家级	一等奖	王立波，王杰浩，郝傲宇，罗中煜	潘鹏程
566	全国高校 BIM 毕业设计创新大赛	2023	国家级	二等奖	陈博，邱咏新，王一川，杨佳月，李泽鹏	潘鹏程
567	全国高校 BIM 毕业设计创新大赛	2023	国家级	三等奖	张正凯，石博闯，苗宇，胡亚勤，苍国庆	潘鹏程，王兵
568	全国高校 BIM 毕业设计创新大赛	2023	国家级	三等奖	张任，叶子，魏向倩，梁喜昆，范溢芳	潘鹏程
569	全国高校 BIM 毕业设计创新大赛	2023	国家级	三等奖	谢昊霏，陶博勋，黄鑫，杜若冰，李中亮	潘鹏程，孙连京
570	全国高校 BIM 毕业设计创新大赛	2023	国家级	三等奖	李晓蕾，高立媛，李笑，李颀恒	潘鹏程，尚师宇
571	全国高校 BIM 毕业设计创新大赛	2023	国家级	三等奖	李玉洁，马慧颖，李怡聪，刘亚男，孙铭可	潘鹏程，王鼎
572	全国高校商业精英挑战赛－品牌策划竞赛	2023	国家级	一等奖	王奕璇，刘灿灿，张紫妍，王宇骁，刘少娟	石蕊，王玉坤
573	全国高校商业精英挑战赛－品牌策划竞赛	2023	国家级	一等奖	徐梓萌，卢雨婷，张洁	石蕊，金福子
574	全国高校商业精英挑战赛－品牌策划竞赛	2023	国家级	一等奖	胡宇涵，王明皓，贾晓然，崔子璇，刘畅	石蕊，靖鲲鹏
575	全国高校商业精英挑战赛－品牌策划竞赛	2023	国家级	一等奖	顾悦宁，赵景怡，史晓莹，林以琳，宋若诗	苏艳林，汤景辉
576	全国高校商业精英挑战赛－品牌策划竞赛	2023	国家级	一等奖	郭书良，王俊龙，李焕鹏，吕云涵，史佳珩	石蕊，陶建新
577	全国高校商业精英挑战赛－品牌策划竞赛	2023	国家级	二等奖	苑盈月，乔义楠，武星怡	石蕊，刘志坚
578	全国高校商业精英挑战赛－品牌策划竞赛	2023	国家级	二等奖	李文富，郭笑微，王婧瑜，冯亚宁，曹俊逸	石蕊，白静
579	全国高校商业精英挑战赛－品牌策划竞赛	2023	国家级	二等奖	李燕茹，金莘然，曾雲，何少昕，姚圣阳	石蕊
580	全国高校商业精英挑战赛－品牌策划竞赛	2023	国家级	二等奖	仇世民，李敬坤，熊宇君，张馨月，齐宇轩	石蕊，任莉莉
581	全国高校商业精英挑战赛－创新创业竞赛	2023	国家级	二等奖	周丹，王萍，李秋慧，苏星宇，朱施禹	陈红梅

序号	竞赛名称	竞赛年份	获奖等级	奖项名称	获奖学生	指导老师
582	全国高校商业精英挑战赛－创新创业竞赛	2023	国家级	二等奖	张正昊，赵佳琪，邹妞，杨晓峰，黄璨灿	李春玲，姜学永
583	全国高校商业精英挑战赛－创新创业竞赛	2023	国家级	二等奖	薛子暄，许华航，孙宇，李思哲，王子凡	陈子明
584	全国高校商业精英挑战赛－创新创业竞赛	2023	国家级	二等奖	张梦瑞，洪钰晗，王晓芳，杨辰超，赵刚	李春玲
585	全国高校商业精英挑战赛－创新创业竞赛	2023	国家级	二等奖	雷子琪，侯泽业，刘懿	王三众，蔡大军
586	全国高校商业精英挑战赛－创新创业竞赛	2023	国家级	二等奖	宗倩雯，曹雨萌，陈晨，宋若诗，顾金潇	石蕊，张玉兰
587	全国高校商业精英挑战赛－创新创业竞赛	2023	国家级	二等奖	连博宇，朱琦，刘兴喆，金莘然	石蕊，李春玲
588	全国高校商业精英挑战赛－创新创业竞赛	2023	国家级	二等奖	王文豪，杨文博，刘佳琪，黄明欣，谢瑞泽	李春玲，王玉坤
589	全国高校商业精英挑战赛－创新创业竞赛	2023	国家级	三等奖	张萌，常远，关舒檀，宋阳，潘露	李春玲，王玉坤
590	全国高校商业精英挑战赛－会计与商业管理案例竞赛	2023	国家级	一等奖	王赫	王玉坤，任莉莉
591	全国高校商业精英挑战赛－会计与商业管理案例竞赛	2023	国家级	一等奖	邹旭滨	任莉莉，石蕊
592	全国高校商业精英挑战赛－会计与商业管理案例竞赛	2023	国家级	一等奖	张雅婷	韩楠，任莉莉
593	全国高校商业精英挑战赛－会计与商业管理案例竞赛	2023	国家级	一等奖	王奕璇	任莉莉，石蕊
594	全国高校商业精英挑战赛－会计与商业管理案例竞赛	2023	国家级	二等奖	厉昌艳	鲁云鹏，任莉莉
595	全国高校商业精英挑战赛－会计与商业管理案例竞赛	2023	国家级	二等奖	潘露	张玉兰，任莉莉
596	全国高校商业精英挑战赛－会计与商业管理案例竞赛	2023	国家级	二等奖	顾悦宁	王玉坤，任莉莉
597	全国高校商业精英挑战赛－会计与商业管理案例竞赛	2023	国家级	三等奖	张家玮	任莉莉，石蕊
598	“学创杯”全国大学生创业综合模拟大赛	2023	国家级	二等奖	雷贺鑫，马肖阳，刘博越	
599	“学创杯”全国大学生创业综合模拟大赛	2023	国家级	二等奖	苏梦欣，刘博爱，吴冰冰	姜学永
600	中国高校智能机器人创意大赛	2023	国家级	一等奖	陈晓睿，王飞扬，张韩枫	王三众
601	中国高校智能机器人创意大赛	2023	国家级	一等奖	侯泽业，李春旭，杜秋实	王三众
602	中国高校智能机器人创意大赛	2023	国家级	二等奖	敬硕，曹俊逸，徐一诺	王三众
603	中国高校智能机器人创意大赛	2023	国家级	二等奖	周梓翰，原浩然，王启华	王三众
604	中国高校智能机器人创意大赛	2023	国家级	二等奖	王泽浩，宋林权，周宙辉	王三众
605	中国高校智能机器人创意大赛	2023	国家级	二等奖	许华航，孙京乙，孙宇	董志奎，王三众

序号	竞赛名称	竞赛年份	获奖等级	奖项名称	获奖学生	指导老师
606	中国高校智能机器人创意大赛	2023	国家级	二等奖	王乐源，杨明宇，蔡旭栋	王三众
607	中国高校智能机器人创意大赛	2023	国家级	二等奖	张靖欣，刘金垚，章雨婷	郭长虹
608	中国高校智能机器人创意大赛	2023	国家级	二等奖	郑思远，杨洋，田俊杰	牛建业，王三众
609	中国高校智能机器人创意大赛	2023	国家级	二等奖	张立峰，乔凯林，郑梓园	王三众
610	中国高校智能机器人创意大赛	2023	国家级	二等奖	彭卓越，庞郑扬，刘增鑫	王三众
611	中国高校智能机器人创意大赛	2023	国家级	二等奖	王少伦，赵晨羽，张军帅	张炳
612	中国高校智能机器人创意大赛	2023	国家级	二等奖	宁超，智远，杨昊程	邢继春
613	中国高校智能机器人创意大赛	2023	国家级	二等奖	樊建勋，陈雪婵，纪超洋	陈子明
614	中国高校智能机器人创意大赛	2023	国家级	二等奖	董历铭，单煜，裴昌磊	赵延治
615	中国高校智能机器人创意大赛	2023	国家级	二等奖	张振，李东，苏计兴	翟富刚
616	中国高校智能机器人创意大赛	2023	国家级	三等奖	关旭，张彬，吴佳霖	王三众
617	中国高校智能机器人创意大赛	2023	国家级	三等奖	刘乐，侯泽业，李春旭	王三众
618	中国高校智能机器人创意大赛	2023	国家级	三等奖	帅瀚钦，吴学飞	边辉，陈东宁
619	中国好创意暨全国数字艺术设计大赛	2023	国家级	一等奖	温蕊擎，汪春澎	刘维尚
620	中国好创意暨全国数字艺术设计大赛	2023	国家级	一等奖	黄小可，任哲林	王年文
621	中国好创意暨全国数字艺术设计大赛	2023	国家级	一等奖	丁小怡	王年文，卢颖
622	中国好创意暨全国数字艺术设计大赛	2023	国家级	一等奖	万中华，黄涛，丁小怡，高歆妍，张静	王年文
623	中国好创意暨全国数字艺术设计大赛	2023	国家级	二等奖	王龙昊，张宁	丁旺龙
624	中国好创意暨全国数字艺术设计大赛	2023	国家级	二等奖	干静茹，刘佳馨	巴玥
625	中国好创意暨全国数字艺术设计大赛	2023	国家级	二等奖	陈军，吕帅帅	巴玥，边哲
626	中国好创意暨全国数字艺术设计大赛	2023	国家级	二等奖	黄小可，张峥	王年文
627	中国好创意暨全国数字艺术设计大赛	2023	国家级	二等奖	李宇飞	贾晓露
628	中国好创意暨全国数字艺术设计大赛	2023	国家级	二等奖	马婧雯	丁旺龙
629	中国好创意暨全国数字艺术设计大赛	2023	国家级	二等奖	温蕊擎，汪春澎	刘维尚，王青田

序号	竞赛名称	竞赛年份	获奖等级	奖项名称	获奖学生	指导老师
630	中国好创意暨全国数字艺术设计大赛	2023	国家级	二等奖	孔炫宇，谭梦婷，王楠	李东平
631	中国好创意暨全国数字艺术设计大赛	2023	国家级	二等奖	王一博	熊艳辉，刘维尚
632	中国好创意暨全国数字艺术设计大赛	2023	国家级	二等奖	李慕琼，李泽林，畅亦菲，白泽茹，李彬琪	巴玥
633	中国好创意暨全国数字艺术设计大赛	2023	国家级	二等奖	干静茹，刘佳馨，张琪	王泽烨
634	中国好创意暨全国数字艺术设计大赛	2023	国家级	二等奖	王龙昊，涂天晴，李俊涛，张宁，王译萱	巴玥，温瑀
635	中国好创意暨全国数字艺术设计大赛	2023	国家级	二等奖	王龙昊，张宁	桑懿，姜博
636	中国好创意暨全国数字艺术设计大赛	2023	国家级	二等奖	黄涛，万中华，张静，高歆妍，丁小怡	王年文
637	中国好创意暨全国数字艺术设计大赛	2023	国家级	二等奖	常鑫，薛小琪	
638	中国好创意暨全国数字艺术设计大赛	2023	国家级	三等奖	王子一	孙利，王年文
639	中国好创意暨全国数字艺术设计大赛	2023	国家级	三等奖	王锐，陈晓睿	
640	中国好创意暨全国数字艺术设计大赛	2023	国家级	三等奖	郭以涵，赵晨雅，张栖萌，付雅琪	赵琳
641	中国好创意暨全国数字艺术设计大赛	2023	国家级	三等奖	李慕琼，李泽林，畅亦菲，白泽茹，李彬琪	边哲
642	中国好创意暨全国数字艺术设计大赛	2023	国家级	三等奖	王煜超	谷庆巍
643	中国好创意暨全国数字艺术设计大赛	2023	国家级	三等奖	李玉鹏	蒋玉
644	中国好创意暨全国数字艺术设计大赛	2023	国家级	三等奖	董欢	赵琳，温瑀
645	中国好创意暨全国数字艺术设计大赛	2023	国家级	三等奖	马婧雯，朱林娜	边哲
646	中国好创意暨全国数字艺术设计大赛	2023	国家级	三等奖	范佳鑫，孟雅宣，韩瑞博	王年文
647	中国好创意暨全国数字艺术设计大赛	2023	国家级	三等奖	张宁，王龙昊，王婧妍	张新佳
648	中国好创意暨全国数字艺术设计大赛	2023	国家级	三等奖	赵江浩，周贤雨，彭志，张旭磊，鲁乐乐，冯亚宁，刘雨芳	王年文
649	中国好创意暨全国数字艺术设计大赛	2023	国家级	三等奖	王欣雨，杨星月，林昱圻	王敏杰，王丁
650	中国好创意暨全国数字艺术设计大赛	2023	国家级	三等奖	杜玉洁，刘婷婷，孙浩楠，韩昕哲	王媚雪
651	中国好创意暨全国数字艺术设计大赛	2023	国家级	三等奖	徐可欣	郝建斌
652	中国好创意暨全国数字艺术设计大赛	2023	国家级	三等奖	温蕊擎，汪春澎	刘维尚
653	中国好创意暨全国数字艺术设计大赛	2023	国家级	三等奖	董欢，张凯栋，马晴	巴玥，温瑀，张新佳

序号	竞赛名称	竞赛年份	获奖等级	奖项名称	获奖学生	指导老师
654	中国好创意暨全国数字艺术设计大赛	2023	国家级	三等奖	李飞墨，陈麒亦	栗功
655	中国好创意暨全国数字艺术设计大赛	2023	国家级	三等奖	薛惠珍，刘婷婷，贺蕾蓉	卢颖
656	中国好创意暨全国数字艺术设计大赛	2023	国家级	三等奖	王一博	刘维尚
657	中国机器人及人工智能大赛	2023	国家级	一等奖	周佳，鲁家帆，许依诺	胡海菊，王宏艳
658	中国机器人及人工智能大赛	2023	国家级	一等奖	赵晨羽，杨昊程，杨匡	邢继春
659	中国机器人及人工智能大赛	2023	国家级	一等奖	宁超，智远，侯俊伟	邢继春
660	中国机器人及人工智能大赛	2023	国家级	一等奖	王锐，陈晓睿	李富娟
661	中国机器人及人工智能大赛	2023	国家级	一等奖	朱嘉晨，马俊智，鲍梦媛	陈子明，董志奎
662	中国机器人及人工智能大赛	2023	国家级	一等奖	马晓琰，顾其英	高娟娟，骆曦
663	中国机器人及人工智能大赛	2023	国家级	一等奖	张大干，田宇，杜家正	牛建业，郑魁敬
664	中国机器人及人工智能大赛	2023	国家级	一等奖	邢梦圆，乔义楠，阎嘉诚	李安冬
665	中国机器人及人工智能大赛	2023	国家级	一等奖	陈瑞，马杰明，郭子毅	赵延治
666	中国机器人及人工智能大赛	2023	国家级	二等奖	樊建勋，陈雪婵，纪超洋	陈子明，董志奎
667	中国机器人及人工智能大赛	2023	国家级	二等奖	尹泽豪，郑雨鑫，张景泽	边辉
668	中国机器人及人工智能大赛	2023	国家级	二等奖	赵泽霖，金正中，林楚然	李晓磊，王建格
669	中国机器人及人工智能大赛	2023	国家级	二等奖	袁立冬，黄冉，蔡金锴	王三众
670	中国机器人及人工智能大赛	2023	国家级	二等奖	姜泽，陈博，赵哲	许允斗，蔡大军
671	中国机器人及人工智能大赛	2023	国家级	三等奖	石乐，李梦宇，赵浩明	温淑焕，温淑慧
672	中国机器人及人工智能大赛	2023	国家级	三等奖	朱玉杰，蒋政，罗晓凡	王振春，高娟娟
673	中国机器人及人工智能大赛	2023	国家级	三等奖	李思圆，段博豪，李晓鹏	解明利，李二伟
674	中国机器人及人工智能大赛	2023	国家级	三等奖	刘双嘉，墨奥博，冯新帅	韩博
675	中国机器人及人工智能大赛	2023	国家级	三等奖	赵洪博，周磊，周宇扬	荣誉
676	全国大学生节能减排社会实践与科技竞赛	2023	国家级	二等奖	杨贵胜，常佳飞，苗润峰，刘泽润，曹晟维，魏龙正，高伟	艾超，刘思远
677	全国大学生节能减排社会实践与科技竞赛	2023	国家级	三等奖	徐一诺，殷鹏，刘露芊	刘思远
678	全国大学生节能减排社会实践与科技竞赛	2023	国家级	三等奖	田晓勤，宫帅，赵芃微，张津瑞，袁玉坤，高满茹，刘涛	黄世军
679	全国大学生节能减排社会实践与科技竞赛	2023	国家级	三等奖	王锐，陈晓睿，徐凌瀚，赵作龙，颜雪芬	李楠
680	全国大学生节能减排社会实践与科技竞赛	2023	国家级	三等奖	窦伟，刘世超，杨恒晨，陈朝阳	自云，姚静
681	全国大学生节能减排社会实践与科技竞赛	2023	国家级	三等奖	李彦杰，杜爽，郭博晗，穆俊涛，孔凡苏，刘腾飞，韩玥	郭凯
682	全国大学生节能减排社会实践与科技竞赛	2023	国家级	三等奖	兰凯新，苑琳，刘猛，许依诺，朱明凯，陈晓睿，朱弋	闫敬
683	iCAN 大学生创新创业大赛	2023	国家级	三等奖	刘嘉伟，樊政伟，韩振，亓焊同	赵延治
684	iCAN 大学生创新创业大赛	2023	国家级	三等奖	陈瑞，郭子毅，李佳敏，路懋石，马杰明	赵延治

序号	竞赛名称	竞赛年份	获奖等级	奖项名称	获奖学生	指导老师
685	iCAN 大学生创新创业大赛	2023	国家级	三等奖	朱嘉晨，鲍梦媛，马俊智，史凯伦，周子荐	陈子明
686	iCAN 大学生创新创业大赛	2023	国家级	三等奖	苏安龙，程丽丹，房宇畅，刘锦全	吴凤和
687	iCAN 大学生创新创业大赛	2023	国家级	三等奖	高炜骅，刘佳，岳新伟，张春雪，朱坤明	姚建涛，蔡大军
688	全国大学生化工实验大赛	2023	国家级	一等奖	王春春，张梦豪，安玉坤	霍全，康建新，宋建争
689	全国大学生信息安全与对抗技术竞赛	2023	国家级	一等奖	许朦	
690	全国大学生信息安全与对抗技术竞赛	2023	国家级	一等奖	陈佳欣	
691	全国大学生测绘学科创新创业智能大赛	2023	国家级	特等奖	罗中煜	吴吉贤
692	全国大学生测绘学科创新创业智能大赛	2023	国家级	一等奖	尉迟新阳	吴吉贤
693	全国大学生测绘学科创新创业智能大赛	2023	国家级	二等奖	杨毅	吴吉贤
694	全国大学生测绘学科创新创业智能大赛	2023	国家级	二等奖	崔林健	吴吉贤
695	全国大学生测绘学科创新创业智能大赛	2023	国家级	二等奖	张震	吴吉贤
696	全国大学生测绘学科创新创业智能大赛	2023	国家级	二等奖	徐晶	吴吉贤
697	全国大学生测绘学科创新创业智能大赛	2023	国家级	二等奖	李宜达	吴吉贤
698	全国大学生统计建模大赛	2023	国家级	一等奖	孙浩南，王红旭，邢潇玉	李心
699	全国大学生统计建模大赛	2023	国家级	三等奖	刘郁婷，刘力榕，邹羽恒	李忠华，孙瑾
700	睿抗机器人开发者大赛（RAICOM）	2023	国家级	一等奖	杨楠	
701	睿抗机器人开发者大赛（RAICOM）	2023	国家级	一等奖	林翼航	
702	睿抗机器人开发者大赛（RAICOM）	2023	国家级	二等奖	刘才凤	
703	睿抗机器人开发者大赛（RAICOM）	2023	国家级	二等奖	李佳龙	
704	睿抗机器人开发者大赛（RAICOM）	2023	国家级	二等奖	叶凯	
705	睿抗机器人开发者大赛（RAICOM）	2023	国家级	二等奖	吴亚楠	
706	睿抗机器人开发者大赛（RAICOM）	2023	国家级	二等奖	李想	
707	睿抗机器人开发者大赛（RAICOM）	2023	国家级	二等奖	唐湘黔	
708	睿抗机器人开发者大赛（RAICOM）	2023	国家级	三等奖	李夏楠	
709	睿抗机器人开发者大赛（RAICOM）	2023	国家级	三等奖	朱虹宇	张聪，刘爽

序号	竞赛名称	竞赛年份	获奖等级	奖项名称	获奖学生	指导老师
710	睿抗机器人开发者大赛（RAICOM）	2023	国家级	三等奖	徐向东	
711	睿抗机器人开发者大赛（RAICOM）	2023	国家级	三等奖	张宇豪	
712	睿抗机器人开发者大赛（RAICOM）	2023	国家级	三等奖	兰晨曦	
713	睿抗机器人开发者大赛（RAICOM）	2023	国家级	三等奖	曹祯浩	
714	睿抗机器人开发者大赛（RAICOM）	2023	国家级	三等奖	史诗雨	
715	全国大学生能源经济学术创意大赛	2023	国家级	二等奖	曹月佳，陈超楠，赵爱英	李冉冉
716	全国大学生能源经济学术创意大赛	2023	国家级	二等奖	山荃，马瑞妍，马紫瑞	韩梦瑶
717	全国大学生数字媒体科技作品及创意竞赛	2023	国家级	国赛一等奖	亓焊同，张博文，刘嘉伟，马飞翔，王潇彤	赵延治
718	全国大学生数字媒体科技作品及创意竞赛	2023	国家级	国赛三等奖	肖圆圆，李兰	欧新菊
719	全国大学生数字媒体科技作品及创意竞赛	2023	国家级	国赛三等奖	于晓伟，邢杨涛，黄炜杰，李胜男，张振	翟富刚
720	全国本科院校税收风险管控案例大赛	2023	国家级	三等奖	杨晓峰，黄璨灿，张正昊	林春雷，李春玲
721	全国企业竞争模拟大赛	2023	国家级	一等奖	林以琳，吕晓静，匡红琴	姜学永
722	全国企业竞争模拟大赛	2023	国家级	二等奖	周迦诺，程卓，翟世潇	姜学永
723	全国企业竞争模拟大赛	2023	国家级	二等奖	刘灿灿，王梦华，徐思远	姜学永
724	全国企业竞争模拟大赛	2023	国家级	二等奖	李文富，郭笑微，冯浩楠	姜学永，石蕊
725	全国企业竞争模拟大赛	2023	国家级	三等奖	谢欣，杜爽，高雅欣	姜学永
726	全国企业竞争模拟大赛	2023	国家级	三等奖	李红玉，高姿，何悦	姜学永
727	全球校园人工智能算法精英大赛	2023	国家级	国赛一等奖	孙成航，郑建伟，张靖欣	梁朋飞
728	全球校园人工智能算法精英大赛	2023	国家级	国赛一等奖	郭一曼，张超凡，刘昊	温淑焕，章胤
729	全球校园人工智能算法精英大赛	2023	国家级	国赛一等奖	赵一帆，何悦，葛子婷	韩松，李鑫滨
730	全球校园人工智能算法精英大赛	2023	国家级	国赛一等奖	朱明凯，兰凯新	章胤，张涛
731	全球校园人工智能算法精英大赛	2023	国家级	国赛二等奖	代飞达，周冬慧，乔佳乐	顾广华，付灏
732	全球校园人工智能算法精英大赛	2023	国家级	国赛二等奖	迟凡杰，刁玉军，崔恒	冯建周
733	全球校园人工智能算法精英大赛	2023	国家级	国赛二等奖	苑琳，阎嘉诚	梁顺攀
734	全球校园人工智能算法精英大赛	2023	国家级	国赛二等奖	帅瀚钦，王相峰，施东凌	梁朋飞

（供稿人：创新创业教育与指导中心 李轩）

本科生就业情况

2023届本科毕业生就业省份分布

序号	就业省份	人数	比例
1	河北	695	32.03%
2	北京	295	13.59%
3	江苏	173	7.97%
4	天津	168	7.74%
5	山东	157	7.24%
6	广东	111	5.12%
7	浙江	97	4.47%
8	河南	44	2.03%
9	上海	54	2.49%
10	安徽	44	2.03%
11	湖北	61	2.81%
12	山西	23	1.06%
13	陕西	27	1.24%
14	黑龙江	41	1.89%
15	辽宁	26	1.20%
16	四川	15	0.69%
17	湖南	21	0.97%
18	重庆	20	0.92%
19	吉林	19	0.88%
20	江西	17	0.78%
21	内蒙古	5	0.23%
22	新疆	11	0.51%
23	福建	10	0.46%
24	贵州	6	0.28%
25	云南	11	0.51%
26	甘肃	2	0.09%
27	海南	4	0.18%
28	广西	6	0.28%
29	宁夏	2	0.09%
30	青海	3	0.14%
31	西藏	2	0.09%
32	香港	0	0.00%
总计		2170	100.00%

2023届本科毕业生省内就业主要城市流向

序号	就业城市	人数	比例
1	秦皇岛	160	23.02%
2	石家庄	143	20.58%
3	唐山	85	12.23%
4	廊坊	73	10.50%
5	保定	73	10.50%
6	邯郸	32	4.60%
7	邢台	35	5.04%
8	沧州	26	3.74%
9	承德	17	2.45%
10	衡水	28	4.03%
11	张家口	11	1.58%
12	雄安	12	1.73%
总计		695	100.00%

2023届本科毕业生就业单位性质分布

单位性质	人数	比例
国有企业	761	35.07%
其他企业	871	40.14%
三资企业	189	8.71%
机关	67	3.09%
其他	160	7.37%
高等教育单位	1	0.05%
中初教育单位	83	3.82%
其他事业单位	19	0.88%
科研设计单位	4	0.18%
部队	15	0.69%
医疗卫生单位	0	0.00%
总计	2170	100.00%

2023届各学院本科毕业生升学情况

学院	国内升学人数	出国出境人数	升学率
环境与化学工程学院	260	1	50.58%
车辆与能源学院	135	0	40.30%
材料科学与工程学院	107	2	54.77%
建筑工程与力学学院	150	1	36.65%
理学院	114	3	33.52%
电气工程学院	313	2	35.27%
外国语学院	66	16	28.37%
机械工程学院	306	2	40.21%
信息科学与工程学院（软件学院）	278	4	31.60%
文法学院（公共管理学院）	155	4	31.99%
经济管理学院	178	21	30.66%
艺术与设计学院	62	7	16.57%
体育学院	6	1	12.07%
马克思主义学院	—	—	—
总计	2130	64	34.92%

（供稿人：招生就业处 陶建新）

研究生教育

总体情况

研究生教学

【完成各类研究生教育教学项目申报】申报工程类专业学位研究生在线示范课程9门，申报教育部学位与研究生教育发展中心2022年主题案例3项、2023年主题案例6项，获批2项。申报立项2023年河北省研究生精品课程和专业学位教学案例（库）建设项目10项。推荐参评2024年河北省研究生教育教学改革项目13项、河北省研究生示范课程和专业学位教学案例（库）项目26项，推荐参评2024年河北省研究生创新资助项目60项。

【完成校级优秀学位论文评选及省级优秀学位论文推荐】组织评选出校级优秀博士学位论文35篇、优秀硕士学位论文98篇，获批省级优秀博士学位论文11篇、优秀硕士学位论文28篇。

【完成年度专业学位研究生基地建设】与河北绿岛科技创新有限公司等6家单位联合申报河北省首批研究生工作站。建设校外实践基地64家，包括专业学位校外实践基地28家，其中新增24家，续签4家；研究生联合培养基地新增36家。初聘专业学位研究生校外导师248人，续聘168人。

【常规工作】学籍管理。完成2023级研究生新生（博士373人、硕士3630人）学号编制、名册编印和系统导入。组织各学院对研究生入学情况进行了登记，对复核无误的新生学籍进行了电子学籍注册，组织新生图像信息采集，组织各学院对新生学籍信息进行核对。完成在校生学年注册，截至2023年10月，硕士研究生10381人，博士研究生1458人。办理各类学籍异动，转导师177人（其中博士85人），集中办理转学科1次，办理休学66人，复学39人，退学20人（其中博士4人，硕士16人），注销学籍1人。提前毕业研究生备案登记3人，超学制未毕业研究生学业提醒649人。

学生管理。春季学期授予博士学位204人，硕士学位3059人。举办燕山大学2023年研究生毕业典礼暨学位授予仪式，1300余名毕业生及家属参加了仪式。开具在校生证明、英文学籍证明、预毕业证明、成绩绩点证明等各类证明3800余份。推出研究生联合培养办理线上审批服务。

教学管理。春季学期开设研究生课程366门（458个教学班级），涉及14个学院、293名任课教师和3192名研究生；秋季学期开设研究生课程822门（1329个教学班级），涉及14个学院、579名任课教师和4892名研究生。

队伍建设。完成本单位一般工作人员岗位设置、岗位职责制定，完成职员岗位聘任工作。

（供稿人：研究生院 杨潇）

研究生招生与就业

【初试自命题工作零失误】2023年一志愿报考学校硕士研究生的人数达9707人，研究生初试工作涉及自命题试卷1万余份，涉及考点600余个。整个流程包括试卷印制、邮寄、整理、成绩登统，全程实现零失误，保证学校2024年研究生招生工作顺利进行。

【硕士研究生推免计划人数再创新高】2023年学校获得硕士研究生推免资格学生人数达587人，创历史新高。

【博士、硕士计划稳步增长】2023年共计录取研究生4008人，其中硕士研究生3635人，博士研究生373人，均较2022年有明显增多，助力建设研究型大学。

【常规工作】招生工作。推荐免试硕士研究生587人，录取推免硕士生57人、直博生4人、免试二等功人员1人，进行2024年硕士研究生3678个招生计划分配，对114个专业完成2024年硕士研究生初试科目采集。完成2024年硕士研究生招生考试自命题科目命题、印制、整理、邮寄、回收、成绩登统等工作。完成2024年硕士研究生初试组考工作。完成硕博连读博士、“申请－考核”制博士考核工作。

就业工作。截至年底，学校研究生毕业去向落实率为93.78%。其中硕士毕业生3060人，毕业去向落实率为94.05%；博士毕业生204人，毕业去向落实率为89.71%，毕业生就业满意度较高。毕业生到机关、事业单位、国有企业、军队等就业占比56.40%。到国家电网有限公司、中国电子科技集团有限公司、中国铁路工程集团有限公司、中国兵器工业集团有限公司等中央管理的涉及国家安全和国民经济命脉的战略性核心骨干企业就业占国企就业的65%以上。

（供稿人：招生就业处 谢波）

2023年硕士、博士研究生招生简章

2023年硕士研究生招生简章

一、招生计划

2023年学校预计招收全日制硕士研究生3200人左右、非全日制硕士研究生270人左右，具体人数以教育部下达指标为准。分专业拟招生计划及各专业学习方式参见学校研究生招生信息网2023年《招生专业目录》，该计划可能因招收推免生数量或国家计划正式下达进行增减调整。对于未完成的拟招收推免考生计划，学校将根据实际情况进行调整。

二、报考条件

1. 拥护中国共产党的领导，愿为社会主义现代化建设服务，品德良好，遵纪守法。

2. 学历必须符合下列条件之一：（1）国家承认学历的应届本科毕业生（含普通高校、成人高校、普通高校举办的成人高等学历教育等应届本科毕业生，应于2023年9月1日（含）之前获得本科毕业证书）及自学考试和网络教育届时可毕业本科生。（2）具有国家承认的大学本科毕业学历人员。（3）获得国家承认的高职高专毕业学历后满2年或2年以上的人员，以及国家承认学历的本科结业生，按本科毕业同等学力身份报考。（4）报考法律硕士（非法学）专业学位硕士研究生的考生除满足上述要求外，报考前所学专业应为非法学专业（普通高等学校本科专业目录法学门类中的法学类专业[代码为0301]毕业生、专科层次法学类毕业生、自学考试形式的法学类毕业生不得报考）；报考法律硕士（法学）专业学位硕士研究生的考生除满足上述要求外，报考前所学专业应为法学专业（仅普通高等学校本科专业目录法学门类中的法学类专业[代码为0301]毕业生、专科层次法学类毕业生、自学考试形式的法学类毕业生，以及获得法学第二学士学位的人员可以报考）。（5）报考工商管理硕士[代码为125100]、公共管理硕士[代码为125200]专业学位硕士研究生的考生，须为大学本科毕业后有3年以上工作经验的人员；或获得国家承认的高职高专毕业学历或大学本科结业后，达到大学本科毕业同等学力并有5年以上工作经验的人员；或获得硕士学位或博士学位后有2年以上工作经验的人员。（6）燕山大学与澳大利亚合作举办“电气工程”专业硕士研究生教育项目的生源要求，详见该项目报考须知。

3. 身心健康，符合国家规定的体检标准。

4. 其他要求：（1）学校不接收学制为四年制的大三学生和学制为五年制的大四学生（包括提前毕业）报考。（2）获得国外学历学位的考生，须持有教育部留学服务中心提供的国外学历学位认证书。（3）现役军人报考，须经所在单位同意，报考类别须选择“定向就业”。（4）“退役大学生士兵”专项计划、单独考试、“少数民族高层次骨干人才”计划相关要求另行发布。（5）非全日制硕士研究生仅招收报考类别为“定向就业”的在职人员。（6）音乐领域（专业代码：135101）具体招生方向，请查看学校研究生招生信息网2023年《招生专业目录》中该专业复试科目内容。

三、报名和初试

1. 考生报名前应仔细核对本人是否符合学校报考条件和专业报考要求，否则，相关后果由考生本人承担。学校将在复试阶段对考生的居民身份证、学历证书、学历学籍认证报告、学生证等报名材料原件及考生资格进行进一步审查。

2. 网上报名时间为2022年10月5—25日（每天9:00—22:00）。网上预报名时间为2022年9月24—27日（每天9:00—22:00）。考生应在规定时间登录中国研究生招生信息网（http://yz.chsi.com.cn）进行网上报名，并按网上报名时所选择报考点的规定时间进行网上确认。请考生注意以下几点：（1）不要错过网上报名和网上确认的时间，逾期不能进行补报和确认。（2）考生须仔细阅读教育部、省级教育招生考试机构、所选报考点以及学校的网上公告和相关政策要求，按要求准确填写个人信息，根据自身情况慎重选择报考点、报考学校、考试方式、报考类别、研究方向等。

3. 在考前十天左右，考生可登录中国研究生招生信息网下载准考证，使用A4幅面白纸打印，考生务必妥善保管准考证直至复试阶段，且其间不得涂改。

4. 考生凭下载打印的准考证和本人居民身份证参加初试，初试时间为2022年12月24—26日，请考生注意以下几点：（1）统考科目试卷采用网上评卷，应试时，填涂信息点的地方用2B铅笔、其他地方用0.5 mm黑色字迹笔作答。（2）学校允许使用无储存和编程功能计算器的自命题科目以准考证为准。（3）学校自命题科目“建筑设计快题”“专业综合（设计基础）”“专业创作（绘画基础）”考试时间为6小时，安排在2022年12月26日8:30—14:30进行，答题纸（绘图纸）由学校提供，考生需自带绘图工具和图板，未使用学校提供的答题纸作答的一律无效。学校自命题科目“和声、作品分析”答题纸按试题中相关要求使用，未按学校要求作答

的一律无效。除上述科目外的学校其他自命题科目，考生应按题目顺序在标准答题纸（由考点发放）上用黑色字迹笔作答，答在题签或草稿纸上的一律无效。

四、复试和录取

1. 差额复试，差额比例不低于 120%（具体比例以复试办法公布为准），择优录取。

2. 考生初试成绩达到学校复试分数线，并经资格审查合格方可参加学校复试。

3. 复试环节一般为资格审查、笔试、综合面试，复试办法以 2023 年复试前学校公布的政策为准。

4. 复试分数线、复试时间安排等通知将在国家线公布后，在学校研究生招生信息网发布，请届时查看。

5. 录取类别分为“非定向”和“定向”两种，全日制“非定向”考生须调人事档案、人事关系和工资关系，毕业时采取双向选择的方式落实就业去向；“定向”考生人事关系不离开工作单位，毕业后回定向单位就业。“定向”考生须与学校及用人单位签订定向就业协议。

五、学费标准

1. 全日制硕士研究生学费：学术学位硕士学费为 0.8 万元 / 人 / 年；专业学位硕士（不含中外合作办学）学费为 0.7 万元 / 人 / 年。

2. 非全日制工程领域硕士研究生学费：1.2 万元 / 人 / 年。

3. 工商管理硕士（MBA）学费为 2.4 万元 / 人 / 年；公共管理硕士（MPA）学费为 1.8 万元 / 人 / 年。

4. 电气工程（中澳联合培养）收费标准见该项目报考须知。若上级主管部门发布新的收费标准，学校将作相应调整。

六、奖助学金

1. 国家奖学金评审以《燕山大学研究生国家奖学金实施办法（暂行）》为准执行。对于符合条件的硕士生，奖励标准为每生每年 2 万元。

2. 国家助学金发放以《燕山大学研究生国家助学金实施细则》为准执行。对于符合条件的硕士生，国家助学金标准为每生每年 0.6 万元，每学年按 10 个月发放。

3. 研究生学业奖学金评审以《燕山大学研究生学业奖学金实施细则》为准执行。按照一等奖学金每生每年 0.8 万元、二等奖学金每生每年 0.4 万元、三等奖学金每生每年 0.16 万元的标准以及在校生人数的一定比例予以支持。若在入学前，学校发布新的奖助办法，则以新标准执行。

七、联系方式

学校地址：河北省秦皇岛市海港区河北大街西段 438 号。联系电话：0335-8057077。学校网址：https://zsjyc.ysu.edu.cn。电子邮箱：yzb@ysu.edu.cn。

八、其他事宜

1. 学校招收的硕士研究生学制一般为 3 年（MBA、MPA 为 2.5 年），全日制硕士研究生最长学习年限为 4 年，非全日制硕士研究生最长学习年限为 5 年，入学后以双向选择的方式确定导师和研究方向。

2. 学校招收的非全日制硕士研究生，入学后与录取专业全日制学生（专业代码相同）执行相同的培养方案。

3. 入学后学校将组织复查及体检，不合格者，由学校区别情况予以处理，直至取消入学资格。

4. 对于弄虚作假、考试作弊及有其他违规行为的考生，学校将按照《国家教育考试违规处理办法》严肃处理。

5. 考生因报考硕士研究生与所在单位产生的问题由考生自行处理，若因此造成考生不能复试、无法录取或无法入学报到，学校不承担责任。

本简章由燕山大学招生就业处负责解释。

（供稿人：招生就业处 谢波）

2023 年博士研究生招生简章

一、招生计划

各学院拟分配招生计划如下：

学院名称	拟分配计划		学术型招收“定向就业”考生上限
	学术型	专业学位	
机械工程学院	56	31	1
材料科学与工程学院	47	8	0
电气工程学院	29	19	1
信息科学与工程学院	18	10	1
经济管理学院	16		1
建筑工程与力学学院	7		0
理学院	8		0
文法学院	7		1
环境与化学工程学院	12	6	0
车辆与能源学院	4	2	0
艺术与设计学院		2	0

以上拟分配计划数包含已预录取推免直博、硕博连读考生，学校将结合最终下达计划和报名情况，确定各学院各类型最终计划数量。

二、招生专业

招生专业详见我校研究生招生网站“博士招生”《2023 年博士研究生招生专业目录》。

三、报名条件

（一）“申请－考核”制考生

1. 全脱产学习申请条件：（1）拥护中国共产党的领导，身心健康。（2）已获得硕士学历、学位人员，或统招应届硕士毕业生（最迟须在 2023 年 7 月前获得硕士学历及学位），初始学历须为普通全日制本科毕业。（3）申请专业应与原所学专业相同或相近。（4）申请人报考类别为“非定向就业”，录取后全日制脱产学习，档案及人事关系转入我校。（5）申请人博士入学时年龄不超过 35 周岁（1988 年 9 月 1 日以后出生）。（6）仅招收英语语种考生，申请人英语水平应达到以下条件之一：1）CET-6 成绩≥ 425 分或 CET-4 成绩≥ 500 分；2）托福（TOEFL）成绩≥ 70 分；3）雅思（IELTS）成绩≥ 5.5 或 GRE 成绩≥ 240 分；4）在英语语种国家或地区获得硕士学位，并能提供相关证明。

2. 在职攻读人员申请专业学位博士报考条件：（1）具有报考相关领域实际工作经验，报名时已具有硕士学位且取得硕士学位不少于 3 年。未获得硕士学位的人员，同时符合以下条件的可按同等学力报考：1）获得学士学位 6 年或 6 年以上；2）具有高级技术职称；3）满足以下条件之一：发表 2 篇（含 2 篇）以上被 SCI、EI 收录的与报考领域（研究方向）相关的学术论文。作为主研人获得过国家级科学技术奖项，或省部级科学技术一等奖（前五名）1 项，或省部级科学技术二等奖（前三名）1 项，或省部级科学技术三等奖（第一名）1 项。作为主研人完成验收或在研国家级科研项目（国家自然科学基金、科技重大专项、重点研发计划等）1 项。提示：同等学力考生须加试政治理论课以及两门报考领域（研究方向）对应学科的硕士学位主干课程，加试方式为笔试。（2）报考领域（研究方向）应与原所学专业相同或相近。（3）近年在期刊上正式发表与所报考学科相关的学术论文，或获得省部级及以上与所报考学科相关的科技成果奖励。（4）报名者所在单位承接国家重大专项、重大工程项目、重要产品研发任务，考生本人实质参与了相关研究工作，并在行业内具有一定认知度的工程技术骨干和创新管理者。（5）报名者工作单位须为企事业单位（其中事业单位仅指科研院所），考生须由工作单位推荐。（6）报考类别为“定向就业”。

（二）普通招考考生

须为已获得硕士学历、学位人员，或统招应届硕士毕业生（最迟须在 2023 年 7 月前获得硕士学历、学位），初始学历须为普通全日制本科毕业。

四、报考流程

（一）所有考生需向学院、导师详细了解招生名额分配等情况，并经导师同意后方可报名。

（二）系统填报

1. 报名入口：https://yz.chsi.com.cn/（中国研究生招生信息网）主页面右上侧“博士网报”入口。

已参加硕博连读选拔的考生也需在系统内报名。

2. 报名时间：2023 年 1 月 6—15 日。

（三）提交纸质报名材料

1.“申请 - 考核”制考生（全脱产学习考生）需提交材料如下：（1）燕山大学 2023 年博士研究生申请表；（2）填写完整的燕山大学 2023 年攻读博士学位研究生报名登记表；（3）2 份《报考燕山大学 2023 年博士研究生专家推荐书》（由报考专业领域内的两位正高职专家（不含报考导师）推荐，并加盖推荐人所在单位公章）；（4）居民身份证复印件；（5）硕士学位证复印件（应届硕士研究生提供本科学位证复印件）；（6）硕士毕业证复印件及硕士学历教育部学历证书电子注册备案表（应届硕士研究生提供本科毕业证书复印件及本科学历教育部学历证书电子注册备案表）；（7）硕士阶段成绩单（若为复印件，须加盖成绩单出具部门或档案管理部门公章）；（8）英语等级考试成绩单复印件；（9）应届硕士研究生提供学信网《学籍在线验证报告》。

2. 专业学位考生中的在职攻读人员需提交材料如下：（1）本人居民身份证复印件；（2）所有高等教育阶段获得的全部学历证书、学位证书复印件；（3）对所获得的最高学历证书进行网上认证，提交教育部学历证书电子注册备案表；国外学历提供教育部留学服务中心出具的认证报告复印件；（4）填写完整的燕山大学 2023 年攻读博士学位研究生报名登记表；（5）2 份《报考燕山大学 2023 年博士研究生专家推荐书》（推荐人应为与考生报考学科专业相关的教授或相当职称的专家，加盖推荐人所在单位公章）；（6）提供所在单位推荐信，推荐信中须说明单位承担的项目、考生在项目中承担的工作任务和取得的成果（推荐信无固定格式，需加盖单位公章或单位人力资源部门公章）；（7）已发表学术论文的复印件或科技成果奖励的复印件、证明信；（8）提供考生本人参与国家重大专项、重大工程项目、重要产品研发任务的佐证材料；（9）提供拟攻读工程博士学位研究生计划书（含本人感兴趣的研究领域、支撑开展研究的重点工程技术项目、企业合作导师情况等）；（10）同等学力人员还须提供符合报考条件的证明材料。

3. 普通招考考生需提交材料如下：（1）燕山大学 2023 年博士研究生申请表；（2）填写完整的燕山大学

2023年攻读博士学位研究生报名登记表；（3）2份《报考燕山大学2023年博士研究生专家推荐书》（由报考专业领域内的两位正高职专家（不含报考导师）推荐，并加盖推荐人所在单位公章）；（4）居民身份证复印件；（5）本科毕业生、学位证复印件；（6）硕士往届生提供硕士毕业证、学位证复印件及硕士学历教育部学历证书电子注册备案表；（7）硕士应届生提供学信网《学籍在线验证报告》；（8）申请计划书。

4. 材料提交要求：考生需提交纸质报名材料，提交时间及方式另行通知，请报名考生尽早准备报名材料。

（三）资格审核

学校对申请人的申请材料进行评定，确定进入综合考核的人选。材料审核评定不合格者取消资格。

（四）综合考核

综合考核采用笔试+面试的方式进行，相关安排另行发布。

五、录取事宜

（一）各学院按照学校要求对考生组织考核后，以学院为单位确定考生排序名单，学校根据各学院排序择优进行录取，确定待录取名单。

（二）各学院2023年普通学术型博士研究生录取“定向就业”考生数量不得超过学校给定的名额上限。

（三）各学院2023年普通专业学位博士研究生录取“定向就业”考生数量不得超过学校给定专业学位计划的40%。

六、其他事宜

（一）学费标准10000元/生/年，按年缴费。若上级主管部门出台新的收费标准，则按新标准执行。

（二）各环节通知公告均在我校博士招生信息网发布，请考生随时关注。

（三）报名费为160元，在综合考核时缴纳。

（四）待录取考生的招收导师，需按学校规定缴纳助研奖学金，未能在规定时间足额缴纳的，取消导师招生资格，并取消考生待录取资格。

（五）所有考生均须按规定时间进行网上报名，未网上报名的考生，所提交的纸质材料无效。

（六）在职人员申请专业学位博士，仅接受“申请-考核”方式报考。

（七）若上级主管部门发布新的招考要求，我校将做相应调整。

（八）本须知由燕山大学招生就业处负责解释。

（供稿人：招生就业处 谢波）

硕士、博士研究生录取情况

2023年硕士研究生录取情况

院码	学院名称	专业代码	专业名称	计划招生人数	实际录取人数	推免人数	复试分数线	备注
001	机械工程学院	080201	机械制造及其自动化	26	26		273	国家线
001	机械工程学院	080202	机械电子工程	80	80	3	273	国家线
001	机械工程学院	080203	机械设计及理论	124	124	1	273	国家线
001	机械工程学院	0802Z2	流体传动与控制	2	2		273	国家线
001	机械工程学院	080503	材料加工工程	60	60		273	国家线
001	机械工程学院	080704	流体机械及工程	2	2		260	国家线
001	机械工程学院	082400	船舶与海洋工程	16	16		260	国家线
001	机械工程学院	085501	机械工程	309	309		273	国家线
001	机械工程学院	085601	材料工程（材料加工方向）	91	91		273	国家线
002	材料科学与工程学院	080501	材料物理与化学	9	9		273	国家线
002	材料科学与工程学院	080502	材料学（高分子方向）	17	17		273	国家线
002	材料科学与工程学院	080502	材料学（金属方向）	80	80	1	273	国家线
002	材料科学与工程学院	080502	材料学（无机非金属方向）	47	47		273	国家线
002	材料科学与工程学院	085601	材料工程（金属方向）	32	32		273	国家线
002	材料科学与工程学院	085601	材料工程（无机非金属方向）	11	11		273	国家线
003	电气工程学院	080400	仪器科学与技术	75	75		273	国家线
003	电气工程学院	080800	电气工程	58	58	1	273	国家线
003	电气工程学院	081100	控制科学与工程	101	101		273	国家线

院码	学院名称	专业代码	专业名称	计划招生人数	实际录取人数	推免人数	复试分数线	备注
003	电气工程学院	085406	控制工程	100	100		273	国家线
003	电气工程学院	085407	仪器仪表工程	85	85		273	国家线
003	电气工程学院	085410	人工智能	56	56		273	国家线
003	电气工程学院	085801	电气工程（国内普通培养）	87	87		273	国家线
003	电气工程学院	085801	电气工程（中澳联合培养）	35	35		273	国家线
004	信息科学与工程学院（软件学院）	080900	电子科学与技术	62	62		273	国家线
004	信息科学与工程学院（软件学院）	081000	信息与通信工程	54	54	1	273	国家线
004	信息科学与工程学院（软件学院）	081200	计算机科学与技术	70	70	2	273	国家线
004	信息科学与工程学院（软件学院）	085402	通信工程（含宽带网络、移动通信等）	63	63		273	国家线
004	信息科学与工程学院（软件学院）	085404	计算机技术	143	143		273	国家线
004	信息科学与工程学院（软件学院）	085408	光电信息工程	40	40		273	国家线
005	经济管理学院	020200	应用经济学	16	16	1	346	国家线
005	经济管理学院	025100	金融	38	38		346	国家线
005	经济管理学院	120100	管理科学与工程	45	45	7	340	国家线
005	经济管理学院	120201	会计学	23	23		340	国家线
005	经济管理学院	120202	企业管理	17	17	5	340	国家线
005	经济管理学院	120203	旅游管理	5	5		340	国家线
005	经济管理学院	120204	技术经济及管理	2	2		340	国家线
005	经济管理学院	125100	工商管理（非全日制）	157	157		167	国家线
005	经济管理学院	125300	会计	38	38	1	221	
005	经济管理学院	125603	工业工程与管理	35	35		208	
005	经济管理学院	125604	物流工程与管理	32	32		208	
006	建筑工程与力学学院	080100	力学	37	37		260	国家线
006	建筑工程与力学学院	081300	建筑学	5	5		273	国家线
006	建筑工程与力学学院	081400	土木工程	21	21		273	国家线
006	建筑工程与力学学院	081404	供热、供燃气、通风及空调工程	9	9		273	国家线
006	建筑工程与力学学院	085901	土木工程	42	42		273	国家线
006	建筑工程与力学学院	085906	人工环境工程（含供热、通风及空调等）	16	16		273	国家线
007	理学院	025200	应用统计	18	18		346	国家线
007	理学院	070100	数学	29	29		279	国家线
007	理学院	070200	物理学	94	94		279	国家线
007	理学院	071400	统计学	9	9		279	国家线
008	文法学院(公共管理学院)	030100	法学	14	14	2	326	国家线
008	文法学院(公共管理学院)	035101	法律（非法学）	19	19		326	国家线
008	文法学院(公共管理学院)	035102	法律（法学）	25	25		326	国家线
008	文法学院(公共管理学院)	045300	汉语国际教育	34	34		350	国家线
008	文法学院(公共管理学院)	050101	文艺学	3	3		363	国家线
008	文法学院(公共管理学院)	050103	汉语言文字学	5	5		363	国家线
008	文法学院(公共管理学院)	050105	中国古代文学	5	5		363	国家线
008	文法学院(公共管理学院)	050106	中国现当代文学	7	7		363	国家线

院码	学院名称	专业代码	专业名称	计划招生人数	实际录取人数	推免人数	复试分数线	备注
008	文法学院(公共管理学院)	120400	公共管理	39	39	2	340	国家线
008	文法学院(公共管理学院)	125200	公共管理（非全日制）	140	140		175	国家线
009	马克思主义学院	030500	马克思主义理论	53	53	2	326	国家线
010	外国语学院	050201	英语语言文学	13	13		366	
010	外国语学院	050205	日语语言文学	5	5		363	国家线
010	外国语学院	050211	外国语言学及应用语言学	23	23		363	国家线
010	外国语学院	055101	英语笔译	51	51		363	国家线
010	外国语学院	055105	日语笔译	11	11		363	国家线
011	环境与化学工程学院	070300	化学（生物化学方向）	5	5		279	国家线
011	环境与化学工程学院	070300	化学（无机化学、分析化学、有机化学、物理化学方向）	24	24		279	国家线
011	环境与化学工程学院	080706	化工过程机械	10	10		260	国家线
011	环境与化学工程学院	081700	化学工程与技术（化学工程、化学工艺、应用化学、工业催化方向）	38	38		273	国家线
011	环境与化学工程学院	081700	化学工程与技术（生物化工方向）	1	1		273	国家线
011	环境与化学工程学院	083000	环境科学与工程	14	14		273	国家线
011	环境与化学工程学院	085602	化学工程	111	111		273	国家线
011	环境与化学工程学院	085701	环境工程	21	21		273	国家线
011	环境与化学工程学院	086001	生物技术与工程	18	18		273	国家线
012	车辆与能源学院	080204	车辆工程	32	32		273	国家线
012	车辆与能源学院	080702	热能工程	6	6		260	国家线
012	车辆与能源学院	080703	动力机械及工程	7	7		260	国家线
012	车辆与能源学院	082000	石油与天然气工程	5	5		273	国家线
012	车辆与能源学院	085502	车辆工程	60	60		273	国家线
012	车辆与能源学院	085706	石油与天然气工程	19	19		273	国家线
012	车辆与能源学院	085802	动力工程	19	19		273	国家线
013	艺术与设计学院	085507	工业设计工程	15	15		273	国家线
013	艺术与设计学院	130200	音乐与舞蹈学（舞蹈）	9	9	3	362	国家线
013	艺术与设计学院	130200	音乐与舞蹈学（音乐）	10	10	3	377	
013	艺术与设计学院	130500	设计学(工业设计、产品设计方向)	17	17	5	362	国家线
013	艺术与设计学院	130500	设计学（环境设计方向）	5	5	3	362	国家线
013	艺术与设计学院	130500	设计学（视觉传达方向）	10	10	1	362	国家线
013	艺术与设计学院	135101	音乐	15	15	2	362	国家线
013	艺术与设计学院	135107	美术（雕塑方向）	5	5	1	362	国家线
013	艺术与设计学院	135107	美术（国画方向）	3	3	1	362	国家线
013	艺术与设计学院	135107	美术（油画方向）	3	3		362	国家线
013	艺术与设计学院	135108	艺术设计(产品设计、工业设计方向)	16	16	2	362	国家线
013	艺术与设计学院	135108	艺术设计（环境设计方向）	9	9	1	362	国家线
013	艺术与设计学院	135108	艺术设计（视觉传达方向）	15	15	1	362	国家线
015	体育学院	045201	体育教学	21	21		353	
015	体育学院	045202	运动训练	11	11		312	
总计				3624	3624	52		

2023 年博士研究生录取情况

学院名称	专业名称	录取人数
机械工程学院	机械制造及其自动化	8
机械工程学院	机械工程	34
机械工程学院	机械电子工程	30
机械工程学院	机械设计及理论	37
机械工程学院	流体传动与控制	4
机械工程学院	材料加工工程	7
机械工程学院	机械	26
材料科学与工程学院	材料物理与化学	12
材料科学与工程学院	材料学	41
电气工程学院	仪器科学与技术	11
电气工程学院	人工智能	10
电气工程学院	电气工程	4
电气工程学院	控制科学与工程	24
电气工程学院	控制工程	14
信息科学与工程学院（软件学院）	电子科学与技术	4
信息科学与工程学院（软件学院）	信息与通信工程	4
信息科学与工程学院（软件学院）	通信工程（含宽带网络、移动通信等）	3
信息科学与工程学院（软件学院）	计算机技术	12
信息科学与工程学院（软件学院）	计算机科学与技术	11
经济管理学院	管理科学与工程	8
经济管理学院	工商管理	12
建筑工程与力学学院	力学	10
理学院	物理学	11
文法学院（公共管理学院）	公共管理	10
环境与化学工程学院	化学工程与技术	15
车辆与能源学院	车辆工程	7
艺术与设计学院	工业设计工程	4
合计		373

（供稿人：招生就业处 谢波）

在岗硕博研究生指导教师情况

在岗硕博研究生指导教师情况（按年龄分）

类别		29 岁及以下	30 ～ 34 岁	35 ～ 39 岁	40 ～ 44 岁	45 ～ 49 岁	50 ～ 54 岁	55 ～ 59 岁	60 ～ 64 岁	65 岁及以上	总计
博导	人数	0	18	62	101	82	45	62	58	22	450
	其中：女性	0	4	13	28	19	12	16	3	1	96
硕导	人数	11	216	217	294	281	136	168	103	25	1451
	其中：女性	4	80	70	108	109	57	54	16	3	501

在岗硕博研究生指导教师情况（按学院分）

学院	博士生导师人数	硕士生导师人数
机械工程学院	118	251
材料科学与工程学院	65	99
电气工程学院	85	186
信息科学与工程学院（软件学院）	56	143
经济管理学院	32	122
外国语学院		31
建筑工程与力学学院	14	104
文法学院（公共管理学院）	13	86
马克思主义学院		38
理学院	18	95
环境与化学工程学院	35	133
艺术与设计学院	3	74
车辆与能源学院	10	69
体育学院	1	20
总计	450	1451

（供稿人：研究生院 杨潇）

获评省级优秀博士、硕士学位论文情况

序号	作者姓名	学科专业	论文题目	指导教师	学位类型	学位层次
1	杨　冲	机械设计及理论	AZ31 镁合金加载路径相关的多轴力学行为研究	石宝东	学术学位	博士
2	常玉凯	材料物理与化学	磷基层状材料的高压制备及其功能化应用的研究	柳忠元	学术学位	博士
3	叶　坤	材料物理与化学	二维钨、钼硫族化合物及其异质结的光电性能研究	柳忠元	学术学位	博士
4	葛炳成	材料学	高性能金属－空气电池电极材料的设计、合成及电化学性能研究	彭秋明	学术学位	博士
5	李宝忠	材料学	极硬高韧 Diamond-cBN 复合块材的合成与新型 B-C-N 化合物的理论设计	田永君	学术学位	博士
6	杨　勇	电气工程	三相电流源变换器调控技术研究	郭小强	学术学位	博士
7	刘　佩	控制科学与工程	智能电网需求侧协作通信网络的资源优化分配方法研究	马　锴	学术学位	博士
8	张　博	控制科学与工程	信息物理融合的孤岛微电网安全稳定运行控制研究	窦春霞	学术学位	博士
9	李　贺	计算机科学与技术	基于密度图估计的复杂场景图像人群计数方法研究	张世辉	学术学位	博士
10	郭维超	力学	碱渣－电石渣协同激发低碳混凝土的力学性能与本构关系	赵庆新	学术学位	博士
11	王玉君	物理学	金属镀膜微结构光纤宽带偏振滤波和折射率传感特性研究	李曙光	学术学位	博士
1	李秀东	机械设计及理论	碳纤维复合材料金属层板冲击破坏研究	王　健	学术学位	硕士
2	李海柱	材料加工工程	GH4698 合金热加工过程晶粒及晶界特征演变	刘鑫刚	学术学位	硕士
3	高诗博	仪器科学与技术	基于拉曼光谱和卷积神经网络的植物油鉴别技术研究	吴希军	学术学位	硕士
4	曹安冉	控制科学与工程	基于分位引导混合策略的动态多目标优化算法研究	孙　浩	学术学位	硕士
5	吴宇平	控制科学与工程	动态环境下基于振动信号的移动机器人地面分类方法研究	刘　爽	学术学位	硕士
6	付庚宸	信息与通信工程	基于深度学习的燃烧场吸收光谱层析成像方法研究	司菁菁	学术学位	硕士
7	温　馨	化学	手性金纳米颗粒 / 量子点的可控制备及手性光学性质研究	焦体峰	学术学位	硕士
8	李瑞鸿	数学	几类分数阶非线性复杂网络的指数同步控制	武怀勤	学术学位	硕士

序号	作者姓名	学科专业	论文题目	指导教师	学位类型	学位层次
9	魏智琪	数学	广义 Markov 跳变时滞系统的模糊控制研究	马跃超	学术学位	硕士
10	刘　晔	应用经济学	京津冀工业绿色发展的差异性与协调性研究	王韶华	学术学位	硕士
11	吴思宇	音乐与舞蹈学	建国十七年中国钢琴音乐五声性调式和声的运用方法研究	马玉峰	学术学位	硕士
12	李　然	设计学	基于宗白华意境观的云冈石窟文创产品意境构建方法研究	刘维尚	学术学位	硕士
13	魏显贺	机械工程	基于 Yoshimura 折纸模型的连续体折纸机器人创新设计与实验	赵延治	专业学位	硕士
14	赵　琛	机械工程	基于深度学习算法的轧机轴承状态监测与故障诊断技术	孙建亮	专业学位	硕士
15	吴轩瑞	仪器仪表工程	低损耗单模空芯反谐振光纤的结构设计研究	赵兴涛	专业学位	硕士
16	陈兆文	电气工程	三电平单级升降压逆变器及其控制研究	郭小强	专业学位	硕士
17	孟　媛	控制工程	考虑锚节点位置隐私的水声传感网络定位算法研究	闫　敬	专业学位	硕士
18	回文君	电子与通信工程	基于浅层特征的弱监督目标定位研究	顾广华	专业学位	硕士
19	苏明月	电子与通信工程	基于哈希学习的多模态检索算法	顾广华	专业学位	硕士
20	王　涵	建筑与土木工程	蜂窝型声学超材料带隙特性与双负特性的数值模拟研究	辛亚军	专业学位	硕士
21	赖　翔	化学工程	卟啉基金属有机框架材料的模拟酶特性及其应用研究	王龙刚	专业学位	硕士
22	王小铭	化学工程	高强度抗冻 MXene 基有机水凝胶的制备及传感性能研究	张乐欣	专业学位	硕士
23	张卫生	化学工程	有机正极材料柱 [5] 醌的储钾机理与性能研究	王　静	专业学位	硕士
24	彭昀傲	车辆工程	电动汽车无离合器 AMT 专用同步器创新设计与功能实现	张利鹏	专业学位	硕士
25	张长振	应用统计	基于不同类型服务及休假排队的 P2P 网络性能分析	马占友	专业学位	硕士
26	石　磊	工商管理	河北港口集团物资供应中心精细化管理研究	王玖河	专业学位	硕士
27	郝佳昕	汉语国际教育	基于词汇化理论的《发展汉语》生词总表双音复合词研究	李　丽	专业学位	硕士
28	王志朋	工业设计工程	基于 F-ANP 的骨折患者膝踝足支具舒适性评价与设计	孙　利	专业学位	硕士

（供稿人：研究生院　杨潇）

实践基地建设情况

序号	基地依托单位名称	基地类型	依托学院	备注
1	秦皇岛市中医医院	专业学位研究生校外实践基地	文法学院（公共管理学院）	新增
2	财达证券股份有限公司秦皇岛迎宾路证券营业部	专业学位研究生校外实践基地	经济管理学院	新增
3	广州泰声电子有限公司	专业学位研究生校外实践基地	研究生院	新增
4	新致同工程管理有限公司	专业学位研究生校外实践基地	研究生院	新增
5	秦皇岛市第一医院	专业学位研究生校外实践基地	环境与化学工程学院	新增
6	北京联睿科科技有限公司	专业学位研究生校外实践基地	信息科学与工程学院（软件学院）	新增
7	天津益华微电子有限公司	专业学位研究生校外实践基地	信息科学与工程学院（软件学院）	新增
8	国家康复辅具研究中心秦皇岛研究院	专业学位研究生校外实践基地	体育学院	新增
9	中国工商银行股份有限公司河北省分公司	专业学位研究生校外实践基地	经济管理学院	新增
10	秦皇岛燕大滨沅科技发展有限公司	专业学位研究生校外实践基地	电气工程学院	新增
11	秦皇岛经济技术开发区纵横艺校	专业学位研究生校外实践基地	艺术与设计学院	新增
12	秦皇岛市海港区海星艺术培训学校	专业学位研究生校外实践基地	艺术与设计学院	新增
13	米约艺术发展有限公司	专业学位研究生校外实践基地	艺术与设计学院	新增
14	秦皇岛海关技术中心	专业学位研究生校外实践基地	环境与化学工程学院	新增
15	国家体育总局秦皇岛训练基地	专业学位研究生校外实践基地	体育学院	续签
16	中译语通科技股份有限公司	专业学位研究生校外实践基地	外国语学院	续签
17	传神语联网网络科技股份有限公司	专业学位研究生校外实践基地	外国语学院	续签
18	河北交投路桥建设开发有限公司	专业学位研究生校外实践基地	建筑工程与力学学院	新增
19	北京市勘察设计研究院有限公司基础工程公司	专业学位研究生校外实践基地	建筑工程与力学学院	新增
20	天津电气科学研究院有限公司	专业学位研究生校外实践基地	电气工程学院	续签
21	广东泰迪智能科技股份有限公司	专业学位研究生校外实践基地	理学院	新增
22	北京市京师（秦皇岛）律师事务所	专业学位研究生校外实践基地	文法学院（公共管理学院）	新增
23	北戴河区人民法院	专业学位研究生校外实践基地	文法学院（公共管理学院）	新增
24	河北海立律师事务所	专业学位研究生校外实践基地	文法学院（公共管理学院）	新增
25	河北渤海明达律师事务所	专业学位研究生校外实践基地	文法学院（公共管理学院）	新增
26	唐山冀东水泥股份有限公司唐山分公司	专业学位研究生校外实践基地	经济管理学院	新增
27	天洋电器有限公司	专业学位研究生校外实践基地	经济管理学院	新增
28	秦皇岛海源国际货运代理有限公司	专业学位研究生校外实践基地	经济管理学院	新增
29	翼启航（北京）环保科技有限公司	研究生联合培养基地	研究生院	新增
30	北京派和科技股份有限公司	研究生联合培养基地	机械工程学院	新增
31	上海港机重工有限公司	研究生联合培养基地	机械工程学院	新增

序号	基地依托单位名称	基地类型	依托学院	备注
32	铜陵有色金属集团股份有限公司金威铜业分公司	研究生联合培养基地	机械工程学院	新增
33	鹰领航空高端技术秦皇岛有限公司	研究生联合培养基地	机械工程学院	新增
34	广州泰声电子有限公司	研究生联合培养基地	研究生院	新增
35	国检测试控股集团雄安有限公司	研究生联合培养基地	建筑工程与力学学院	新增
36	唐山冀东启新水泥有限责任公司	研究生联合培养基地	电气工程学院	新增
37	北京联睿科科技有限公司	研究生联合培养基地	信息科学与工程学院（软件学院）	新增
38	邢台纳科诺尔精轧科技股份有限公司	研究生联合培养基地	机械工程学院	新增
39	天津益华微电子有限公司	研究生联合培养基地	信息科学与工程学院（软件学院）	新增
40	国汽智控（北京）科技有限公司	研究生联合培养基地	车辆与能源学院	新增
41	秦皇岛燕大滨沅科技发展有限公司	研究生联合培养基地	电气工程学院	新增
42	邢台军华机械科技有限公司	研究生联合培养基地	机械工程学院	新增
43	邢台中伟卓特液压科技有限公司	研究生联合培养基地	机械工程学院	新增
44	北京英创汇智汽车技术有限公司	研究生联合培养基地	机械工程学院	新增
45	航天晨光股份有限公司上海分公司	研究生联合培养基地	机械工程学院	新增
46	北京星航机电装备有限公司	研究生联合培养基地	机械工程学院	新增
47	秦皇岛海关技术中心	研究生联合培养基地	环境与化学工程学院	新增
48	中国水产科学研究院北戴河中心实验站	研究生联合培养基地	环境与化学工程学院	新增
49	传神语联网网络科技股份有限公司	研究生联合培养基地	外国语学院	新增
50	中国二十二冶集团有限公司	研究生联合培养基地	建筑工程与力学学院	新增
51	秦皇岛市玻璃博物馆	研究生联合培养基地	马克思主义学院	新增
52	京清数电（北京）技术有限公司	研究生联合培养基地	电气工程学院	新增
53	天津电气科学研究院有限公司	研究生联合培养基地	电气工程学院	新增
54	北京市建设工程质量第二检测所有限公司	研究生联合培养基地	建筑工程与力学学院	新增
55	新乡航空工业（集团）有限公司	研究生联合培养基地	机械工程学院	新增
56	锦熹（秦皇岛）科技有限公司	研究生联合培养基地	理学院	新增
57	深圳市梅丽纳米孔科技有限公司	研究生联合培养基地	理学院	新增
58	长城电源技术有限公司	研究生联合培养基地	电气工程学院	新增
59	北京机械工业自动化研究所有限公司	研究生联合培养基地	机械工程学院	新增
60	长城汽车股份有限公司	研究生联合培养基地	车辆与能源学院	新增
61	如果科技有限公司	研究生联合培养基地	车辆与能源学院	新增
62	蜂巢能源科技股份有限公司	研究生联合培养基地	车辆与能源学院	新增
63	长三角国家技术创新中心	研究生联合培养基地	研究生院	新增
64	北京智谱华章科技有限公司	研究生联合培养基地	信息科学与工程学院（软件学院）	新增

（供稿人：研究生院 杨潇）

研究生创新创业竞赛获奖情况

序号	竞赛名称	获奖等级	奖项名称	参赛学生	指导教师
1	中国研究生数学建模竞赛	国家级	二等奖	徐志毅，魏博峰，王耀辉	章胤
2	中国研究生数学建模竞赛	国家级	二等奖	朱森，王诗洁，王晓芳	
3	中国研究生数学建模竞赛	国家级	二等奖	梁效乾，韦美辰，李文杰	
4	中国研究生数学建模竞赛	国家级	二等奖	张可心，王晨龙，赵月	章胤
5	中国研究生数学建模竞赛	国家级	二等奖	罗旭声，金俊达	章胤
6	中国研究生数学建模竞赛	国家级	二等奖	刘阳，陈振，任鑫	章胤
7	中国研究生数学建模竞赛	国家级	三等奖	吴优，汪子越，王胜	郭景峰
8	中国研究生数学建模竞赛	国家级	三等奖	杨远航，王书鑫，王康乐	章胤
9	中国研究生数学建模竞赛	国家级	三等奖	杨海成，王佳，徐达	章胤
10	中国研究生数学建模竞赛	国家级	三等奖	马宇坤，孔玮涵，罗嘉宾	章胤
11	中国研究生数学建模竞赛	国家级	三等奖	苏阳东，王兴钊，邵腾	章胤
12	中国研究生数学建模竞赛	国家级	优秀奖	乔楠冰，孙永宽，吴尚	
13	中国研究生数学建模竞赛	国家级	优秀奖	侯斌峰，梁傲，刘梓良	
14	中国研究生电子设计大赛	国家级	二等奖	程雨，卢国庆，王宇奇	李林
15	中国研究生电子设计大赛	国家级	三等奖	王钰林，王翰文，张晓宇	李英伟
16	中国研究生人工智能创新大赛	国家级	二等奖	王宇奇，闫国朋，郝有为，翟晨皓	李林
17	中国研究生人工智能创新大赛	国家级	三等奖	孙姗姗，孙文星，刘懿，杜鹏博	顾广华，李刚
18	中国研究生人工智能创新大赛	国家级	三等奖	李晓航，赵静，左雅洁，裴鹏飞	谈爱玲
19	中国研究生机器人创新设计大赛	国家级	二等奖	董历铭，单煜，张博文，马飞翔，刘亚军	赵延治
20	中国研究生机器人创新设计大赛	国家级	三等奖	侯会东，石译文，门连杰，夏林，牛现玮	赵劲松
21	中国研究生机器人创新设计大赛	国家级	三等奖	张振，史凯伦，刘建鑫，孟启明，沈薛	陈子明
22	中国研究生机器人创新设计大赛	国家级	三等奖	姜泽，陈博，赵哲，李艺超，王嘉薪	许允斗，蔡大军
23	中国研究生机器人创新设计大赛	国家级	三等奖	王宇，仇粲，吴佳斌，马雪建，何晓宇	许允斗
24	中国研究生机器人创新设计大赛	国家级	三等奖	亓焊同，陈瑞，郭子毅，刘嘉伟	赵延治
25	中国研究生机器人创新设计大赛	国家级	三等奖	唐志鑫，张帅，于勇波，毛崇博，周兆千	丰宗强
26	中国研究生机器人创新设计大赛	国家级	三等奖	葛澄，潘洪涛，张亚超，程磊	李鑫滨，韩松
27	中国研究生能源装备创新设计大赛	国家级	三等奖	程久辉，陈泽宁，邢子楚，杨骏，车先鹏	刘小平
28	一带一路暨金砖国家技能发展与技术创新大赛	国家级	一等奖	张加冀，李新，牛轩煜	李大龙
29	一带一路暨金砖国家技能发展与技术创新大赛	国家级	一等奖	张晓东，王俭辉，张博达	白振华，李学通
30	一带一路暨金砖国家技能发展与技术创新大赛	国家级	二等奖	赵金福，徐明哲，宋铭达	王玉辉，孔玲
31	一带一路暨金砖国家技能发展与技术创新大赛	国家级	二等奖	李泽凯，沈振刚，魏雨林	韩毅

序号	竞赛名称	获奖等级	奖项名称	参赛学生	指导教师
32	一带一路暨金砖国家技能发展与技术创新大赛	国家级	三等奖	冯世涛，张利	刘丰，韩毅
33	一带一路暨金砖国家技能发展与技术创新大赛	国家级	三等奖	焦毅维，王新童	韩毅，刘丰
34	一带一路暨金砖国家技能发展与技术创新大赛	国家级	三等奖	杨孟伟，段立志，王润泽	许立忠
35	一带一路暨金砖国家技能发展与技术创新大赛	国家级	三等奖	赵宇飞，熊浩，李轶凡	韩毅，刘丰
36	一带一路暨金砖国家技能发展与技术创新大赛	国家级	优秀奖	李明月，张龙，张治海	韩毅，刘丰
37	一带一路暨金砖国家技能发展与技术创新大赛	国家级	优秀奖	丁成峰，李扬，严祥鑫	杜冰
38	一带一路暨金砖国家技能发展与技术创新大赛	国家级	优秀奖	康亚飞，李玲	韩毅
39	一带一路暨金砖国家技能发展与技术创新大赛	国家级	优秀奖	计鸿鑫，陈浩，武桐	任伟杰
40	全国大学生冶金科技竞赛	国家级	一等奖	高梓淇，王哲，李豪，郑秋薇	任强，张立峰
41	全国大学生冶金科技竞赛	国家级	一等奖	贾德诚，王庆超，董润洲，王贺霖	杨志南
42	全国大学生冶金科技竞赛	国家级	二等奖	王璟丞，李世玉	陈威，张立峰
43	全国大学生冶金科技竞赛	国家级	二等奖	葛茂煜，张伟成，王泽宇，蒋鹏	张立峰，任强
44	全国大学生冶金科技竞赛	国家级	二等奖	闫学峰，房启文，王建军，梁转琴	杨志南
45	全国大学生冶金科技竞赛	国家级	二等奖	王俭辉，张文军，崔熙颖，张晓东	白振华，李学通
46	全国大学生冶金科技竞赛	国家级	二等奖	郭敬超，赵璇，孟纯涛，李林硕	张静，张立峰
47	全国大学生冶金科技竞赛	国家级	三等奖	段伯伟，徐扬欢，吕猷闯	王东城
48	全国大学生冶金科技竞赛	国家级	三等奖	孙莹，张世锟，徐晓峥	张静，张立峰
49	全国大学生冶金科技竞赛	国家级	三等奖	郑甫，程玉杰，李丰辰，赵明哲	张立峰，陈威
50	全国大学生冶金科技竞赛	国家级	三等奖	王哲，高梓淇，卫红，赵春艳	任强，张立峰
51	全国大学生冶金科技竞赛	国家级	三等奖	郭雨涛，刘胜杰，张宇鹤，刘志磊	陈雷
52	全国大学生冶金科技竞赛	国家级	三等奖	徐扬欢，段伯伟，马越华，杨实禹	王东城，刘宏民
53	全国大学生冶金科技竞赛	国家级	三等奖	程玉杰，郑甫，何弘博，赵明哲	张立峰，任强
54	全国大学生冶金科技竞赛	国家级	二等奖	郭敬超，赵璇，孟纯涛，李林硕	张静
55	全国大学生冶金科技竞赛	国家级	三等奖	孙莹，张世锟，徐晓峥	张静
56	全国大学生金融精英挑战赛	国家级	一等奖	张静，叶健康，曹颖	靖鲲鹏
57	全国大学生金融精英挑战赛	国家级	二等奖	朱福兴，祝义浩，王雨山	李艳文
58	中国石油工程设计大赛	国家级	三等奖	胡紫微，张慎登，于靖尚，马胜利	马平华
59	中国石油工程设计大赛	国家级	二等奖	王定邦，魏铭伯，王玉玺，张若晨	李子丰
60	中国石油工程设计大赛	国家级	三等奖	崔天琪，李思琪	邵先杰
61	中国石油工程设计大赛	国家级	三等奖	齐博，郭子源	李秉繁
62	中国石油工程设计大赛	国家级	三等奖	王宇	郑黎明
63	国际大学生数学建模竞赛	国家级	一等奖	朱嘉晨，马俊智，鲍梦媛	韦超
64	国际大学生数学建模竞赛	国家级	三等奖	石玟欣，杨佳鹏，柴润鑫	章胤
65	国际大学生数学建模竞赛	国家级	三等奖	万景阳，高鸿发，纪超洋	章胤

序号	竞赛名称	获奖等级	奖项名称	参赛学生	指导教师
66	中国大学生程序设计竞赛（哈尔滨站）	国家级	三等奖	孙振轩，李一阳，吴亚楠	穆运峰
67	中国大学生程序设计竞赛（秦皇岛站）	国家级	优秀奖	李想，牛彦深，金晨烨	穆运峰
68	中国大学生程序设计竞赛（秦皇岛站）	国家级	三等奖	孙振轩，李一阳，吴亚楠	穆运峰
69	中国大学生程序设计竞赛（哈尔滨站）	国家级	优秀奖	孙振轩，李一阳，赵玉航	穆运峰
70	德国 IF 设计奖	国家级	winner	王佳棋	李虹
71	东方创意之星设计大赛	国家级	二等奖	杨玉欣，孙雪晴，杨莹莹	王年文
72	东方创意之星设计大赛	国家级	优秀奖	罗沛霖，胡晔	秦崇伟
73	东方创意之星设计大赛	国家级	优秀奖	于利洋，于宛佳慧，李江南	孙利
74	全国大学生英语竞赛	国家级	一等奖	韩惠心	张宇
75	全国大学生英语竞赛	国家级	一等奖	张慧	郑占国
76	全国大学生英语竞赛	国家级	一等奖	李强	郭晨
77	全国大学生英语竞赛	国家级	二等奖	冉梦雪	刘磊
78	全国大学生英语竞赛	国家级	二等奖	吴梦涵	付继林
79	全国大学生英语竞赛	国家级	二等奖	杜晨荣	周忠新
80	全国大学生英语竞赛	国家级	二等奖	周梦杰	刘立剡
81	全国大学生英语竞赛	国家级	二等奖	刘佳	何晓静
82	全国大学生英语竞赛	国家级	二等奖	俞丹丹	杨金丹
83	全国大学生英语竞赛	国家级	二等奖	王凡	郑占国
84	全国大学生英语竞赛	国家级	二等奖	郭雨萌	胡玲
85	全国大学生英语竞赛	国家级	二等奖	孙莹	周忠新
86	全国大学生英语竞赛	国家级	二等奖	王近秋	许松慧
87	全国大学生英语竞赛	国家级	二等奖	张栋	高跃吉
88	全国大学生英语竞赛	国家级	二等奖	康承宇	赵志刚
89	全国大学生英语竞赛	国家级	二等奖	康妍	李力超
90	全国大学生英语竞赛	国家级	二等奖	常洋	刘磊
91	全国大学生英语竞赛	国家级	二等奖	李晓柯	刘超朋
92	全国大学生英语竞赛	国家级	三等奖	曾停	马静波
93	全国大学生英语竞赛	国家级	三等奖	郑宇涵	潘桂娟
94	全国大学生英语竞赛	国家级	三等奖	姚思玉	马静波
95	全国大学生英语竞赛	国家级	三等奖	李思珂	潘桂娟
96	全国大学生英语竞赛	国家级	三等奖	魏欣	耿延宏
97	全国大学生英语竞赛	国家级	三等奖	章倩	马静波
98	全国大学生英语竞赛	国家级	三等奖	陈奕丹	潘桂娟
99	全国大学生英语竞赛	国家级	三等奖	杨雪纯	周忠新
100	全国大学生英语竞赛	国家级	三等奖	王思雨	谷香娜
101	全国大学生英语竞赛	国家级	三等奖	刘国平	龚滟

序号	竞赛名称	获奖等级	奖项名称	参赛学生	指导教师
102	全国大学生英语竞赛	国家级	三等奖	王雪萌	赵志刚
103	全国大学生英语竞赛	国家级	三等奖	李牧霖	谷香娜
104	全国大学生英语竞赛	国家级	三等奖	蒋娅婷	龚滟
105	全国大学生英语竞赛	国家级	三等奖	马舒凡	谷香娜
106	全国大学生英语竞赛	国家级	三等奖	毛畅晖	龚滟
107	全国大学生英语竞赛	国家级	三等奖	王晶晶	周忠新
108	全国大学生英语竞赛	国家级	三等奖	郑浩然	张淑媛
109	全国大学生英语竞赛	国家级	三等奖	秦嘉赫	薛昌学
110	全国大学生英语竞赛	国家级	三等奖	孙佳鑫	张淑媛
111	全国大学生英语竞赛	国家级	三等奖	李泽昌	薛昌学
112	全国大学生英语竞赛	国家级	三等奖	董淼	张淑媛
113	全国大学生英语竞赛	国家级	三等奖	赵浩明	薛昌学
114	全国大学生英语竞赛	国家级	三等奖	陈浩	刘立剡
115	全国大学生英语竞赛	国家级	三等奖	裴盈盈	付继林
116	全国大学生英语竞赛	国家级	三等奖	贾雪	刘立剡
117	中国医疗器械创新创业大赛	国家级	二等奖	李廉清，鲍亚彤，王琦，宁圆盛	牛建业
118	中国虚拟现实大赛	国家级	二等奖	王静，王倩云，班丽娜，苗溪竹	赵静
119	中国虚拟现实大赛	国家级	二等奖	苗溪竹，班丽娜，王倩云，王静，于凯	赵静
120	中国虚拟现实大赛	国家级	二等奖	李重阳，张可新，陶悦，王亚洁	高畅
121	中国虚拟现实大赛	国家级	二等奖	张可新，陶悦，王亚洁，李重阳	高畅
122	中国包装设计大赛	国家级	二等奖	王一博	刘维尚
123	中国包装设计大赛	国家级	三等奖	王一博，胡慧雯，汪春澎	刘维尚
124	中国包装设计大赛	国家级	三等奖	王一博，刘家兴，汪春澎	刘维尚
125	中国包装设计大赛	国家级	三等奖	王一博，汪春澎，温蕊擎	刘维尚
126	中国包装设计大赛	国家级	三等奖	李林，尹磊	侯士江
127	中国包装设计大赛	国家级	三等奖	许哲，温蕊擎，汪春澎	刘维尚
128	中国包装设计大赛	国家级	优秀奖	王一博，刘家兴，胡慧雯	刘维尚
129	中国包装设计大赛	国家级	优秀奖	李林，尹磊	侯士江
130	中国包装设计大赛	国家级	优秀奖	李林，尹磊	侯士江
131	MathorCup 大学生数学建模挑战赛	国家级	一等奖	段立志，冯和生，范福源	
132	MathorCup 大学生数学建模挑战赛	国家级	二等奖	张永，佟贺，田嘉野	郭保苏
133	MathorCup 大学生数学建模挑战赛	国家级	二等奖	乔朝辉，刘阳，张雨航	郭保苏
134	MathorCup 大学生数学建模挑战赛	国家级	二等奖	房宇畅，马健明，程丽丹	郭保苏
135	MathorCup 大学生数学建模挑战赛	国家级	二等奖	孙万诚，马鑫鑫，陈昊哲	郭保苏
136	MathorCup 大学生数学建模挑战赛	国家级	三等奖	张振，刘星雨，史凯伦	陈子明
137	MathorCup 大学生数学建模挑战赛	国家级	三等奖	朱嘉晨，马俊智，闫翔宇	陈子明
138	全国大学生电工数学建模竞赛	国家级	一等奖	刘世纪，李晓通，李岩	刘爽
139	全国大学生电工数学建模竞赛	国家级	一等奖	王浩宇，王俊泽，王苏杭	闫敬

序号	竞赛名称	获奖等级	奖项名称	参赛学生	指导教师
140	全国大学生电工数学建模竞赛	国家级	一等奖	李景超，冯艳格，申婷婷	章胤
141	全国大学生电工数学建模竞赛	国家级	一等奖	付居洋，刘汉鑫，韩佳琦	李雅倩
142	全国大学生电工数学建模竞赛	国家级	一等奖	詹彦博，邢阳冉，张冰雁，卢浩，何子卓	卢志刚
143	全国大学生电工数学建模竞赛	国家级	二等奖	海爽，王智炜，温涛	
144	全国大学生电工数学建模竞赛	国家级	二等奖	崔欣茹，张子轩，高世祥	张金龙
145	全国大学生电工数学建模竞赛	国家级	二等奖	高锦龙，马紫乔，张锦华	赵清林
146	全国大学生电工数学建模竞赛	国家级	二等奖	王近秋	杨婕
147	全国大学生电工数学建模竞赛	国家级	二等奖	陈锐浩，张兴健，沈敏锐	李雅倩
148	全国大学生电工数学建模竞赛	国家级	二等奖	周帅杰，李闪闪	程淑红
149	全国大学生电工数学建模竞赛	国家级	二等奖	刘宇航，李想，卢坤	丁浩
150	全国大学生电工数学建模竞赛	国家级	二等奖	盖硕，焦颖，李孟亭	郭小强
151	全国大学生电工数学建模竞赛	国家级	二等奖	秦庆旭，陈自豪，刘全中	赵广磊
152	全国大学生电工数学建模竞赛	国家级	二等奖	白云沙，高佳琪，任智新	张玉燕
153	全国大学生电工数学建模竞赛	国家级	二等奖	王佳乐，张腾飞，刘峤示	杨亚娜
154	全国大学生电工数学建模竞赛	国家级	二等奖	邹锐，张宇航，徐晨皓	刘爽
155	全国大学生电工数学建模竞赛	国家级	二等奖	王文烨，张子腾，郑卓琳	袁亚洲
156	全国大学生电工数学建模竞赛	国家级	二等奖	杨玉林，袁立双，秦嘉赫	丁伟利
157	全国大学生电工数学建模竞赛	国家级	二等奖	吕炎珂，赵忠泉，李韵逸	张迪
158	全国大学生电工数学建模竞赛	国家级	二等奖	王梓凡，单明珠，白蝶	江国乾
159	全国大学生电工数学建模竞赛	国家级	二等奖	李钰鸣，郭颖璇，王新强	章胤
160	全国大学生电工数学建模竞赛	国家级	二等奖	刁月，贺萍萍，李中琴	郭小强
161	全国大学生电工数学建模竞赛	国家级	二等奖	马静博，刘子洋，门帅成	韩勇
162	全国大学生电工数学建模竞赛	国家级	三等奖	张正浩，李博迅，苏阳东	郝晓辰
163	全国大学生电工数学建模竞赛	国家级	三等奖	刘新雨，李梦瑶，孙朝阳	唐英干
164	全国大学生电工数学建模竞赛	国家级	三等奖	李志杰，梁家俊，李天宇	赵清林
165	全国大学生电工数学建模竞赛	国家级	三等奖	王思然，王金哲，王世航	吴忠强
166	全国大学生电工数学建模竞赛	国家级	三等奖	葛文泰，王宇，葛子轩，张扬	韩东颖
167	CSIG 中国可视化与可视分析大会可视化竞赛数据可视分析挑战赛道	国家级	三等奖	谢利文，李晨羲，李冲冲，高世达，李博阳，周莉莎	赵静、郭栋梁
168	CSIG 中国可视化与可视分析大会可视化竞赛数据可视分析挑战赛道	国家级	优秀奖	张萌，张家齐，张书慧，孙梦圆，杨凤仪	郭栋梁
169	中国先进技术转化应用大赛	国家级	铜奖	冯伟彬，王玉琳，韩磊，王龙飞	齐跃峰
170	全国管理案例精英赛	国家级	国赛季军	蔡李影，英伟威，陈佩简，付立博，李悦，辛鹏，杨润泽，李铎，康凯，李晗冰，赵书乐，李京京	王玖河，苏艳林
171	香港当代设计奖	国家级	铜奖	王梓霖，陈瑞超	赵琳
172	香港当代设计奖	国家级	铜奖	王梓霖，陈瑞超	赵琳
173	香港当代设计奖	国家级	优秀奖	陈瑞超	赵琳

序号	竞赛名称	获奖等级	奖项名称	参赛学生	指导教师
174	香港当代设计奖	国家级	优秀奖	陈瑞超	赵琳
175	香港当代设计奖	国家级	优秀奖	张仕哲，冯楚文	
176	香港当代设计奖	国家级	优秀奖	冯楚文，李文卓	
177	英国生态奖	国家级	银奖	籍曼瑜，朱永旭	李冬
178	英国生态奖	国家级	银奖	籍曼瑜，朱永旭	李冬
179	英国生态奖	国家级	银奖	籍曼瑜，朱永旭	李冬
180	英国生态奖	国家级	银奖	朱永旭，籍曼瑜	李冬
181	英国生态奖	国家级	银奖	朱永旭，籍曼瑜	李冬
182	英国生态奖	国家级	银奖	许博	王年文
183	英国生态奖	国家级	银奖	许博	王年文
184	英国生态奖	国家级	银奖	许博	王年文
185	英国生态奖	国家级	银奖	许博	王年文
186	英国生态奖	国家级	银奖	纪佳岑，王瑞桢，陈瑞超	赵琳
187	英国生态奖	国家级	银奖	冯楚文，李文卓	
188	英国生态奖	国家级	银奖	李文卓，冯楚文，王梓霖	孙利
189	英国生态奖	国家级	银奖	李玉兰，刘冰冰	温瑀
190	英国生态奖	国家级	银奖	籍曼瑜	李冬
191	英国生态奖	国家级	银奖	赵佳慧	边哲
192	英国生态奖	国家级	银奖	赵佳慧	边哲
193	英国生态奖	国家级	银奖	赵佳慧	边哲
194	英国生态奖	国家级	银奖	侯申澳	边哲
195	英国生态奖	国家级	铜奖	万中华，黄涛，张静	王年文
196	英国生态奖	国家级	铜奖	黄涛，张静，万中华	
197	英国生态奖	国家级	铜奖	黄涛，丁小怡，张静	
198	英国生态奖	国家级	铜奖	籍曼瑜，朱永旭	李冬
199	英国生态奖	国家级	铜奖	籍曼瑜，朱永旭	李冬
200	英国生态奖	国家级	铜奖	籍曼瑜，朱永旭	李冬
201	英国生态奖	国家级	铜奖	籍曼瑜，朱永旭	李冬
202	英国生态奖	国家级	铜奖	籍曼瑜，朱永旭	李冬
203	英国生态奖	国家级	铜奖	杨媚，籍曼瑜	张丽君
204	英国生态奖	国家级	铜奖	朱永旭，籍曼瑜	李冬
205	英国生态奖	国家级	铜奖	朱永旭，籍曼瑜	李冬
206	英国生态奖	国家级	铜奖	朱永旭，籍曼瑜	李冬
207	英国生态奖	国家级	铜奖	朱永旭，籍曼瑜	李冬

序号	竞赛名称	获奖等级	奖项名称	参赛学生	指导教师
208	英国生态奖	国家级	铜奖	朱永旭，籍曼瑜	李冬
209	英国生态奖	国家级	铜奖	朱永旭，籍曼瑜	李冬
210	英国生态奖	国家级	铜奖	史凯文	张芳兰
211	英国生态奖	国家级	铜奖	史凯文	张芳兰
212	英国生态奖	国家级	铜奖	史凯文	张芳兰
213	英国生态奖	国家级	铜奖	许博，赖禹锡	王年文
214	英国生态奖	国家级	铜奖	晁佳媛，李文卓，王羽申	孙利
215	英国生态奖	国家级	铜奖	王羽申，李文卓，晁佳媛	孙利
216	英国生态奖	国家级	铜奖	陈瑞超，王梓霖	赵琳
217	英国生态奖	国家级	铜奖	陈瑞超，王梓霖	赵琳
218	英国生态奖	国家级	铜奖	陈瑞超，王梓霖	赵琳
219	英国生态奖	国家级	铜奖	陈瑞超，王梓霖，纪佳岑，王瑞桢	赵琳
220	英国生态奖	国家级	铜奖	李文卓，王梓霖	孙利
221	英国生态奖	国家级	铜奖	王梓霖	赵琳
222	英国生态奖	国家级	铜奖	王梓霖，李文卓	赵琳
223	英国生态奖	国家级	铜奖	王梓霖，王潇彤	赵琳
224	英国生态奖	国家级	铜奖	王梓霖，陈瑞超	赵琳
225	英国生态奖	国家级	铜奖	李欣	张芳兰
226	英国生态奖	国家级	铜奖	李欣	张芳兰
227	英国生态奖	国家级	铜奖	李文卓，冯楚文	孙利
228	英国生态奖	国家级	铜奖	冯楚文，李文卓	
229	英国生态奖	国家级	铜奖	王梓霖，陈瑞超	赵琳
230	英国生态奖	国家级	铜奖	陈瑞超，王梓霖	赵琳
231	英国生态奖	国家级	铜奖	刘冰冰，李玉兰	温瑀
232	英国生态奖	国家级	铜奖	籍曼瑜	李冬
233	英国生态奖	国家级	铜奖	籍曼瑜	李冬
234	英国生态奖	国家级	铜奖	籍曼瑜	李冬
235	英国生态奖	国家级	铜奖	侯申澳	边哲
236	ICAD 国际当代青年美术设计大赛	国家级	银奖	王欣欣	刘维尚
237	ICAD 国际当代青年美术设计大赛	国家级	银奖	王欣欣	刘维尚
238	ICAD 国际当代青年美术设计大赛	国家级	银奖	王一博，胡慧雯	刘维尚
239	ICAD 国际当代青年美术设计大赛	国家级	银奖	刘云鹄	欧新菊
240	ICAD 国际当代青年美术设计大赛	国家级	银奖	刘云鹄	欧新菊
241	ICAD 国际当代青年美术设计大赛	国家级	银奖	刘云鹄	欧新菊

序号	竞赛名称	获奖等级	奖项名称	参赛学生	指导教师
242	ICAD 国际当代青年美术设计大赛	国家级	银奖	温蕊擎	刘维尚
243	ICAD 国际当代青年美术设计大赛	国家级	银奖	温蕊擎	刘维尚
244	ICAD 国际当代青年美术设计大赛	国家级	银奖	汪春澎	刘维尚
245	ICAD 国际当代青年美术设计大赛	国家级	银奖	王欣欣	刘维尚
246	ICAD 国际当代青年美术设计大赛	国家级	铜奖	王欣欣	刘维尚
247	ICAD 国际当代青年美术设计大赛	国家级	铜奖	李子翔	刘维尚
248	ICAD 国际当代青年美术设计大赛	国家级	铜奖	张悦，李林，尹磊	侯士江
249	ICAD 国际当代青年美术设计大赛	国家级	铜奖	尹磊，刘树鹏，邝庆龙，李湘楠	侯士江、王媚雪
250	ICAD 国际当代青年美术设计大赛	国家级	铜奖	王一博，胡慧雯	刘维尚
251	ICAD 国际当代青年美术设计大赛	国家级	铜奖	王一博，刘家兴	刘维尚
252	ICAD 国际当代青年美术设计大赛	国家级	铜奖	王一博	刘维尚
253	ICAD 国际当代青年美术设计大赛	国家级	铜奖	王一博	刘维尚
254	ICAD 国际当代青年美术设计大赛	国家级	铜奖	王一博	刘维尚
255	ICAD 国际当代青年美术设计大赛	国家级	铜奖	冯小凡	赵琳
256	ICAD 国际当代青年美术设计大赛	国家级	铜奖	冯小凡	赵琳
257	ICAD 国际当代青年美术设计大赛	国家级	铜奖	万中华，张静	王年文
258	ICAD 国际当代青年美术设计大赛	国家级	铜奖	刘云鹄	欧新菊
259	ICAD 国际当代青年美术设计大赛	国家级	铜奖	汪春澎，罗慈怡，温蕊擎	刘维尚
260	ICAD 国际当代青年美术设计大赛	国家级	铜奖	温蕊擎	刘维尚
261	ICAD 国际当代青年美术设计大赛	国家级	铜奖	汪春澎	刘维尚
262	ICAD 国际当代青年美术设计大赛	国家级	铜奖	汪春澎	刘维尚
263	ICAD 国际当代青年美术设计大赛	国家级	铜奖	李林，尹磊	侯士江
264	ICAD 国际当代青年美术设计大赛	国家级	优秀奖	李子翔	刘维尚
265	ICAD 国际当代青年美术设计大赛	国家级	优秀奖	王欣欣	刘维尚
266	ICAD 国际当代青年美术设计大赛	国家级	优秀奖	王欣欣	刘维尚
267	ICAD 国际当代青年美术设计大赛	国家级	优秀奖	王欣欣	刘维尚
268	ICAD 国际当代青年美术设计大赛	国家级	优秀奖	王欣欣	刘维尚
269	ICAD 国际当代青年美术设计大赛	国家级	优秀奖	王玉荣，张宇	刘月林
270	ICAD 国际当代青年美术设计大赛	国家级	优秀奖	温蕊擎	刘维尚
271	ICAD 国际当代青年美术设计大赛	国家级	优秀奖	温蕊擎	刘维尚
272	ICAD 国际当代青年美术设计大赛	国家级	优秀奖	温蕊擎	刘维尚
273	ICAD 国际当代青年美术设计大赛	国家级	优秀奖	汪春澎	刘维尚
274	全国大学生学术英语词汇竞赛	国家级	一等奖	刘阳	
275	全国大学生学术英语词汇竞赛	国家级	优胜奖	宋宇	

序号	竞赛名称	获奖等级	奖项名称	参赛学生	指导教师
276	第十八届“挑战杯”揭榜挂帅华为云赛道	国家级	二等奖	付灏，杨远航，孙姗姗，窦轶阳，方九川，俞阳，黄晓远，姚泽冰，孙文星	顾广华
277	CATTI 杯全国翻译大赛	国家级	二等奖	李睿睿	
278	“BETT 杯”全国大学生英语阅读大赛	国家级	二等奖	孙莹	周忠新
279	“BETT 杯”全国大学生英语阅读大赛	国家级	二等奖	闫敏仪	王芳
280	《英语世界》杯全国大学生英语词汇大赛	国家级	三等奖	孙莹	周忠新
281	《英语世界》杯全国大学生词汇大赛	国家级	二等奖	常洋	刘磊
282	《英语世界》杯全国大学生英语翻译大赛	国家级	二等奖	李可实	刘鸿宇
283	“外文奖”全国大学生词汇大赛	国家级	三等奖	孙莹	周忠新
284	“外文奖”全国大学生阅读大赛	国家级	二等奖	孙莹	周忠新
285	普译奖全国大学生翻译比赛英译汉决赛	国家级	三等奖	蔡瑞宸	刘鸿宇
286	普译奖全国大学生翻译比赛汉译英决赛	国家级	三等奖	蔡瑞宸	刘鸿宇
287	创研杯词汇能力挑战赛决赛	国家级	二等奖	蔡瑞宸	刘鸿宇
288	创研杯全国大学生英语翻译大赛英译汉	国家级	二等奖	蔡瑞宸	刘鸿宇
289	“中外传播杯”全国大学生英语语法大赛	国家级	二等奖	孙莹	周忠新
290	2023 年“联合国采购杯”全国大学生英语阅读大赛	国家级	一等奖	常洋	刘磊
291	“CFAINS 杯”全国金融英语水平大赛	国家级	一等奖	常洋	刘磊
292	“向上杯”全国大学生英语阅读能力竞赛	国家级	一等奖	常洋	刘磊
293	“淮海杯·青创”全国高校模拟法庭竞赛	国家级	全国季军	郑凯夫，吴佳丽，任乐	石丽
294	全国大学生数字技能应用大赛	国家级	二等奖	宋宇	
295	全国案例征集活动	国家级	入围奖	尹颖童	米利群
296	全国高校商务英语竞赛决赛	国家级	一等奖	蔡瑞宸	刘鸿宇
297	国际大学生英语语法挑战赛（IEGCCS）	国家级	二等奖	孙莹	周忠新
298	全国大学生英语词汇挑战赛	国家级	一等奖	常洋	刘磊
299	国际中文教育教学技能大赛	国家级	二等奖	杨佳玥	
300	全球国际中文教育三维超媒体课件制作工作坊暨创新大赛	国家级	三等奖	刘昕，杨佳玥，朱瑞玲，于雨晴	李丽
301	汉教英雄会国际中文技能交流活动	国家级	优秀奖	索梦婕，贾泽珊，杨佳玥，姜若宁，吴昕羽	张妍
302	全国青少年文化精品征集推荐活动	国家级	入围奖	梁楚迪	赵善君

（供稿人：创新创业教育与指导中心 李轩）

研究生就业情况

2023届硕士、博士毕业生就业省份分布

序号	就业省份	硕士毕业生		博士毕业生	
		人数	比例	人数	比例
1	河北	810	30.65%	71	44.38%
2	北京	368	13.92%	11	6.88%
3	江苏	227	8.59%	8	5.00%
4	天津	203	7.68%	6	3.75%
5	山东	194	7.34%	10	6.25%
6	广东	143	5.41%	5	3.13%
7	浙江	95	3.59%	5	3.13%
8	河南	105	3.97%	8	5.00%
9	上海	75	2.84%	2	1.25%
10	安徽	58	2.19%	3	1.88%
11	湖北	34	1.29%	3	1.88%
12	山西	55	2.08%	3	1.88%
13	陕西	46	1.74%	7	4.38%
14	黑龙江	33	1.25%	0	0.00%
15	辽宁	43	1.63%	3	1.88%
16	四川	36	1.36%	2	1.25%
17	湖南	18	0.68%	0	0.00%
18	重庆	17	0.64%	0	0.00%
19	吉林	17	0.64%	1	0.63%
20	江西	7	0.26%	4	2.50%
21	内蒙古	16	0.61%	3	1.88%
22	新疆	5	0.19%	2	1.25%
23	福建	8	0.30%	0	0.00%
24	贵州	10	0.38%	0	0.00%
25	云南	4	0.15%	0	0.00%
26	甘肃	8	0.30%	2	1.25%
27	海南	5	0.19%	0	0.00%
28	广西	1	0.04%	0	0.00%
29	宁夏	2	0.08%	0	0.00%
30	青海	0	0.00%	0	0.00%
31	西藏	0	0.00%	0	0.00%
32	香港	0	0.00%	1	0.63%
总计		2643	100.00%	160	100.00%

2023届硕士、博士毕业生省内就业主要城市流向

序号	就业城市	硕士毕业生		博士毕业生	
		人数	比例	人数	比例
1	秦皇岛	301	37.16%	40	56.34%
2	石家庄	140	17.28%	5	7.04%
3	唐山	133	16.42%	14	19.72%
4	廊坊	51	6.30%	2	2.82%
5	保定	47	5.80%	5	7.04%
6	邯郸	33	4.07%	2	2.82%
7	邢台	16	1.98%	0	0.00%
8	沧州	22	2.72%	0	0.00%
9	承德	29	3.58%	0	0.00%
10	衡水	6	0.74%	3	4.23%
11	张家口	24	2.96%	0	0.00%
12	雄安	8	0.99%	0	0.00%
总计		810	100.00%	71	100.00%

2023届硕士、博士毕业生就业单位性质分布

单位性质	硕士毕业生		博士毕业生	
	人数	比例	人数	比例
国有企业	1143	43.25%	24	15.00%
其他企业	731	27.66%	9	5.63%
三资企业	276	10.44%	1	0.63%
机关	222	8.40%	1	0.63%
其他	28	1.06%	1	0.63%
高等教育单位	80	3.03%	107	66.88%
中初教育单位	65	2.46%	0	0.00%
其他事业单位	64	2.42%	4	2.50%
科研设计单位	29	1.10%	12	7.50%
部队	2	0.08%	0	0.00%
医疗卫生单位	3	0.11%	1	0.63%
总计	2643	100.00%	160	100.00%

2023届各学院硕士毕业生升学情况

学院	国内升学人数	出国出境人数	升学率
环境与化学工程学院	22	0	12.22%
车辆与能源学院	7	0	8.14%
材料科学与工程学院	10	2	7.19%
建筑工程与力学学院	7	1	6.72%
理学院	15	1	14.81%
电气工程学院	27	2	5.66%
外国语学院	0	0	0.00%
机械工程学院	27	1	4.35%
信息科学与工程学院（软件学院）	18	1	4.95%
文法学院（公共管理学院）	3	1	1.70%
经济管理学院	9	0	2.48%
艺术与设计学院	2	2	4.12%
体育学院	0	0	0.00%
马克思主义学院	1	0	2.27%
总计	148	11	5.25%

（供稿人：招生就业处 陶建新）

留学生教育

总体情况

【通过教育部来华留学生高等教育质量认证】10月26日，顺利通过教育部来华留学生高等教育质量认证，获得4年认证有效期（2023年10月至2027年10月）。

【开展各类中外文化交流互学互鉴活动】开展“知华讲堂”系列活动7期、“西里西亚大讲坛”品牌系列活动8场、“中外文化论坛”品牌系列活动3场；举办“多元燕大，世界一家”第六届燕山大学国际文化节；与廊坊师范学院共建来华留学生非遗文化实践与体验基地，构筑中外文化交流和互学互鉴平台。

【开展长城文化体验与研究相关活动】结合长城文化体验与研究基地、校内文化活动和校外长城文化体验等活动，组织短期来华留学生团组长城文化研学活动1次；举办长城文化论坛等相关系列活动2场次；策划出版长城文化读本1部；组织“用汉语讲好长城故事”各类比赛活动2场次。

【常规工作】学生培养。成功举办第三届“学在中国——中外研究生学术文化交流论坛”。鼓励硕博留学生发表高水平科研论文，评审奖励2022年度来华留学生高水平论文14篇、2023年度来华留学生高水平论文8篇，2篇博士留学生学位论文获评燕山大学优秀博士学位论文。组织欧洲学院学生积极参与科研小组活动，学生参加全球学生学术会议并发表会议论文3篇；研究成果申请计算机软件著作权登记1项。

课程建设。打造“课堂学习+文化活动+社会实践”中国国情教育课程体系，培养“知华友华爱校”国际化人才，开展“知华讲堂”系列活动，获批国家留学基金委“感知中国”文化实践活动1项、教育部中外语言交流合作中心国际中文教育课题2项、国际中文教学实践创新项目1项。

招生就业工作。正式加盟留学中国预科教育联盟；获批中国政府奖学金“高水平研究生”项目推荐资格；招收长短期留学生人数达596人。组织留学生参观全球铝车轮行业“灯塔工厂”中信戴卡股份有限公司。组织国内企业到校进行就业宣讲和就业洽谈2场，组织留学生进行线上面试1场，2023届摩洛哥硕士留学毕业生扎克成功签约中外合资企业亚大集团。

承办会议。成功承办教育部国际合作与交流司2023来华留学管理干部培训班（第二期）。学院院长张文莉作为学校代表受邀在全国来华留学教育质量保障培训会上作来华留学质量认证经验分享，在国际教育行业内产生积极影响。张文莉获评河北省国际教育交流突出贡献奖。

宣传工作。学院牵头主导的国际化办学多项活动被中国新闻网、央视频、人民网、人民日报、人民日报海外版、中文联盟等国家级媒体报道15次，河北广播电视台冀时客户端、秦皇岛日报等省市级媒体报道7次。

校友工作。成立燕山大学巴基斯坦同学会；组织开展“国际校友说”系列讲座。

（供稿人：国际教育学院 刘蕊）

各类留学生招生、入学、毕业（结业）和在校人数

类型	录取人数	报到人数	毕业（结业）人数	在校人数
博士研究生	11	6	7	47
硕士研究生	69	31	6	96
本科生	2	2	2	27
语言生	15	13	0	13
合计	97	52	15	183

（供稿人：国际教育学院 刘蕊）

继续教育

【生命健康与智能医学学院正式挂牌运营】为落实《国家发展改革委等部门关于支持北戴河生命健康产业创新示范区发展若干政策措施的通知》文件精神，全力配合秦皇岛市北戴河生命健康产业创新示范区建设，支持河北和秦皇岛地方区域经济社会发展，提升服务地方战略性新兴产业能力，12 月 21 日，燕山大学生命健康与智能医学学院揭牌仪式在康养人才培训中心举行。秦皇岛市市长丁伟、燕山大学党委书记赵险峰共同为学院揭牌。

【举办亚行项目－北戴河康养产业发展大会并与北戴河区政府签订康养战略合作协议】6 月 17—18 日，成功举办亚行项目－北戴河康养产业发展大会暨“健康中国 母亲行动”走进北戴河活动。本次会议由主题大会和“关爱女性健康”“康养产业技术发展”2 个分论坛组成。大会期间进行了燕山大学与北戴河区政府签订康养战略合作协议仪式。举办康养团队成果汇报会，邀请多家康养企业和投资机构参会，为康养产业技术成果转化提供合作平台。

【“数据大模型”应用场景开发进入模型公开测试阶段】与信息科学与工程学院（软件学院）团队合作，探索在教学环节、招生宣传、论文规范写作等方面应用场景开发，目前已进入模型公开测试阶段。

【常规工作】党建思政。1. 深入学习贯彻习近平新时代中国特色社会主义思想主题教育，政治引领入心入脑。全年召开党委中心组理论学习会 12 次，落实“第一议题”学习 16 次，教职工集中理论学习 8 次，举办或组织党员参加宣讲会、培训会、党课等 12 次。2. 强基固本抓实组织建设，增强党组织政治功能和组织功能。全年共举办 6 次主题党日活动。支部对照工作纪实手册，制定党支部标准化、规范化建设工作清单，台账式推进各项工作任务。学院领导、支部书记积极参加学校组织的培训活动，定期召开支部书记交流会，培养支部书记成为基层党务工作的“行家里手”，举办 6 次专题培训活动。11 月 29—12 月 6 日，牵头组织成立了“青龙干部提升培训宣讲团”，共选派 12 位优秀专家学者为青龙县中青年干部提供公益性质培训服务。12 月 7—11 日，在深圳组织开展燕山大学亚行能力建设计划“组织培训能力实践班”。3. 多措并举推进平安校园建设，制定了《燕山大学继续教育学院 2023 年安全稳定工作责任书》。4. 将统战工作纳入党委议事专题，部署安排年度工作。

教育教学。1. 学历继续教育采用线上线下同步教学模式。春季学期在线课程 218 门，在线考试 461 门，在线考试人数 19749 人次；秋季学期在线课程 202 门，在线考试 551 门，在线考试人数 15652 人次。完成毕业生论文抽检工作。向省教育厅提交《2003 年度燕山大学继续教育年度报告》。2. 函授站管理改革逐步推进。7 月成功举办 2023 年校外教学点业务培训暨先优表彰大会。重新拟定校外教学点合作办学协议，出台了《校外教学点考核管理办法》。在降低校外教学点分成比例的前提下，加强对校外教学点约束力。3. 非学历教育共举办 25 个线下培训项目，2 个线上培训项目，1 个人力资源和社会保障部国家级专业技术人员知识更新工程高级研修项目，7 个省直机关和高校等省级培训项目。培训人数共计 5500 余人，协调组织合作单位校园招聘考试近 800 人。2023 年专业技术人员继续教育网络平台注册学习人数达到 3400 名，学员在线评价满意度超过 99%，并完成省直机关和高校等省级培训项目 7 个。

康养人才。推进亚行康养人才培训中心建设项目进展。举办 5 期康养人才培训班，培训人数达 620 余人。12 月，组织燕山大学中层干部、康养产业技术研究院教师去深圳考察学习，为河北养老服务体系项目提供优质教学资源和人才支撑。与中国中医科学院基础理论研究所、河北省康复医院举办了三方签约仪式，共同助力生命健康与智能医学学院筹建和康养人才培养工作。与日本东北福祉大学、德国维达科塔教育集团签订合作协议，引入高水平康养课程体系，提高康养人才培养质量。顺利通过了亚行官员、省项目办和咨询专家对康养人才培训中心子项目的现场检查工作。推动教材建设工作，已完成 11 本教材出版任务。

（供稿人：继续教育学院 岳睿燕）

独立学院（里仁学院）

【明晰学院转设路径】经请示教育部转设政策，与秦皇岛市等 11 家政府和国企召开转设洽谈会 45 场，初步确定了三条转设路径，完成《转设期间合同制教职工“一人一策”安置方案》等 5 篇调研报告。

【师资建设成效显著】新增河北省教学名师 1 名，河北省师德标兵1名，创新创业教学名师1人，河北省课程思政教学名师1名，河北省优秀教学团队1个。

【乡村振兴赓续传承】张向前、郝连旺、王鹏、常鑫等4位学院领导前赴后继，从精准脱贫到乡村振兴，是唯一保持处级干部“全勤”的基层党委。

【常规工作】党建思政。1. 主题教育。制定《里仁学院主题教育实施方案》《里仁学院领导班子主题教育工作方案》，成立领导小组，召开动员和总结大会，严格落实整改“回头看”工作。梳理问题清单45个，制定整改措施51项。专题研究调研课题和整改措施4次，完成调研报告5篇。投送高质量稿件28篇。党支部开展主题党日活动80余次，党委委员、党支部书记讲专题党课18次。2. 转设工作。针对工作量不足等问题，院党委采取个别谈话、集体座谈、调研等方式疏导，组织自聘教职工赴省内已转设院校和地市学习。党委书记作《学思想 明目标》专题报告。3. 思政教育。学院党委10次传达学习“第一议题”，党委理论学习中心组学习11次，领导干部学习8次。寒冬率教职工党员赴承德市围场县银窝沟乡慰问驻村干部，学习奉献精神。组织党政干部、党支部书记及家属走入学校廉政教育文化长廊开展警示教育，参观党员组织生活馆，重温入党誓词。加强对青年学生的思想政治教育与引领。开展学习座谈、故事分享、征文演讲、参观寻访、志愿服务等形式多样的主题教育20次。举办爱国主义观影、清明烈士陵园祭扫、北京天安门升旗观礼、国家安全教育日“同上一堂国家安全教育课”、“我和祖国在2050年约会”主题征文等思想政治教育活动，累计参与1000余人次，创作作品400余份。开展两期团校培训，培训学员369人，培训课程20余学时。4. 思政建设。持续完善《燕山大学里仁学院课程思政改革实施方案》，组织工作交流16次，院长李昊作题为《守好一段渠，种好责任田——课程思政的再认识》的专题报告，持续推进课程思政建设。获省普通本科高等学校课程思政教学竞赛二等奖1项、三等奖2项；获省第三届高校教师教学创新大赛（课程思政组）二等奖1项；“会计学原理”获批省课程思政示范课程；《“红”字小主题书写思政大文章——记燕山大学里仁学院红十字会育人实践成果》获省高校校园文化建设优秀成果三等奖。5. 意识形态。学院党委会专题分析研判意识形态工作2次。开展师生思想状况滚动调查，党委进行分析研判。通过学院网站、公众号等，全年推送新闻报道230篇。6. 宗教工作。党委书记兼任统战委员，分管院领导与信教职工教育谈话18次并形成谈话记录。按照《里仁学院学生宗教工作管理办法（暂行）》，建立开学排查、在校教育、离校关注的长效机制。对信教学生严格执行网格化管理，辅导员与信教学生教育谈话126次。

教育教学。1. 师资队伍建设。制定并实施《燕山大学里仁学院教师培训学分制管理实施细则（试行）》《燕山大学里仁学院“教学名师”奖（理论教学类）评选办法》《燕山大学里仁学院学业导师制实施办法》《燕山大学里仁学院学业导师考核实施细则》。获批河北省自然科学基金1项、省级教改项目9项，荣获省级教学竞赛奖9项；1人荣获“全国民办高校优秀辅导员”；1人荣获“河北省先进德育工作者”；3人荣获“河北省高校辅导员暑期大家访活动先进个人”。2. 双创工作。获批省级创新创业课程4门，省级创新创业教改项目5项，取得学院历史新突破。学生共荣获国际级奖项2项、国家级奖项97项、省部级奖项135项，在2017—2022年全国“民办及独立学院大学生竞赛排行榜”位居第14位，蝉联河北省同类院校榜首。3. 实践育人平台。推出网红直播节目《果仁直播间》，聚焦思想引领、学习指导、心理咨询等，点赞数22.8万。组建大学生社会实践团队18支，556名实践队员分赴各地开展调研活动。开展“靓燕”等校内外志愿服务活动80余次，千余人报名参加。在2023年“挑战杯”红色专项活动中荣获国家三等奖，实现燕山大学在该类比赛国奖零的突破；在省大学生“调研河北”社会调查活动中立项8项，荣获省级二等奖1项；在“冀青工作调研大赛”中，荣获一等奖1项、三等奖2项。

管理服务。1. 学生服务。评选三好学生、优秀团员、优秀学生干部、优秀毕业生1016人次，评选先进集体32个，处分学生29人。全年发放奖学金130.95万元，国家助学金256.25万元，勤工助学工资34.90万元；办理生源地贷款201.12万元，申请国家教育资助143.1万元、国家专项助学金7.95万元，受益学生4529人次。组织心理普测2次，重点人群追踪回访112人，个体咨询143人次，面谈回访超过100人，回复信件31封，有效进行心理危机防控。2. 就业指导。2023届毕业生1226人，入伍13人，选调生、“西部计划”和河北省乡村振兴计划志愿者21人，有就业意愿毕业生年终毕业去向落实率95.06%。继续推行“双师型”校企合作人才培养模式，与2家知名企业签订了联合培养协议。3. 社会服务。承办国家级、省市级社会考试6次，考试人数1.2万人，获得省市领导好评。党委书记兼任校友办主任张向前，已组织成立、换届18个学院校友会、53个地方校友会、2个行业校友会和1个兴趣爱好校友会，依托里仁学院教师成立轻管校友会。4. 平安校园建设。调整安全稳定工作领导小组和网络安全工作领导小组成员，细化《里仁学院安全责任明晰表》，落实安全工作网格化管理。签订《燕山大学里仁学院2023年安全稳定工作责任书》，强化安全主体责任。全年共组织拉网式安全检查2次，院领导带队检查安全工作12次，部门开展安全检查42次，实验室安全管理受到河北省教育厅检查组高度认可。邀请民警开展反诈安全教育专题讲座，召开消防、交通、财产、网络、生命和国家安全等主题教育班会50余场，全体学生学习并签订安全承诺书。

（供稿人：里仁学院 李雪）

学科建设

学科优化调整

总体情况

【聚焦内涵推进学科高质量发展】在第五轮学科评估中，学校整体学科水平呈现稳步提升态势，部分学科实现跨级提升，机械工程、材料科学与工程两个学科评估等级均为A-。《燕山大学聚焦特色优势推动学科建设发展的成功经验》作为典型案例报送省主题教育工作领导小组。

【启动学位点申报与学科优化调整】制定《燕山大学学科专业调整优化实施方案（2023—2025）》，备案新增先进制造、智能装备2个博士学位授权目录外二级学科，新增新能源技术和储能技术、智能电动车辆、国别和区域研究3个硕士学位授权目录外二级学科；撤销6个自主设置目录外二级学科。申报新增材料与化工、土木工程、设计学3个博士学位授权点和中共党史党建学硕士学位授权点。

【深入调研学科交叉建设先进经验】开展校内外调研，召开校内学科建设座谈会，与武汉理工大学联合召开“基于学科交叉的世界一流学科研究生培养体系创建与实践”线上交流会，赴北京航空航天大学、广西大学实地调研学科交叉建设先进经验。完成《河北省学位办学位与研究生教育强国建设书面调研》《燕山大学临港涉海相关学科情况报告》《2023中国高等教育对外开放发展状况调查问卷》等材料的撰写及佐证材料整理工作。

【常规工作】1. 完成新增学位授权审核前期准备工作。组织召开2次学位授权点申报工作推进会，安排部署新增学位授权审核工作。跟进材料与化工、土木工程、设计学等博士学位授权点的工作进展，协调解决学位授权点申报遇到的难点问题，邀请校内外专家对学位授权点申报工作开展专题辅导讲座。2. 按照《燕山大学学位授权点合格评估工作方案》，完成2020—2025周期性合格评估年度学位授权点自我评估工作。组织19个学位授权点开展学位授权点专项核验工作，包括4个一级学科博士学位授权点、1个博士专业学位授权点、6个一级学科硕士学位授权点、8个硕士专业学位授权点。3. 完成2023年学位与研究生教育发展中心二级学科自主设置平台年报信息备案上报工作。涉及20个现有博士一级或二级学科、47个硕士一级或二级学科、3个撤销学科的招生数、在校生数、授予学位数及毕业生就业率等数据统计。4. 完成学科2022年度发展状况报告。按照教育部社科司要求，完成马克思主义理论学科2022年度发展状况调研工作。提交马克思主义理论学科学科概况、教师队伍建设、思政课建设、科学研究、学生培养、对外交流和社会服务等方面的信息和数据。

（供稿人：研究生院 马新成）

硕士、博士学位授权点建设情况

硕士学位授权点建设情况

序号	学科类别代码	学科类别名称	学科门类	学位类别
1	0202	应用经济学	经济学	学术学位授权一级学科
2	0301	法学	法学	学术学位授权一级学科
3	0305	马克思主义理论	法学	学术学位授权一级学科
4	0501	中国语言文学	文学	学术学位授权一级学科
5	0502	外国语言文学	文学	学术学位授权一级学科
6	0701	数学	理学	学术学位授权一级学科
7	0702	物理学	理学	学术学位授权一级学科
8	0703	化学	理学	学术学位授权一级学科
9	0714	统计学	理学	学术学位授权一级学科
10	0801	力学	工学	学术学位授权一级学科
11	0802	机械工程	工学	学术学位授权一级学科
12	0804	仪器科学与技术	工学	学术学位授权一级学科

序号	学科类别代码	学科类别名称	学科门类	学位类别
13	0805	材料科学与工程	工学	学术学位授权一级学科
14	0807	动力工程及工程热物理	工学	学术学位授权一级学科
15	0808	电气工程	工学	学术学位授权一级学科
16	0809	电子科学与技术	工学	学术学位授权一级学科
17	0810	信息与通信工程	工学	学术学位授权一级学科
18	0811	控制科学与工程	工学	学术学位授权一级学科
19	0812	计算机科学与技术	工学	学术学位授权一级学科
20	0813	建筑学	工学	学术学位授权一级学科
21	0814	土木工程	工学	学术学位授权一级学科
22	0817	化学工程与技术	工学	学术学位授权一级学科
23	0820	石油与天然气工程	工学	学术学位授权一级学科
24	0824	船舶与海洋工程	工学	学术学位授权一级学科
25	0830	环境科学与工程	工学	学术学位授权一级学科
26	1201	管理科学与工程	管理学	学术学位授权一级学科
27	1202	工商管理学	管理学	学术学位授权一级学科
28	1204	公共管理学	管理学	学术学位授权一级学科
29	1301	艺术学	艺术学	学术学位授权一级学科
30	1403	设计学	交叉学科	学术学位授权一级学科
31	0251	金融	经济学	专业学位授权类别
32	0252	应用统计	经济学	专业学位授权类别
33	0351	法律	法学	专业学位授权类别
34	0452	体育	教育学	专业学位授权类别
35	0453	国际中文教育	教育学	专业学位授权类别
36	0551	翻译	文学	专业学位授权类别
37	0854	电子信息	工学	专业学位授权类别
38	0855	机械	工学	专业学位授权类别
39	0856	材料与化工	工学	专业学位授权类别
40	0857	资源与环境	工学	专业学位授权类别
41	0858	能源动力	工学	专业学位授权类别
42	0859	土木水利	工学	专业学位授权类别
43	0860	生物与医药	工学	专业学位授权类别
44	1251	工商管理	管理学	专业学位授权类别
45	1252	公共管理	管理学	专业学位授权类别
46	1253	会计	管理学	专业学位授权类别
47	1256	工程管理	管理学	专业学位授权类别
48	1352	音乐	艺术学	专业学位授权类别
49	1357	设计	艺术学	专业学位授权类别

（供稿人：研究生院 马新成）

博士学位授权点建设情况

序号	学科类别代码	学科类别名称	学科门类	学位类别
1	0702	物理学	理学	学术学位授权一级学科
2	0801	力学	工学	学术学位授权一级学科
3	0802	机械工程	工学	学术学位授权一级学科
4	0804	仪器科学与技术	工学	学术学位授权一级学科
5	0805	材料科学与工程	工学	学术学位授权一级学科
6	0808	电气工程	工学	学术学位授权一级学科
7	0809	电子科学与技术	工学	学术学位授权一级学科
8	0810	信息与通信工程	工学	学术学位授权一级学科
9	0811	控制科学与工程	工学	学术学位授权一级学科
10	0812	计算机科学与技术	工学	学术学位授权一级学科
11	0817	化学工程与技术	工学	学术学位授权一级学科
12	1201	管理科学与工程	管理学	学术学位授权一级学科
13	1202	工商管理学	管理学	学术学位授权一级学科
14	1204	公共管理学	管理学	学术学位授权一级学科
15	0854	电子信息	工学	专业学位授权类别
16	0855	机械	工学	专业学位授权类别

（供稿人：研究生院　马新成）

一流学科建设

【完成河北省第二轮“双一流”建设学科中期考核评估】按照河北省第二轮“双一流”建设学科中期考核评估和绩效评价工作要求，完成学校机械工程、材料科学与工程等7个学科的中期自评和建设成效统计。通过组织校内专家对省内22个重点建设学科进行互评，学校建设成效显著。

【完成学校“双一流”建设年度指标完成情况自查】根据《燕山大学加快“双一流”建设实施方案（2022—2025年）》，对照配套任务清单检查2022、2023年各项指标完成情况，多数年度指标已完成或超额完成。

【完成“双一流”建设等经费划拨】根据《燕山大学加快“双一流”建设实施方案（2022—2025年）》、学校2023年预算和学校“双一流”建设及学科建设规划，在做好本年度19个学位点专项核验及支持6个博士学位授权点申报的前提下，制定本年度燕山大学高水平大学及“双一流”建设经费分配方案，划拨建设经费。

【常规工作】1. 完成2023年度新增研究生导师岗前培训工作。11月30日，组织召开燕山大学新增研究生导师岗前培训会，2022年和2023年新增的硕士、博士生导师共计300余人参加了培训。2. 完成研究生导师岗位审核工作。经教师申报、学院审核、学校学位评定委员会审议，具有2024年博士生招生资格的导师336人，其中申请首次招生的博士生导师53人。新增硕士生导师118人，具有硕士生招生资格的导师1214人。3. 完成本年度专家库信息更新与报送工作，共报送专家1231人，每位专家涉及50项字段信息。4. 完成教育部博士生导师信息采集工作。统计时期内在校有过学籍记录的博士生及2023年9月30日前入学的博士生共计1732人，每人涉及19项字段信息。统计时期内具有博士研究生指导资格的全部博士生导师（含未实际指导研究生的导师、外籍导师及兼职导师）共计445人，每人必填字段涉及基础信息和科研项目等41项字段信息。

（供稿人：研究生院　马新成）

科学研究

自然科学研究

总体情况

【科技成果获奖再创历史新高】获高等学校科学研究优秀成果奖二等奖1项，为全省唯一牵头获奖单位；获河北省首届专利二等奖1项，为全省唯一获等级奖高校；获河北省科学技术一等奖3项、二等奖5项、三等奖2项，为全省一等奖最多高校。

【科协工作实现多项历史性突破】获批中国科协海智工作基地，是学校首个中国科协国家级科研平台，也是全省首所高校获批；学校首次有3位教师同时获评河北省优秀科技工作者；学校首次获评秦皇岛市最美科普工作者1人；燕山大学科协获评河北省全国科普日优秀组织单位，1项活动获评河北省全国科普日优秀活动；获省科协批准河北省物理科普教育基地等4个河北省科普教育基地；1人入选中国科协青年人才托举工程。

【首次发表*Science*正刊论文】继4篇*Nature*论文后，学校首次在国际顶级期刊*Science*上发表论文，实现学校重要历史性突破；学校同时发表*Nature*子刊论文2篇。

【常规工作】党建思政与安全稳定。严格贯彻落实中央、省委和学校党委的决策部署和有关规定，持续加强意识形态建设，完成主题教育、主题教育“回头看”整改整治、深化纠治“四风”和作风纪律整治、官僚主义问题专项整治等相关工作。“全力推进国家重点实验室优化重组”被学校列为推进高质量发展主题教育典型案例，向上级推荐汇报；落实党风廉政建设主体责任、安全稳定工作责任制等，全年无安全事故发生；严格按照保密要求开展国防科研保密管理工作，全年无泄密事件发生。

科研体系与组织建设。1.完善制度建设。出台《燕山大学科研荣誉评选和管理办法》等规章制度，协助省基金办完成《河北省自然科学基金“基础研究基地”项目管理办法》等文件制定工作。2.学校当选河北省高等学校科研管理研究会会长单位，赵险峰书记当选会长；当选京津冀高校知识产权运用联盟副理事长单位；承办学校首届“科学家讲科学”科普讲座活动；完成京津高校对接燕山大学合作发展大会项目对接组和成果展示组相关工作。

科研项目管理。召开基金启动会、管理培训会议、校内预答辩及评审会议、各类项目结题验收会议等60余场次，申报理工类各级各类项目1200余项，完成项目结题验收250余项。批复国家重点研发计划、国家自然科学基金等科研项目336项，项目经费合同额1.6014亿元。其中，获批国家自然科学基金86项，基金数量保持良好上升势头，并再次获批国家杰青1项，首次获批外国学者研究基金1项；获批“增材制造与激光制造”重点专项国家重点研发计划项目1项。

科研平台建设。1.扎实推进亚稳材料国家重点实验室优化重组，多次组织工作推进会，保证工作整体进度和完成质量；经向上级部门请示汇报，获得省科技厅、教育厅长期稳定专项经费支持；协调成立亚稳材料国家重点实验室党委、管理委员会等机构；协调申请获批河北省3亿多元专项经费支持，亚稳国重大楼建设工作已经启动；实验室优化重组方案已多次论证并基本确定，待科技部指南发布后完善上报，并参与答辩评审；亚稳材料融合中心等实验室基础设施建设工作有序推进。2.组织召开起重机械关键技术全国重点实验室学术委员会会议，成立实验室燕山大学管理委员会，强化实验室建设组织架构，协调组织制定《起重机械关键技术全国重点实验室整体建设方案》并向党委常委会汇报通过，明确了实验室建设方向和重点。3.继续组织培育“医工交叉”“智能制造”和“双碳”等科研新方向和增长点，获批“智能控制与神经信息处理”教育部重点实验室，燕山大学双碳科学与技术研究院正式揭牌；组织首次校内科研平台校内考核，共评出“优秀”7个、“良好”18个、“合格”11个。4.获批“非晶材料基础科学问题国际联合研究中心”河北省国际科技合作基地1个，“化石能源低碳开发与资源化利用”河北省工程研究中心1个，“河北省亚稳材料科普示范基地”“河北省机器人与智能装备科普示范基地”“河北省国防科技科普示范基地”河北省科普示范基地3个；完成教育部重点实验室、省科技厅重点实验室和中心、省协同创新中心、省科普示范基地和省发改委平台等申报和验收评估工作，完成10个河北省重点实验室（工程研究中心）绩效后补助验收工作。

科研成果培育。1.召开奖励申报部署会、培训会和论证会等，持续深层次挖掘高质量科研奖励申报潜力，谋划“有序报奖”机制。申报2023年度河北省科学技术奖43项（其中牵头31项，合作12项），经过网评、行业评审和总评，学校获评河北省科学技术获奖10项。2.刘日平、张福成教授当选中国工程院院士；双聘院士阎锡蕴教授荣获2021年度何梁何利基金科学与技术进步奖；荣获高等学校科学研究优秀成果奖（科学技术）、首届河北省专利奖各1项。

知识产权管理。1.国（境）外发明专利培育成效显著，授权国（境）外发明专利20项；获得国家专利授权510余项，其中发明专利授权420余项；获得计算机软件著作权登记90余件。2.加强知识产权保护工作，按照国有资产管理有关要求，严格做好知识产权类无形资产的清查、盘点等工作；注重知识产权管理，常态化做好知识产权管理体系“贯标”的内审、管理评审等工作；深入推进国家知识产权试点高校建设有关工作。

国防科研生产。组织申报各类国防科研项目32项，科研到款约3000万元；测试计量技术及仪器学科获批河北省国防特色学科；“超短环片上光纤陀螺”项目获第五届中国先进技术转化应用大赛铜奖，是全省唯一获奖高校；参加由国家国防科工局主办的2023年共建高校座谈会，研讨推进落实国防科工局与河北省人民政府“十四五”期间共建燕山大学协议的各项内容；与省军民融合促进会、华北理工大学共同主办未来科技与产业大会暨2023中国·曹妃甸先进技术创新成果展洽会，并获授“未来国防产业基地”；举办国防科研专题报告会暨保密教育培训会1场、国防科研保密工作宣讲会2场。

（供稿人：科学技术研究院 侯明玉）

科研平台建设情况

序号	平台名称	主管部门	获批时间	备注
1	亚稳材料制备技术与科学国家重点实验室	科技部	2006年	依托单位
2	冷轧板带装备及工艺国家工程技术研究中心	科技部	2011年	依托单位
3	先进制造成形技术及装备国家地方联合工程研究中心	国家发展改革委	2012年	依托单位
4	极端条件下机械结构和材料科学国防重点学科实验室	国防科工局	2007年	依托单位
5	燕山大学国家国际科技合作基地	科技部	2011年	依托单位
6	创新人才培养示范基地	科技部	2019年	依托单位
7	精品钢铁生产工艺装备智能化省部共建协同创新中心	教育部	2018年	依托单位
8	先进锻压成形技术与科学教育部重点实验室	教育部	2011年	依托单位
9	智能控制与神经信息处理教育部重点实验室	教育部	2023年	依托单位
10	轧制设备及成套技术教育部工程研究中心	教育部	2006年	依托单位
11	智能控制系统与智能装备教育部工程研究中心	教育部	2019年	依托单位
12	河北省重型机械流体动力传输与控制实验室	河北省科技厅	2005年	依托单位
13	河北省并联机器人与机电系统实验室	河北省科技厅	2005年	依托单位
14	河北省自润滑关节轴承技术重点实验室	河北省科技厅	2015年	依托单位
15	河北省金属产品工艺及性能优化控制实验室	河北省科技厅	2004年	依托单位
16	河北省测试计量技术及仪器实验室	河北省科技厅	2006年	依托单位
17	河北省工业计算机控制工程实验室	河北省科技厅	2002年	依托单位
18	河北省电力电子节能与传动控制实验室	河北省科技厅	2008年	依托单位
19	河北省智能康复及神经调控重点实验室	河北省科技厅	2018年	依托单位
20	河北省特种光纤与光纤传感实验室	河北省科技厅	2006年	依托单位
21	河北省计算机虚拟技术与系统集成重点实验室	河北省科技厅	2009年	依托单位
22	河北省软件工程重点实验室	河北省科技厅	2015年	依托单位

序号	平台名称	主管部门	获批时间	备注
23	河北省信息传输与信号处理重点实验室	河北省科技厅	2018 年	依托单位
24	河北省应用化学重点实验室	河北省科技厅	2009 年	依托单位
25	河北省水体重金属深度修复与资源利用重点实验室	河北省科技厅	2019 年	依托单位
26	河北省纳米生物技术重点实验室	河北省科技厅	2021 年	依托单位
27	河北省重型装备与大型结构力学可靠性重点实验室	河北省科技厅	2011 年	依托单位
28	河北省土木工程绿色建造与智能运维重点实验室	河北省科技厅	2018 年	依托单位
29	河北省特种运载装备重点实验室	河北省科技厅	2018 年	依托单位
30	河北省微结构材料物理重点实验室	河北省科技厅	2016 年	依托单位
31	河北省高精度轧制技术装备工程研究中心	河北省科技厅	2000 年	依托单位
32	河北省金属精密塑性加工工程技术研究中心	河北省科技厅	2002 年	依托单位
33	河北省重型智能制造装备技术创新中心	河北省科技厅	2018 年	依托单位
34	河北省轻质结构装备设计与制备工艺技术创新中心	河北省科技厅	2018 年	依托单位
35	河北省先进制造用高品质钢铁材料制备与应用技术创新中心	河北省科技厅	2020 年	依托单位
36	河北省建筑低碳清洁供热技术创新中心	河北省科技厅	2019 年	依托单位
37	河北省智能工业设计技术创新中心	河北省科技厅	2020 年	依托单位
38	河北省先进制造用高品质钢铁材料开发与智能制造国际联合研究中心	河北省科技厅	2020 年	依托单位
39	河北省非晶材料基础科学问题国际联合研究中心	河北省科技厅	2022 年	依托单位
40	河北省物理实验科普示范基地	河北省科技厅	2020 年	依托单位
41	河北省智能制造科普示范基地	河北省科技厅	2021 年	依托单位
42	河北省液压与气动技术科普示范基地	河北省科技厅	2021 年	依托单位
43	河北省国防科技科普示范基地	河北省科技厅	2023 年	依托单位
44	河北省机器人与智能装备科普示范基地	河北省科技厅	2023 年	依托单位
45	河北省亚稳材料科普示范基地	河北省科技厅	2023 年	依托单位
46	河北省高端装备产业技术研究院	河北省科技厅	2014 年	依托单位
47	亚稳材料科学协同创新中心	河北省教育厅	2013 年	依托单位
48	先进成形技术及装备协同创新中心	河北省教育厅	2016 年	依托单位
49	沿海地区临港产业发展协同创新中心	河北省教育厅	2022 年	依托单位
50	河北省先进制造成型技术及装备（产业）工程技术研究中心	河北省发展改革委	2007 年	依托单位
51	河北省工业智能控制工程研究中心	河北省发展改革委	2020 年	依托单位
52	城市固废无害化协同处置及利用河北省工程研究中心	河北省发展改革委	2022 年	依托单位
53	近海水质监测智能传感技术与装备河北省工程研究中心	河北省发展改革委	2023 年	依托单位
54	化石能源低碳开发与资源化利用河北省工程研究中心	河北省发展改革委	2023 年	依托单位
55	河北省基础机电产品共性技术重点实验室	中共河北省委军民融合发展委员会办公室	2021 年	依托单位

序号	平台名称	主管部门	获批时间	备注
56	秦皇岛市神经信息处理与内分泌调控重点实验室	秦皇岛市科技局	2020 年	依托单位
57	秦皇岛市运动与健康技术创新中心	秦皇岛市科技局	2020 年	依托单位
58	航空自润滑关节轴承共性技术重点实验室（央企共建）	中航工业集团公司	2012 年	依托单位
59	自润滑关节轴承共性技术航空科技重点实验室	中航工业集团公司	2013 年	依托单位
60	机械工业大型件塑性成形技术工程实验室	中国机械工业联合会	2010 年	依托单位
61	机械工业流体动力传输技术重点实验室	中国机械工业联合会	2010 年	依托单位
62	机械工业并联机器人及装备基础重点实验室	中国机械工业联合会	2010 年	依托单位
63	机械工业高精度轧制技术装备工程研究中心	中国机械工业联合会	2007 年	依托单位
64	燕山大学电子实验中心科普教育基地	河北省科学技术协会	2023 年	依托单位
65	燕山大学高压科学研究中心	燕山大学	2019 年	依托单位
66	燕山大学纳米能源材料研究中心	燕山大学	2019 年	依托单位
67	燕山大学特种运载装备研究中心	燕山大学	2019 年	依托单位
68	燕山大学人工智能与机器人研究院	燕山大学	2018 年	依托单位
69	燕山大学海洋科学与工程研究院	燕山大学	2018 年	依托单位
70	燕山大学康养产业技术研究院	燕山大学	2018 年	依托单位
71	燕山大学双碳科学与技术研究院	燕山大学	2023 年	依托单位
72	起重机械关键技术全国重点实验室	科技部	2022 年	合作单位
73	国防科技工业精密塑性成形技术研究应用中心	国防科工局	2008 年	合作单位
74	河北省道路智能养护装备工程技术研究中心	河北省科技厅	2018 年	合作单位
75	河北省桥梁焊接技术创新中心	河北省科技厅	2018 年	合作单位
76	河北省散料港口技术创新中心	河北省科技厅	2018 年	合作单位
77	河北省港口生态环境技术创新中心	河北省科技厅	2023 年	合作单位
78	河北省垃圾焚烧烟气污染物控制技术创新中心	河北省科技厅	2023 年	合作单位
79	河北省电镀锡薄钢板技术创新中心	河北省科技厅	2022 年	合作单位
80	河北省现代港口煤炭物流技术创新中心	河北省科技厅	2009 年	合作单位
81	河北省（秦皇岛）樱桃产业技术研究院	河北省科技厅	2020 年	合作单位
82	河北省绿色生物化工产业技术研究院	河北省科技厅	2018 年	合作单位
83	河北省智能医疗设备产业技术研究院	河北省科技厅	2017 年	合作单位
84	河北省绿色生物产业技术研究院	河北省科技厅	2018 年	合作单位
85	河北省钢管表面保护涂层技术创新中心	河北省科技厅	2021 年	合作单位
86	河北省建筑高性能材料技术创新中心	河北省科技厅	2021 年	合作单位
87	河北省板带轧辊产业技术研究院	河北省科技厅	2020 年	合作单位
88	河北省工业应急及风险管控产业技术研究院	河北省科技厅	2022 年	合作单位
89	河道水处理和生态修复河北省工程研究中心	河北省发展和改革委员会	2022 年	合作单位

（供稿人：科学技术研究院 侯明玉）

科研项目获批情况

序号	项目编号	负责人	项目名称	项目类型	项目级别	批准经费/万元
1	2023YFB2504403	金立生	考虑道路使用者意图的行车环境态势推演技术	国家重点研发计划－课题	国家级	497
2	2023YFA1406204	徐　波	反常规化学计量比热电材料的高压制备及调控	国家重点研发计划－课题	国家级	440
3	2022YFA1204001	柳忠元	二维磁性材料的生长制备技术及物性研究	国家重点研发计划－课题	国家级	575
4	2023YFB3406701	张　晋	高压大排量闭式柱塞泵共性关键技术研究	国家重点研发计划－子课题	国家级	112
5	2023YFB3408501	杨　柳	多物理场耦合的工程装备多层级失效机理研究	国家重点研发计划－子课题	国家级	64
6	2023YFB2504401	李梦林	完备行车环境状态估计与信息重构技术	国家重点研发计划－子课题	国家级	103
7	2023YFB3711701	张春祥	超高强韧低合金钢合金化设计与组织精细调控	国家重点研发计划－子课题	国家级	25
8	2023YFB3711703	张春玲	165ksi 超高强韧抗扭钻杆工业化制造关键技术研究	国家重点研发计划－子课题	国家级	25
9	2022YFB3206603	郭柏苍	多模态信息特征融合的智能轮胎磨耗寿命预测研究	国家重点研发计划－子课题	国家级	170
10	2022YFB3206602	李　静	智能轮胎多参量传感阵列协同优化及动力学特性实时感知	国家重点研发计划－子课题	国家级	50
11	2022YFE0140400	赵　靖	基于 3D 生物打印聚合物光纤的脑机接口研究	国家重点研发计划－子课题	国家级	60
12	2023YFB3107403	金立生	智能驾驶算法数据与运行机制融合安全防护技术	国家重点研发计划－子课题	国家级	60
13	52325203	赵智胜	新型与高性能亚稳材料	国家自然科学基金杰出青年科学基金	国家级	400
14	52331003	彭秋明	镁合金超高压亚稳结构与性能调控	国家自然科学基金重点项目	国家级	299
15	12332002	文桂林	偏振莫比乌斯带奇异性与康普顿散射的光电耦合动力学	国家自然科学基金重点项目	国家级	283.7
16	U23A20333	马　锴	海港综合能源网络系统的协同感知传输与运行优化控制	国家自然科学基金联合基金项目	国家级	309
17	U23A20544	张俊松	新型高硬度、高耐磨 Ti-Zr 基合金及其强韧化机理	国家自然科学基金联合基金项目	国家级	301.2
18	U23A20632	姚　静	复杂曲面石英玻璃光学元件的超高温模压模具超精密加工与成形技术研究	国家自然科学基金联合基金项目	国家级	295.4
19	U23A20537	温　斌	金属和共价材料统一可计算参数力学本构关系及软件	国家自然科学基金联合基金项目	国家级	296.6
20	52350410474	Javed Rehman	Constructing Novel Graphene-based Heterostructures for Alkali-metal Ion Batteries	国家自然科学基金外国学者研究基金项目	国家级	40
21	62376241	赵　靖	面向人－机混合智能康复的混合脑机接口模式切换机制研究	国家自然科学基金面上项目	国家级	63.7

序号	项目编号	负责人	项目名称	项目类型	项目级别	批准经费/万元
22	62371414	石保顺	基于模型与数据双驱动深度字典网络的稀疏角度 CT 重建方法研究	国家自然科学基金面上项目	国家级	64.4
23	52371077	杨庆祥	过共晶 Fe-Cr-C 合金中初生 M7C3 碳化物复合细化机制的实验研究与高通量模拟	国家自然科学基金面上项目	国家级	65
24	52371200	郭得峰	超快高压热变形下块体 NdFeB/α-Fe 纳米复合永磁材料的织构生长和亚稳相的抑制研究	国家自然科学基金面上项目	国家级	66.3
25	52371239	张　璐	超晶格结构储氢合金同素异晶相变机制及储氢构效关系研究	国家自然科学基金面上项目	国家级	66.3
26	52375134	纪　云	煤炭大颗粒管道旋流气力输送动力学特性研究	国家自然科学基金面上项目	国家级	65
27	52375063	李　莹	航天柱塞泵瞬态搅拌损失机理与调控方法研究	国家自然科学基金面上项目	国家级	65
28	62371416	陈晓玲	脑卒中运动功能重建中皮层－肌肉功能网络特性分析及演变规律研究	国家自然科学基金面上项目	国家级	63.7
29	62373320	杨　婕	船舶接入岸电的港口综合能源系统协调优化运行方法研究	国家自然科学基金面上项目	国家级	65
30	62373319	杨亚娜	动态非结构化环境下网络化多主－多从遥操作系统性能分析与协同控制	国家自然科学基金面上项目	国家级	65
31	62373318	韩　松	面向混合任务场景的多水下机器人系统在线任务规划方法研究	国家自然科学基金面上项目	国家级	65
32	62376240	任家东	基于计算机视觉的软件漏洞检测及关键技术研究	国家自然科学基金面上项目	国家级	66.3
33	52374406	杨志南	超细贝氏体钢的成分素化、组织调控及强韧化机理	国家自然科学基金面上项目	国家级	65
34	52375064	宜亚丽	冲击载荷下复合滚柱活齿传动抑振机理及动态精度保持机制研究	国家自然科学基金面上项目	国家级	64.55
35	22372142	杨国春	主族非金属二维光解水催化剂的多层次结构设计与性质研究	国家自然科学基金面上项目	国家级	64.1
36	22372143	焦体峰	新型负载外泌体自组装黑磷复合薄膜的结构调控及其高效愈合伤口机理研究	国家自然科学基金面上项目	国家级	65
37	52372261	高国英	新型三元富氢超导体的设计、合成与表征	国家自然科学基金面上项目	国家级	65
38	52375028	王　岩	低扰动高速展开机构创新设计及其多力耦合平衡原理研究	国家自然科学基金面上项目	国家级	65
39	52375029	许允斗	面向非实时调姿应用的主动/被动混合输入并联机构设计理论研究	国家自然科学基金面上项目	国家级	63.95
40	52375030	姚建涛	高稳普适软体抓持机器人仿生聚类创成基础理论	国家自然科学基金面上项目	国家级	65
41	52375208	邢晓磊	高熵钢超声冲击层位错演化行为与接触疲劳性能相关性	国家自然科学基金面上项目	国家级	65
42	52372157	柯　峰	硫族钙钛矿的高压合成与物性研究	国家自然科学基金面上项目	国家级	65
43	52375388	邹宗园	基于安定－疲劳分析的巨型液压机本体局部高应力结构安全裕度设计方法	国家自然科学基金面上项目	国家级	65

序号	项目编号	负责人	项目名称	项目类型	项目级别	批准经费/万元
44	52372293	刘迎丹	二氧化钛填充热塑性聚氨酯弹性体的基体与界面结构设计及其电流变性能调控	国家自然科学基金面上项目	国家级	66.3
45	52375390	黄华贵	内嵌式电磁铸轧辊对铝合金高速铸轧组织与性能的多物理场调控机制	国家自然科学基金面上项目	国家级	65
46	52375389	于高潮	深海海底管线管多向缩径校准强化机制与多载荷联合作用失效破坏机理	国家自然科学基金面上项目	国家级	65
47	52377199	郭小强	大规模可再生能源多能互补制氢耦合机理与控制研究	国家自然科学基金面上项目	国家级	65
48	22373084	田广军	电子－振动耦合效应对单分子体系电输运性质影响的理论研究	国家自然科学基金面上项目	国家级	65
49	62371415	司菁菁	基于渐进式稀疏建模与深度学习的激光吸收光谱层析成像	国家自然科学基金面上项目	国家级	63.8
50	62306264	李　贺	基于多视角跨模态特征融合的大场景监控视频人群状态理解方法研究	国家自然科学基金青年科学基金	国家级	30
51	62303396	郭肖楠	孤独症性别异质性的多模态脑影像研究	国家自然科学基金青年科学基金	国家级	30
52	62302428	赵谷雨	空气质量多维动态演化模型和关键污染传播模式的智能分析方法研究	国家自然科学基金青年科学基金	国家级	30
53	32302225	宋丹丹	利用微流体技术合成富缺陷 MOFs 材料定向捕获 AChE 酶构筑高性能传感界面	国家自然科学基金青年科学基金	国家级	30
54	22302169	马金铭	原子尺度官能团定量调控材料表面电荷密度及其影响电子转移机制研究	国家自然科学基金青年科学基金	国家级	30
55	22302170	苏　沛	硼氮－碳限域铁阴极电催化原位选择性产生碘自由基深度净化医药废水机制	国家自然科学基金青年科学基金	国家级	30
56	52300067	田丽丽	电场定向调控 OmcZ 纳米线强化厌氧消化产甲烷及其机制	国家自然科学基金青年科学基金	国家级	30
57	52300108	杜雪冬	原子氢强化电芬顿高级还原－氧化电镀废水络合态镍破络机制与镍回收	国家自然科学基金青年科学基金	国家级	30
58	52302048	李鹏辉	原子尺度下原位动态研究硼笼结构轻质陶瓷材料的形变机制	国家自然科学基金青年科学基金	国家级	30
59	12302194	张　季	Kresling 折纸结构折痕网络的智能设计与力电磁耦合行为	国家自然科学基金青年科学基金	国家级	30
60	52302482	张亚辉	坡弯地形区域智能网联混合动力物流车柔性跟驰与节能控制	国家自然科学基金青年科学基金	国家级	30
61	62303399	郝　曼	基于多模态信息融合的工程机械驾驶员作业过程监测研究	国家自然科学基金青年科学基金	国家级	30
62	62303398	关　哲	基于数据驱动的智能挖掘机挖掘作业控制研究	国家自然科学基金青年科学基金	国家级	30
63	52304049	李伟成	变压调频游梁式抽油系统多体刚柔机电耦合及智慧节能同步优化研究	国家自然科学基金青年科学基金	国家级	30
64	62303397	卫燕侨	随机噪声下分数阶关联非线性系统的分散主动抗干扰控制	国家自然科学基金青年科学基金	国家级	30
65	52304180	王世佳	基于线性阵列超宽带雷达的刮板输送机上窜下滑监测方法研究	国家自然科学基金青年科学基金	国家级	30
66	52308289	孙艺嘉	基于骨料性能的高强轻骨料混凝土徐变机理与主动控制研究	国家自然科学基金青年科学基金	国家级	30

序号	项目编号	负责人	项目名称	项目类型	项目级别	批准经费/万元
67	62305284	刘英杰	基于超构波导的硅基多维复用器件与集成研究	国家自然科学基金青年科学基金	国家级	30
68	52302117	仝　柯	高强韧“价键复合”碳、氮化硼材料的设计、制备及相变机理	国家自然科学基金青年科学基金	国家级	30
69	12304202	高　炎	基于电中性磁性插层构建的本征磁性拓扑材料的理论研究	国家自然科学基金青年科学基金	国家级	30
70	12304028	张孝华	双受体调控高压锂基三元电子化合物结构与超导电性的理论研究	国家自然科学基金青年科学基金	国家级	30
71	12304534	祝文昭	舱室中复杂高斯及脉冲噪声并行主动控制研究	国家自然科学基金青年科学基金	国家级	30
72	12305148	武旭浩	中子星物质中 delta 介子对核子有效质量和对称能影响的研究	国家自然科学基金青年科学基金	国家级	30
73	52308287	陈正心	聚羧酸减水剂作用下可浇筑 γ-C2S 胶凝材料的碳化反应机理及性能调控	国家自然科学基金青年科学基金	国家级	30
74	52308288	梁向洲	湿热海洋环境下 3D 打印 FRP 筋 SSC 梁长期抗剪性能及计算方法研究	国家自然科学基金青年科学基金	国家级	30
75	42306241	王　磊	南海天然气水合物开采过程欠固结泥质粉砂储层变形机制研究	国家自然科学基金青年科学基金	国家级	30
76	52305424	李　丙	纤维稀土镁合金波形层板超声辅助颗粒介质成形界面缺陷调控与回弹控制机理	国家自然科学基金青年科学基金	国家级	30
77	52305425	许征凯	碳化硅陶瓷的粘结剂喷射增材制造协同致密化策略与机理研究	国家自然科学基金青年科学基金	国家级	30
78	12302105	王佳坡	热力耦合作用下镍基单晶微孔洞三维特征演化表征及损伤累积定量评估	国家自然科学基金青年科学基金	国家级	30
79	52305220	刘　聪	宽过冷度范围内仿生亲疏水复合类液体表面强化滴状冷凝传热机理研究	国家自然科学基金青年科学基金	国家级	30
80	52305511	黄水泉	单晶氮化镓的紫外光诱导羟基苯乙酮可控成膜及近无损伤高效研磨机理	国家自然科学基金青年科学基金	国家级	30
81	52305163	梁建伟	超温－超载工况下镍基单晶合金蠕变损伤机理及涡轮叶片寿命预测	国家自然科学基金青年科学基金	国家级	30
82	72302207	袁润森	国有资本参股民营企业的绿色治理效应研究	国家自然科学基金青年科学基金	国家级	30
83	52305514	曲美娜	石鳖齿舌仿生砂轮高自锋利性机制及磨削难加工材料热损伤抑制机理	国家自然科学基金青年科学基金	国家级	30
84	52305513	王　真	羟基磷灰石多孔骨支架的光固化－原位铣削的变形机理及调控策略研究	国家自然科学基金青年科学基金	国家级	30
85	52305512	孙　伟	等离子体辅助自润滑金刚石刀具超精密车削 SiCp/Al 的变形协调机理及减摩抗磨性研究	国家自然科学基金青年科学基金	国家级	30
86	42302179	施而修	基于实验和数值模拟的纳米微胶囊酸与碳酸盐岩储层酸化过程的作用机理研究	国家自然科学基金青年科学基金	国家级	30
87	52306117	马诗会	流化及管输过程天然气水合物分解演化机制研究	国家自然科学基金青年科学基金	国家级	30
88	52305073	杨　柳	智能工程机械用高频比例减压阀磁－流耦合特性和负载匹配优化方法	国家自然科学基金青年科学基金	国家级	30

序号	项目编号	负责人	项目名称	项目类型	项目级别	批准经费/万元
89	52305072	史亚鹏	液压四足机器人多缸串联空间阻抗参数匹配与四肢交替协同调控方法	国家自然科学基金青年科学基金	国家级	30
90	22308299	杨靓月	仿深共晶溶剂小分子类低温粘合剂的设计制备及粘附机制研究	国家自然科学基金青年科学基金	国家级	30
91	22308296	单厚超	原位生长的 MOF-in-COF 渗透汽化膜设计与制备研究	国家自然科学基金青年科学基金	国家级	30
92	22306153	杨雨佳	基于界面双金属中心活化驱动络合态重金属分子内电子转移靶向破络机制研究	国家自然科学基金青年科学基金	国家级	30
93	22306152	宋雅然	面向重金属深度净化－聚多巴胺增效铁基纳米复合材料稳定性机制研究	国家自然科学基金青年科学基金	国家级	30
94	22308298	宋紫微	过渡双金属 Yolk@Shell 结构纳米材料的可控构筑及其电催化大电流密度下 5- 羟甲基糠醛氧化的性能研究	国家自然科学基金青年科学基金	国家级	30
95	52302072	李宝忠	高性能异质结构金刚石 / 立方氮化硼复合块材的微结构设计与构筑	国家自然科学基金青年科学基金	国家级	30
96	22308297	郭　凯	基于湍流相干结构演化的弱支撑管束流致振动机理研究	国家自然科学基金青年科学基金	国家级	30
97		李亚峰	国家高层次人才青年项目	国家自然科学基金其他人才项目	国家级	100
98		柯　峰	国家高层次人才青年项目	国家自然科学基金其他人才项目	国家级	100
99	92266203	吴凤和	电磁轨道发射系统多场耦合动力学及基于磁流变阻尼器的半主动控制	国家自然科学基金重大研究计划（合作）	国家级	195
100	U22A20120	韩树民	高安全性镁基储氢材料的微纳结构设计、吸 / 放氢行为及其机理	国家自然科学基金联合基金项目（合作）	国家级	80.325
101	U2233212	高殿荣	民机液压系统健康评估与维修决策研究	国家自然科学基金联合基金项目（合作）	国家级	52.5
102	62171143	徐秀丽	大尺度水下分布式传感网络构建与性能建模研究	国家自然科学基金面上项目（合作）	国家级	6
103	12172095	刘　杰	介电高弹体驱动空间软体攀爬机器人动力学建模与优化设计	国家自然科学基金面上项目（转入）	国家级	71.324
104		唐永福	第八批国家“万人计划”青年拔尖人才	国家“万人计划”百千万工程领军人才	国家级	140
105	2023T160551	贾　鹏	原位环境透射电镜研究锂－二氧化碳电池充放电行为机制	中国博士后科学基金（人事处）－特别资助项目	国家级	18
106		杨国春	电子化合物超导体设计研究	科技部高端外国专家引进计划	国家级	30
107	23311002L	刘日平	低密度高性能新一代钢铁材料制备技术	河北省科技计划战略性技术专项	省部级	100

序号	项目编号	负责人	项目名称	项目类型	项目级别	批准经费/万元
108	23561005D	杨志南	基于机器学习的航空发动机轴承钢寿命预测技术研究	河北省科技计划科技研发平台建设专项	省部级	220
109	23561003D	陈　晨	汽车用高强度抗氧化热成形钢研发与制备关键技术研究	河北省科技计划科技研发平台建设专项	省部级	260
110	23561002D	李艳国	数据驱动新能源汽车驱动电机用高性能无取向硅钢研发	河北省科技计划科技研发平台建设专项	省部级	220
111	236Z1020G	彭秋明	新型可降解胃肠吻合钉应用基础研究	中央引导地方科技发展资金项目	省部级	90
112	236Z0702G	任家东	基础软件安全缺陷验证技术研究	中央引导地方科技发展资金项目	省部级	90
113	236Z1019G	杨利坡	高性能单 / 双零合金箔带超快速在线形性协同机制及无火电轧新装备研制	中央引导地方科技发展资金项目	省部级	60
114	236Z1016G	李　群	异质高强铝合金板搅拌摩擦焊接头强化研究	中央引导地方科技发展资金项目	省部级	15
115	236Z1808G	郭保苏	面向大规模定制生产的不规则轮廓智能排样	中央引导地方科技发展资金项目	省部级	15
116	236Z1401G	刘志伟	功能肽组装体的设计调控及近红外光激活荧光追踪成像机理研究	中央引导地方科技发展资金项目	省部级	15
117	236Z4502G	刘思远	储能式液压风电海水淡化稳定运行优化与能碳控制研究	中央引导地方科技发展资金项目	省部级	15
118	236Z1902G	郝秀红	基于微结构调制的高转矩密度磁齿轮关键技术及实现	中央引导地方科技发展资金项目	省部级	15
119	236Z1011G	杜　冰	纤维增强金属层板固体颗粒介质热成形－固化工艺及控形控性研究	中央引导地方科技发展资金项目	省部级	15
120	236Z1008G	陈　雷	轻质高强中锰钢力学特性及相界损伤的宏微观关联机制与耦合建模	中央引导地方科技发展资金项目	省部级	15
121	236Z1809G	周野飞	铝轮毂高效干切削自润滑刀具涂层研制与使役机理	中央引导地方科技发展资金项目	省部级	15
122	236Z5401G	曹海莹	城市地下综合管廊—地质结构互馈机制及韧性提升设计	中央引导地方科技发展资金项目	省部级	15
123	236Z0302G	梁顺攀	基于知识图谱的多药物推荐关键技术研究	中央引导地方科技发展资金项目	省部级	15
124	236Z7721G	严衍玲	基于非靶向代谢组学的肥胖盐敏感性高血压发病机制研究和应用	中央引导地方科技发展资金项目	省部级	15
125	236Z1601G	王　芳	复杂植保环境下融合动态仿生机制的多无人机路径规划与姿态协同控制研究	中央引导地方科技发展资金项目	省部级	15
126	236Z2004G	李　昕	轻度认知障碍神经振荡耦合特征分析与低强度经颅超声调控关键技术研究	中央引导地方科技发展资金项目	省部级	15
127	236Z1811G	吴培良	异步异构多智能体系统协作技能学习方法研究	中央引导地方科技发展资金项目	省部级	15
128	236Z0403G	彭秀平	面向大规模 MIMO 系统高能效公共信息传输的全向互补阵列预编码方法研究	中央引导地方科技发展资金项目	省部级	15

序号	项目编号	负责人	项目名称	项目类型	项目级别	批准经费/万元
129	236Z1705G	赵　爽	基于量子隧穿竞争机制的原位复用纳米传感器用于慢性伤口愈合进程精细监控	中央引导地方科技发展资金项目	省部级	15
130	236Z1704G	谢贝贝	低产液水平井油气水三相流电导光纤流量测量新方法研究	中央引导地方科技发展资金项目	省部级	15
131	236Z7725G	尤殿龙	多模态医学影像数据因果特征表征和推断模型研究	中央引导地方科技发展资金项目	省部级	15
132	236Z0103G	陈　真	服务化软件开发中若干云 API 互补推荐问题研究	中央引导地方科技发展资金项目	省部级	15
133	236Z0304G	王　倩	面向网络安全态势感知的入侵风险传播与溯源分析方法研究	中央引导地方科技发展资金项目	省部级	15
134	236Z0801G	王　林	基于跨主体感知迁移的车路协同场景重建与位置查询	中央引导地方科技发展资金项目	省部级	15
135	236Z0402G	李建设	多芯光纤零色散传输系统的关键技术机理与实验研究	中央引导地方科技发展资金项目	省部级	15
136	236Z7605G	杨国春	主族非金属二维光解水催化剂的精准设计与性能研究	中央引导地方科技发展资金项目	省部级	15
137	236Z0101G	李　静	面向微流控光场显微三维定位的可解释性深度学习研究	中央引导地方科技发展资金项目	省部级	15
138	236Z1009G	肖俊华	负泊松比力学超材料的胞元设计、冲击失效行为与防护结构设计研究	中央引导地方科技发展资金项目	省部级	15
139	236Z2202G	张亚辉	基于云智慧远程监控系统的混合动力物流卡车实时优化控制方法研究	中央引导地方科技发展资金项目	省部级	15
140	236Z1805G	毕　江	铝锂合金浸入式丝导超声辅助振镜激光焊接工艺及疲劳延寿机理	中央引导地方科技发展资金项目	省部级	15
141	236Z1901G	赵建华	磁液双悬浮轴承电磁失效演变机理以及“防失效－跌落”冗余保护机制	中央引导地方科技发展资金项目	省部级	15
142	236Z2703G	涂文康	聚合物非晶固体分散体的物理稳定性机制及成分设计的研究	中央引导地方科技发展资金项目	省部级	15
143	236Z4107G	孙奇娜	离子液体－杂多酸纳米复合材料对铯的富集特性及机制	中央引导地方科技发展资金项目	省部级	15
144	236Z1406G	胡　婕	石墨相氮化碳／钴氧化物异质结的设计、优化及光催化制氢性能研究	中央引导地方科技发展资金项目	省部级	15
145	236Z4405G	侯　莉	燃料电池用低铂量、高活性一维结构 Pt 基合金催化剂生物基原位合成及性能调控	中央引导地方科技发展资金项目	省部级	15
146	236Z3301G	韩　莹	鱼粉施用海水养殖区沉积物中抗生素抗性基因富集转移的机理研究	中央引导地方科技发展资金项目	省部级	15
147	236Z1201G	张乐欣	黑磷基自组装外泌体复合薄膜的调控及增强伤口愈合机理研究	中央引导地方科技发展资金项目	省部级	15
148	236Z2001G	赵　靖	基于运动障碍个体认知状态约束的脑－机混合智能康复研究	中央引导地方科技发展资金项目	省部级	15
149	236Z1603G	张翠华	恶劣网络环境下复杂系统高性能控制理论及应用研究	中央引导地方科技发展资金项目	省部级	15
150	236Z2101G	沈　虹	新能源发电长距离交流传输接入激发电网振荡机理及其抑制方法	中央引导地方科技发展资金项目	省部级	15
151	236Z3302G	李绍宝	基于安全强化学习的油水分离系统鲁棒学习控制与优化	中央引导地方科技发展资金项目	省部级	15

序号	项目编号	负责人	项目名称	项目类型	项目级别	批准经费/万元
152	236Z5501G	吴希军	基于响应性光子晶体增强拉曼光谱技术的植物油中有害组分鉴别研究	中央引导地方科技发展资金项目	省部级	15
153	236Z0303G	孔维航	多视角大场景监控人群状态理解关键技术研究	中央引导地方科技发展资金项目	省部级	15
154	236Z1801G	韩　博	空间大型多层环周桁架式可展开天线机构及其动力学行为研究	中央引导地方科技发展资金项目	省部级	15
155	236Z3606G	崔　钊	痕量重金属离子微纳富集芯片中泵效应的强化浓缩效果研究	中央引导地方科技发展资金项目	省部级	15
156	236Z3604G	吴　昊	弱电刺激耦合 CO_2 对悬浮微生物 EPS 的合成与脱附调控及其对反硝化传质的强化机制研究	中央引导地方科技发展资金项目	省部级	15
157	236Z1804G	吴晓光	运动基元粒子流形分布解析下仿生人体节律运动协同控制机制研究	中央引导地方科技发展资金项目	省部级	15
158	236Z2002G	张　营	康养机器人动态环境语义建模与主动个性化服务认知研究	中央引导地方科技发展资金项目	省部级	15
159	23551501K	王　鹏	河北省亚稳材料科普展厅及资源建设	河北省科技计划科学普及专项	省部级	10
160	23557605D	王春城	河北省研发费用加计扣除政策落实情况调研评估与持续优化研究	河北省科技计划软科学研究专项	省部级	10
161	23555309D	李春玲	教育科技人才一体化战略推动经济高质量发展研究	河北省科技计划软科学研究专项	省部级	3
162	23557638D	刘海鸥	区块链科技赋能新型智慧城市数据安全可信生态建设研究	河北省科技计划软科学研究专项	省部级	3
163	23550301D	孙　微	云边协同技术赋能智能充电体系规划建设及其管理机制研究	河北省科技计划软科学研究专项	省部级	3
164	23555703D	金福子	“冷”供给与“热”需求均衡：后冬奥时代河北省冰雪产业高质量发展困境及对策研究	河北省科技计划软科学研究专项	省部级	3
165	23281901Z	孙静娜	高精度超宽幅电池极片辊压机产业化	河北省科技计划重大科技成果转化项目项目（合作）	省部级	35
166	23280301Z	李雅倩	双碳目标下绿色智慧港口全流程智能控制系统	河北省科技计划重大科技成果转化项目项目（合作）	省部级	30
167	23280101Z	白振华	基于人工智能的涂镀板表面质量动态检测与标控系统	河北省科技计划重大科技成果转化项目项目（合作）	省部级	45
168	236Z1024G	李学通	吉帕级超高强汽车板核心制备工艺与应用技术研究	中央引导地方科技发展资金项目（合作）	省部级	68
169	236Z1021G	杨志南	高韧性超细贝氏体钢轧机轴承稳定控制技术	中央引导地方科技发展资金项目（合作）	省部级	20

序号	项目编号	负责人	项目名称	项目类型	项目级别	批准经费/万元
170	236Z1817G	陈月娥	复合激光清洗技术在船舶修造业中的应用研究	中央引导地方科技发展资金项目（合作）	省部级	40
171	236Z3707G	燕　猛	冶金乏汽消雾与凝水回收再利用集成装置	中央引导地方科技发展资金项目（合作）	省部级	6
172	23311810D	董国疆	复杂使役环境用新型低碳斜三通产业化数字孪生平台建设和设备智能化关键技术研究	河北省科技计划企业技术创新需求专项（合作）	省部级	24
173	B2023203037	张利强	原位透射电镜在功能材料领域的应用	河北省自然科学基金燕赵青年科学家项目	省部级	100
174	E2023203255	彭秋明	轻金属高压结构与性能	河北省自然科学基金燕赵青年科学家项目	省部级	100
175	E2023203256	赵智胜	新型与高性能碳和氮化硼材料	河北省自然科学基金燕赵青年科学家项目	省部级	100
176	E2023203258	俞　滨	高性能液压足式移动装备	河北省自然科学基金燕赵青年科学家项目	省部级	100
177	E2023203259	杨志南	高性能钢铁材料的绿色热加工基础及关键共性技术	河北省自然科学基金燕赵青年科学家项目	省部级	100
178	E2023203260	黄华贵	复合成形短流程制造技术及装备	河北省自然科学基金燕赵青年科学家项目	省部级	100
179	F2023203099	马　锴	信息物理融合综合能源系统	河北省自然科学基金燕赵青年科学家项目	省部级	100
180	F2023203100	华长春	复杂非线性系统智能控制及应用	河北省自然科学基金燕赵青年科学家项目	省部级	100
181	B2023203031	唐永福	固态锂－空气电池正极界面物质输运机制的原位透射电镜研究	河北省自然科学基金杰出青年科学基金	省部级	50
182	E2023203002	翟　昆	磁性材料高压调控	河北省自然科学基金杰出青年科学基金	省部级	50
183	E2023203091	邹联峰	金属高温腐蚀动力学的原位透射电镜研究	河北省自然科学基金杰出青年科学基金	省部级	50
184	F2023203029	郝晓辰	水泥制造过程关键指标智能感知与全流程协同优化控制研究及应用	河北省自然科学基金重点项目	省部级	40
185	D2023203008	朱洪建	基于高温高压实验的页岩剪切变形与纳米孔隙响应机制研究	河北省自然科学基金优秀青年科学基金	省部级	20

序号	项目编号	负责人	项目名称	项目类型	项目级别	批准经费/万元
186	B2023203001	张亚茹	基于金属－载体强相互作用的 CO_2 加氢催化剂设计及其反应机理研究	河北省自然科学基金优秀青年科学基金	省部级	20
187	F2023203079	刘国聘	通信受限下非线性网络化关联系统预定性能协同控制研究	河北省自然科学基金优秀青年科学基金	省部级	20
188	E2023203179	刘　莎	Al-Cu-Li 合金相图及微结构调控的多尺度模拟	河北省自然科学基金春晖人才项目	省部级	10
189	E2023203211	薛才红	滨海环境微生物混凝土耐久性损伤自愈机理和调控方法研究	河北省自然科学基金春晖人才项目	省部级	10
190	A2023203021	郭　澍	柔性压电复合材料力电耦合条件下宏观性能预测与损伤失效预报的跨尺度研究	河北省自然科学基金春晖人才项目	省部级	10
191	G2023203005	杨希宁	京津冀建筑存量的时空演变模式及低碳发展策略研究	河北省自然科学基金春晖人才项目	省部级	10
192	B2023203018	张乐欣	免疫活性肽组装体的肿瘤微环境响应性调控及光热免疫治疗机理研究	河北省自然科学基金面上项目	省部级	6
193	E2023203057	牛建业	脑卒中患者躯干再平衡机制分析与康复机器人仿生机构设计	河北省自然科学基金面上项目	省部级	6
194	E2023203064	李秉繁	CO_2 和 CH_4 协同作用对原油流变特性影响及作用机理多尺度研究	河北省自然科学基金面上项目	省部级	6
195	E2023203065	王东城	基于深度学习的冷轧带材板形智能检测理论与技术研究	河北省自然科学基金面上项目	省部级	6
196	E2023203087	王艳辉	半导体加工用金刚石超精磨具的冷烧结制备及磨削性能研究	河北省自然科学基金面上项目	省部级	6
197	E2023203109	陈子明	自适应柔性膝关节减荷外骨骼机器人设计理论及关键技术研究	河北省自然科学基金面上项目	省部级	6
198	E2023203129	余　超	预氧化处理轧制铝 / 钢复合板界面强化机制研究	河北省自然科学基金面上项目	省部级	6
199	E2023203030	姜万录	基于声纹和语谱图特征辨识的移动机械云边协同智能运维系统关键技术	河北省自然科学基金面上项目	省部级	6
200	E2023203058	王　健	热塑性树脂基碳纤维 / 不锈钢极薄带层板辊压界面强韧机理研究	河北省自然科学基金面上项目	省部级	6
201	E2023203148	赵清林	定频谐振变换器部分功率辅助调控技术研究	河北省自然科学基金面上项目	省部级	6
202	A2023203027	郝　颖	三自由度机翼气动弹性能量采集系统颤振边界预测及参数设计	河北省自然科学基金面上项目	省部级	5
203	E2023203189	孙静娜	稀土镁合金电脉冲快速固溶时效处理强韧化机制	河北省自然科学基金面上项目	省部级	6
204	E2023203228	孟　宗	不完备条件下风电机组传动系统在线域泛化智能故障诊断研究	河北省自然科学基金面上项目	省部级	6
205	F2023203063	刘志新	面向工业时间敏感应用的 5G 工业物联网资源优化与控制	河北省自然科学基金面上项目	省部级	6
206	F2023203066	刘　凯	面向复杂空间传输的大容量无干扰信号集设计	河北省自然科学基金面上项目	省部级	6
207	F2023203077	赵　勇	基于生物硅 SERS 集成传感和深度学习的多种麻痹性贝类毒素并行快检与分析	河北省自然科学基金面上项目	省部级	6

序号	项目编号	负责人	项目名称	项目类型	项目级别	批准经费/万元
208	B2023203026	谷建民	有机小分子/稀土纳米复合体系电致化学发光器件特性研究	河北省自然科学基金面上项目	省部级	6
209	B2023203029	刘　洋	配位辅助策略构筑高效嵌/脱锌有机正极材料及其调控机制	河北省自然科学基金面上项目	省部级	6
210	F2023203043	石保顺	基于深度字典网络的无监督稀疏角度CT金属伪影校正方法研究	河北省自然科学基金面上项目	省部级	6
211	F2023203058	厉斌斌	多模态时空动态自适应行为监测与身份重识别技术研究	河北省自然科学基金面上项目	省部级	6
212	F2023203030	刘天歌	基于器官质量评价体系的CT影像中头颈部危及器官分割算法研究	河北省自然科学基金面上项目	省部级	6
213	F2023203012	张世辉	多因素指导的跨粒度视频遮挡区域检测方法研究	河北省自然科学基金面上项目	省部级	6
214	F2023203085	徐朝鹏	基于超构表面的高纯度响应性结构色薄膜设计与制备	河北省自然科学基金面上项目	省部级	6
215	G2023203011	刘海鸥	基于区块链与隐私计算的移动社交网络跨域精准推荐模型研究	河北省自然科学基金面上项目	省部级	5
216	G2023203023	胡玉才	碳定价驱动高碳行业绿色跃迁发展的机理与路径研究	河北省自然科学基金面上项目	省部级	5
217	C2023203003	王　璐	基于粘液层定殖微生物调控山荆子多酚改善结肠粘液屏障作用机制研究	河北省自然科学基金面上项目	省部级	6
218	E2023203130	李雨浓	海下砂土斜坡打入桩贯入力学响应及斜坡稳定性演化机制	河北省自然科学基金面上项目	省部级	6
219	H2023203003	李　健	靶向性化疗－免疫治疗抗肿瘤纳米凝胶载药体系的构建	河北省自然科学基金面上项目	省部级	6
220	F2023203091	张　波	基于混合函数的分数阶系统辨识理论研究及在系统建模中的应用	河北省自然科学基金面上项目	省部级	6
221	G2023203008	孙　微	异质顾客在多服务员复杂排队系统中的均衡行为及优化策略研究	河北省自然科学基金面上项目	省部级	5
222	E2023203039	牛振宇	厚板连铸坯偏离角凹陷及其并发裂纹形成机理研究	河北省自然科学基金青年科学基金	省部级	4
223	E2023203172	郭维超	盐－碱固废协同激发高强低收缩胶凝材料组成设计与性能调控	河北省自然科学基金青年科学基金	省部级	4
224	B2023203006	宋丹丹	微流体构筑富缺陷型MOF高效增强AChE酶基传感界面的分析性能研究	河北省自然科学基金青年科学基金	省部级	4
225	A2023203007	高　炎	非中心对称超导体中的外尔半金属及其拓扑超导电性的研究	河北省自然科学基金青年科学基金	省部级	3
226	A2023203019	李高磊	含碰撞振动能量采集器的多稳态动力学及控制研究	河北省自然科学基金青年科学基金	省部级	3
227	D2023203011	韩　江	深部煤层气排采过程甲烷相态转换对储层能量的影响机制	河北省自然科学基金青年科学基金	省部级	4
228	E2023203196	王　磊	海洋天然气水合物开采过程欠固结储层变形机理及本构关系研究	河北省自然科学基金青年科学基金	省部级	4
229	E2023203188	马诗会	流化过程天然气水合物分解演化机制研究	河北省自然科学基金青年科学基金	省部级	4
230	E2023203175	曲美娜	类软体动物齿舌自锋利微结构化砂轮的超快激光成形制备与磨削机理	河北省自然科学基金青年科学基金	省部级	4

序号	项目编号	负责人	项目名称	项目类型	项目级别	批准经费/万元
231	E2023203173	梁向洲	SS-EGC 应变硬化调控方法与 FRP 筋 SS-EGC 梁长期服役性能研究	河北省自然科学基金青年科学基金	省部级	4
232	H2023203007	高　乐	多中心、大样本孤独症个体化脑网络诊断模型研究	河北省自然科学基金青年科学基金	省部级	4
233	E2023203123	杜雪冬	铁基 MOFs 衍生物限域选择性生成单线态氧机制及络合态镍破络特性研究	河北省自然科学基金青年科学基金	省部级	4
234	E2023203126	李宝忠	高性能异质双峰结构金刚石 / 立方氮化硼复合块材的微结构设计与构筑	河北省自然科学基金青年科学基金	省部级	4
235	E2023203097	刘再兴	水合物颗粒聚并 / 分散机制及多相流动规律响应研究	河北省自然科学基金青年科学基金	省部级	4
236	E2023203007	刘才溢	Fe-Mn-Al-C 板带轻质钢柔性轧制组织性能协同控制理论	河北省自然科学基金青年科学基金	省部级	4
237	E2023203055	张　硕	激光热场辅助 Gradia 刀具超精密切削 SiC 的材料去除机理及工艺基础研究	河北省自然科学基金青年科学基金	省部级	4
238	E2023203251	田丽丽	基于生物电化学系统定向调控 OmcZ 纳米线强化厌氧发酵产甲烷机制研究	河北省自然科学基金青年科学基金	省部级	4
239	E2023203209	宋爱玲	空位缺陷调变 Fe-N-C 金属配位中心局域微环境及其催化氧还原稳定性机制研究	河北省自然科学基金青年科学基金	省部级	4
240	E2023203210	寇家静	生物质超临界水气化制氢 - 水的化学贡献及催化调控机制研究	河北省自然科学基金青年科学基金	省部级	4
241	F2023203056	王建格	混合交通流中的智能网联车辆队列控制方法研究	河北省自然科学基金青年科学基金	省部级	4
242	F2023203065	刘英杰	基于超构波导的光谱特征增强机理及集成光谱仪研究	河北省自然科学基金青年科学基金	省部级	4
243	F2023203005	李　宁	基于传热电极型石英晶振的高精度谐振式湿度测量方法研究	河北省自然科学基金青年科学基金	省部级	4
244	F2023203013	张家伟	面向扩展目标精细感知的 SAR 成像理论与方法研究	河北省自然科学基金青年科学基金	省部级	4
245	A2023203036	刘鹏伟	TC4 合金激光增材制造跨尺度多物理场建模方法研究	河北省自然科学基金青年科学基金	省部级	3
246	A2023203038	王晓冬	热力耦合下复杂高分子体系的多重形状记忆机理及其本构模型研究	河北省自然科学基金青年科学基金	省部级	3
247	A2023203044	张　丹	图互联系统基于采样数据的有限时间控制方法研究	河北省自然科学基金青年科学基金	省部级	3
248	A2023203055	武旭浩	联通口袋夸克介子耦合模型中的强子 - 夸克相变	河北省自然科学基金青年科学基金	省部级	3
249	E2023203166	杜　娜	废轮胎在螺旋反应器中热解的多场耦合协同强化机制与反应调控方法	河北省自然科学基金青年科学基金	省部级	4
250	G2023203015	胡国恒	经济不确定性对城镇职工医疗保险基金平衡发展的冲击效应及防控政策研究	河北省自然科学基金青年科学基金	省部级	3
251	F2023203026	康　旭	高动态移动群智感知网络中感知盲区覆盖与数据恢复方法研究	河北省自然科学基金青年科学基金	省部级	4
252	E2023203074	孙　伟	等离子体辅助 Gradia 刀具超精密车削 SiCp/Al 的机理与工艺研究	河北省自然科学基金青年科学基金	省部级	4

序号	项目编号	负责人	项目名称	项目类型	项目级别	批准经费/万元
253	G2023203013	丁小洲	“专精特新”政策背景下河北省中小企业数字化转型的驱动机制及路径选择研究	河北省自然科学基金青年科学基金	省部级	3
254	H2021107002	栗　坤	外泌体携带 miR-30b 介导蛋白甲基化酶 EZH2 调控 PRC2 甲基化参与非小细胞肺癌的疾病进程	河北省自然科学基金面上项目（合作）	省部级	2
255	BX20230301	孟　蕊	高危环境下多应急救援机器人遥操作系统智能控制及应用	中国博士后科学基金创新人才支持计划	省部级	8
256	2023M742945	王文凤	高稳定性超点阵储氢合金晶格精准调控机制	中国博士后科学基金面上资助项目	省部级	8
257	2023M732977	李宝忠	极硬高韧高热稳定性异构金刚石/立方氮化硼复合块材的微结构设计和构筑	中国博士后科学基金面上资助项目	省部级	8
258		闻　佳	面向复杂交互场景的智能体自主决策方法研究	山东省自然科学基金（合作）	省部级	13
259		张颖超	炭热联产剩余物非生物定向腐殖化调控技术	黑龙江揭榜挂帅类项目（合作）	省部级	40
260		赵洪力	玻璃基透明膜电极材料的大面积制备技术研究与工程应用（合作）	山东省科技厅－泰山产业创新领军人才项目	省部级	50
261		蔡　伟	中国科协第九届青年人才托举工程	中国科协第九届青年人才托举工程	省部级	30
262		宋晓飞	新能源氢电耦合系统预测控制技术	河北省引进国外智力项目	省部级	10
263		姚　静	河北省“外专百人计划”长期项目－机械领域	河北省“外专百人计划”长期项目	省部级	10
264		潘三江	酸性电解水制氢中低成本阳极催化剂的构效关系	教育部“春晖计划”合作科研项目	省部级	1
265		顾江龙	增材制造高强铝合金原位强化机理研究	教育部“春晖计划”合作科研项目	省部级	1
266		钱晓明	基于亚快速冷却的双辊铸轧铝合金凝固行为研究	教育部“春晖计划”合作科研项目	省部级	1
267		牛建业	整脊调曲腰部康复机器人设计与人在环中智能控制方法研究	教育部“春晖计划”合作科研项目	省部级	1
268		史　程	可持续航空燃料转子机低温着火与燃烧机理研究	教育部“春晖计划”合作科研项目	省部级	1
269	CXY2023012	白振华	精品板带热轧过程板形与辊耗综合控制技术的开发	河北省高等学校科学技术研究产学研合作专项任务项目	厅局级	10
270	CXY2023015	李　鹏	轻质桁架结构在轨连续制造关键技术研究	河北省高等学校科学技术研究产学研合作专项任务项目	厅局级	10

序号	项目编号	负责人	项目名称	项目类型	项目级别	批准经费/万元
271	JZX2023020	杨国春	主族非金属二维材料的理论研究	河北省高等学校科学技术研究基础研究重点培育专项任务项目	厅局级	10
272	BJK2023023	张洋洋	多级碳酸化－水化耦合工艺制备低碳高性能硫铝酸盐水泥基海工材料	河北省高等学校科学技术研究青年拔尖人才项目	厅局级	9
273	BJK2023055	张　旭	基于低碳行为分析的多式联运路径优化模型与方法研究	河北省高等学校科学技术研究青年拔尖人才项目	厅局级	9
274	BJK2023103	于高潮	深水油气海底管线管多向缩径校准机制与多载荷联合作用失稳机理	河北省高等学校科学技术研究青年拔尖人才项目	厅局级	9
275	BJK2023117	孙　哲	异质空间持续先验学习表情识别关键技术研究	河北省高等学校科学技术研究青年拔尖人才项目	厅局级	9
276	BJK2023113	刘国聘	网络化非线性切换系统暂稳态性能约束智能协同控制与应用	河北省高等学校科学技术研究青年拔尖人才项目	厅局级	9
277	BJK2023043	李　莹	航空柱塞泵多场耦合搅拌能量损失主动控制研究	河北省高等学校科学技术研究青年拔尖人才项目	厅局级	9
278	BJK2023118	李小雨	元蘑多糖通过 Muc2 空间交联效应改善结肠内层粘液屏障机制研究	河北省高等学校科学技术研究青年拔尖人才项目	厅局级	9
279	BJK2023026	郭柏苍	泛在扰动场景驱动的无人驾驶技术可信性评价	河北省高等学校科学技术研究青年拔尖人才项目	厅局级	9
280	BJK2023009	陈珊珊	“闭环”剪纸型手性光学微纳结构及其圆二色性调控研究	河北省高等学校科学技术研究青年拔尖人才项目	厅局级	9
281	BJK2023033	陈　晨	高氮高锰钢变形过程序构演变及位错与孪晶交互作用机制研究	河北省高等学校科学技术研究青年拔尖人才项目	厅局级	9
282	QN2023255	张宴会	原子尺度探索金刚石形核机理	河北省高等学校科学技术研究青年基金项目	厅局级	3
283	QN2023246	张孝华	压力稳定金基三元电子化合物超导电性的理论研究	河北省高等学校科学技术研究青年基金项目	厅局级	3
284	QN2023190	杨烨凯	耐高温 3D 打印超高性能混凝土高温作用下强度变化机理及本构研究	河北省高等学校科学技术研究青年基金项目	厅局级	3
285	QN2023206	杨　慧	深空抓捕折纸式机械手关键技术研究	河北省高等学校科学技术研究青年基金项目	厅局级	3

序号	项目编号	负责人	项目名称	项目类型	项目级别	批准经费/万元
286	QN2023213	许孝君	数字经济背景下京津冀工业碳减排的路径研究	河北省高等学校科学技术研究青年基金项目	厅局级	3
287	QN2023094	肖周荣	基于 CO_2/CH_4 光热重整制合成气镍合金催化剂创制及工艺示范	河北省高等学校科学技术研究青年基金项目	厅局级	3
288	QN2023021	王佳坡	Re 元素对镍基单晶合金蠕变损伤影响机理研究	河北省高等学校科学技术研究青年基金项目	厅局级	3
289	QN2023224	史　程	湍流－蒸发－化学反应对燃烧室火焰淬熄的协同调控机制	河北省高等学校科学技术研究青年基金项目	厅局级	3
290	QN2023169	马冰心	具有输入非线性与状态约束的车载线控转向系统预设性能网络化控制	河北省高等学校科学技术研究青年基金项目	厅局级	3
291	QN2023177	李英梅	硫基半赫斯勒合金的磁性质研究	河北省高等学校科学技术研究青年基金项目	厅局级	3
292	QN2023189	李　贺	面向真实场景智能监控的多视角跨场景群体状态理解方法研究	河北省高等学校科学技术研究青年基金项目	厅局级	3
293	QN2023182	何良策	面向低碳转型的电－氢－气耦合系统多主体协调规划方法	河北省高等学校科学技术研究青年基金项目	厅局级	3
294	QN2023242	郭宇星	新型医用金属锆合金的开发研究	河北省高等学校科学技术研究青年基金项目	厅局级	3
295	QN2023151	刁乃哲	基于中点箝位多电平变换器的非线性误差优化技术研究	河北省高等学校科学技术研究青年基金项目	厅局级	3
296	BJK2023030	宋来洲	废弃聚偏氟乙烯分离膜的摩擦学资源化应用研究（合作）	河北省高等学校科学技术研究青年拔尖人才项目(合作)	厅局级	2
297	B2023003023	王文凤	高容量储氢合金的制备、物相调控和储氢性能研究	河北省人社厅博士后科研项目	厅局级	3
298	B2023003022	李宝忠	高性能异质结构金刚石 / 立方氮化硼复合块材的设计、合成与性能优化研究	河北省人社厅博士后科研项目	厅局级	3
299	C20230327	崔　钊	泵效应对痕量重金属离子微纳富集芯片浓缩效率的强化研究	河北省引进留学人员资助项目	厅局级	3
300	C20230328	宋爱玲	缺陷调控 Fe-N-C 局域微环境及其对催化氧气还原机制影响的研究	河北省引进留学人员资助项目	厅局级	3
301	C20230330	张洋洋	海水硫铝酸盐水泥基工程材料的设计方法及机理	河北省引进留学人员资助项目	厅局级	3
302	C20230329	许征凯	碳化硅陶瓷的粘结剂喷射增材制造成形耦合致密化关键机理研究	河北省引进留学人员资助项目	厅局级	3
303	C20230326	吴　昊	弱电刺激 /CO_2 对胞外聚合物的合成调控及其对反硝化传质的促进作用	河北省引进留学人员资助项目	厅局级	3

序号	项目编号	负责人	项目名称	项目类型	项目级别	批准经费/万元
304	C20230331	薛才红	电石渣－赤泥－飞灰激发矿渣氯盐固化机理和迁移调控	河北省引进留学人员资助项目	厅局级	3
305	C20230506	王建韧	石墨烯氧化还原界面的构筑及其海水淡化的研究	河北省引进留学人员资助项目	厅局级	5
306	C20230505	路艳军	干热岩型地热 EGS 开发中力学损伤特征及自支撑裂缝形成机理研究	河北省引进留学人员资助项目	厅局级	5
307	C20231101	黄苇苇	全共轭有机二维材料储锂性能的研究	河北省人社厅“三三三人才工程”资助项目	厅局级	1
308	C20231053	刘迎丹	聚氨酯基智能电流变弹性体结构设计与电场驱动性能研究	河北省人社厅“三三三人才工程”资助项目	厅局级	2
309	202302B048	刘　乐	基于深度学习的连铸板坯宏跟踪与坯号识别系统及其关键技术研究	秦皇岛市科技计划项目	厅局级	5
310	202302B039	李　心	“读万卷秦皇书，行万里长城路”——智慧旅游政策下秦皇岛文体旅游与新媒体耦合研究	秦皇岛市科技计划项目	厅局级	2
311	202302B033	金福子	构建农文旅共同体引领乡村产业振兴机制研究	秦皇岛市科技计划项目	厅局级	3
312	202302B034	杜　娜	秦皇岛海滩微环境下人体热舒适性研究	秦皇岛市科技计划项目	厅局级	2
313	202302B035	韩　毅	秦皇岛市“十大特色”主导产业发展现状及核心技术需求分析研究	秦皇岛市科技计划项目	厅局级	3
314	202302B029	孙其龙	秦皇岛市康养产业价值共创机制与发展路径研究	秦皇岛市科技计划项目	厅局级	3
315	202302B024	陈云凤	康养背景下养老设施户外环境对老年人健康影响机制及提升途径——以秦皇岛市为例	秦皇岛市科技计划项目	厅局级	2
316	202302B036	郑志峰	高质量发展背景下秦皇岛科技共享机制研究	秦皇岛市科技计划项目	厅局级	3
317	202302B037	李丽环	数字人文视域下档案文献遗产开发赋能旅游城市发展	秦皇岛市科技计划项目	厅局级	3
318	202302B032	彭皋丽	大学生外语学习投入测量研究与量表开发	秦皇岛市科技计划项目	厅局级	2
319	202302B008	张芳芳	基于多源异构数据的碳纤维复合材料损伤机理建模及逆向识别研究	秦皇岛市科技计划项目	厅局级	5
320	202302B005	邹　芹	新型高硬高韧纳米晶硬质合金研发	秦皇岛市科技计划项目	厅局级	6
321	202302B007	宋晓飞	智能分布式新能源汽车能量系统关键技术研发	秦皇岛市科技计划项目	厅局级	6
322	202302B002	解明利	多场耦合条件下硬脆材料磁流变抛光微区的跨尺度广时空材料去除机理研究	秦皇岛市科技计划项目	厅局级	5
323	202302B015	付荣荣	面向脑卒中智能康复的脑机交互训练系统	秦皇岛市科技计划项目	厅局级	3
324	202302B023	谢贝贝	无人机载 LIF 的海水表层有色可溶有机物分布遥感监测研究	秦皇岛市科技计划项目	厅局级	3

序号	项目编号	负责人	项目名称	项目类型	项目级别	批准经费/万元
325	202302B001	王　强	液态钠－熔盐耦合的新型模块化阵列光热储能技术研究	秦皇岛市科技计划项目	厅局级	5
326	202301A290	李秉繁	甲烷溶解对含蜡原油流变特性影响规律及微观作用机理研究	秦皇岛市科技计划项目	厅局级	0
327	202301A318	姜　博	城市更新行动下秦皇岛城市家具的提质增效策略研究	秦皇岛市科技计划项目	厅局级	0
328	202301A004	刘才溢	高速高精直线电机及其模组系列化产品应用研究	秦皇岛市科技计划项目	厅局级	0
329	202301A001	高　乐	时空张量分解框架下的孤独症智能诊断分类模型研究	秦皇岛市科技计划项目	厅局级	0
330	202301A383	王春旭	京津冀协同视角下地方高校柔性引才机制及对策研究——以秦皇岛地区为例	秦皇岛市科技计划项目	厅局级	0
331	202301A295	鲍志勇	基于多项式模糊模型的切换非线性系统稳定性分析与控制	秦皇岛市科技计划项目	厅局级	0
332	202301A355	刘　娜	秦皇岛市特色农业数智化服务平台解决方案研究	秦皇岛市科技计划项目	厅局级	0
333	202301A352	马新成	“双一流”建设背景下的地方工科院校交叉学科研究生培养探索	秦皇岛市科技计划项目	厅局级	0
334	202301A366	赵瑞雪	后疫情时代秦皇岛大学生心理健康状况及提升对策研究——以燕山大学为例	秦皇岛市科技计划项目	厅局级	0
335	202301A390	郭　英	面向重金属离子的壳聚糖改性辅助光纤传感器的机理和应用研究	秦皇岛市科技计划项目	厅局级	0
336	202301A382	张　季	智能 Kresling 折纸结构的力学设计与力电磁耦合行为	秦皇岛市科技计划项目	厅局级	0
337	202301A354	李文强	基于轻质飞轮储能设备的飞轮－壁板磁－气－弹耦合非线性颤振预测及振动控制策略	秦皇岛市科技计划项目	厅局级	0
338	202301A309	刘博佳	秦皇岛老旧居住区环境适老化微改造研究	秦皇岛市科技计划项目	厅局级	0
339	202301A312	张金龙	数据驱动的锂离子电池全寿命周期老化差异特性建模与分析	秦皇岛市科技计划项目	厅局级	0
340	202301A315	邹成业	病毒与宿主相互作用的基因调控网络的建模与动力学分析	秦皇岛市科技计划项目	厅局级	0
341	202301A281	王三众	双旋流纤维球过滤器数值模拟与实验研究	秦皇岛市科技计划项目	厅局级	0
342	202301A271	王　萍	微耕农业用智能化作业平台关键技术研究	秦皇岛市科技计划项目	厅局级	0
343	202301A219	杜国栋	基于类不平衡数据学习的再入院预测方法研究	秦皇岛市科技计划项目	厅局级	0
344	202301A170	王年文	基于信息图谱的膝踝足康复产品形态定制化设计研究	秦皇岛市科技计划项目	厅局级	0
345	202301A119	王　磊	海底天然气水合物安全开采泥质粉砂型储层力学特性研究	秦皇岛市科技计划项目	厅局级	0
346	202301A003	陈素文	高性能大型厚壁环件差温轧制机理及细晶化研究	秦皇岛市科技计划项目	厅局级	0

序号	项目编号	负责人	项目名称	项目类型	项目级别	批准经费/万元
347		彭　艳	中小棒低碳钢表面缺陷攻关及关键技术研究	张家港市科技计划项目	厅局级	7.2
348		黄国言	不锈钢中厚板表面质量智能化检测及修复技术开发	太原市揭榜挂帅项目	厅局级	500
349	2023ZDCX012	孙迎兵	超高精密机床主轴制造技术研究及产业化	烟台市科技计划项目	厅局级	15
350	202303B002	高大威	超重力陈酿技术在葡萄酒酿造中的研究与开发	秦皇岛市揭榜挂帅项目	厅局级	30
351	SKLIAPE2023018	闫　梅	面向实时控制的农用车辆部件机理建模及节能协同优化方法研究	开放课题	厅局级	10
352	2023RALKFKT001	陈树宗	冷连轧过程数字孪生建模及多目标动态协调优化	开放课题	厅局级	110
353	2023-skllmd-12	张海全	氢键辅助的双酰亚胺自由基 p- 二聚体与光电磁性能	开放课题	厅局级	3
354	2023GKLACVTKF07	曹景伟	混合交通环境下智能汽车行人精准感知与轨迹预测方法研究	开放课题	厅局级	5
355	OGE202302-13	许学方	宽度学习框架下高速离心泵在线智能诊断方法研究	开放课题	厅局级	2
356	KLMVI-2023-HIT-13	王金甲	冠状动脉造影血管介入手术机器人的路径规划	开放课题	厅局级	2
357	YYJS2022KF04	梁瑛娜	轴向柱塞泵滑靴副二级织构表面设计及其润滑摩擦磨损研究	开放课题	厅局级	2
358	YYJS2022KF12	蔡　伟	电液作动器跨层级寿命评估方法研究	开放课题	厅局级	2
359	YYJS2022KF14	赵建华	电磁失效模式下磁液双悬浮轴承的“跌落－碰摩”失效行为规律及其“防碰摩”保护机制	开放课题	厅局级	2
360	YYJS2022KF15	王建伟	张力腿平台顶部张紧器关键技术及应用研究	开放课题	厅局级	2
361	ISN24-24	王金甲	惯性算法启发网络和惯性扩散模型用于图像定位和重建	开放课题	厅局级	6
362	202305	张洋洋	硫铝酸钙－石膏－二氧化碳－水体系的理论模型建立及微纳结构表征	开放课题	厅局级	3
363	MISIMT-2022-3	徐龙华	基于卷基神经网络和实例推理的影像病理诊断系统研究	开放课题	厅局级	5
364	MISIMT-2022-6	王　真	生物陶瓷多孔骨支架的光固化 3D 打印成型质量及细胞增殖研究	开放课题	厅局级	5
365		朱洪建	基于高温高压试验的超临界二氧化碳与页岩相互作用机理研究	开放课题	厅局级	5
366	2023LGZD001	巴凯先	液压足式机器人腿部轻量化设计新方法	燕山大学基础创新科研培育项目重点项目	校级	5
367	2023LGZD002	冯士东	非晶合金剪切带形成关键参数的多维度分析与优化研究	燕山大学基础创新科研培育项目重点项目	校级	5

序号	项目编号	负责人	项目名称	项目类型	项目级别	批准经费/万元
368	2023LGZD003	胡林敏	k/n（G）重试系统的时间离散化建模与优化研究	燕山大学基础创新科研培育项目重点项目	校级	5
369	2023LGZD004	李梦林	异构网联电动公交车智能能量管理及多车协同优化方法研究	燕山大学基础创新科研培育项目重点项目	校级	5
370	2023LGZD005	李　鹏	太空环境下复合材料－结构－功能一体化制造中形性协同调控机制	燕山大学基础创新科研培育项目重点项目	校级	5
371	2023LGZD006	孙　哲	弱小样本空间任务适配异构迁移学习模型研究	燕山大学基础创新科研培育项目重点项目	校级	5
372	2023LGZD007	唐永福	固态锂电池枝晶化机制的多尺度原位研究	燕山大学基础创新科研培育项目重点项目	校级	5
373	2023LGZD008	王　磊	降压开采水合物过程深海泥质粉砂型储层稳定性评价	燕山大学基础创新科研培育项目重点项目	校级	5
374	2023LGZD009	王晓寰	新能源发电不确定背景下次/超同步振荡迁移机理及抑制方法研究	燕山大学基础创新科研培育项目重点项目	校级	5
375	2023LGZD010	邢继春	压电黏滑机制微型管道机器人非线性动力学分析及回退抑制策略	燕山大学基础创新科研培育项目重点项目	校级	5
376	2023LGZD011	杨亚娜	弱网络通信环境下多边遥操作系统的性能分析及分布式协同共享控制	燕山大学基础创新科研培育项目重点项目	校级	5
377	2023LGQN001	安丰超	基于异质结构设计的新型抗摩擦磨损合金的制备与性能研究	燕山大学基础创新科研培育项目重点项目	校级	2
378	2023LGQN002	刁乃哲	基于非线性误差优化的多电平变换器调制及控制方法研究	燕山大学基础创新科研培育项目重点项目	校级	2
379	2023LGQN003	柯雨蛟	高模量钢用 Fe-TiB2 复合材料变形不协调机理及强塑形协同提升方法	燕山大学基础创新科研培育项目重点项目	校级	2
380	2023LGQN004	李秉繁	二氧化碳驱采对原油流变性影响机理及流动特性研究	燕山大学基础创新科研培育项目重点项目	校级	2
381	2023LGQN005	刘才溢	柔性轧制再结晶与析出相复合调控板带轻质钢组织性能演变基础研究	燕山大学基础创新科研培育项目重点项目	校级	2
382	2023LGQN006	牛明月	交互任务与被试个性化行为视角下的多模态自动抑郁程度评估研究	燕山大学基础创新科研培育项目重点项目	校级	2

序号	项目编号	负责人	项目名称	项目类型	项目级别	批准经费/万元
383	2023LGQN007	唐晓莉	直播营销中的"人－货－场"影响消费者购买决策的行为机理和神经机制研究	燕山大学基础创新科研培育项目重点项目	校级	2
384	2023LGQN008	涂文康	非晶态二元小分子药物－聚合物体系的弛豫动力学及物理稳定性研究	燕山大学基础创新科研培育项目重点项目	校级	2
385	2023LGQN009	王建涛	电动轮驱动汽车瞬态转向时空间失稳演化机理与回稳控制方法	燕山大学基础创新科研培育项目重点项目	校级	2
386	2023LGQN010	王利明	轻味矢量 omega 介子的谱学研究	燕山大学基础创新科研培育项目重点项目	校级	2
387	2023LGQN011	王名威	铁基限域材料驱动异化铁还原强化厌氧产甲烷的机制研究	燕山大学基础创新科研培育项目重点项目	校级	2
388	2023LGQN012	王　佩	面向多离散变量的等编码并联数字阀智能故障诊断与主动容错研究	燕山大学基础创新科研培育项目重点项目	校级	2
389	2023LGQN013	王晓冬	多重形状记忆聚合物的动态异质松弛机理及其跨尺度本构模型	燕山大学基础创新科研培育项目重点项目	校级	2
390	2023LGQN014	吴天辉	含氟化 d^0 过渡金属基硝酸盐/硼酸盐二阶非线性光学晶体的合成及性能研究	燕山大学基础创新科研培育项目重点项目	校级	2
391	2023LGQN015	徐龙华	激光与纳米流体惯性微射流辅助高速铣削机理和图结构优化调控策略研究	燕山大学基础创新科研培育项目重点项目	校级	2
392	2023LGQN017	张　苗	"NEAT1/Wnt-β-catenin"通路介导运动训练调控骨代谢机制研究	燕山大学基础创新科研培育项目重点项目	校级	2
393	2023LGQN016	徐晓丹	基于 TMDs 的应力诱导空间自相位调制研究	燕山大学基础创新科研培育项目重点项目	校级	2
合计						13144.649

（供稿人：科学技术研究院 侯明玉）

科研成果获奖情况

序号	成果名称	奖励名称	获奖等级	奖励级别	主要完成人	主要完成单位
1		何梁何利基金科学与技术进步奖		社会力量奖	阎锡蕴	
2	航天飞行器难加工弱刚性构件形性创成的高效精密切削加工关键技术	高等学校科学研究优秀成果奖（科技进步）	二等奖	省部级	黄传真，邹斌，李建华，张开虎，李磊，王鑫锋，郭国强，刘继凯，王磊，周愿愿，张加波，杨叶，金路，刘玥，王真	燕山大学，山东大学，上海精密机械研究所，北京卫星制造厂有限公司
3	新型轻金属陶瓷理性设计与性能调控	河北省自然科学奖	一等奖	省部级	彭秋明，张庆瑞，邹国栋，刘宝忠	燕山大学，河南理工大学
4	直升机快速系留关键技术及应用	河北省技术发明奖	一等奖	省部级	赵丁选，蔡斌，张祝新，孙志国，艾学忠，贾拓	燕山大学
5	新型高性能耐候桥梁钢及应用关键技术	河北省科技进步奖	一等奖	省部级	王青峰，胡广瑞，谯明亮，李军平，顾晓勇，韩承良，于强，车平，杨啸雨，高建忠	燕山大学，中铁山桥集团有限公司，中铁宝桥集团有限公司，南京钢铁股份有限公司，首钢京唐钢铁联合有限责任公司
6	高性能吸波材料机理及设计	河北省自然科学奖	二等奖	省部级	温福昇，柳忠元，向建勇，牟从普，王博翀	燕山大学
7	新能源并网系统控制理论与方法	河北省自然科学奖	二等奖	省部级	郭小强，卢志刚	燕山大学
8	高超声速飞行器热防护结构高效精准检测技术及应用	河北省技术发明奖	二等奖	省部级	温银堂，张玉燕，梁希，刘泽良，潘钊，梁波	燕山大学
9	石油产液剖面三相流多参数系列组合测井仪及应用研究	河北省科技进步奖	二等奖	省部级	孔德明，刘兴斌，李英伟，孔维航，陈晓玉，于莉娜，吴培良，李雷，谢贝贝，孔令富	燕山大学，东北石油大学
10	装配式建筑结构抗震减灾关键技术及工程应用	河北省科技进步奖	二等奖	省部级	钱辉，刘建明，王鼎，赵建波，朱瑞广	燕山大学，郑州大学，中建三局
11	边坡危岩体灾变动力学参数监测预警关键理论技术及应用	河北省科技进步奖	三等奖	省部级	王立伟，李雨浓，杜岩，谢谟文王鼎，徐珊，贺峥	燕山大学，北京科技大学

序号	成果名称	奖励名称	获奖等级	奖励级别	主要完成人	主要完成单位
12	热连轧全流程高效生产工艺及精品带钢关键技术	天津市科技进步奖	三等奖	省部级	聂荣恩，杨利坡，李玉明，安韶华，梁云科	天津市新天钢联合特钢有限公司，燕山大学
13	复杂环境钢箱梁架桥机关键技术及施工方法集成应用	贵州省科学技术进步奖	三等奖	省部级	汤宇，郭锐，王勇，凌涛，余露，丛培，尹来容	中铁五局集团贵州工程有限公司，湖南安卓特种设备有限公司，中铁五局集团第一工程有限责任公司，燕山大学，长沙理工大学
14	兼顾安全有功和优质无功的强互联电网可靠性提升关键技术及应用	河北省科技进步奖	三等奖	省部级	袁博，王林峰，李学平，牟晓春，魏孟举，王亚军，徐晓彬，刘钊，胡梦锦，张章	国网河北省电力有限公司经济技术研究院，国网河北省电力有限公司，国电南瑞科技股份有限公司，燕山大学
15	散料装卸流程协同智能控制系统	中国发明协会发明创业奖	一等奖	社会力量奖	李海滨，董建伟，李雅倩，贾璐，张文明，苏青	燕山大学
16	先进制造用超大型钢锭洁净化冶金关键技术开发与应用	中国钢铁工业协会冶金科学技术奖	一等奖	社会力量奖	张立峰，巴钧涛，高建军，任英，杨文，杨建春，陈威，王少波，任强，李金良，王举金，胡建东，王伟健，马环，周秋月	中国第一重型机械股份公司，北方工业大学，北京科技大学，燕山大学
17	高精度冷连轧数字孪生与信息物理系统（CPS）关键技术研发及应用	中国钢铁工业协会冶金科学技术奖	一等奖	社会力量奖	李旭，孙文权，王鹏飞，陈树宗，张欣，孙杰，张浩宇，赵剑威，李文田，李首辰，郭丽涛，刘超，胡柯，田飞，么玉林	东北大学，北京科技大学，燕山大学
18	高性能大功率变频控制系统自主化研制及应用	中国机械工业科学技术奖	二等奖	社会力量奖	郭小强	燕山大学
19	复杂工况下重大装备可靠性寿命快速评估关键技术及应用	中国机械工业科学技术奖	二等奖	社会力量奖	蔡伟	燕山大学
20	水泥烧成过程多指标软测量与优化控制技术应用	中国仪器仪表学会科学技术奖	三等奖	社会力量奖	郝晓辰，孙超，史鑫，赵彦涛，刘刚，陈白，杨旭年	燕山大学，秦皇岛东辰科技有限公司

（供稿人：科学技术研究院 侯明玉）

高水平论文发表情况

序号	论文名称	发表 / 刊物论文集	所属作者	收录类别	刊物级别
1	Breaking a bottleneck for thermoelectric generators	Science	田永君	Science	Science
2	Self-healing of fractured diamond	Nature Materials	田永君	Nature Materials	Nature 子刊
3	Distributed power sharing control based on adaptive virtual impedance in seaport microgrids with cold ironing	IEEE Transactions on Transportation Electrification	马　锴	热点高被引，EI，SCIE	SCI，EI
4	Effects of solvent polarity on the novel excited-state intramolecular thiol proton transfer and photophysical property compared with the oxygen proton transfer	Spectrochimica Acta - Part A: Molecular and Biomolecular Spectroscopy	杨云帆	热点高被引，EI，SCIE	SCI，EI
5	Study on annealed graphene oxide nano-sheets for improving the surface enhanced fluorescence of silver nanoparticles	Optics and Laser Technology	王明利	热点高被引，EI，SCIE	SCI，EI
6	Enhancing humification and microbial interactions during co-composting of pig manure and wine grape pomace: the role of biochar and Fe_2O_3	Bioresource Technology	张颖超	热点高被引，EI	MEDLINE，EI
7	一种单相非隔离可抑制漏电流的升降压型逆变器	太阳能学报	王立乔	热点高被引，EI	SCD，北大核心，1A，CSCD（扩展版）
8	Assessment of an optimal design method for a high-energy ultrasonic igniter based on multi-objective robustness optimization	Sustainability	邸立明	热点高被引，SSCI SCIE	SCI，SSCI
9	Pd nanoparticles stabilized by bitter gourd polysaccharide with peroxidase properties for H_2O_2 detection	International Journal of Biological Macromolecules	王龙刚	热点高被引，SCIE	SCI
10	A novel method to measure static and dynamic complexity of time series based on visualization curves	Chaos	张淑清	热点高被引，SCIE	SCI
11	一种三相电流型 Sepic 逆变器	太阳能学报	王立乔	热点高被引，EI	SCD，北大核心，1A CSCD（扩展版）
12	直流微网储能 DC/DC 变换器的自适应虚拟直流电机控制	电力系统保护与控制	张纯江	热点高被引，EI	SCD，北大核心，二级期刊
13	Study on preconcentration of trace heavy metal ions in water quality detection using fo-electroosmotic integrated chip	SSRN	崔　钊	热点高被引，EI	国际会议收录论文

（供稿人：科学技术研究院 侯明玉）

专利授权情况

序号	专利名称	专利类型	申请人	专利号	授权日期
1	解决正流量挖掘机复合动作协调性的方法	国家发明专利	艾　超	202210305713.3	2023-03-14
2	一种液压型风力发电高电压穿越控制系统及方法	国家发明专利	艾　超	202110438186.9	2023-03-24
3	大功率等级的储能式液压型风电机组调频控制系统及方法	国家发明专利	艾　超	202111306434.0	2023-06-02
4	一种基于全连接神经网络的缓冲平衡阀故障诊断方法	国家发明专利	艾　超	202210359360.5	2023-05-30
5	用于增材制造缸体的仿生流道设计方法及其液压驱动装置	国家发明专利	巴凯先	202210612223.8	2023-04-14
6	基于超磁致气动阀的气液联动调速系统	国家发明专利	白　云	202211168103.X	2023-04-14
7	基于压电式双喷嘴气动阀的气液伺服调速装置	国家发明专利	白　云	202211167339.1	2023-04-18
8	一种热镀锌过程锌锅内辊系粘滞状态控制方法	国家发明专利	白振华	202210987690.9	2023-04-28
9	一种钢卷外包装智能包装装置及方法	国家发明专利	白振华	202210800545.5	2023-08-22
10	一种铝合金轮毂低压铸造模具的排气机构	国家发明专利	毕　江	202211442323.7	2023-04-21
11	面向步态训练的足底液控式减重装置	国家发明专利	边　辉	202211167321.1	2023-05-16
12	零泄漏液压缸	国家发明专利	蔡　伟	202210626225.2	2023-03-31
13	基于视觉识别的液压系统防护装置控制方法及其控制装置	国家发明专利	蔡星周	202210602070.9	2023-06-23
14	高空气球发放装置	国家发明专利	曹秒艳	202010507230.2	2023-01-17
15	一种基于粘弹性颗粒介质的板材成形方法	国家发明专利	曹秒艳	202210331390.5	2023-03-03
16	一种管状构件粘弹性颗粒介质内高压成形方法	国家发明专利	曹秒艳	202210333637.7	2023-05-26
17	管道机器人	国家发明专利	曾达幸	201810638273.7	2023-05-23
18	用于柱塞泵在多工况下的故障模拟方法及其试验装置	国家发明专利	陈东宁	202210689129.2	2023-03-28
19	基于实景控制的直升机模拟驾驶平台	国家发明专利	陈国强	202211168102.5	2023-06-13
20	航空销轴与自润滑衬垫粘结的固化工艺装置及方法	国家发明专利	陈继刚	202210987036.8	2023-03-10
21	基于温度检测矩阵的钳口体定位方法及蒙皮拉伸设备	国家发明专利	陈继刚	202310491133.2	2023-07-04
22	金刚石复相材料表面的加工方法	国家发明专利	陈俊云	202110223675.2	2023-02-03
23	基于 3-PUU/R 混联机构的踝关节康复机器人	国家发明专利	陈子明	202210614371.3	2023-02-21
24	可折叠并联机构	国家发明专利	陈子明	201810680614.7	2023-09-22
25	一种球面连杆运动装置	国家发明专利	陈子明	201810589814.1	2023-10-27
26	一种小型化非金属液压油箱设计方法	国家发明专利	翟富刚	202211414252.X	2023-06-09
27	一种液压支撑缸	国家发明专利	翟富刚	201811141338.3	2023-09-01
28	基于三辊斜轧熔覆成型的轴类零件表面强化装置及其方法	国家发明专利	董永刚	202110524408.9	2023-01-17
29	一种波纹轨腰翼轨万能轧机	国家发明专利	董永刚	202111177323.4	2023-10-20
30	一种脉冲电流辅助异温轧制复合送料装置及复合方法	国家发明专利	杜金龙	202210827742.6	2023-05-26

序号	专利名称	专利类型	申请人	专利号	授权日期
31	一种高效的加热装置及方法	国家发明专利	杜金龙	202210938693.3	2023-09-26
32	一种利用小凸模胀形数据预测板材大应变数据的方法	国家发明专利	段永川	202010882818.6	2023-03-24
33	一种基于弯曲工艺的材料力学性能参数确定方法	国家发明专利	段永川	201910042378.0	2023-04-14
34	用于植树的双壁中空式钻植一体化分瓣钻头及其使用方法	国家发明专利	丰宗强	202210399284.0	2023-03-17
35	用于全向移动并联调姿平台的四自由度支链模块	国家发明专利	丰宗强	202210200242.X	2023-04-14
36	两转两移四自由度并联机构	国家发明专利	丰宗强	202011593435.3	2023-07-21
37	表面具有仿生疏水特性的海水轴向柱塞泵配流副	国家发明专利	高殿荣	202111592578.7	2023-03-24
38	一种采用稀土氧化物生产含稀土高温合金的方法	国家发明专利	高小勇	202110638697.5	2023-06-09
39	一种提高结晶器使用寿命的冶炼制造生产工艺及装置	国家发明专利	高新亮	202110102192.7	2023-01-17
40	用于钎钢的加热装置及其加热方法	国家发明专利	高新亮	202210374999.0	2023-03-24
41	冗余自由度遥操作机器人主－从双向控制方法及系统	国家发明专利	巩明德	202210471133.1	2023-09-15
42	基于路面等级的救援车辆主动悬架控制方法及系统	国家发明专利	巩明德	202210255587.5	2023-11-17
43	具有可变直径的可拆卸式收线轮装置	国家发明专利	谷大鹏	202210141568.X	2023-03-24
44	用于信封类邮件的自动提取装置及自动收取装置	国家发明专利	谷大鹏	202210893100.6	2023-08-22
45	一种基于 LBP 特征与卷积神经网络的布匹缺陷分类方法	国家发明专利	郭保苏	201911068094.5	2023-04-21
46	六棱台式折展单元及其组成的折展机构	国家发明专利	韩　博	202210426885.6	2023-03-24
47	三自由度球环式调姿并联稳定平台及其使用方法	国家发明专利	韩　博	202210507948.0	2023-07-21
48	基于 3PSS-S 并联机构的箱体式三自由度稳定平台及其调姿方法	国家发明专利	韩　博	202210509252.1	2023-11-10
49	基于 3RRR-3UPS 并联机构的球面调姿平台	国家发明专利	韩　博	202210509239.6	2023-11-10
50	一种伞齿轮双频分段循环感应加热数值模拟方法	国家发明专利	韩　毅	201810767541.5	2023-01-17
51	一种基于磁场调制型齿轮齿条的往复直线实验机及其工作过程	国家发明专利	郝秀红	202210028218.2	2023-08-22
52	四棱柱可展单元以及基于四棱柱可展单元的空间伸展机构	国家发明专利	侯雨雷	201811026738.X	2023-07-25
53	用于骨水泥的遥控注入装置及其注入方法	国家发明专利	侯雨雷	202210261749.6	2023-08-25
54	自适应双向大角度的双卷筒轻型恒力绞盘	国家发明专利	侯雨雷	201811455135.1	2023-09-22
55	一种分层收展的伞状可展开天线	国家发明专利	侯雨雷	201710550619.3	2023-06-16
56	一种挤压扇形筋板的翻转成形工艺	国家发明专利	胡福泰	202111194399.8	2023-09-26
57	具有压电效应的陶瓷刀具材料及其制备方法与切削刀具	国家发明专利	黄传真	202210258809.9	2023-05-23
58	温度传感和切削功能一体化的陶瓷刀具及制备方法与应用	国家发明专利	黄传真	202210503915.9	2023-02-17
59	一种炉体容积调节方法及装置	国家发明专利	黄世军	202210556896.6	2023-04-28
60	一种可变容积炉体试验机	国家发明专利	黄世军	202210460683.3	2023-06-13
61	一种湿膜厚度调控方法	国家发明专利	黄世军	202111095239.8	2023-07-14

序号	专利名称	专利类型	申请人	专利号	授权日期
62	水陆两栖仿生机器人	国家发明专利	金贺荣	202111183762.6	2023-08-01
63	一种多孔结构充型夹层复合板	国家发明专利	金贺荣	202211133982.2	2023-08-04
64	用于改善异形孔成形时金属流动的工艺方法及垂直穿孔针	国家发明专利	金　淼	202110661465.1	2023-01-07
65	液压阀控缸系统动力机构与负载轻量化匹配方法及系统	国家发明专利	孔祥东	202010609559.X	2023-06-02
66	具有晶间块状 LPSO 相准连续网状分布的 Mg-RE-Zn 合金制备方法	国家发明专利	李　丙	202211074067.0	2023-02-03
67	一种便捷的尺规绘图工具及其使用方法	国家发明专利	李大龙	202110762231.6	2023-03-24
68	长方形亥姆霍兹线圈的设计方法	国家发明专利	李大龙	201811610219.8	2023-04-07
69	一种断面形状可控的石英玻璃制砣机	国家发明专利	李大龙	202210425932.5	2023-03-28
70	小型伺服卷扬机	国家发明专利	李二伟	202111484159.1	2023-02-28
71	一种基于机器视觉的型材精密电磁焊试验装置及工艺	国家发明专利	李　明	202210233925.5	2023-04-28
72	一种基于蜂窝型记忆合金结构的温控滑杆	国家发明专利	李　鹏	202111195086.4	2023-03-07
73	基于超声信号的大型模铸锭柱状晶边界表征方法	国家发明专利	李　群	202211067936.7	2023-05-23
74	用于内曲线液压马达的三层复合自润滑轴瓦的制造方法	国家发明专利	李　莹	202311100441.4	2023-11-28
75	双板滑雪模拟器	国家发明专利	李永泉	202111592642.1	2023-01-17
76	六自由度双板滑雪模拟器	国家发明专利	李永泉	202210006423.9	2023-07-18
77	一种仿穿山甲鳞片表面微织构的滑靴副	国家发明专利	梁瑛娜	202210895347.1	2023-05-16
78	建立变形参数动态变化下多道次热变形本构模型的方法	国家发明专利	刘才溢	202311186363.4	2023-11-28
79	传动比为傅里叶级数的封闭非圆齿轮副	国家发明专利	刘大伟	201911151600.7	2023-05-26
80	带钢精整机组传动参数建模方法	国家发明专利	刘宏民	202210520672.X	2023-02-17
81	恒压差供油式静压支承系统的加工方法及其滑靴装置	国家发明专利	刘思远	202210254034.8	2023-02-03
82	缝纫机送布系统部件的疲劳性能试验装置	国家发明专利	刘长鑫	201910692291.8	2023-03-21
83	一种提高变厚度金属薄壁结构件延伸率的设计方法	国家发明专利	卢日环	202310465962.3	2023-07-11
84	一种提升变厚度金属板带材延伸率的设计方法	国家发明专利	卢日环	202310465968.0	2023-07-11
85	可重组多通道管路转换接头	国家发明专利	卢文娟	201810638289.8	2023-05-23
86	海底隧道模块化铺设装置	国家发明专利	路　懿	202211130768.1	2023-05-26
87	刚柔软并联操作手操控机构	国家发明专利	路　懿	202111413661.3	2023-07-25
88	一种电辅助双面对碾板材装置	国家发明专利	吕知清	202110853505.2	2023-03-10
89	一种位姿可调的刚柔耦合腰部康复机器人	国家发明专利	牛建业	202210138452.0	2023-06-20
90	一种确定板带轧制过程在线换辊时间节点的方法	国家发明专利	彭　艳	202210369127.5	2023-03-28
91	一种 DS 轧机机组动态错位变规程在线换辊的工艺方法	国家发明专利	彭　艳	202210487710.6	2023-04-18
92	一种中厚板矫直过程的表面轮廓实时测量系统及方法	国家发明专利	彭　艳	202110805810.4	2023-07-25
93	一种薄壁内腹肋板的冲压成型装备及其工艺	国家发明专利	彭　艳	202210194772.8	2023-05-26

序号	专利名称	专利类型	申请人	专利号	授权日期
94	一种由棒材到紧固件的生产方法	国家发明专利	彭　艳	202310964395.6	2023-10-24
95	一种内嵌式风电叶片腹板吊装工装	国家发明专利	戚向东	202210005945.7	2023-02-03
96	一种考虑顶镐作用面的道岔钢轨横向顶弯方法	国家发明专利	戚向东	202011105749.4	2023-03-31
97	缝纫机压脚高频冲击疲劳试验机	国家发明专利	齐效文	201910692293.7	2023-02-28
98	基于磁悬浮随动的悬吊重力补偿装置	国家发明专利	邱雪松	201810474166.5	2023-07-04
99	一种烧结机用复合式头尾密封装置	国家发明专利	任素波	202210494810.1	2023-05-26
100	一种基于传感器调节的烧结机侧密封装置	国家发明专利	任素波	202210520652.2	2023-06-20
101	石料的破碎装置	国家发明专利	史小华	202210922456.8	2023-05-23
102	用于汽车轮毂模具内表面的喷涂装置	国家发明专利	史小华	202210344077.5	2023-06-23
103	电机和气泵混合驱动的搬运装置	国家发明专利	史亚鹏	202210639424.7	2023-05-05
104	电机和气泵混合驱动的机械手	国家发明专利	史亚鹏	202210260395.3	2023-09-22
105	一种大型内波纹筒节局部连续感应补热装置及其工作方法	国家发明专利	孙建亮	202210874214.6	2023-05-30
106	卧式管接头自动安装装置及其安装方法	国家发明专利	孙迎兵	202210524718.5	2023-04-25
107	变线大梁数控驱动系统及其工作过程	国家发明专利	汪飞雪	202110578760.0	2023-03-21
108	一种压力恒定的弹性液压油箱	国家发明专利	汪飞雪	202210744081.0	2023-06-13
109	带材位置图像数据集采集方法及其视觉检测方法	国家发明专利	王东城	202110572063.4	2023-02-03
110	一种热轧带钢边部线状缺陷在线预报方法	国家发明专利	王东城	202010852476.3	2023-08-22
111	一种可对轧辊定温预热的装置及其操作方法	国家发明专利	王海军	202111372170.9	2023-03-31
112	一种增强复合界面连接的纤维金属层板及其制备方法	国家发明专利	王　健	202111540088.2	2023-01-10
113	适用于海上作业直升机的全自动牵引校正入库系统及方法	国家发明专利	王立新	202211497580.0	2023-07-18
114	一种归一式板形目标曲线的设置方法	国家发明专利	王鹏飞	202210516672.2	2023-03-24
115	一种高性能跑车风道刹车盘渐开线的开孔方法	国家发明专利	王青亮	201810831185.9	2023-04-18
116	一种 DS 轧机成套设备及其板形控制的轧制工艺	国家发明专利	王玉辉	202210556901.3	2023-02-28
117	一种液压升降自平衡智能助老爬楼轮椅	国家发明专利	王玉辉	202210509293.0	2023-06-20
118	基于数字孪生的数控机床虚拟调试系统及系统构建方法	国家发明专利	吴凤和	202111018891.X	2023-03-31
119	用于盐雾环境下的齿形带动态疲劳试验装置	国家发明专利	吴凤和	202210715746.5	2023-08-08
120	弦线针轮减速器	国家发明专利	许立忠	202111096370.6	2023-07-25
121	一种基于形状记忆合金丝驱动的四足爬行机器人	国家发明专利	许立忠	202210873396.5	2023-07-25
122	一种活齿与固定齿复合传动无侧隙的减速器	国家发明专利	许立忠	202011147526.4	2023-06-09
123	一种基于形状记忆合金丝的微小型双向旋转驱动器	国家发明专利	许立忠	202210233771.X	2023-09-26
124	基于热电效应的内部快冷内冷型轧辊及其温控方法	国家发明专利	许志强	202210023644.7	2023-03-31
125	一种热轧带材横向辊缝精细调整的分段冷却装置	国家发明专利	杨利坡	202210350968.1	2023-02-24

序号	专利名称	专利类型	申请人	专利号	授权日期
126	一种基于误差补偿的热轧带钢瞬态热辊型预报方法	国家发明专利	杨利坡	202210751905.7	2023-03-21
127	一种加热炉便携式黑匣子全炉况同步测温阵列	国家发明专利	杨利坡	202210524830.9	2023-03-28
128	一种加热炉多目标递进优化及预警方法	国家发明专利	杨利坡	202210779367.2	2023-04-18
129	基于加热炉坯温、炉温协同预调控分区解耦的温控方法	国家发明专利	杨利坡	202210524821.X	2023-05-12
130	一种基于加热炉双耦合目标加热曲线的炉温调控方法	国家发明专利	杨利坡	202210524815.4	2023-06-13
131	一种加热炉智慧温控 PC 端及移动端远程云测控系统	国家发明专利	杨利坡	202210474430.1	2023-07-25
132	一种智慧加热炉远程大数据集控系统	国家发明专利	杨利坡	202210775001.8	2023-07-25
133	制作具有自锁的板式折叠方法及其板式折叠装置	国家发明专利	杨　柳	202210503092.X	2023-02-28
134	模块化开关磁阻式电磁换向阀	国家发明专利	杨　柳	202211552816.6	2023-03-10
135	一种钢的高效预硬化方法及钢制工件	国家发明专利	杨志南	202111145490.0	2023-03-03
136	一种调控贝氏体钢中偏析与基体性能差方法及钢工件	国家发明专利	杨志南	202210281582.X	2023-03-24
137	大型工件全向打磨平台	国家发明专利	姚建涛	202210288114.5	2023-01-06
138	基于缠食原理的气动柔性大力抓持装置	国家发明专利	姚建涛	201711370645.4	2023-06-20
139	一种用于绳索驱动型柔性机械臂的驱动装置	国家发明专利	姚建涛	201710454295.3	2023-06-06
140	一种基于电容感知的集成微型六维力传感器	国家发明专利	姚建涛	201711178735.3	2023-09-22
141	吞噬型抓取传送一体化柔性机器人	国家发明专利	姚建涛	201711365379.6	2023-06-20
142	肌腱驱动型变尺度连续型机器人	国家发明专利	姚建涛	201710961401.7	2023-10-13
143	一种大回转平面三自由度运动平台	国家发明专利	姚建涛	201710805701.6	2023-06-23
144	一种仿生轮足式蠕动软体机器人	国家发明专利	姚建涛	201810268817.5	2023-07-04
145	一种果实采摘收集一体化机器人	国家发明专利	姚建涛	201810548427.3	2023-09-22
146	一种连续式菠萝采摘机器人	国家发明专利	姚建涛	201811056332.6	2023-11-10
147	面向数字阀组压力脉动的复合型衰减装置及其测试方法	国家发明专利	姚　静	202210833653.2	2023-03-31
148	一种气液固三相流仿真方法	国家发明专利	姚　静	202111164848.4	2023-05-05
149	用于弹性液压油箱壳体形状及尺寸参数的优化设计方法	国家发明专利	姚　静	202210753346.3	2023-05-23
150	基于抛流原理的除气 U 型流道优化方法	国家发明专利	姚　静	202210687011.6	2023-11-07
151	一种冲击式可转弯掘进机	国家发明专利	宜亚丽	202110629959.1	2023-01-03
152	一种打磨半封闭型腔的装备	国家发明专利	宜亚丽	202210178423.7	2023-06-07
153	一种用于液压管路的宽频压力脉动衰减器及其工作过程	国家发明专利	于　辉	202210488716.5	2023-03-28
154	一种移动感应加热钛板单辊驱动轧制钛 / 铝复合板的方法	国家发明专利	余　超	202210567118.7	2023-03-28
155	用于高压非牛顿流体的雾化射流喷嘴装置及雾化方法	国家发明专利	袁晓明	202210494804.6	2023-05-12
156	一种电磁轨道炮 C 型电枢	国家发明专利	袁晓明	201811634786.7	2023-09-22
157	一种表面具有微孔结构的金属及其制备方法与应用	国家发明专利	张洪旺	202210360096.7	2023-06-06

序号	专利名称	专利类型	申请人	专利号	授权日期
158	具有调平功能的空中作业平台及其调姿方法	国家发明专利	张立杰	202210573714.6	2023-04-25
159	一种适用复杂道路环境的车辆自动控制辅助信号传递装置	国家发明专利	张亚辉	202210067224.9	2023-03-03
160	一种应用于智能网联汽车的巡航控制的人机交互系统	国家发明专利	张亚辉	202111399377.5	2023-04-07
161	一种舰载直升机的校直机构和校直方法	国家发明专利	张祝新	202110383233.4	2023-06-27
162	一种直升机固定装置液压缸杆驱动的动滑轮小车	国家发明专利	张祝新	202110384573.9	2023-06-27
163	一种直升机探杆	国家发明专利	张祝新	202210098340.7	2023-06-16
164	一种适用于舰载直升机助降装置的传动系统	国家发明专利	张祝新	202210103213.1	2023-07-16
165	一种舰载直升机助降装置的紧急锁止机构	国家发明专利	张祝新	202210111225.9	2023-06-16
166	一种移动掩膜微细电解加工装置及方法	国家发明专利	赵传军	202210307523.5	2023-05-26
167	一种海上作业直升机快速系留装置的液压系统及控制方法	国家发明专利	赵丁选	202210296125.8	2023-01-03
168	海上救援直升机的飞行实时仿真方法及其仿真系统	国家发明专利	赵丁选	202010900472.8	2023-04-25
169	一种空间多自由度并联驱动力加载系统教学试验台	国家发明专利	赵劲松	201810767677.6	2023-10-27
170	一种基于交流液压技术的仿生鱼尾推进装置	国家发明专利	赵静一	201811481238.5	2023-06-16
171	用于火箭回收的机械手	国家发明专利	赵静一	201811476007.5	2023-07-18
172	一种仿生鱼尾电液推进装置	国家发明专利	赵静一	201811481240.2	2023-08-01
173	用于火箭回收的车载可移动式液压缓冲着陆平台	国家发明专利	赵静一	201811474657.6	2023-08-18
174	一种回转式电液驱动器及控制方法	国家发明专利	赵静一	201810941267.9	2023-08-18
175	面向超越负载可精确保位控制的电液驱动单元	国家发明专利	赵静一	201811384627.6	2023-09-26
176	一种运输车辆液压系统一体化安装支架	国家发明专利	赵静一	201811266189.3	2023-10-03
177	全液压自动检测控制防打滑系统及其防打滑方法	国家发明专利	赵静一	201810998221.0	2023-11-10
178	一种具有负载平衡锁定装置的重型摇摆台	国家发明专利	赵铁石	201710430865.5	2023-03-31
179	一种带负载平衡装置的六自由度双并联式重型摇摆台	国家发明专利	赵铁石	201710430906.0	2023-03-31
180	具有力反馈的高刚度下肢康复外骨骼系统	国家发明专利	赵铁石	202210541359.4	2023-04-25
181	移动式台面可折展运动模拟台	国家发明专利	赵铁石	201811290030.5	2023-08-18
182	可平衡负载的六维运动模拟舱	国家发明专利	赵铁石	201811505221.9	2023-09-26
183	立式四分支五轴加工中心	国家发明专利	赵铁石	201811477975.8	2023-11-10
184	含平面四连杆子闭环折叠分支的三自由度并联运动平台	国家发明专利	赵铁石	201811512006.1	2023-11-24
185	六足轮腿履混合移动机器人	国家发明专利	赵延治	202111592594.6	2023-02-28
186	用于训练的集操控一体的可穿戴手套	国家发明专利	赵延治	202111412938.0	2023-03-07
187	一种微变人体姿势的移乘装置	国家发明专利	赵延治	202210206021.3	2023-05-05
188	全柔性接触的末端夹持器	国家发明专利	赵延治	202111303510.2	2023-05-26
189	自适应变刚度柔性抓手	国家发明专利	赵延治	202111303675.X	2023-10-03

序号	专利名称	专利类型	申请人	专利号	授权日期
190	基于折纸结构的全向多自由度模块化软体机器人	国家发明专利	赵延治	202210050942.5	2023-11-03
191	基于平面并联机构的五自由度混联机器人	国家发明专利	赵永生	202111240090.8	2023-01-10
192	单元阵列式单自由度周边桁架可展开天线机构	国家发明专利	赵永生	201910046770.2	2023-09-19
193	基于锥形剪叉机构单元的周边桁架可展开天线机构	国家发明专利	赵永生	201910046788.2	2023-09-19
194	基于剪式单元的太阳花形环形桁架可展开天线机构	国家发明专利	赵永生	201910046916.3	2023-09-22
195	复合剪铰式周边桁架可展开天线机构	国家发明专利	赵永生	201910046914.4	2023-10-03
196	内凹剪铰式周边桁架可展开天线机构	国家发明专利	赵永生	201910047906.1	2023-09-19
197	基于 V 型剪式单元体的周边桁架可展开天线机构	国家发明专利	赵永生	201910047563.9	2023-09-19
198	一种 CoCrFeNi 高熵合金掺杂非晶碳薄膜及其制备方法	国家发明专利	周野飞	202210199226.3	2023-03-21
199	CoCrFeNi 高熵合金掺杂非晶碳薄膜在制备重载工况下材料中的应用	国家发明专利	周野飞	202210198498.1	2023-04-07
200	一种具有 60° 大工作角的球笼式等速万向节	国家发明专利	周玉林	202210708617.3	2023-06-20
201	高熵合金－高熵陶瓷结合的碳化钨硬质合金及其制备方法	国家发明专利	邹　芹	202211021830.3	2023-05-26
202	高熵陶瓷结合的 WC 硬质合金及其制备方法	国家发明专利	邹　芹	202210869715.5	2023-06-16
203	一种制备铝基纳米材料的装置和方法	国家发明专利	邹宗园	202210507943.8	2023-03-24
204	一种高锰钢辙叉与高碳钢轨焊接的中间过渡材料及其制备方法	国家发明专利	陈　晨	202210928791.9	2023-02-24
205	一种低熔点的镓基液态金属及其制备方法	国家发明专利	冯士东	202211144508.X	2023-04-25
206	一种焊接方法	国家发明专利	付瑞东	202211002490.X	2023-08-22
207	用于金属内部散热孔道成形加工的工具及搅拌摩擦焊设备	国家发明专利	付瑞东	202210965525.3	2023-07-18
208	纳米晶碳化硅超硬块材及其制备方法	国家发明专利	高国英	202111574952.0	2023-06-06
209	一种在原位电镜中对纳米材料进行粘接的方法	国家发明专利	黄建宇	202110601370.0	2023-02-23
210	一种高熵奥氏体不锈钢及其制备方法	国家发明专利	沈同德	202111396824.1	2023-02-24
211	一种基于熔化熵和金属间化合物的金属玻璃的成分设计方法	国家发明专利	王利民	202310546968.3	2023-11-21
212	一种掺杂氧离子的高熵陶瓷及制备方法	国家发明专利	王明智	202211108014.6	2023-04-21
213	一种高熵陶瓷－过渡金属结合的碳化钨基硬质复合材料及其制备方法	国家发明专利	王明智	202211053077.6	2023-07-04
214	一种碳化钨烧结体及其制备方法	国家发明专利	王明智	202210880786.5	2023-09-26
215	一种 690MPa 级耐回火低温调质钢及其制造方法	国家发明专利	王青峰	202211291461.X	2023-08-04
216	一种耐腐蚀钢及其制备方法和应用、一种原油储罐	国家发明专利	王青峰	202211225152.2	2023-12-29
217	一种冲击韧性高的高强奥氏体轻质钢及其制造方法	国家发明专利	王青峰	202210463971.4	2023-02-24
218	一种时效强化的高强韧轻质钢及其制造方法	国家发明专利	王青峰	202210463745.6	2023-03-17
219	一种弥散 δ 相强化的低密度高强韧钢及其制造方法	国家发明专利	王青峰	202210463766.8	2023-03-24
220	一种弥散强化的超高强高塑轻质钢及其制造方法	国家发明专利	王青峰	202210463966.3	2023-02-28

序号	专利名称	专利类型	申请人	专利号	授权日期
221	一种奥氏体轻质钢适用的低氢型焊条及制备方法	国家发明专利	王青峰	202210463967.8	2023-01-31
222	一种二次硬化纳米贝氏体热作模具钢及其制备方法	国家发明专利	王天生	202210357464.2	2023-05-16
223	一种高强韧硬低温贝氏体热作模具钢及其制备方法	国家发明专利	王天生	202210357469.5	2023-09-26
224	一种耐磨低温贝氏体热作模具钢及其制备方法	国家发明专利	王天生	202210403068.9	2023-09-22
225	非晶卤化物固体电解质及制备和在全固态电池中的应用	国家发明专利	张　隆	202110461449.8	2023-01-03
226	一种 TiAl 合金板材轧制方法及装置	国家发明专利	张树志	202210453330.0	2023-01-10
227	一种纤维素基隔膜及其制备方法和应用	国家发明专利	张新宇	202110504694.2	2023-02-21
228	基于 LCL 逆变器的积分 IDA-PBC 控制方法及装置	国家发明专利	柴秀慧	202210497519.X	2023-08-15
229	一种基于双层约束的储能一次调频综合控制方法	国家发明专利	柴秀慧	202210835849.5	2023-08-15
230	基于 SOC 正弦函数的储能一次调频控制方法	国家发明专利	柴秀慧	202111249442.6	2023-09-22
231	一种储能 SOC 恢复控制方法	国家发明专利	柴秀慧	202111289657.0	2023-09-22
232	一种基于自适应动态面的轧机扭振抑制控制方法	国家发明专利	陈树宗	202111107264.3	2023-05-19
233	一种基于肌电信号的多层次运动功能评估方法	国家发明专利	陈晓玲	202111266151.8	2023-02-03
234	一种改进的 DBN-MORF 土壤重金属含量预测方法	国家发明专利	陈　颖	202111372875.0	2023-04-18
235	双区域互联电力系统的负荷频率控制参数的处理方法	国家发明专利	崔明勇	202011640578.5	2023-11-14
236	一种隔离型变流器拓扑结构及其容量共享与故障容错方法	国家发明专利	刁乃哲	202310587563.4	2023-10-27
237	一种基于模型预测控制的飞跨电容并网逆变器控制方法	国家发明专利	丁　浩	202310588061.3	2023-11-13
238	基于电流源型变换器的无源积分终端滑模预测控制方法	国家发明专利	丁　浩	202310567071.9	2023-10-03
239	一种基于双目视差计算的木工家具高精度装配系统及方法	国家发明专利	丁伟利	202111571505.X	2023-01-03
240	一种基于数字孪生的厂区人员实时定位监测系统和方法	国家发明专利	丁伟利	202210586234.3	2023-04-18
241	一种基于未知机械臂模型的深度强化学习抑振系统及方法	国家发明专利	丁伟利	202210292577.9	2023-10-03
242	一种基于计算机视觉的板材分拣系统及方法	国家发明专利	丁伟利	202111005320.2	2023-09-22
243	一种多机器人的数字孪生控制系统及其定位与建图的方法	国家发明专利	丁伟利	202310475566.9	2023-10-03
244	一种基于强化学习和多智能体理论的微电网混合协调控制方法	国家发明专利	窦春霞	202010089205.7	2023-12-19
245	一种基于生成对抗神经网络的微电网分层控制策略	国家发明专利	窦春霞	202011600878.0	2023-12-15
246	一种电动汽车负荷预测方法及系统	国家发明专利	窦春霞	201911212935.5	2023-09-26
247	一种基于肌电－惯性信息的手部康复训练装置及方法	国家发明专利	杜义浩	202111231927.2	2023-01-03
248	基于 SCSP-LDA 的脑电信号特征提取与分类方法	国家发明专利	付荣荣	201911194962.4	2023-04-18
249	一种脑电信号分类方法及系统	国家发明专利	付荣荣	202010021322.X	2023-04-07
250	一种基于偏双芯特种光纤的温度传感器及其制备方法	国家发明专利	付兴虎	202211367414.9	2023-08-15
251	一种基于分布式传感网络的多目标检测与跟踪方法	国家发明专利	关新平	202011127193.9	2023-05-26

序号	专利名称	专利类型	申请人	专利号	授权日期
252	一种双神经网络模型卫星电源系统故障诊断方法	国家发明专利	郭小强	202210673879.0	2023-01-06
253	一种多相交错并联变换器控制和容错方法	国家发明专利	郭小强	202211021816.3	2023-05-23
254	一种可再生能源系统的能量管理方法	国家发明专利	郭小强	202211021796.X	2023-06-09
255	一种基于温度角度对储能电池系统多维度评估方法	国家发明专利	郭小强	202210790659.6	2023-06-09
256	一种改进的无变压器三相多电平逆变器及其控制方法	国家发明专利	郭小强	202310124121.6	2023-09-19
257	一种制氢多端口变换器及其故障容错方法	国家发明专利	郭小强	202310345556.3	2023-08-15
258	一种四桥臂矩阵变换器及开关管开路故障下的调制方法	国家发明专利	郭小强	202310385880.8	2023-08-24
259	一种基于自动控制原理的碱性电解槽动态模型建模方法	国家发明专利	郭小强	202310337729.7	2023-08-23
260	一种三相电流源整流器优化开关电压应力的调制方法	国家发明专利	郭小强	202310348141.1	2023-08-22
261	具有窄脉冲抑制能力的三相电流型 PWM 整流器调制算法	国家发明专利	郭小强	202310505931.6	2023-10-07
262	一种风电机组阻抗重塑控制方法	国家发明专利	郭小强	202310502162.4	2023-10-24
263	一种风力发电系统的阻抗优化方法	国家发明专利	郭小强	202310503296.8	2023-12-01
264	利用钝化石墨烯膜电容去离子装置去除废水中甲醇的方法	国家发明专利	韩　勇	202211096757.6	2023-04-07
265	一种高效储存甲烷气体的方法	国家发明专利	韩　勇	202211094305.4	2023-05-19
266	基于多目标布谷鸟搜索的水泥磨运行指标决策方法	国家发明专利	郝晓辰	202110356768.2	2023-05-05
267	基于长短时记忆网络的水泥成品比表面积预测方法及系统	国家发明专利	郝晓辰	201911394047.X	2023-05-05
268	一种基于多模态信号的运动想象意图识别方法	国家发明专利	何　群	202111286589.2	2023-02-21
269	一种非完整约束轮式机器人固定时间控制器的设计方法	国家发明专利	呼忠权	202310313750.3	2023-11-07
270	一种基于结构光及 SiamMask 网络的多目标跟踪方法	国家发明专利	呼子宇	201910686889.6	2023-03-24
271	一种基于特征点的白鼠探头动作定量描述方法	国家发明专利	胡春海	202011140020.0	2023-02-14
272	一种基于深度神经网络的脊柱定位方法	国家发明专利	胡　硕	202011592476.0	2023-02-14
273	基于深度网络和目标分割结合的目标跟踪方法及装置	国家发明专利	胡　硕	202011449867.7	2023-02-03
274	一种电压检测型 APF 本地运行控制参数分布式设定方法	国家发明专利	贾清泉	202110591519.1	2023-02-14
275	一种组串式光伏系统直流侧串联电弧故障的检测方法	国家发明专利	贾清泉	202010153640.1	2023-04-18
276	一种柔性驱动的可穿戴手部康复机器人	国家发明专利	江国乾	202210006785.8	2023-02-14
277	一种基于深度注意力网络的轴承剩余寿命预测方法	国家发明专利	江国乾	202110955129.8	2023-08-25
278	一种用于智能网联车辆巡航模式下的信号灯通行冗余系统	国家发明专利	焦晓红	202111439373.5	2023-02-21
279	一种考虑制冷系统耗能的冷链混动车实时优化控制方法	国家发明专利	焦晓红	202111507215.9	2023-08-15
280	基于 SOC 均衡的级联型储能变换器并联控制方法及系统	国家发明专利	阚志忠	202010102181.4	2023-12-29
281	一种基于多尺度通道分离卷积特征提取的说话人聚类方法	国家发明专利	李海滨	202210588389.0	2023-09-12
282	一种优化词袋模型的图像分类方法	国家发明专利	李海滨	202111087243.X	2023-10-27

序号	专利名称	专利类型	申请人	专利号	授权日期
283	一种基于改进 VFNet 算法的交通标志检测方法	国家发明专利	李海滨	202211580759.2	2023-10-24
284	一种基于深度学习的传送带缺陷检测方法	国家发明专利	李海滨	202110942647.6	2023-10-13
285	一种无监督特征学习的滚动轴承故障诊断方法	国家发明专利	李继猛	202010530872.4	2023-04-07
286	基于拍卖模型的分布式鲁棒异构多 AUV 任务分配方法	国家发明专利	李鑫滨	202010923393.9	2023-01-03
287	一种 MIMO-OFDM 水声信道估计方法	国家发明专利	李鑫滨	202210179209.3	2023-08-15
288	一种方波永磁同步电机两轴旋转坐标系下的转速控制方法	国家发明专利	李珍国	202010103141.1	2023-02-28
289	一种面向重力和微重力环境的机械臂半实物仿真装置	国家发明专利	刘福才	202111211427.2	2023-04-28
290	一种检测汽车轮毂表面缺陷检测方法	国家发明专利	刘福才	202210426547.2	2023-12-05
291	一种典型工况下轧机垂直压下系统容错抗扰控制方法	国家发明专利	刘　爽	202210039021.9	2023-02-14
292	一种具有电液作动器的整车主动悬挂的状态反馈控制方法	国家发明专利	刘　爽	202111176987.9	2023-09-22
293	一种基于 IWOA-ELM 的滚动轴承故障诊断方法	国家发明专利	马　锴	202210564295.X	2023-08-15
294	一种滚动轴承早期故障诊断方法	国家发明专利	孟　宗	202210482268.8	2023-04-07
295	一种轴承故障特征增强方法及系统	国家发明专利	孟　宗	201911336758.1	2023-04-18
296	一种交直流混合微电网联网运行时的模态切换控制方法	国家发明专利	曲正伟	201910995075.0	2023-04-18
297	一种电力电子变压器的电力系统稳定性检测方法及系统	国家发明专利	曲正伟	202010025410.7	2023-09-22
298	一种基于移地距离的电力系统虚假数据注入攻击检测方法	国家发明专利	曲正伟	201911288612.4	2023-09-26
299	一种配电网仿射状态估计方法	国家发明专利	曲正伟	201911274841.0	2023-12-05
300	基于邻域优化的水泥工业分解炉温度模型预测控制方法	国家发明专利	孙　超	202110827674.9	2023-05-09
301	基于卷积简单循环单元网络的水泥成品比表面积预测方法	国家发明专利	孙　超	202110796064.7	2023-08-18
302	一种基于门控卷积网络的水泥成品比表面积预测方法	国家发明专利	孙　超	202110882199.5	2023-08-18
303	基于卷积准循环神经网络的水泥成品比表面积预测方法	国家发明专利	孙　超	202110902151.6	2023-08-18
304	一种基于动态多目标进化的多目标参数优化方法	国家发明专利	孙　浩	202010297673.3	2023-08-11
305	一种 CHB-QAB 拓扑结构的子模块电容优化控制方法	国家发明专利	孙孝峰	202110806543.2	2023-04-07
306	一种隔离级同步调制的混合多电平 SST 拓扑及控制方法	国家发明专利	孙孝峰	202111019423.4	2023-09-22
307	基于 LCC-MMC 的能量路由系统及直流故障保护方法	国家发明专利	孙孝峰	202111326730.7	2023-12-01
308	一种基于宽度学习网络特征提取的人脸识别方法及系统	国家发明专利	唐英干	201911156472.5	2023-06-20
309	一种单相级联型变流器电压控制方法	国家发明专利	王立乔	202111433452.5	2023-06-27
310	一种适用于多虚拟同步机的频率恢复控制方法	国家发明专利	王晓寰	202110553842.X	2023-03-21
311	一种变积分系数的虚拟同步机频率恢复控制方法	国家发明专利	王晓寰	202110970076.7	2023-09-22
312	一种孤岛模式下逆变器并联的高频振荡抑制方法	国家发明专利	王晓寰	202110973848.2	2023-11-07
313	基于未知输入观测器的智能交通虚假数据攻击检测方法	国家发明专利	王新宇	202210710996.X	2023-04-04

序号	专利名称	专利类型	申请人	专利号	授权日期
314	基于鲁棒状态观测器的智能电网虚假数据攻击检测方法	国家发明专利	王新宇	202210494692.4	2023-04-28
315	一种基于 AMI 全量测点分区的集合卡尔曼滤波动态状态估计方法	国家发明专利	王云静	201910996066.3	2023-06-13
316	一种基于虚拟现实的双臂机器人远程实时控制系统及方法	国家发明专利	温淑焕	202110556471.0	2023-01-03
317	一种模块化的可拆卸的轮式蛇形机器人	国家发明专利	温淑焕	202110629904.0	2023-02-24
318	基于 SLAM 技术的车库自主导航装置及导航方法	国家发明专利	温淑焕	201910950881.6	2023-05-05
319	基于 DIC 技术的 4D 打印柔性蒙皮变形效能评估方法	国家发明专利	温银堂	202111403017.8	2023-04-07
320	一种磁控仿尺蠖双向运动软体机器人	国家发明专利	温银堂	202111354709.8	2023-04-21
321	一种基于多颜色特征融合与深度网络的目标跟踪系统	国家发明专利	吴　娜	201911136702.1	2023-06-20
322	可动态调节钙钛矿量子点薄膜光致发光的异质结	国家发明专利	吴希军	202211062345.0	2023-06-09
323	基于快速傅里叶变换的人体节律运动参数化表征分析方法	国家发明专利	吴晓光	202110821841.9	2023-02-21
324	一种基于关节角度的节律运动协同分析方法	国家发明专利	吴晓光	202010706080.8	2023-12-15
325	一种基于哈密顿观测器的直流微电网母线电压控制方法	国家发明专利	吴忠强	201911244242.4	2023-04-18
326	一种快速序列视觉呈现下的脑电特征提取方法	国家发明专利	谢　平	202110513371.X	2023-02-03
327	脑卒中运动功能评价模型建立方法、评价方法及系统	国家发明专利	谢　平	202110778890.9	2023-02-24
328	多传感器信息融合的传动系统故障诊断方法及系统	国家发明专利	谢　平	202210413175.X	2023-04-18
329	一种基于 RSVP 脑电特征的弱小目标检测方法及系统	国家发明专利	谢　平	201911317967.1	2023-04-18
330	减小占空比丢失的三相谐振拓扑及其辅助开关调制方法	国家发明专利	闫朝阳	202011270328.7	2023-01-03
331	一种正序旋转坐标系下通用型 DFF-SAI 锁相方法	国家发明专利	闫朝阳	202111386187.X	2023-06-09
332	一种移相型三相高频链矩阵式逆变器拓扑结构及调制方法	国家发明专利	闫朝阳	201811433103.1	2023-08-22
333	一种软开关三相电流型高频链矩阵逆变器拓扑及调制方法	国家发明专利	闫朝阳	202110920092.5	2023-06-23
334	一种基于最优刚性图的潜器组网编队方法	国家发明专利	闫　敬	202310176473.6	2023-08-29
335	一种同步磁阻电机电感参数辨识及转子位置混合估计方法	国家发明专利	杨国良	202111491691.6	2023-09-22
336	一种电动汽车换电站与电力公司协同调度方法及系统	国家发明专利	杨　婕	201911219521.5	2023-09-26
337	基于概率预测模型的短期风电功率预测方法	国家发明专利	杨丽君	202110517888.6	2023-02-03
338	采用多储能方式消纳风电的热电联合调度方法	国家发明专利	杨丽君	202110111255.5	2023-03-24
339	一种考虑柔性负荷的并网型交直流混合微电网系统容量优化配置方法	国家发明专利	杨丽君	201911095555.8	2023-05-26
340	一种考虑需求响应的综合能源系统两阶段调度方法及系统	国家发明专利	杨丽君	202010147097.4	2023-09-26
341	一种基于虚拟同步发电机特性的孤岛微电网控制方法	国家发明专利	杨秋霞	202010462946.5	2023-08-22
342	一种无边界协同控制时间敏感网络自适应分级调度方法	国家发明专利	袁亚洲	202110663592.5	2023-02-21
343	一种热轧控制系统中确定性资源调度方法及系统	国家发明专利	袁亚洲	202211615989.8	2023-03-07

序号	专利名称	专利类型	申请人	专利号	授权日期
344	一种面向现场级工业无线实时通信的资源分配方法	国家发明专利	袁亚洲	202010457349.3	2023-04-18
345	一种面向工业现场的时间敏感网络流量分级调度方法	国家发明专利	袁亚洲	202210066595.5	2023-12-01
346	一种闭环经颅脑刺激系统及方法	国家发明专利	袁　毅	202110457551.0	2023-03-14
347	便携式动物经颅超声刺激及脑肌电无线采集系统	国家发明专利	袁　毅	202111609924.8	2023-05-26
348	一种基于同轴并联式结构的在线能量分配方法	国家发明专利	臧怀泉	202111196811.X	2023-04-07
349	一种储能变流器被动脱网的全无缝切换控制方法	国家发明专利	张纯江	202110403276.4	2023-02-14
350	不对称负载下储能功率变换器输出电压不平衡抑制方法	国家发明专利	张纯江	202110341130.1	2023-09-22
351	基于 SAE 和 K-means 聚类算法的电池筛选方法	国家发明专利	张金龙	201911260905.1	2023-08-08
352	基于深度学习的机器人连接件六自由度位姿估计系统	国家发明专利	张立国	202111226194.3	2023-04-07
353	基于自注意力机制的工业软件漏洞检测方法	国家发明专利	张立国	202110831387.5	2023-05-16
354	基于 EEG 和血清炎症因子分析的脑损伤标志物分析系统	国家发明专利	张立国	202110573839.4	2023-05-23
355	一种基于 FPGA 异构加速的老人跌倒检测方法	国家发明专利	张立国	202110980385.2	2023-09-22
356	基于弱监督学习的 App 图像内容安全检测方法	国家发明专利	张立国	202110825738.1	2023-09-29
357	一种基于改进 YOLOv3-tiny 算法的港口抓斗检测方法	国家发明专利	张文明	201911115118.8	2023-05-26
358	考虑电 – 热转移负荷转移量不确定性的综合能源规划方法	国家发明专利	张晓辉	201910729085.X	2023-04-07
359	一种多源电场的优化调度方法及系统	国家发明专利	张晓辉	201911199919.7	2023-09-26
360	基于改进四点快速鲁棒匹配算法的环形锻件点云配准方法	国家发明专利	张玉存	202110939133.5	2023-09-22
361	一种高速滑动电接触运动副表面损伤分类方法	国家发明专利	张玉燕	201910053812.5	2023-05-30
362	一种覆有热保护涂层的蒙皮板在超音速飞行条件下的应力预测方法	国家发明专利	张玉燕	202010535064.7	2023-05-12
363	基于改进的椭圆拟合优化算法测量锻件倾斜度的方法	国家发明专利	张云刚	202210682961.X	2023-08-18
364	一种基于串并联型电能路由器的多模式统一控制方法	国家发明专利	赵晓君	202111140974.6	2023-06-09
365	基于双自由度多约束关系的电能路由器功率控制方法	国家发明专利	赵晓君	202310340593.5	2023-08-15
366	基于多变量时序深度网络模型的水泥烟囱 NOX 预测方法	国家发明专利	赵彦涛	202110560060.9	2023-04-07
367	基于注意力与窗口选通机制的水泥熟料游离钙软测量方法	国家发明专利	赵彦涛	202210553703.1	2023-04-18
368	一种智能油罐清洁机器人系统及其清洗油罐方法	国家发明专利	郑龙江	202110870831.4	2023-03-24
369	一种计及隐私意识的多微网云储能优化调度方法及系统	国家发明专利	钟嘉庆	202011429607.3	2023-03-28
370	一种基于线路潮流分布的输电网规划方法及系统	国家发明专利	钟嘉庆	201911155703.0	2023-05-05
371	海水总有机碳光学原位传感器	国家发明专利	毕卫红	201710211801.6	2023-09-29
372	一种准同步 CDMA 系统中消除小区内干扰的方法	国家发明专利	陈晓玉	202210024018.X	2023-08-15
373	一种基于表面增强拉曼散射的舌形光纤探针及其制备方法	国家发明专利	付兴虎	202210591504.X	2023-04-04
374	一种基于异构建模的深层神经网络 Top-N 推荐方法	国家发明专利	宫继兵	202110893029.7	2023-05-23

序号	专利名称	专利类型	申请人	专利号	授权日期
375	一种混合结构太阳能电池的制备方法	国家发明专利	郭经纬	202010018528.7	2023-01-03
376	一种基于模糊评判和客户期望的车联网协同下载方法	国家发明专利	郭希娟	201810889549.9	2023-05-16
377	云数据中心中基于双阈值滞后集群调度机制的节能策略	国家发明专利	金顺福	202210665311.4	2023-09-15
378	一种基于 DRL 与安全的云边端协同 MEC 任务卸载策略	国家发明专利	金顺福	202211726102.2	2023-12-15
379	一种基于 LoRa 信号路径衰减模型的室内动态测距方法	国家发明专利	荆　楠	202210738862.9	2023-07-04
380	基于 transformer 和 CNN 的人群计数方法	国家发明专利	孔维航	202211084706.1	2023-11-10
381	一种管柱挤压式橡胶集流器参数预测及优化系统	国家发明专利	孔维航	202210834900.0	2023-12-01
382	一种雾天场景人群计数方法	国家发明专利	孔维航	202111548521.7	2023-12-05
383	一种用于经颅超声刺激的多参数可调信号源装置	国家发明专利	李英伟	202210470435.7	2023-02-24
384	基于 mRMR-IAGA 的国民体质监测指标混合式特征选择方法	国家发明专利	李志明	202110968948.6	2023-08-11
385	一种高锰钢辙叉感应加热和冲击硬化的装置及方法	国家发明专利	刘　丰	202210475856.9	2023-04-18
386	一种螺旋槽管的柔性成型装置及方法	国家发明专利	刘　丰	202210593969.9	2023-08-18
387	一种基于单片机和水声换能器的水声通信方法	国家发明专利	刘浩然	202210761712.X	2023-08-15
388	一种三维障碍空间中类 Skyline 查询方法	国家发明专利	刘永山	202111021415.3	2023-05-19
389	基于光阑的电控光斑整形和功率调节装置、系统及方法	国家发明专利	齐跃峰	202210442468.0	2023-04-07
390	一种复杂工况下的工程机械液压油缸失效模式分析方法	国家发明专利	任家东	202310044782.8	2023-05-12
391	一种工程机械液压油缸退役产品再制造评估方法	国家发明专利	任家东	202310048687.5	2023-06-16
392	阿拉比卡和罗伯斯塔两种咖啡豆的快速鉴别方法	国家发明专利	谈爱玲	202110192020.3	2023-01-03
393	一种智慧旱雪场的浇水控制方法	国家发明专利	谈爱玲	202110721620.4	2023-03-21
394	预测冠状动脉原位病变介入手术支架尺寸的深度学习方法	国家发明专利	王金甲	202110941970.1	2023-03-24
395	一种基于射频信号多任务学习网络的室内场景理解方法	国家发明专利	王　林	202110891904.8	2023-12-01
396	一种基于 WiFi 设备的方向敏感多手势识别系统及方法	国家发明专利	王　林	202110892154.6	2023-07-21
397	基于信道状态信息商距离的行人步态识别方法	国家发明专利	王　林	202110892189.X	2023-10-17
398	面向软件缺陷类分布不平衡的规则学习分类器集成方法	国家发明专利	王　倩	201910893983.9	2023-04-07
399	面向选择性转发攻击的无标度网络分布式自适应路由方法	国家发明专利	尹荣荣	202111498310.7	2023-02-21
400	一种基于激光雷达的无人艇避障方法	国家发明专利	张保军	201910201278.8	2023-04-07
401	面向概念漂移的可解释 Android 恶意软件检测方法	国家发明专利	张　炳	202111033119.5	2023-06-30
402	基于静态和动态执行的二阶 SQL 注入漏洞的防御和检测方法	国家发明专利	张　炳	202111045622.2	2023-08-15
403	一种双粒度轻量级的漏洞代码切片质量评估方法	国家发明专利	张　炳	202111047801.X	2023-08-08
404	一种物理对抗样本生成方法及系统	国家发明专利	张世辉	202110960092.8	2023-09-26
405	一种钢筋混凝土构件中的钢筋腐蚀监测装置	国家发明专利	张燕君	202111286303.0	2023-05-19

序号	专利名称	专利类型	申请人	专利号	授权日期
406	一种基于磁力的碳钢管道内部腐蚀监测装置	国家发明专利	张燕君	202111322982.2	2023-08-15
407	一种地质聚合物混凝土及其制备方法	国家发明专利	曹海莹	202211207101.7	2023-05-19
408	一种多阶段抗震自复位支撑	国家发明专利	曹海莹	202310382556.0	2023-09-22
409	三特征点实时预测岩土灾害体破坏时间的方法	国家发明专利	郝圣旺	202011147272.6	2023-02-28
410	一种沥青路面状况多指标采集装置及方法	国家发明专利	敬　超	202111120928.X	2023-01-14
411	一种无机结合料稳定材料不均匀收缩测量装置及方法	国家发明专利	敬　超	202210026542.0	2023-11-07
412	利用土壤跨季节蓄取电厂乏汽余热的热泵供热系统和方法	国家发明专利	李文涛	201710544056.7	2023-08-29
413	一种基于吸收式循环的烟气余热深度回收梯级供热系统	国家发明专利	李　岩	201710472470.1	2023-01-10
414	一种位移放大分阶段耗能自复位梁柱节点	国家发明专利	刘建明	202210722161.6	2023-01-10
415	适应于梁端自复位节点的可移动自复位楼盖结构体系	国家发明专利	刘建明	202210695889.4	2023-05-12
416	一种自复位结构体系	国家发明专利	刘建明	202210666306.5	2023-07-25
417	一种利用太阳能 PVT 热泵的工业冷热联合制备系统	国家发明专利	米培源	202310994587.1	2023-10-13
418	用于测量喷射混凝土与围岩粘结强度的夹具及测量方法	国家发明专利	潘慧敏	202211367033.0	2023-09-05
419	一种森林火情预警方法	国家发明专利	徐　珊	202111424490.4	2023-01-24
420	一种搅、冲、脱水一体式水玻璃砂再生系统及方法	国家发明专利	赵庆新	202111083844.3	2023-02-21
421	一种通过调控 Si 的纳米网络分布提高奥氏体不锈钢抗高温氧化性的方法	国家发明专利	蔡学成	202110796403.1	2023-04-18
422	一种基于复合抛物面聚光器的小型近红外光谱仪光学系统	国家发明专利	高　静	201710568925.X	2023-05-05
423	一种基于布儒斯特定律的溶液浓度监测方法及装置	国家发明专利	高　静	201710333048.8	2023-06-06
424	一种在 S+C+L 波段内支持八种模式的椭圆芯光子灯笼	国家发明专利	李建设	202210687672.9	2023-07-18
425	一种微结构光纤	国家发明专利	李建设	201810071149.7	2023-11-24
426	一种线控独立转向系统及其容错控制方法	国家发明专利	李　静	202210747840.9	2023-04-18
427	一种线控制动硬件在环实验平台及应用	国家发明专利	李　静	202210499432.6	2023-08-22
428	一种互为冗余的线控制动转向系统	国家发明专利	李　静	202210545220.7	2023-06-27
429	一种可变感觉的线控制动踏板感觉模拟器	国家发明专利	李　静	202210560440.7	2023-06-09
430	轮式机器人轨迹跟踪最优控制方法	国家发明专利	李　丽	202110937365.7	2023-03-24
431	一种轮式机器人编队跟踪与避障控制方法	国家发明专利	李　丽	202111383567.8	2023-10-24
432	一种三维应变 Si 双极结型晶体管及其制备方法	国家发明专利	周春宇	202111113232.4	2023-07-25
433	锗硅异质结双极晶体管低温大信号等效电路模型	国家发明专利	周春宇	202211103655.2	2023-11-24
434	一种双极结型晶体管及其制备方法	国家发明专利	周春宇	202111113203.8	2023-11-07
435	一种多级结构的 Cu-MOF 及其制备方法	国家发明专利	谌　岩	202211297929.6	2023-06-27
436	一种基于压电催化的抗肿瘤纳米药物及其制备方法	国家发明专利	高大威	202210295537.X	2023-04-21

序号	专利名称	专利类型	申请人	专利号	授权日期
437	一种用于肿瘤治疗的微生物复合载药系统及其制备方法和应用	国家发明专利	高大威	202210560461.9	2023-07-25
438	一种双金属氧化物 OV-$NiMnO_3$ 微米球及其制备方法	国家发明专利	高发明	202210741372.4	2023-08-22
439	一种中空多孔结构氧化铜及其制备方法和应用	国家发明专利	高发明	202111301697.2	2023-06-27
440	一种构型可控氮氧氟共掺杂碳电极材料及其制备方法	国家发明专利	郭万春	202210840697.8	2023-05-16
441	一种氮氧共掺杂碳电极材料及其制备方法	国家发明专利	郭万春	202210865653.0	2023-07-25
442	一种双金属 Cu/Zr-MOFs 吸附脱硫剂及其制备方法和应用	国家发明专利	霍　全	202210151834.7	2023-01-10
443	一种具有抗溶胀特性的高强度微相分离离子凝胶及其制备方法	国家发明专利	焦体峰	202210744336.3	2023-03-21
444	一种用于水环境中的新型防污光催化网的制备方法	国家发明专利	雷文伟	202210792809.7	2023-03-10
445	一种巯基修饰 β- 环糊精 - 聚多巴胺纳米球及其制备方法和应用、载药系统及其制备方法	国家发明专利	李　健	202110452779.0	2023-03-31
446	一种吸附氧化石墨烯的温度敏感阳离子脂质体及其制备	国家发明专利	李　健	202111201829.4	2023-07-25
447	一种封装磁性颗粒的针状碳纳米管及其制备方法	国家发明专利	李雪爱	202210031336.9	2023-06-30
448	非金属材料双形式摩擦磨损检测装置	国家发明专利	李　莹	202210667839.5	2023-06-20
449	一种分级结构硼氢化钠产氢催化剂及其制备方法和应用	国家发明专利	李　媛	202210168830.X	2023-04-07
450	一种氧化钴多孔纳米片及其制备方法与应用	国家发明专利	李　媛	202111315751.9	2023-08-22
451	一种高特异性识别 APE1 的寡核苷酸适配体 APT-D1 及其制备方法和应用	国家发明专利	栗　坤	202111148342.4	2023-10-03
452	一种 α-Fe_2O_3/Cr@C 复合光催化剂的制备方法以及应用	国家发明专利	刘素燕	201911346251.4	2023-08-15
453	一种醌聚物正极材料及其制备方法和应用	国家发明专利	刘　洋	202210957304.1	2023-05-23
454	一种醌类有机正极材料及其制备方法和应用	国家发明专利	刘　洋	202210955986.2	2023-05-16
455	一种析氢电极及其制备方法和应用	国家发明专利	宋来洲	202111441655.9	2023-03-31
456	获得高稳定性废物包的放射性废树脂处理方法	国家发明专利	孙奇娜	202111564529.2	2023-06-27
457	快速分离碘的杂化材料及其制备方法和应用	国家发明专利	孙奇娜	202211142095.1	2023-09-12
458	一种固铯材料的制备方法和应用	国家发明专利	孙奇娜	202310440388.6	2023-09-26
459	一种能够借助电荷转移储钠的层状二氧化锰制备方法及其应用	国家发明专利	王建韧	202211268139.5	2023-09-05
460	一种筛选锰基单原子催化剂催化活性的阴离子表面修饰方法	国家发明专利	王　静	202210700495.3	2023-03-14
461	一种两步刻蚀法制备多羟基官能团 $Ti_3C_2T_x$ 材料的方法	国家发明专利	王　林	201911135995.1	2023-03-24
462	一种磺化石墨烯的制备方法及其储能应用	国家发明专利	王　林	201911137240.5	2023-12-08
463	基于含巯基的两性离子多肽修饰的阿霉素衍生物、纳米胶束及其制备方法	国家发明专利	王龙刚	202010555917.3	2023-03-21
464	一种高能量密度和长循环寿命水系锌基二次电池	国家发明专利	张　璐	202210177582.5	2023-04-11
465	一种发酵豆制品抑制白点的方法	国家发明专利	张　雯	201811464146.6	2023-04-07
466	一步合成耐高温耐强碱的高效 NiFeS-OH 析氧催化剂的方法	国家发明专利	周军双	202010819758.3	2023-06-16

序号	专利名称	专利类型	申请人	专利号	授权日期
467	一种土木工程虚拟仿真实验平台	国家发明专利	苏　波	202210568531.5	2023-07-14
468	一种便于收纳的沙盘模拟展示装置	国家发明专利	苏　波	202210569587.2	2023-06-27
469	一种浇筑教学教具	国家发明专利	苏　波	202210211668.5	2023-03-21
470	色彩智能匹配磁力玩具及使用方法	国家发明专利	孙　利	201810065306.3	2023-12-01
471	一种可穿戴外骨骼钢琴练习辅具	国家发明专利	许秋健	202210227254.1	2023-05-16
472	一种步态矫正装置及方法	国家发明专利	许秋健	202210484757.7	2023-04-21
473	基于肥料生产用玉米秸秆破碎装置	国家发明专利	关雪梅	202210508966.0	2023-10-03
474	采用电推杆驱动的升降式转向与导向功能的 RGV 驱动角模块	国家发明专利	李　昊	202210824771.7	2023-05-30
475	采用电推杆驱动的翻转式转向与导向功能的 RGV 驱动角模块	国家发明专利	李　昊	202210824769.X	2023-05-30
476	一种高速开关电磁阀	国家发明专利	李　静	202210513345.1	2023-03-31
477	基于自动驾驶线控制动系统的电磁制动主缸及控制方法	国家发明专利	李　静	202210720389.1	2023-03-21
478	一种具有冗余功能的 EHB 线控制动系统	国家发明专利	李　静	202210807084.4	2023-09-26
479	一种基于融合交通信息的车辆启动优化控制方法与装置	国家发明专利	李梦林	202210284981.1	2023-06-09
480	一种实验室涂布干燥一体化装置	国家发明专利	李徐佳	202110118479.9	2023-04-18
481	一种锂电池极片干燥设备	国家发明专利	李徐佳	202310387512.7	2023-11-07
482	一种履带车辆用三模式混合动力无级变速装置	国家发明专利	李学良	202111320078.8	2023-03-31
483	整体桥壳桥包的冲压成形方法	国家发明专利	梁　晨	202011282399.9	2023-06-16
484	一种车前地形复合地图的高效构建方法	国家发明专利	倪　涛	202010623310.4	2023-05-26
485	一种适用于车辆底盘集成控制的路面工况预瞄方法	国家发明专利	倪　涛	202010606602.7	2023-08-18
486	一种可实现三维平动二维转动的新型五自由度并联机构	国家发明专利	荣　誉	202210022280.0	2023-08-25
487	一种井眼原始地应力和地层破裂压力测量装置与方法	国家发明专利	邵先杰	202210756634.4	2023-02-28
488	一种能量管理方法、装置、汽车及存储介质	国家发明专利	闫　梅	202210181215.2	2023-07-18
489	一种变时域预测能量管理方法、装置、汽车及存储介质	国家发明专利	闫　梅	202210163296.3	2023-06-27
490	一种液压机械无级变速装载机实时工况识别方法	国家发明专利	杨树军	202111339357.9	2023-06-27
491	一种夹紧力可调的自动合环夹具	国家发明专利	姚双吉	202210187694.9	2023-02-24
492	一种同步机械锁止机构	国家发明专利	张祝新	202210527693.4	2023-09-01
493	一种裂隙性油气藏热流体拌注原位渣油堵水工艺及装置	国家发明专利	郑黎明	202210581112.5	2023-03-31
494	一种井下泥包检测与可流量调节自解的 PDC 智能钻头	国家发明专利	郑黎明	202210587604.5	2023-03-21
495	一种低熔点的镓基共晶液态合金及其制备方法	国家发明专利	冯士东	202211145355.0	2023-05-30
496	一种低密度高塑韧性钢及其制备方法和应用	国家发明专利	刘日平	202210436540.9	2023-05-23
497	一种高强高塑锆合金及其制备方法和应用	国家发明专利	刘日平	202110918368.6	2023-03-31
498	一种高强韧轻质钢板及其制备方法和应用	国家发明专利	刘日平	202210436283.9	2023-05-23

序号	专利名称	专利类型	申请人	专利号	授权日期
499	一种金属药芯焊丝及其制备方法和应用	国家发明专利	刘日平	202210432967.1	2023-07-04
500	多孔热电合金材料及其制备方法	国家发明专利	徐　波	202011547273.X	2023-09-01
501	异质结构金刚石 / 立方氮化硼复合块材及其制备方法	国家发明专利	徐　波	202210581528.7	2023-07-21
502	一种原位刻蚀金刚石的方法	国家发明专利	张利强	202210672789.X	2023-12-12
503	一种具有高比容量硼掺杂的氟化碳正极材料的制备方法	国家发明专利	张利强	202210696916.X	2023-04-07
504	一种锌－溴 / 碘双液流电池	国家发明专利	张利强	202210663068.2	2023-07-15
505	sp2-sp3 杂化的晶态氮化硼及其制备方法	国家发明专利	赵智胜	202010305181.4	2023-01-20
506	高强致密的类洋葱碳块材及其制备方法	国家发明专利	赵智胜	202210269742.9	2023-06-16
507	一种激光熔覆原位合成陶瓷相增强铜基熔覆层的制备方法	国家发明专利	战再吉	202011193479.7	2023-04-21
508	一种（TiNbCrWTa）C_x 高熵陶瓷及其制备方法	国家发明专利	战再吉	202210748957.9	2023-06-09
509	用于大直径管材液穴凝固点位置调整方法及其调整装置	国家发明专利	王跃华	202211666608.9	2023-07-18
510	一种轧机孔型设计方法及管材质量检验方法	国家发明专利	王跃华	202211617375.3	2023-09-22
511	用于手指穿刺定位的牵引固定装置	国家发明专利	张　宁	202111210360.0	2023-10-20
512	扇形段连铸辊堆焊增材用药芯焊丝及其制备方法和应用	国家发明专利	赵春梅	202310944170.4	2023-11-03
513	一种高校科研数据采集管理系统	国家发明专利	侯明玉	202310238127.6	2023-05-12
514	具有除尘功能的埋弧焊接装置及其除尘方法	国家发明专利	郑海武	202210495325.6	2023-01-10
515	一种射频微波加速芯片回流辅助工作系统	国家发明专利	李　朋	202011469558.6	2023-06-30
516	一种新型自动多工位点焊机及其应用	国家发明专利	王雪姣	202210199195.1	2023-01-24
517	一种低锰含量中锰钢的制备方法	国家发明专利	孟江英	202210831219.0	2023-04-25
518	一种基于 SSD 改进算法的无人机航拍目标检测方法	国家发明专利	李国强	202011580609.2	2023-03-24
519	一种服务于特种车辆的车路协同多目标检测方法及系统	国家发明专利	严书亭	202210791626.3	2023-09-15
520	一种用于板材的加热装置及方法	国家发明专利	张立刚	202210434682.1	2023-01-17
521	具有被动旋转过滤元件的过滤器（美）	国（境）外发明专利	曹秒艳	US11845023B2	2023-12-19
522	一种能够实现多方向定点转动的对称三轴并联主轴头（美）	国（境）外发明专利	陈子明	US11813709B2	2023-11-14
523	钎钢管坯的加热系统及其加热方法（美）	国（境）外发明专利	高新亮	US11565294B2	2023-01-31
524	轴向柱塞泵或马达内部旋转组件搅拌损失测试装置	国（境）外发明专利	李　莹	7248356	2023-03-20
525	基于轧制接触界面分段模型上力学参数的辊缝控制方法	国（境）外发明专利	彭　艳	7212976	2023-01-18
526	基于并联调姿的星球车磁悬浮重力补偿实验平台（日）	国（境）外发明专利	邱雪松	7248361	2023-03-20
527	一种大型异型管材微铸轧增材制造的壁厚增材制造装置（美）	国（境）外发明专利	宋剑锋	US11759892B2	2023-09-19
528	钢管外壁旋压半固态金属粉末成型双金属复合管装置（美）	国（境）外发明专利	宋剑锋	US11684975B2	2023-06-27

序号	专利名称	专利类型	申请人	专利号	授权日期
529	多路进油全流量自冷却双端面配流斜盘型轴向柱塞泵（美）	国（境）外发明专利	闻德生	US11644017B2	2023-05-09
530	一种双向平板折展单元及双向平板折展天线机构（美）	国（境）外发明专利	许允斗	US11791568B2	2023-10-17
531	模拟板带材电热场量变化的微控装置（美）	国（境）外发明专利	杨利坡	US11801542B2	2023-10-31
532	轧制重载变形区动态接触换热模拟装置（美）	国（境）外发明专利	杨利坡	US11705019B2	2023-07-18
533	基于主动悬挂的车载稳定平台系统及其控制方法（加）	国（境）外发明专利	赵丁选	3112407	2023-01-03
534	基于车辆位姿偏差的惯性调控主动悬挂系统及控制方法（土耳其）	国（境）外发明专利	赵丁选	TR2021004530B	2023-02-21
535	主被动双模式可切换车辆悬架系统及其切换方法（美）	国（境）外发明专利	赵丁选	US11618294B2	2023-04-04
536	基于主动悬挂的车载运动模拟平台及控制方法（欧）	国（境）外发明专利	赵丁选	EP3851302	2023-12-13
537	基于车辆位姿偏差的惯性调控主动悬挂系统及控制方法（印尼）	国（境）外发明专利	赵丁选	IDP000089356	2023-08-31
538	基于主动悬挂的车载运动模拟平台及控制方法（印尼）	国（境）外发明专利	赵丁选	IDP000086126	2023-03-06
539	基于主动悬挂的车载稳定平台系统及其控制方法（印尼）	国（境）外发明专利	赵丁选	IDP000086125	2023-03-26
540	主被动双模式可切换车辆悬架系统及其切换方法（韩）	国（境）外发明专利	赵丁选	10-2022-7002711	2023-06-22
541	主被动双模式可切换车辆悬架系统及其切换方法（加）	国（境）外发明专利	赵丁选	3145723	2023-08-08
542	主被动双模式可切换车辆悬架系统及其切换方法（欧）	国（境）外发明专利	赵丁选	EP4005835	2023-06-07
543	主被动双模式可切换车辆悬架系统及其切换方法（土耳其）	国（境）外发明专利	赵丁选	2022001436B	2023-04-24
544	一种锆钛基合金包埋渗铝层的制备方法（美）	国（境）外发明专利	张新宇	US11572615B2	2023-02-07
545	一种基于光纤表面等离子体共振的大气腐蚀性监测装置及方法（澳）	国（境）外发明专利	付广伟	2021211978	2023-05-18
546	一种基于光纤光栅自带温度补偿的金属表面腐蚀监测装置（澳）	国（境）外发明专利	张燕君	2021221640	2023-01-05
547	一种低串扰大容量少模光纤（美）	国（境）外发明专利	李曙光	US11754777B2	2023-09-12
548	一种大型筒节环形冷却装置（美）	国（境）外发明专利	陈素文	US11577289B2	2023-02-14
549	多向锻冲伺服压力机	实用新型	仇　平	202220853831.3	2023-02-21
550	一种用于折叠式活动房的伸缩装置	实用新型	翟富刚	202320252221.2	2023-08-01
551	一种多工况可拆换密封圈性能试验装置	实用新型	翟富刚	202321321717.7	2023-09-12
552	一种手动控制层移式循环书架	实用新型	董世民	202221475242.2	2023-02-17
553	一种改进的多线切割机走线导轮部装	实用新型	董志奎	202221139912.3	2023-02-10
554	一种信封类邮件自动取放快递柜	实用新型	谷大鹏	202222189516.8	2023-02-14
555	一种宿舍床用收纳储物及折叠桌组合装置	实用新型	谷大鹏	202320385869.7	2023-08-25
556	一种可从床底拾物的机器人	实用新型	郭长虹	202321520041.4	2023-11-03

序号	专利名称	专利类型	申请人	专利号	授权日期
557	一种磁力啮合传动装置	实用新型	郝秀红	202221637013.6	2023-11-03
558	轮足双形态救援机器人	实用新型	刘思远	202321304877.0	2023-10-17
559	一种固态喷射消防机器人	实用新型	王三众	202321354561.2	2023-09-22
560	智能厨余垃圾处理装置	实用新型	王三众	202321597527.8	2023-11-21
561	可移动健身车	实用新型	王三众	202322300066.X	2023-12-22
562	一种用于带孔型工件的感应加热夹持装置	实用新型	杨志南	202320285400.6	2023-06-27
563	柔性全向调谐质量阻尼器	实用新型	袁晓明	202320789805.3	2023-07-07
564	一种高效的多入口旋流分离器	实用新型	张　晋	202220555584.9	2023-02-03
565	多姿态医疗康复床	实用新型	赵铁石	202222152354.0	2023-02-21
566	高刚度下肢康复外骨骼	实用新型	赵铁石	202221214237.6	2023-02-17
567	下肢康复外骨骼的力反馈系统	实用新型	赵铁石	202221192428.7	2023-02-17
568	一种用于风力机叶片无损健康监测的声学采集装置	实用新型	江国乾	202321397433.6	2023-11-17
569	一种家用烧烤炉	实用新型	李　丽	202222768590.5	2023-02-28
570	基于多模与锥形掺氟硫化铅光纤级联的双参量光纤传感器	实用新型	付兴虎	202320881570.0	2023-04-19
571	一种基于表面增强拉曼散射的一字形光纤探针	实用新型	付兴虎	202320991822.5	2023-11-17
572	一种基于明胶材料光纤双 F-P 腔的湿度传感器	实用新型	付兴虎	202320987562.4	2023-10-03
573	一种基于哑铃型结构的光纤扭转传感器	实用新型	付兴虎	202320855063.X	2023-11-17
574	一种错位结构的空芯光纤多参量传感器	实用新型	付兴虎	202320773183.5	2023-10-03
575	一种传感器生产封装装置	实用新型	张保军	202321261712.X	2023-11-21
576	一种活动用信息滚动式多面展示装置	实用新型	邹　楠	202222975243.X	2023-03-21
577	一种可大量制备自支撑材料的沉积装置	实用新型	周军双	202221627434.0	2023-09-22
578	一种医用视力改善装置	实用新型	陈国强	202220542804.4	2023-02-28
579	一种房车扩展装置	实用新型	陈国强	202321518882.1	2023-12-26
580	一种多功能户外观察镜景观装置	实用新型	翟　艳	202320255259.5	2023-07-28
581	一种可穿戴柔性膝关节仿生护具	实用新型	刘月林	202223380507.3	2023-06-09
582	一种全自动塑料实芯棒熔接机	实用新型	卢　颖	202320881538.2	2023-08-18
583	一种可调式儿童跷跷板	实用新型	孙　利	202321684020.6	2023-12-08
584	一种轻量化设计的高强度机械手	实用新型	王年文	202223197162.8	2023-10-24
585	一种掌指关节往复训练康复装置	实用新型	王年文	202223106357.7	2023-06-06
586	一种美人鱼仿生下肢矫形器	实用新型	王年文	202321780119.6	2023-12-22
587	一种展示效果好的多角度展示台	实用新型	熊艳辉	202223303929.0	2023-05-12
588	一种巡视机械人云台旋转装置	实用新型	张芳兰	202223469014.7	2023-03-31

序号	专利名称	专利类型	申请人	专利号	授权日期
589	一种门式起重机的防摆结构	实用新型	张芳兰	202320618747.8	2023-09-29
590	一种康养恢复的行走支撑装置	实用新型	张芳兰	202320618754.8	2023-09-22
591	一种基于智能控制系统的新型洗手台	实用新型	赵　琳	202220985101.9	2023-01-06
592	一种钢琴兴趣培养装置	实用新型	赵　悦	202221317806.X	2023-01-17
593	双管并联式自动防堵地面输油管道	实用新型	褚庆忠	202222198905.7	2023-02-17
594	一种检测海洋平台导管架腐蚀情况的水下机器人	实用新型	韩东颖	202221627614.9	2023-03-07
595	一种背包式多媒体设备	实用新型	陈　硕	202320667747.7	2023-08-29
596	通风窗	外观设计	王三众	202330337525.4	2023-11-03
597	排水地漏	外观设计	王三众	202330336101.6	2023-10-31
598	双臂魔方机器人	外观设计	王三众	202330310052.9	2023-10-20
599	药物煎泡一体机	外观设计	王三众	202330352347.2	2023-10-24
600	一体化宠物家居机器人	外观设计	王三众	202330241863.8	2023-08-22
601	两自由度双目云台	外观设计	华长春	202230346748.2	2023-01-03
602	小提琴握弓器	外观设计	杜小婉	202330355582.5	2023-10-17
603	小提琴琴架	外观设计	杜小婉	202330372502.7	2023-11-03
604	包装盒（多媒材绘画）	外观设计	韩立中	202330151304.8	2023-07-25
605	包装盒（纸塑艺术）	外观设计	韩立中	202330151201.1	2023-08-08
606	包装盒（陶艺）	外观设计	韩立中	202330151190.7	2023-08-15
607	包装盒（剪纸艺术）	外观设计	韩立中	202330151186.0	2023-08-08
608	电子温湿度计（蒙古包）	外观设计	侯　英	202230545620.9	2023-03-28
609	电子钟（火车头）	外观设计	侯　英	202330008413.4	2023-03-14
610	台灯（不倒翁抓斗）	外观设计	侯　英	202330027074.4	2023-06-02
611	加湿器（宝塔）	外观设计	侯　英	202330101758.4	2023-06-06
612	床头灯（集装箱）	外观设计	侯　英	202330083795.7	2023-06-06
613	手部解压仪（焦虑症）	外观设计	陆　颖	202130232333.8	2023-02-17
614	儿童眼镜	外观设计	王　巍	202330114884.3	2023-06-20
615	水壶（老人）	外观设计	王　巍	202330114878.8	2023-05-08
616	儿童玩具车	外观设计	王　燕	202330114898.5	2023-05-30
617	儿童书柜	外观设计	王　燕	202330114870.1	2023-05-17
618	包装盒（若兮画册兔年珍藏版）	外观设计	张艳梅	202230725978.X	2023-02-21
619	包装盒（若兮画册）	外观设计	张艳梅	202230725980.7	2023-02-24

（供稿人：科学技术研究院　侯明玉）

科研经费到账情况

经费额单位：万元

	国家级项目		省部级项目		厅局（市）级项目		校级项目		军口项目		专利资助	科研平台建设	合计
	项目数	经费额	项目数	经费额	项目数	经费额	项目数	经费额	项目数	经费额	经费额	经费额	
额度	104	4018.56	162	2781	97	428.3	28	89	17	3127	184.6	16002	26630.46

（供稿人：科学技术研究院 侯明玉）

学术交流情况

序号	会议名称	会议类型	主承办单位	承办学院	会议时间
1	第一届城市固废无害化协同处理及利用国际会议	国际学术会议	燕山大学，河北省硅酸盐学会，河北省绿色低碳循环发展协会	建筑工程与力学学院	2023 年 4 月 26—28 日
2	第二届水环境治理及生态修复国际研讨会	国际学术会议	秦皇岛天大环保研究院有限公司，燕山大学	环境与化学工程学院	2023 年 7 月 28—29 日
3	第三届物理与微结构材料国际研讨会	国际学术会议	燕山大学	理学院	2023 年 8 月 1—4 日
4	第二十四届流体动力与机电控制工程国际学术会议	国际学术会议	中国力学学会流体控制工程专业委员会，中国工程机械学会特大型工程运输车辆分会（挂靠燕山大学）	机械工程学院	2023 年 8 月 4—6 日
5	2023 the 6th International Conference on Intelligent Autonomous Systems	国际学术会议	大连海事大学，燕山大学	电气工程学院	2023 年 9 月 22—24 日
6	2023 亚稳材料制备技术与科学国际产学研用合作会议暨第六届亚稳材料制备技术与科学国际研讨会	国际学术会议	教育部学校规划建设发展中心，河北省教育厅，燕山大学	材料科学与工程学院	2023 年 10 月 27—29 日
7	全国自动化应用学术技术会议	全国学术会议	中国金属学会冶金自动化分会，中国自动化学会应用专业委员会，中国有色金属学会自动化学术委员会，中国金属学会冶金人工智能技术分会，燕山大学	电气工程学院	2023 年 4 月 20—23 日
8	中国现场统计研究会可靠性工程分会 2023 年学术年会	全国学术会议	中国现场统计研究会可靠性工程分会，燕山大学	理学院	2023 年 6 月 16—18 日
9	中国电子学会电子线路教学与产业专家委员会、教育部电子线路和电子技术课程虚拟教研室 2023 年度工作会议	全国学术会议	中国电子学会电子线路教学与产业专家委员会，教育部电子线路和电子技术课程群虚拟教研室，燕山大学	信息科学与工程学院（软件学院）	2023 年 7 月 6—9 日
10	第二十届全国机械工程学院院长 / 系主任联席会议	全国学术会议	全国机械工程学院院长 / 系主任联席会议委员会，燕山大学	机械工程学院	2023 年 8 月 22—25 日
11	河北省工业与应用数学学会第五届理事会第三次会议暨 2023 年学术年会	全国学术会议	河北省工业与应用数学学会，燕山大学	理学院	2023 年 9 月 22—24 日
12	北戴河力学论坛	全国学术会议	河北省力学学会，燕山大学	建筑工程与力学学院	2023 年 9 月 8—10 日
13	全国功能材料基因研讨会	全国学术会议	合肥微尺度物质科学国家研究中心，燕山大学	理学院	2023 年 10 月 27—29 日
14	第一届全国空间机构学术会议	全国学术会议	中国机械工程学会空间机构分会，燕山大学，北京空间飞行器总体设计部，哈尔滨工业大学	机械工程学院	2023 年 11 月 3—6 日

（供稿人：科学技术研究院 侯明玉）

社会科学研究

总体情况

【高层次科研项目实现新突破】获批国家社科基金15项，立项数量创新高，立项种类不断丰富。其中马克思主义工程重大项目1项，专项项目1项，年度项目10项，艺术学单列学科项目1项，教育学单列学科1项，后期资助项目1项。获批教育部人文社会科学研究项目8项。

【人文社科研究基地建设持续加强】获批5个省级社科研究机构，河北省东北亚丝路文明研究基地入选河北省哲学社会科学研究基地，河北省科协智库科技政策与评估研究基地被列为河北科协重要基地，是5个重要基地中唯一入选的高校智库研究基地，“科技创新惠企政策”获批河北省科技创新智库，获批成立河北省人大常委会法工委立法基地，获批河北省哲学社会科学重点实验室建设试点单位。依托燕山大学建设管理的河北省公共政策评估研究基地、河北省东北亚丝路文明研究基地在2023年度考核中均获得“优秀”等次。

【社会科学标志性成果培育成效显著】荣获CTTI 2023年度智库建设最佳案例1项，智库研究优秀成果8项，其中特等奖1项、一等奖2项、二等奖5项。1项成果荣获第三届河北省教育科学研究优秀成果一等奖。首次获批马克思主义理论研究和建设工程重大项目。

【常规工作】政治建设。针对“学习贯彻习近平新时代中国特色社会主义思想主题教育整改整治工作推进会”会议精神组织专项理论学习。严格执行“八项规定”和“六大纪律”，落实党风廉政建设责任制，制定了工作纪律，要求强化重点领域和关键环节的监督管理；坚持全面从严治党，坚守为政清廉底线，严于律己，牢记宗旨意识。贯彻落实《中共燕山大学委员会落实意识形态工作责任制实施细则》，实行社科成果意识形态审查机制，举办“科研诚信及学风建设宣传月”主题活动，实行“黑名单”制度，加强学术交流阵地管理，从而加强对人文社会科学研究项目的意识形态管理。

建章立制。正式出台《燕山大学人文社会科学研究平台管理办法》，调研起草《国家社科基金重大项目培育实施办法》《“两院一中心”推进建设实施方案》（全面依法治省研究院、东北亚丝路文明研究院、中国长城文化研究与传播中心）。

咨政建言。获省部级以上领导批示的咨政报告75篇。其中63篇作为建议被河北省全国人大代表采纳并提交第十四届全国人民代表大会一次会议，3篇获得全国政协十四届一次会议立案，1篇获得民盟中央采纳，2篇获得正省级领导肯定性批示，6篇获得副省级领导肯定性批示。

科研诚信。开展“科研诚信及学风建设宣传月”主题活动。邀请中国科学院文献情报中心学术委员会主任初景利作题为《科研诚信与学术不端》的学术讲座；制作了科研诚信与学风建设的展板，组织师生观展；深入学院进行科研诚信和学术道德方面的宣传教育。

学术交流。承办6次国内高水平学术会议，包括2023中国品牌发展论坛、燕山大学第二届东北亚古丝路文明论坛、文会雅园·罗哲文逝世十周年系列纪念活动暨文化遗产保护传承学术研讨会、21世纪马克思主义论坛（第12次）暨“中国式现代化与21世纪马克思主义”学术研讨会、中国智库建设高端论坛、2023年第十二届数量经济学国际学术会议等。“燕山大讲堂”学术交流论坛开讲10次。分别邀请中国国际问题研究院原院长、党委书记苏格，中国科学院文献情报中心学术委员会主任初景利，复旦大学国际问题研究院副院长冯玉军，中国社会科学院国家全球战略智库李会明研究员，中国社会科学院亚泰与全球战略研究院王俊生研究员，韩国庆南大学体育学院姜亨吉教授，清华大学蔡曙山教授，中国社会科学院马克思主义研究院刘志明研究员，武汉理工大学张友棠教授，福州大学彭伟教授等专家作国家社科基金专题辅导、大国外交以及科研诚信方面的学术讲座。

管理与服务。召开燕山大学2024年度国家社科基金申报启动会，总结2023年度相关工作，部署2024年度申报工作安排。举办2024年度国家社科基金培育项目专题辅导会、国家社科基金申报系列讲座，邀请专家对国家社科基金培育项目进行一对一点评与指导。

（供稿人：社会科学处 杨帆）

人文社科研究平台建设情况

省级人文社科研究平台清单

序号	机构类型	基地名称	成立时间	管理部门
1	河北省哲学社会科学研究基地	河北省公共政策评估研究基地	2010 年	河北省社科联
2	河北省工程技术研究中心	河北省现代港口煤炭物流工程技术研究中心	2011 年	河北省科技厅
3	河北省软科学研究基地	河北省“服务经济与管理”软科学研究基地	2012 年	河北省科技厅
4	河北省工业设计中心	河北省工业设计创新与发展研究中心	2013 年	河北省工信厅
5	河北省非物质文化遗产研究基地	河北省非物质文化遗产研究基地（文法学院）	2013 年	河北省文化厅
6	河北省非物质文化遗产研究基地	河北省非物质文化遗产研究基地（艺术学院）	2013 年	河北省文化厅
7	河北省高等学校人文社会科学重点研究基地	燕山大学京津冀协同发展管理创新研究中心	2014 年	河北省教育厅
8	河北省高等学校人文社会科学重点研究基地	燕山大学区域经济发展研究中心	2014 年	河北省教育厅
9	河北省高等学校人文社会科学重点研究基地（培育）	燕山大学工业设计产业研究中心	2014 年	河北省教育厅
10	河北省中国特色社会主义理论体系研究基地	河北省中国特色社会主义理论体系燕山大学研究基地	2015 年	河北省委宣传部
11	河北省第二批“2011 协同创新中心”	河北沿海地区临港产业发展协同创新中心	2016 年	河北省教育厅
12	河北首批新型智库试点	河北省公共政策评估研究中心	2016 年	河北省委宣传部
13	河北新型智库重点培育	河北省设计创新及产业发展研究中心	2017 年	河北省委宣传部
14	全面依法治省研究院	燕山大学全面依法治省研究院	2020 年	河北省政府
15	河北省重点联系智库	京张体育文化旅游带高质量协同发展研究	2021 年	河北省委宣传部
16	河北省重点联系智库	河北燕山—太行山片区全面推进乡村振兴的政策协同研究	2021 年	河北省委宣传部
17	河北省高等学校人文社会科学重点研究基地	燕山大学县域振兴发展政策研究中心	2022 年	河北省教育厅
18	河北省哲学社会科学研究基地	河北省东北亚丝路文明研究基地	2022 年	河北省社科联
19	河北省哲学社会科学研究基地	河北省基层治理现代化研究基地（培育）	2022 年	河北省社科联
20	河北省应急管理研究基地	河北省应急管理研究会群体行为与应急决策燕山大学研究基地	2022 年	河北省应急管理研究会
21	CTTI 来源智库	燕山大学东北亚古丝路文明研究中心	2022 年	南京大学中国智库研究与评价中心
22	CTTI 来源智库	燕山大学互联网＋与产业发展研究中心	2022 年	南京大学中国智库研究与评价中心
23	河北省科协智库研究基地	河北省科协智库科技政策与评估研究基地	2023 年	河北省科协
24	河北省科技创新智库	科技创新惠企政策	2023 年	河北省科技厅
25	河北省人大常委会法工委立法基地	河北省人大常委会法工委立法基地	2023 年	河北省人大
26	河北省政协理论研究工作站	燕山大学政协理论研究工作站	2023 年	河北省政协
27	河北省哲学社会科学重点实验室建设试点	东北亚古丝路文明研究实验室	2023 年	河北省委宣传部

非实体校级人文社会科学研究平台清单

序号	机构名称	依托学院
1	燕山大学财务与会计研究中心	经济管理学院
2	燕山大学创新与创业研究中心	经济管理学院
3	燕山大学互联网＋与产业发展研究中心	经济管理学院
4	燕山大学大数据与智能决策研究所	经济管理学院
5	认知科学与神经管理研究中心	经济管理学院
6	职业经济研究中心	经济管理学院
7	京津冀军民协同信息中心	经济管理学院
8	燕山大学电子政务研究中心	文法学院（公共管理学院）
9	燕山大学科学技术与公共政策研究所	文法学院（公共管理学院）
10	燕山大学中国大学评价与发展研究所	文法学院（公共管理学院）
11	燕山大学地方立法研究所	文法学院（公共管理学院）
12	廉政与治理研究中心	文法学院（公共管理学院）
13	燕山大学乡村振兴研究院	文法学院（公共管理学院）
14	燕山文化研究中心	文法学院（公共管理学院）
15	燕山大学传统文化与社会主义核心价值观研究中心	马克思主义学院
16	燕山大学计算语言研究所	外国语学院
17	燕山大学手语语言及应用研究所	外国语学院
18	燕山大学翻译硕士专业学位（MTI）教育研究所	外国语学院
19	燕山大学语料库翻译学研究所	外国语学院
20	燕山大学环境艺术研究设计所	艺术与设计学院
21	燕山大学河北民间音乐舞蹈艺术研究所	艺术与设计学院
22	燕山大学中国钢琴音乐艺术研究所	艺术与设计学院
23	燕山大学雄安新区城乡设计与文化发展研究所	艺术与设计学院
24	燕山大学品牌设计与传播研究所	艺术与设计学院
25	燕山大学运动技能与体能研究中心	体育学院
26	燕山大学健康管理与产业发展研究所	体育学院

（供稿人：社会科学处 杨帆）

科研项目获批情况

1 国家级项目

1.1 国家社会科学基金

序号	项目编号	负责人	项目名称	项目类型	合同额 / 万元
1	2022MSJ007	刘邦凡	习近平新时代中国特色社会主义思想在河北的生动实践研究	重大项目	20
2	23VSZ078	杨红星	思想政治理论课叙事教学研究	一般项目	20
3	23CA172	颜景旺	当代中国艺术史理论体系建构研究	艺术学单列学科	20
4	23CSS013	张　慧	法国重农学派政治改革与传播研究（1756—1791）	青年项目	20
5	23VKS005	谢延安	抗美援朝战争口述资料采录与整理	研究专项	53.2
6	23CJY053	杨　颖	“双碳”背景下我国海洋渔业生态效率评价及减碳增汇优化路径研究	青年项目	20
7	23BGL195	张春玲	数字经济赋能农业强国建设的作用机理、空间效应和差异化路径研究	一般项目	20
8	23BJY143	翁钢民	文旅深度融合发展模式、实现路径与协同机制研究	一般项目	20
9	23BJY214	张明莉	人口老龄化背景下数字化赋能养老服务业高质量发展研究	一般项目	20
10	23BTY092	王玉扩	长城沿线濒危体育非物质文化遗产数字化传承与活化利用研究	一般项目	20
11	23BYY155	刘艳红	基于数据库的中国内地与港澳中小学外语教材国家认同研究	一般项目	20
12	23BWW027	赵志刚	林宝音小说中新加坡本土性建构研究	一般项目	20
13	23CGJ037	郭晓婷	当代俄罗斯海洋观与其国际战略的关系研究	青年项目	20
14	23CGJ022	刘伟岩	国家创新体系能动性对数字经济范式下中美竞争态势的影响研究	青年项目	20
15	BGA230252	李兴国	行业特色大学一流学科建设的动力机制及优化路径研究	教育学单列学科	20
合计					333.2

2 省部级项目

2.1 教育部项目

序号	项目编号	负责人	项目名称	项目类型	合同额 / 万元
1	23YJC890010	段　炼	新发展阶段数字赋能公共体育服务高质量供给提升路径研究	一般项目	8
2	23YJC790191	张如心	生态认知与牧户对草原生态补助奖励政策的响应：影响机制与政策优化研究	一般项目	8
3	23YJC630234	张　爽	集团网络内信任不对称对子公司主导行为的影响机制研究	一般项目	8
4	23YJA760112	张芳兰	健康中国背景下农村互助养老服务策略与设计实证研究	一般项目	10
5	23YJA820018	刘艳娜	中国阻断法的适用问题与完善进路	一般项目	8
6	无	董国疆	“四位一体”党组织育人体系创建与实践	专项任务项目	10
7	YHJC22YB118	董雪松	“中文＋机械制造技术”数字教学资源库建设	专项任务项目	18
合计					70

2.2 雄安新区哲学社会科学研究课题

序号	项目编号	负责人	项目名称	项目类型	合同额 / 万元
1	XASK20222701	刘海鸥	区块链赋能雄安智慧城市数据安全生态治理研究：嵌合逻辑、风险识别与规制路径	一般项目	0.5
2	XASK20222402	刘维尚	雄安新区城市品牌与文化产业双向提升策略研究	一般项目	0.5
3	XASK20221101	张春玲	雄安新区数字经济和实体经济深度融合影响因素及路径规划	一般项目	0.5
4	无	苏妍嫄	“人本位”视角下数字赋能雄安新区基层应急管理体系建设与效能提升路径研究	一般项目	0.5
合计					2

2.3 国家民委民族问题研究项目

序号	项目编号	负责人	项目名称	项目类型	合同额 / 万元
1	2023-GMH-001	于春洋	全球化、身份认同与统一多民族国家建设	后期资助项目	3
合计					3

2.4 河北省社会科学基金

序号	项目编号	负责人	项目名称	项目类型	首期拨款 / 万元
1	HB23ZT075	邓　昭	津冀港口群港口资源整合模式与优化路径	专题项目	1
2	HB23ZT067	杨希宁	“双碳”目标约束下京津冀建筑存量低碳发展策略研究	专题项目	1
3	HB23ZT058	叶　璐	数据要素促进河北制造业高质量发展的逻辑机理与实现路径研究	专题项目	1
4	HB23ZT029	张　宁	环首都地区医养结合的康养产业创新发展对策研究	专题项目	1
5	HB23ZT037	杨广辉	数字体育助推河北省全民健身与乡村振兴融合发展研究	年度项目	1
6	HB23YS035	张新佳	河北长城文化旅游带价值评估与规划建设研究	青年项目	1
7	HB23XW016	金　洁	副文本视角下《红楼梦》在英语世界的传播与接受研究	年度项目	1
8	HB23XW003	刘　冰	河北深度融合出版的战略选择与发展路径研究	年度项目	1
9	HB23YY008	刘　燕	甲骨文空间范围表达方式研究	年度项目	1
10	HB23ZW006	徐　敏	孙犁与晋察冀抗日根据地文学研究	年度项目	1
11	HB23YY005	付继林	河北长城国家文化公园多模态旅游语言景观建设研究	年度项目	1
12	HB23TY016	高　婧	体医融合背景下河北省社区老龄群体体育医疗公共服务与健康促进研究	青年项目	1
13	HB23YJ038	高舒锐	新型农业经营主体投入数字化生产的多维动态风险评估研究	青年项目	1
14	HB23GL011	韩　雪	河北科技创新治理体系构建及其实践创新研究	年度项目	1
15	HB23GL027	胡国恒	医联体建设对优质医疗资源配置的均衡效应及优化路径研究	青年项目	1
16	HB23YS033	姜　博	AIGC 技术赋能河北长城文化传播的应用策略研究	青年项目	1
17	HB23GW004	朱炳坤	欧美国家工人阶级转向激进右翼政党动因研究	青年自选项目	1
18	HB23YY006	郑　梅	秦皇岛方言儿韵及儿化音变的实验研究	年度项目	1
19	HB23YY011	李洪波	基于属性偏序模型的语义排歧可解释性研究	年度项目	1
20	HB23JY048	刘艳芳	京津冀协同发展背景下河北高等教育振兴协同机制与策略研究	青年项目	1
21	HB23JY030	刘丽丽	高质量发展阶段河北省高等学校分类发展研究	年度项目	1
22	HB23ZW015	张子尧	汉末三国重大事件与文学嬗变研究（196—280）	青年项目	1
23	HB23YY017	张　妍	面向国际中文教育的语块教学理论与资源研究	青年自选项目	1

序号	项目编号	负责人	项目名称	项目类型	首期拨款 / 万元
24	HB23YJ037	张美丽	数字基础设施赋能河北制造业碳减排的机制、路径与对策研究	青年项目	1
25	HB23GL037	袁润森	“双碳”目标下国有资本参股民营企业的绿色创新效应研究	青年自选项目	1
26	HB23WW005	杨雯雯	新中国成立前的日著“中国戏曲史”研究	年度项目	1
27	HB23YS029	许秋健	音乐认知科学赋能环首都地区康养产业的模式研究	年度项目	1
28	HB23YS015	温　瑀	乐享河北场景下城市社区适老公共空间的包容性设计研究	年度项目	1
29	HB23TQ006	项　琳	基层公共文化设施社会化运营管理研究	年度项目	1
30	HB23WW007	王彦军	9·11 之后美国小说中营的生命政治书写研究	年度项目	1
31	HB23TQ009	王　旭	开放科学环境下学术论文社会影响力评价研究	青年自选项目	1
32	HB23TQ005	庞永真	数智时代河北高校红色档案开发利用研究	年度项目	1
33	HB23YJ042	潘　越	河北农文旅融合促进共同富裕的动力机制与关键路径研究	青年项目	1
34	HB23FX017	梁甜甜	公民环境权视阈下化解污染风险型生产设施选址冲突法律保障研究	年度项目	0.1
35	HB23DD005	李婷婷	西柏坡时期《人民日报》与中国共产党自我革命的实践和经验启示研究	青年项目	1
36	HB23MK019	李鹏昊	新形势下建设具有强大凝聚力和引领力的高校社会主义意识形态研究	年度项目	1
37	HB23GL031	李盼盼	数字平台生态系统赋能河北省制造企业高质量发展的机制研究	青年项目	1
38	HB23TY004	井兰香	数字化背景下河北农村体卫融合公共服务体系的构建与运行机制研究	年度项目	1
39	HB23ZT007	潘宏亮	数据要素驱动专精特新企业高质量发展的实现路径与支持政策研究	专题项目	1.5
40	HB23ZT064	李晓东	中国式现代化视角下基层多元纠纷预防调处化解绩效评估体系研究	专题项目	1
41	HB23WH007	吴　新	冀东沿海地区古代石雕艺术研究	文化研究项目	1
42	HB2023WT007	王春城	用好国家乡村产业振兴“县域号”加快我省县域特色产业集群发展	委托课题	1
43	HB23WH001	邓树平	东北亚古丝路城驿站研究	文化研究项目	1
合计					42.6

2.5 河北省社会科学发展研究课题

序号	项目编号	负责人	项目名称	项目类型
1	202307073	包　巍	“守正创新”视域下河北红色文化的传承与发展	确认课题
2	202307074	董国疆	以高质量党建引领河北高等教育内涵式高质量发展研究	确认课题
3	202307075	刘维尚	文化自信下中国古籍文创产品情感化设计研究	确认课题
4	202307076	王　芳	浅析推动构建人类命运共同体是中国式现代化的本质要求	确认课题
5	202307077	王一行	以中外合作办学牵引河北高等教育高质量发展	确认课题
6	202307078	刘遵峰	马克思主义基本原理同中华优秀传统文化相结合的内在同一性	确认课题
7	202307079	张春玲	数字经济与实体经济耦合协调及空间差异研究——以河北省为例	确认课题
8	202307080	黄　晟	河北省实现碳中和的比较优势与多元路径	确认课题
9	20230201029	产　佳	河北省高校意识形态工作的现实困境与应然路径	一般课题
10	20230103012	刘海鸥	区块链赋能网络信息安全风险规范与综合治理路径研究	重点课题
11	20230303019	王春旭	京津冀协同发展视角下河北多层次社会保障体系路径研究	青年课题
12	20230304040	姜　博	城市更新行动下中国式现代化河北文旅场景的优化设计与对策研究	青年课题
13	20230105008	李兴国	河北“双一流”高校建设的策略与路径研究	重点课题
14	20230205084	臧誉琪	社区志愿服务供需适配实现机制及高质量发展路径研究	一般课题
15	20230204042	杜俊杰	英汉翻译课程（非英语专业）美育教育实证研究	一般课题
16	20230104006	刘　磊	基于跨语言词向量的多语种平行语料库句对齐研究	重点课题
17	20230205125	董佳佳	少子老龄化背景下日本护理人才培养经验对河北省的启示研究	一般课题
18	20230304037	金　洁	正定荣国府旅游目的地形象感知与红楼文化传播研究	青年课题
19	20230304025	潘　地	长城国家文化公园（河北段）建设背景下增强现实技术多语种智能导览应用研究	青年课题
20	20230205030	朱小亮	基于游客感知的河北省体育旅游价值共创研究	一般课题
21	20230303055	周小洲	资源视角下政府部门服务型领导对下属建言行为的影响机制研究	青年课题
22	20230304021	胡英花	超文本视角下的网络翻译理论建构和翻译技能研究	青年课题

序号	项目编号	负责人	项目名称	项目类型
23	20230205101	赵　欣	长城文化在来华留学生教育中的传播路径研究	一般课题
24	20230305013	赵文楠	河北省农村居民健康素养提升实现机制与路径研究	青年课题
25	20230203050	赵　超	协同视域下数字非遗在图书馆空间中的叙事再生与整合传播	一般课题
26	20230104003	张亚南	蓟镇明长城碑刻研究	重点课题
27	20230302027	张美丽	河北省数字基础设施对碳排放的影响及其优化对策研究	青年课题
28	20230301012	张海茹	面向“校社联袂”的党建引领基层治理研究	青年课题
29	20230204001	张芳兰	积极老龄化视域下农村互助养老服务设计研究	一般课题
30	20230205016	杨广辉	健康中国背景下健全河北省残疾人公共体育服务体系研究	一般课题
31	20230303056	袁润森	“双碳”目标下河北省国有资本参股民营企业的碳减排效应研究	青年课题
32	20230302034	杨　颖	“双碳”目标下河北省海洋渔业减碳增汇协同增效研究	青年课题
33	20230304049	颜景旺	铸牢中华民族共同体意识视域下青龙满族皮影戏的传承发展路径研究	青年课题
34	20230204060	徐　原	艺术疗愈视角下高等学校美育工作创新研究	一般课题
35	20230204061	温　瑀	场景理论视角下健康社区营建导控研究	一般课题
36	20230303049	王　旭	面向信息治理的我国个人信息保护政策文本量化研究	青年课题
37	20230204004	王天彤	文学地理视域下的《国朝畿辅诗传》研究	一般课题
38	20230102011	王韶华	供给侧改革驱动京津冀制造业双化协同转型的机制研究	重点课题
39	20230204074	王青田	“一带一路”背景下河北长城主题绘画的精神语义研究——以中俄为例	一般课题
40	20230204038	王媚雪	以典型器物为载体的冀商精神研究	一般课题
41	20230201040	王　兵	马克思主义系统观视域下高校实践育人共同体研究	一般课题
42	20230202063	涂　闯	协同发展背景下京津冀城市群能源系统清洁利用驱动机制研究	一般课题
43	20230303041	唐晓莉	信息源可信度影响在线评论说服效果的神经机制研究	青年课题
44	20230205130	孙　菊	中国大陆学者的“国际学术把关者”角色研究	一般课题
45	20230304035	桑　懿	面向河北省“无废城市”创建的社区生活垃圾分类处理设施设计研究	青年课题

序号	项目编号	负责人	项目名称	项目类型
46	20230203030	苗俊玲	数字赋能公共危机管理研究——以河北省为例	一般课题
47	20230501021	刘月林	中国式现代化背景下可持续设计创新策略研究	政协联合项目
48	20230305024	刘懿颖	新时代民办高校基于 5W 理论的网络思政育人模型探索与实践	青年课题
49	20230201019	刘艳娜	我国阻断法的适用问题及完善进路	一般课题
50	20230501023	刘　霞	人民政协民主监督制度下河北文化软实力提升策略研究	政协联合项目
51	20230304050	刘念念	短视频营销在文化旅游产业发展中的应用研究	青年课题
52	20230203056	刘　娜	数智赋能河北省高校大学生就业定制化服务研究	一般课题
53	20230301023	李晓东	刑事一体化视域下生成式人工智能的刑事合规研究	青年课题
54	20230204032	李　静	基于技术接受理论的新老年居家智能健身产品设计策略研究	一般课题
55	20230401036	金红莲	河北省加强智库型人大研究会建设研究	人大联合项目
56	20230203007	金福子	农文旅融合推进乡村振兴的动力机制研究	一般课题
57	20230304019	扈剑颖	基于老年人能力评估规范的精准化养老服务设计策略研究	青年课题
58	20230202048	贺春亮	河北省数字经济与实体经济深度融合研究	一般课题
59	20230205127	郝晓丹	我国高等教育产教融合政策注意力变迁与逻辑阐释	一般课题
60	20230303029	郝佳佳	情绪感染与社会认同的耦合机理与引导策略研究	青年课题
61	20230205142	韩　雪	基础研究高质量发展助推河北省“双一流”建设的实施路径研究	一般课题
62	20230205062	耿元文	河北省城市社区体卫融合公共服务高质量供给研究	一般课题
63	20230205133	耿巍娜	新时代青年文化安全教育与管理研究	一般课题
64	20230304015	高永鹏	文旅融合下河北省舞蹈文化市场发展研究	青年课题
65	20230301005	高琰宇	“互联网 +”视域下网络新媒体与高校基层党建创新融合探究	青年课题
66	20230101005	高俊玲	河北省高校基层党建与事业发展融合研究	重点课题
67	20230501022	杜小婉	中国式现代化进程中河北民歌变迁研究	确认课题
68	20230302028	邓　昭	河北省临港产业强省建设研究	青年课题

序号	项目编号	负责人	项目名称	项目类型
69	20230204034	从　鑫	文学生生态视域下的“浩然现象”研究	一般课题
70	20230304045	陈云凤	河北省农村居家养老在地化模式探究：要素构建与实践路径	青年课题
71	20230305003	陈彦龙	乡村振兴战略下河北城乡智慧公共体育服务融合治理研究	青年课题
72	20230202006	陈红梅	“中欧班列”助推河北省现代流通体系高质量发展	一般课题
73	20230205039	白　雪	多模态学习理论下短视频对高校体育课程思政建设的影响研究	一般课题

2.6　河北省军民融合发展研究课题

序号	项目编号	负责人	项目名称	项目类型	合同额 / 万元
1	HB23JMRH003	李　晨	积极推进军民一体化装备维修保障体系和能力建设	河北省军民融合发展研究课题	1
2	HB23JMRH005	张春玲	支持军民融合产业发展政策措施的研究	河北省军民融合发展研究课题	1
3	HB23JMRH015	许秋健	国家岛屿主权争端视域下新型认知域作战机制建构研究	河北省军民融合发展研究课题	0.1
合计					2.1

2.7　国际中文教育研究课题

序号	项目编号	负责人	项目名称	项目类型	合同额 / 万元
1	23YH25C	董雪松	“中文＋职业”背景下机械工程汉语词汇需求分析与等级构建	一般课题	5
2	23YH40D	张　妍	国际中文教育驱动的语块教学理论与资源建设研究	一般课题	1
合计					6

（供稿人：社会科学处 杨帆）

3 厅局（市）级项目

3.1　河北省高等学校人文社会科学研究计划项目

序号	项目编号	负责人	项目名称	项目类型	合同额 / 万元
1	SQ2024259	刘桦玮	新时代河北省青少年冰雪运动区域协同发展研究	青年基金项目	3
2	SQ2024218	高　磊	数字中国背景下河北省农业组织高质量发展研究	青年基金项目	3
3	SQ2024215	丁小洲	数字平台生态系统下创业企业迭代创新的微观机理与实现路径研究	青年基金项目	3

序号	项目编号	负责人	项目名称	项目类型	合同额 / 万元
4	SQ2024188	张　舒	认知视野下现代汉语复合词词义衍生研究	青年基金项目	3
5	SQ2024166	胡国恒	空间视阈下优质医疗资源布局的均衡测度、动态演进与收敛路径	青年基金项目	3
6	SQ2024163	王春芸	抗战时期日伪宪警在山海关的“思想对策”及侵略罪行研究	青年基金项目	3
7	SQ2024162	于鸿飞	康复机器人语义演绎与协同设计研究	青年基金项目	3
8	SQ2024149	刘新龙	近代祁州药材市场与贸易研究	青年基金项目	3
9	SQ2024108	高永鹏	河北省文旅演艺行业技能人才需求调研与对策研究	青年基金项目	3
10	SQ2024100	郭欢欢	河北省国际一流营商环境建设中的涉外法治理论逻辑与制度构建	青年基金项目	3
11	SQ2024036	闫月贺	比较视域下大学英语课程思政实施路径研究	青年基金项目	3
12	SQ2024032	鲁梦宇	《大清畿辅先哲传》与畿辅金石学图景研究	青年基金项目	3
13	SQ2024029	张　琪	“五育并举”背景下大学体育教育高质量发展研究	青年基金项目	3
14	SQ2024028	梁明伟	“四史”教育融入“毛概论”课程教学提升研究	青年基金项目	3
15	SQ2024004	陈　旭	AIGC 技术赋能河北文博旅游创意融合发展研究	青年基金项目	3
16	BJS2024073	李晓东	数字生命周期视角下数字法律监督的数据安全风险防范研究	青年拔尖人才计划	6
17	BJS2024070	张　苗	数字赋能老年公共体育服务精准供给的实现机制与路径研究	青年拔尖人才计划	6
18	BJS2024067	邓　昭	韧性理论框架下港口安全风险评价与优化调控策略	青年拔尖人才计划	6
19	BJS2024059	雷　霆	明中期朝鲜朝使臣柳梦寅河北域内陆路交通路线研究	青年拔尖人才计划	6
20	BJS2024047	刘　琳	开放式创新社区关键用户识别及其对知识创新的作用机制研究	青年拔尖人才计划	6
21	BJS2024044	涂　闯	渐进式与颠覆式电力技术创新对碳效提升的驱动机制研究	青年拔尖人才计划	6
22	BJS2024025	曾愉茜	河北省高校外语教师数字素养提升路径研究	青年拔尖人才计划	6
23	BJS2024013	刘念念	长城图像在新时代对外传播中的叙事研究	青年拔尖人才计划	6
24	JCZX2024015	王天彤	文学地理视域下的《国朝畿辅诗传》研究	专项研究项目	10
25	JCZX2024014	翁钢民	数字经济与旅游业融合发展机理、实现路径及保障机制研究	专项研究项目	10
26	JCZX2024019	李春林	中国高校办学自主权政策变迁的典型特征、制度逻辑与优化策略研究	专项研究项目	10

序号	项目编号	负责人	项目名称	项目类型	合同额 / 万元
27	JCZX2024022	娄文龙	住房保障推进我国共同富裕的作用机制与政策优化研究	专项研究项目	10
28	ZD202327	刘维尚	河北省红色旅游文创产品创造性转化模式研究	重大课题攻关项目	15
29	WTZX202318	盖宏伟	高校毕业生就业与招生培养联动机制研究	专项研究项目	3
30	WTZX202323	董国疆	新时代构建我省高校党建工作体系研究	专项研究项目	3
31	WTZX202320	郑　涛	加快推进河北省高校科技创新驱动产业发展的对策研究	专项研究项目	3
32	JCZX2023001	董雪松	“中文＋机械加工技术”数字教学资源建设研究	专项研究项目	5
33	SQ2023264	常　鑫	铸牢中华民族共同体意识的乡村艺术符号体系构建	青年基金项目	1
34	JCZX2023016	陆　洲	我国行政调解制度的价值重塑与路径优化	专项研究项目	5
35	SQ2023079	高　婧	河北省旧城区公共体育空间配置及治理路径研究	青年基金项目	1
36	SQ2023168	杨雯雯	日本明治时期的中国戏曲史研究	青年基金项目	1
37	SQ2023149	王　磊	面向新一代人工智能的归纳认知机制研究	青年基金项目	1
38	SQ2023109	李凌雁	基于图像深度学习的旅游目的地形象感知分异及优化路径研究	青年基金项目	1
39	SQ2023105	石　蕊	基于媒介信任的融媒体时代突发事件信息分享路径及神经机制研究	青年基金项目	1
40	SQ2023086	郭晓婷	河北省在中俄共建“冰上丝绸之路”合作中的战略定位及参与路径	青年基金项目	1
41	SQ2023009	金　明	“河北题材”电影作品中主旋律创作景观研究	青年基金项目	1
42	JCZX2023024	于春洋	正确把握中华民族共同体意识与各民族意识关系的理论阐释研究	专项研究项目	5
43	JCZX2023019	张云飞	新康德主义西南学派在中国马克思主义早期传播史中的地位作用研究	专项研究项目	5
44	JCZX2023015	王　旭	数据治理视域下我国个人信息保护政策量化评价及优化研究	专项研究项目	5
45	JCZX2023013	刘海鸥	区块链赋能视域下的统战网络意识形态舆情风险生态治理研究	专项研究项目	5
46	JCZX2023005	冯　鑫	后疫情时代在线教学效果的动态量化评价	专项研究项目	5
47	BJS2023056	项　琳	政府购买公共文化服务第三方评估机制研究	青年拔尖人才计划	3
48	BJS2023045	潘宏亮	数据要素赋能“专精特新”中小企业迭代创新研究	青年拔尖人才计划	3
49	BJS2023039	周　俊	南海疍民与海上丝绸之路关系研究	青年拔尖人才计划	3
50	BJS2023024	苏妍嫄	河北省高等院校科技成果转化效率评价及产业化政策实现路径研究	青年拔尖人才计划	3
合计					212

3.2 河北省文化艺术科学规划项目

序号	项目编号	负责人	项目名称	项目类型
1	HB23-YB015	颜景旺	乡村振兴战略背景下冀东皮影戏的传承发展与创新研究	一般项目
2	HB23-ZD001	郑艳玲	尚仲贤戏剧接受传播研究	一般项目
3	HB23-YB014	王大宝	河北省非遗研学的认知接受程度调查与推广意愿研究	一般项目
4	HB23-QN003	孙立武	“网红打卡地”的空间生产与符号建构——以秦皇岛阿那亚为例	一般项目
5	HB23-YB013	王媚雪	河北省文化旅游产业线上线下融合发展的策略研究	一般项目
6	HB23-YB012	李冉冉	文化和旅游融合促进城市高质量发展的动力机制研究	一般项目
7	HB23-QN002	张子尧	北国“六朝”文艺思想嬗变研究	一般项目

3.3 河北省教育科学规划课题

序号	项目编号	负责人	项目名称	项目类型	合同额 / 万元
1	2304467	张志云	分布式认知理论视角下基于“翻译思维”构建的 AIGC+ 数智化翻译教学模式研究	一般课题	0
2	2304284	孙　韬	高等学校排球教育数字化课程建设与应用研究	一般课题	0
3	2304269	宋　歌	毕业要求内涵赋能发展视角下河北省工程教育改革研究	一般课题	0
4	2304207	刘艳芳	协同发展背景下京津冀高等教育集群升级研究	一般课题	0
5	2304009	曾愉茜	高校日语课程思政数字化资源建设与应用研究	一般课题	0
6	2303192	姜永超	课创赛深度融合的我省国际中文教育专业创新型人才培养模式研究	一般资助	0.1
7	2303165	赵一璠	英语语音课程数字化课程资源建设与应用研究	一般资助	0.1
8	2303106	张　琪	中小学体育课程跨学科主题教学设计与实践研究	一般资助	0.1
9	2303103	王一行	河北省中外合作办学机构发展问题调研及应然路径研究	一般资助	0.1
10	2303101	王天彤	中国古代经典文学作品的思想政治教育功能研究	一般资助	0.1
11	2303019	王晓丽	价值共创背景下京津冀高等教育协同发展的驱动因素及实施路径研究	一般资助	0.1
12	2302052	李继燕	生成式聊天机器人（AIGC）赋能高校大学英语教学改革创新研究	重点资助	0.23
合计					0.83

3.4 河北省科协调研课题

序号	项目编号	负责人	项目名称	项目类型	合同额 / 万元
1	HBKX2023D18	金福子	构建“农文旅”融合发展机制推进建设农业强省研究	重点培育	0.5
2	HBKX2023D13	张　宁	河北省健康医疗大数据治理路径研究	重点培育	0.5
3	HBKX2023C10	严书亭	新时代高校科协组织模式和运行机制创新研究	重点课题	1
4	HBKX2023C04	李春林	河北省科技成果转化政策体系优化研究	重点课题	1
合计					3

3.5 河北省人力资源和社会保障课题

序号	项目编号	负责人	项目名称	项目类型	合同额 / 万元
1	JRS-2023-1026	常　鑫	后疫情时代河北省高校推进毕业生就业创业高质量发展策略研究	河北省人力资源和社会保障研究课题	0
2	JRSHZ-2023-01009	韩　伟	河北省职业年金运行问题研究	河北省人力资源和社会保障研究课题	1
3	JRS-2023-1028	郑亚楠	新媒体时代大学生创业服务策略研究	河北省人力资源和社会保障研究课题	0
4	JRS-2023-1025	赵建强	河北省旅游类高校毕业生重点群体高质量充分就业机制研究	河北省人力资源和社会保障研究课题	0
5	JRS-2023-1027	张玉华	数智时代大学生创新创业服务水平提升路径研究	河北省人力资源和社会保障研究课题	0
6	JRS-2023-3185	张雪红	“双一流”背景下河北省高校人事档案数字化与人才服务信息化建设的创新发展	河北省人力资源和社会保障研究课题	0
7	JRSHZ-2023-02027	魏　东	访企拓岗视域下河北省高校大学生高质量充分就业机制研究	河北省人力资源和社会保障研究课题	0
8	JRS-2023-3018	王春旭	河北省事业单位岗位动态管理与岗位绩效工资改革研究——以高校为例	河北省人力资源和社会保障研究课题	0
9	JRS-2023-3020	佟林杰	我省职称评价“破四唯”与“立新标”对策研究	河北省人力资源和社会保障研究课题	0
10	JRS-2023-3019	宋　歌	基于 2022 年雄安新区急需紧缺人才目录的高层次工程科技人才集聚培养研究	河北省人力资源和社会保障研究课题	0
11	JRS-2023-3016	米　洁	高校组织支持体系对博士后科研创新平台的影响研究	河北省人力资源和社会保障研究课题	0
12	JRS-2023-3017	刘艳芳	河北省高校高层次人才政策梳理及优化路径研究	河北省人力资源和社会保障研究课题	0
13	JRS-2023-1024	李　朋	大学生创业孵化平台发展现状与孵化能力提升路径研究	河北省人力资源和社会保障研究课题	0
14	JRS-2023-1023	陈　硕	本科院校大学生就业困难群体就业困难原因及对策研究——以燕山大学为例	河北省人力资源和社会保障研究课题	0
合计					1

3.6 河北省法学会研究课题

序号	项目编号	负责人	项目名称	项目类型	合同额 / 万元
1	HBF23B019	李晓东	刑事一体化视域下生成式人工智能的刑事合规研究	一般项目	0.3
2	HBF23B027	秦玉红	重罪案件适用认罪认罚从宽制度研究	一般项目	0.3
3	HBF23B022	刘艳娜	涉外法治视角下我国阻断法的完善进路	一般项目	0.3
4	HBF23B003	陈　胜	我国涉外知识产权侵权法律适用问题研究	一般项目	0.3
合计					1.2

3.7 河北省侨联理论研究课题

序号	项目编号	负责人	项目名称	项目类型	合同额 / 万元
1	无	张亚明	积极引导侨胞与本土科技人才协同双创，塑造“万侨创新”驱动科技发展新优势	一般课题	1
合计					1

3.8 秦皇岛市委托燕山大学重点研究课题

序号	项目编号	负责人	项目名称	项目类型	合同额 / 万元
1	SWJBGS2023002	姜　博	秦皇岛市城市更新行动中城市家具的提质研究	一般课题	0.2
2	SWJBGS2023003	石朝霞	关于打造秦皇岛地学旅游示范区的探索调研	一般课题	0.2
3	SWJBGS2023005	佟林杰	深化供销合作社综合改革评估研究	一般课题	0.3
4	SWJBGS2023006	铁　瑞	依托地方高校建立的亚稳材料制备技术与科学国家重点实验室优化重组对推动秦皇岛市高质量发展的建议	一般课题	0.3
5	SWJBGS2023004	金福子	秦皇岛市“口袋”公园建设相关问题调研与建议	一般课题	0.3
6	SWJBGS2023001	常　鑫	聚焦长城乡村文旅带打造长城国家文化公园示范样板	一般课题	0.3
7	SWJBGS2023007	王玉扩	秦皇岛市科技创新环境建设问题与优化路径研究	一般课题	0.8
合计					2.4

3.9 秦皇岛市社会科学重点应用性课题

序号	项目编号	负责人	项目名称
1	2023LX013	孙连京	“双向融合”式高校课程思政教学体系的构建
2	2023LX037	郑艳玲	秦皇岛地域文化研究现状调查分析
3	2023LX061	李世勇	京津冀产业链、创新链与供应链协同融合研究
4	2023LX060	付继林	一流国际旅游城市多模态旅游景观建设研究
5	2023LX059	魏亚坤	“一带一路”、RCEP 背景下商务日语课程建设与秦皇岛人才需求的适用性研究
6	2023LX058	王英杰	新文科背景下高等外语教育学生思辨能力培养路径研究
7	2023LX057	王艳文	人类命运共同体视域下的李大钊学术思想研究
8	2023LX056	孟丹娜	中国式现代化河北篇章——秦皇岛地域舞蹈文化的传播与推广
9	2023LX055	朱文华	高校毕业生“慢就业”“懒就业”现象研究
10	2023LX054	郭清秀	习近平总书记关于党自我革命重要论述的科学内涵及时代意蕴研究
11	2023LX053	李忠华	民族地区传统家风历史演进及现代转化研究
12	2023LX052	张海茹	秦皇岛市面向“校社联袂”的党建引领基层治理研究
13	2023LX051	郝晓丹	秦皇岛市职业教育助力乡村振兴的理论逻辑与实践路径
14	2023LX050	张　侃	秦皇岛市文化旅游产业研究——以北戴河滨海开放区景观为例
15	2023LX049	杨　颖	面向中国式现代化秦皇岛海洋经济高质量发展研究
16	2023LX048	高　磊	多主体协同视角下秦皇岛市沿海特色产业高质量发展研究
17	2023LX047	周小洲	秦皇岛市政府部门服务型领导对下属建言行为的影响机制研究
18	2023LX046	林春雷	基于内部控制视角的秦皇岛市中小银行风险管理研究
19	2023LX045	刘力卓	基于 ERPs 的产品促销策略框架效应研究
20	2023LX044	卢福强	高质量发展视角下秦皇岛物流业发展质量评价与耦合协调分析

序号	项目编号	负责人	项目名称
21	2023LX043	陈红梅	构建具有秦皇岛特色的现代化产业体系研究
22	2023LX042	范学美	新时代大学生劳动教育的“四位一体化”体系构建研究
23	2023LX041	崔博凯	“依山傍海融通古今”——燕山大学校址周围的秦皇岛历史与红色典故研究
24	2023LX040	李巧玲	“网红”文化影响下高校思想政治教育工作的挑战与融合策略研究—— 以燕山大学为例
25	2023LX039	王世运	基于学习型组织理论构建新时代高校党建品牌新范式
26	2023LX038	张　妍	面向中国式现代化秦皇岛语言服务体系建构研究
27	2023LX036	李　鹏	秦皇岛民间故事中的地域文化精神研究
28	2023LX035	高迎泽	秦皇岛地名的语言和文化透视
29	2023LX034	姜　博	城市更新行动下中国式现代化秦皇岛文旅优化设计与对策研究
30	2023LX033	贾晓露	“一带一路”背景下河北长城主题绘画语义研究——以中俄为例
31	2023LX032	盖鸿章	全媒体视域下秦皇岛红色文化传播路径探索与研究
32	2023LX031	苏　波	文旅融合背景下山海关古城沉浸式旅游项目开发研究
33	2023LX030	熊艳辉	文旅融合视域下秦皇岛非遗文化活态化发展研究
34	2023LX029	边　哲	长城国家文化公园沉浸式景观（秦皇岛段）建设研究
35	2023LX028	张竹岩	舞蹈生态学视域下秦皇岛非遗舞蹈形态研究
36	2023LX027	蒋　玉	乡村振兴背景下秦皇岛乡村参与式文创产品 App 设计实践
37	2023LX026	闫佳宁	基于 SWOT 分析法的高校学生党员管理路径探析
38	2023LX025	王　晨	山海关传统民居建筑保护传承和利用研究
39	2023LX024	孙　可	“文旅 +”语境下的秦皇岛非物质文化遗产保护传承创新研究
40	2023LX023	王桂莉	萌文化视阈下秦皇岛鸟类博物馆文创设计研究
41	2023LX022	王媚雪	智能健康养老社区设计——基于秦皇岛市现代化康养名城研究

序号	项目编号	负责人	项目名称
42	2023LX021	王年文	秦皇岛医康养护产业服务系统设计与研究
43	2023LX020	丛　楠	数字人文视域下地方红色档案资源开发与利用研究
44	2023LX019	赵　超	数字化非遗在图书馆空间中的服务转化与协同创新研究
45	2023LX018	付文彧	“双一流”建设背景下秦皇岛市高校国际形象建设研究
46	2023LX017	马新成	“双一流”建设背景下的地方工科院校研究生培养模式研究
47	2023LX016	赵瑞雪	后疫情时代秦皇岛高校心理育人实效性提升对策研究
48	2023LX015	赵妍茹	新时代高校研究生网络思政教育实践探索——以大学生网络文化工作室为依托
49	2023LX014	王玉扩	秦皇岛市健康村镇高质量发展实现机制与路径研究
50	2023LX012	陈云凤	秦皇岛和美乡村公共环境设计策略与实践途径
51	2023LX011	王绍宇	三全育人视角下小群体管理对学风建设影响探索与实践研究
52	2023LX010	唐　笑	中国共产党人斗争精神融入高校思想政治教育的价值及实施路径研究
53	2023LX007	魏　东	访企拓岗视域下秦皇岛市高校大学生高质量充分就业促进与服务研究
54	2023LX009	田宇新	新时代大学生心理健康教育研究
55	2023LX008	张　宁	秦皇岛市加快推动养老事业和养老产业协同发展研究
56	2023LX006	陈　硕	“政、校、生”三维协同的秦皇岛市大学生就业促进与服务模式研究
57	2023LX005	李　娟	数字经济时代下农民工就业影响因素与服务研究
58	2023LX004	石朝霞	“双一流”建设背景下 OBE 教学理念对秦皇岛市高校人才培养质量提升的研究
59	2023LX003	刘　赫	人口规模下降背景下秦皇岛市加快高质量教育体系建设研究
60	2023LX002	郝丹丹	乡村振兴背景下燕山大学服务秦皇岛县域经济的路径探析
61	2023LX001	王一行	“双一流”视域下秦皇岛高校“新工科”建设实践研究

科研成果获奖情况

人文社科成果获奖

序号	获奖成果名称	奖项名称	等级	完成人
1	加快构建引领乡村产业振兴的数字经济体系	CTTI 2023 年度智库研究优秀成果奖	特等奖	金福子，卢衍航
2	加强国际传播能力建设 向世界展示真实立体全面的中国	CTTI 2023 年度智库研究优秀成果奖	一等奖	张亚明，赵险峰
3	完善我省各级群众工作中心运行机制的建议	CTTI 2023 年度智库研究优秀成果奖	一等奖	刘立霞
4	高校职普融通创新发展教育研究	CTTI 2023 年度智库研究优秀成果奖	二等奖	赵险峰
5	社会性设计赋能乡村振兴战略研究与实践	CTTI 2023 年度智库研究优秀成果奖	二等奖	刘维尚
6	统一战线服务基层社会治理的建议措施	CTTI 2023 年度智库研究优秀成果奖	二等奖	甄红军
7	观念约束与行为偏好：当代俄罗斯海洋战略观与中俄海洋合作	CTTI 2023 年度智库研究优秀成果奖	二等奖	郭晓婷，张建
8	我国遏制农地“非农化”政策研究	CTTI 2023 年度智库研究优秀成果奖	二等奖	栗俊杰，刘邦凡
9	一流学科的生成与治理：宏观政策与微观机理	第三届河北省教育科学研究优秀成果	一等奖	李春林

（供稿人：社会科学处 杨帆）

咨政报告获批情况

学院	正省级领导肯定性批示	副省级领导肯定性批示	省全国人大代表采纳	全国政协十四届一次会议立案	民盟中央采纳
经济管理学院	2	1	14	—	—
文法学院（公共管理学院）	—	2	11	2	—
马克思主义学院	—	—	8	—	—
艺术与设计学院	—	—	23	—	1
体育学院	—	—	5	1	—
其他	—	3	2	—	—
合计	2	6	63	3	1

（供稿人：社会科学处 杨帆）

经费到账情况

人文社科纵向项目经费情况

合同额单位：万元

国家级项目		省部级项目		厅局（市）级项目		校级项目		合计	
项目数	合同额	项目数	合同额	项目数	合同额	项目数	合同额	项目数	合同额
15	333.2	133	125.7	160	221.43	21	63	308	680.33

（供稿人：社会科学处 杨帆）

学术交流情况

序号	会议名称	主办单位	承办单位	时间
1	2023 中国品牌发展论坛	中国商业史学会品牌专业委员会	燕山大学经济管理学院	2023 年 3 月 25 日
2	燕山大学第二届东北亚古丝路文明论坛	燕山大学	燕山大学东北亚古丝路文明研究中心（CTTI 来源智库）	2023 年 4 月 21—23 日
3	“清朝历史地位”学术研讨会	燕山大学东北亚古丝路文明研究中心		2023 年 4 月 22 日
4	燕山大学体育学院与韩国国民大学体育产业研究生院合作交流会议	燕山大学体育学院，韩国国民大学体育产业研究生院		2023 年 4 月 29 日
5	第五届“管理哲学、研究方法与中国管理实践”学术研讨会暨中国企业管理研究会管理哲学专业委员会（2023）年会	中国企业管理研究会管理哲学专业委员会	东北大学秦皇岛分校管理学院，燕山大学经济管理学院	2023 年 5 月 27—28 日
6	文会雅园－罗哲文逝世十周年系列纪念活动暨罗哲文文化遗产保护传承交流会	中国文物保护基金会	燕山大学	2023 年 6 月 30 日—7 月 2 日
7	21 世纪马克思主义论坛（第 12 次）暨“中国式现代化与 21 世纪马克思主义”学术研讨会	21 世纪马克思主义研究会，燕山大学	燕山大学马克思主义学院，燕山大学社会科学处	2023 年 7 月 2 日
8	中国智库建设高端论坛	燕山大学	燕山大学经济管理学院，燕山大学社会科学处，河北沿海地区临港产业发展协同创新中心	2023 年 7 月 7 日
9	2023 年第十二届数量经济学国际学术会议	吉林大学，燕山大学		2023 年 7 月 8—9 日

序号	会议名称	主办单位	承办单位	时间
10	东北地区中日关系史研究会第七届理事长协调会暨燕山大学东北亚古丝路文明研究中心联合办所（科研基地）工作会议	东北地区中日关系史研究会，燕山大学		2023 年 7 月 16 日
11	第二届中国语言文学北戴河国际论坛暨“东亚记忆与文学表征”学术研讨会	燕山大学文法学院（公共管理学院）		2023 年 10 月 13—15 日
12	第十届“海上风”都市民俗学论坛暨“红色文化与长城文化”研讨会	燕山大学		2023 年 10 月 27—29 日
13	秦皇岛市高校外语教师“师德、师风、师能”交流会暨青年教师教研素养提升研讨会	燕山大学外国语学院，东北大学秦皇岛分校，河北科技师范学院，河北环境工程学院		2023 年 11 月 2 日
14	第十三届公共政策智库论坛暨雄安新区建设与发展国际学术研讨会	河北省公共政策评估研究基地和河北省科技创新智库		2023 年 11 月 26 日
15	2023 国际产学研用合作会议暨第六届设计学智库及研究生国际学术论坛	燕山大学，河北省设计创新及产业发展研究中心	燕山大学艺术与设计学院，燕山大学机械工程学院，燕山大学电气工程学院，燕山大学信息科学与工程学院（软件学院），康养产业技术研究院，河北省智能工业设计技术创新中心	2023 年 12 月 27—28 日

（供稿人：社会科学处 杨帆）

社会服务

科技成果转化

【科技成果转化生态体系建设成效显著】完成校内成果转化纲领性文件《燕山大学科技成果转化管理办法》修订工作和《燕山大学赋予科研人员职务科技成果所有权或长期使用权实施细则（试行）》制定工作；开展科技成果对接活动41场；签订产学研合作项目712项，合作企事业单位474家，合同总额2.06亿元，同比增长20%，其中300万元以上项目7项，千万级项目“新能源运载装备低碳智能化控制技术研发”1项；完成专利转化项目228项，转化金额1220.48万元，同比增长79%，其中，100万元以上转化项目5项，300万元以上转化项目1项；学校千万元以上产学研领军人物达到45人；在全球知识产权综合信息服务提供商IPRdaily与incoPat创新指数研究中心联合发布的“中国高校专利转让排行榜（TOP 100）”中，燕山大学位列第34位，是河北省唯一入围高校。

【专业化技术转移机构的转化服务能力加强】持续优化合同审批流程，及时做好相关服务反馈工作，全年审查横向合同1100余项次，办理技术合同认定登记517项，同比增长56%，认定技术交易额共计1.13亿元，同比增长33%，办理免税258项，实现免税技术交易额3600万元；推进“国家技术转移示范机构”建设，全力组织申报第二批高校专业化国家技术转移机构建设试点工作，组织中心15人次考取职业技术经理人培训结业证书，有效提升了人员专业化服务能力；建立专利信息服务新机制，面向社会发布157项可实施专利清单，同步开展专利价值评估工作。

【常规工作】与多家平台对接，稳步提升专业化服务能力；修订加印《燕山大学科技成果选编》，扩大校政企对接科技成果覆盖面；线上调研四川、浙江、上海及省内高校关于科技成果转化的政策文件，线下与北京工业大学、北京航空航天大学、北京信息科技大学等多所高校对接交流，学习借鉴科技成果转移转化经验做法；联合秦皇岛市政府成功举办政校银企对接合作洽谈会暨汽车零部件制造成果发布活动，组织参加国家知识产权局培训、“2023年火炬科技成果直通车（秦皇岛站）生命健康专场活动”等多项活动；依托相关网站、公众号信息服务平台推送相关成果信息。

（供稿人：科技产业促进中心 崔博凯）

校政企合作

【深化推动校政企协同发展】做好面向政府、行业和企业的公益性支撑和专业化科技服务，先后与邢台、保定、石家庄等3个地市政府签署全面合作协议；与邯郸市永年区、石家庄市长安区等2个区政府签署合作协议；校地共建“燕山大学（鹿泉）新一代信息技术产业研究院”等政产学研用合作平台5个；校企共建“金山电池联合实验室”等11个校企科技合作创新平台；与广西柳工机械股份有限公司等60余家企事业单位签署合作协议；全年达成校地、校企合作资金3890万元，同比增长8倍；相关工作在河北共产党员网、河北经济日报等媒体报道12篇，形成“河北教育工作”专题简报1篇。

【有效发挥“科技服务河北”组织作用】建好河北省诊断服务平台，以排名第一位次，先后获批河北省工业诊所和河北省首批工业医院，形成咨询、诊断等报告41份；建强河北省科技特派员工作室，新增企业科技特派员55名、专精特新小巨人企业科技特派团4个、县域特色产业集群科技特派团2个，获得有关资金补助175万元，深入河北10个地市、50余个区县调研主导产业发展需求，开展1095次科技服务；面向钢铁冶金产业，与河钢集团共建“绿色材料智造产业研究院”；省内实现产学研合作项目235项，对接河北县域特色产业集群56个，合作企事业单位147家，合同总额7234.7万元，同比增长58%，项目质量实现大幅增长，以科技创新助力河北产业转型升级。

【常规工作】与天津市、黑龙江省、浙江省、江苏省的7个市区对接，建立友好合作关系；持续推动深圳研究院、齐齐哈尔产业发展研究院等校外转移转化服务平台的建设工作；组织科研团队与100余家行业企业深入对接，做好创新链、人才链与产业链、资金链深度融合。

（供稿人：科技产业促进中心 崔博凯）

园区企业孵化

【省级科技企业孵化器和众创空间绩效评价优秀】采用“学校指导、政府支持、企业运营”的三方协同运作模式，不断提升园区硬件设施和软件服务环境，精心打造“4万+”平方米孵化总空间。上半年公布的2022年度省级科技企业孵化器和众创空间绩效评价结果中，燕大科技园位列榜单第 4 名，创客学院位列榜单第 1 名，创历史最佳成绩。

【6 个项目在市创新创业大赛决赛中获得佳绩】 10 月 10 日，第九届秦皇岛市创新创业大赛决赛举行。燕大科技园推荐的入围项目在 3 个组别比赛中喜获一等奖 1 项，二等奖 3 项，三等奖 2 项。其中，团队组“聆微电子”荣获一等奖，“恒特科技”和“流控双芯”分获二等奖，“燕园康复”荣获三等奖。初创企业组“东重自动化科技（秦皇岛）有限公司”荣获三等奖。成长企业组“秦皇岛视翼科技有限公司”荣获二等奖。

【常规工作】 创业孵化主责主业。面向校内师生征集科技成果产业化入孵项目，园区新增入孵企业 13 家。目前海港区园区（和平大街 316 号港发大厦）和开发区园区（龙海道 69 号科技大厦）入孵企业（团队）合计 73 家。落实企业辅导员制度，深入开展走访调研 62 次，服务企业 80 家次。园区结合企业现状特征和发展潜力，有针对性地开展服务与培育工作，组织 11 家在孵企业申报科技型中小企业并成功获批，目前园区共有科技型中小企业 28 家，高新技术企业 4 家，专精特新中小企业 3 家。

创新创业孵化服务。持续丰富“燕创山海”“燕创蔚来”系列品牌活动，组织相关培训座谈 30 余场、企业定制化沙龙 3 场、银企对接会 4 场，举办政校银企对接合作洽谈会 2 次。引入优质服务资源，签约 8 家专业领域服务机构，与校友企业共建创新创业实践基地 3 个，新聘创新创业导师 5 名。参展燕山大学（东重）秦皇岛校友日暨首届“燕秦嘉年华”特色展会，多角度展示燕大科技园的创新成果、优秀企业以及团队。受邀参加 2023 年度河北省科技企业孵化协会年会并当选副理事长单位。

大学生创新创业实践教育。以创客学院为载体，积极拓展孵化空间，增加工位 20 个。组织开展了在孵项目年度考评和 2023 年大学生创新创业实践项目遴选工作，遴选入孵项目 17 项，毕业项目 7 项，现有入孵项目 35 项。以“三大赛事”为牵引，组织创业团队参加中国创新创业大赛等有影响力的赛事，获得国家级奖项 5 项、省级奖项 42 项、市级奖项 2 项。指导学生双创社团“大学生创业协会”开展工作，通过举办双创讲堂、模拟答辩等活动，培养大学生创新创业意识。

校地企深度融合。联合海港区政府、开发区管委主办首届海港区“人才招引、工业招商”推介活动和 2023 秦皇岛市政校银企对接合作洽谈会。重点组织走访调研方华智能装备、鹰领航空装备和燕大滨沅等校友企业，签约共建创新创业实践基地，充分发挥双方的科研实力、技术创新和人才优势，推进产学研深度融合，实现资源共享、优势互补，打造具有地方特色的创新创业高地。

融媒体传播矩阵。2023 年在《河北日报》《秦皇岛日报》等主流媒体发表外宣，其中“科技赋能，助企发展”企业沙龙活动获《河北日报》《秦皇岛日报》和“河北省工业和信息化厅工业诊断服务”公众号转载。联合燕山大学党委宣传部制作的推文《燕海潮涌 科创花开——燕山大学国家大学科技园二十年报国征途》被推送至学习强国等新媒体平台，提高了燕大科技园的知名度与社会影响力。

（供稿人：大学科技园 郝丹丹）

师资队伍

人事管理

总体情况

【完成学校内设机构调整工作】2022年年底至2023年年初组织开展人事管理体制改革工作，完成《燕山大学内设机构调整备案申请》备案工作，党委常委会审议后公布了学校内设机构和干部职数设置情况。10月18日，党委常委会审议通过科、系级机构和一般工作人员编制方案，发文公布学校科级机构和干部职数设置情况，开展了一般工作人员岗位设置、聘用条件设置、人员聘用以及上岗合同签订工作。根据学校业务机构和干部职数设置方案，开展了业务干部的聘任工作，共聘任220位业务干部。

【完成人事代理转总量管理人员工作】经编制审批、增人计划审批、公开招聘方案审批、考核考察、档案审查、办理公开招聘手续、人员调配、岗位聘用、职业年金上册等环节，并与省人社厅事业单位管理处、流动管理处多次沟通，年内完成547名人事代理人员转入总量管理工作，以及调配、岗位聘用和职业年金调整上册等收尾工作。

【完成北戴河事务中心人员安置任务】接收北戴河事务中心43名人员到校工作，安置人员于6月1日签署《燕山大学接收安置告知函》后报到并上岗工作。11月30日，安置人员试用期满，并完成试用期考核工作。

【常规工作】职称评聘。5月出台《燕山大学职称评审工作实施细则（试行）》，该文件充分贯彻“破五唯”“分类评价”原则，并在分类评价、量化办法等方面提出创新性举措。开展2023年职称推荐评审工作，高校教师系列81人、其他系列19人通过河北省职称评审工作。完成2022年度职称评审档案移交、证书制作和发放、岗位聘用等后续工作。

财务管理。开展二级单位奖励性绩效工资改革座谈会和基层调研，总结2020年度奖励性绩效工资分配发放中存在问题，对分配方案进行优化，完成2021年度各二级单位奖励性绩效工资总量分配工作，推进2022年度奖励性绩效工资分配发放工作。

其他工作。通过网络平台提升服务水平，减少老师们跑办时间；做好高层次人才服务工作，与市委组织部人才科协调高层次人才购房、购车等事宜，协助教师提前支取新入职教师安家费；稳步开展职工考勤和请销假、年度考核、人才家属安置、人员调配、人事数据库和编制库人员增减、信息更改、人事档案审核补充、质量体系审核、保密审查、劳务派遣人员管理、编外人员管理、“三助岗位”管理、周转房管理等日常工作，保障人力资源管理工作的整体链条顺畅；加强与法制办、信访办沟通协调，人事相关的信访案件进行调查了解，协同做好人员的稳定工作；完成在职教职工奖励性绩效工资预发标准调整。结合教职工所聘岗位、职责以及上级相关政策精神等因素确定职务业绩奖励预发标准，并于12月上册发放，进一步落实绩效工资改革举措。

（供稿人：人力资源处 闫常春）

博士后流动站建设情况

博士后在站人员名单

序号	姓名	博士后流动站	博士后类别	招收类型	工作站（基地）招收单位
1	王行远	化学工程与技术	基地代培博士后	流动站自主招收	
2	王石磊	管理科学与工程	基地代培博士后	流动站自主招收	
3	孙 磊	机械工程	科研博士后	流动站自主招收	
4	王 瑞	机械工程	联合培养博士后	工作站联合招收	
5	冯泽民	机械工程	联合培养博士后	工作站联合招收	
6	鲍丹阳	控制科学与工程	联合培养博士后	工作站联合招收	
7	王 苗	化学工程与技术	科研博士后	流动站自主招收	
8	侯东晓	仪器科学与技术	联合培养博士后	工作站联合招收	

序号	姓名	博士后流动站	博士后类别	招收类型	工作站（基地）招收单位
9	靳田野	机械工程	科研博士后	流动站自主招收	
10	康　旭	计算机科学与技术	在职博士后	流动站自主招收	
11	代　亮	化学工程与技术	基地代培博士后	流动站自主招收	
12	化迎新	物理学	科研博士后	流动站自主招收	
13	王　伟	材料科学与工程	联合培养博士后	工作站联合招收	
14	翁晓基	材料科学与工程	科研博士后	流动站自主招收	
15	仝　柯	物理学	科研博士后	流动站自主招收	
16	薛世伟	电气工程	联合培养博士后	工作站联合招收	
17	金　狄	物理学	科研博士后	流动站自主招收	
18	刘　洋	机械工程	联合培养博士后	工作站联合招收	
19	曹擎宇	力学	联合培养博士后	工作站联合招收	
20	陈晓哲	机械工程	联合培养博士后	工作站联合招收	
21	闫　磊	计算机科学与技术	联合培养博士后	工作站联合招收	
22	罗文涛	机械工程	联合培养博士后	工作站联合招收	
23	王文凤	材料科学与工程	科研博士后	流动站自主招收	
24	杨　龙	机械工程	联合培养博士后	工作站联合招收	
25	李宝忠	物理学	科研博士后	流动站自主招收	
26	吴　舒	材料科学与工程	联合培养博士后	工作站联合招收	
27	陈　誉	机械工程	联合培养博士后	工作站联合招收	海天塑机集团有限公司
28	马　康	力学	联合培养博士后	工作站联合招收	中冀建勘集团有限公司
29	赵国腾	电子科学与技术	联合培养博士后	工作站联合招收	天津深之蓝海洋设备科技有限公司
30	李　菲	机械工程	在职博士后	流动站自主招收	
31	伊鹏跃	材料科学与工程	联合培养博士后	工作站联合招收	天津重型装备工程研究有限公司
32	郭　伟	机械工程	联合培养博士后	工作站联合招收	天津重型装备工程研究有限公司
33	张伟东	化学工程与技术	基地代培博士后	流动站自主招收	秦皇岛第一医院创新实践基地
34	李文欣	材料科学与工程	基地代培博士后	流动站自主招收	宁波精成车业有限公司创新实践基地
35	Muhammad Asif Khan	管理科学与工程	科研博士后	流动站自主招收	
36	吴　颂	控制科学与工程	在职博士后	流动站自主招收	
37	王兆强	力学	联合培养博士后	工作站联合招收	中铁山桥集团有限公司
38	余琼芳	仪器科学与技术	联合培养博士后	工作站联合招收	大连理工大学北京研究院
39	王立伟	力学	在职博士后	流动站自主招收	
40	陈　颖	电气工程	联合培养博士后	工作站联合招收	河北先河环保科技股份有限公司

序号	姓名	博士后流动站	博士后类别	招收类型	工作站（基地）招收单位
41	张步英	管理科学与工程	在职博士后	流动站自主招收	
42	杨　雪	电气工程	在职博士后	流动站自主招收	
43	崔洪霞	化学工程与技术	基地代培博士后	流动站自主招收	秦皇岛长胜营养健康科技有限公司
44	朱瑞艳	化学工程与技术	基地代培博士后	流动站自主招收	秦皇岛长胜营养健康科技有限公司
45	刘　爽	机械工程	在职博士后	流动站自主招收	
46	陈小辉	机械工程	在职博士后	流动站自主招收	
47	刘雅俊	电气工程	在职博士后	流动站自主招收	
48	董志奎	机械工程	联合培养博士后	工作站联合招收	江苏天明机械集团有限公司
49	王　超	电子科学与技术	在职博士后	流动站自主招收	
50	王龙刚	化学工程与技术	在职博士后	流动站自主招收	
51	靖鲲鹏	仪器科学与技术	在职博士后	流动站自主招收	
52	郝　锐	物理学	在职博士后	流动站自主招收	
53	黄　震	计算机科学与技术	在职博士后	流动站自主招收	
54	付荣荣	仪器科学与技术	在职博士后	流动站自主招收	
55	史小华	控制科学与工程	在职博士后	流动站自主招收	
56	刘海鸥	计算机科学与技术	在职博士后	流动站自主招收	
57	杜义浩	电气工程	在职博士后	流动站自主招收	
58	李继猛	控制科学与工程	在职博士后	流动站自主招收	
59	黄　亮	管理科学与工程	基地代培博士后	流动站自主招收	秦皇岛第一医院创新实践基地
60	黄　浩	机械工程	联合培养博士后	工作站联合招收	黄河旋风股份有限公司
61	宜亚丽	材料科学与工程	在职博士后	流动站自主招收	
62	王　林	管理科学与工程	在职博士后	流动站自主招收	
63	徐　伟	仪器科学与技术	在职博士后	流动站自主招收	
64	林洪彬	控制科学与工程	在职博士后	流动站自主招收	
65	赵劲松	机械工程	在职博士后	流动站自主招收	
66	王敏婷	机械工程	在职博士后	流动站自主招收	
67	张维平	电气工程	在职博士后	流动站自主招收	
68	张大鹏	控制科学与工程	在职博士后	流动站自主招收	
69	朱为国	机械工程	在职博士后	流动站自主招收	
70	赵　伟	材料科学与工程	联合培养博士后	工作站联合招收	江苏华宏科技股份有限公司
71	吕　轩	机械工程	联合培养博士后	工作站联合招收	河北瑞鹤医疗器械有限公司

（供稿人：人力资源处 闫常春）

教职工职称评聘情况

职称考核认定通过人员名单

序号	姓名	性别	出生年月	所在单位	晋升或认定职称
1	曹郁英	女	1990 年 4 月	机械工程学院	讲师
2	陈新博	男	1993 年 7 月	机械工程学院	讲师
3	丁明超	男	1990 年 9 月	机械工程学院	讲师
4	何东泽	男	1994 年 1 月	机械工程学院	讲师
5	刘小平	男	1989 年 6 月	机械工程学院	讲师
6	曲美娜	女	1988 年 2 月	机械工程学院	讲师
7	孙永根	男	1988 年 6 月	机械工程学院	讲师
8	王立新	男	1988 年 1 月	机械工程学院	讲师
9	王　佩	女	1991 年 6 月	机械工程学院	讲师
10	王志杰	男	1990 年 8 月	机械工程学院	讲师
11	徐宏阳	男	1992 年 9 月	机械工程学院	讲师
12	刘才溢	男	1990 年 4 月	机械工程学院	讲师
13	王　满	女	1992 年 2 月	机械工程学院	讲师
14	马国梁	男	1995 年 9 月	机械工程学院	讲师
15	刘　溪	男	1990 年 1 月	机械工程学院	讲师
16	王成斌	男	1992 年 2 月	机械工程学院	讲师
17	王世运	男	1994 年 11 月	机械工程学院	讲师
18	张子莹	女	1995 年 2 月	机械工程学院	讲师
19	孙　懿	男	1993 年 5 月	机械工程学院	讲师
20	姜明金	女	1994 年 10 月	材料科学与工程学院	讲师
21	董　亮	男	1995 年 2 月	材料科学与工程学院	讲师
22	祝文昭	男	1990 年 4 月	电气工程学院	讲师
23	许学方	男	1989 年 3 月	电气工程学院	讲师
24	鲍志勇	男	1990 年 12 月	电气工程学院	讲师
25	常绍平	男	1989 年 9 月	电气工程学院	讲师
26	高起兴	男	1992 年 3 月	电气工程学院	讲师
27	刁乃哲	男	1984 年 4 月	电气工程学院	讲师
28	元　航	男	1994 年 1 月	信息科学与工程学院（软件学院）	讲师
29	任　旭	女	1993 年 5 月	信息科学与工程学院（软件学院）	讲师
30	刘英杰	男	1995 年 12 月	信息科学与工程学院（软件学院）	讲师
31	任洪佳	男	1991 年 1 月	信息科学与工程学院（软件学院）	讲师

序号	姓名	性别	出生年月	所在单位	晋升或认定职称
32	郭　英	女	1993 年 8 月	信息科学与工程学院（软件学院）	讲师
33	谢志刚	男	1990 年 1 月	信息科学与工程学院（软件学院）	讲师
34	王　强	男	1990 年 4 月	建筑工程与力学学院	讲师
35	陈云凤	女	1991 年 1 月	建筑工程与力学学院	讲师
36	高　珺	女	1991 年 2 月	建筑工程与力学学院	讲师
37	陈玉柱	男	1995 年 4 月	建筑工程与力学学院	讲师
38	米培源	男	1992 年 3 月	建筑工程与力学学院	讲师
39	王晓冬	男	1993 年 3 月	建筑工程与力学学院	讲师
40	薛才红	女	1990 年 3 月	建筑工程与力学学院	讲师
41	张　季	男	1993 年 2 月	建筑工程与力学学院	讲师
42	陶天增	男	1990 年 1 月	建筑工程与力学学院	讲师
43	邓书凝	女	1993 年 12 月	建筑工程与力学学院	讲师
44	张　新	男	1991 年 5 月	建筑工程与力学学院	讲师
45	曾凡宇	男	1992 年 5 月	建筑工程与力学学院	讲师
46	宫军军	女	1995 年 7 月	建筑工程与力学学院	讲师
47	高琰宇	女	1995 年 2 月	环境与化学工程学院	讲师
48	卢齐法	男	1992 年 4 月	环境与化学工程学院	讲师
49	王　飞	男	1991 年 10 月	环境与化学工程学院	讲师
50	闫长媛	女	1991 年 11 月	环境与化学工程学院	讲师
51	单厚超	男	1991 年 2 月	环境与化学工程学院	讲师
52	谭新义	男	1990 年 11 月	环境与化学工程学院	讲师
53	陈　彬	男	1992 年 8 月	环境与化学工程学院	讲师
54	田丽丽	女	1989 年 2 月	环境与化学工程学院	讲师
55	涂文康	男	1990 年 5 月	环境与化学工程学院	讲师
56	吴启凡	男	1994 年 9 月	环境与化学工程学院	讲师
57	韩　江	男	1997 年 1 月	车辆与能源学院	讲师
58	张天赐	男	1993 年 10 月	车辆与能源学院	讲师
59	王园辉	男	1994 年 2 月	车辆与能源学院	讲师
60	李洪庆	男	1992 年 5 月	车辆与能源学院	讲师
61	刘再兴	男	1994 年 6 月	车辆与能源学院	讲师
62	李　旭	男	1994 年 5 月	车辆与能源学院	讲师
63	陈浩（石油）	男	1994 年 1 月	车辆与能源学院	讲师
64	陈浩（车辆）	男	1997 年 1 月	车辆与能源学院	讲师

序号	姓名	性别	出生年月	所在单位	晋升或认定职称
65	李换平	女	1988 年 7 月	车辆与能源学院	讲师
66	张鹏飞	男	1995 年 2 月	车辆与能源学院	讲师
67	李宝忠	男	1994 年 10 月	车辆与能源学院	讲师
68	王　晟	男	1992 年 8 月	车辆与能源学院	讲师
69	杨佳琪	女	1992 年 4 月	车辆与能源学院	讲师
70	唱思迪	女	1995 年 11 月	经济管理学院	讲师
71	李佳凝	女	1993 年 5 月	经济管理学院	讲师
72	刘春怡	女	1990 年 1 月	经济管理学院	讲师
73	邵　将	男	1993 年 1 月	经济管理学院	讲师
74	杨希宁	男	1991 年 9 月	经济管理学院	讲师
75	杨　颖	女	1992 年 12 月	经济管理学院	讲师
76	张美丽	女	1991 年 4 月	经济管理学院	讲师
77	张　梦	女	1993 年 3 月	经济管理学院	讲师
78	石　丽	女	1991 年 3 月	文法学院（公共管理学院）	讲师
79	孙立武	男	1991 年 10 月	文法学院（公共管理学院）	讲师
80	陆丽君	女	1995 年 2 月	文法学院（公共管理学院）	讲师
81	林　玮	女	1992 年 7 月	文法学院（公共管理学院）	讲师
82	高舒锐	女	1988 年 11 月	文法学院（公共管理学院）	讲师
83	胡国恒	男	1993 年 3 月	文法学院（公共管理学院）	讲师
84	王英州	男	1994 年 7 月	文法学院（公共管理学院）	讲师
85	李盼盼	女	1991 年 12 月	文法学院（公共管理学院）	讲师
86	李晓东	男	1993 年 11 月	文法学院（公共管理学院）	讲师
87	吴　菁	女	1993 年 9 月	文法学院（公共管理学院）	讲师
88	李　一	男	1993 年 1 月	文法学院（公共管理学院）	讲师
89	高圣寒	女	1994 年 8 月	文法学院（公共管理学院）	讲师
90	姜一凡	男	1994 年 5 月	文法学院（公共管理学院）	讲师
91	李广振	男	1986 年 12 月	文法学院（公共管理学院）	讲师
92	邓　昭	男	1991 年 5 月	文法学院（公共管理学院）	讲师
93	王　迪	女	1993 年 8 月	马克思主义学院	讲师
94	刘新龙	男	1994 年 12 月	马克思主义学院	讲师
95	杨元超	男	1983 年 4 月	马克思主义学院	讲师
96	陈　璐	女	1991 年 3 月	马克思主义学院	讲师
97	宋　冉	女	1995 年 7 月	外国语学院	讲师

序号	姓名	性别	出生年月	所在单位	晋升或认定职称
98	王春芸	女	1988 年 7 月	外国语学院	讲师
99	曾愉茜	女	1991 年 9 月	外国语学院	讲师
100	王金涛	男	1982 年 4 月	外国语学院	讲师
101	王　毅	男	1991 年 11 月	外国语学院	讲师
102	丁旺龙	男	1994 年 10 月	艺术与设计学院	讲师
103	刘念念	女	1991 年 12 月	艺术与设计学院	讲师
104	赵　明	女	1986 年 5 月	艺术与设计学院	讲师
105	张　苗	女	1992 年 2 月	体育学院	讲师
106	张　琪	女	1994 年 1 月	体育学院	讲师
107	王常奇	女	1995 年 1 月	国际教育学院	讲师
108	吉　敏	女	1995 年 9 月	学生工作处	讲师
109	王大宝	男	1987 年 10 月	外国语学院	讲师
110	郭欢欢	女	1987 年 11 月	文法学院（公共管理学院）	讲师
111	董国徽	男	1983 年 3 月	材料科学与工程学院	讲师
112	周贺鹏	男	1988 年 1 月	学生工作处	助教
113	巴里很•拜提汗	女	1989 年 9 月	学生工作处	助教
114	王建军	男	1982 年 7 月	工程训练中心	实验师
115	刘子健	男	1989 年 11 月	工程训练中心	实验师
116	赵小龙	男	1989 年 12 月	机械工程学院	助理研究员
117	范琰琰	女	1988 年 5 月	图书馆	馆员
118	郭晓婷	女	1990 年 1 月	东北亚古丝路文明博物馆	助理研究员
119	许思龙	男	1988 年 2 月	西里西亚智能科学与工程学院	研究实习员
120	窦炳敏	男	1987 年 5 月	人力资源处	研究实习员

（供稿人：人力资源处 闫常春）

职称评审通过人员名单

序号	姓名	性别	出生年月	所在单位	晋升或认定职称
1	刘思远	男	1981 年 6 月	机械工程学院	教授
2	王鹏飞	男	1983 年 8 月	机械工程学院	教授
3	翟富刚	男	1979 年 8 月	机械工程学院	教授
4	柯　峰	男	1987 年 6 月	材料科学与工程学院	教授
5	刘　锦	男	1984 年 1 月	材料科学与工程学院	教授
6	张树志	男	1984 年 3 月	材料科学与工程学院	教授
7	袁亚洲	男	1985 年 10 月	电气工程学院	教授

序号	姓名	性别	出生年月	所在单位	晋升或认定职称
8	袁　毅	男	1985 年 10 月	电气工程学院	教授
9	刘　凯	女	1977 年 5 月	信息科学与工程学院（软件学院）	教授
10	杨　晛	女	1988 年 9 月	信息科学与工程学院（软件学院）	教授
11	尤殿龙	男	1981 年 1 月	信息科学与工程学院（软件学院）	教授
12	梁　希	男	1985 年 10 月	建筑工程与力学学院	教授
13	李小雨	男	1988 年 6 月	环境与化学工程学院	教授
14	马志鹏	男	1985 年 7 月	环境与化学工程学院	教授
15	盖彦峰	男	1987 年 1 月	理学院	教授
16	胡海菊	女	1982 年 9 月	经济管理学院	教授
17	张　伟	女	1983 年 6 月	经济管理学院	教授
18	李春林	男	1981 年 12 月	文法学院（公共管理学院）	教授
19	苗俊玲	女	1976 年 6 月	文法学院（公共管理学院）	教授
20	陈步伟	男	1984 年 12 月	马克思主义学院	教授
21	杨新宾	男	1986 年 2 月	马克思主义学院	教授
22	李鹏克	男	1981 年 11 月	艺术与设计学院	教授
23	温　瑀	女	1982 年 5 月	艺术与设计学院	教授
24	李国强	男	1976 年 11 月	体育学院	教授
25	张兴海	男	1965 年 2 月	体育学院	教授
26	白　云	男	1987 年 6 月	机械工程学院	副教授
27	邓英杰	男	1993 年 8 月	机械工程学院	副教授
28	郭　成	男	1992 年 4 月	机械工程学院	副教授
29	黄水泉	男	1989 年 11 月	机械工程学院	副教授
30	李二伟	男	1987 年 10 月	机械工程学院	副教授
31	李伟成	男	1990 年 10 月	机械工程学院	副教授
32	刘　聪	男	1993 年 4 月	机械工程学院	副教授
33	刘　杰	男	1989 年 10 月	机械工程学院	副教授
34	许征凯	男	1988 年 10 月	机械工程学院	副教授
35	于华鑫	男	1988 年 12 月	机械工程学院	副教授
36	许　凯	男	1987 年 12 月	材料科学与工程学院	副教授
37	邹国栋	男	1990 年 5 月	材料科学与工程学院	副教授
38	高涵鹏	男	1993 年 1 月	电气工程学院	副教授
39	李晓苗	女	1992 年 10 月	电气工程学院	副教授

序号	姓名	性别	出生年月	所在单位	晋升或认定职称
40	刘国聘	男	1990 年 12 月	电气工程学院	副教授
41	王建格	女	1990 年 1 月	电气工程学院	副教授
42	王新宇	男	1987 年 6 月	电气工程学院	副教授
43	张　营	男	1991 年 10 月	电气工程学院	副教授
44	张　颖	女	1983 年 9 月	电气工程学院	副教授
45	郭肖楠	女	1992 年 10 月	信息科学与工程学院（软件学院）	副教授
46	刘　烁	男	1985 年 8 月	信息科学与工程学院（软件学院）	副教授
47	齐文跃	男	1991 年 3 月	建筑工程与力学学院	副教授
48	张洋洋	男	1991 年 5 月	建筑工程与力学学院	副教授
49	郭　凯	男	1989 年 6 月	环境与化学工程学院	副教授
50	姜　宏	女	1990 年 9 月	环境与化学工程学院	副教授
51	马金铭	女	1990 年 9 月	环境与化学工程学院	副教授
52	宋丹丹	女	1988 年 12 月	环境与化学工程学院	副教授
53	宋雅然	女	1990 年 11 月	环境与化学工程学院	副教授
54	宋紫微	女	1986 年 2 月	环境与化学工程学院	副教授
55	郭柏苍	男	1991 年 9 月	车辆与能源学院	副教授
56	李学良	男	1989 年 9 月	车辆与能源学院	副教授
57	戚　宇	男	1988 年 6 月	车辆与能源学院	副教授
58	刘俊伟	男	1984 年 12 月	理学院	副教授
59	杨云帆	男	1991 年 12 月	理学院	副教授
60	林春雷	男	1980 年 7 月	经济管理学院	副教授
61	陈晓庆	女	1989 年 3 月	文法学院（公共管理学院）	副教授
62	詹　丽	女	1980 年 10 月	文法学院（公共管理学院）	副教授
63	刘超朋	男	1979 年 10 月	外国语学院	副教授
64	冯丹红	女	1987 年 11 月	艺术与设计学院	副教授
65	吴　迪	女	1987 年 8 月	艺术与设计学院	副教授
66	许　英	女	1985 年 4 月	艺术与设计学院	副教授
67	于　雷	男	1982 年 10 月	艺术与设计学院	副教授
68	高　原	男	1978 年 12 月	体育学院	副教授
69	高　峰	男	1989 年 2 月	学生工作处	副教授
70	谢　芳	女	1979 年 7 月	里仁学院	副教授

序号	姓名	性别	出生年月	所在单位	晋升或认定职称
71	杨　洁	女	1982 年 5 月	里仁学院	副教授
72	于　娜	女	1981 年 4 月	里仁学院	副教授
73	高小勇	男	1984 年 6 月	机械工程学院	讲师
74	李巧玲	女	1987 年 4 月	机械工程学院	讲师
75	孙　乐	男	1987 年 11 月	电气工程学院	讲师
76	赵雨桐	女	1995 年 7 月	电气工程学院	讲师
77	郭维超	男	1989 年 10 月	建筑工程与力学学院	讲师
78	张　欣	女	1980 年 5 月	车辆与能源学院	讲师
79	金志欣	男	1987 年 2 月	理学院	讲师
80	项　琳	女	1985 年 2 月	文法学院（公共管理学院）	讲师
81	陈　旭	女	1996 年 6 月	艺术与设计学院	讲师
82	李　群	女	1971 年 4 月	机械工程学院	正高级实验师
83	王　鹏	男	1982 年 4 月	材料科学与工程学院	正高级实验师
84	胡文涛	男	1978 年 2 月	材料科学与工程学院	研究员
85	李兴国	男	1979 年 7 月	研究生院	研究员
86	周高仪	男	1982 年 2 月	社会科学处	研究员
87	李英梅	女	1983 年 3 月	研究生院	高级实验师
88	梅　林	女	1982 年 10 月	电气工程学院	高级实验师
89	孙迎兵	男	1988 年 4 月	机械工程学院	高级实验师
90	刘祥英	女	1984 年 1 月	艺术与设计学院	副研究员
91	聂东雪	女	1987 年 6 月	党委统战部	副研究员
92	庞永真	女	1987 年 2 月	档案馆	副研究馆员
93	岳睿燕	女	1994 年 4 月	继续教育学院	助理研究员
94	蔡大军	男	1989 年 2 月	科技产业促进中心	助理研究员
95	田宇新	女	1992 年 10 月	党委宣传部	助理研究员
96	孔庆瑞	男	1987 年 11 月	学校办公室	助理研究员
97	李　源	男	1986 年 8 月	学校办公室	助理研究员
98	谢　波	男	1987 年 5 月	招生就业处	助理研究员
99	赵　超	男	1979 年 7 月	图书馆	馆员
100	刘　宁	女	1969 年 3 月	里仁学院	助理研究员

（供稿人：人力资源处 闫常春）

人才工作

总体情况

【出台《深入实施新时代人才强校战略的若干措施》】 深入实施人才强校战略，经广泛征求意见，出台《深入实施新时代人才强校战略的若干措施》（燕大党字〔2023〕21号）文件，对学校“人才强校”战略举措进行全面部署和系统解读。

【高层次人才培育、引进与合作研究工作取得重要进展】 积极推荐现有人才申报各类国家级、省部级人才项目，全力支持高层次人才申报“两院”院士，通过柔性引进、顾问指导、合作研究等方式聘请院士来校工作。新增中国工程院院士2名（刘日平、张福成），教育部“长江学者”特聘教授人选1名（王霖），“长江学者”青年学者1名（艾超），国家海外优青人选2名（柯峰、李亚峰），国家海外引才青年项目人选1名（刘锦），国家高层次人才特殊支持计划青年拔尖人才1名（唐永福），河北省首批高校黄大年式教师团队2个（华长春团队、赵永生团队）。聘任郑志明院士为信息科学与工程学院（软件学院）首席科学家，其团队成员同时与学院进行教学科研与学科建设合作；聘任英国爱丁堡皇家学院院士、英国阿伯丁大学教授Marian Wiercigroch为机械工程学院外聘院士；聘任中国科学院院士、太原理工大学教授黄庆学为机械工程学院客座教授；聘任日本工程院外籍院士、日本东海大学教授石岩为信息科学与工程学院（软件学院）讲座教授。

【大力加强骨干教师引进】 新进博士教师76名，燕山学者“拔尖人才”A类1名，“优秀人才”A类3名、B类11名、C类24名。完成2022年度6名硕士教师招聘工作。专任教师增加82名。

【常规工作】 推进人事管理改革，修订《“燕山学者”高层次人才支持计划实施办法》《燕山大学骨干教师招聘管理办法》《燕山大学“新锐工程”人才培养实施办法》《燕山大学博士后研究人员管理工作实施细则》等管理办法，拟出台《燕山大学关于人才科研启动经费管理办法（试行）》。

（供稿人：人力资源处 闫常春）

高层次人才队伍建设情况

序号	人才称号	姓名	所在学院	层次
1	中国工程院院士	刘日平	材料科学与工程学院	国家级
2	中国工程院院士	张福成	材料科学与工程学院	国家级
3	“长江学者”特聘教授	王　霖	材料科学与工程学院	国家级
4	“长江学者”青年学者	艾　超	机械工程学院	国家级
5	国家海外优青	柯　峰	材料科学与工程学院	国家级
6	国家海外优青	李亚峰	电气工程学院	国家级
7	国家海外引才青年项目人选	刘　锦	材料科学与工程学院	国家级
8	国家高层次人才特殊支持计划青年拔尖人才	唐永福	环境与化学工程学院	国家级
9	河北省首批高校黄大年式教师团队	华长春团队	电气工程学院	省级
10	河北省首批高校黄大年式教师团队	赵永生团队	机械工程学院	省级

（供稿人：人力资源处 闫常春）

师资队伍建设情况

专任教师学历情况统计表

	博士研究生	硕士研究生	大学本科
正高级	455	42	6
副高级	450	149	36
中级	384	171	25
初级	0	0	1
未定职级	45	24	0

专任教师年龄情况统计表

	29 岁及以下	30 ～ 34 岁	35 ～ 39 岁	40 ～ 44 岁	45 ～ 49 岁	50 ～ 54 岁	55 ～ 59 岁	60 岁及以上
正高级	0	1	31	97	129	82	106	57
副高级	1	52	101	171	170	79	60	1
中级	11	217	139	107	72	25	9	0
初级	0	0	0	0	1	0	0	0
未定职级	17	40	10	1	0	0	1	0
博士研究生毕业	16	268	239	271	271	121	98	50
大学本科毕业	0	0	0	12	22	16	15	3
硕士研究生毕业	13	42	42	93	79	49	63	5

（供稿人：人力资源处 闫常春）

对外交流与合作

国内外交流合作

总体情况

国内交流合作

【筹备举办“燕山大学对接京津高校合作发展大会”】12月10日，学校举办对接京津高校合作发展大会。河北省政府副省长、省委教育工委书记、省教育厅厅长董兆伟，北京航空航天大学校长、中国工程院院士王云鹏，华北电力大学校长、中国工程院院士杨勇平，北京高科大学联盟理事长、北京邮电大学原党委书记王亚杰，秦皇岛市委书记王曦，秦皇岛市委副书记、市长丁伟，河北省教育厅、河北省科技厅相关领导，北京高科大学联盟领导，京津冀高校、院所领导及相关部门负责同志等出席大会。学校分别与北京航空航天大学、北京交通大学、北京科技大学、华北电力大学、北京工业大学、河北清华发展研究院签署了战略合作协议，将在拔尖创新人才培养、优势学科专业共建、重大科研项目攻关、科技成果转移转化等领域开启全面深度合作。学校与清华大学马克思主义学院、南开大学科学技术研究部、天津大学机械工程学院签署了重点项目合作协议，将围绕马克思主义学科建设、科研项目合作、卓越工程人才培养等方面开展深度合作。

【燕山大学生命健康与智能医学学院揭牌】12月21日，学校举行燕山大学生命健康与智能医学学院揭牌仪式。秦皇岛市市长丁伟、燕山大学党委书记赵险峰共同为学院揭牌。生命健康与智能医学学院的成立为促进康养人才培养，推动康养产业技术研究，助力地方承接京津医疗资源，服务京津冀协同发展战略，以及健康中国建设提供了人才和科教支撑，进一步推动了学校医工交叉创新融合发展。

【常规工作】加强校政企产学研用深度融合，获批河北省首批工业医院；积极为河北特色产业集群、专精特新小巨人及其他科技型企业提供公共科技服务，实现产学研合作项目534项，合同额1.54亿元，服务企事业单位405家，与12家单位建立战略合作关系；组织科研团队赴比亚迪、长城汽车、中国一重、国能黄骅港等10余家行业龙头企业进行了深入对接；举办“首届职普融通培养高质量人才”研讨会；主办高层次学术论坛——首届长城学论坛；燕山大学东北亚丝路文明研究院与青龙满族自治县关于共建青龙满族自治县文物考古科研基地签订战略协议。

（供稿人：学校办公室 孔倩雯）

国外交流合作

【获批博茨瓦纳国际科技大学孔子学院】10月31日，学校和博茨瓦纳国际科技大学共建的博茨瓦纳国际科技大学孔子学院在博茨瓦纳揭牌，实现当年获批、当年揭牌。

【建立燕山大学托列多学院】1月，学校与美国托列多大学正式签署新的合作协议，将原有孔子学院改制升级为“燕山大学托列多学院”，该机构将成为两校深度合作的平台和品牌。

【获批海智计划工作基地】学校成功获批中国科协海智计划基地，是河北省属高校首次获批中国科协设立的国家级基地，将进一步推动学校实施引才计划，加强人才培养，提升科技创新能力。

【常规工作】构建全球伙伴关系网络。学校与14所海外高水平大学签署合作协议，其中3所在2024 QS世界大学排名中位列前500，包括莫斯科国立大学排名87位、新西兰怀卡多大学排名250位、巴西里约热内卢联邦大学排名371位。

国际组织与联盟工作。6月，经南亚东南亚大学联盟秘书处审议通过，学校正式成为南亚东南亚大学联盟成员。10月，中俄工科大学联盟全体会员单位会议全票通过接纳学校成为中俄工科大学联盟正式成员单位。

海外引才引智。全年共引进外国专家41人，其中引进外国院士6人，全职聘用高端科研专家3人，专业类课程外国专家17人，语言类外国专家15人。获批河北省外国院士工作站建站单位；获批教育部“春晖计划”合作科研项目5项；获批和执行国家和省级引才引智项目7项，其中国家级项目3项，包括首次获批国家自然科学基金外国学者研究基金项目1项、获批国家外国专家项目1项、继续执行“111”计划1项，省级项目4项，包括获批省级引才引智项目2项、获批河北省引才引智示范基地、首次获批省级外专引智专项资金。

高水平国际科研合作。与境外机构共建科研合作平台3个，包括中国科协海智计划工作基地、河北省先进制造用高品质钢铁材料开发与智能制造国际联合研究中心、河北省非晶材料基础科学问题国际联合研究中心；首次获批国家自然科学基金外国学者研究基金项目；2022年启动校级国际合作基地培育12个，截至目前已进行两轮管理验收，成果显著。举办国际会议4场，包括2023年第十二届数量经济学国际学术会议和2023亚稳材料制备技术与科学国际产学研用合作会议暨亚稳材料论坛等。

师生出国留学。组织各级各类出国项目37项，其中，校级选派团队项目13项（实际出国境项目5项、定制化线上培训项目8项），国家公派项目13项，与世界高水平大学学分互认、学位联授项目11项。其中，与QS前200院校合作项目共计11个，涉及牛津大学、剑桥大学、新南威尔士大学、昆士兰大学、科廷大学、南洋理工大学等院校。派出449名师生赴国（境）外交流学习，其中教师93人、学生356人，同比增长300.9%。同时，以“在地国际化”为主题，联合海外名校开展的师生定制化线上培训参与人数1290人。

“一带一路”传播工作。在国务院新闻办公室、新华网、光明网、人民网、中国日报、央广网等国家级主流媒体发布报道20余次，其中涵盖《博茨瓦纳第二所孔子学院揭牌》《2023全球“孔子学院日”成功举办》《2023一带一路暨金砖大赛工程仿真创新设计赛项圆满闭幕》等。

港澳台师生交流。完善《燕山大学香港特别行政区、澳门特别行政区及台湾地区学生管理规定》。招收港澳台学生3人，目前共有8名港澳台侨在校生。依托教育部国情教育平台对学生进行国情教育，积极组织港澳台学生参加国情教育网络培训活动以及中华文化知识大赛等活动。与澳门地区高校开展师生交流，派出教师1人赴澳门科技大学深造，攻读博士研究生学位。

国际化专项考核。学校在2023年河北省高等院校领导班子国际交流与合作考核中获优秀等次第一名。学校荣获“2021—2023年度河北省国际教育交流先进集体”，陆军、张文莉荣获“突出贡献奖”，朱虹、齐璐喜获“先进个人”，获奖人数全省第一。

（供稿人：国际合作处 郭刚军）

对外签署合作协议情况

对外签署合作协议（国内）情况

序号	合作单位名称	合作协议名称	签订部门	签订时间	协议年限
1	河北燕赵蓝天板业集团有限责任公司	河北燕赵蓝天板业集团有限责任公司－燕山大学共建技术创新中心协议书	科技产业促进中心	2023年4月19日	5
2	临西县人民政府	临西县人民政府－燕山大学共建“华北轴承智能制造产业孵化基地”协议	科技产业促进中心	2023年3月10日	5
3	河钢集团	河钢集团与燕山大学共建“绿色材料智造产业研究院”框架协议	科技产业促进中心	2023年12月29日	5
4	保定市人民政府	保定市人民政府－燕山大学战略合作协议	科技产业促进中心	2023年6月	3
5	广西柳工集团	广西柳工－燕山大学战略合作协议	科技产业促进中心	2023年4月	2
6	南宫市人民政府	南宫市人民政府－燕山大学招才引智助推产业创新升级合作框架协议书	科技产业促进中心	2023年7月	2
7	新河县人民政府	新河县人民政府－燕山大学共建燕山大学技术转移中心新河分中心合作协议书	科技产业促进中心	2023年7月	5
8	邢台市人民政府	邢台市人民政府－燕山大学战略合作协议	科技产业促进中心	2023年7月	3
9	天津汽车模具股份有限公司	燕山大学－天津汽车模具股份有限公司战略合作框架协议	科技产业促进中心	2023年4月	3

序号	合作单位名称	合作协议名称	签订部门	签订时间	协议年限
10	敬业钢铁有限公司，河北敬业中厚板有限公司，河北敬业高品钢科技有限公司，中国钢研科技集团公司，河北科技大学，河北工程大学，河北诺信金属包装容器有限公司，河北宝临电器有限公司，石家庄科林电气股份有限公司，武汉迪赛环保新材料股份有限公司	钢铁冷轧涂镀层产业技术创新战略联盟协议	科技产业促进中心	2023年2月8日	
11	乌海海易通银隆新能源汽车有限公司	燕山大学－乌海海易通银隆新能源汽车有限公司科研合作协议	科技产业促进中心	2023年2月7日	5
12	香港金山科创有限公司	燕山大学和金山科创有限公司共建联合实验室的合作协议	科技产业促进中心	2023年2月11日	3
13	浙江大学，成都中建材光电材料有限公司，威海中玻新材料技术研发有限公司，盐城工学院，东台中玻特种玻璃有限公司	盐城市创新联合体	科技产业促进中心	2023年2月6日	
14	山东国泰民安玻璃科技有限公司	燕山大学－山东国泰民安玻璃科技有限公司产学研战略合作协议（一个协议，一个联合申报项目）	科技产业促进中心	2023年3月3日	3
15	北京智谱华章科技有限公司	北京智谱华章科技有限公司与燕山大学共建“燕山大学－智谱AI大数据智能联合实验室”协议	科技产业促进中心	2023年3月16日	3
16	唐山晶玉科技有限公司	共建“河北省高精密多线切割机床技术创新中心” 协议书	科技产业促进中心	2023年3月16日	5
17	任泽区人民政府	任泽区人民政府－燕山大学共建“邢湾智能制造产业科研中心”战略合作协议书	科技产业促进中心	2023年4月	3
18	唐山市文化旅游投资集团	燕山大学与唐山市文化旅游投资集团有限公司校企合作协议	科技产业促进中心	2023年2月	2
19	辽宁中蓝光学科技有限公司，辽宁中蓝电子科技有限公司，辽宁丽景科技有限公司，辽宁中昊电子科技有限公司，厦门雁鑫科技有限公司，包头市金蒙汇磁材料有限责任公司，盘锦弘康科技有限公司，上海冈匠精密五金制品有限公司，大连理工大学，辽宁工业大学，沈阳理工大学	盘锦市移动终端光学电子产学研联盟协议书	科技产业促进中心	2023年4月20日	
20	中国二十二冶集团有限公司	燕山大学－中国二十二冶集团有限公司产学研合作协议书	科技产业促进中心	2023年5月	3
21	上海航天智能装备有限公司	上海航天技术研究院上海航天智能装备有限公司－燕山大学产学研合作框架协议	科技产业促进中心	2023年6月20日	
22	河北神沐文化发展有限公司	燕山大学－河北神沐文化发展有限公司校企合作协议	科技产业促进中心	2023年8月31日	3
23	望美实业集团有限公司	燕山大学－望美实业集团有限公司产学研战略合作协议	科技产业促进中心	2023年6月20日	5

序号	合作单位名称	合作协议名称	签订部门	签订时间	协议年限
24	山西太钢不锈钢精密带钢有限公司，太原理工大学，太原科技大学，海安太原理工大学先进制造与智能装备产业研究院	宽幅不锈钢精密箔材（手撕钢）工业生产核心工艺技术研发及应用产学研合作协议	科技产业促进中心	2023年8月17日	
25	江苏康辉新材料科技有限公司，南通康辉新材料科技有限公司，苏州恒力能化进出口有限公司，苏州广方仓储物流有限公司，大连理工大学	苏州市创新联合体章程（组件协议）	科技产业促进中心	2023年8月1日	
26	冀东水泥阿巴嘎旗有限责任公司	冀东水泥阿巴嘎旗有限责任公司－燕山大学产学研合作协议	科技产业促进中心	2023年9月4日	5
27	三一重机有限公司，索特传动设备有限公司，江苏恒立液压科技有限公司，南京工业大学，苏州大学，太原理工大学，吉林大学，天津工程机械研究院有限公司	江苏省创新联合体组建协议	科技产业促进中心	2023年9月12日	
28	河北钢谷物联科技股份有限公司，河北鑫达钢铁集团有限公司	唐山钢铁行业数据应用产业技术研究院	科技产业促进中心	2023年7月	5
29	河北人工智能计算中心	燕山大学－河北人工智能计算中心人工智能技术联合创新实验室	科技产业促进中心	2023年10月	3
30	唐山港集团股份有限公司，南开大学，武汉理工大学	智港联创校企融合创新联盟合作框架协议书	科技产业促进中心	2023年9月	5
31	北京建筑材料科学研究总院有限公司	燕山大学－北京建筑材料科学研究总院有限公司战略合作协议	科技产业促进中心	2023年10月	5
32	陵川金隅冀东环保科技有限公司	燕山大学－陵川金隅冀东环保科技有限公司产学研合作协议	科技产业促进中心	2023年10月	5
33	中铁建工集团有限公司	燕山大学－中铁建工集团有限公司校企合作协议	科技产业促进中心	2023年10月20日	3
34	浙江大学，成都中建材光电材料有限公司，威海中玻新材料技术研发有限公司，盐城工学院，东台中玻特种玻璃有限公司	江苏省多功能镀膜玻璃产业技术创新联合体共建协议	科技产业促进中心	2023年8月30日	
35	唐山三友氯碱有限责任公司	燕山大学－三友氯碱固废资源化利用研究中心合作协议	科技产业促进中心	2023年12月	5
36	江苏恒立液压集团	江苏恒立液压集团－燕山大学液压技术创新中心共建协议	科技产业促进中心	2023年11月23日	3
37	鹿泉区人民政府	共建燕山大学（鹿泉）新一代电子信息产业技术研究院协议	科技产业促进中心	2023年3月3日	5
38	北戴河旅游和文化局	国际一流旅游城市先行示范区对外话语及国际传播实践场景创新合作协议书	科技产业促进中心	2023年5月10日	2
39	秦皇岛老虎重工有限公司	燕山大学－秦皇岛老虎重工有限公司战略合作协议	科技产业促进中心	2022年4月25日	2
40	青龙满族自治县旅游和文化广电局	燕山大学东北亚丝路文明研究院（博物馆）－秦皇岛市青龙满族自治县旅游和文化广电局关于共建青龙县文物考古科研基地的战略协议	科技产业促进中心	2023年3月	5

序号	合作单位名称	合作协议名称	签订部门	签订时间	协议年限
41	秦皇岛市广播电视台	燕山大学－秦皇岛市广播电视台合作框架协议	科技产业促进中心	2023 年 7 月 3 日	3
42	秦皇岛东辰科技有限公司	秦皇岛东辰科技有限公司－燕山大学产学研合作协议	科技产业促进中心	2023 年 8 月 22 日	5
43	河北省唐山监狱	燕山大学与河北省唐山监狱单位团帮教协议	纪委办（监察处）	2023 年 9 月 21 日	1
44	承德市中级人民法院，秦皇岛市中级人民法院	燕山区域生态环境保护合作框架协议	社会科学处	2023 年 12 月 8 日	3
45	中共秦皇岛市教育局党组	中共燕山大学委员会与中共秦皇岛市教育局党组结对共建协议	党委组织部	2023 年 5 月	3
46	中共秦皇岛市科学技术局党组	中共燕山大学委员会与中共秦皇岛市科学技术局党组结对共建协议	党委组织部	2023 年 5 月	3
47	中共秦皇岛职业技术学院委员会	中共燕山大学委员会与中共秦皇岛市职业技术学院委员会结对共建协议	党委组织部	2023 年 5 月	3
48	北戴河区政府	康养产业发展战略合作协议	继续教育学院	2023 年 6 月	5
49	中国中医科学院基础理论研究所	河北省康复医院三方战略合作协议	继续教育学院	2023 年 3 月	3
50	东北福祉大学	燕山大学和东北福祉大学学术交流协定	继续教育学院，外国语学院	2023 年 6 月	5
51	秦皇岛市中医医院	燕山大学－秦皇岛市中医医院专业学位研究生校外实践基地协议	研究生院	2023 年 3 月	3
52	财达证券股份有限公司秦皇岛迎宾路证券营业部	燕山大学－财达证券股份有限公司秦皇岛迎宾路证券营业部专业学位研究生校外实践基地协议	研究生院	2023 年 3 月	3
53	广州泰声电子有限公司	燕山大学－广州泰声电子有限公司专业学位研究生校外实践基地协议	研究生院	2023 年 3 月	3
54	新致同工程管理有限公司	燕山大学－新致同工程管理有限公司专业学位研究生校外实践基地协议	研究生院	2023 年 3 月	3
55	秦皇岛市第一医院	燕山大学－秦皇岛市第一医院专业学位研究生校外实践基地协议	研究生院	2023 年 3 月	3
56	北京联睿科科技有限公司	燕山大学－北京联睿科科技有限公司专业学位研究生校外实践基地协议	研究生院	2023 年 4 月	3
57	天津益华微电子有限公司	燕山大学－天津益华微电子有限公司专业学位研究生校外实践基地协议	研究生院	2023 年 5 月	3
58	国家康复辅具研究中心秦皇岛研究院	燕山大学－国家康复辅具研究中心秦皇岛研究院专业学位研究生校外实践基地协议	研究生院	2023 年 5 月	3
59	中国工商银行股份有限公司河北省分公司	燕山大学－中国工商银行股份有限公司河北省分公司专业学位研究生校外实践基地协议	研究生院	2023 年 6 月	3
60	秦皇岛燕大滨沅科技发展有限公司	燕山大学－秦皇岛燕大滨沅科技发展有限公司专业学位研究生校外实践基地协议	研究生院	2023 年 6 月	3
61	秦皇岛经济技术开发区纵横艺校	燕山大学－秦皇岛经济技术开发区纵横艺校专业学位研究生校外实践基地协议	研究生院	2023 年 6 月	3

序号	合作单位名称	合作协议名称	签订部门	签订时间	协议年限
62	秦皇岛市海港区海星艺术培训学校	燕山大学－秦皇岛市海港区海星艺术培训学校专业学位研究生校外实践基地协议	研究生院	2023 年 6 月	3
63	米约艺术发展有限公司	燕山大学－米约艺术发展有限公司专业学位研究生校外实践基地协议	研究生院	2023 年 6 月	3
64	秦皇岛海关技术中心	燕山大学－秦皇岛海关技术中心专业学位研究生校外实践基地协议	研究生院	2023 年 6 月	3
65	国家体育总局秦皇岛训练基地	燕山大学－国家体育总局秦皇岛训练基地专业学位研究生校外实践基地协议	研究生院	2023 年 6 月	3
66	中译语通科技股份有限公司	燕山大学－中译语通科技股份有限公司专业学位研究生校外实践基地协议	研究生院	2023 年 6 月	3
67	传神语联网网络科技股份有限公司	燕山大学－传神语联网网络科技股份有限公司专业学位研究生校外实践基地协议	研究生院	2023 年 6 月	3
68	河北交投路桥建设开发有限公司	燕山大学－河北交投路桥建设开发有限公司专业学位研究生校外实践基地协议	研究生院	2023 年 6 月	3
69	北京市勘察设计研究院有限公司基础工程公司	燕山大学－北京市勘察设计研究院有限公司基础工程公司专业学位研究生校外实践基地协议	研究生院	2023 年 6 月	3
70	天津电气科学研究院有限公司	燕山大学－天津电气科学研究院有限公司专业学位研究生校外实践基地协议	研究生院	2023 年 8 月	3
71	广东泰迪智能科技股份有限公司	燕山大学－广东泰迪智能科技股份有限公司专业学位研究生校外实践基地协议	研究生院	2023 年 10 月	3
72	北京市京师（秦皇岛）律师事务所	燕山大学－北京市京师（秦皇岛）律师事务所专业学位研究生校外实践基地协议	研究生院	2023 年 11 月	3
73	北戴河区人民法院	燕山大学－北戴河区人民法院专业学位研究生校外实践基地协议	研究生院	2023 年 11 月	3
74	河北海立律师事务所	燕山大学－河北海立律师事务所专业学位研究生校外实践基地协议	研究生院	2023 年 11 月	3
75	河北渤海明达律师事务所	燕山大学－河北渤海明达律师事务所专业学位研究生校外实践基地协议	研究生院	2023 年 11 月	3
76	唐山冀东水泥股份有限公司唐山分公司	燕山大学－唐山冀东水泥股份有限公司唐山分公司专业学位研究生校外实践基地协议	研究生院	2023 年 12 月	3
77	天洋电器有限公司	燕山大学－天洋电器有限公司专业学位研究生校外实践基地协议	研究生院	2023 年 12 月	3
78	秦皇岛海源国际货运代理有限公司	燕山大学－秦皇岛海源国际货运代理有限公司专业学位研究生校外实践基地协议	研究生院	2023 年 12 月	3
79	翼启航（北京）环保科技有限公司	燕山大学－翼启航（北京）环保科技有限公司研究生联合培养基地框架协议书	研究生院	2023 年 2 月	3
80	北京派和科技股份有限公司	燕山大学－北京派和科技股份有限公司研究生联合培养基地框架协议书	研究生院	2023 年 3 月	3
81	上海港机重工有限公司	燕山大学－上海港机重工有限公司研究生联合培养基地框架协议书	研究生院	2023 年 3 月	3

序号	合作单位名称	合作协议名称	签订部门	签订时间	协议年限
82	铜陵有色金属集团股份有限公司金威铜业分公司	燕山大学－铜陵有色金属集团股份有限公司金威铜业分公司研究生联合培养基地框架协议书	研究生院	2023年3月	3
83	鹰领航空高端技术秦皇岛有限公司	燕山大学－鹰领航空高端技术秦皇岛有限公司研究生联合培养基地框架协议书	研究生院	2023年3月	3
84	广州泰声电子有限公司	燕山大学－广州泰声电子有限公司研究生联合培养基地框架协议书	研究生院	2023年3月	3
85	国检测试控股集团雄安有限公司	燕山大学－国检测试控股集团雄安有限公司研究生联合培养基地框架协议书	研究生院	2023年3月	3
86	唐山冀东启新水泥有限责任公司	燕山大学－唐山冀东启新水泥有限责任公司研究生联合培养基地框架协议书	研究生院	2023年4月	3
87	北京联睿科科技有限公司	燕山大学－北京联睿科科技有限公司研究生联合培养基地框架协议书	研究生院	2023年4月	3
88	邢台纳科诺尔精轧科技股份有限公司	燕山大学－邢台纳科诺尔精轧科技股份有限公司研究生联合培养基地框架协议书	研究生院	2023年4月	3
89	天津益华微电子有限公司	燕山大学－天津益华微电子有限公司研究生联合培养基地框架协议书	研究生院	2023年5月	3
90	国汽智控（北京）科技有限公司	燕山大学－国汽智控（北京）科技有限公司研究生联合培养基地框架协议书	研究生院	2023年6月	3
91	秦皇岛燕大滨沅科技发展有限公司	燕山大学－秦皇岛燕大滨沅科技发展有限公司研究生联合培养基地框架协议书	研究生院	2023年6月	3
92	邢台军华机械科技有限公司	燕山大学－邢台军华机械科技有限公司研究生联合培养基地框架协议书	研究生院	2023年6月	3
93	邢台中伟卓特液压科技有限公司	燕山大学－邢台中伟卓特液压科技有限公司研究生联合培养基地框架协议书	研究生院	2023年6月	3
94	北京英创汇智汽车技术有限公司	燕山大学－北京英创汇智汽车技术有限公司研究生联合培养基地框架协议书	研究生院	2023年6月	3
95	航天晨光股份有限公司上海分公司	燕山大学－航天晨光股份有限公司上海分公司研究生联合培养基地框架协议书	研究生院	2023年6月	3
96	北京星航机电装备有限公司	燕山大学－北京星航机电装备有限公司研究生联合培养基地框架协议书	研究生院	2023年6月	3
97	秦皇岛海关技术中心	燕山大学－秦皇岛海关技术中心研究生联合培养基地框架协议书	研究生院	2023年6月	3
98	中国水产科学研究院北戴河中心实验站	燕山大学－中国水产科学研究院北戴河中心实验站研究生联合培养基地框架协议书	研究生院	2023年6月	3
99	传神语联网网络科技股份有限公司	燕山大学－传神语联网网络科技股份有限公司研究生联合培养基地框架协议书	研究生院	2023年6月	3
100	中国二十二冶集团有限公司	燕山大学－中国二十二冶集团有限公司研究生联合培养基地框架协议书	研究生院	2023年8月	3
101	秦皇岛市玻璃博物馆	燕山大学－秦皇岛市玻璃博物馆研究生联合培养基地框架协议书	研究生院	2023年8月	3

序号	合作单位名称	合作协议名称	签订部门	签订时间	协议年限
102	京清数电（北京）技术有限公司	燕山大学－京清数电（北京）技术有限公司研究生联合培养基地框架协议书	研究生院	2023 年 8 月	3
103	天津电气科学研究院有限公司	燕山大学－天津电气科学研究院有限公司研究生联合培养基地框架协议书	研究生院	2023 年 8 月	3
104	北京市建设工程质量第二检测所有限公司	燕山大学－北京市建设工程质量第二检测所有限公司研究生联合培养基地框架协议书	研究生院	2023 年 8 月	3
105	新乡航空工业（集团）有限公司	燕山大学－新乡航空工业（集团）有限公司研究生联合培养基地框架协议书	研究生院	2023 年 10 月	3
106	锦熹（秦皇岛）科技有限公司	燕山大学－锦熹（秦皇岛）科技有限公司研究生联合培养基地框架协议书	研究生院	2023 年 11 月	3
107	深圳市梅丽纳米孔科技有限公司	燕山大学－深圳市梅丽纳米孔科技有限公司研究生联合培养基地框架协议书	研究生院	2023 年 11 月	3
108	长城电源技术有限公司	燕山大学－长城电源技术有限公司研究生联合培养基地框架协议书	研究生院	2023 年 11 月	3
109	北京机械工业自动化研究所有限公司	燕山大学－北京机械工业自动化研究所有限公司研究生联合培养基地框架协议书	研究生院	2023 年 12 月	3
110	长城汽车股份有限公司	燕山大学－长城汽车股份有限公司研究生联合培养基地框架协议书	研究生院	2023 年 12 月	3
111	如果科技有限公司	燕山大学－如果科技有限公司研究生联合培养基地框架协议书	研究生院	2023 年 12 月	3
112	蜂巢能源科技股份有限公司	燕山大学－蜂巢能源科技股份有限公司研究生联合培养基地框架协议书	研究生院	2023 年 12 月	3
113	长三角国家技术创新中心	燕山大学－长三角国家技术创新中心研究生联合培养基地框架协议书	研究生院	2023 年 12 月	3
114	北京智谱华章科技有限公司	燕山大学－北京智谱华章科技有限公司研究生联合培养基地框架协议书	研究生院	2023 年 12 月	3
115	波兰西里西亚技术大学	中国燕山大学与波兰西里西亚技术大学合作举办燕山大学西里西亚智能科学与工程学院补充协议	西里西亚学院	2023 年 4 月	14
116	秦皇岛港口博物馆	燕山大学校外实践教学基地建设协议书	马克思主义学院	2023 年 11 月 17 日	3
117	秦皇岛市玻璃博物馆	燕山大学校外实践教学基地建设协议书	马克思主义学院	2023 年 8 月 10 日	4
118	昌黎五峰山李大钊革命活动旧址	燕山大学校外实践教学基地建设协议书	马克思主义学院	2023 年 8 月 10 日	4
119	秦皇岛星箭特种玻璃有限公司	燕山大学校外实践教学基地建设协议书	马克思主义学院	2023 年 8 月 10 日	3
120	五峰山李大钊革命活动旧址	五峰山李大钊革命活动旧址与燕山大学李大钊研究院研究基地共建协议	马克思主义学院	2023 年 12 月 23 日	5
121	李大钊纪念馆	李大钊纪念馆与燕山大学李大钊研究院研究基地共建协议	马克思主义学院	2023 年 12 月 23 日	5

（供稿人：学校办公室 孔倩雯）

对外签署合作协议（国外）情况

截至 2023 年 12 月，燕山大学已经与 32 个国家（地区）的 113 所国（境）外高校建立友好合作学校关系，主要分布在北美洲、南美洲、欧洲、亚洲、非洲、大洋洲。具体学校名单见下表。

序号	学校名称（中文）	合作类型
1	美国蒙东那大学	友好学校
2	美国肯特州立大学	友好学校
3	美国东方大学	友好学校
4	美国佛罗里达国际大学	友好学校
5	美国南方州立理工大学	友好学校
6	美国托列多大学	友好学校、合作项目
7	美国西耶纳赫兹大学	友好学校
8	美国马里兰大学	友好学校
9	美国北爱荷华大学	友好学校
10	美国芝加哥大学	友好学校
11	美国凯特林大学	友好学校
12	美国奥克兰大学	友好学校
13	美国韦伯州立大学	友好学校、合作项目
14	▲美国伊利诺伊大学芝加哥分校	友好学校、合作项目
15	美国鲍灵格林州立大学	友好学校、合作项目
16	美国中北州立大学	友好学校、合作项目
17	美国加州浸会大学	友好学校、合作项目
18	※ 美国夏威夷大学	友好学校
19	巴西维索萨联邦大学	友好学校
20	※ 巴西里约热内卢联邦大学	友好学校
21	※ 巴西圣马利亚联邦大学	校际协议
22	※ 巴西托坎廷斯联邦大学	校际协议
23	加拿大渥太华大学	友好学校、合作项目
24	澳大利亚新南威尔士大学	友好学校、合作项目
25	澳大利亚科廷大学	友好学校、中外合作办学项目
26	澳大利亚莫纳什大学	友好学校、合作项目
27	澳大利亚麦考瑞大学	友好学校、合作项目
28	澳大利亚西澳大学	友好学校
29	新西兰林肯大学	友好学校
30	※ 新西兰怀卡多大学	合作协议
31	英国布鲁奈尔大学	友好学校
32	英国拉夫堡大学	友好学校
33	英国考文垂大学	友好学校
34	英国利物浦约翰莫尔大学	友好学校
35	英国赫尔大学	友好学校
36	英国谢菲尔德大学	友好学校

序号	学校名称（中文）	合作类型
37	英国西英格兰大学	友好学校、合作项目
38	英国胡弗汉顿大学	友好学校、合作项目
39	英国布里斯托大学	友好学校、合作项目
40	英国桑德兰大学	友好学校
41	英国基尔大学	友好学校、合作项目
42	英国阿伯丁大学	友好学校
43	※ 英国普利茅斯大学	合作协议
44	德国德雷斯顿大学	友好学校
45	德国慕尼黑大学对外德语学院	友好学校、合作项目
46	德国慕尼黑科技大学	友好学校
47	法国滨海大学	友好学校、合作项目
48	法国中部卢瓦尔河谷国立应用科学学院	友好学校、合作项目
49	法国昂西大学	友好学校、合作项目
50	法国圣埃蒂安大学	友好学校
51	比利时根特大学	友好学校
52	芬兰奥鲁大学	友好学校
53	爱尔兰格里菲斯都柏林学院	友好学校
54	波兰琴斯霍托瓦大学	友好学校、合作项目
55	波兰西里西亚技术大学	友好学校、合作项目
56	波兰罗兹技术大学	友好学校
57	挪威斯塔万格大学	友好学校
58	意大利锡耶那外国人大学	友好学校、合作项目
59	意大利地里亚斯特大学	友好学校、合作项目
60	斯洛文尼亚卢布尔雅那大学	友好学校
61	土耳其萨班哲大学	友好学校
62	※ 土耳其伊斯坦布尔艾登大学	友好学校
63	俄罗斯阿尔泰国立技术大学	友好学校、合作项目
64	俄罗斯莫斯科理工大学	友好学校
65	▲俄罗斯圣彼得堡彼得大帝理工大学	友好学校
66	▲俄罗斯莫斯科市立师范大学	友好学校、合作项目
67	▲俄罗斯莫斯科国立大学	友好学校、合作项目
68	俄罗斯国家研究型工艺大学（密西斯）	友好学校
69	※ 白俄罗斯国立技术大学	友好学校
70	匈牙利德布勒森大学	友好学校、合作项目
71	匈牙利布达佩斯城市大学	友好学校、合作项目
72	匈牙利圣伊斯特万大学	友好学校、合作项目
73	匈牙利托莫里帕尔学院	友好学校、合作项目
74	塞尔维亚诺维萨德大学	友好学校、合作项目
75	葡萄牙阿威罗大学	友好学校、合作项目
76	※ 葡萄牙里斯本大学学院	友好学校

序号	学校名称（中文）	合作类型
77	韩国庆星大学	友好学校
78	韩国协成大学	友好学校
79	韩国清州大学	友好学校
80	韩国建国大学	友好学校
81	韩国庆北大学	友好学校、合作项目
82	韩国世宗大学	友好学校、合作项目
83	韩国延世大学	友好学校
84	韩国安养大学	友好学校
85	韩国又石大学	友好学校、合作项目
86	※ 韩国大邱加图立大学	友好学校
87	日本甲南大学	友好学校
88	日本上智大学	友好学校、合作项目
89	日本苫小牧驹泽大学	友好学校
90	日本高知工科大学	友好学校、合作项目
91	日本广岛大学	友好学校、合作项目
92	日本会津大学	友好学校、合作项目
93	日本国立奈良工业高等专门学校	友好学校
94	日本佐贺大学	友好学校
95	※ 日本福祉大学	友好学校
96	香港城市大学	友好学校
97	香港理工大学	友好学校
98	香港中文大学	友好学校
99	香港岭南大学	友好学校、合作项目
100	澳门大学	友好学校
101	澳门理工学院	友好学校、合作项目
102	澳门科技大学	友好学校
103	新加坡国立大学	友好学校
104	新加坡南洋理工大学	友好学校
105	台湾中原大学	友好学校
106	泰国亚洲理工学院	友好学校
107	马来亚大学	友好学校、合作项目
108	马来西亚理工大学	友好学校、合作项目
109	巴基斯坦费萨拉巴德政府学院大学	友好学校
110	博茨瓦纳国际科技大学	友好学校
111	尼日利亚伊巴丹大学	友好学校
112	马拉喀什卡迪阿雅德大学	友好学校
113	欧盟“Erasmus+ 计划”联合硕士项目	合作项目

注：此次统计包含 10 所新增友好学校，已用 ※ 标出，4 所续签友好学校，已用▲标出。

（供稿人：国际合作处 郭刚军）

海外引才引智情况

2023 年海外引才引智信息统计表

序号	英文姓名	中文姓名	国籍	性别	学位	语种	身份
1	Marian Wiercigroch	玛丽安 • 维尔奇格罗赫	英国	男	博士	—	英国爱丁堡皇家学会院士
2	Tomasz Kapitaniak	托马斯 • 卡皮塔尼亚克	波兰	男	博士	—	波兰科学院院士、欧洲科学院院士
3	JohnS. Tse	约翰 • 谢	加拿大	男	博士	—	加拿大皇家科学院院士
4	Zhukov Aleksei	朱可夫 • 阿列克谢	俄罗斯	男	博士	—	俄罗斯科学院院士
5	Marian Wilhelm Paluch	玛丽安 • 威廉 • 帕鲁克	波兰	男	博士	—	欧洲科学院院士
6	Javier Llorca Martinez	哈维尔 • 洛尔卡 • 马丁内斯	西班牙	男	博士	—	欧洲科学院院士
7	Alexander Soldatov	亚历山大 • 索尔达托夫	瑞典	男	博士	—	全职聘用高端科研专家
8	Jianyu Huang	黄建宇	美国	男	博士	—	全职聘用高端科研专家
9	Javed Rehman	贾伟德 • 拉赫曼	巴基斯坦	男	博士	—	全职聘用高端科研专家
10	Jaroslaw Piotr Kaczmarczyk	雅罗斯瓦夫 • 彼得 • 卡兹马契克	波兰	男	—	—	专业课外籍教师
11	Agnieszka Bier	阿格涅斯卡 • 比尔	波兰	女	—	—	专业课外籍教师
12	Bartlomiej Tadeusz Pawlik	巴特罗米耶 • 塔德乌兹 • 帕利克	波兰	男	—	—	专业课外籍教师
13	Roman Pawel Kluger	罗曼 • 帕维尔 • 克鲁格	波兰	男	—	—	专业课外籍教师
14	Pawel Marcin Kozyra	帕韦尔 • 马尔钦 • 科兹拉	波兰	男	—	—	专业课外籍教师
15	Dehbashi Mohsen Mohammadali	德贝希 • 穆赫辛 • 穆罕默德里	伊朗	男	—	—	专业课外籍教师
16	Benchawan Wiwatanapataphee	本查万 • 维瓦塔纳帕塔波菲	泰国	女	—	—	专业课外籍教师
17	Guanglu Zhou	周光路	澳大利亚	男	—	—	专业课外籍教师
18	Honglei Xu	徐洪磊	澳大利亚	男	—	—	专业课外籍教师
19	Yonghong Wu	吴永红	澳大利亚	男	—	—	专业课外籍教师
20	Roger Collinson	罗杰 • 柯林森	澳大利亚	男	—	—	专业课外籍教师
21	Wen den Hollander	温登 • 霍兰德	澳大利亚	女	—	—	专业课外籍教师
22	Do Wonkim	杜元金	韩国	男	—	—	专业课外籍教师
23	Lee Kyungmi	李京美	韩国	女	—	—	专业课外籍教师
24	Lee Byungsam	李炳衫	韩国	男	—	—	专业课外籍教师
25	Chunxiao Jing	靖春晓	德国	女	—	—	专业课外籍教师
26	Ekaterina Pavlovskaia	叶卡捷琳娜 • 帕夫洛夫斯卡娅	英国	女	—	—	专业课外籍教师
27	Christopher Laufs	克里斯托弗 • 劳夫斯	德国	男	学士	德语	语言类外籍教师
28	Yaya Hamadou Koura	雅雅 • 哈默度 • 库拉	喀麦隆	男	硕士	法语	语言类外籍教师
29	Ammar Karim	阿马尔 • 卡里姆	英国	男	硕士	英语	语言类外籍教师
30	William Jered Faires	威廉 • 杰里德 • 费尔斯	美国	男	硕士	英语	语言类外籍教师
31	David Thomas Anthony	大卫 • 托马斯 • 安东尼	美国	男	学士	英语	语言类外籍教师
32	Stephany Ranae Moser	斯蒂芬尼 • 瑞尼 • 墨瑟	美国	女	硕士	英语	语言类外籍教师
33	Helen Jensen	海伦 • 延森	英国	女	硕士	英语	语言类外籍教师
34	Arina Koniukhova	阿丽娜 • 科纽霍娃	俄罗斯	女	学士	俄语	语言类外籍教师
35	Hisanaga Yudai	久永雄大	日本	男	硕士	日语	语言类外籍教师
36	Kana Miyamoto	宫本佳奈	日本	女	硕士	日语	语言类外籍教师
37	Yuto Sato	佐藤勇人	日本	男	硕士	日语	语言类外籍教师
38	Isoda Takako	矶田贵子	日本	女	硕士	日语	语言类外籍教师
39	Junich Hibuya	涉谷纯一	日本	男	硕士	日语	语言类外籍教师
40	Hiroaki Kato	加藤博章	日本	男	博士	日语	语言类外籍教师
41	Ohsung Yoo	柳悟圣	韩国	男	博士	日语	语言类外籍教师

（供稿人：国际合作处 郭刚军）

师生出国（境）留学访学情况

2023 年师生出国（境）留学访学（3 个月及以上）情况统计表

序号	姓名	工作单位	访问国别	访问院校	类别	身份
1	郝露菡	机械工程学院	波兰	西里西亚技术大学	赴境外任教教师	教师
2	沈秀敏	信息科学与工程学院（软件学院）	波兰	西里西亚技术大学	赴境外任教教师	教师
3	张宝荣	信息科学与工程学院（软件学院）	波兰	西里西亚技术大学	赴境外任教教师	教师
4	刘玉文	环境与化学工程学院	波兰	西里西亚技术大学	赴境外任教教师	教师
5	李伟成	机械工程学院	英国	阿伯丁大学	国家留学基金委青年骨干教师出国研修项目	教师
6	吴立军	机械工程学院	俄罗斯	阿尔泰国立技术大学	国家留学基金委促进与俄乌白国际合作培养项目	教师
7	李　工	材料工程与科学学院	俄罗斯	斯科瓦科技创新中心	国家留学基金委专家学者赴俄乌白短期交流计划	教师
8	荆　楠	信息科学与工程学院（软件学院）	加拿大	维多利亚大学	国家公派高级研究学者、访问学者、博士后项目	教师
9	潘桂娟	外国语学院	英国	格拉斯哥大学	国家留学基金委地方合作项目	教师
10	董梁飞	艺术与设计学院	俄罗斯	下诺夫哥罗德国立格林卡音乐学院	国家留学基金委艺术类人才培养特别项目	教师
11	张　宇	电气工程学院	韩国	高丽大学	优秀专家学者校级出国项目	教师
12	魏亚坤	外国语学院	日本	广岛大学	优秀专家学者校级出国项目	教师
13	李文强	建筑工程与力学学院	澳大利亚	昆士兰大学	优秀专家学者校级出国项目	教师
14	吴　昊	环境与化学工程学院	新西兰	新西兰皇家林业研究所	优秀专家学者校级出国项目	教师
15	桑　懿	艺术与设计学院	蒙古	蒙古 CITI 大学	优秀专家学者校级出国项目	教师
16	贺　莲	机械工程学院	比利时	根特大学	机械工程学院研究生出国（境）交流项目	学生
17	付　斌	机械工程学院	比利时	根特大学	机械工程学院研究生出国（境）交流项目	学生
18	付　敏	机械工程学院	英国	朴茨茅斯大学	机械工程学院研究生出国（境）交流项目	学生
19	周　秦	机械工程学院	英国	诺森比亚大学	机械工程学院研究生出国（境）交流项目	学生
20	连　辉	机械工程学院	英国	阿伯丁大学	机械工程学院研究生出国（境）交流项目	学生
21	王永春	机械工程学院	加拿大	曼尼托巴大学	机械工程学院研究生出国（境）交流项目	学生
22	果　硕	机械工程学院	意大利	米兰理工大学	机械工程学院研究生出国（境）交流项目	学生
23	张　伟	机械工程学院	加拿大	康考迪亚大学	机械工程学院研究生出国（境）交流项目	学生
24	梁师诚	机械工程学院	意大利	米兰理工大学	机械工程学院研究生出国（境）交流项目	学生
25	李如俊	机械工程学院	意大利	都灵理工大学	机械工程学院研究生出国（境）交流项目	学生

序号	姓名	工作单位	访问国别	访问院校	类别	身份
26	郭　玉	机械工程学院	加拿大	不列颠哥伦比亚大学	机械工程学院研究生出国（境）交流项目	学生
27	樊建勋	机械工程学院	加拿大	不列颠哥伦比亚大学	机械工程学院研究生出国（境）交流项目	学生
28	史凯伦	机械工程学院	加拿大	不列颠哥伦比亚大学	机械工程学院研究生出国（境）交流项目	学生
29	陈冬京	机械工程学院	日本	广岛大学	机械工程学院研究生出国（境）交流项目	学生
30	熊建超	机械工程学院	意大利	米兰理工大学	机械工程学院研究生出国（境）交流项目	学生
31	王　鑫	机械工程学院	意大利	米兰理工大学	机械工程学院研究生出国（境）交流项目	学生
32	孙　悦	机械工程学院	英国	爱丁堡龙比亚大学	机械工程学院研究生出国（境）交流项目	学生
33	王　刚	机械工程学院	英国	阿伯丁大学	机械工程学院研究生出国（境）交流项目	学生
34	赵晨辰	机械工程学院	英国	阿伯丁大学	机械工程学院研究生出国（境）交流项目	学生
35	邓泽军	机械工程学院	意大利	米兰理工大学	国家建设高水平大学公派研究生项目	学生
36	王　瑾	机械工程学院	意大利	都灵理工大学	国家建设高水平大学公派研究生项目（联合培养博士生）	学生
37	王永鑫	机械工程学院	日本	东北大学	国家建设高水平大学公派研究生项目（联合培养博士生）	学生
38	付　伦	机械工程学院	意大利	凝聚态物理与化学研究所	国家建设高水平大学公派研究生项目	学生
39	李如俊	机械工程学院	意大利	都灵理工大学	国家建设高水平大学公派研究生项目	学生
40	尹波康	机械工程学院	英国	爱丁堡龙比亚大学	国家建设高水平大学公派研究生项目	学生
41	吴刘坤	机械工程学院	俄罗斯	阿尔泰国立技术大学	促进与俄乌白国际合作培养项目	学生
42	王海翔	机械工程学院	俄罗斯	阿尔泰国立技术大学	促进与俄乌白国际合作培养项目	学生
43	刘　傲	机械工程学院	俄罗斯	阿尔泰国立技术大学	促进与俄乌白国际合作培养项目	学生
44	关笑千	机械工程学院	英国	皇家艺术学院	毕业生出国留学	学生
45	张　兴	机械工程学院	中国	澳门科技大学	毕业生出国留学	学生
46	王凯瑶	机械工程学院	日本	广岛大学	毕业生出国留学	学生
47	王晨阳	机械工程学院	俄罗斯	阿尔泰国立技术大学	国家留学基金委促进与俄乌白国际合作培养项目	学生
48	王泽飞	机械工程学院	俄罗斯	阿尔泰国立技术大学	国家留学基金委促进与俄乌白国际合作培养项目	学生
49	刘　雷	机械工程学院	俄罗斯	阿尔泰国立技术大学	国家留学基金委促进与俄乌白国际合作培养项目	学生
50	李旭东	材料科学与工程学院	美国	伦斯勒理工学院	毕业生出国留学	学生
51	毛佳伟	材料科学与工程学院	日本	广岛大学	毕业生出国留学	学生
52	王文祥	材料科学与工程学院	日本	广岛大学	毕业生出国留学	学生

序号	姓名	工作单位	访问国别	访问院校	类别	身份
53	王金铭	材料科学与工程学院	新加坡	新加坡科学技术研究局	国家建设高水平大学公派研究生项目	学生
54	乔惠慈	材料科学与工程学院	新加坡	南洋理工大学	国家建设高水平大学公派研究生项目	学生
55	黎先曜	电气工程学院	美国	佛罗里达大学	毕业生出国留学	学生
56	彭登武	电气工程学院	美国	南卫理公会大学	毕业生出国留学	学生
57	吴卓群	电气工程学院	意大利	帕多瓦大学	国家建设高水平大学公派研究生项目	学生
58	侯科宇	电气工程学院	澳大利亚	科廷大学	中外合作办学	学生
59	高锦龙	电气工程学院	澳大利亚	科廷大学	中外合作办学	学生
60	陈树端	电气工程学院	澳大利亚	科廷大学	中外合作办学	学生
61	韩　霄	电气工程学院	澳大利亚	科廷大学	中外合作办学	学生
62	占　辰	电气工程学院	澳大利亚	科廷大学	中外合作办学	学生
63	罗瑞琪	电气工程学院	澳大利亚	科廷大学	中外合作办学	学生
64	张鲁齐	电气工程学院	澳大利亚	科廷大学	中外合作办学	学生
65	姚思玉	电气工程学院	澳大利亚	科廷大学	中外合作办学	学生
66	田佳伟	电气工程学院	澳大利亚	科廷大学	中外合作办学	学生
67	王群朝	电气工程学院	澳大利亚	科廷大学	中外合作办学	学生
68	任　强	电气工程学院	澳大利亚	科廷大学	中外合作办学	学生
69	王皓玉	电气工程学院	澳大利亚	科廷大学	中外合作办学	学生
70	乌信多	电气工程学院	澳大利亚	科廷大学	中外合作办学	学生
71	海　爽	电气工程学院	澳大利亚	科廷大学	中外合作办学	学生
72	苏佳伟	电气工程学院	韩国	延世大学	国家建设高水平大学公派研究生项目	学生
73	于　越	电气工程学院	意大利	米兰理工大学	国家建设高水平大学公派研究生项目	学生
74	关　阳	电气工程学院	英国	哈德斯菲尔德大学	国家建设高水平大学公派研究生项目	学生
75	李启东	电气工程学院	德国	维尔茨堡大学	国家建设高水平大学公派研究生项目	学生
76	宁鹏举	电气工程学院	德国	维尔茨堡大学	国家建设高水平大学公派研究生项目	学生
77	孟　蕊	电气工程学院	德国	波鸿鲁尔大学	国家建设高水平大学公派研究生项目	学生
78	李梦迪	电气工程学院	英国	哈德斯菲尔德大学	国家建设高水平大学公派研究生项目	学生
79	李　昊	信息科学与工程学院（软件学院）	新加坡	新加坡科技设计大学	新加坡科技设计大学硕士项目	学生
80	胡红旭	信息科学与工程学院（软件学院）	英国	谢菲尔德大学	毕业生出国留学	学生
81	倪傅正宽	信息科学与工程学院（软件学院）	英国	伯明翰大学	毕业生出国留学	学生
82	贺鹏飞	信息科学与工程学院（软件学院）	加拿大	曼尼托巴大学	毕业生出国留学	学生
83	李奕彤	信息科学与工程学院（软件学院）	澳大利亚	新南威尔士大学	毕业生出国留学	学生
84	李　烨	信息科学与工程学院（软件学院）	日本	会津大学	日本会津大学 3+2 交换生项目	学生

序号	姓名	工作单位	访问国别	访问院校	类别	身份
85	张驭仁	信息科学与工程学院（软件学院）	日本	会津大学	日本会津大学 3+3 交换生项目	学生
86	杨冬晗	经济管理学院	澳大利亚	新南威尔士大学	毕业生出国留学	学生
87	马　啸	经济管理学院	澳大利亚	墨尔本大学	毕业生出国留学	学生
88	马　轲	经济管理学院	澳大利亚	悉尼大学	毕业生出国留学	学生
89	陈禹嘉	经济管理学院	澳大利亚	新南威尔士大学	毕业生出国留学	学生
90	崔照东	经济管理学院	澳大利亚	珀斯大学	毕业生出国留学	学生
91	赵康凯	经济管理学院	澳大利亚	科廷大学	毕业生出国留学	学生
92	董恺宁	经济管理学院	澳大利亚	墨尔本大学	毕业生出国留学	学生
93	张若愚	经济管理学院	澳大利亚	科廷大学	毕业生出国留学	学生
94	周凡靖	经济管理学院	加拿大	温莎大学	毕业生出国留学	学生
95	吴秉宸	经济管理学院	澳大利亚	科廷大学	毕业生出国留学	学生
96	刘耀天	经济管理学院	英国	谢菲尔德大学	毕业生出国留学	学生
97	王圣凯	经济管理学院	英国	伯明翰大学	毕业生出国留学	学生
98	杜怡然	经济管理学院	澳大利亚	悉尼大学	毕业生出国留学	学生
99	霍源浩	经济管理学院	澳大利亚	悉尼大学	毕业生出国留学	学生
100	冯敬之	经济管理学院	英国	曼彻斯特大学	毕业生出国留学	学生
101	梁文博	经济管理学院	俄罗斯	圣彼得堡彼得大帝理工大学	毕业生出国留学	学生
102	聂文浩	经济管理学院	澳大利亚	莫纳什大学	毕业生出国留学	学生
103	杨娜斌	经济管理学院	马来西亚	马来西亚理科大学	毕业生出国留学	学生
104	侯　波	经济管理学院	澳大利亚	科廷大学	毕业生出国留学	学生
105	郑　瑞	经济管理学院	澳大利亚	科廷大学	毕业生出国留学	学生
106	张　琪	经济管理学院	澳大利亚	科廷大学	毕业生出国留学	学生
107	林倍萱	经济管理学院	澳大利亚	科廷大学	中外合作办学	学生
108	高千惠	经济管理学院	澳大利亚	科廷大学	中外合作办学	学生
109	张弘坤	经济管理学院	澳大利亚	科廷大学	中外合作办学	学生
110	陈嘉睿	经济管理学院	澳大利亚	科廷大学	中外合作办学	学生
111	陈文豪	经济管理学院	澳大利亚	科廷大学	中外合作办学	学生
112	王东阳	经济管理学院	澳大利亚	科廷大学	中外合作办学	学生
113	成　宇	经济管理学院	澳大利亚	科廷大学	中外合作办学	学生
114	辛守创	经济管理学院	澳大利亚	科廷大学	中外合作办学	学生
115	陈张杨	经济管理学院	澳大利亚	科廷大学	中外合作办学	学生
116	杨　钊	经济管理学院	澳大利亚	科廷大学	中外合作办学	学生
117	刘　康	经济管理学院	澳大利亚	科廷大学	中外合作办学	学生
118	彭俊博	经济管理学院	澳大利亚	科廷大学	中外合作办学	学生

序号	姓名	工作单位	访问国别	访问院校	类别	身份
119	孙天翊	经济管理学院	澳大利亚	科廷大学	中外合作办学	学生
120	祖　瑞	经济管理学院	澳大利亚	科廷大学	中外合作办学	学生
121	邓德宇	经济管理学院	澳大利亚	科廷大学	中外合作办学	学生
122	韩　浩	经济管理学院	澳大利亚	科廷大学	中外合作办学	学生
123	张恩语	经济管理学院	澳大利亚	科廷大学	中外合作办学	学生
124	张子哲	经济管理学院	澳大利亚	科廷大学	中外合作办学	学生
125	马凯欣	经济管理学院	澳大利亚	科廷大学	中外合作办学	学生
126	蔡宇航	经济管理学院	澳大利亚	科廷大学	中外合作办学	学生
127	张玉超	经济管理学院	澳大利亚	科廷大学	中外合作办学	学生
128	赵海丹	外国语学院	英国	伯明翰城市珠宝学院	毕业生出国留学	学生
129	张一鸣	外国语学院	日本	北海道大学	毕业生出国留学	学生
130	崔美松	外国语学院	韩国	安山大学	毕业生出国留学	学生
131	刘　唯	外国语学院	马来西亚	—	毕业生出国留学	学生
132	樊炳圻	外国语学院	法国	莱茵高等艺术学校	毕业生出国留学	学生
133	崔荧笑	外国语学院	澳大利亚	悉尼大学	毕业生出国留学	学生
134	李怡贤	外国语学院	日本	日本致远教育株式会社	毕业生出国留学	学生
135	刘嘉怡	外国语学院	日本	修曼语言学校大阪分校	毕业生出国留学	学生
136	崔靖轩	外国语学院	俄罗斯	莫斯科大学	毕业生出国留学	学生
137	刘思宜	外国语学院	新加坡	新加坡管理大学	毕业生出国留学	学生
138	郭宇轩	外国语学院	日本	东京亚细亚友之会外语学院	毕业生出国留学	学生
139	刘晋菲	外国语学院	日本	玉秀国际语学院	毕业生出国留学	学生
140	郑　玲	外国语学院	韩国	汉阳大学	毕业生出国留学	学生
141	兰　颖	外国语学院	日本	—	毕业生出国留学	学生
142	李子川	外国语学院	英国	格拉斯哥大学	毕业生出国留学	学生
143	杨奥丽	外国语学院	荷兰	蒂尔堡大学	毕业生出国留学	学生
144	王泳超	外国语学院	日本	广岛大学	日本广岛大学 3+1 交换生项目	学生
145	王亚杰	外国语学院	俄罗斯	普希金俄语学院	中俄政府奖学金项目	学生
146	马鑫月	外国语学院	俄罗斯	普希金俄语学院	中俄政府奖学金项目	学生
147	王　维	外国语学院	德国	慕尼黑大学	德国慕尼黑大学交换生	学生
148	尹晓路	外国语学院	德国	慕尼黑大学	德国慕尼黑大学交换生	学生
149	赵文萱	外国语学院	德国	慕尼黑大学	德国慕尼黑大学交换生	学生
150	马闻琳	外国语学院	法国	圣埃蒂安大学	圣埃蒂安大学交换生	学生
151	李婉茹	外国语学院	俄罗斯	莫斯科市立师范大学	莫斯科市立师范大学交换生	学生
152	毕明珠	外国语学院	俄罗斯	莫斯科市立师范大学	莫斯科市立师范大学交换生	学生
153	李文敏	外国语学院	俄罗斯	莫斯科市立师范大学	莫斯科市立师范大学交换生	学生

序号	姓名	工作单位	访问国别	访问院校	类别	身份
154	东桓屹	建筑工程与力学学院	意大利	米兰理工大学	毕业生出国留学	学生
155	陈迎宾	建筑工程与力学学院	美国	爱荷华大学	毕业生出国留学	学生
156	解梦雪	建筑工程与力学学院	澳大利亚	莫纳什大学	国家建设高水平大学公派研究生项目	学生
157	蓝嘉琪	文法学院（公共管理学院）	英国	格拉斯哥大学	毕业生出国留学	学生
158	郭佳宜	文法学院（公共管理学院）	巴西	弗鲁米嫩塞联邦大学	毕业生出国留学	学生
159	孟照曦	文法学院（公共管理学院）	英国	南安普顿大学	毕业生出国留学	学生
160	张朋辉	文法学院（公共管理学院）	英国	利物浦大学	毕业生出国留学	学生
161	陈施宇	文法学院（公共管理学院）	中国	香港浸会大学	毕业生留学	学生
162	王雨琦	文法学院（公共管理学院）	日本	大阪大学	日本国政府（文部科学省）博士生奖学金	学生
163	陈治华	理学院	中国	香港浸会大学	毕业生留学	学生
164	周婷婷	理学院	法国	贝尔福－蒙贝利亚科技大学	毕业生出国留学	学生
165	杨景皓	理学院	爱尔兰	都柏林圣三一学院	毕业生出国留学	学生
166	孙　昊	理学院	加拿大	劳伦森大学	毕业生出国留学	学生
167	李　晴	环境与化学工程学院	新加坡	南洋理工大学	国家建设高水平大学公派研究生项目	学生
168	张　奎	环境与化学工程学院	澳大利亚	新南威尔士大学	毕业生出国留学	学生
169	权英雅	艺术与设计学院	韩国	延世大学语学院	毕业生出国留学	学生
170	何京起	艺术与设计学院	英国	谢菲尔德大学	毕业生出国留学	学生
171	梁珀瑶	艺术与设计学院	英国	南安普顿大学	毕业生出国留学	学生
172	苗　萌	艺术与设计学院	美国	曼哈顿音乐学院	毕业生出国留学	学生
173	杨　丹	艺术与设计学院	韩国	大邱加图立大学	毕业生出国留学	学生
174	杨韫思	艺术与设计学院	英国	谢菲尔德大学	毕业生出国留学	学生
175	尚秋珂	艺术与设计学院	澳大利亚	新南威尔士大学	毕业生出国留学	学生
176	张艺倩	艺术与设计学院	英国	谢菲尔德大学	毕业生出国留学	学生
177	伍成杰	艺术与设计学院	英国	皇家艺术学院	毕业生出国留学	学生
178	洪林峰	车辆与能源学院	日本	广岛大学	日本广岛大学 3+1 交换生项目	学生
179	孙宇琪	车辆与能源学院	日本	广岛大学	日本广岛大学 3+1 交换生项目	学生
180	张志满	体育学院	俄罗斯	乌拉尔国立师范大学	毕业生出国留学	学生
181	侯湘怡	欧洲学院	波兰	西里西亚技术大学	欧洲学院项目	学生
182	翟逸凡	欧洲学院	波兰	西里西亚技术大学	欧洲学院项目	学生
183	张霈霈	欧洲学院	波兰	西里西亚技术大学	欧洲学院项目	学生
184	白一诺	欧洲学院	波兰	西里西亚技术大学	欧洲学院项目	学生
185	王　清	欧洲学院	波兰	西里西亚技术大学	欧洲学院项目	学生

序号	姓名	工作单位	访问国别	访问院校	类别	身份
186	李亦航	欧洲学院	波兰	西里西亚技术大学	欧洲学院项目	学生
187	陈　然	欧洲学院	波兰	西里西亚技术大学	欧洲学院项目	学生
188	张　灏	欧洲学院	波兰	西里西亚技术大学	欧洲学院项目	学生
189	仇梦琪	欧洲学院	波兰	西里西亚技术大学	欧洲学院项目	学生
190	李浩然	欧洲学院	波兰	西里西亚技术大学	欧洲学院项目	学生
191	刘奕桢	欧洲学院	波兰	西里西亚技术大学	欧洲学院项目	学生
192	胡元旭	欧洲学院	波兰	西里西亚技术大学	欧洲学院项目	学生
193	李　博	欧洲学院	波兰	西里西亚技术大学	欧洲学院项目	学生
194	张汶轩	欧洲学院	波兰	西里西亚技术大学	欧洲学院项目	学生
195	王辰赫	欧洲学院	波兰	西里西亚技术大学	欧洲学院项目	学生
196	郭海一	欧洲学院	波兰	西里西亚技术大学	欧洲学院项目	学生
197	蒲　佳	欧洲学院	波兰	西里西亚技术大学	欧洲学院项目	学生
198	许馨玥	欧洲学院	波兰	西里西亚技术大学	欧洲学院项目	学生
199	李秉键	欧洲学院	波兰	西里西亚技术大学	欧洲学院项目	学生
200	王昕钰	欧洲学院	波兰	西里西亚技术大学	欧洲学院项目	学生
201	赵彬哲	欧洲学院	波兰	西里西亚技术大学	欧洲学院项目	学生
202	孙　睿	欧洲学院	波兰	西里西亚技术大学	欧洲学院项目	学生
203	李思涵	欧洲学院	波兰	西里西亚技术大学	欧洲学院项目	学生
204	张洋铭	欧洲学院	波兰	西里西亚技术大学	欧洲学院项目	学生
205	王友良	欧洲学院	波兰	西里西亚技术大学	欧洲学院项目	学生
206	姚嗣源	欧洲学院	波兰	西里西亚技术大学	欧洲学院项目	学生
207	李帛涛	欧洲学院	波兰	西里西亚技术大学	欧洲学院项目	学生
208	韩昌烁	欧洲学院	波兰	西里西亚技术大学	欧洲学院项目	学生
209	樊鹤婷	欧洲学院	波兰	西里西亚技术大学	欧洲学院项目	学生
210	张墨涵	欧洲学院	波兰	西里西亚技术大学	欧洲学院项目	学生
211	吕一杰	欧洲学院	波兰	西里西亚技术大学	欧洲学院项目	学生
212	宋以俊	欧洲学院	波兰	西里西亚技术大学	欧洲学院项目	学生
213	佟博麟	欧洲学院	波兰	西里西亚技术大学	欧洲学院项目	学生
214	钟子寒	欧洲学院	波兰	西里西亚技术大学	欧洲学院项目	学生
215	周晓阳	欧洲学院	波兰	西里西亚技术大学	欧洲学院项目	学生
216	张杜轩	欧洲学院	波兰	西里西亚技术大学	欧洲学院项目	学生
217	颜佳琳	欧洲学院	波兰	西里西亚技术大学	欧洲学院项目	学生
218	李梦泽	欧洲学院	波兰	西里西亚技术大学	欧洲学院项目	学生
219	杨　昆	欧洲学院	波兰	西里西亚技术大学	欧洲学院项目	学生
220	刘鹏宇	欧洲学院	波兰	西里西亚技术大学	欧洲学院项目	学生

序号	姓名	工作单位	访问国别	访问院校	类别	身份
221	康家豪	欧洲学院	波兰	西里西亚技术大学	欧洲学院项目	学生
222	张琪业	欧洲学院	波兰	西里西亚技术大学	欧洲学院项目	学生
223	李金仪	欧洲学院	波兰	西里西亚技术大学	欧洲学院项目	学生
224	马超群	欧洲学院	波兰	西里西亚技术大学	欧洲学院项目	学生
225	张炳呈	欧洲学院	波兰	西里西亚技术大学	欧洲学院项目	学生
226	何文清	欧洲学院	波兰	西里西亚技术大学	欧洲学院项目	学生
227	马婧桐	欧洲学院	波兰	西里西亚技术大学	欧洲学院项目	学生
228	胡植文	欧洲学院	波兰	西里西亚技术大学	欧洲学院项目	学生
229	刘吉耀	欧洲学院	波兰	西里西亚技术大学	欧洲学院项目	学生
230	李周成	欧洲学院	波兰	西里西亚技术大学	欧洲学院项目	学生
231	雷仲龄	欧洲学院	波兰	西里西亚技术大学	欧洲学院项目	学生
232	盛轼城	欧洲学院	波兰	西里西亚技术大学	欧洲学院项目	学生
233	安俊雅	欧洲学院	波兰	西里西亚技术大学	欧洲学院项目	学生
234	林中显	欧洲学院	波兰	西里西亚技术大学	欧洲学院项目	学生
235	孙德恩	欧洲学院	波兰	西里西亚技术大学	欧洲学院项目	学生
236	陈世贇	欧洲学院	波兰	西里西亚技术大学	欧洲学院项目	学生
237	贺梓航	欧洲学院	波兰	西里西亚技术大学	欧洲学院项目	学生
238	郭佳怡	欧洲学院	波兰	西里西亚技术大学	欧洲学院项目	学生
239	常智超	欧洲学院	波兰	西里西亚技术大学	欧洲学院项目	学生
240	赵子鹤	欧洲学院	波兰	西里西亚技术大学	欧洲学院项目	学生
241	张墨涵	欧洲学院	波兰	西里西亚技术大学	欧洲学院项目	学生
242	窦嘉宜	欧洲学院	波兰	西里西亚技术大学	欧洲学院项目	学生
243	周子翔	欧洲学院	波兰	西里西亚技术大学	欧洲学院项目	学生
244	郭博雅	欧洲学院	波兰	西里西亚技术大学	欧洲学院项目	学生
245	陈朝晖	欧洲学院	波兰	西里西亚技术大学	欧洲学院项目	学生
246	黄凯杰	欧洲学院	波兰	西里西亚技术大学	欧洲学院项目	学生
247	陈施雨	欧洲学院	波兰	西里西亚技术大学	欧洲学院项目	学生
248	王彦喆	欧洲学院	波兰	西里西亚技术大学	欧洲学院项目	学生
249	李佳忆	欧洲学院	波兰	西里西亚技术大学	欧洲学院项目	学生
250	赵　婧	欧洲学院	波兰	西里西亚技术大学	欧洲学院项目	学生
251	冯煜铨	欧洲学院	波兰	西里西亚技术大学	欧洲学院项目	学生
252	吴兆萱	欧洲学院	波兰	西里西亚技术大学	欧洲学院项目	学生
253	韩予鑫	欧洲学院	波兰	西里西亚技术大学	欧洲学院项目	学生
254	王精垚	欧洲学院	波兰	西里西亚技术大学	欧洲学院项目	学生
255	张冉阳	欧洲学院	波兰	西里西亚技术大学	欧洲学院项目	学生

序号	姓名	工作单位	访问国别	访问院校	类别	身份
256	石　玉	欧洲学院	波兰	西里西亚技术大学	欧洲学院项目	学生
257	王军衡	欧洲学院	波兰	西里西亚技术大学	欧洲学院项目	学生
258	徐浩南	欧洲学院	波兰	西里西亚技术大学	欧洲学院项目	学生
259	董堉石	欧洲学院	波兰	西里西亚技术大学	欧洲学院项目	学生
260	杨焱皓	欧洲学院	波兰	西里西亚技术大学	欧洲学院项目	学生
261	肖裕泽	欧洲学院	波兰	西里西亚技术大学	欧洲学院项目	学生
262	生志豪	欧洲学院	波兰	西里西亚技术大学	欧洲学院项目	学生
263	闻峻毅	欧洲学院	波兰	西里西亚技术大学	欧洲学院项目	学生
264	李明阳	欧洲学院	波兰	西里西亚技术大学	欧洲学院项目	学生
265	陈　卓	欧洲学院	波兰	西里西亚技术大学	欧洲学院项目	学生
266	乔一峰	欧洲学院	波兰	西里西亚技术大学	欧洲学院项目	学生
267	杨振峣	欧洲学院	波兰	西里西亚技术大学	欧洲学院项目	学生
268	刘岳宗	欧洲学院	波兰	西里西亚技术大学	欧洲学院项目	学生
269	曲正涛	欧洲学院	波兰	西里西亚技术大学	欧洲学院项目	学生
270	魏仪博	欧洲学院	波兰	西里西亚技术大学	欧洲学院项目	学生
271	王晟煊	欧洲学院	波兰	西里西亚技术大学	欧洲学院项目	学生
272	毛政均	欧洲学院	波兰	西里西亚技术大学	欧洲学院项目	学生
273	王壮志	欧洲学院	波兰	西里西亚技术大学	欧洲学院项目	学生
274	黄梓松	欧洲学院	波兰	西里西亚技术大学	欧洲学院项目	学生
275	陈钰佳	欧洲学院	波兰	西里西亚技术大学	欧洲学院项目	学生
276	初伯琛	欧洲学院	波兰	西里西亚技术大学	欧洲学院项目	学生
277	孙　毅	欧洲学院	波兰	西里西亚技术大学	欧洲学院项目	学生
278	张萤倢	欧洲学院	波兰	西里西亚技术大学	欧洲学院项目	学生
279	刘家硕	欧洲学院	波兰	西里西亚技术大学	欧洲学院项目	学生
280	舒　适	欧洲学院	波兰	西里西亚技术大学	欧洲学院项目	学生
281	刘蕴苹	欧洲学院	波兰	西里西亚技术大学	欧洲学院项目	学生
282	刘思宇	欧洲学院	波兰	西里西亚技术大学	欧洲学院项目	学生
283	宋秉哲	欧洲学院	波兰	西里西亚技术大学	欧洲学院项目	学生
284	崔祖赫	欧洲学院	波兰	西里西亚技术大学	欧洲学院项目	学生
285	杨靖然	欧洲学院	波兰	西里西亚技术大学	欧洲学院项目	学生
286	尚炜智	欧洲学院	波兰	西里西亚技术大学	欧洲学院项目	学生
287	杨童硕	欧洲学院	波兰	西里西亚技术大学	欧洲学院项目	学生
288	吕本璋	欧洲学院	波兰	西里西亚技术大学	欧洲学院项目	学生

（供稿人：国际合作处 郭刚军）

外事来访情况

2023 年外事来访情况统计表

序号	来访时间	来访院校	来访人员	来访事宜
1	4 月 18 日	英国阿伯丁大学	英国爱丁堡皇家学会 Marian Wiercigroch 院士等一行 3 人	外聘院士
2	4 月 28 日	美国夏威夷大学	夏威夷大学卡皮奥拉尼校区国际部主任冯赛源	校际交流，洽谈合作
3	6 月 2 日	葡萄牙里斯本大学学院	葡萄牙里斯本大学学院 ISCTE 商学院 José Crespo de Carvalho 教授和 Rui Vinhas da Silva 教授	校际交流，洽谈合作
4	7 月 14 日	西班牙马德里理工大学	西班牙萨拉戈萨皇家科学院 Javier Llorca 院士	外聘院士
5	8 月 24 日	澳大利亚西澳大学	澳大利亚西澳大学刘亦农教授	聘客座教授
6	9 月 14 日	波兰罗兹技术大学，英国阿伯丁大学	波兰科学院 Tomasz Kapitaniak 院士等一行 3 人	外聘院士
7	9 月 25 日	澳大利亚昆士兰大学、澳华国际教育集团	澳大利亚昆士兰大学工程学院国际部 Angela LI、澳华国际教育总经理张生权及助理李骝	校际交流，洽谈合作
8	10 月 19 日	品客国际	品课国际中国区负责人 Ben Watson	在校外籍教师情况和学校外教需求
9	10 月 30 日	澳大利亚科廷大学	副校长马克·奥格登（Mark Ogden）一行 7 人	开发课程资源，拓宽教师专业视野，推进教育教学改革，提升学生跨文化交流能力，合作开展科学研究
10	10 月 30 日	伊利诺伊大学芝加哥分校	伊利诺伊大学芝加哥分校国际伙伴关系项目全球事务办公室主任王剑锋、副主任 Chritopher R. Biehl	项目宣讲
11	11 月 14 日	韩国大邱加图立大学	大邱加图立大学音乐学院院长李炳衫等一行 6 人	聘任客座教授，洽谈项目
12	11 月 28 日	日本文教大学	外国人留学生别科担当福田伦子、国际交流科担当中村志麻	互换留学生项目
13	12 月 11 日	博茨瓦纳国际科技大学	校长 Otlogetswe Totolo、汉语办公室负责人马文慧	深度合作，国际中文教育
14	12 月 17 日	韩国汉阳大学	Chagnmin Lee 教授等一行 7 人	参加 The 2nd International Symposium on Materials at Extreme Conditions 研讨会
15	12 月 26 日	意大利米兰理工大学	Hamid Reza Karimi 教授	校际交流，洽谈合作

（供稿人：国际合作处 郭刚军）

中外合作办学

【丰富国际教育办学层次】完成中外合作办学机构增设硕士研究生学历教育以及境外办学欧洲学院增设硕士研究生培养层次备案工作，初步构建起本硕博一体化的中外合作办学“燕大范式”。

【开展中外合作办学特色教改研究】启动“专业发展规划项目”和“中外联合建课项目”，聚焦中外合作办学模式下的专业人才培养体系的梳理完善、特色凝练及课程建设等，强化中外教师共同教研，规范课程教学大纲，明确课程核心内容、课堂组织形式、考核方式等，共立项培育25项。同时，围绕“专业素养提升”和“青年大学生全球胜任力培养”两条主线，邀请国内外专家学者举办前沿讲座，开展跨文化交流实践等活动。

【促进校际交流发展】完成澳大利亚科廷大学来访团对接工作，共同举办电气工程、工业工程两个中外合作办学项目年会，商讨举办燕山大学－科廷大学合作办学十周年活动。同时，推进“中高计划”项目建设工作，组织昆士兰大学、拉夫堡大学校方工作人员同“中高计划”金属材料工程专业、土木工程专业学生见面座谈会。

【常规工作】党建工作。加强政治建设，发挥制度引领作用，出台系列文件9份，调整成立二级议事机构14个，做好制度体系的配套衔接；落实党委主体责任，成立学院党校，优化基层组织设置，为党建和业务工作融合发展提供坚强组织保障。设立工业工程专业本科教育项目学生党支部和电气工程专业硕士研究生教育项目学生党支部，纳入学校和学院党委统一管理。

招生工作。西里西亚智能科学与工程学院2023级招收新生204人，合计在校生485人。学校与澳大利亚科廷大学合作举办工业工程本科教育项目2023级招收新生92人，出国赴澳大利亚科廷大学进行第四学年本科学习的学生为21人；学校与澳大利亚科廷大学合作举办电气工程专业硕士教育项目2023级招收新生35人，出国赴澳大利亚科廷大学进行第二学年硕士学习的学生为14人。燕山大学欧洲学院2023级招收新生108人，波兰校区在校生167人。

教育教学。1. 西里西亚智能科学与工程学院教育教学。双向融合下凝练专业人才培养特色。完成本科专业培养方案修订工作，筹建“智能控制”微专业；建立中外联合授课机制，明确中外教师职责，组建联合授课组，保障外方课程高质量引入；多措并举，强化质量保障。完善学院教学质量保障体系，成立学院督导组，建立党委统抓学风机制。2. 中外合作办学项目教育教学。学校与澳大利亚科廷大学合作举办工业工程专业本科教育项目和电气工程专业硕士教育项目由中、澳方教师共同授课，本年度春季学期共有7名澳方教师采用线上方式授课，秋季学期共有8名澳方教师采用线下面授方式授课。12月，澳大利亚科廷大学Dowon Kim博士受邀参加学校电气工程学院主办的研究生创新论坛，并围绕智能轮椅和数字化变电站的无线充电技术作学术报告。3. 境外办学欧洲学院教育教学。本年度燕山大学欧洲学院累计选派19人次教师赴波兰校区完成18门课程的教学工作以及167名在波学生的日常管理工作。

学生工作。开展“六I”培养工程，打造“西里西亚学院青年大学生全球胜任力讲座”“西里西亚大讲堂”“榜样讲堂”三个品牌活动；“红色赶考”实践团事迹在全国媒体公开报道，获评全国优秀团队；“瞰燕航拍”成为学校首个以“航拍”为特色的大学生网络文化工作室；青年大学习完成率连续18期稳居全校第一名。

创新创业。出台《西里西亚智能科学与工程学院创新创业教育建设实施方案》，着力打造“以学生为主体、教师为主导、一专一赛”的双创培养与价值塑造体系；成功组织“2023一带一路暨金砖国家技能发展与技术创新大赛之工程仿真创新设计赛项”全国决赛，获竞赛支持特别贡献奖。

（供稿人：齐璐、王晓哲、许思龙、娄婧宇）

财务审计与资产设备

财务管理

总体情况

【建立健全财务管理制度】制定《燕山大学财务管理制度》，加强财务管理和监督，提升财务治理能力和水平；修订《燕山大学经费审批、使用和报销管理办法》，完善支出管理制度，加强经费使用管理。

【全面实施预算绩效管理】强化预算项目绩效目标管理，将项目预算绩效目标设置作为预算安排的前置条件。开展项目预算绩效评价，组织项目实施单位对照年初设定的绩效目标进行自评。会同审计部门进一步加大绩效评价力度，精心组织实施省级预算项目绩效自评和“双一流”建设经费及科研、国际化等专项资金绩效评价工作。完成学校领导班子预算绩效管理定量考核指标，获批预算绩效奖补资金1500万元，一般公共预算专项经费支出进度达到99.25%，位居全省前列。

【加强财务信息化建设】完成财务系统与资产系统对接工作，实现资产账实一致；完成财务系统与科研系统程序对接，开通科研经费线上查询、认领功能；会同档案馆开通线上财会档案查阅审批服务，解决师生查档签批跑办问题；通过应用新媒体微信公众号，编制发布“手把手教你”系列资产报销教程3篇、网络报销额度占用解决方案1篇、精简版报销清单16篇、个人所得税汇算清缴教程1篇。推行增值税电子发票，启用“全电发票”，方便师生办理开票业务。

【常规工作】防范债务和资金风险。合理编制学校预算，科学制定债务偿还方案和重点项目资金支出方案，确保到期银行贷款及其他债务及时偿还。年初足额安排预算资金用于偿还到期银行贷款和专项债券，全年偿还银行贷款本息及专项债务5085万元。积极和沧州银行对接，如期促成贷款的倒据置换和利率下调，智慧破解里仁学院5000万元到期贷款难题。严格控制基本建设和大型修缮类项目投入，合理安排预算资金用于支付基本建设和大型修缮类项目工程款。在一般债券未到位的情况下，通过压减一般预算，挤出1600万元资金保证急需的工程和维修款如期支付。

拓宽融资渠道。1. 同教育厅等相关部门对接，确保“双一流”建设资金及时到位，与研究生院配合争取到“双一流”建设资金2.4亿元；利用国家支持科研及高校优惠政策，完成5亿元中长期贷款贴息1100万元。2. 完善收入增长激励机制，及时下达二级单位可支配收入预算指标，调动二级单位组织收入积极性。3. 同商务部门和税务部门对接，完成进口设备贴息122万元、国产科研设备退税291万元；同税务部门沟通，申报退回2022年个人所得税手续费82万元，以前年度个人所得税手续费43万元。

组织学宿费收缴和减免工作。清理在校学生欠费904.83万元，2023年学费、住宿费收缴率达到99.50%，为历年新高。与学工处联合，为走读生、建档立卡生、烈士子女、直博研究生、退役复学生474人次减免学费293.33万元，住宿费30.03万元。

（供稿人：计划财务处 张宁）

收入支出预算、决算情况

收入支出决算总表（财决 01 表）

编制单位：燕山大学　　2023 年度　　金额单位：元

收入				
项目	行次	年初预算数	全年预算数	决算数
一、一般公共预算财政拨款收入	1	1,230,403,615.32	1,282,863,451.24	1,265,527,015.09
二、政府性基金预算财政拨款收入	2	1,852,400.00	2,057,400.00	2,057,400.00
三、国有资本经营预算财政拨款收入	3			
四、上级补助收入	4			
五、事业收入	5	772,592,600.00	773,192,600.00	718,368,727.85
六、经营收入	6			
七、附属单位上缴收入	7			
八、其他收入	8	8,400,000.00	22,950,000.00	18,856,778.67
本年收入合计	9	2,013,248,615.32	2,081,063,451.24	2,004,809,921.61
使用非财政拨款结余和专用结余	10			
年初结转和结余	11		104,456,511.59	104,456,511.59
总计	12	2,013,248,615.32	2,185,519,962.83	2,109,266,433.20
支出				
项目（按功能分类）	行次	年初预算数	全年预算数	决算数
一、一般公共服务支出	13		782,000.00	782,000.00
二、外交支出	14			
三、国防支出	15		1,600,000.00	1,600,000.00
四、公共安全支出	16			
五、教育支出	17	2,008,820,215.32	2,053,164,051.24	2,014,569,318.74

六、科学技术支出	18	2,184,000.00	22,114,000.00	6,964,000.00
七、文化旅游体育与传媒支出	19	392,000.00	392,000.00	392,000.00
八、社会保障和就业支出	20			
九、卫生健康支出	21		105,410,511.59	3,251,336.64
十、节能环保支出	22			
十一、城乡社区支出	23			
十二、农林水支出	24			
十三、交通运输支出	25			
十四、资源勘探工业信息等支出	26			
十五、商业服务业等支出	27			
十六、金融支出	28			
十七、援助其他地区支出	29			
十八、自然资源海洋气象等支出	30			
十九、住房保障支出	31			
二十、粮油物资储备支出	32			
二十一、国有资本经营预算支出	33			
二十二、灾害防治及应急管理支出	34			
二十三、其他支出	35	500,000.00	705,000.00	705,000.00
二十四、债务还本支出	36			
二十五、债务付息支出	37	1,352,400.00	1,352,400.00	1,352,400.00
二十六、抗疫特别国债安排的支出	38			
项目（按支出性质和经济分类）	行次	年初预算数	全年预算数	决算数
一、基本支出	39	891,959,300.00	897,071,279.49	780,459,194.11

人员经费	42	786,880,100.00	791,877,769.49	780,190,689.34
公用经费	41	105,079,200.00	105,193,510.00	268,504.77
二、项目支出	42	1,121,289,315.32	1,288,448,683.34	1,249,156,861.27
其中：基本建设类项目	43	40,479,621.32	40,479,621.32	40,479,621.32
三、上缴上级支出	44			
四、经营支出	45			
五、对附属单位补助支出	46			
经济分类支出合计	47	—	—	2,029,616,055.38
一、工资福利支出	48	—	—	816,177,050.81
二、商品和服务支出	49	—	—	699,016,291.17
三、对个人和家庭的补助	50	—	—	260,495,424.54
四、债务利息及费用支出	51	—	—	50,859,258.62
五、资本性支出（基本建设）	52	—	—	40,479,621.32
六、资本性支出	53	—	—	162,588,408.92
七、对企业补助（基本建设）	54	—	—	
八、对企业补助	55	—	—	
九、对社会保障基金补助	56	—	—	
十、其他支出	57	—	—	
本年支出合计	58	2,013,248,615.32	2,185,519,962.83	2,029,616,055.38
结余分配	59	—	—	
年末结转和结余	60			79,650,377.82
总计	61	2,013,248,615.32	2,185,519,962.83	2,109,266,433.20

备注：本套报表金额单位转换时可能存在尾数误差。

收入支出决算表（财决 02 表）

编制单位：燕山大学　　　　2023 年度　　　　金额单位：元

项目		年初结转和结余				本年收入	本年支出
支出功能分类科目代码	科目名称	合计	基本支出结转	项目支出结转和结余	经营结余		
类 款 项	栏次	1	2	3	4	5	6
	合计	104,456,511.59		104,456,511.59		2,004,809,921.61	2,029,616,055.38
201	一般公共服务支出					782,000.00	782,000.00
20114	知识产权事务					782,000.00	782,000.00
2011409	知识产权宏观管理					782,000.00	782,000.00
203	国防支出					1,600,000.00	1,600,000.00
20306	国防动员					1,600,000.00	1,600,000.00
2030699	其他国防动员支出					1,600,000.00	1,600,000.00
205	教育支出	102,159,174.95		102,159,174.95		1,992,060,521.61	2,014,569,318.74
20502	普通教育	102,159,174.95		102,159,174.95		1,992,060,521.61	2,014,569,318.74
2050205	高等教育	102,159,174.95		102,159,174.95		1,991,060,521.61	2,013,569,318.74
2050299	其他普通教育支出					1,000,000.00	1,000,000.00
206	科学技术支出					6,964,000.00	6,964,000.00
20603	应用研究					3,150,000.00	3,150,000.00
2060303	高技术研究					3,150,000.00	3,150,000.00
20604	技术研究与开发					234,000.00	234,000.00
2060404	科技成果转化与扩散					234,000.00	234,000.00
20605	科技条件与服务					1,350,000.00	1,350,000.00
2060502	技术创新服务体系					1,350,000.00	1,350,000.00
20608	科技交流与合作					600,000.00	600,000.00
2060801	国际交流与合作					600,000.00	600,000.00
20699	其他科学技术支出					1,630,000.00	1,630,000.00
2069901	科技奖励					1,200,000.00	1,200,000.00
2069999	其他科学技术支出					430,000.00	430,000.00
207	文化旅游体育与传媒支出					392,000.00	392,000.00
20799	其他文化旅游体育与传媒支出					392,000.00	392,000.00
2079902	宣传文化发展专项支出					392,000.00	392,000.00
210	卫生健康支出	2,297,336.64		2,297,336.64		954,000.00	3,251,336.64
21011	行政事业单位医疗	2,297,336.64		2,297,336.64		954,000.00	3,251,336.64
2101102	事业单位医疗	2,297,336.64		2,297,336.64		954,000.00	3,251,336.64
229	其他支出					705,000.00	705,000.00
22960	彩票公益金安排的支出					705,000.00	705,000.00
2296004	用于教育事业的彩票公益金支出					705,000.00	705,000.00
232	债务付息支出					1,352,400.00	1,352,400.00
23204	地方政府专项债务付息支出					1,352,400.00	1,352,400.00
2320498	其他地方自行试点项目收益专项债券付息支出					1,352,400.00	1,352,400.00

收支结余				使用非财政拨款结余和专用结余	结余分配					年末结转和结余			
合计	基本支出结转	项目支出结转和结余	经营结余		合计	缴纳企业所得税	提取专用结余	事业单位转入非财政拨款结余	其他	合计	基本支出结转	项目支出结转和结余	经营结余
7	8	9	10	11	12	13	14	15	16	17	18	19	20
79,650,377.82		79,650,377.82								79,650,377.82		79,650,377.82	
79,650,377.82		79,650,377.82								79,650,377.82		79,650,377.82	
79,650,377.82		79,650,377.82								79,650,377.82		79,650,377.82	
79,650,377.82		79,650,377.82								79,650,377.82		79,650,377.82	

收入决算表（财决 03 表）

编制单位：燕山大学　　　　金额单位：元

支出功能分类科目代码（类/款/项）	科目名称	本年收入合计	财政拨款收入	上级补助收入	事业收入：小计	事业收入：其中：教育收费	经营收入	附属单位上缴收入	其他收入
	栏次	1	2	3	4	5	6	7	8
	合计	2,004,809,921.61	1,267,584,415.09		718,368,727.85	353,185,736.83			18,856,778.67
201	一般公共服务支出	782,000.00	782,000.00						
20114	知识产权事务	782,000.00	782,000.00						
2011409	知识产权宏观管理	782,000.00	782,000.00						
203	国防支出	1,600,000.00	1,600,000.00						
20306	国防动员	1,600,000.00	1,600,000.00						
2030699	其他国防动员支出	1,600,000.00	1,600,000.00						
205	教育支出	1,992,060,521.61	1,254,835,015.09		718,368,727.85	353,185,736.83			18,856,778.67
20502	普通教育	1,992,060,521.61	1,254,835,015.09		718,368,727.85	353,185,736.83			18,856,778.67
2050205	高等教育	1,991,060,521.61	1,253,835,015.09		718,368,727.85	353,185,736.83			18,856,778.67
2050299	其他普通教育支出	1,000,000.00	1,000,000.00						
206	科学技术支出	6,964,000.00	6,964,000.00						
20603	应用研究	3,150,000.00	3,150,000.00						
2060303	高技术研究	3,150,000.00	3,150,000.00						
20604	技术研究与开发	234,000.00	234,000.00						
2060404	科技成果转化与扩散	234,000.00	234,000.00						
20605	科技条件与服务	1,350,000.00	1,350,000.00						
2060502	技术创新服务体系	1,350,000.00	1,350,000.00						

项目		本年收入合计	财政拨款收入	上级补助收入	事业收入		经营收入	附属单位上缴收入	其他收入
支出功能分类科目代码 类 款 项	科目名称				小计	其中：教育收费			
	栏次	1	2	3	4	5	6	7	8
	合计	2,004,809,921.61	1,267,584,415.09		718,368,727.85	353,185,736.83			18,856,778.67
20608	科技交流与合作	600,000.00	600,000.00						
2060801	国际交流与合作	600,000.00	600,000.00						
20699	其他科学技术支出	1,630,000.00	1,630,000.00						
2069901	科技奖励	1,200,000.00	1,200,000.00						
2069999	其他科学技术支出	430,000.00	430,000.00						
207	文化旅游体育与传媒支出	392,000.00	392,000.00						
20799	其他文化旅游体育与传媒支出	392,000.00	392,000.00						
2079902	宣传文化发展专项支出	392,000.00	392,000.00						
210	卫生健康支出	954,000.00	954,000.00						
21011	行政事业单位医疗	954,000.00	954,000.00						
2101102	事业单位医疗	954,000.00	954,000.00						
229	其他支出	705,000.00	705,000.00						
22960	彩票公益金安排的支出	705,000.00	705,000.00						
2296004	用于教育事业的彩票公益金支出	705,000.00	705,000.00						
232	债务付息支出	1,352,400.00	1,352,400.00						
23204	地方政府专项债务付息支出	1,352,400.00	1,352,400.00						
2320498	其他地方自行试点项目收益专项债券付息支出	1,352,400.00	1,352,400.00						

支出决算表（财决 04 表）

编制单位：燕山大学　　　　金额单位：元

支出功能分类科目代码（类/款/项）	科目名称	本年支出合计	基本支出	项目支出	上缴上级支出	经营支出	对附属单位补助支出
	栏次	1	2	3	4	5	6
	合计	2,029,616,055.38	780,459,194.11	1,249,156,861.27			
201	一般公共服务支出	782,000.00		782,000.00			
20114	知识产权事务	782,000.00		782,000.00			
2011409	知识产权宏观管理	782,000.00		782,000.00			
203	国防支出	1,600,000.00		1,600,000.00			
20306	国防动员	1,600,000.00		1,600,000.00			
2030699	其他国防动员支出	1,600,000.00		1,600,000.00			
205	教育支出	2,014,569,318.74	780,459,194.11	1,234,110,124.63			
20502	普通教育	2,014,569,318.74	780,459,194.11	1,234,110,124.63			
2050205	高等教育	2,013,569,318.74	780,459,194.11	1,233,110,124.63			
2050299	其他普通教育支出	1,000,000.00		1,000,000.00			
206	科学技术支出	6,964,000.00		6,964,000.00			
20603	应用研究	3,150,000.00		3,150,000.00			
2060303	高技术研究	3,150,000.00		3,150,000.00			
20604	技术研究与开发	234,000.00		234,000.00			
2060404	科技成果转化与扩散	234,000.00		234,000.00			
20605	科技条件与服务	1,350,000.00		1,350,000.00			
2060502	技术创新服务体系	1,350,000.00		1,350,000.00			

项目		本年支出合计	基本支出	项目支出	上缴上级支出	经营支出	对附属单位补助支出
支出功能分类科目代码（类/款/项）	科目名称						
	栏次	1	2	3	4	5	6
	合计	2,029,616,055.38	780,459,194.11	1,249,156,861.27			
20608	科技交流与合作	600,000.00		600,000.00			
2060801	国际交流与合作	600,000.00		600,000.00			
20699	其他科学技术支出	1,630,000.00		1,630,000.00			
2069901	科技奖励	1,200,000.00		1,200,000.00			
2069999	其他科学技术支出	430,000.00		430,000.00			
207	文化旅游体育与传媒支出	392,000.00		392,000.00			
20799	其他文化旅游体育与传媒支出	392,000.00		392,000.00			
2079902	宣传文化发展专项支出	392,000.00		392,000.00			
210	卫生健康支出	3,251,336.64		3,251,336.64			
21011	行政事业单位医疗	3,251,336.64		3,251,336.64			
2101102	事业单位医疗	3,251,336.64		3,251,336.64			
229	其他支出	705,000.00		705,000.00			
22960	彩票公益金安排的支出	705,000.00		705,000.00			
2296004	用于教育事业的彩票公益金支出	705,000.00		705,000.00			
232	债务付息支出	1,352,400.00		1,352,400.00			
23204	地方政府专项债务付息支出	1,352,400.00		1,352,400.00			
2320498	其他地方自行试点项目收益专项债券付息支出	1,352,400.00		1,352,400.00			

（供稿人：计划财务处 张宁）

审计工作

【工程审减数额创新高】创新优化审计程序，在结算审计中实施二审制度和结果上会制度，严格审计标准，实施审计报告质量与审计机构收益挂钩制度，采取有力措施限制高估冒算。本年度工程审计的审减总额达2609万元，其中图书馆精装修项目审减额达1258万元，审减总额创2020年以来最高。

【完成审计项目数量居四年之首】完成本年度审计工作计划和目标责任书及学校工作要点中的所有工作，共完成98项工程预结算审计项目和69项财务审计项目，共计167项，项目数量居四年之首。为高质量服务科研审计工作，安排专人提供网上服务，协调学校财务和档案部门提供会计凭证及项目电子明细账，复核把关审计报告，对审计发现问题提出具体整改措施建议。

【实施工程合同条款抽查审计】运用“研究型＋部门联合”的审计方式，抽审17个金额达100万元的采购项目。审计中发现部分大额采购项目存在一定的问题与风险，出具审计报告1份，提出审计建议10条，进一步规范了学校和二级单位的大额采购工作。

【常规工作】政治建设。严格执行党内政治生活制度，召开专题学习会3次，组织专题党日活动5次，认真制订和实施党员教育培训计划，1名教工预备党员按期转正。不断增强党支部政治功能，推进党建与业务深度融合。通过召开处务会和支部会议方式2次研究意识形态，每学期建立并落实政治理论学习计划，每两周组织1次处内集中业务学习交流，每月开展1次创新理论学习或主题党日活动。坚持民主集中制，定期召开处务会研讨决策重大事务，严格落实意识形态工作责任制。

作风纪律。组织开展“六纠六促”活动，建立“一岗双责”责任落实清单并按期整改落实到位，落实各类警示教育要求，进一步增强廉洁意识。带头落实审计“四严禁”工作要求和审计“八不准”工作纪律，加强处内廉洁教育，推动审计人员完善作风、提高审计效能。健全内部审计制度，全面落实《燕山大学审计处处务会议事规则》，完善处内“三重一大”制度，严格执行党的“六大纪律”，遵守法律法规和学校规章制度，支持配合校纪委监督执纪工作。通过内部民主决策、相互监督提醒、加强廉政教育等办法，从源头上防治腐败，全年未发生违规违纪行为。

细化服务。到机械工程学院、材料科学与工程学院部分实验室进行走访交流，深入了解设备采购全过程情况，征求审计服务需求。暑期到17家校外单位进行实地调研学习，积极推动审计服务网络化升级。牵头对2023年验收结题项目进行审计，出具了审计报告31份。

能力提升。细化个人分工，明确每人牵头负责1至2个领域的具体审计工作。每月按时集体学习政策文件或分享审计案例，认真学习科研经费管理系列文件，积极参与财务方面文件修订，总结梳理采购相关政策知识，对比分析不同高校的经济责任审计做法。撰写各类理论文章6篇，课题立项3项。欧阳渊获评2020—2022年度“全国内部审计先进工作者”。

审计宣传。在校园网发布新闻4篇，处内网站更新工作动态13条，在“河北审计”“河北教育”媒体上发布关于燕山大学内部审计工作的报道2篇。同时，“关于加强高校审计廉政文化建设的实践与探索”课题获批立项，编写《审计廉政文化宣传手册》，建设了审计廉政文化橱窗和廉政文化墙，营造崇尚廉洁的文化氛围。

安全工作。严格落实“一岗双责”总体要求，高度重视安全稳定工作，组织召开1次安全工作部署会，召开5次处务会研究内部安全稳定工作，对《审计处安全工作管理办法》进行更新完善。组织开展各类安全警示教育活动和审计处各类重大事故隐患排查整治工作并建立排查台账。同时对工作范围内及周边安全进行日常排查整治，全年未发生任何安全事故。

其他工作。本年度所有预算均明确了绩效指标，且绩效指标已全部达成，部分绩效指标超额完成；汇编形成了2023年《燕山大学内部审计工作业务资料汇编》，完成本年度审计业务档案的归集和移交工作；积极配合工会工作，会费收缴率达100%，将“送温暖”活动落到实处，并组织开展审计人员的职业素养提升和业务技能培训。对离退休人员进行关怀与慰问，并提供必要帮助。

（供稿人：审计处 黎若然）

资产设备

总体情况

【推进实验室与资产管理信息化建设】建设大型仪器设备开放共享管理系统、实验室综合管理系统、公用房管理可视化系统、资产闲置调剂系统，并完善采购内控系统功能，全面提升实验室与资产管理效率。

【推进大型仪器设备开放共享】经过走访调研上海3所高校，电话调研省内6所骨干高校，召开大型仪器设备开放共享工作推进会。完成全校30万元以上共312台（套）大型仪器设备入系统工作，实现大型仪器设备共享管理系统正式运行。

【严格规范大型仪器设备采购论证】规范采购程序，重点抓好采购单位专家论证和学校采购工作领导小组集中论证，提高资金使用效益。年内组织召开4次集中论证会，累计论证23台（套）合计2470.6万元的大型仪器设备。

【常规工作】党建工作。认真落实学习贯彻习近平新时代中国特色社会主义思想主题教育，创新政治理论学习方式，按照政治理论学习计划进行专题学习，开展6次主题党日活动。积极提升为师生服务主动性，针对处室业务面向相关部门负责人和师生集中调研座谈3次，同时在网上开展问卷调查，面向全校范围开展各类培训3次，在网站首页更新业务办理流程9条。分别前往董存瑞纪念馆、塞罕坝展览馆，以及学校组织生活馆、校史陈列馆，进一步加强党史学习教育和校情校史学习教育。组织全体党员进行习近平新时代中国特色社会主义思想与党的二十大相关答题活动，承办机关党委“手写金句”活动。

实验室安全管理。规范开展实验室安全检查及危险废物回收处置，组织开展各级各类实验室安全检查10次，发现安全隐患及时下发整改通知，要求相关实验室落实安全防范措施，按照安全管理要求限期整改，隐患整改达到闭环管理要求；开展实验室危险废物回收处置6次，处置危险废物约14吨。通过检查及危废处置，及时消除各类安全隐患，确保实验场所安全。积极组织开展实验室安全教育培训及演练活动，组织实验室安全管理相关人员参加教育部举办的2023年高校实验室安全检查启动暨培训会和高校教学实验室安全与管理培训班，提升相关人员安全管理水平；举办2023年燕山大学特种设备安全知识宣讲会，提高特种设备操作人员专业知识能力；联合校工会开展2023年“安康杯”校园安全知识培训和竞赛活动，提高教职工的安全意识及防护能力。组织开展2023级新生实验室安全教育相关工作，印制发放实验室安全手册，开展新生实验室安全考试，落实实验室安全准入制度；联合安全工作处、信息科学与工程学院（软件学院）、理学院举办实验室消防安全知识培训及应急疏散救援演练活动，提高实验室师生的安全意识及应急处突能力。完善重点实验场所安全相关配套设施，为机械工程学院、环境化学与工程学院、理学院、信息科学与工程学院（软件学院）6个危化品暂存间加装防爆监控14套，并纳入平安校园监控平台管理；为理学院相关实验楼宇加装应急喷淋及洗眼器装置；支持环境化学与工程学院新增危化品暂存间基础设施改造和配套设施建设；改造东、西校区危险废物暂存柜道路及周边环境；指导、支持各实验室建设安全警示标识、规章制度、操作规程、应急预案等。通过完善重点场所安全相关配套设施，进一步提高实验室安全防护水平。落实实验室安全管理责任制，召开实验室安全工作会议，明确实验室安全管理责任体系，并与19个二级单位签订实验室安全责任书。建设燕山大学实验室综合管理平台，推进实验室安全的分级分类管理，实现三级巡查的线上运行。

采购管理。规范执行大型仪器设备采购论证工作，督导各采购单位严格落实相关规定，重点抓好采购单位专家论证和学校采购工作领导小组集中论证。组织召开4次集中论证会，累计论证23台（套）合计2470.6万元的大型仪器设备。通过规范执行大型仪器设备采购论证，进一步规范设备采购招标、减少设备重复购置，实现资金的最大使用效益。规范高效完成采购任务，本年度共完成采购项目3022项，合同总金额3.2亿元。其中，政府采购项目236个，合同总金额1.35亿元；学校集中采购项目109个，合同总金额0.27亿元；自行采购备案项目2677个，合同总金额1.58亿元。完善采购内控系统功能，实现全流程电子化管理。采购内控系统新开发了招标代理机构审批、采购项目备案资料存档两个功能，实现了采购项目全流程电子化管理。

资产管理。升级资产管理系统，实现资产数据与财务数据对接，实现资产账与财务账账账相符目标。上线运行资产闲置调剂平台，有效盘活闲置资产。积极推进国有资产管理队伍建设，加强与各二级单位沟通联系，学校二级单位覆盖率达到100%。有序开展资产管理工作，年内完成资产建账49072台（件），金额4.37亿元；物品审核入库8954批次，金额6247万元；回收各二级单位报废资产13557台（件），资产账面原值10105余万元，并通过公开拍卖的方式完成资产报废处置，回收处置残值58万余元。

设备管理。完成办公设备家具维修更换任务，为各单位新调整的办公区域完成设备家具配置，完成新增科级、处级干部的设备家具配备，累计更换办公设备及家具440余台（件）。对校属机关单位办公家具、空调、窗帘、门锁等办公设施进行集中维修。完成新入职教职工办公桌椅、电脑的审核与发放工作。完成38台（套）大型仪器设备组织验收工作，合同金额约8600万元。

公用房管理。加强公用房管理信息化建设，搭建房产可视化平台，逐步构建全校3D全景效果图，建立校园、校区、楼宇、楼层和房间五级可视化模型，实现房产可视化“以图查房”功能。贯彻落实公用房有偿使用制度，督促、指导理学院、环化学院、车辆学院及建工学院出台并实施公用房有偿使用相关细则，按照标准收取公用房有偿使用费用121万余元，严格审核科研周转房使用申请，收取校内科研周转房费用32万余元。按计划对公用房进行调整，按照《燕山大学公用房管理办法（试行）》要求，对相关单位公用房使用进行定额核算，并完成相关房间分配，完成马克思主义学院搬迁工作，完成人文馆、建筑馆地下室、里仁行政楼一楼公用房等维修改造工程，提高房产资源的使用效率。

（供稿人：实验室与资产管理处 马鹏飞）

固定和无形资产存量情况

金额单位：元

资产类别	行次	2023年期末账面数			
		数量	原值	累计折旧/摊销	净值
合计	1	—	4530175820.46	2712747331.68	1817428488.78
一、固定资产	2	—	4511706934.02	2710478108.01	1801228826.01
（一）房屋和构筑物	3	—	2837050529.05	1697344538.78	1139705990.27
其中：1. 土地（平方米）	4				
2. 房屋（平方米）	5	1082419.01	2440585253.53	1353492910.66	1087092342.87
（1）办公用房	6	60834.98	—	—	—
其中：本单位实际使用办公室用房	7	23102.26	—	—	—
（2）业务用房	8	480411.88	—	—	—
（3）其他用房	9	541172.15	—	—	—
（二）设备（个、台、辆等）	10	84671	1498041215.96	960755374.42	537285841.54
其中：1. 车辆	11	2	212300.00	212300.00	
2. 单价100万元（含）以上（不含车辆）	12	183	462375946.82	248711823.10	213664123.72
（三）文物和陈列品（个、件等）	13	15	167400.00		167400.00
（四）图书和档案（本、套等）	14	1729919	71856727.88		71856727.88
（五）家具和用具（个、套等）	15	259653	104591061.13	52378194.81	52212866.32
（六）特种动植物（只、个等）	16				
二、无形资产	17	—	18468886.44	2269223.67	16199662.77
其中：1. 专利（个、项等）	18	845	845.00		845.00
2. 非专利技术（个、项等）	19	1	1.00		1.00
3. 土地使用权（平方米）	20	2633108.86	9.00		9.00
4. 计算机软件（个、项等）	21	190	18467764.44	2269223.67	16198540.77

（供稿人：实验室与资产管理处 马鹏飞）

购置大型仪器设备情况

采购单价 30 万元以上大型仪器设备一览表

序号	设备名称	所属单位
1	调姿转运转台	机械工程学院
2	金属零件智能制造实验平台	机械工程学院
3	单腿式下肢康复机器人	机械工程学院
4	半导体分析仪	机械工程学院
5	低压铸造机	机械工程学院
6	机器人辅助磨料水射流高效精密加工中心	机械工程学院
7	多剂联用云梯高喷消防改装车	机械工程学院
8	双臂协作机器人工作平台	机械工程学院
9	阴极发光仪	机械工程学院
10	流动计算数值模拟工作站	机械工程学院
11	系泊机器人液压伺服系统	机械工程学院
12	流变仪	机械工程学院
13	热力学计算服务平台	机械工程学院
14	钢球接触疲劳寿命试验机（一控二）	机械工程学院
15	热模拟试验机	材料科学与工程学院
16	高性能计算设备	材料科学与工程学院
17	齿轮全寿命预测及装备实时监测分析处理系统	电气工程学院
18	测量机械手	电气工程学院
19	极端环境电 / 磁 / 光学性质综合测量系统	亚稳材料制备技术与科学国家重点实验室
20	高压 X 射线衍射仪	亚稳材料制备技术与科学国家重点实验室
21	原位微观组织研究扫描电镜平台	亚稳材料制备技术与科学国家重点实验室
22	LED 照明正置材料显微镜	亚稳材料制备技术与科学国家重点实验室
23	离子研磨机	亚稳材料制备技术与科学国家重点实验室
24	全自动显微维氏硬度计	亚稳材料制备技术与科学国家重点实验室
25	布氏硬度计	亚稳材料制备技术与科学国家重点实验室
26	高温拉伸试验机	亚稳材料制备技术与科学国家重点实验室
27	高频疲劳试验机	亚稳材料制备技术与科学国家重点实验室
28	低温高压微量热仪	亚稳材料制备技术与科学国家重点实验室
29	铁电分析仪	亚稳材料制备技术与科学国家重点实验室
30	碳硫分析仪	亚稳材料制备技术与科学国家重点实验室
31	直读光谱仪	亚稳材料制备技术与科学国家重点实验室
32	超声波薄膜喷涂设备	亚稳材料制备技术与科学国家重点实验室

（供稿人：实验室与资产管理处 马鹏飞）

办学支撑

高等教育发展研究

【举办燕山大学对接京津高校合作发展大会】认真贯彻落实习近平总书记在深入推进京津冀协同发展座谈会上的重要讲话精神，按照学校党委工作部署，以北京高科大学联盟为纽带，与北京航空航天大学、北京交通大学、北京科技大学、华北电力大学、北京工业大学、河北清华发展研究院达成战略合作签约意向，与清华大学马克思主义学院、南开大学科学技术研究部、天津大学机械工程学院达成重点项目合作签约意向，于12月10日成功举办"燕山大学对接京津高校合作发展大会"，河北省政府副省长、省委教育工委书记、教育厅厅长董兆伟，北京航空航天大学校长、中国工程院院士王云鹏等多位省市领导、院士专家出席大会。

【做好2023年度二级单位目标绩效考核】组织召开目标责任书制定启动会、调研座谈会、关键性指标论证会，制定并签署51个二级单位《2023年度目标责任书》；召开目标绩效考核工作协调会，提前谋划部署年底考核工作安排，在目标绩效工作总结报送、实地核查等方面拿出了明确优化举措；召开目标绩效考核工作部署会，发布《关于开展二级单位2023年度目标绩效考核工作的通知》。2023年12月1日至2024年1月4日，完成二级单位的现场实地核查工作，组织完成考核评分工作，并按业务工作考核结果确定各二级单位的考核等级，确定"燕山大学2023年度突出贡献奖"候选名单。最终考核结果与突出贡献奖经学校考核领导小组、党委常委会审议通过。

【举办并参加多场高端论坛和会议】主办学习科学与教育数字化第60届青岛高博会分论坛、职普融通培养高质量人才研讨会、学习科学年会等多场高端论坛，参加中国高等教育学会成立40周年大会、世界大学校长论坛等多场高等教育领域重要会议。主动做好中国高等教育学会学习科学分会宣传工作，发布各类分会新闻宣传材料20余篇，认真做好分会网站、微信公众号的日常维护工作，得到了学习科学分会理事、会员单位的广泛认可。

【常规工作】规划工作。完成学校"十四五"发展规划年度实施进展评估工作，撰写《燕山大学"十四五"规划实施情况年度总结（2022）》，以《决策参考》形式发送校领导和全体中层干部参阅。

教育研究。认真贯彻主题教育工作安排，以《聚焦服务我省生命健康产业、推动医工交叉融合创新发展》为题完成学校重大专题调研；立足学校"十四五"发展目标，结合第三方数据统计机构提供数据，开展学校办学情况跟踪评价；紧跟国家教育数字化战略行动规划，初步形成《燕山大学教育数字化行动方案（建议稿）》。

决策咨询。针对"双一流"和研究型大学建设中的重难点问题开展专项研究，撰写高水平研究报告12篇，编撰《决策参考》4期、《高教研究简报》6期，发布"高教动态"300余条。

教育评价。跟踪《深化新时代教育评价改革重点任务》实施进展，建立健全领导小组内部工作沟通及反馈机制，督促各项教育评价改革工作加快落实。召开燕山大学深化新时代教育评价改革推进会，开展学校深化新时代教育评价改革试点阶段性自评工作，并撰写教育评价自评报告、教育评价改革阶段总结报告、2024年教育评价改革重点推进事项等材料报送省教育厅。

法治建设。组织全省大学生"学宪法、讲宪法"知识竞赛和演讲比赛，组织全省网络知识答题活动，举办劳动法律知识和知识产权法律知识的专项讲座。高效响应校内法律风险防控咨询，完善法律顾问管理。启动商标注册"五年计划"，完成本年度计划126件商标申请工作。跟进处理四起劳动争议纠纷案，就燕富公司案与法院进行专门座谈，草拟处理方案，报党委常委会批准执行；完结处理亿丰公司诉燕山大学买卖合同纠纷案，取得全胜结果。

业务保障。加强预算资金绩效和财务管理规范性。科学规范申报预算，高质量完成预算绩效目标；按照要求指定财务专管员并及时参加培训、办理报账手续；全面实施网络报账，报账资料齐全、票据粘贴规范、审批手续完整；规范往来款管理，落实公务卡结算要求，确保暂付款及时核销。严格按照相关要求，高质量完成政治建设、宣传思想、作风纪律、安全稳定等各项工作。

（供稿人：高等教育发展研究中心 刘毳）

实习实训

【深入推进动态融合综合项目式教学改革】在17个骨干类专业47个班实施"通识教育+任务驱动+项目实施+创新竞赛+课程思政"的多元化、多课程、多项能力、多个层次的工程实践综合训练，实现了动态融合综合项目式教学在骨干类专业中的全覆盖。

【承办第八届河北省大学生工程实践与创新能力竞赛】承办第八届河北省大学生工程实践与创新能力竞赛，共有15所高校的251支参赛队进入省赛，燕山大学获优秀组织奖，派出的24支队伍在本次竞赛中全部获奖，其中特等奖4项，一等奖6项，二、三等奖14项。

【“燕工坊”影响力不断扩大】持续提升“燕工坊”硬件设施条件，增置实验台46延米，实验椅60个，3D打印机14台；制定制度文件3个，进一步规范“燕工坊”运行管理；组织考核和遴选，入驻科技社团8个；从校内外遴选110名有工程实践经验和创新创业能力的教师、工程师、校友和行业人士组成燕山大学工程创客导师库；开发工程创新体验课程2门，开发创新训练营课程1门并获批省级创新创业课程；开发工程实践创新实践项目6个并立项10项；组织开展第二届“燕工坊”杯工程创新基本功大赛，覆盖学生2289人次；组织5项一类赛事，获得省奖51个，国奖25个，其中在2023年大学生工程实践与创新能力大赛中斩获2金2银；依托“燕工坊”平台，组织“燕工坊”开放日等活动7场，参与人数达1360人次，指导各社团举办航模首飞等社团活动8场，参与人数达1078人次。

【常规工作】党建思政。1. 加强政治思想建设。落实“第一议题”制度48项，开展二十大精神学习27项，学习贯彻落实习近平新时代中国特色社会主义思想24项。2. 坚持民主集中制。履行“三重一大”决策程序，严格按照两个“议事规则”要求，规范会议记录、纪要管理，全年召开党委会会议42次，召开党政联席会议15次。3. 落实意识形态工作责任制。全年召开政治理论学习中心组学习会议11次，党委书记侯培国讲党课4次，召开专题研究意识形态工作会议2次、专题研究民族宗教工作会议2次。4. 加强党对宣传思想工作的领导。全年在学校网站发布校园通知新闻共30条，其中在学校主题教育网站发布新闻18条；在燕铭红韵党建网站上发布工作动态58条、支部生活新闻61条；在中心网站发布通知29条、新闻71条；微信公众号用户总数4694人，发布微信公众号信息25条；发布微博公众号信息13条。5. 加强作风建设，将纠正“四风”作为主要工作内容，在“三重一大”事务上集体研究。中心领导班子成员围绕落实省委“思想要解放、观念要跟上，精神要奋发、干事要进取，态度要坚决、落实要迅速”等6个方面要求，进行自查自纠，建立清单台账，制定整改措施，中心领导班子成员共查摆存在问题50余项，并按工作进展每季度及时更新整改情况，推动中心党员干部作风转变。

教育教学。联合信息科学与工程学院（软件学院）、环境与化学工程学院等4个学院调整了6个专业、16个班的金工实习教学计划，平衡优化了春秋两学期的教学任务；完成全校2021、2022级金工实习B/C/D、电子工艺实习A/B等实习任务，实习人时数合计410320人时，共计40多个专业156个班4128人次；完成计算机类、电工电子类、控制类课程的课内实验任务，实验人时数合计151886人时；完成2022年度受疫情影响学生的金工实习和电子工艺实习的线下实践补修，完成共计30多个专业167个班4606人次，合计近30万人时的线下实践补修；协助完成电气、自动化、土木等专业的专家进校认证、评估现场考察工作。

安全管理。制定实训场地火灾和突发事件应急预案4个；组织“安全生产活动月”“消防宣传月”宣讲培训3次；组织开展实验室安全管理培训、“全民消防学习平台”在线学习、国家安全教育日、中国消防博物馆云参观、消防应急救援演练等活动10余场；更新安全网格信息31条；在各实习场所悬挂横幅、张贴安全警示标语等30余条，更新安全标识1200余个；制作宣传海报2个，发布相关新闻报道15篇；中心领导带队开展集中安全检查和隐患排查12次，对安全隐患部位进行了及时整改；配合学校在实习实训场地安装教学监控摄像头，中心50个场地共安装摄像头100个。本年度中心无教学安全事故发生。

队伍建设。1. 扎实推进高水平师资队伍建设。引进的4名博士实验教师已到岗工作；完成2023年度博士实验教师招聘面试工作；为新入职的12名实验教师全部配备了指导教师；开展新入职教师专项培训6期；组织青年教师业务能力竞赛1次；组织教师参加数控仿真加工、计算机等级考试管理员、特种设备安全管理和作业等校外培训。2. 加强师德师风建设。组织“师德集中学习教育”专题学习、师德警示教育、师德集体学习、三风集体学习等活动10余次。1名教师获校级师德先进个人荣誉称号。3. 持续推动课程思政建设工作。组织开展课程思政联合备课活动10余次，制作课程思政主题宣传板40余块；组织春、秋季两个学期课程思政教学能力竞赛2次，征集参赛作品8项，评选优秀思政案例2

项；1 名教师参加校级课程思政比赛并获得二等奖；获批校级课程思政示范课程（名师、团队）1 项。4. 鼓励教师、实训部争优创先。组织实验教师参加第一届全国高等学校教师工程创客教学能力大赛决赛。全国共有 28 个省（区、市）百余所高校 137 支代表队参加决赛，中心实验教师荣获特等奖 1 项、一等奖 1 项，并获批教学研究项目 2 项；实验教师获批全国高等学校教师工程创客教学研究项目 2 项、省级创新创业教育教学改革研究与实践项目 1 项、省级创新创业课程 1 项、学校国际化建设研究专项课题 2 项、产学研项目 2 项；新增校级优秀基层教学组织 2 个。

环境改善。协调完成东区三教信息化技术实训部的窗户更换及暖气管道修缮；完成智能制造平台项目场地的修缮，保障设备使用环境，完成中长期贷款项目——智能制造平台的建设和验收工作；进行老旧线路维修，打造安全实践教学环境。

河北省智能制造科普示范基地相关工作。获批河北省智能制造科普教育基地；组织“燕工坊”杯智能制造科普知识竞赛活动 1 次，参与 1659 人次；组织开展科普宣传活动 2 场，参与 60 余人次；举办智能制造科普开放日活动 1 场，参与 500 人次；指导各实训部开展各类学科竞赛、讲座、分享活动 20 余次，参与 2500 余人次。

（供稿人：工程训练中心 李珊珊）

信息化建设

【构建形成新一代校园网络生态】完成西校区第 1 至 11 组团学生宿舍全光有线无线一体化网络改造重建和 9 个教学科研区域千兆网络升级及无感知网络接入，实现全校宿舍无线网络全覆盖，建设案例被高校信息化应用、中国网、凤凰网等 20 余家主流媒体发布。完成教育网城市节点扩容和校园出口双机双链路升级，教育网出口带宽提升至 1G IPv4+1G IPv6，完成 IPv6 升级改造，实现校园网络 IPv6 双向接入，相关工作获得省教育厅通报肯定。以新一代融合型网络服务构筑起支撑数字化转型的网络基座。

【构筑智慧校园数据基座】完成校园全量数据资产平台建设，开展基于全量数据资产的主题数据分析建设，完成师资队伍、科研、一卡通等关键主题数据分析模型搭建，推动数据决策支撑服务提升。推动基于全量数据的跨域、跨场景应用，启动“校园一张表”工程，解决师生“填表多、填报繁、重复填”等问题，催动数据价值产出。以全量数据资产生命周期治理构筑起支撑数字化转型的数据基座。

【成立信创应用生态联合实验室】与统信软件技术有限公司签订战略合作协议，共建信创应用生态联合实验室，获得统信操作系统年场地授权，开展基于学校应用生态的大量基础测试，输出《燕山大学统信操作系统应用生态适配测试报告》。在“高博会”高校信息技术应用创新研讨会上作题为《燕山大学信创生态落地模式探索》的主题报告，获得清华紫光、华为等企业提供的国产化测试计算机 24 台，用于开展基于学校应用生态的基础测试。

【常规工作】智慧校园建设。1. 深入推进学校公共基础数据治理，推动公共基础数据资产价值产出。完成数据资产管理平台建设，构建数据门户，完成人事系统、学工等 18 个业务数据库的 639 张表入湖，入湖数据记录量 6601 万条，建设标准代码 577 个，发布部门数据资源目录 131 条，开发数据同步接口 114 个。2. 深化智慧型服务校园建设，提升校园综合治理现代化能力。完成一网通办场景融合门户平台建设，上线融合管控平台和融合门户，实现一网通办服务和授权切割，迁移及新增业务服务事项达到 346 项，其中可在线办理事项达到 296 项。重构智慧服务体系，提升师生网上办事好办、易办性，完善和优化运营数据，全面提升一网通办业务支撑能力和智能化服务水平。进一步优化可信数据服务平台。以场景化全量融合业务构筑起支撑数字化转型的智慧型服务基座。3. 开展师生电子身份认证体系建设，构建安全可控的校园数字身份。完成校园电子身份互联认证平台（IDS7）建设，丰富统一身份认证接口协议类型，全面提升统一身份认证服务能力和安全性。升级实名认证系统、远程访问系统、CARSI 认证系统，开通 Eduroam 全球教育无线网络漫游认证，完成 5G 双域网认证测试，实现多维度资源访问身份认证。以统一多维身份认证体系构筑起支撑师生畅通校内外数字空间的数字身份基座。4. 推进网络安全技术防护体系化建设。健全校园网出口安全防护、强化边界防护、加强关键设施安全域间纵向防护。完成网络安全态势感知平台建设，实现校园网全流量采集及关联规则优化，全面提升了网络安全威胁预警发现和联动处置能力。以校园网络安全立体防御体系和态势感知体系构筑起护航智慧校园良性生态的网络安全基座。

信息化基础设施建设。1. 持续推进信息化关键基础设备、设施、平台的升级优化。完成教育网城市节点扩容和校园出口双机双链路升级，提升了校园网出口承载能力和稳定性。完成数据中心扩容升级，扩容业务服务器内存至 1.28T、数据存储至 115.2T，新增数据中心数据库服务器资源，完成数据中心 Oracle 数据库跨版本升级和数据平稳迁移，优化资源配置，调整业务策略，进一步提升了数据中心服务性能和安全运行能力。2. 强化运营保障，做好服务支撑。完成校园网络智能运维平台建设。接入设备终端 7453 台，实现校园网实时监测、主动运维和故障智能诊断，处理网络报修 1000 余次，大幅提升了运维效率。调整校园网流量策略和认证设备策略，提升用户使用体验。拓展校园一卡通人脸签到场景应用，部署人脸签到及电子门禁 38 处，支撑学校重大会议签到 14 场次。制作发放校园卡 2.6 万余张、销户 1 万余人，退还遗失卡 2200 张，节省卡费 2.2 万元。开发、调整二级单位门户网站 37 个。平稳完成研究生复试、迎新等重点工作技术支撑和保障。持续推广普及软件正版化服务，新增 WPS、福昕 PDF 信创版本。3. 强化业务服务宣传推广普及，提升智慧校园价值产出。建设信息技术中心运营号、完善智能问答系统，原创推文 35 篇，更新智能问答服务知识库 166 条，加大新媒体推广运营力度，提升师生智慧校园服务感知。调整校园网流量策略和认证设备策略，满足用户使用需求。开通 Eduroam 全球教育无线网络漫游服务，助力我校国际化办学与合作。强化便民服务保障，新增线上便民服务 14 项，优化线上流程 30 余个，深化智信数据服务，累计生成可信电子数据文件达到 12 万份，进一步减轻了师生跑办负担。

网络安全和保密管理。1. 严格落实《党委（党组）网络安全工作责任制实施办法》网络安全主体责任，完善网络安全事件应急处置方案，出台《燕山大学个人信息保护管理办法（试行）》，启动第三期网络安全等保测评工作。2. 推进网络安全技术防护体系化建设。健全校园网出口安全防护、强化边界防护、加强关键设施安全域间纵向防护。完成网络安全态势感知平台建设，全面提升了网络安全威胁预警发现和联动处置能力。有效拦截处置挖矿及恶意攻击 7000 余万次，WEB 攻击 6800 余万次，封禁恶意 IP 7000 多个，保护个人隐私信息泄露 14 万余次，保护服务器信息泄露 4000 余万次，阻断 SQL 注入攻击 5000 余次，发现并处置安全事件 147 起。3. 持续开展网络安全监测和专项治理。完成 176 个网站及信息系统的公安机关备案登记复核。巡检弱电间 2800 间次，修复网站群风险 80 项，清理各类不合规账号 9905 个，关停网站 / 信息系统 12 个、服务器 3 台。完成上级通报整改 13 项，开展 6 项网络安全重点专项治理，处置敏感字 / 不规范表述 1.7 万个，整改隐私信息泄露 1.15 万项，清查暗链、外链、盗链 53 个。4. 严格落实重要时期网络安全保障。制定专项保障工作方案，组织开展网络安全自查，全面提升技术防护能力，严格执行重要时期 7×24 小时值班值守，平稳完成全年 7 个重保期网络安全保障任务。完成河北省 2023 年网络安全攻防实战演习任务。5. 严格做好信息设备和存储设备安全保密归口管理和运维。完成 2022 年度风险评估报告 1 份、2023 年审计报告 12 份，新增 2 台国产涉密机、4 台 Windows 10 涉密机，审计涉密计算机 209 台 / 次，涉密计算机运维 404 台 / 次；开展涉密人员非涉密机检查，完成检查报告 37 份。6. 加强网络安全应急演练和联动处置。开展校园关键基础平台突发故障应急处置演练 4 次、防钓鱼邮件应急演练 1 次及河北省 2023 年网络安全攻防实战演习，联动公安、网信、今日头条、网易、新浪等机构和平台应急处置涉校不良舆情 1 起。7. 开展网络安全培训和宣传教育。开展 CTF 技术培训、UCA 工程师（信创）认证培训，组织网络安全宣传周等系列宣传教育活动，开展各二级单位网络安全责任人网络安全专题培训 62 人次，相关工作被学习强国报道。

实践育人。依托信息技术资源和网络大数据平台、信创应用生态联合实验室等开展技术队伍建设和项目协同育人。指导协会学生参加 2023 年（第 16 届）中国大学生计算机设计大赛，获国赛二等奖 1 项、省赛一等奖 1 项。获批教育部产学合作协同育人项目 1 项。组建师生团队，获河北省高等学校 2023 年网络安全技能竞赛一等奖、河北省 2023 年高校网络安全攻防演习二等奖。组织师生考取统信 UOS 技术认证证书 39 人次。

（供稿人：信息技术中心 靳玮钰）

创新创业教育与指导

【在全国普通高校大学生竞赛榜单中的排名大幅跃升】3 月 22 日，中国高等教育学会发布了最新一期“全国普通高校大学生竞赛榜单（本科 TOP 100）”，学校位列全国高校第 11 位，较上一期全国第 41 位大幅跃升 30 位，连续 7 年位列河北省高校首位。

【荣获教育部“国创计划”十五周年优秀组织奖】5月13日，在第十五届全国大学生创新创业年会期间，学校荣获教育部“国创计划”十五周年优秀组织奖。“国创计划”优秀组织奖每5年评选一次，本次共评选优秀组织奖51个，燕山大学是河北省唯一获奖高校。

【举办“强国有我 未来我来——燕山大学创新创业教育成果展”】3月9日，“强国有我 未来我来——燕山大学创新创业教育成果展”正式开幕。党委书记赵险峰、校长赵丁选，秦皇岛市委副书记张淑云等领导出席开幕式。展览累计接待2万余人参观学习。

【常规工作】保障体系。1. 完善制度保障。出台《关于公布创新创业课程、创新创业教育教学改革研究与实践项目、创新创业教学名师、创新创业优秀教学团队认定方案的通知》，认定创新创业课程、创新创业教育教学改革研究与实践项目、创新创业教学名师、创新创业优秀教学团队等同级别本科一流课程、教改项目、教学名师、名师团队，把重视创新创业教育提升至更高的层次，为创新创业教育高质量发展奠定坚实基础。出台《燕山大学创新创业竞赛奖励办法》，补齐激励政策短板，为激发师生参赛主动性、长期持续追踪高水平竞赛优秀成果提供有力、有效、稳定的保障。出台《燕山大学外出参赛管理办法（试行）》，进一步规范创新创业竞赛组织管理。2. 拓展平台资源。与秦皇岛市广播电视台、港珠澳建设有限公司、广州厚之琦音响设备有限公司、河北科力汽车装备股份有限公司、秦皇岛左右庄园生态农业科技有限公司共建5个大学生创新创业教育实践基地，为学生创新创业搭建新平台，创造新机遇。3. 建强师资队伍。培育河北省创新创业教学名师9人、河北省创新创业优秀教学团队9个、优秀创新创业指导教师6人。聘任马德富、张强等知名专家担任燕山大学大学生创新创业导师。举办燕山大学国家级创新创业学院第一期师资培训班，系统培训教师150人。4. 提升服务质量。编撰印发《燕山大学创新创业教育学生指南（2023版）》。

育人基础。1. 形成思创融合育人新生态。遴选20名优秀辅导员，组建思创融合师资辅导员团队。引进思创融合金课“跟党学创业”并开展系列专题培训，培训学生500人、思创融合师资辅导员20人。联动“青马工程”开展创新创业教育主题培训1期，培训优秀创新创业学生500人。2. 实现“大创计划”项目全覆盖。立项“大创计划”项目1085项，其中国家级项目60项（含国家级重点支持领域项目2项）、省级项目100项、校级项目925项，首次突破千项，参与学生5400人，项目数和覆盖人数均创历史新高，基本实现本科生全覆盖。受河北省教育厅委托，完成河北省2023年国家级、省级大学生创新创业训练计划项目立项和结题工作。3. 推动竞赛组织体系新升级。组织参加一类创新创业竞赛67项，较2022年新增21项。编制首批一类创新创业竞赛系列案例集15部。新录制一类创新创业竞赛微课10门。举办各类校级院级创新创业竞赛170余项。荣获中国国际大学生创新大赛（2023）全国总决赛银奖2项、铜奖7项。获得一类创新创业竞赛国家级奖项783项，获得研究生创新竞赛国家级奖项302项。358名本科生通过参加创新创业竞赛获得研究生推免加分。承办全国大学生结构设计竞赛河北分区赛、河北省大学生工程实践与创新能力竞赛、华北五省机器人大赛河北赛区竞赛、全国大学生数学建模竞赛河北赛区竞赛、全国大学生电子商务“创新、创意及创业”挑战赛河北赛区竞赛、全国高校数字艺术设计大赛河北赛区竞赛等省级竞赛6项。4. 推进双创理论研究再深入。立项创新创业教育教学改革研究与实践项目30项，其中重点项目14项、一般项目16项，获评省级项目14项。开展燕山大学第二届创新创业教育改革优秀论文评选活动，遴选优秀论文15篇。5. 开启双创课程建设新阶段。获批省级创新创业课程30门，其中创新创业基础课程7门、专创融合课程7门、创新创业类社会实践课程6门、创客训练营课程5门、创新创业训练营课程5门。

品牌活动。1. 举办“燕园创新发展论坛”活动4期，培养学生5000余人。2. 举办“燕巢计划”创业训练营2期，组织学生前往中关村软件园、科大讯飞、广联达、IBM、百度等知名企业实地参观，培养优秀创业学生100人。3. 举办“双创”助力“双减”，科技筑梦未来——走进白塔岭小学科技下校活动。

（供稿人：创新创业教育与指导中心 李轩）

图书工作

【入选2023年全国知识产权信息服务优秀案例】向国家知识产权局报送的“智慧IP信息服务助力特种运载装备技术创新”知识产权信息服务案例，入选2023年全国知识产权信息服务优秀案例，是本批次河北省唯一入选案例。

【牵头制定《燕山大学青年学生读书行动实施方案》】全面贯彻落实党的二十大关于深化全民阅读活动的重要部署，牵头制定《燕山大学青年学生读书行动实施方案》（燕大校字〔2023〕131号），对进一步推动书香校园建设、提升文化育人成效提供了行动保障。

【举办燕山大学知识产权信息服务成果展】持续推进知识产权信息服务支撑学校“双一流”建设，举办“知”引未来 智“惠”服务——燕山大学知识产权信息服务成果展，国家知识产权局公共服务司相关领导、河北省市场监督管理局领导来校参展并指导工作。

【常规工作】党建思政。1. 加强政治建设，压实政治责任。把学习宣传贯彻党的二十大精神作为首要政治任务。组织开展党的二十大精神专题辅导报告2场、中心组专题理论学习会4次、党支部学习25次。2. 深化思想引领，确保创新理论武装。认真开展学习贯彻习近平新时代中国特色社会主义思想主题教育，做好党的创新理论的学理化阐释、学术化表达、大众化传播，图书馆党员、干部和职工深刻领悟“两个确立”的决定性意义，坚决做到“两个维护”。3. 提升治理能力，严格贯彻落实民主集中制。召开图书馆党委会会议26次、党政联席会议26次、馆务例会35次、党务工作例会7次，开展党委理论学习中心组学习会13次。积极组织做好图书馆工会各项工作，召开工会工作会议9次、教执委会议2次。4. 落实意识形态工作责任制，加强意识形态阵地管理。定期专题研究部署图书馆意识形态工作，注重结合图书馆读者服务和业务特点，强化意识形态领域治理效能。5. 按照全面从严治党要求，认真落实党风廉政“两个责任”。强化党员干部日常教育和监督，认真梳理廉政风险点。对照“室组”联动监督调研督导反馈问题开展自查整改，积极落实官僚主义专项整治工作，有效解决师生读者的急难愁盼问题。6. 坚决维护政治安全和稳定，落实党政领导干部安全稳定责任制。强化对职工和读者防火防盗、交通安全、网络安全及遵纪守法教育，注重丰富安全宣传等活动载体。

文献保障。1. 依据“选精品、保种类”的原则进行纸质图书订购，采选发订图书30166册，根据需求续订或优化电子资源。开展“悦读二十大，逐梦复兴路”等7场主题书展，邀请11个出版社携带2500余种图书举办教材展，向教师免费赠送教材。完成《2022年电子资源使用绩效分析报告》，为后续数据库采购决策提供数据支撑。持续开展特色文献的收集、整理和揭示，完成燕大文库展品陈列，优化室内环境装饰设计，新增藏品40余件。2. 图书外借73312册，为读者传递文献137件。完成理学院、建筑工程与力学学院、经济管理学院、外国语学院资料室17841册图书交接上架工作。接待入馆读者1557455人次，日均入馆4720人次，日最高入馆9242人次。

信息服务。1. 开展机械、材料一级学科博士点数据统计及分析，完成《机械工程学院高质量论文竞争力分析报告》《材料科学与工程学院专利及转化分析报告》。发布学校ESI学科动态及高被引论文学科分析简报6期，完成ESI学科及专利等分析报告13份，完成专利分析季报4份。2. 筹划数据库建设与维护，完成燕山大学ESI高水平论文数据库建设，收录学校自2017年9月至2023年12月的ESI高水平论文信息，共计4247条数据；完成燕山大学ESI论文数据库TPI平台迁移工作。顺利完成承担的河北省专利导航项目在国家专利导航服务平台成果备案工作。3. 响应学校与师生需求，完成科技查新251项，其中国内外查新129项，国内查新122项；完成查收查引报告3589项。4. 创新学科服务体系，组建院士评选、河北省自然科学奖申报等6个学科服务小组，围绕教师、院系等需求，提供更加科学化、个性化的文献信息服务保障，支持学校“双一流”学科建设。

文化教育。1. 开展以“阅读新时代，筑梦复兴路”为主题的第十届读书节暨《复兴文库》入藏展阅系列活动6个篇章近20项文化活动。组织开展6项毕业季、9项“图书馆探索之旅”迎新季系列活动。举办第五届“我和我的祖国”系列阅读推广活动。考研季以缓解备考焦虑压力、激励奋斗精神为主题，组织开展3项活动。组织“以书润心，‘红’扬使命”等为主题的阅读马拉松活动2项。2. 发挥微信公众号等平台主渠道宣传作用，营造云上“书香燕园”阅读氛围。图书馆微信公众号发布信息273篇，在学习强国号、人民号等发布文章9篇。3. 积极组织各学院学生参加第二届“智信杯”信息素养大赛，荣获一等奖1名、二等奖1名、三等奖1名、优秀奖4名，3名馆员荣获优秀指导教师奖。完成文献检索课144学时教学工作。成功举办“4·26世界知识产权日”系列活动，开展2023年知识产权信息公共服务宣传活动。面向校内外读者开展37场次信息素养专题培训讲座。

技术支撑。电子阅览室云桌面系统进入稳定运行阶段。空间系统全部功能投入运行，馆内普通座位、研讨间、电子阅览座位均纳入系统管理。完成库客音乐区空间建设。信息发布系统全部功能投入运行。完成信息传达体验区建设，引进书法体验机、棋艺体验机、电子书借阅机等智慧体验设备，通过智能导览机器人及智慧化虚拟地图定位等，为读者提供智能找书、智能导航等智慧化服务。

管理服务。1. 通过装饰及布景，持续进行馆舍内部文化氛围和阅览环境的营造，图书馆成为师生及校友新的打卡地，共吸引并接待到馆参观团体 30 余个。根据实际情况及读者需求，适时调整开馆时间及区域，开设教师专座。注重发挥图书馆校园文化阵地功能，联合学校相关部门及学院依托图书馆展厅、报告厅等举办展览、讲座等活动 10 余场。2. 做好建章立制，规范工作流程。配合新馆舍运行模式及持续建设需要，通过校内外调研，修订制度 44 项，新增制度 6 项，完成新版图书馆规章制度汇编，为做好新环境下读者服务工作提供了制度保障。梳理完善管理组织架构，图书馆发展新格局初步形成。

（供稿人：图书馆 谢姝琳）

期刊工作

【举办《燕山大学学报》创刊六十周年系列活动】为庆祝《燕山大学学报》创刊六十周年，期刊社举办了系列活动：策划出版两期学报刊庆专刊；举办“打造一流学术期刊 支撑学科高质量发展”高端论坛暨《燕山大学学报》创刊六十周年座谈会，邀请省内外期刊界同人研讨高质量期刊建设路径，颁发《燕山大学学报》创刊六十周年“十佳论文”“优秀审稿人”“团队贡献奖”“特殊贡献奖”“突出贡献奖”等奖项；举办《燕山大学学报》创刊六十周年主题展和“论文撰写规范与语言文字辨析”知识竞赛活动等。

【三刊全年专家约稿数量再创新高】秉持开放办刊理念，通过组约专家稿件提升刊物学术质量。三刊 2023 年共发表专家约稿 86 篇，刊发国际（含合作）稿件 5 篇，较 2022 年度专家约稿数量增长 22.9%。

【三刊质量和影响力提升】《燕山大学学报》连续四次入编北京大学图书馆《中文核心期刊要目总览》(2014 版、2017 版、2020 版、2023 版)，在 2023 版《中文核心期刊要目总览》中排名为 61，较 2020 版上升 27 位。《燕山大学学报》5 年影响因子（1.550）较 2022 年度（1.326）提高 16.9%；《燕山大学学报（哲学社会科学版）》5 年影响因子（1.077）较 2022 年度（0.8）提高 34.6%；《教学研究》5 年影响因子（0.787）较 2022 年度（0.651）提高 20.9%。在全国高等学校文科学报研究会第七届高校社科学术期刊质量检查与评估中，《燕山大学学报（哲学社会科学版）》《教学研究》获评“全国高校优秀社科期刊”；《燕山大学学报（哲学社会科学版）》“典籍翻译研究”栏目、《教学研究》“学习科学”栏目获评“特色栏目”。

【常规工作】党建工作。坚持党史学习教育常态化，深入学习党的二十大报告、习近平总书记系列重要讲话精神。积极开展学习贯彻习近平新时代中国特色社会主义思想主题教育，支部委员会集中研学 3 次，全体党员专题学习 11 次，支部书记讲授专题党课 1 次，组织开展主题教育专题民主生活会 2 次，开展主题党日活动 2 次。严格执行党内政治生活制度，党支部“三会一课”、主题党日、组织生活会、民主评议党员、谈心谈话等组织生活开展规范，及时通过“燕铭红韵”党建信息平台公开基层组织运行情况。2023 年下半年期刊社党支部完成了支部换届选举，选举产生新的支委会并开展工作。

出版工作。三刊保质保量按时完成 2023 年出版任务。《燕山大学学报》共出版 6 期，发表论文 58 篇，其中高水平约稿 34 篇、国际稿件 2 篇，约稿论文占比 58.6%；全年发表论文中，基金论文占比 100%。《燕山大学学报（哲学社会科学版）》共出版 6 期，发表论文 70 篇，其中高水平约稿 25 篇、国际稿件 2 篇，约稿论文占比 35.7%；全年发表论文中，基金论文占比 73%。《教学研究》共出版 6 期，发表论文 78 篇，其中高水平约稿 27 篇、国际稿件 1 篇，2 篇论文被《人大复印报刊资料》全文转载，约稿论文占比 34.6%；全年发表论文中，基金论文占比 92%。三刊全年发行总收入 80054.16 元。

教学科研服务。举办“从编辑的角度看学术论文的写作与发表”“研究生学术道德与科学精神”“研究生学位论文撰写规范及内容评审解读”3 场论文写作指导讲座，开展论文撰写知识竞赛等活动，主动服务师生教学科研。

期刊建设。开展调查研究，先后走访了机械工程学院、材料科学与工程学院、电气工程学院、信息科学与工程学院（软件学院）等校内单位，赴北京林业大学期刊中心、北京科技大学期刊中心、中国知网中国科学文献计量评价中心WJCI项目组、中国科学院中国科学引文数据库、中国社会科学评价研究院期刊与成果评价研究室等评刊单位调研，梳理期刊现存问题，明确对标指标，探索提升刊物学术质量和学术影响力的对策，完成《进一步提升〈燕山大学学报〉学术水平和影响力的举措与建议》《科技期刊世界影响力指数（WJCI）报告对〈燕山大学学报〉的影响及对策研究》等调研报告。

期刊宣传。期刊社重视期刊宣传与传播工作，除网站及数据库平台提供全文下载外，三刊还分别设立了微信公众号，按期发布期刊目录及推荐性文章，不定期发表知名学者的相关信息。三刊2023年共发布微信推文61篇。

编辑队伍建设。完成所有责任编辑90学时的年度培训任务。期刊社社长、副社长及三刊主编均参加河北省新闻出版局组织的“全省出版编辑、期刊单位负责人培训班”，并全部通过考核。

（供稿人：期刊社 马晓宁）

出版工作

【策划出版图书入选“十四五”国家重点出版物出版规划增补项目和国家2023年丝路书香工程】6月28日，根据国家新闻出版署通知，《燕秦汉辽东长城田野考古调查研究》入选“十四五”国家重点出版物出版规划增补项目中的“哲学社会科学出版规划项目”。该书系统地呈现燕秦汉辽东长城考古学调查的全过程，有助于填补中国早期长城考古学、历史学研究的诸多空白，丰富中国历代长城史研究的理论体系和史料府库。《长城：追问与共鸣》《贝氏体钢中残余奥氏体》两种图书入选国家2023年丝路书香工程，占2023年全省入选项目的半数，将分别被译为印尼语、乌尔都语，向共建“一带一路”国家传播。这是燕山大学出版社首次在该工程中获得立项。

【建成国内首家长城主题书店】国内首家长城主题书店——读懂长城主题书店于4月23日正式投入使用，燕山大学校长赵丁选、中国长城学会副会长董耀会为书店揭牌。该书店是多功能创意校园书店，汇集了燕山大学出版社所出版的优质图书、国内精选长城题材图书以及清华大学出版社、北京大学出版社等出版的人文社科热销图书。书店被河北省新闻出版局列入2023年省实体书店扶持项目、河北省长城旅游十大打卡地。

【再次入选“中国图书海外馆藏影响力出版100强”】6月16日，2023年度“中国图书海外馆藏影响力研究报告”在第29届北京图博会上正式发布。燕山大学出版社再次入选“中国图书海外馆藏影响力出版100强”，排名第93位，较2022年上升4位，是本次入选百强的84家大学社之一。

【常规工作】出版内容建设。出版社全年出版图书228种，通过了中宣部社会效益量化考核，被评定为良好。持续提升燕山学术、地域文化、长城文化三个特色板块的品牌影响力。2月25日，出版社在北京机械工业信息研究院召开2023年度选题论证会暨发展研讨会。5月13日，燕山大学中国长城文化研究与传播中心、燕山大学出版社、兰州大学出版社在保定市涞源县华中小镇举办首届长城学论坛暨“中国长城文化研究发掘出版工程”编纂启动仪式。该出版工程是燕山大学出版社和兰州大学出版社共同策划的大型系列出版工程，包含长城综合研究与长城历史文化遗产研究多个分卷。陆续出版《长城之子董耀会》《寻梦北长城——秦皇岛市海港区界内长城诗词专辑》《长城：中国的象征》《长城魂：行走长城绘画巡回展作品集》和“边城迁安风”系列丛书等长城主题图书。出版《液压机创新设计》《中立型时滞系统的稳定性分析与控制》等多部“燕山大学优秀学术著作及教材出版基金”资助图书。完成“燕山大学优秀学术著作及教材出版基金”第三批资助图书征集和评审，投入40余万元自筹资金，资助10种校内优秀著作和新形态教材出版。

发行业务和业界交流。成功申请出版物二级批发资质，进一步扩大发行业务范围。新增合作馆配商北京格林文化传播有限公司，新增电子书发行合作馆配商北京畅想之星信息技术有限公司。与超星学术、可知平台合作推送电子书，与方圆电子音像出版社签约纸书配套知识数字服务项目。参加2月24日至26日在北京举办的第35届北京图书订货会，参加6月15日至18日在北京举办的第29届北京国际图书博览会，参加7月27日至31日在济南举办的第31届全国图书交易博览会。

企业内部管理。新增《燕山大学出版社固定资产管理办法》《燕山大学出版社招标采购管理办法》《燕山大学出版社选题论证会议事规则》等管理制度。投入基础设施建设，与学校资产管理处共同维修改造东校区图书馆718报告厅为多功能会议场所，于8月份投入使用。

图书出版奖项。《哲史论衡》获评“河北省2023年度优秀出版物”；《红色坞头：方志敏在坞头》入选全国《2023年农家书屋重点出版物推荐目录》；板厂峪长城研学游（《板厂峪长城研学攻略》）获评河北长城“十大”研学产品；《趣味天文学》《趣味代数学》《趣味几何学》入选第二批向全国中小学图书馆（室）推荐优秀图书；《长城追问与共鸣》入选哲学社会科学学术通俗读物（共51种）。被省印刷协会评选为“优秀会员单位”，在“2021—2022年度河北省优秀图书评审”活动中荣获优质品一等奖2项、二等奖1项、三等奖2项，2名员工获河北省“优秀阅读推广人”称号。

校园文化和书香城市建设。1月11日，设立长城出版事业部，主要承担长城文化主题图书的策划、编校、宣传等工作任务，加快燕山大学中国长城文化研究与传播中心成果的出版转化。以读懂长城主题书店为平台，邀请名家学者，开展一系列文化沙龙，传承和弘扬长城文化，涵养学校人文底色。6月8日，与秦皇岛市作家协会在燕山大学读懂长城主题书店共同举办本地作家原创新作分享会，为书店挂牌“秦皇岛作家角”。6月18日，举行世界读书日系列活动之“长城——永恒的主题”摄影讲座，邀请河北省摄影家协会副主席、秦皇岛市摄影家协会主席郎晓光主讲，来自燕山大学国际教育学院、大学生摄影艺术协会的中外学生代表，长城摄影爱好者等聆听了讲座。6月21日，举行“世界文化遗产——中国历代长城”摄影讲座暨董旭明长城摄影作品展。共展出著名长城摄影家、中国长城文化研究中心副主任、《万里长城》副主编董旭明拍摄的50幅中国历代长城摄影作品。来自中国长城学会、秦皇岛市中级人民法院、《万里长城》编辑部、中国旅游协会长城分会等专家学者参观展览，并与来自抚宁区、燕山大学文法学院（公共管理学院）、大学生摄影艺术协会等师生一起聆听了讲座。

（供稿人：出版社 李冉）

文博工作

【科研工作不断取得新突破】“东北亚古丝路城站驿路研究”获批河北省社会科学基金历史文化专项；“东北亚古丝路文明研究丛书”入选河北省2023年度优秀出版物选题；《关于东北抗联三个重大问题的研究》获第十四届吉林省社会科学优秀成果论文类一等奖；《观念约束与行为偏好：当代俄罗斯海洋战略观与中俄海洋合作》获CTTI 2023年度智库研究优秀成果二等奖；“当代俄罗斯海洋观与其国际战略的关系研究”获批国家社会科学基金青年项目。1篇资政报告被吉林省政协办公厅采纳，并得到省政协主席江泽林的充分肯定。荣获2023年河北省哲学社会科学优秀研究基地。发表《黑水靺鞨民族流向辨析》《论清代边疆研究的三把钥匙》《观念约束与行为偏好：当代俄罗斯海洋战略观与中俄海洋合作》等高水平论文13篇。

【获批河北省哲学社会科学重点实验室】经专家评审并报省委宣传部批准，东北亚古丝路文明研究实验室获准纳入河北省哲学社会科学重点实验室建设试点单位。实验室突出科技考古和文物保护科技创新优势，设立考古探测技术、田野测绘、文物保护等研究方向，工作内容包括年代测定、古生物考古、陶器分析等。建成东北亚丝路文明与文化遗产特色化、系统化、标准化数据库平台；开展东北亚丝路文明文献编译与整理出版；设立实验室年度专项孵化项目和数据库项目，定期召开学术研讨会和成果发布会，推进博物馆、研究基地、智库、硕博教学等工作一体化；实施“外脑”战略，助推政府决策现代化，承担纵向和横向课题；为河北省文博系统和河北省哲学社会科学提供实验、教学和培训场所。

【文物定级并申报国家二级博物馆】5月，东北亚古丝路文明博物馆获批中国博物馆协会团体会员单位。8月，邀请国家文物局专家组成员，河北省、吉林省文物鉴定专家，对馆藏文物700余件（套）进行鉴定，有6件（套）定为二级文物，211件（套）定为三级文物。按照《博物馆定级评估办法》等要求，全面推进国家二级博物馆的申报工作，将博物馆定级评估和标准贯穿于日常工作中，综合管理与基础设施、藏品管理与科学研究、影响力与社会服务等方面178个附件支撑材料的组织工作已基本完成。

【常规工作】党建思政。坚持把政治建设摆在首位，成立东北亚古丝路文明博物馆党支部。每月开展2次支部学习活动，通过采取支部全体党员集中学、交流研讨、“丝路大讲堂”等多种学习方式，提高支部成员的政治理论水平。按照上级要求定期组织政治理论学习和主题党日活动，精心准备“三会一课”内容，支部书记讲党课1次，开展“学习身边榜样”“入心见行、善思善用”主题党日活动2次，在燕铭红韵上报道党支部活动新闻7篇，开展习近平总书记关于教育的重要论述、习近平总书记在文化传承发展座谈会上的讲话精神、党的二十大精神等专题学习7次。

展览展陈。举办“丝路跫音”吴建科邓树平绘画作品展、丝路花语——2023首届当代中国书画名家学术邀请展、以美育心——校公选课学术作品展、城·堡记忆——郝建斌绘画作品展、艺术与设计学院2023届硕士研究生毕业展（美术）等多场临时展览，以及“5·18”国际博物馆日主题活动、文化和自然遗产日主题活动、“筑梦丝路”参观研学活动等社会教育活动，以潜移默化、润物无声的传播方式“让文物活起来”。全年接待参观者11万余人次。

学术交流。7月，在文会雅园——罗哲文逝世十周年系列活动暨罗哲文文化遗产保护传承交流会上作主旨发言；参加“一带一路”文化遗产国际合作联盟2023年暑期夏令营；8月，参加2023札幌·东亚文化遗产保护国际研讨会并作海报发言；10月，参加“一带一路”文化遗产国际合作联盟2023年成员大会暨第八届文化遗产交叉学科国际论坛，并作主旨报告。

学术研究。先后举办国家社科基金中国历史研究院重大历史问题研究专项委托项目《中国历史通俗读物·清史卷》报告会、燕山大学第二届东北亚古丝路文明论坛、“清朝历史地位”学术研讨会、燕山大学东北亚古丝路文明研究中心联合办所（科研基地）工作会议暨“深化冀东抗日游击队与东北抗联历史文化挖掘”研讨会等重要学术会议。邀请李治亭、吴建科等专家开展课题项目申报、新型智库建设等内容的学术讲座。邓树平编著的《“丝路之光”书画作品集》为国家社科基金重大项目“中国疆域最终奠定的路径与模式研究”阶段成果。编印连续性内部资料《东北亚古丝路文明》全年4期。

研习基地。不断探索馆地合作新模式，设立3个教学科研实习基地：8月，秦皇岛市美术家协会创作研究基地落户博物馆；11月，与秦皇岛市青龙满族自治县人民政府共建文物考古科研基地；12月，与中国海关管理干部学院互设基地——“燕山大学东北亚古丝路文明研究中心（CTTI来源智库）海关史研究基地”“中国海关管理干部学院教学科研基地”。

考古调查。持续开展跨区域历史文化资源、东北亚古丝路沿线古城驿站、东北亚古丝路沿线跨省区遗址和古城等方面的调查工作，通过实地田野考古调查，分别在秦皇岛市卢龙县发现1处超大型的新石器时代至商周时期古人类遗址，在秦皇岛市青龙满族自治县发现2处洞穴遗址。

安全稳定。成立博物馆安全稳定工作领导小组，建立健全《东北亚古丝路文明博物馆消防安全管理制度》《东北亚古丝路文明博物馆藏品库房管理制度》等。开展消防安全、国家安全、文物安全等内容的安全宣传教育活动10次。实施门禁系统和安防改造项目，营造安全、健康、整洁、文明的参观氛围。

（供稿人：东北亚古丝路文明研究中心（博物馆）蔡巧怡）

档案、校史工作

【完成智能档案库房二期建设】完成智能档案库房二期（包括2个纸质档案库房和实物档案库房、电子档案库房等）建设，争取到校友企业价值7万多元捐赠改善档案存储装具，利用暑期安全有序完成了全校干部人事档案搬迁。历时一年半，档案馆完成了整体改造建设，结束了四地分散办公局面，实现了档案集中统一管理，提升了内涵品质档次，学校档案工作硬件条件走在了全国高校前列。

【开展全国数字档案室试点建设】制定《燕山大学全国数字档案室建设试点工作方案》，实施“4933”转型提档升级工程，召开全校档案工作会议暨全国数字档案室建设试点启动仪式，存量档案数字化80万页，馆藏档案数字化率已达60%，完成采购系统与档案管理系统全面对接，实现电子档案“收、管、存、用”全流程管理。中国档案报、河北日报等进行报道，国家档案局档案馆（室）业务指导司副司长丁德胜，10多位全国专家，60多所高校、企业来馆考察，学校首次成为河北省高等教育学会档案工作分会秘书长单位。

【打造校史陈列馆、校史宣讲团、校史文化节“以史育人、以文化人”新模式】校史陈列馆全年接待师生校友和各界人士近2万人次，被共青团河北省委、河北省少工委命名为“河北省青少年教育基地”。组建了第四届校史宣讲团，已有160余名师生参与。联合燕山大学创新创业教育与指导中心、秦皇岛市科技局举办创新创业教育成果展和学校第三届校史文化节，万余名师生参与，厚植师生爱党爱国爱校情怀，新华社和中国教育报等近 10 家主流媒体进行报道。

【常规工作】党建工作。完成党支部支委会换届选举，抓实“4D 优⁺党支部”和“全校样板党支部”建设方案。坚持一周一次馆务会和理论学习会制度，开展集中理论学习 16 次，把学习贯彻落实习近平新时代中国特色社会主义思想、党的二十大精神作为“第一议题”，入脑入心践行。加强校史陈列馆等意识形态阵地管理，增设习近平总书记在党的二十大报告中重要论述展板 4 幅和主题教育宣传标语。坚持一月一次工作例会制度，形成会议纪要 8 份。推动主题教育走深走实，形成问题清单 1 项，完成整改措施 2 项，建立“互学互帮互促”机制，完善档案网上查询利用平台等，让数据“多跑路”，让师生校友“少跑腿”，促进学校档案工作转型提档升级。认真执行“三会一课”制度，召开民主生活会、组织生活会各 2 次，处级干部讲党课 3 次，开展主题实践和主题党日活动 9 次，与法学系党支部进行样板支部共建，在机关党委、燕铭红韵等网站发布党建主题稿件 32 篇，1 人获评“燕山大学优秀党务工作者”称号。

档案业务。主动到教务处、计划财务处等单位走访交流，送服务上门，解决系统对接和业务交叉存在的问题。形成《燕山大学年鉴编纂管理办法》《燕山大学电子文件归档与电子档案管理规范（试行）》等文件征求意见稿，对 13 个校级规范性文件、10 个内部规章制度进行制定修订，优化工作流程，提升服务效能。综合档案方面，接收档案 29499 卷（件），数据挂接 7583 卷、125000 页，查借 4508 人次，教育部学历认证 757 人次，受到教育部来信表扬。干部人事档案方面，接收新进职工档案 294 份，总量控制人员档案 548 份，零散材料 12960 份，提供查阅 312 人次，借出档案 387 人次，转出档案 30 人次。举办“档案馆开放日”活动，开展“6·9”国际档案日系列宣传教育活动，编印《党言档语》宣传手册，组织 2 场高水平专题讲座。

校史工作。制作《难忘东重情 共铸强国梦》纪念册，赠送给杰出校友。编制了《东北重型机械学院部分专业迁往甘肃工业大学相关史料》，赠予返校的 1963 级水力机械、石油机械、化工机械校友和兰州理工大学。持续开展口述校史访谈和实物征集活动，采访了宋维公、王益群、梁颖琦、刘新民等多位离退休老领导、老教师，留下了珍贵的口述校史资料。编印了《燕山大学校史陈列馆讲解词手册》（第三版）及电子书。“燕山大学第三届校史文化节”获批学校第九批基层单位文化建设项目立项。

宣传工作。讲好燕大故事，档案馆（校史馆）微信公众号发布《诞生记丨燕山大学校徽是怎样形成的？》《“百年创业路、薪火永相传”口述校史》等原创稿件 70 余篇，综合影响力位列业内全国高校前 10 位。全国数字档案室建设试点、创新创业教育成果展、校史文化节系列活动等特色工作被新华社、中国教育报、中国档案报、河北日报等 14 家主流媒体报道，在学校校园网、微信公众号、人民号、学习强国号等发布宣传稿件 60 余篇。

队伍建设。三位老师入选全国档案系统“三支人才队伍”，其中李明艳老师入选“全国档案工匠型人才”，李丽环、庞永真老师入选“全国青年档案业务骨干”，燕山大学是河北省高校入选人数最多的单位。承担河北省社科基金等课题多项，获河北省档案学术研究成果一等奖 1 项、二等奖 2 项和河北省档案优秀服务利用成果一等奖 1 项、二等奖 2 项，1 人被聘为河北省高等教育学会档案工作分会副理事长兼秘书长。与校友企业河北科怡科技开发有限公司签署校企战略合作协议，在人才培养、科技攻关等方面开展深入合作。加强同行间交流合作，参加中国高等教育学会校史研究分会第七次会员代表大会暨校史馆建设与校史文化创意传播高端论坛，赴西南大学、重庆大学等高校档案馆和上海市档案馆以及部分企业单位，针对档案应用系统建设、数字档案资源建设等进行调研。

（供稿人：档案馆（校史馆）彭宗忠）

校友、基金工作

【新增 8 个各类校友组织和进行 3 个校友组织换届】新增四川、南京、廊坊 3 个地方校友会，成立河北轻工业管理学校校友会和汽车行业校友会，组建天津校友企业联合会、轻管校友会邯郸分会和经济管理学院校友会北京分会，上海、厦门、天津地方校友会召开换届大会。

【召开燕山大学－富拉尔基区合作发展大会】8 月 6 日，燕山大学－富拉尔基区合作发展大会在东北重型机械学院原址大礼堂召开，中国计算机世界出版服务公司等 4 家校友单位与富拉尔基区人民政府签署工业文化小镇等 4 项合作协议。

【出台捐赠奖励制度调动教职工募捐积极性】11 月 20

日，学校颁布《燕山大学募集捐赠资金奖励办法》，对募集一定额度以上非限定性资金的教职员工给予梯次奖励。

【常规工作】校友工作。围绕升学季、招聘季、毕业季、开学季、团圆季、婚礼季等重要时间节点，深化对校友全方位服务，推动校友工作取得新实效。燕山大学校友总会微信公众号年发推文300篇以上，全部指标上榜全国高校校友会公众号年度百强榜单，位居最佳全能榜第19名，最具传播力榜第21名，最受欢迎榜第12名，最勤奋榜第24名。燕大东重人小程序注册109899人。创新推出“北京校友日”和“秦皇岛校友日”活动（颁奖仪式、校企对接、师生校友篮球赛、校园参观等），1000余位北京、秦皇岛校友参与各类活动，65家校友企业和单位参展。首推“邀请校友返校拍摄婚纱照”，接待了18对燕大校友新人。精心制作并免费为近万名校友提供2024年校友工作台历，让校友们感受到母校的祝福。汽车行业校友会成立大会由秦皇岛市招商和投资促进中心承办，支持资金10多万元，校友企业具体承办。走访齐齐哈尔、天津、上海等15地40余家校友企业，凝聚校友力量，促成校企合作。

基金会工作。全年收到款物捐赠总额累计315万元，新增各类捐赠项目10个。围绕支持师生发展及学校建设方面全方位推进捐赠项目落地：产生了第一个由校友匿名捐赠的奖学金，用以支持环化学院考研成绩突出的应届毕业生；成功申请到宋庆龄未来助学金项目，并获得首期10万元资助；加强与企业对接联系，与二十二冶集团新签订“中国二十二冶”奖学金，奖励范围涵盖6个学院7个专业，是学校目前资助范围最广的奖学金；由上海校友会设立的“双创基金”和“薪火计划奖学金”，首期捐赠额度达到100万元，创造了地方校友会集体设立奖学金的新高。深入对接教育部驻青龙工作组，开展系列帮扶活动，成立青龙干部提升培训宣讲团，为青龙中青年干部提供公益性质的培训服务。

（供稿人：校友工作办公室 纪红月）

河北省燕山大学校友会第一届第五次会议理事会成员

【名誉会长】周铁农
【会　　长】赵丁选
【常务副会长】任家东
【副　会　长】（按姓氏笔画排序）

于忠海　于泽军　于秋林　马　斌　王宝诚　王　魁
方国红　孔祥东　田伟国　冯继勇　冯景昌　朱兴明
刘文君　李书福　李忠维　李相泉　吴　英　张燕明
张润良　陈向东　陈志江　单东升　周　瑛　赵永生
胡　坤　王昱喜　翁之旦　郭俊杰

【秘　书　长】张向前
【理　　事】187人，以姓氏笔画为序

于忠海　1978级机制专业，上海校友会会长，上海市机械工程学会常务副理事长兼秘书长
于泽军　1981级工企专业，山东校友会会长，济南佳沃精密机械制造有限公司总经理
于秋林　1980级冶炼专业，美国校友会会长
才　华　燕山大学环境与化学工程学院党委副书记
马　斌　1985级冶炼专业，成都校友会会长，四川朗骏科技有限公司/四川华瀚兴晟建设工程有限公司董事长
马晓迁　2012级经管专业，邯郸校友会秘书长，河北汉理网络信息技术有限公司总经理
马雪飞　2001级测控专业，燕山大学里仁学院河北校友会秘书长
王　光　1991级宾馆管理专业，秦皇岛校友会秘书长，秦皇岛通广电子科技有限公司董事长
王　凯　1989级工企专业，沈阳校友会秘书长，沈阳安骏数控装备有限公司高级工程师
王　魁　1988级机制专业，大连校友会会长，大连优创液压股份有限公司董事长
王利民　燕山大学党委常委、副校长，材料科学与工程学院校友会会长
王　兵　燕山大学建筑工程与力学学院原党委副书记、建筑工程与力学学院校友会秘书长，河北建材职业技术学院教务处处长
王宏伟　1978级锻压专业，上海校友会名誉会长，上海沪哈重型机械工程有限公司原总经理
王林海　燕山大学外国语学院院长，外国语学院校友会会长
王　昕　燕山大学信息科学与工程学院（软件学院）党委书记，信息科学与工程学院（软件学院）校友会会长
王宝诚　燕山大学原党委常委、副校长
王昱喜　1985级计算机专业，深圳校友会会长，深圳市共和创亿科技发展有限公司董事长

王洪斌　燕山大学里仁学院院长，里仁学院校友会会长
王恩福　河北省高校网络思想政治工作中心副主任
王常武　燕山大学信息科学与工程学院（软件学院）副院长
王　晗　1992级金相专业，合肥校友会会长，安徽校友会常务副会长安徽瑞斯安全设备有限公司、安徽山水秀旅游发展有限公司总经理，北京塞克德利科贸有限公司副总经理
王跃华　燕山大学学校办公室主任
王惠文　1981级金相专业，大庆校友会会长
王惠新　1990级工企专业，北京校友会秘书长，国防科工局重大专项工程中心战略规划部处长
王新华　燕山大学马克思主义学院原党委书记，马克思主义学院校友会会长
王静思　2002级电子信息专业，石家庄校友会常务副会长，里仁学院河北校友会会长，石家庄校友会常务副会长兼石家庄校友企业联谊会秘书长，河北麦贝思新材料科技有限公司总经理
车桂林　轻管校校友会秘书长，燕山大学马克思主义学院副教授
井厚彬　1988级工企专业，广州校友会会长，龙健集团董事
公方彬　燕山大学讲座教授，国防大学教授
方国红　1989级无线电专业，广东校友会原会长，广东广凌信息科技股份有限公司董事长
孔祥东　燕山大学原党委常委、副校长
邓小明　1984级检测专业，珠海校友会会长，珠海市煤气有限公司总经理
石　岩　1993级机械设计专业，杭州市枫华府第学前教育集团副总经理
卢志刚　燕山大学电气工程学院教授
卢辉斌　燕山大学研究生院原院长
田永君　燕山大学材料科学与工程学院教授，中国科学院院士
田伟国　1983级轧钢专业，湖北校友会会长，武汉鑫田物资有限公司董事长
付作军　1986级金相专业，深圳校友会常务副会长，深圳市汇川技术股份有限公司副总裁
付智勇　2005级环境工程专业，四川校友会秘书长，成都棱镜泰克生物科技有限公司总经理
左健民　1978级液压专业，江苏理工学院原校长，南京校友会会长
代高明　2008级计算机专业，广东校友会秘书长，美的集团金融产品经理
冯　卫　1989级材料专业，唐山校友会会长，唐山百德福生物科技有限公司董事长
冯　丹　燕山大学国际教育学院科级秘书，国际教育学院校友会秘书长
冯佐祥　1988级轧钢专业，湖北校友会副会长，武汉华博防务科技有限公司董事长兼总经理
冯宗山　1995级通信工程专业，珠海校友会秘书长
冯继勇　1988级工企专业，黑龙江校友会会长，龙健集团执行董事
冯景昌　2004级机电专业，沈阳校友会会长，北方重工集团有限公司原副总经理
邢天春　1984级锻压专业，嘉兴校友会会长，嘉兴凯希电子有限公司总经理
邢丽荣　1987级冶炼专业，山东校友会秘书长
朱兴明　1985级无线电专业，深圳校友会名誉会长，湖南校友会名誉会长，深圳汇川技术股份有限公司董事长
朱　坤　燕山大学电气工程学院党委副书记
任向飞　1998级材料专业，吉利汽车研究院副院长
任家东　燕山大学党委常委、副校长
华长春　燕山大学电气工程学院原院长、电气工程学院校友会会长，河北科技大学副校长
刘井田　1983级机制专业，大庆校友会秘书长
刘文君　1978级金相专业，厦门校友会会长，集美大学副教授
刘立伟　燕山大学电气工程学院正处级辅导员
刘立柱　2001级液压专业，宁波校友会秘书长，橡塑行业校友会秘书长，海天塑机集团有限公司大客户经理
刘　宁　2005级通信工程专业，美国校友会副会长，美国罗氏公司软件工程师
刘　永　燕山大学教务处处长
刘永红　1986级工企专业，陕西校友会副会长，陕西普声电气有限公司研发部项目主管
刘　杰　1988级金相专业，唐山校友会秘书长
刘　虎　1993级工设专业，苏州校友会秘书长，苏州三行建筑景观装饰有限公司总经理
刘　超　燕山大学电气工程学院副处级辅导员，电气工程学院校友会秘书长
刘遵峰　燕山大学马克思主义学院党委副书记，马克思

主义学院校友会秘书长

孙永军 1999级金相专业，嘉兴校友会秘书长，浙江艾奥巴美新材料有限公司总经理

孙优贤 中国工程院院士，燕山大学讲座教授

孙　利 燕山大学艺术与设计学院院长，艺术学院校友会会长

孙　峰 1982级工企专业，佛山校友会秘书长，烨嘉科技集团行政总监

严书亭 燕山大学科学技术研究院常务副院长、院长

李书福 2001级机械工程专业，吉利控股集团董事长

李生荣 1983级机制专业，苏州校友会会长，苏州市交通运输局工会主席

李　光 1999级工商管理专业，秦皇岛校友会常务副会长，秦皇岛开发区黄河街道办主任

李忠维 1987级锻压专业，胶东校友会会长，龙口集团董事长

李春玲 燕山大学经济管理学院院长，经济管理学院校友会会长

李相泉 1979级锻压专业，天津校友会会长，天津益昌电气设备股份有限公司总经理

李凌凡 1985级金相专业，邯郸校友会会长，邯郸市圣庭食府有限公司总经理

李　强 2000级法学专业，深圳校友会副会长，深圳市龙华区科技创新局科技监督科科长

杨广辉 燕山大学体育学院院长，体育学院校友会会长

杨东峰 燕山大学电气工程学院正处级辅导员

杨永涛 燕山大学信息技术中心主任

杨建勇 1986级计算机及应用专业，胶东校友会副会长兼秘书长，北京校友会企业联谊会副会长，北京昊祥瑞科技有限公司总经理

杨镒菲 2001级工商管理专业，里仁学院北京校友会会长，北京麒文投资管理有限公司总裁

吴　米 2003级旅游管理专业，陕西校友会副会长兼秘书长，兴业证券陕西分公司金融事业部总经理

吴　英 1982级计算机及应用专业，陕西校友会名誉会长，杨凌美畅新材料股份有限公司董事长，陕西宝美升精密钢丝有限公司董事长

何洪波 1990级计算机专业，常州校友会会长，江苏中灿机电工程有限公司总经理

宋大勇 1993级锻压专业，成都校友会秘书长，成都高新区科技和人才工作局局长

张　杨 燕山大学创新创业中心主任

张小颖 2012级软件工程专业，海南校友会秘书长，海南海联农业科技有限公司总经理

张文莉 燕山大学国际教育学院院长，国际教育学院校友会会长

张文超 燕山大学艺术与设计学院党委书记，艺术与设计学院校友会会长

张玉华 燕山大学文法学院（公共管理学院）副书记，文法学院校友会秘书长

张世良 亚稳材料制备技术与科学国家重点实验室党委书记

张永琛 1980级工企专业，天津校友会名誉会长，派乐传媒董事长，总编剧，天津市作协副主席

张光磊 1996级材料专业，石家庄校友会秘书长，山东大学国家胶体材料工程技术研究中心副主任

张向前 燕山大学里仁学院党委书记，校友办主任

张红兵 燕山大学招生就业处原处长

张志超 燕山大学经济管理学院党委副书记

张宏艳 1993级检测专业，常州校友会秘书长，德昊五金制造有限公司总经理

张爱民 1988级宾馆管理专业，秦皇岛闲庭文化艺术发展有限公司总经理

张爱妍 1989级机制专业，大连校友会秘书长，中国平安财产保险股份有限公司大连分公司旅顺支公司总经理

张润良 1990级无线电专业，北京校友会会长，中国计算机世界服务公司董事，副总裁

张燕明 1984级工企专业，石家庄校友会会长，石家庄圣铭科技有限公司董事长

沈鹏超 燕山大学建筑工程与力学学院党委副书记

陆　岩 1986级工企专业，黑龙江校友会副会长兼秘书长，黑龙江远方农业股份有限责任公司总经理

陆大明 1977级工企专业，北京校友会名誉会长，中国重型机械总公司（退休）

陈广斌 1981级轧钢专业，秦皇岛校友会名誉会长，秦皇岛市泰德管业科技有限公司董事长

陈　刚 1991级机械设计专业，广州校友会常务副会长，广州移讯网络科技有限公司总经理

陈向东 1984级机制专业，浙江校友会会长，杭州集智机电股份有限公司总监

陈志江 1985级液压专业，福建纳川管材科技股份有限公司董事长

陈宋绯 1998级经济法专业，湖南校友会秘书长，湖南

城市学院副教授

陈 波 1987级检测专业，上海校友会会长，上海领汇创业投资管理有限公司董事长

陈树冬 燕山大学招生就业处副处长

陈 挚 1984级锻压专业，安徽校友会会长，芜湖创挚汽车科技有限公司董事长兼总经理

陈福全 2000级土木工程专业，东莞校友会会长，广州恒昌建设集团有限公司董事长

武大璐 2002级光电子专业，里仁学院北京校友会秘书长，北京磐石建业建筑工程有限公司总经理

林振芳 1981级工企专业，湖北校友会秘书长，湖北三好轨道交通设备有限公司总经理

国洪成 1979级无线电专业，美国校友会秘书长，房贷专员

金立生 燕山大学车辆与能源学院院长，车辆与能源学院校友会会长

金伟英 2003级机械专业，北京校友会常务副会长，北京聿华联合知识产权合伙人

金海龙 燕山大学教务处原处长

周 雨 燕山大学里仁学院原副院长，河北环境工程学院教师

周 瑛 1980级轧钢专业，加拿大校友会会长，Quad Engineering inc. Professional Engineer of Ontario,Senior Design Engineer

周 超 1979级锻压专业，秦皇岛校友会名誉会长，方华智能装备有限公司董事长

郑海武 燕山大学科学技术研究院副院长，大学科技园、技术转移中心副主任

单东升 1996级机械专业，宁波校友会会长，宁波赛福汽车制动有限公司执行董事、总经理

郎晓光 1995级企业管理专业，秦皇岛广顺集团董事长

孟 波 1986级工企专业，青岛校友会会长，青岛德宝尚家家居用品有限公司董事长

赵丁选 燕山大学党委副书记、校长

赵 宁 燕山大学体育学院党委副书记，体育学院校友会秘书长

赵永生 燕山大学原党委常委、副校长

赵永新 原河北轻工业管理学校办公室主任，河北轻管校友会常务副会长

赵庆新 燕山大学研究生院院长

赵宇浩 1998级防腐专业，安徽校友会副会长，合肥校友会秘书长

赵劲松 1985级金相专业，广东校友会名誉会长，广东圣薇娜精细化工有限公司总裁，亚洲发型师协会会长

赵博识 2001级电气工程及自动化专业，安徽校友会秘书长，马钢集团能源环保部部长助理

郝连旺 燕山大学大学科技园、技术转移中心主任

胡 坤 1987级检测专业，秦皇岛校友会会长，橡塑行业校友会名誉会长，安徽校友会名誉会长，康泰医学系统（秦皇岛）股份有限公司董事长

胡诗泽 2002级电子信息工程专业，海南校友会会长，定安新竹次滩观光旅游专业合作社理事长

胡振刚 1993级金相专业，东莞校友会副会长，广东省食品生产技术协会总工程师

南基学 1980级工企专业，深圳校友会名誉会长，广东省校友会名誉会长，东莞校友会名誉会长，深圳市华信天线技术有限公司董事长

柯铁军 燕山大学档案馆副馆长，校友办副主任

钟多娣 2003级艺术设计专业，江西校友会秘书长，江西南芳律师事务所律师

段志明 1995级防腐专业，湖南校友会会长，长沙岱勒新材料科技股份有限公司董事长

侯一心 1982级计算机专业，深圳校友会名誉会长，深圳市燕新鹏实业有限公司董事长

姜宏岸 1994级计算机专业，连云港校友会秘书长，江苏海洋大学计算机工程学院系主任

姜宏岩 1995级液压专业，北京校友会常务副会长，深圳嘉诚绿发科创控股有限公司董事长

秦晓峰 1978级金相专业，齐齐哈尔校友会副会长，中车齐车集团有限公司原首席专家

袁云岗 燕山大学材料科学与工程学院正处级辅导员

周高仪 燕山大学社会科学处处长

贾俊龙 2006级会计专业，秦皇岛校友会副会长，秦皇岛宏兴钢铁集团有限公司总经理

柴 勇 燕山大学马克思主义学院院长，马克思主义学院校友会会长

宁岩鹏 燕山大学艺术与设计学院副书记，艺术与设计学院校友会秘书长

翁之旦 2003级液压专业，宁波校友会副会长，宁波华液机器制造有限公司总经理

翁钢民 燕山大学文法学院（公共管理学院）校友代表团团长，燕山大学环境与化学工程学院院长

高大威 燕山大学环境与化学工程学院院长，环境与化

学工程学院校友会会长

郭　沛　燕山大学档案馆（校史馆）馆长，校友办副主任

郭金平　燕山大学文法学院（公共管理学院）原名誉院长，文法学院（公共管理学院）校友会会长

郭俊杰　1984级锻压专业，陕西校友会会长，西安市隆基集团副董事长

郭　丽　南京校友会秘书长，南京钢铁集团金恒信息科技公司总监

唐　杰　2007级机电专业，天津校友会秘书长，中国民航大学副教授

黄卫东　1984级工企专业，新加坡SKS液压有限公司董事

黄庆学　1980级轧钢专业，太原校友会会长，中国工程院院士，太原理工大学校长

曹志勃　1973级轧钢专业，齐齐哈尔校友会名誉会长，齐齐哈尔市文学艺术界联合会调研员

戚伟欣　燕山大学继续教育学院院长，康养产业研究院院长，继续教育学院校友会会长

康国旺　1998级焊接专业，吉利集团品牌研究院副院长

梁大鹏　1991级管工专业，深圳校友会秘书长，哈尔滨工业大学（深圳）校长助理

彭　艳　燕山大学机械工程学院院长，机械工程学院校友会会长

董国疆　燕山大学党委组织部部长

蒋顺才　1986级工企专业，深圳校友会常务副会长，深圳前海旭辉资产管理公司董事长

韩　冰　燕山大学机械工程学院党委副书记

韩昱卓　燕山大学离退休党委书记

程会凯　1994级机制专业，齐齐哈尔校友会秘书长，齐齐哈尔锦农科技孵化器公司总经理

程志红　1988级计算机专业，加拿大校友会秘书长，Invesco Canada,Job:Senior Data Solution Analyst

傅建辉　1985级材料专业，厦门校友会秘书长，厦门金桥网络通信有限公司总裁

储善忠　1994级计算机专业，浙江校友会常务副会长兼秘书长，杭州麦狐信息技术有限公司常务副总裁，董事

鲁雁鹏　1992级机设专业，齐齐哈尔校友会会长，一重龙申（齐齐哈尔）复合材料公司党委书记

曾胜文　1986级管工专业，橡塑行业校友会会长，江西校友会会长，秦皇岛校友会副会长，河北天晖供应链股份有限公司董事长

曾　慧　燕山大学理学院党委副书记，理学院校友会秘书长

谢增明　2000级旅游管理专业，东莞校友会秘书长，广东盛州装饰工程有限公司经理

靳启东　1982级管工专业，齐齐哈尔校友会名誉会长，齐齐哈尔科学技术局原处长

靳启海　1979级无线电专业，连云港校友会会长，连云港益科太阳能空调有限公司总经理

甄红军　燕山大学马克思主义学院党委书记

路　永　1999级艺术设计专业，青岛校友会秘书长，青岛酒店管理学院基建处处长

蔡合良　1994级机设专业，山东校友会秘书长，济南图冠科技有限公司总经理

蔡星周　燕山大学党委常委、副校长

滕兆斌　1995级模具专业，上海校友会秘书长，上海瑞磐传动科技有限公司总经理

（供稿人：校友工作办公室　纪红月）

河北省燕山大学教育基金会第二届理事会成员

【名誉理事长】赵险峰

【理　事　长】张向前

【副理事长】胡　坤　陈　波

【秘　书　长】纪红月

【副秘书长】边耀澎　张英德

【理　　事】15人，以姓氏笔画为序

方国红　1989级无线电专业，广东校友会会长，广东广凌信息科技股份有限公司董事长

卢辉斌　1982级无线电专业，燕山大学研究生院院长

冯继勇　1988级工企专业，黑龙江校友会会长，龙健集团董事局执行主席

刘国安　燕山大学计划财务处处长

纪红月　2001级公共事业管理专业，校友办副主任兼基金管理办公室主任

张向前　1986级材料专业，校友办主任，燕山大学里仁学院党委书记

陈　波　1993级工企专业，上海校友会会长，上海领庆投资集团有限公司总裁

李相泉　1979级锻压专业，天津益昌电气设备股份有限公司总经理

李忠维　1987级锻压专业，胶东校友会会长，龙口利佳电气有限公司董事长

张世良　1991 级无机专业，燕山大学人力资源处处长

胡　坤　1987 级检测专业，秦皇岛校友会会长，康泰医学系统（秦皇岛）股份有限公司董事长

张润良　1990 级无线电专业，北京校友会会长，中国计算机世界出版服务公司副总裁

侯一心　1982 级计算机专业，深圳校友会会长，深圳市燕新鹏实业有限公司董事长

郭俊杰　1984 级锻压专业，陕西校友会会长，西安市隆基集团副董事长

蔡星周　1996 级塑性成形专业，燕山大学党委常委，副校长

【监　　事】3 人，以姓氏笔画为序

张　明　燕山大学纪委副书记、监察处处长

欧阳渊　1999 级会计专业，燕山大学审计处处长

柳成俊　1995 级流体传动专业，立信德豪企业咨询（深圳）有限公司合伙人

（供稿人：校友工作办公室 纪红月）

燕山大学教育基金会接受捐赠情况

2023 年 1 月 1 日至 12 月 31 日，基金会累计收到现金捐赠 2968890.57 元。收到实物捐赠 5 笔，价值 691968.28 元。

（供稿人：校友工作办公室 纪红月）

后勤基建与产业

后勤管理

总体情况

【获评河北省高校后勤系统新冠疫情防控典型案例一等奖】打赢学校疫情防控阻击战，报送的“让党旗在疫情防控一线迎风飘扬”案例被河北省教育厅评为全省高校后勤系统新冠疫情防控典型案例一等奖。

【开源节流降本增效】实施“燕山大学雨水资源再利用”项目，节约自来水约4.64万吨；采用片区流动管理的动态岗，降低人力成本；分时分区科学合理供温，2023年度比2022年度节约采暖经费583万元。

【获评河北省示范性幼儿园】燕山大学第二幼儿园顺利通过评估组专家评估验收，获评河北省示范性幼儿园。

【常规工作】党建思政。1. 学习宣传贯彻党的二十大精神和深入学习贯彻习近平新时代中国特色社会主义思想主题教育，主题教育活动中涉及校园民生的19项维修改造任务按时完成；“互联网＋明厨亮灶”全覆盖等一批“为师生办实事”项目落实落地。2. 党委理论学习中心组全年学习13次，邀请学校党委讲师团专题讲座8次，各支部和各部门全年学习98次，在“燕铭红韵”党建信息平台等舆论阵地发布宣传报道130余篇。3. 完成后勤党委委员增选和党支部委员会换届工作；2023年转正党员1名，发展预备党员1名。4. 与各部门负责人签订廉洁责任书，参观廉政文化长廊，组织处级干部家风警示教育座谈会，筑牢拒腐防变思想防线。

安全稳定。1. 召开安全稳定工作会议6次，成立安全稳定工作领导小组，与各部门负责人签订安全稳定责任书。2. 健全管理制度，修订《楼宇服务部安全管理制度》，制定《充电桩电动自行车充电安全管理规定》《配电室安全管理规范》《绿化环卫相关安全操作规程》等内部工作规范，完善内部规范《后勤服务中心校园维修改造工程内部控制文件操作手册》。3. 建立安全管理工作台账，对学生宿舍、食堂、经营场所、维修改造项目、水电暖、幼儿园等重点部位开展经常性安全督导检查，防范化解风险隐患。4. 构建安全教育长效机制，组织安全生产培训，每季度一次。

业务工作。1. 完成特种运载装备中心底盘关键技术试验场地建设、新建第三体育场（含人工草坪足球场）、新建第四体育场主席台、车辆学院车路协同实验道路改造、家属区部分区域绿化、建筑馆负一层实验室改造、里仁行政楼一层改造、居委会室内外办公环境提升改造、更换第一体育场人工草坪和第二体育场天然草坪、更换东校区第三教学楼暖气管道等工程。2. 安装学生公寓人脸识别闸机设备107个；新增学生宿舍吊扇4845台；集中粉刷学生公寓1480间。3. 完成东校区第三食堂招标工作；启动平抑基金，稳定食堂饭菜价格；积极响应学校政策，采购283万元扶贫农副产品；开展节日送温暖系列活动，举办第五届“珍味燕园，勤而食安”校园美食节。4. 深入开展爱国卫生运动，彻底清理校园及家属区多处卫生死角；家属区安装生活垃圾分类亭41处，布设专用垃圾桶164个；对燕鸣湖和燕飞湖环境进行改造，在湖面增设增氧机和景观照明。5. 高效完成水电暖设备设施维修，全年完成各类报修抢修任务近2万单。6. 完成东西校区服务楼招标、进驻工作；加强充电桩安全管理，为电动自行车充电场所增设了悬挂式自动喷淋干粉灭火器和大容量灭火器，加装温感报警视频监控系统；服务校内公务用车70余次。7. 幼儿园秋季学期招收教职工子女93人；校医院完成2023级本硕博新生共9248人的体检工作；居委会完成社区民政、劳保、人口、卫计、优抚工作。

（供稿人：后勤服务中心 朱小亮）

校园维修项目基本情况

序号	项目名称	合同金额/元	工程状态
1	燕山大学西校区主干路道路及车辆馆标识牌采购安装项目	54112.00	完工
2	燕山大学东校区第2、6、7学生公寓及西校区第8、9组团屋面防水维修工程第一标段	539800.00	完工
3	燕山大学东校区第2、6、7学生公寓及西校区第8、9组团屋面防水维修工程第二标段	537616.26	完工

序号	项目名称	合同金额/元	工程状态
4	燕山大学东校区文法学院（公共管理学院）办公用房改造工程	2597818.88	完工
5	燕山大学信息馆及人文馆标识牌采购安装项目	33895.00	完工
6	燕山大学东校区原图书馆 401 室智能档案库房维修改造项目	1196688.00	完工
7	燕山大学外国语学院部分教室、办公室门窗更换工程	592800.00	完工
8	燕山大学西校区 1 ～ 10 组团学生公寓水房卫生间暖气立管更换工程	494500.00	完工
9	燕山大学西校区第 4、7、10 组团卫生间隔断更换工程	425019.08	完工
10	燕山大学车辆学院车路协同实验道路改造工程	469998.00	完工
11	燕山大学国家冷轧板带装备及工艺工程技术研究中心厂房屋面及墙面维修工程	373888.00	完工
12	燕山大学西校区第 11 组团卫生间整体改造工程	3355800.00	完工
13	燕山大学东校区第二教学楼天井网架拆除及地面排水修复工程	116085.00	完工
14	燕山大学东西校区学生公寓 2023 级新生房间及公共区域、西校区艺术学院公共区域墙面粉刷工程第一标段	839800.00	完工
15	燕山大学东西校区学生公寓 2023 级新生房间及公共区域、西校区艺术学院公共区域墙面粉刷工程第二标段	978800.00	完工
16	燕山大学西校区 1 ～ 11 组团宿舍吊扇安装工程	1799036.00	完工
17	燕山大学东校区第三教学楼四、五层及二体体育馆教室铝合金窗更换工程	842313.13	完工
18	燕山大学东校区部分围墙护栏粉刷服务采购项目	67900.00	完工
19	燕山大学特种运载装备中心底盘关键技术试验场地改造工程及材料检测项目	5450600.00	完工
20	燕山大学西校区第四体育场新建主席台工程	241100.00	完工
21	燕山大学西校区高压中心及东校区 388 片区换热机组采购安装项目	420000.00	完工
22	燕山大学西校区二中水强排泵、回用泵及东校区清水泵房供水泵等设备采购安装项目	260000.00	完工
23	燕山大学东校区换热站全自动除氧设备采购安装项目	237800.00	完工
24	燕山大学西校区 1# 开闭所和东校区国家工程技术研究中心配电室直流屏采购安装项目	142600.00	完工
25	燕山大学电气学院高压配电柜、幼儿园、388 箱变、6 组团箱变、2# 箱变检修维护服务采购项目	190800.00	完工
26	燕山大学里仁办公楼配电室高压柜和西校区 2# 开闭所高压真空断路器维修服务采购项目	92000.00	完工
27	燕山大学西校区第 4、8 组团公寓 489 樘寝室门更换安装工程	558200.00	完工
28	燕山大学建筑馆负一层实验室改造工程	325200.00	完工

序号	项目名称	合同金额/元	工程状态
29	燕山大学家属区小广场硬化工程	694791.00	完工
30	燕山大学西校区图书馆西北侧围墙及护栏维修改造工程	760207.00	暂停施工
31	燕山大学信息馆 2 号楼电子系部分实验室电力改造用材料采购及安装项目	93000.00	完工
32	燕山大学西校区 34 个阀门井改造工程	139775.45	完工
33	燕山大学一层里仁行政楼改造工程	386900.00	完工
34	燕山大学居委会室内外办公环境提升改造工程	275000.00	完工
35	燕山大学 9 组团 B 座西侧雨水管及 13 组团雨水管线改造工程	289995.80	完工
36	燕山大学东西校区部分暖气主管道更换工程	454880.00	完工
37	燕山大学西校区清水泵房无负压供水设备采购及安装设计施工一体化项目（EPC）	1436000.00	暂停施工
38	燕山大学西校区第 1 ～ 11 组团公寓控电系统采购及安装项目	2123153.16	调试中
39	燕山大学西校区第三体育场新建工程	4800000.00	完工
40	燕山大学东校区第三教学楼暖气管道更换工程	449126.55	完工
41	燕山大学能源值班室远程监控平台采购及安装设计施工一体化项目	679000.00	暂停施工
42	燕山大学家属区部分区域绿化工程	700000.00	完工
43	燕山大学西校区五教和美术馆灯具底座维修更换服务采购项目	92400.00	完工
44	燕山大学建筑馆暖气主管道更换工程	83388.00	完工
45	燕山大学防水防雨不可预见性日常零散维修及小型抢修工程（一标段教学楼屋面防水防雨维修）	500000.00	进展中
46	燕山大学防水防雨不可预见性日常零散维修及小型抢修工程（二标段宿舍楼屋面防水防雨维修）	400000.00	进展中
47	燕山大学防水防雨不可预见性日常零散维修及小型抢修工程（三标段公用场馆屋面防水防雨维修）	700000.00	进展中
48	燕山大学第一教学楼 125、140 实验室电力增容工程	179990.00	暂停施工
49	燕山大学不可预见性日常零散维修及小型应急抢修工程（一标段学生公寓装修维修）	500000.00	进展中
50	燕山大学不可预见性日常零散维修及小型应急抢修工程(二标段办公楼装饰装修类维修）	550000.00	进展中
51	燕山大学不可预见性日常零散维修及小型应急抢修工程（三标段教学楼及其他场馆装饰装修维修）	600000.00	进展中

序号	项目名称	合同金额/元	工程状态
52	燕山大学不可预见性日常零散维修及小型应急抢修工程（四标段道路广场小型维修工程，包含校园内与绿化相关的绿植的修补、场地平整等）	600000.00	进展中
53	燕山大学教学楼馆及学生公寓日常运行零星维修及外墙墙体维修服务项目一标段学生公寓地面门窗等零星维修	300000.00	进展中
54	燕山大学教学楼馆及学生公寓日常运行零星维修及外墙墙体维修服务项目二标段学生公寓、办公、教学楼水房、卫生间零星维修	350000.00	进展中
55	燕山大学教学楼馆及学生公寓日常运行零星维修及外墙墙体维修服务项目三标段室外场地道路零星维修	200000.00	进展中
56	燕山大学教学楼馆及学生公寓日常运行零星维修及外墙墙体维修服务项目四标段外墙墙体维修	600000.00	进展中
57	燕山大学世纪楼 4 部电梯监控采购安装项目	39635.00	完工
58	燕山大学西校区锅炉厂房拆除工程	94980.00	暂停施工
59	燕山大学纳米能源研发中心用房改造工程	241580.00	完工
60	燕山大学西校区垃圾处理站改造工程	2208800.00	完工
61	燕山大学振动实验设备场地钢结构厂房及周边配套冷却系统改造工程	574100.00	暂停施工
62	燕山大学医院污水处理系统建设项目	191000.00	暂停施工
63	燕山大学特种运载装备研究中心试验区域电增容设备及材料采购安装项目	482000.00	暂停施工
64	燕山大学里仁学院行政办公楼及附近材料学院用房屋标识牌采购安装项目	34936.00	完工
65	燕山大学维修改造工程设计合同（一标段暖通及给排水维修改造工程）（专业建设工程）	250000.00	进展中
66	燕山大学维修改造工程设计合同（二标段室内装饰装修维修改造工程）（专业建设工程）	250000.00	进展中
67	燕山大学维修改造工程设计合同（三标段公共区域维修工程）（专业建设工程）	270000.00	进展中
68	燕山大学维修改造工程监理服务采购项目	720000.00	进展中
69	燕山大学里仁实验楼 202 实验室改造工程	205100.00	暂停施工
70	燕山大学东校区生活服务楼增容电缆敷设工程	66316.00	完工
71	燕山大学西校区给水改造工程	99530.00	暂停施工
72	燕山大学西校区清水泵房供水计量用水表单一来源采购项目	45312.00	已取消

（供稿人：后勤服务中心 朱小亮）

基本建设

总体情况

【燕山大学综合实验训练中心项目获得国家级及省级优秀奖】燕山大学综合实验训练中心项目获得2022—2023年度国家优质工程奖（中施企协字〔2023〕124号）和河北省建设工程安济杯奖（省优质工程）金奖（获奖标号：AJB2023005）。

【获批燕山大学亚稳材料科研大楼建设项目】燕大学亚稳材料科研大楼建设项目获批立项并取得河北省基本建设资金支持。该项目总建筑面积50000平方米，新建亚稳材料科研大楼1栋（地上11层，地下1层），其中，地上建筑面积45000平方米，主要包括交通运载平台8500平方米、极端变形平台8500平方米、清洁纳米能源中心8000平方米、生物医药与生命健康平台8000平方米、亚稳材料分析检测平台6000平方米、亚稳材料制备平台6000平方米；地下建筑面积5000平方米，主要包括设备用房1400平方米和人防车库3600平方米；配套建设管线、道路、广场及绿化等室外工程。项目估算总投资40000万元，其中申请省预算内基本建设投资30000万元，燕山大学自筹10000万元。

【获批燕山大学学生公寓建设项目】燕山大学学生公寓建设项目获批立项并取得中央预算内资金支持。该项目总建筑面积34000平方米，新建7#、8#、9#、10#学生公寓4栋，其中，7#、8#、9#学生公寓建筑面积均为7750平方米（地上6层），共23250平方米；10#学生公寓建筑面积为10750平方米（地上6层，地下1层）；以及配套建设室外管线、道路、广场及绿化等室外工程。项目概算总投资14288万元，其中，申请中央预算内投资10000万元，燕山大学自筹4288万元。

【常规工作】党建思政。深入开展学习贯彻习近平新时代中国特色社会主义思想主题教育，全年共开展专题党课5次，党员大会及主题党日21次，班子成员参加集中辅导9次，读书班集中研学3次，发表新闻报道12篇。扎实落实党风廉政建设主体责任。领导班子成员严格落实“一岗双责”责任，修订并执行《校园规划建设中心“三重一大”决策制度实施办法》，编制《持续深化纠治“四风”和作风纪律整治问题整改台账》和《党员领导干部“六纠六促”自查自纠清单台账》，严格执行《燕山大学校园规划建设中心廉洁自律规定》，根据实际工作情况梳理工程领域廉政风险点并制定防控措施，筑牢廉政防线。

安全工作。扎实开展意识形态宣教工作，组织全体职工召开意识形态及安全稳定专题会议4次。严格贯彻落实国家、省、市和学校对安全稳定工作的部署和要求，成立校园规划建设中心安全稳定工作领导小组，班子成员和项目负责人签订安全工作责任书。编制并修订《燕山大学基建工程管理办法》《燕山大学建设工程项目突发事件应急处理办法》等建设项目管理规章制度。开展“安全大排查大整治”工作、消防安全隐患专项排查整治、冬春火灾防控等系列安全专项工作，校内全部基建项目安全稳定推进。安全生产小组共进行安全检查25次，排查安全隐患28个，整改完成28个，整改率达100%。

扎实推进校园建设项目。完成燕山大学亚稳材料技术融合中心项目报建工作；完成燕山大学东校区浴池项目报建工作；完成燕山大学康养人才培训中心项目；完成燕山大学先进结构材料研究中心项目；扎实推进燕山大学智能制造交叉融合中心项目建设，目前已经完成主体工程施工，正进行外墙幕墙施工及室内装修安装施工；扎实推进燕山大学多功能风雨操场项目建设，目前正在进行竣工验收工作。

（供稿人：校园规划建设中心 董楠）

校园基本建设项目情况

序号	项目名称	建设内容	开展情况
1	燕山大学康养人才培训中心项目	项目总建筑面积19957平方米，新建培训教学楼、模拟实训楼和学院宿舍楼3栋建筑。其中培训教学楼，主要包括培训教学区、研究中心等，地上5层，建筑面积9103.89平方米，主要为培训教室、研究室、实验室用房；模拟实训楼，主要包括模拟实训区、展示区等，地上3层，建筑面积4824.3平方米，主要为实训室、实操模拟室、成果展示室用房；学员宿舍楼，地上6层，建筑面积6028.81平方米。同时实施道路、广场、绿化、照明、变配电系统、水暖电消防地下管线等室外工程。概算总投资13970.35万元	该项目于2020年12月开始施工，2023年12月竣工并投入使用

序号	项目名称	建设内容	开展情况
2	燕山大学先进结构材料研究中心项目	项目新建建筑面积5980平方米，新建材料研究中心楼1栋，地上4层（包括微观结构分析实验室、疲劳测试实验室、耐腐蚀评价实验室、先进结构材料制造实验室、磁性分析实验室、力学分析实验室、密度测量实验室、成分分析实验室及人才实验室等）；改建原材料馆A、B、C 3栋楼的供电系统、给排水系统和电梯更换、外墙粉刷等，面积约5900平方米；购置31台（套）科研仪器设备及配套建设室外工程。概算总投资8628万元	该项目于2021年11月开始施工，2023年8月竣工并投入使用
3	燕山大学智能制造交叉融合中心项目	项目总建筑面积27760平方米，新建智能制造交叉融合中心楼1栋，地上8层；在该拟建建筑东侧新建换热站1座；在现有学生浴室东侧配建人防工程1处；购置科研仪器设备41台（套），其中科研平台研发设备15台（套），科研平台采购设备26台（套）。此外，实施道路、广场、绿化及水暖电、消防地下管网等室外工程，设地上机动车停车位55个，非机动车停车位140个。概算总投资16000万元	该项目于2021年11月开始施工，目前已经完成主体工程施工，正进行外墙幕墙施工及室内装修安装施工
4	燕山大学多功能风雨操场项目	项目总建筑面积14476.3平方米，新建多功能风雨操场1座，主体建筑为地上2层，局部夹层；项目还包括道路、广场、绿化以及水暖电、消防地下管线等室外工程。概算总投资7426.96万元	该项目于2021年5月开始施工，目前正在进行竣工验收工作
5	燕山大学东校区浴池项目	项目总建筑面积1210平方米，新建浴池1栋，地上2层，建筑高度9.4米。配套建设室外停车场及给排水、暖通、强弱电、消防地下管线等室外工程。在浴池东北侧新建室外停车场1处，面积1687平方米，设机动车停车位56个。概算总投资567.42万元	项目已取得《河北省发展和改革委员会关于燕山大学东校区浴池项目初步设计的批复》（冀发改投资〔2023〕1426号）和建设工程规划许可证（建字第1303022023GG0046379号）
6	燕山大学亚稳材料技术融合中心项目	项目总建筑面积10000平方米，新建特种机构极端环境服役产业技术研究平台、聚氨酯弹性体产业技术研究平台、金刚石产业研究平台、金属结构材料轻量化产业技术研究平台等4栋科研实验楼。概算总投资3542.21万元	项目已取得《河北省发展和改革委员会关于燕山大学亚稳材料技术融合中心项目初步设计的批复》（冀发改投资〔2023〕881号）和建设工程规划许可证（建字第130302202303012号）
7	燕山大学亚稳材料科研大楼建设项目	项目总建筑面积50000平方米，新建亚稳材料科研大楼1栋（地上11层，地下1层），其中，地上建筑面积45000平方米，主要包括交通运载平台8500平方米、极端变形平台8500平方米、清洁纳米能源中心8000平方米、生物医药与生命健康平台8000平方米、亚稳材料分析检测平台6000平方米、亚稳材料制备平台6000平方米；地下建筑面积5000平方米，主要包括设备用房1400平方米和人防车库3600平方米；配套建设管线、道路、广场及绿化等室外工程。项目估算总投资40000万元，其中申请省预算内基本建设投资30000万元，燕山大学自筹10000万元	项目已取得《河北省发展和改革委员会关于燕山大学亚稳材料科研大楼建设项目可行性研究报告的批复》（发改社会〔2024〕102号）
8	燕山大学学生公寓建设项目	该项目总建筑面积34000平方米，新建7#、8#、9#、10#学生公寓4栋，其中，7#、8#、9#学生公寓建筑面积均为7750平方米（地上6层），共23250平方米；10#学生公寓建筑面积为10750平方米（地上6层，地下1层）；以及配套建设室外管线、道路、广场及绿化等室外工程。项目概算总投资14288万元，其中，申请中央预算内投资10000万元，燕山大学自筹4288万元	项目已取得《河北省发展和改革委员会关于燕山大学学生公寓建设项目可行性研究报告的批复》（冀发改社会〔2024〕101号）

（供稿人：校园规划建设中心 董楠）

产业工作

总体情况

【有序解决历史遗留重点项目】狠抓校企改制遗留重难点企业，完成1家二级企业（燕山大学印刷厂）清理注销工作；完成驾校固定资产处置工作，实现燕大驾校剩余学员的驾驶培训以及未参加学习学员退费工作；推进燕山大学建筑工程队注销工作。

【积极建设公共服务平台】注册成立石家庄燕石电子信息科技发展有限责任公司，围绕石家庄市鹿泉区电子信息相关产业发展，开展科学研究、人才培养、成果转化、产业孵化、决策咨询等合作。与北京智云天工科技公司就“超级虚拟工厂”开展沟通交流，完成前期技术及可行性调研以及功能模块设计工作。与艺术学院工业设计系合作，通过签署《关于协议主体变更协议书》，以及与河北省工业设计平台建设项目开发单位合作，建设一站式工业设计公共服务平台。

【拓展国际交流与校属企业服务育人业务】强化国际交流服务平台和项目建设，燕山大学国际教育交流中心签约新项目5项；开展各类招生宣讲活动20余场；校内雅思及托福、暑期小语种培训、ACCA/CPA/FRM/CFA招生近70人，留学服务学生10余人，签证成功率90%以上。燕大职业培训学校强化职业技能认证平台建设，开展大学生技能培训工作，培训学生累计近1300人次，其中完成电工线上培训378人，线下培训合格280人，考试280人，通过率97.86%；协调创新创业中心学生学科竞赛一项加分事项；申报省级“职业技能等级认定社会评级组织”，已报河北省人力资源和社会保障厅备案，新拓展“工程测量员”“人工智能工程技术人员”“创业指导师”三项职业认证培训。

【常规工作】政治建设。坚持党组织集体领导、党政分工合作、协调运行的工作机制；常态化、系统化推进政治理论研习，强化廉政警示教育，打造不敢腐、不能腐、不想腐的政治生态。累计召开各类经理办公会、党政联席会议20次。

财务审计工作。加强预算资金绩效和财务管理规范性。按照要求指定财务专管员及时参加培训、办理报账手续；报账资料齐全，票据粘贴规范，审批手续完整；规范往来款管理；继续完善下属企业绩效考核奖励办法，签署经营目标协议书，强化下属企业绩效奖励评估体系。严格完善审计工作，做好企业定期、不定期、专项审计工作以及领导干部离任审计。

经营性资产管理。完成对燕大资产经营公司长期投资、产业集团无偿划转学校资产等经营性资产登记入账工作，完成科技开发楼4套房屋公开出租工作。

安全稳定。强化安全稳定防范、排查督察工作，加强组织领导，落实安全责任。定期开展安全隐患排查、督察。4月和9月，开展春季、秋季两次集中调研排查，针对近邻宝、燕大驾校、出租商铺等区域存在问题及时下达整改要求，确保安全稳定整改无死角、全覆盖。加强宣传教育，增强师生防范意识，8月组织开展“交通安全文明出行 提高交通安全意识”燕大驾校迎新推广公益活动。强化近邻宝、驾校、出租商铺等重点区域消防安全工作，出台相应的消防预案。

下属企业经营考核管理。强化对下属企业经营业绩绩效考核力度，调研国际交流服务公司、科技园职业培训学校等下属全资企业的奖励绩效实际效能，修订完善2家下属企业绩效考核奖励办法，完善下属企业绩效奖励评估体系。与科技园培训学校、国际交流服务公司等签署经营目标协议书，确保经营指标完成。本年度燕山大学国际教育交流中心实现利润32.9万元，燕大职业培训学校累计实现利润13.2万元，公司及下属企业营业收入同比增长均超过30%。

（供稿人：河北燕大资产经营有限公司 张侃）

校办产业基本情况

序号	河北燕大资产经营有限公司下属企业机构
1	河北燕大科技开发有限公司
2	河北燕大轧制装备技术开发有限公司
3	秦皇岛燕大国际交流服务有限公司
4	秦皇岛燕大后勤实业有限公司
5	秦皇岛燕大众创创业咨询服务有限公司
6	河北燕大科技园发展有限公司
7	燕山大学出版社有限公司
8	石家庄燕石电子信息科技发展有限责任公司
9	秦皇岛经济技术开发区燕大科技园职业培训学校

（供稿人：河北燕大资产经营有限公司 张侃）

教学与科研单位

机械工程学院

【举办第二十届全国机械工程学院院长／系主任联席会议】 8月22—25日，学院联合河北工业大学机械工程学院在秦皇岛共同承办了第二十届全国机械工程学院院长/系主任联席会议，来自全国300余家单位，500余名院长/系主任，共计1000余名人员，共同探讨机械学科未来发展方向及教育教学融合创新模式。

【机械工程学科位列“2023软科中国最好学科排名”第15名】 11月8日，高等教育评价专业机构软科正式发布“2023软科中国最好学科排名”。排名榜单包括98个一级学科，共有485所高校的5053个学科点上榜。其中机械工程学科榜单共有114所高校入选，燕山大学机械工程学科位列第15名，全国排名前7%，获得历史性突破。

【艾超教授入选教育部“长江学者奖励计划”青年学者项目】 艾超教授作为河北省杰青、优青、青年拔尖人才，曾主持和参与国家级项目45项，其中主持国家自然科学基金重点项目1项；发表学术论文109篇，其中SCI/EI收录69篇，出版著作5部，授权专利50项；曾获省部级一等奖4项，主持省部级二等奖1项。因教学和科研突出贡献，入选教育部2022年度“长江学者奖励计划”青年学者项目。

【常规工作】 党建思政。1.深化学习宣传，提升教育成效。认真学习宣传贯彻党的二十大精神，深入开展学习贯彻习近平新时代中国特色社会主义思想主题教育。创新基层党支部学习载体，成立“机械工程学院党委-马克思主义学院党委”学习习近平新时代中国特色社会主义思想“共学堂”，通过帮扶指导提升学习质量。学院党委中心组开展专题学习11次，师生党支部集中开展专题学习500余次。处级干部讲授主题教育专题党课8场。组建山海宣讲团，开展宣讲13次，成功入选2023年全国大学生井冈山精神志愿宣讲团。特色栏目《听TA说》，组合《榜样力量》等多个思政专栏，打造汇聚多元思政育人元素的媒体矩阵。2.夯实组织建设，增强党建质量。加强党的组织建设，落实领导干部“一岗双责”责任分工，动态调整基层党委党员领导班子成员联系基层党组织、青年教师情况。认真落实党支部书记例会制度，召开党建工作例会8次，举办党支部书记业务培训会3场，提升党支部书记的政治素养和业务水平。持续推动教工党支部与航空工业新航集团公司、中国航天科工三院一五九厂等企业党支部开展“智联建”活动。学院党委深化校地融合对接，与邢台临西县共建“华北轴承智能制造产业孵化基地”，与邢台任泽区共建“邢湾智能制造产业科研中心”；“李保国志愿服务队”发挥科研优势，志愿服务承德市围场满族蒙古族自治县乡村振兴工作。3.发挥典范引领，凝聚奋进力量。加强全国党建工作双创、双带建设，按时提交进展报告；冶金机械系研究生第三党支部顺利完成全国高校“百个研究生样板党支部”验收；机械电子工程系研究生第二党支部已被推荐参评第三批全国高校“百个研究生样板党支部”。学院获批教育部高校思想政治工作精品项目1项，获评2023年全国“三下乡”社会实践优秀团队、河北省高校党建工作典型案例一等奖1项、河北省高校党建微视频一等奖1项。1名学生获“中国大学生自强之星”，2名辅导员获河北省第七届高校辅导员素质能力大赛团体特等奖1项、单项奖3项。4.强化思想引领，矢志立德树人。构建“一引四融六联动”一站式学生社区工作格局，聚焦学生干部队伍能力升维，开展13期学生干部培训课程。创新开展政治理论学习390场，打造微党课、红色情景剧、机械青年说、红色经典诵读等20项文化活动，覆盖全体学生，推出《党员是怎样炼成的》等新媒体栏目14个，平台累积发布推文484篇，总浏览量超过20万。组织“初心工程”“最美笔记”“学霸讲堂”“考前答疑”“日常答疑”等多项活动；130个小组参加学风立项活动，打造“学院、班级、寝室、个人”四位一体的建设体系；“学风表彰+榜样宣传”线上线下协同发力，发挥榜样力量。

教育教学。1.聚焦行业发展前沿，构筑教学范式平台，推进机电液一体化国家级实验教学示范中心建设，完成教育部对国家级实验教学示范中心2018—2022年阶段性建设成果的全面检验工作。优化基层教学组织架构，持续建设课程教学团队等基层教学组织31个，获批河北省达标基层教学组织4个、燕山大学优秀基层教学组织2个、燕山大学优秀教学团队1个，获省级教学名师1名、申报霍英东教育基金年高等院校教育教学奖1项。2.注重过程管理监控，提升毕业设计质量。学院协同各系部开展多轮毕业设计（论文）培训会，对标工程教育认证及本科审核评估标准，根据毕业设计抽检情况，完成毕业设计（论文）质量整改分析报告。获全国毕业设计大赛铜奖1项，优秀奖2项，佳作奖8项。组织参加2023年中国机械行业卓越工程师教育联盟“精雕杯”毕业设计大赛，获北部赛区团队一等奖1项、二等奖9项、三等奖8项、1项带资项目；组织参加2024年机械行业卓越工程师教育联盟“精雕杯”毕业设计大赛69项。3. 持续培育教改项目，深化教学综合改革。融合教育教学改革内涵，持续推进“一系一新”教育教学改革，优化推进人才培养模式改革、线上线下混合教学改革等工作。组织申报2023年度国家民委教改项目1项，获批教育部产学合作协同育人项目5项、省级教育教学改革与实践项目5项、校级教育教学改革与实践项目12项。获河北省青年教师教学竞赛三等奖1名，校级青年教师基本功大赛二等奖1名、三等奖2名。开展线上线下混合式教学课程57门，通过课程评估26门次。4. 夯实研究生导师责任意识，升级研究生实践培养体系。严格执行学校导师岗位考核制度，出台《机械工程学院研究生转导师管理办法》《机械工程学院全面落实研究生导师立德树人职责实施细则》《机械工程学院研究生导师评价办法》，修订《机械工程学院硕士研究生指导教师遴选及考核办法（试行）》，举办研究生导师专题培训会，全面夯实导师“第一责任人”职责，增强导师岗位责任意识。

科学研究。1. 提高项目管理效率和水平，实现数量质量新突破。通过政策激励、团队培养、多轮培训、分类指导，国家自然科学基金申报数再次突破100项，截至目前获批国家基金28项，其中重点项目1项，区域联合基金重大项目1项，面上项目11项，青年基金项目15项；获得2022年国家自然科学基金委机械学科优秀结题项目1项；连续4年获评“国家自然科学基金项目管理先进单位”；将国家基金申报数列入学科建设团队指令性指标，为2024年国家自然科学基金申报数和获批数再创新高提供保障。2. 紧密对接地方与行业发展需求，服务社会能力不断增强。组织骨干教师积极对接行业龙头企业，探索以企业为创新主体的科研服务新模式。积极配合学校知识产权贯标工作，配合学校顺利完成知识产权贯标年检。转化专利100项，签订100万元以上专利转化项目5项，实现300万元以上专利转化项目1项；获高等学校科学研究优秀成果二等奖1项。3. 稳步推进一流学科建设，学科排名实现新突破。修订完善《机械工程学院“双一流”团队建设实施办法》，健全学科团队内部管理制度建设，提升年度考核标准，工程学ESI世界排名315名，位次1.35‰（年初为1.76‰）明显提升；学院教师成果获河北省技术发明奖一等奖1项、河北省科技进步一等奖1项、机械工业科技进步二等奖1项，学院教师入选第九届中国科协“青年人才托举工程”1人，获评第十一届“河北省优秀科技工作者”1人。

（供稿人：机械工程学院 马晓琼）

材料科学与工程学院

【学科建设及人才工作取得重大突破】材料科学与工程学科在全国第五轮学科评估中成功晋级A-档。亚稳材料制备技术与科学国家重点实验室主任、材料学院教授刘日平和华北理工大学校长、亚稳材料制备技术与科学国家重点实验室学术带头人张福成教授当选中国工程院院士；王霖教授入选“长江学者奖励计划特聘教授”；赵智胜教授获批国家自然科学基金杰出青年基金；张新宇教授获第十一届河北省优秀科技工作者；聘任欧洲科学院院士Javier Llorca教授为学校客座教授。

【科学研究工作取得新进展】新增科研项目64项，经费合同额4646万元。其中包含新增国家自然科学基金项目9项，经费合同额1373万元。以第一单位和通讯单位身份发表*Nature Materials*论文2篇，*Science*期刊论文1篇。外籍教师Rehman Javed博士获批国家自然科学基金外国学者研究基金项目，资助经费40万元，填补了学校空白。

【获奖、平台及专业建设展现新亮点】获河北省自然科学一等奖1项、河北省科学技术进步奖一等奖1项、河北省自然科学二等奖1项；获首届河北省专利奖二等奖1项；获批2023年度河北省国际科技合作基地“非晶材料基础科学问题国际联合研究中心”；新增虚拟仿真国家级一流课程1门；高分子材料与工程专业顺利通过工程教育认证自评报告撰写申请。

【常规工作】党建思政。学院以深入学习贯彻党的二十大精神为主线，扎实开展学习贯彻习近平新时代中国特色社会主义思想主题教育，推进党建各项重点任务落实落地。时任亚稳材料国家重点实验室党支部书记张新宇同志荣获河北省“千名好支书”荣誉称号；党员教师李艳国参与“学习强国”之“挑战赛达人”活动受到市委宣传部表扬通报；河北省高校党建研究课题立项2项；亚稳材料国家重点实验室研究生第二党支部申报并获批第四批新时代高校党建示范创建和质量创优工作“全国党建工作样板支部”；先后与宏岳塑胶集团股份有限公司、哈电集团（秦皇岛）重型装备有限公司共建“大学生党员科技创新教育基地”，为党员教育赋能提质。

学科建设。材料科学与工程学科在全国第五轮学科评估中成功晋级A-档，2023年11月最新ESI学科排名进入全球前1.69‰。积极推进亚稳材料制备技术与科学国家重点实验优化重组工作，组建了燕山大学亚稳材料制备技术与科学国家重点实验室党委，完善了管理和服务体系。开展学院行政办公和部分本科教学实验示范中心搬迁工作。完成先进结构材料研究中心项目施工。亚稳材料技术融合中心项目开始建设。获河北省专项经费支持3亿元，用于新建5万平方米的亚稳材料制备技术与科学国家重点实验室科研大楼。

研究生教育。完成材料科学与工程学科一级学科博士学位授权点2022年度建设报告和2023年度材料与化工硕士专业学位授权点自核验工作。学院修订了研究生培养方案，积极搭建具有国际化水准的学科教学体系，全年开设全英文课程14门。2023年国家博士学位论文抽检、河北省硕士学位论文抽检合格率100%。获燕山大学优秀博士论文7篇、硕士论文6篇。其中7篇博士论文和3篇硕士论文推荐申报河北省优秀学位论文。在省级校外实践基地基础上，再次与中铁山桥集团共同申报并获批河北省研究生工作站。

科学研究。以第一单位和通讯单位身份发表 *Nature Materials* 论文2篇，*Science* 期刊论文1篇。新增科研项目64项，其中纵向项目31项，横向项目33项。经费合同额总计4646万元。获河北省自然科学一等奖1项、科学技术进步奖一等奖1项、自然科学二等奖1项；获首届河北省专利奖二等奖1项；转化知识产权6项，授权发明专利11件。

专业建设。依托学院学科优势，强化4个国家级一流本科专业的建设工作。高分子材料与工程专业顺利通过自评报告审核。新增国家级虚拟仿真一流本科课程1门，新增省级教改项目1项，新增省级教学团队1个，新增出版教材2部，新增校级一流课程2门。学院统筹推进课程思政建设，年度内所有本科课程均实现课程思政全覆盖。新增校级课程思政示范课程2门、校级课程思政教学名师2人，获校级课程思政竞赛三等奖1项，1名教师获评燕山大学第十届青年教师教学基本功竞赛三等奖。

学生培养。“河北省亚稳材料科普示范基地”获批河北省第三批五星级科普示范基地。本科生获国家级学科竞赛奖励28项，省部级奖励25项。研究生获得国家级学科竞赛奖励6项。学生先后获中国大学生机械工程创新创意大赛——第九届材料热处理创新创业赛一等奖1项，三等奖1项；第十二届全国大学生金相技能大赛一等奖1项，二等奖2项，三等奖3项；“大唐杯”全国大学生新一代信息通信技术大赛二等奖1项；第十六届“高教杯”全国大学生先进成图技术与产品信息建模创新大赛二等奖1项；第一届全国大学生金相大会一等奖1项，二等奖1项，三等奖1项，并获团体二等奖；“大龙杯”第三届全国大学生高分子材料实验实践大赛二等奖1项，三等奖2项；第四届全国高校无机非金属材料基础知识大赛二等奖2项；2023年全国大学生电装技术创新大赛一等奖1项，二等奖1项，三等奖1项；第六届全国大学生冶金科技竞赛国家级二等奖1项，三等奖3项；国际大学生数学建模竞赛二等奖1项。

国际化建设。与意大利比萨大学和波兰西里西亚大学两所国际知名高校开展合作，重点围绕非晶材料弛豫行为开展工作，获批2023年度河北省国际科技合作基地“非晶材料基础科学问题国际联合研究中心”。承办2023亚稳材料制备技术与科学国际产学研用合作会议暨亚稳材料论坛。全职引进巴基斯坦籍Javed Rehman博士，获批国家自然科学基金外国学者研究基金项目1项。短期聘任外籍教师开设全英文在线课程“材料热力学”，本校教师开设全英文课程14门。12名教师赴国（境）外进行长短期研修和学术交流。聘请8名海外专家通过线上或线下开展项目研究、开设学科前沿讲座及联合指导研究生；与澳大利亚西澳大学机械工程系、朱拉隆功大学冶金与材料科学研究所签订合作协议，在联合研究、课题研讨、交换研究生等方面开展合作。与日本广岛大学联合培养博士研究生2人，学生参加国际化线上课程80人次。

（供稿人：材料科学与工程学院 王少飞）

电气工程学院

【新增“智能控制与神经信息处理”教育部重点实验室】电气工程学院自动化系于2023年牵头申报的“智能控制与神经信息处理”教育部重点实验室成功获批，这是电气工程学院继2019年获批建设教育部工程研究中心后，获批建设的第二个教育部科研创新平台。

【华长春教授当选 IEEE Fellow、中国自动化学会会士】华长春教授、李亚峰教授的“网络化耦合非线性系统分析与控制设计”项目获中国自动化学会自然科学一等奖，这是燕山大学首次获得该奖项。11月18日，在2022年/2023年中国自动化学会会士（CAA Fellow）荣誉称号授予仪式上，华长春教授入选卓越科技工作者。11月22日，国际电子与电气工程协会（Institute of Electrical and Electronic Engineers，IEEE）公布2024年度新晋会士（Fellow）名单，华长春教授因对非线性时滞系统智能控制的贡献入选。

【“互联网+”大学生创新创业大赛和“挑战杯”竞赛成绩优异】郭小强作为指导老师，章仕起等14名学生作为参研学生的“元氢动力——高性能制氢电源的引领者”项目在第九届中国国际“互联网+”最核心的高教主赛道中荣获银奖。呼子宇作为指导老师，代言等8名学生作为参研学生的“智慧工厂多维模型数字化感知技术”项目在第十八届“挑战杯”全国大学生课外学术科技作品竞赛中荣获国家级二等奖，以及第十八届“挑战杯”累进创新专项奖。

【常规工作】党建思政。深入开展学习贯彻习近平新时代中国特色社会主义思想主题教育，党委处级干部聚焦6个调研方向，赴校内外调研13次。完善《电气工程学院教师招聘工作实施办法》《电气工程学院关于引进博士骨干教师首次聘期考核指标的规定》。调研转化代表性成果2项。赴李大钊革命活动旧址开展党性学习教育等特色党日活动。全年发展学生党员179人，教工党员1人。1个学生支部经省委教育工委推荐参评第四批新时代高校党建“双创”工作“全国党建工作样板支部”，1名研究生经省委教育工委推荐参评第三批全国高校“百名研究生党员标兵”。顺利完成学院党委委员补选及党支部委员、业务干部换届工作。学院党委书记抓党建年度述职评议为“好”等次。

本科生教学。自动化、电气工程及其自动化专业顺利通过教育部工程教育认证，联合专家组进校考查、开展本科教学审核评估自评自建，完成学院自评报告初稿撰写；电子国家级实验教学示范中心顺利通过教育部阶段性评估；电子实验中心获批省级科普教育基地——“燕山大学电子实验中心科普教育基地”；获批国家级线下一流课程1门。与汇川技术股份有限公司共建“汇川技术工业机器人智能数字孪生实验室”，并签订《产学合作协同育人战略合作协议》；与西里西亚智能科学与工程学院深入开展国际化办学和创新创业工作；学院教师圆满完成燕山大学欧洲学院（波兰校区）本年度授课任务。获批省级创新创业教学名师1人，省级创新创业优秀教学团队2个，省级创新创业教育教学改革研究与实践项目2项，省级创新创业课程1项。与汇川技术有限公司共同发起“汇川杯”全国大学生智能自动化创新大赛，燕山大学为该赛事的秘书处单位。

研究生教学与培养。完成电子信息、能源动力专业学位授权点专项核验工作。博士和硕士学位论文抽检合格率100%。获校级优秀博士论文6篇、优秀硕士论文17篇，推荐省级优秀博士论文6篇、优秀硕士论文10篇。1人入选博新计划。获批2023年省级研究生专业学位精品教学案例（库）建设项目1项，推荐申报省研究生教育教学改革项目1项。推荐申报省研究生创新资助项目11项。新增研究生联合培养基地3个；与鹿泉光谷科技园合作申报省级研究生工作站。举办研究生学术论坛1次，组织研究生导师培训、研究生学术道德活动3次。

科研和学科建设。完成测试计量技术及仪器和电力电子节能与传动控制2个省重点实验室验收工作。获批国家基金11项，其中联合基金重点项目1项、面上项目6项、青年基金项目4项；获批省基金10项，其中燕赵青年科学家项目2项、优秀青年基金项目1项、重点项目1项；新增横向项目87项；科研经费合同额6857万元。发表高水平论文（SCI、1A）189篇，授权发明专利118项，转化30项。完成2023年知识产权管理体系“贯标”监审工作。获批河北省科学技术奖3项，其他省部级以上科技奖励3项。

师资队伍建设。培养河北省优青1人、燕赵青年科学家2人，华长春教授团队入选“河北省高校黄大年式教师团队”。学院现有教职工245人，其中专任教师195人（教授67人，副教授74人，讲师54人），实验员21人，辅导员14人，行政人员15人。学院现有共享院士1人，长江学者特聘教授2人，国家杰出青年基金获得者3人，国家优秀青年基金获得者4人，海外优青1人。引进青年教师7人，其中优秀B类人才2人、优秀C类人才2人、骨干教师3人。申报燕山学者13人，其中拔尖B类人才3人、优秀A类人才6人、优秀B类人才2人、优秀C类人才2人。

国际交流与合作。承办国际学术会议2次，与国外学者联合发表国际学术论文14篇，新增国际联合培养学生35人；聘任外籍教师4人，赴境外研修教师10人，参加国际化线上培训教师2人；学生赴境外联合培养23人，参加国际化线上培训123人；招收留学生6人；开设13门双语课程和4门外教课程。科廷大学教师为中澳班学生授课4门。与西里西亚智能科学与工程学院深入开展国际化办学和创新创业工作。

学生工作。开展“党支部红歌大赛”“朋辈榜样亮名牌”等品牌活动110余期。各网站发布新闻87篇，公众号推文209篇。举办辅导员“阳光讲坛”14期，开展辅导员工作专题研讨11次，案例分享9场。辅导员获得全国网络文化作品竞赛奖励1人，获评省市级荣誉称号6人，主持结题省部级课题5项、厅局级课题2项，发表业务论文6篇。获评河北省“冀青之星·创青春标兵”1人，获评市级优秀共青团员2人，获评燕山大学年度人物1人。一类学科竞赛获国家级奖励13项，省级奖励108项，其中“挑战杯”大学生课外科技作品竞赛，获国家二等奖1项、三等奖1项，省级特等奖2项。学院获评燕山大学学生工作先进单位，学院团委获评燕山大学五四红旗团委，赵雨桐、石燕凯、程煜磊、刘凯等四名辅导员获评燕山大学优秀辅导员。

（供稿人：电气工程学院 张恩龙）

信息科学与工程学院（软件学院）

【齐跃峰教授获第五届中国先进技术应用转化大赛铜奖】 4月，我院齐跃峰教授科研成果“超短环集成光纤陀螺关键技术”获第五届中国先进技术应用转化大赛铜奖，为我校首例，河北高校唯一。

【获批“近海水质监测智能传感技术与装备”河北省工程研究中心省级平台】 依托学院建设的“近海水质监测智能传感技术与装备”河北省工程研究中心列入2022年省级工程中心筹备建设计划，这是学院在海洋科学研究领域取得的一项重要突破，也是燕山大学获河北省发展改革委批准建设的第三个河北省工程研究中心。

【与清华大学共建大数据基础模型智能联合实验室】 与清华大学合作建立“燕山大学-清华大学大数据基础模型智能联合实验室”，当年到款100万元，成为高水平科研及实践应用平台。

【常规工作】 党建思政。扎实开展学习贯彻习近平新时代中国特色社会主义思想主题教育。召开2023年度工作总结暨先优表彰大会，举办2022—2023学年学风建设表彰大会暨“榜样领航，信光前行”朋辈榜样宣讲会。荣获燕山大学2022年度师德建设先进单位，学院教工组和学生组连续9年蝉联燕山大学体育运动会道德风尚奖。全年专题研究意识形态工作4次。制定《信息科学与工程学院（软件学院）网络信息发布平台工作流程》，对发布的信息逐级审批、严格把关。出台“三级包联制度”，将有宗教信仰的学生与学院领导班子对接。出台《信息科学与工程学院（软件学院）关于加强党风廉政建设和反腐败工作的实施方案》。

教育教学。全年共安排落实燕山大学教学任务326条，里仁学院教学任务74条。成功获批省级教改项目1项，校级教改项目5项；培育院级教改项目12项，其中申报2023年校级教学改革项目重点项目3项并推荐省级项目。获批校级一流课程9门。课程思政继续做到本科教学全覆盖。获燕山大学课程思政教学竞赛三等奖2人，获燕山大学青年教师教学基本功竞赛二等奖1人、三等奖1人，推荐河北省高等学校评估专家库人选1人。培育优良学风，绩点3.0（含）以上比例同比提高5.99%。

科学研究。申报国家自然科学基金40项，获批7项。申报2023年度河北省自然科学基金项目43项，获批9项。申报2023年中央引导地方科技发展资金项目16项，获批11项。申报2024年度河北省高等学校科学研究（含青年拔尖人才）项目（自然科学类）11项，获批5项。新增国家发明专利25项，新增专利成果转化12项。

学科建设。河北省特种光纤与光纤传感重点实验室通过验收。新建院级专业学位研究生校外实践基地3个，研究生联合培养基地4个。完成2022年河北省研究生示范课程项目验收1项。获评燕山大学2021—2022学年度优秀学位论文17篇。组织开展研究生导师培训（国自然培训、师德师风教育）5次，研究生学术论坛活动1次。组织开展学术活动周3期。

队伍建设。对接京津高校，聘任中国科学院院士郑志明担任学院首席科学家，聘任石岩院士（日本）为客座教授，聘任北京大学、清华大学、北京航空航天大学、中国科学院大学等8名专家为讲座教授。组织开展“周末专家河北行”活动4次，邀请中国科学院院士、北京航空航天大学教授郑志明，北京邮电大学党委常委、副校长苏森等专家学者参加京津高校合作发展大会。全年引进教师7人，其中优秀人才A类1人、优秀人才C类4人、骨干教师2人，报到率为100%。

学团工作。落实“五育并举”，推进“三全育人”，创新“一体两翼”党建工作机制，打造党支部联学互促“4+1”融合模式，创建“一支部一品牌”特色活动。打造“社区学霸讲堂”等学生社区教育活动。创办首届大学生学业生涯规划设计大赛，创办“榜样领航，信光前行”学风建设表彰大会暨朋辈榜样宣讲会等创新性学风建设活动80余次。发布学团工作推文247篇，单篇推文、单个视频最高阅读量超过1.4万次。学团工作建章立制，起草并实施《宿舍安全管理实施办法》等10余项制度。蝉联“井冈情•中国梦”全国社会实践优秀团队，获评全校唯一的省社会实践特色品牌项目。“燕信青年突击队”获评省级应急处突先进集体。

打造“6G基站”辅导员能力素质提升工程，编纂《“从心开始”辅导员心理案例集》《辅导员难忘的两件事》各1册，共计8万字。辅导员获批课题项目4项，网络作品获奖5项，精品项目获奖1项，省暑期社会实践先进个人1人，培养学生录取定向选调生、研支团、西部计划各1人。获第51届运动会学生组第三名，获学生、教工双料道德风尚奖。获评秦皇岛市五四红旗团委。

创新创业教育。举办8个创新创业一类学科竞赛，2个二类学科竞赛、3个三类学科竞赛、5个一类竞赛校级选拔赛、16个院级学科竞赛，搭建院校两级学科竞赛平台25个，创新创业竞赛做到本科生全覆盖。一类创新创业学科竞赛共获奖177项，其中国家级奖项59项、省级奖项118项。获得一类竞赛优秀组织奖4项，其中国家级优秀组织奖1项、省级优秀组织奖3项。20名教师获得一类竞赛“优秀指导教师”称号。“大学生创新创业训练计划”项目共获批157项，相比去年同期提高270%。获得第九届中国国际“互联网+”大学生创新创业大赛国家级铜奖1项，省级银奖1项，省级铜奖2项。获得第十八届“挑战杯”全国大学生课外学术科技作品竞赛“揭榜挂帅”专项赛国赛二等奖和国赛主体赛三等奖。

国际交流与合作。制定《信息科学与工程学院2023国际化工作与资金使用方案》与《信息科学与工程学院资助教师赴国外访学管理规范》文件。8名教师赴境外参加国际交流。5名教师积极承担燕山大学教师赴燕山大学欧洲学院（波兰校区）授课任务。9名教师和21名学生参加高水平线上线下国际学术会议。79名学生参加国际交流类线上课程。10名学生参加线下国际交流。邀请2名外国专家作学术报告。成班建制全英文和双语授课项目11项，来华留学生21人。

招生就业工作。录取普通本科学生610人，录取硕士研究生432人（含推免），录取博士研究生34名。召开就业工作推进会6场，组织召开专场招聘会12场，为毕业生开展就业指导系列讲座4场。获得燕山大学就业工作先进个人1人。2023届毕业生1312人，初次就业率73.02%，超额完成1.02%。本科升学率31.16%，毕业生就职各类党政机关、事业单位和国有企业300余人，同比增加2.18%。

（供稿人：信息科学与工程学院（软件学院）方立华）

经济管理学院

【张亚明教授荣获民建中央参政议政先进个人及智库一等奖】张亚明教授2023年再次荣获民建中央参政议政工作先进个人和CTTI智库优秀成果一等奖。作为CTTI来源智库中心主任、河北数字经济与康旅文化产业研究院首席专家、河北省政府特约研究员、民建中央经济委员会委员。张亚明教授主持国家基金3项，《人民日报》（理论版）发表文章1篇，获CTTI智库优秀成果特等奖1项、省优秀社科成果一等奖2项，发表学术论文近300篇，被引用近3000次。建言资政报告获得省主要领导肯定性批示近20篇，被国务院采纳3篇，教育部采纳1篇，全国人大政协采纳8篇，民建中央采纳11篇。

【博士研究生冯益为入选“中国大学生自强之星”】博士研究生冯益为连续两年担任校团委学生副书记，组织策划大型学生活动数十项，组织开展青马工程；全程参与北京冬奥会志愿服务工作，获评国家级突出贡献个人；曾获“中国好人”“冀青之星”等称号，多次作为道德模范代表参加省、市级报告会。因在志愿服务、奋斗力行等方面表现突出，获评由团中央、全国学联指导的“中国大学生自强之星”。

【研究生案例建设工作取得历史性突破】教师林春雷撰写的原创研究生教学案例《藏债“三十六记”：探索阳光城大起大落背后的真相》获评第十四届全国百篇优秀管理案例，为学校研究生教学案例首次入选。承办第九届全国管理案例精英赛华北三区比赛并获得亚军，苏艳林、刘海鸥荣获最佳指导教师奖；获得全国管理案例精英赛总决赛季军、最佳赛区组织奖，MBA学员付立博获最佳网络人气奖，创下全国管理案例精英赛举办以来河北省内 MBA 高校的最佳战绩。

【常规工作】党建思政。1. 把党的政治建设摆在首位，把准政治方向。深入开展学习贯彻习近平新时代中国特色社会主义思想主题教育，严格执行“第一议题”制度，全年共召开党政联席会 23 次、党委会 33 次，举行主题教育专题党课 26 场，开展支部党员大会 21 次、主题党日 106 次、校内外调研 22 次，制定管理制度 10 项；获评优秀共产党员、优秀党务工作者 7 人，先进基层党组织 2 个，全年发展党员 120 人；组织教职工党员到承德市隆化县董存瑞烈士陵园、围场满族蒙古族县塞罕坝纪念馆开展党员学习教育；继续推进与围场满族蒙古族县帮扶村党支部共建，与新疆科技学院党建业务双融互促共建，发挥服务社会职能。2. 推动思想政治工作守正创新，筑牢理想信念。贯彻落实政治理论学习制度，召开党委理论学习中心组学习 12 次，邀请专家讲授主题党课5次；召开2次党委会专题研究部署意识形态工作，召开民族宗教会议；加强师德师风建设，3 位教师被授予“2022 年度师德先进个人”荣誉称号；3 门课程立项课程思政示范课程，开展联合备课教研活动 4 次，获校级课程思政竞赛文科组二等奖 1 人。3. 落实党风廉政建设主体责任，纯洁政治生态。围绕“室组”联动调研监督积极开展整改工作，制定学院全面从严治党主体责任落实清单，对照责任清单进行全面梳理、整改和总结。4. 坚决维护校园安全稳定，营造和谐校园。全年召开 2 次党委会、5 次党政联席会研究部署安全稳定工作；开展“消防宣传月”活动，加强安全警示教育；学院班子和辅导员定期走访学生宿舍，进行安全检查；加强实验室安全管理，落实实验室安全负责人制度；对教职工护照进行摸排催缴并统一保管，有效杜绝教职工私自持护照违规出国风险隐患。

教育教学。1. 专业建设与本科生教育。获批河北省教改项目 4 项、教育部产学研合作项目 10 项、校级教改项目 20 项，获批省级一流本科课程 1 项、校级一流本科课程 6 项；严把教材使用审核关，出版教材 2 部，全年共审核教材 107 本；课程思政全覆盖，理论课线上线下混合式教学比例超过预期建设目标，达到 32%；基层教学组织省级达标率 100%，论文抽检合格率 100%，20 篇本科毕业论文被评为校级优秀毕业论文；5 位教师获得校级教学竞赛奖二等奖；审核评估有序推进。2. 学科建设与研究生培养。三个学位点评估合格率 100%，博士和硕士研究生学位论文抽检通过率 100%；获批河北省研究生精品课程、专业学位教学案例项目 2 项；获评校级优秀硕士、博士学位论文 9 篇，推荐参评省级优秀论文 6 篇；新增研究生校外实践基地 5 个，召开年度研究生学术论坛；获评“中国 MBA 十佳品牌活动”等奖项；案例建设工作取得了新突破，1 篇被评为百优案例，8 篇入选中国管理案例共享中心案例库、中国工商管理案例库；承办第九届全国管理案例精英赛华北三区的比赛。3. 本科生与研究生创新创业教育。承办一类学科竞赛 13 项，省赛 1 项；本科生、研究生分别获得一类学科竞赛国家级奖项 36 项、5 项，20 多人次获得“优秀指导教师”称号；大学生创新训练计划立项 100 项，2 项获评国家级项目；立项 2 门省级创新创业课程，3 项创新创业教育改革研究与实践项目，3 名大学生创新创业新秀；2023 届毕业生创新创业教育学分完成率 100%。

科学研究与社会服务。新增国家基金项目 6 项、省部级科研项目 33 项；横向科研合同 12 项，实际到款 322 万元；发表 CSSCI、SSCI、SCI、EI 论文 132 篇，出版专著 8 部；推荐教育部社科优秀成果 5 项；14 篇咨政报告得到全国人民代表大会采纳，3 篇议政建言获省级领导批示；起草和制定各类政策、发展规划、“蓝皮书”、法规条例和行业标准 12 项；主办、承办国内学术会议 3 次、国际会议 1 次，开展学术讲座 15 场。

师资队伍建设。组织骨干教师试讲 30 人次，出台《燕山大学经济管理学院团队建设管理办法（试行）》等配套政策，以团队建设为抓手切实推动师资建设再上新台阶；新增博士生导师 2 人，聘任行政人员 1 人，1 人获评“河北省教学名师”，教师培训学分完成率 100%。

国际交流与合作。21 名本科生赴澳大利亚科廷大学学习，学生参与海外交流培训项目 204 人次；招收本科留学生 1 名、硕士留学生 25 名、博士留学生 6 名，目前在校学历留学生 115 人；开设全英文本科生课程 20 门、硕士生课程 10 门、博士生课程 4 门；教师参加国际交流 12 人次，邀请 9 名澳大利亚籍教授为学院学生授课，与普利茅斯大学、里斯本大学签署合作协议。

学团工作。开展团日活动 640 余场，主题教育实践坚持“一月一主题”，覆盖 111 个团支部 2470 名团员，开展支部书记讲党课 13 次、主题教育读书班 9 期；学院注册志愿者 3345 人，服务时长 8 万小时，开展专题宣讲 58 场；夯实学风建设，开展多平台、多维度学业帮扶 28 次，各类经验交流会 13 场；打造“诚信小站”品牌，推动“一站式”学生社区建设；注重网络思政建设，网络文化节征集作品470份，全校最高，获奖81项；拓展就业平台，开展就业教育活动14场，年终毕业去向落实率78.41%。

分工会工作。召开学院六届四次教职工代表大会暨工会会员代表大会；组织开展教职工年度人物评选活动；协助青年教师解决子女上学问题，邀请专家开展健康知识讲座；设置多种慰问品方案并完成采买发放工作；坚持开展“送温暖”活动，全年慰问教职工累计18人次；学院工会获评2023年度先进职工小家。

（供稿人：经济管理学院 张嗣珉）

外国语学院

【国家社科基金立项再创新高】刘艳红负责的“基于数据库的中国内地与港澳中小学外语教材国家认同研究”和赵志刚负责的“林宝音小说中新加坡本土性建构研究”获批国家社科基金，连续三年保持国家社科基金项目立项不空。

【取得“国字头”教学成果】耿延宏教学团队“综合英语Ⅰ、Ⅱ”获批国家级线下一流本科课程。综合英语课程卓越师资团队获评燕山大学优秀教学团队。课程采用“技能+人文”产出导向型教学方法，构建“语言技能+人文素养+课程思政+综合实训”一体有机融合型教学体系，探索形成“一导二化三维四融”外语类一流课程教学体系，该教学体系荣获燕山大学教学成果奖二等奖。

【学科、专业发展突飞猛进】外国语言文学学科2023年再次上榜软科中国最好学科排名榜前40%，比2022年前进4位，位列河北省第一；全国校友会2023年大学专业排名英语专业全国排位第19名，档次为A+五星级。

【常规工作】党建思政。1.切实履行基层党建主体责任，召开党委会27次、党政联席会21次。严格落实意识形态工作责任制，确定“外国语学院2023年意识形态重点工作”24条，夯实学院“五个一”联系基层制度，做到联系班级全覆盖；将意识形态工作纳入全院大会、干部培训、安全稳定专题会议的重要布置内容。2.落实党风廉政建设责任制，召开专题党委会4次，研究从严治党、党风廉政和“四风”建设工作。召开全面从严治党专题会议2次，邀请校纪委委员出席会议并作工作指导。加强对党员干部的日常监督，严格执行提醒谈话机制；加强制度建设，进一步明确岗位职责，做好岗位风险提醒警示工作。3.重视安全稳定工作，召开3次党委会、1次党政联席会、1次安全稳定工作落实推进会，传达学校安全稳定工作会议精神并布置相关工作，通过教职工大会、系主任例会明确学院安全稳定重点工作。加强安全教育活动，建立健全制度4项。学院工会荣获“先进职工小家”荣誉称号，“流金岁月，感恩有您，为退休教师举办最后一堂课荣休仪式”获评精品活动。

教育教学。制定《外国语学院审核评估工作方案》和《外国语学院规章制度废改立工作计划》，审核评估自评自检工作完成率100%；获批国家级线下一流本科课程1门，河北省普通本科院校英语教学改革研究与实践项目教学改革项目2项，省级课题习近平新时代中国特色社会主义思想“三进”相关项目3项；获批教育部产学协同育人项目6项；获批燕山大学2023年教学改革与研究项目19项，省级以上奖项5项，校级3项；获省级创新创业课程1门，省级创新创业教育改革研究与实践项目1项，大学生创新创业训练项目48项；积极组织各类外语竞赛，全校参与学生达到7000多人次，其中一类学科竞赛5项，获得国家级奖项10项、省级奖项37项。

学科建设与研究生教育。完成“国别与区域研究”二级学科论证工作。外国语言文学学科再次跻身“2023软科中国最好学科排名”全国前40%，位列91，居河北省第一位。获批2023年省级研究生精品课程、专业学位精品教学案例（库）项目1项；获批2024年省级研究生教育教学改革研究项目1项。推荐校级优硕论文2篇，获得校级优硕论文1篇并推荐河北省优硕评选；新增研究生联合培养基地1个，研究生实习实践基地2个；举办第四届研究生学术论坛，接收到全国34所高校研究生投稿百篇；组织学生参加竞赛30人次，获得省级二等以上奖项32项。

科学研究与社会服务。学院教师申报项目共23个类别108项，纵向科研到款40.2万元。获批国家社科基金2项，省部级项目22项（省社科基金7项，省社会发展研究课题7项，河北省研究生精品课程、专业学位精品教学案例（库）项目1项，省级研究生教育教学改革研究项目1项，教育部产学研项目6项），厅局级项目9项，校级项目立项2项。发表论文33篇，其中CSSCI检索4篇、SCI检索3篇。出版著作5部。举办全国性学术研讨会2次，举办2批科研培育工程，邀请校内外专家61人作专题讲座23场。为多家驻华大使馆、中非经贸博览会、广交会、河北工业设计周等提供语言志愿服务；多次为校内外单位提供外事交流服务；完成智库专报、学术文章、媒体评述等智库产品翻译约500万字。

师资建设与人才培养。加强教师培养力度，教师考博2人，组织培训19次，资助教师参加校外交流24人。学院现有博士教师35人。本年度2位教师符合申报燕山学者C类人才标准。2023年试讲博士3人，报到1人。推进《外国语学院加强和改进新时代师德师风建设实施细则》实施。

国际化建设。保持与美国、日本、澳大利亚、法国、德国10多所国外大学合作交流，签订国际高校合作交流基地协议2个；承办国际期刊《语言文化比较研究》《语言文化学刊》《北研学刊》，3人担任主编、副主编；教师赴外交流5人次，参加国际会议5人次，作主旨报告4人次；学生赴外交流81人；13位海外专家开设28门外语专业课；有学历留学生9人，1名硕士留学生顺利毕业。

学生管理。推进与秦皇岛市玻璃博物馆、北戴河区旅游和文化广电局共同探索校政协同育人新路径；全年开展主题党日8次、主题团日活动4次，各类学习成果130余篇，组织化学习全覆盖。全年召开家长会10次，覆盖1419个家庭；用好靶向式安全宣讲84场，4428人次参加；全院春、秋心理普测率100%，化解4起重大心理危机事件，惠及911人。培育杰出校友和优秀毕业生“引导团”，举办校友讲坛5期，优秀毕业生分享9期；建立高层次人才“专家队”，配备兼职教师22人；开展百余场“勤思笃学”学风建设系列活动，5000人次参与。“大学英语四六级宣讲团”“燕山大学校史馆外文讲解队”服务师生共计4000余人次；72名志愿者助力亚运会等不同赛事并提供双语、手语等服务；组建1100余人志愿队，服务超过4500小时。开展毕业意向调查4次，累计走访企业17家，对接企业70余家，开展招聘活动10余场，参加学生660余人次；获第十八届“挑战杯”河北省哲学社会科学类作品“特等奖”。

（供稿人：外国语学院 杨洋）

建筑工程与力学学院

【省级科研平台获批立项】河北省垃圾焚烧烟气污染物控制技术创新中心（与中节能（秦皇岛）环保能源有限公司共建）获批河北省科学技术厅立项。

【6个项目获批省部级科技奖】赵大海教授团队“装配式建筑抗震防灾与智能建造关键技术及工程应用”项目获河北省科技进步奖二等奖；王立伟副教授团队“边坡危岩体灾变动力学参数监测预警和防控关键技术及应用”项目获河北省科技进步奖三等奖；赵庆新教授团队“大掺量矿物掺合料混凝土徐变与疲劳微观机理及性能主动设计”项目获中国建筑材料联合会·中国硅酸盐学会建筑材料科学技术奖基础研究类二等奖；“钢筋混凝土结构低碳建造关键技术及应用”获中冶集团科学技术奖一等奖；“滨海环境低碳混凝土耐久性分级调控与提升技术”获天津市科学技术进步奖二等奖；“桥用混凝土高品质控制关键技术及应用”获中国公路学会科学技术奖二等奖。

【承办2次省级学术会议】7月，承办2023年河北省高等学校土建类教学指导委员会教学工作研讨会；9月，与学校机械工程学院、河北省重型装备与大型结构力学可靠性重点实验室、河北省轻质结构设计与制备工艺技术创新中心共同承办北戴河力学论坛。

【常规工作】党建思政。制定（修订）院级制度23项，建立和调整二级议事机构18个；“红色百年——建（构）筑物手绘作品展”“绘青春——乡村振兴手绘展”等文化精品，多次被人民日报、秦皇岛日报和冀云（长城新媒体App）等主流媒体报道；各党支部全年累计开展主题党日活动80余次、组织生活会2次，进行民主评议党员1次。全年累计发展党员82人，举办2期党校系列培训，参加培训学员总计584人。召开党委会会议24次、党政联席会29次，党委中心组理论学习10次，班子成员上思政课、讲辅导讲座11次；制定《持续深化纠治“四风”和作风纪律整治问题整改台账》《党员领导干部“六纠六促”自查自纠清单台账》，认真落实“室组”联动反馈问题整改工作；组织师生学习习近平总书记关于学校安全工作的重要指示批示精神、宣传安全生产十五条措施、《安全生产法》、《河北省学校安全条例》，落实《燕山大学冬春火灾防控工作方案》，组织开展大型设备使用培训与考核准入和校园突发事件疏散与消防演练活动；开展经常性检查，学院领导班子成员深入实验室、研究室、专业教室、寝室检查教学安全、实习实践安全和生活安全；完善安全稳定事件（事故）应急预案，切实维护校园安全稳定。

教育教学。土木工程专业完成了专业认证复评申请并获得受理，自评报告递交至住建部评估中心。建筑环境与能源应用工程专业顺利通过了住建部评估（认证）教学质量中期督察，8月向住建部递交了认证复评申请并获得受理，完成自评报告撰写。学院现有5个校级基层教学组织全部被河北省教育厅认定为“河北省高等学校达标基层教学组织”，其中土木工程系被认定为“河北省高等学校优秀基层教学组织”；1位教师获河北省首届课程思政教学竞赛二等奖；获批省级优秀教学团队1个、省级教改项目1项、校级教改项目3项，2门自建在线开放课程上线校外平台开课运行；教师发表教学研究论文6篇，出版教材1本，签订出版合同1本；新增校外实践教学基地3个；学院聘请生产一线的企业专家担任学生实习指导教师，邀请企业、行业专家为本科生举办实习讲座7次，4位行业企业专家参与本科毕业设计评审和答辩；制定《建筑工程与力学学院本科教学质量保障体系》，召开教学研究相关学术会议2次、党委会1次、党政联席会9次，召开教学例会8次。学院教师获燕山大学第二届混合式教学设计创新大赛校级二等奖2项，获燕山大学第十届青年教师教学基本功竞赛二、三等奖各1项，获批河北省普通本科院校优秀教学团队1个；组织各专业制定了本科毕业设计（论文）节点考核管理办法，严格按照节点考核，完成本科毕业生毕业设计工作。加强考风考纪教育，加大巡考力度，细化巡考细则，实现巡考科目全覆盖、巡考时间段全覆盖。制定《建筑工程与力学学院2022级本科生大类培养专业分流工作实施方案》，完成2022级土木类专业分流工作。在第九届中国国际“互联网+”大学生创新创业大赛中，学院共申报主赛道项目93项、红旅赛道项目17项，获主赛道河北省银奖1项、红绿赛道铜奖1项。组织和承办院级学科竞赛3个、校级学科竞赛3个、省级学科竞赛2个、国家级学科竞赛4个，学院本科生获一类学科竞赛国家级奖项236项，研究生获学科竞赛国家级奖项5项，大学生创新创业训练计划项目立项71项。

科学研究。获批国家自然科学基金项目5项，获评校级基金工作优秀单位，获批省级科技奖二等奖以上4项，河北省垃圾焚烧烟气污染物控制技术创新中心（与中节能（秦皇岛）环保能源有限公司共建）获批河北省科学技术厅立项建设；获批河北省自然科学基金面上项目2项、青年基金项目6项、春晖人才项目1项。获批河北省科学技术研究与发展计划中央引导地方科技发展资金项目2项。获批河北省教育厅高等学校青年拔尖项目和青年基金项目各1项；获批河北省社会科学发展研究课题一般课题3项；获批秦皇岛市社会科学重点应用性研究课题2项。荣获中冶集团科学技术奖一等奖1项、天津市科学技术进步奖二等奖1项、中国建筑材料联合会·中国硅酸盐学会建筑材料科学技术奖（基础研究类）二等奖1项、中国公路学会科学技术奖二等奖1项；获批河北省研究生专业学位教学案例（库）建设项目2项；发表高水平论文70余篇；授权发明专利5项。签订横向合同31项（专利转化6项），新增科研项目经费合同额694.46945万元；完成力学学科一级博士点、土木水利专业学位授权点审核评估；学生一类学科竞赛国家级获奖245人。获河北省优秀博士学位论文1篇、优秀硕士学位论文1篇，获校级优秀博士学位论文1篇、优秀硕士学位论文4篇。研究生学位论文抽检合格率100%。

（供稿人：建筑工程与力学学院 马杰）

文法学院（公共管理学院）

【通过河北省第二批高校党建“双创”工作标杆院系中期验收】学院党委顺利通过河北省第二批高校党建“双创”工作标杆院系中期验收。自2022年入选河北省第二批高校党建“双创”工作标杆院系培育创建单位以来，学院党委聚力“对标争先”，聚焦“五个到位”，着力构建“党建360”全方位、立体化党建工作新格局，以系统思维统筹推进党建与业务深度融合，推进党建工作由“基础保障型”向“全面发展型”升级。

【获批首批河北省语言文字推广基地】成功获批首批河北省语言文字推广基地。该基地属于“综合研究型”基地，2023年开展普通话测试2次，共计完成8772名师生的普通话测试工作。

【获批公共管理博士后流动站】获批设立公共管理学博士后科研流动站。该流动站的设立，与公共管理一级学科博士点、公共管理专业学位（MPA）硕士点、行政管理和公共事业管理两个国家级一流本科专业建设点、行政管理省级重点学科等一体，充实了学校公共管理人才培养体系。

【常规工作】党建思政。1.坚持常态化引领。全年召开学院党委会24次，学院党政联席会16次；严格落实“第一议题”制度，召开学院党委理论学习中心组及扩大学习会12次；完成各类问题整改42项、调研课题5项。2.坚持品牌化建设。开展学院党支部书记党建课题立项研讨、典型交流、述职考核活动；录制“典读党的二十大”系列微课；推出一部原创“红色推理剧本”；3个党支部与乡村党支部共建，助力乡村振兴。3.坚持融合式发展。依托塑心力行党员工作站和“寓”见宏远社区功能型党支部开展“党建引领”活动15期；开展“导师有约”系列活动6期、心灵驿站活动7期；开展“头雁沙龙”“政策研习”活动，实现党建引领事业发展。4.坚持责任化推进。开展师德师风和“三风”建设专项行动；举办各类恳谈成长沙龙20次；开展领导干部家庭家教家风建设活动；承办学校廉政演讲比赛，在学校廉洁文化作品征集活动中获优秀组织奖，1个作品获全国高校廉洁教育优秀案例。

教育教学。1.坚持以评促建。组建领导小组，发布工作方案，邀请专家指导，细化目标任务，撰写自评报告，提炼问题清单，逐项对照改进，自评自建工作落实率100%。2.抓好师资队伍建设。开展“师德师风”“教风学风考风”等系列专题活动，组织院级教师教学培训18场次，教师培训学分完成率100%。以赛促教，组织教学竞赛4场，1名教师获得第三届河北省高校教师教学创新大赛三等奖。出台青年教师导师制实施细则，为新入职青年教师全员配备导师，加快提升青年教师教书育人能力。3.强化基层教学组织建设。组织开展基层教学组织自评自建工作，基层教学组织达标率100%。中文系获评2023年度河北省高等学校优秀基层教学组织。依托基层教学组织建设，加强“组织化教研教改”，教师全年参与各级各类教改项目36项，共计171人次。4.做实双创教育，开设创新创业专题指导课3场，承办一类学科竞赛——全国第五届中华经典诵写讲“笔墨中国”汉字书写大赛燕山大学选拔赛等13项校院级学科竞赛，活动覆盖学生人数超过5000人次。荣获“挑战杯”省级特等奖3项，学生团队获2023第十一届全国大学生数字媒体科技作品及创意竞赛国赛三等奖、第二届“寻是杯”北部地区大学生公共管理决策对抗大赛二等奖、全国首届国际中文教育教学大赛二等奖、第五届全国模拟法庭大赛全国季军等多个奖项。

科学研究。1.研究生培养。做好导师培训与考核；强化研究生科研训练，举办第五届研究生学术论坛，举办主题讲座8场、研究生学术研讨会25场；推动研究生教育教学改革，获批5项省级课题；聚焦学位论文质量，基于目标优化过程管理，获批校级优秀硕士论文2篇、省级优秀硕士论文1篇；着力推动专业实践，新增校级实践基地5个，学生参加学科竞赛，获国家级奖项8项、省级奖项11项。2.科学项目。获批各类科研项目59项；入选河北省科技创新智库1个；咨政报告获省部级批示或采纳16份，被《人民日报内参》采用1篇；参与地方立法、政策文件编制等工作8人次；举办/承办学术会议3场，举办专家讲座22场。3.学科建设。组织学科建设研讨会3场；开展MPA、法律硕士周期性合格评估自评工作；参加公共管理一级学科博士点、法学一级学科硕士点专项核验评估，顺利通过。

人力引育。1.坚持党管人才，以学科建设为引领，完善人才引进机制，建立以需求为导向、以目标为牵引的人才引进制度，全年引进骨干教师11人。2.实施青蓝结对传帮带计划，安排青年教师加入高水平教学科研团队，为青年教师配备“教学”和“科研”双导师，帮助其凝炼研究方向，练好教学科研基本功，助力青年教师的成长和发展。3.架设“人才成长桥”，采取“集中与分散”“理论与实践”“线上与线下”“走出去与请进来”相结合的方式开展教师培训交流，构建全方位多层次培养体系。4.优化人才队伍结构，完善人才激励政策，建立领导干部联系服务人才工作制度，深化考核评价改革，升级人才服务举措。

（供稿人：文法学院（公共管理学院） 臧传文）

马克思主义学院

【获评两项一流课程建设】“毛泽东思想和中国特色社会主义理论体系概论”课程获国家级一流本科线下课程，实现学院国家级一流本科课程零的突破；“马克思主义基本原理”课程获省级一流本科线下课程。

【举办高层次学术会议】与中国马克思主义哲学史学会21世纪马克思主义研究分会共同举办21世纪马克思主义论坛（第12次）暨“中国式现代化与21世纪马克思主义”学术研讨会，众多国内马克思主义理论研究领域专家作大会发言，1万多人次通过线下线上方式参与此次会议。

【实践教学建设成绩显著】承担国家社科基金专项“抗美援朝战争口述资料采录与整理”，开展对河北省抗美援朝老战士访谈的实践研修活动。与教育部“大思政课”实践教学基地——秦皇岛西港签订结对协议。聘任全国劳动模范、全国道德模范等5位为“大思政课”兼职导师。

【常规工作】党建思政。1. 扎实做好主题教育工作。发挥学院理论优势，在学校学习贯彻习近平新时代中国特色社会主义思想主题教育中，成立理论辅导组，在主题教育读书班中面向全校处级以上干部开展辅导讲座8场。组建学习贯彻党的二十大精神“红色旋律”师生宣讲团，面向校内外开展宣讲活动110余场。2. 把准政治方向。围绕学院事业发展目标和任务，强化政治功能，发挥政治引领作用，召开党政联席会16次、党委会27次，研究解决提升思政课教学效果、成立李大钊研究院、与清华大学马克思主义学院合作以及师资队伍建设、学科建设等重大事项。发展学生党员31名、优秀青年教师党员2名。3. 以党建带团建。通过举办“青春之歌”开学典礼，赠送马克思主义经典书籍；开展“新时代·新青年”青春心向党、“青春告白祖国”创作会等系列活动，不断打造青春系列学生党建工作品牌，引领青年学生自觉主动做习近平新时代中国特色社会主义思想的学习者、传播者和践行者。

教育教学。1. 思政课建设。创设“以金点子打造思政金课”的“金点子工程”集体备课方式，全年开展思政课集体备课150余场。依托教育部“周末理论大讲堂”、“红色旋律”讲坛等平台，组织专兼职思政课教师培训41场。建立思政课师生座谈会和课前学情调研机制，实现思政课学情调研常态化、长效化，全年两场座谈会学生参与共330人，实现本科专业全覆盖。思政课第二课堂暨红色旋律系列活动有序开展：开展红色旋律讲坛9期（第166～174期）、红色旋律读书会9期（第72～80期）、红色旋律影苑7期（第83～89期）。2. 思政课与课程思政双向融合。建立思政课教师“结对子”联系院系机制，探索开展“共上一门课”联合授课活动，形成特色“双师教学”课堂。学院与其他专业学院共开展集体备课95次，学院教师参与达200余人次。3. 实践教学。与山海关中国长城博物馆、李大钊纪念馆、昌黎五峰山李大钊革命活动旧址等8家单位签订实践基地协议。聘任5位全国劳动模范、全国道德模范、大国工匠、青年科研工作者、李大钊纪念馆讲解员等为“大思政课”兼职导师。完成“先驱者故事”虚拟仿真体验两个项目融入思政课试点工作，升级改造“英雄故事”虚拟仿真体验中心。根据教育部相关要求，学院组织开展思政课教师暑期实践研修，赴四川凉山昭觉、西昌和冕宁、雅安石棉、甘孜泸定等地重走长征路，参加研修教师47人。4. 教研交流。举办秦皇岛地区高校教学观摩展示活动，邀请国内思政课教学名师进行教学展示、交流教学经验；举办青年教师培养座谈会，邀请退休教师、外籍专家围绕习近平总书记在“3·18”座谈会上对思政课教师提出的“六个要”分享经验。河北省大中小学思政课集体备课中心按照省教育厅的安排，为沧州、唐山、保定、承德、秦皇岛等地市的1100余位中小学校长和思政课教师“精准送学”；学院与海港区教育局，秦皇岛市一中、三中和七中教育集团启动集体备课，与中小学思政课教师开展集体备课；23位研究生报名参加海港区中小学教师顶岗实习。

科学研究。1. 学科建设。组织申报马克思主义理论本科专业，组织撰写马克思主义理论一级学科博士点、中共党史党建学一级学科硕士点申报材料。顺利通过国务院学位办组织实施的马克思主义理论一级学科硕士点专项核验。2. 学术交流。与清华大学马克思主义学院签订学科共建协议，双方代表共同出席了燕山大学对接京津高校合作发展大会。邀请韩喜平、纪亚光、刘志明、朱文通、陈培永、耿化敏、韦磊、蔡万焕、刘耀东、罗湘衡等10位学者来校讲学。学院教师参加高水平学术会议37人次，作主题发言21人次。3. 开启“五峰书堂”经典共读会，分设马克思主义基本原理、马克思主义中国化、中共党史党建学、中华优秀传统文化、李大钊五个板块，分别安排两位该研究领域具有高级职称和博士学位的青年教师担任主持人。组织学院45岁以下青年教师和全体研究生共读经典文献，练就马克思主义理论专业的看家本领，目前已举办经典共读会活动14场。建设经典著作、党史党建两个基础资料文献室和李大钊、列宁两个专题研究文献室。4. 科研成果。获批国家社科基金立项2项，包括委托专项1项、思政课专项1项；获批省部级项目立项8项。发表论文61篇，《人大复印报刊资料》全文转载1篇。出版著作5部；获河北省2023年度优秀出版物1部。获省级以上领导肯定性批示9篇；获CTTI智库研究优秀成果二等奖1篇。5. 研究机构。成立燕山大学李大钊研究院，聘任8位国内李大钊研究领域著名专家担任咨询委员会成员。与唐山乐亭的李大钊纪念馆和秦皇岛昌黎的五峰山李大钊革命活动旧址分别签订了研究基地共建协议。牵头成立冀东高校李大钊研究联盟，成员包括冀东地区现有的5家高校李大钊研究机构，致力于李大钊研究、中国共产党革命先驱研究、伟大建党精神研究，致力于打造具有鲜明特色的燕山大学中共党史党建学学科。

（供稿人：马克思主义学院 于秀春）

理学院

【新增国家级质量工程项目】张素红、王明利、王晓颖、侯岩雪、李子敬老师申报的“大学物理”线上线下混合式课程，获批国家级一流本科课程。

【物理、数学两个学科稳步发展】数学硕士学位授权点和物理学博士学位点通过学科核验评估，且两个学科ESI数据均位于河北省第一的高位。燕山大学获评第二十届中国研究生数学建模竞赛优秀组织单位，章胤获评第二十届中国研究生数学建模竞赛先进个人。

【师德师风建设取得优异成绩】构建了“组织、制度、教育、典型、考核”五位一体的师德师风建设长效机制。刘永老师荣获“河北省师德标兵”称号，学院荣获2023年度师德师风建设先进单位。

【常规工作】党建思政。1. 政治建设。深入学习贯彻习近平新时代中国特色社会主义思想和党的二十大精神，共召开党委会会议24次、党委理论学习中心组学习10次、主题教育动员部署会1次、主题教育读书班学习会3次、主题教育专题学习会4次、主题教育工作推进会3次、主题教育“回头看”整改落实情况推进会1次、师德师风建设集中学习5次、专题讲座3次。举办师生午餐会，拉近工作距离；设立学院“领导接待日”和征集意见建议邮箱，现场解决实际问题；开展“朋辈学习坊”“名师讲坛”系列主题党日活动，以党建为引领，帮助学生提高学习成绩。2. 思想宣传。处级领导干部讲授专题党课8次；获批新时代高校廉洁文化建设1项；依托“寓”见榜样一站式学生社区工作站，开展多期“数理学霸大讲堂”学科帮扶活动。3. 安全稳定。成立安全生产领导小组，制定《理学院实验室安全检查管理规定》，落实“一季一月一周”安全检查制度。进行安全工作研究部署8次，召开意识形态专题会议5次，民族宗教相关会议3次，宣传教育及培训25次，全面开展安全生产检查6次，定期进行学院宗教渗透排查，学院网站发布安全相关新闻10篇。

教育教学。1. 教学保障。举行青年教师培训会、示范课程观摩、联合备课、集体备课等活动共计93次；严格落实院班子、督导团、系主任定期听课制度，完成听课任务200余次。2. 教学运行。严格按照学校要求完成春秋两学期1000余条教学任务的落实及日常管理工作，开展“线上线下混合式教学”特色课程162门次，“大班授课、小班研讨”3门次；2023年本科毕业论文抽检合格率达100%，各项常规工作运转流畅。3. 教学改革。专业建设颇有成效，理学院现有国家级和省级质量工程项目13项，其中国家级一流本科专业建设点2项，省级一流本科专业建设点1项，国家级一流本科课程1项（2023年获批），省级一流本科课程3项，省级教学团队2项，河北省课程思政示范课程、教学名师和团队2项，省级实验教学示范中心1项，省级优秀基层教学组织1项；推荐省级一流本科课程3项，获批第二批校级一流本科课程9项。教学改革再创佳绩，教学改革项目立项8项，其中省级项目1项、校级项目7项；成功申报教育部产学合作协同育人项目5项；推荐申报2024年河北省研究生教育教学改革研究项目1项，推荐申报2024年省级研究生示范课程和专业学位教学案例（库）2项；新建燕山大学专业学位研究生校外实践基地1个，新建燕山大学研究生联合培养基地2个。继续实现课程思政人员全覆盖和课程全覆盖，开展课程思政集体备课30余次，举办课程思政教学竞赛1次，成功申报校级课程思政示范项目和团队3项，省级课程思政示范课程、教学名师和团队1项。3个课程思政教学团队与马克思主义学院开展课程思政集体备课、公开课活动、共上一门课等双向融合等共20余次。在燕山大学2023年度教学管理综合评估中，理学院荣获一等奖和三个单项奖。4. 双促机制。学院举办第七届“课程思政”教学设计竞赛，1人荣获校级二等奖1项；推荐2人参加第二届混合式教学设计创新大赛，荣获校级三等奖1项；举办第十届青年教师教学基本功竞赛，荣获校级二等奖2项。组织2023年研究生导师评聘工作，新增博士生导师2名、硕士生导师11名。

科学研究。1. 科研项目。新增纵向科研经费合同额501.4万元，新增横向科研经费合同额110.12万元，合计新增科研经费合同额611.52万元；顺利完成2023年国家自然科学基金申报和立项目标，荣获燕山大学“2023年度国家自然科学基金项目管理先进单位”荣誉称号；获批国家自然科学基金9项，其中面上3项、青年6项；获批2023年外国专家项目1项；获批河北省科技计划中央引导地方自由探索类研究项目4项，河北省自然科学基金4项，河北省社会科学基金1项，河北省教育厅高等学校科技计划3项，河北省社会科学发展研究课题2项，秦皇岛市科技计划项目（财政经费支持项目）1项。2. 科研成果。组织申报2023年度河北省科学技术奖（自然科学奖）1项；申请发明专利13项，授权10项。3. 科研平台方面。加强科研平台内涵建设，积极组织河北省微结构材料物理实验室、燕山大学物理科普示范基地参加学校科技创新平台考核。3. 社会服务。签订横向合同9项，合同额共计110.12万元；转化专利4项；新增产学研合作项目5项。4. 学术交流。承办中国系统工程学会系统可靠性专业委员会2023年学术年会、中国现场统计研究会可靠性工程分会2023年学术年会、河北省工业与应用数学学会2023年学术年会、轻强子谱理论与实验联合研讨会；持续开展"数理时空"系列讲座，邀请来自华中科技大学、中国科学院大学等高校专家学者举办15场讲座。

其他工作。1. 师资队伍建设。现有专任教师与实验员152人，具有博士学位教师109人，引进青年教师10人（正在引进3人），其中拔尖A类人才1人、优秀C类人才2人、骨干教师7人；高级专业技术职务推荐评审通过3人，其中教授1人、副教授2人；新增燕山学者1人，学院培育申报燕山学者优秀类人才3名。2. 实验室与资产管理。制定《关于2022年度返还公用房租赁租金中科研成果绩点统计的补充说明》，为学校公用房管理工作的良好开展提供经验参考；制定《燕山大学理学院大型仪器开放共享管理办法》，提高大型仪器使用效率。3. 国际化合作。学院代表团赴韩国汉阳大学开展国际合作交流活动，举办燕山大学理学院－汉阳大学自然科学学院第一届学术交流论坛。

（供稿人：理学院　牛金学）

环境与化学工程学院

【青年教师培养取得明显成效】学院1名青年骨干教师获批国家"万人计划"青年拔尖人才称号，1人荣获省级教学名师称号，1人荣获中国化工教育学会教学名师称号，1人荣获燕山大学第十届青年教师基本功大赛一等奖。

【科学研究工作成果丰硕】获批国家自然科学基金13项，立项总数位居全校第二，同时被评为燕山大学国家自然科学基金项目管理先进单位。

【出台《环境与化学工程学院新增科研用房有偿使用方案（试行）》】出台《环境与化学工程学院新增科研用房有偿使用方案（试行）》，将部分公用房变为有偿使用，创收费用达94.5万元，解决了学院大型仪器的维修费用问题，为科研平台建设提供了有力支撑。

【常规工作】党建思政。1. 扎实开展学习贯彻习近平新时代中国特色社会主义思想主题教育。召开党委会28次、党政联席会15次、党委理论学习中心组会议12次、读书班研学会议3次。发展党员81人，举办2期党校系列培训，参加培训学员总计437人。召开意识形态工作专题会议3次。"燕铭红韵"平台发布稿件290余篇，官方微信公众号的综合影响力指数10个月在院级榜单中均排列第一。2. 积极开展师德师风教风学风建设系列活动。荣获省级教学名师1人，校级师德标兵1人、师德先进个人2人。召开全面从严治党专题会议2次，致学院领导干部家属一封廉洁家书，在学校廉洁文化作品征集活动中荣获二等奖3项、三等奖6项。3. 认真贯彻落实"党政同责、一岗双责"安全稳定工作责任体系，开展多种形式的安全教育活动，逐级签订安全稳定责任书，常态化开展实验室、学生寝室、建筑安全隐患等专项排查，强化安全意识，筑牢安全防线。

队伍建设。引进"燕山学者"优秀A类人才1人、优秀B类人才4人、优秀C类人才4人。积极组织教师申报各类人才项目，其中获批"万人计划"青年拔尖人才称号1人、河北省自然科学基金杰出青年人才项目1人、河北省自然科学基金优秀青年人才项目1人。目前学院专任教师135人，具有博士学位教师占97.8%，35岁以下占29.6%，35～50岁占51.1%，50岁以上占19.3%，海外留学经历占49%，教师队伍建设呈高学历化、年轻化、国际化趋势。学院培养"燕山学者"高层次人才61人，占教师总人数的45.2%，其中，拔尖A类2人、拔尖C类1人、优秀A类14人、优秀B类13人、优秀C类31人。

本科生教育。申报国家级产学合作协同育人项目3项，获批省级教改项目4项、校级教改项目6项，获批省级一流课程1门、校级一流课程7门，获批校级大班授课小班研讨项目2项。组织开展课程思政与思政课程"双向融合"联合备课教研活动6场、集体备课12场、公开课活动6次、"共上一门课"3场，完成课程思政教学案例 40 项，录制课程思政案例教学视频 40 个，荣获燕山大学第四批课程思政示范课程立项项目 3 项。举办教学竞赛 4 场，学院教师荣获燕山大学第十届青年教师基本功大赛一等奖 1 项、三等奖 1 项，燕山大学第七届课程思政教学竞赛三等奖 1 项，燕山大学第二届混合式教学设计创新大赛三等奖 1 项，燕山大学第四届教学创新大赛二等奖 1 项、三等奖 1 项。

研究生教育。获批河北省研究生课程团队建设项目 1 项。获评燕山大学优秀博士学位论文 3 篇、优秀硕士学位论文 9 篇，河北省优秀硕士学位论文 4 篇。建立校外实践基地 2 个，研究生联合培养基地 2 个。获批各类纵向项目 56 项，其中国家自然科学基金 13 项、河北省杰出青年基金 1 项、河北省优秀青年基金 1 项、中国博士后科学基金特别资助项目 1 项。获批横向项目 37 项（含专利转化 10 项），新增项目合同额 1500 余万元。获得授权发明专利 32 项。发表 SCI 收录论文 170 余篇（其中 CELL 子刊论文 1 篇）。荣获河北省自然科学三等奖 1 项。

创新创业。学生参加一类竞赛获得奖项 11 项，其中全国大学生生命科学竞赛一等奖 1 项、二等奖 2 项、三等奖 1 项，全国大学生化工设计大赛二等奖 1 项、三等奖 1 项，全国大学生化工实验大赛一等奖 1 项，全国大学生先进成图技术与产品信息建模创新大赛一等奖 1 项，全国大学生节能减排社会实践与科技竞赛三等奖 1 项，中国大学生方程式大赛一等奖 1 项，中国大学生机械工程创新创意大赛二等奖 1 项。申报第九届“互联网+”大学生创新创业大赛 112 项，其中 14 个项目被推荐参加校赛，最终获得金奖 1 项、铜奖 2 项。申报 2023 年大学生创新创业训练计划项目 87 项，74 项大学生创新训练计划项目顺利通过结题验收。

学团工作。各党支部组织开展党日活动 130 余次、党课培训 12 次，学院 92 个团支部组织开展“学习二十大，永远跟党走，奋进新征程”系列主题团日活动 1012 次，各类学生干部培训 10 场。依托学习达人库、学霸讲师团，举办高数 8 次、大物 12 次、线代 4 次、英语四六级 2 次答疑活动，举办考研经验分享会和保研经验分享会 17 次。在大学生网络文化节暨网络教育优秀作品推选展示活动中获奖 38 项，其中一等奖 6 项、二等奖 12 项。辅导员队伍发表论文 3 篇，获批河北省社会科学发展研究青年课题 1 项、河北省高校党建研究会课题 1 项、河北省冀青工作调研大赛课题 1 项、秦皇岛市社会科学发展研究课题 2 项、燕山大学第九批基层单位文化建设 2 项。进一步明确“寓”见未来一站式学生社区的品牌规划路径，开展品牌活动 3 项。召开就业专场招聘会及就业座谈会等活动约 40 场，2023 届毕业生毕业去向落实率 82.1%，考研录取率 44.57%（不含二学位）。

国际化建设。欧洲学院化学工程与工艺专业招生和培养工作稳步开展，目前共有在籍本科生 44 人，学院教师赴波兰校区授课 4 人次。协办 2023 年水环境治理及生态修复国际研讨会 1 次。获批国家留学基金委公派访问学者项目 1 项，学校资助教师出国（出境）项目 1 项。教师参加各类国际化交流项目 40 人次，国际会议 30 人次，赴海外交流访学 3 人次。聘请外籍教师 1 名。与比利时鲁汶大学深化科研合作，1 名教师被聘为鲁汶大学客座研究员，同时聘请 1 名比利时专家开展科研合作。

（供稿人：环境与化学工程学院 苏静静）

艺术与设计学院

【多项作品和项目在各级各类比赛中获得重要奖项】“中国舞蹈史”“计算机辅助设计”获批国家级一流本科课程；舞蹈作品《秦时明月汉时关》获得省级奖项 3 项；作品《追寻》《一封家书》在中央电视台央广网播出并由光明网转载；课程教学视频获得省级活动一等奖；课程案例被北京大学、清华大学相关会议文集收录。“计算机辅助设计 I”课程获得 2023 东方创意之星教师教学创新大赛国赛铜奖；在 2022 未来设计师全国艺术设计教师教学创新大赛全国总决赛中获得二等奖；在第四届全国高校混合式教学设计创新大赛中获得“设计之星”奖。

【获批国家留学基金委“艺术类特别人才培养项目”立项资助】由许秋健副教授团队实施、与韩国大邱加图立大学进行合作的“音乐认知科学与音乐治疗人才培养项目”，获得国家留学基金委“艺术类特别人才培养项目”立项资助，实现了河北省高校艺术类国家公派留学成建制项目历史性突破。

【专业设计优势在乡村振兴项目中取得实效】学院“秦皇岛城市更新规划设计方案”“木兰木作”乡村振兴项目为围场等 10 多个县开展艺术设计 30 余场次。“新型智库服务建设之设计赋能乡村振兴发展范式”荣获 CTTI 2023 年度智库建设优秀案例，“社会性设计赋能乡村振兴战略研究与实践”获得 CTTI 2023 年度智库研究优秀成果二等奖，“乡村振兴中的设计未来要回归‘社会性设计’的道路”被《设计》期刊专题报道。

【常规工作】党建思政。1. 深化学习宣传，提升教育成效。升级打造党员特色工作体系《基于艺术学科特色的“12356”党员培养模式》，实施《“硬核”学生党员培养实施方案》。开展党委理论学习中心组学习会 10 次，领导班子成员指导党支部活动 10 余次，书记、院长带头讲党课。2. 夯实组织建设，增强党建质量。实施教师党支部书记“双带头人”培养工程，全面加强教师党支部书记队伍建设，实施“主题党日立项”建设工程。按照程序发展 2 名教工党员、63 名学生党员，其中 5 名为少数民族学生；2 名教师和 15 名学生预备党员按期转正。获评河北省唯一“全国五四红旗团支部”，“中国大学生自强之星”1 人，河北省“冀青之星标兵”2 人，援藏戍边先锋 2 人；涌现出捡到价值 5 万元包裹归还失主的好青年冯亚宁等一系列优秀学子。

教育教学。全年荣获一类学科竞赛国家级奖项 169 项，在一类本科教学类竞赛中获得 7 项国家级奖项，校级以上各类教师教学竞赛共获奖 16 人次，获批校级以上教学改革项目 30 余项，大学生创新创业训练计划项目共立项 81 项，建设美育通识课程 124 门，在读全英文授课本科留学生 1 名，本科毕业设计论文抽检合格率 100%，完成校企定制课程 30 门，建设产学研教学联合实验室、研究中心 6 个，多次调研并修订 2024 版培养计划，开展课程思政建设研讨、共上一堂课、双师课堂等活动 30 余次，结合美育通识课程结课成果开展校园美育展演活动 12 场次。

科学研究。组建博士授权点申报工作小组，专门进行设计学博士一级学科授权点材料撰写与申报工作。续聘校外导师 17 名，新增校外导师 9 名，新增优质校外实践基地 3 个；获批全国艺术硕士专业学位研究生在线示范课程 1 项，河北省研究生教学改革项目 1 项，专业学位教学案例（库）1 项，研究生精品课程 1 项。获评校级优秀学位论文 6 篇，推荐省级优秀论文 4 篇，获得国家级学科竞赛奖励 92 项。学院共获批各级各类项目 53 项，其中包括国家社科基金艺术学青年项目 1 项、省教育厅人文社科重大课题攻关项目 1 项、教育部人文社科项目 1 项、河北省社科基金 6 项、河北省社科联课题 18 项、河北省军民融合课题 1 项、河北雄安新区哲学社会科学研究课题 1 项；获批发明专利 2 项；发表 1B 以上检索论文 65 篇，其中 3 篇 SCI；教师以一作或独作出版学术专著 6 部。

学团工作。围绕“聚焦思想引领主业”主题，出台《艺术与设计学院“有新意、有实效、有温度、有层次”学生工作实施方案》，打造“基于艺术学科特色的‘12356’党员培养模式”，实施《艺术与设计学院“硬核”学生党员培养实施方案》。升级“每日一绘”“每日一练”特色学风建设品牌；推进 1+N 科创培养机制；建立“劳动 + 美育 + 志愿服务”的实践育人机制。出台《艺术与设计学院网络思想政治教育作品创作征集及激励办法》，建成网络文化创作室，建立舆情监测机制。制定 2023 年学院学团工作要点，制定学院辅导员队伍建设方案，建设学习型、引领型、创新型、特色型团队。辅导员团队获批各类项目 11 项，发表论文 2 篇。4 名辅导员获得省级以上表彰或奖励。主动服务或承办校园文化活动 23 场。“寓见美好”学生社区工作站开展美育体验等活动 83 场，“一起来歌舞”成为校园文化的“最美风景”。

招生就业。本科一志愿录取率 95.17%，依托艺术与设计学院大学生就业工作服务中心为毕业生提供就业信息咨询、政策宣讲与指导服务等。学院公众号开设“艺鼓作气”就业专栏，累计推荐 301 家用人单位。完成访企拓岗 99 家，安排对接企业 6 家；组织专场招聘会 7 场；8 名同学参军入伍；2023 届毕业生初次就业率为 71.54%，年终就业率为 76.89%。

国际合作。推动中外艺术领域的深度合作与交流，申报成功国家留学基金委“艺术类特别人才培养项目”，助力学校“双一流”建设；学院代表团赴韩国 4 所高校进行交流访问，与韩国大邱加图立大学签署双硕士学位、直博、共同培养博士协议。建立国际合作基地或国际合作项目 4 项，举办全英文 / 双语课程项目 3 项，教师赴海外交流 5 人，学生赴海外交流 297 人，聘任海外专家 2 人，录取留学生 4 人。

社会服务。学院横向合同经费 160.42 万元，到账经费 109.52 万元，专利转化项目 1 项，学院充分发挥专业优势为围场满族蒙古族自治县银窝沟乡、半截塔乡乡村振兴工作赋能。首届篆刻艺术、文化传承与设计创新微专业学生顺利结业；新增校外优质产学研教学实践基地 10 个；建成篆刻艺术大师工作室 4 间；调研西泠印社及兰亭书院并达成联合协议，筹备建设燕山大学印社；组织师生参加国家级展览 2 次；承办“入古出新”首届全国高等院校篆刻教学成果展燕山大学巡展。

（供稿人：艺术与设计学院 贾丽）

车辆与能源学院

【专业培养能力和学生培养质量显著提升】车辆工程专业获批河北省高等学校优秀基层教学组织称号；能源与动力工程和石油工程2个专业认证报告通过审核；获“挑战杯”省赛特等奖2项、国赛二等奖2项，获国际大学生“互联网+”创新创业大赛省赛金奖1项、国赛铜奖1项；获全国能源动力类专业百篇优秀本科毕业论文1篇；燕翔车队再获全国一等奖。

【标志性项目实现突破、科研经费大幅度增长】学院首次获批国家重点研发计划课题1项；获省优秀青年基金项目1项；签订2项重大科技成果转化项目，其中一项单项合同额超千万；新增科研经费合同额首次超2222万元，经费到款额是三年前的近4倍。

【行业和区域协同创新作用显著增强】获批二级学科智能电动车辆、新能源技术和储能技术；获批省级工程研究中心1个和省级创新中心1个，能源与动力工程系和石油工程系共同申请的省级工程研究中心“化石能源低碳开发与资源化利用河北省工程研究中心”成功获批。石油工程系作为共建单位申请的“河北省储气库地面工程技术创新中心”获得省科技厅批准，与依托单位中国石油工程建设有限公司华北分公司共同建设；对接北京航空航天大学交通科学与工程学院多个项目落地；成立汽车行业校友会。

【常规工作】党建思政。扎实开展学习贯彻习近平新时代中国特色社会主义思想主题教育，严格落实《学院学习贯彻落实党的二十大精神实施方案》，开展学习宣传贯彻党的二十大精神辅导讲座，组织党支部开展“学习二十大，永远跟党走，奋进新征程”青年先锋宣讲活动。建立健全政治理论学习档案制度、考勤制度，制定春季、秋季学期政治理论学习安排，规范党委中心组理论学习会议记录纪要和重点发言材料。学院党委书记和院长带头讲党课，组织开展人才引进、育人队伍建设、研究生培养质量、教学质量建设、大学生思政教育现状调研活动；获批燕山大学第九批基层单位文化建设重点项目。

学科建设。扎实推进学科建设，制定《燕山大学车辆与能源学院科研团队建设管理办法》和《车辆与能源学院研究生导师组指导工作办法（试行）》等相关文件。车辆工程学科参与“起重机械关键技术全国重点实验室”的建设。申请获批目录外二级学科智能电动车辆。牵头完成石油与天然气工程一级学科硕士学位授权点核验材料的撰写、整理和提交工作，辅助机械工程学院完成机械专业博士学位和硕士学位授权点核验材料，辅助环境与化学工程学院完成资源与环境专业硕士学位授权点核验材料，能源与动力工程专业辅助电气工程学院完成能源动力专业硕士学位授权点核验材料。

研究生教育。开展学术道德和学风建设讲座、座谈、检查、教育等活动，举办“车辆与能源学院研究生学术道德与科学精神”主题讲座。举办车辆与能源学院第六届研究生学术论坛。聘请国内外知名教授、学者举办学术讲座等。研究生学位论文抽检合格率、学位点评估合格率100%。获河北省优秀博士论文1篇、硕士论文3篇，推荐河北省研究生创新资助项目2项。2023年省级研究生精品课程立项建设项目1项，河北省研究生专业学位教学案例（库）项目1项，河北省研究生教育教学改革研究项目1项。新增国汽智控（北京）科技有限公司、长城汽车股份有限公司等4个研究生联合培养基地。

科学研究。新增国家重点研发计划课题1项、国家重点研发计划子课题2项、国家自然科学基金青年科学基金项目2项、国家重点实验室开放基金项目1项、河北省科学基金项目7项（面上项目1项、优秀青年科学基金项目1项、青年科学基金项目4项、春晖人才项目1项），其他省部级项目2项、厅局级项目6项，新增科研项目经费合同额2222.29万元（纵向合同额411万元，横向合同额1811.29万元），新增到款额1407.56万元（纵向到款232.72万元，横向到款1174.84万元）。出台了《车辆与能源学院科技奖培育及资助办法》。申报省部级及以上科技奖励2项，合作获批2023年度河北省科学技术发明奖一等奖1项。全年发表高水平论文65篇，组织高价值专利培育，新增国家发明专利授权18项、计算机软件著作权7项。

专业建设。车辆工程系获批2023年度河北省高等学校优秀基层教学组织，石油工程系获批2023年度校级优秀基层教学组织。学院基层教学组织建设达标率70%。1门课程获批第二批省级一流本科课程，4门课程获批第二批校级一流本科课程。能源与动力工程、石油工程专业专业认证自评报告通过审核。“汽车构造”“工程流体力学”“钻井工程”3门课程获批燕山大学课程思政示范课程；获批校级课程思政类教改项目3项；2名教师分别荣获燕山大学第十届青年教师教学基本功竞赛一等奖、二等奖，1 名教师获燕山大学第四届教师教学创新大赛一等奖，1 名教师获燕山大学第七届“课程思政”教学竞赛三等奖。获批教育部产学合作协同育人项目 4 项、教育部供需对接就业育人项目 2 项、省级教改项目 2 项、校级教改项目 8 项，培育院级教改项目 9 项。完成 23 项教改项目的结题验收工作。

学生培养。在“挑战杯”大学生创新创业大赛获省赛特等奖 2 项、国赛二等奖 2 项，在国际大学生“互联网 +”创新创业大赛中获省赛金奖 1 项、国赛铜奖 1 项。本科生获一类学科竞赛国家级奖项共计 15.1 项（学院指标 5 项），超额完成学校下达的竞赛获奖指标。燕翔车队在 2023 年“蔚来杯”中国大学生电动方程式大赛中获一等奖。学院组织的全国大学生节能减排社会实践与科技竞赛在省赛中获特等奖 1 项、一等奖 2 项、二等奖 1 项、三等奖 3 项、专项奖 1 项、优秀组织奖 1 项，在国赛中获得二等奖 1 项、三等奖 6 项、专项奖 1 项、优秀组织奖 1 项。学院组织的全国大学生交通运输科技大赛获得国赛三等奖 1 项。研究生获学科竞赛国家级奖项共计 8 项。在学院组织的中国石油工程设计大赛中，研究生获得二等奖 1 项、三等奖 4 项。

国际化建设。学院国际化工作小组制定国际化发展战略规划，并出台《车辆与能源学院资助教师赴国外访学管理规范》，设置专项国际交流经费。学院英文网站于 2 月试运行上线，并定期维护更新。学院积极推进“一院一基地”建设，学院申报的校级国际合作基地有序建设，顺利通过国际合作基地培育项目中期检查。依托国际合作基地与莫斯科国立大学持续开展合作。与莫斯科国立大学地质系签订合作协议，并聘请已签订协议学校的短期外籍教师 1 人；学生赴外交流人数达到 55 人次。学生参加线上国际交流 43 人次、线下国际交流 11 人次、线上国际会议 1 人。来华留学生 5 人。本院教师面向硕士研究生开设全英语课程“热动过程的数值模拟（英语）”1 门，双语课程“油气井杆管柱力学（双语）”“高等燃烧学”2 门，共有 38 名硕士研究生参加课程学习；教师赴外交流人数达到 19 人次，其中 1 人赴新加坡参加高校教师教学及管理国际化培训，2 人赴英国参加 ICEEE 2023 国际会议，16 人参加线上线下国际会议。学院聘请短期外籍教师普罗米斯洛娃 • 玛丽亚 • 尤里耶夫娜 1 人，为 82 名本科生线上讲授“基础地质学”课程。本年度邀请 2 名外籍专家来校交流，尼泊尔特里布文大学 Bhupati Neupane 副教授为 50 余名石油与天然气工程研究生作题为 *Geodynamics and Energy Resources in the Central Himalaya*（《喜马拉雅中部的地球动力学和能源资源》）的学术报告，日本东北大学材料科学高等研究所李昊副教授为 54 名动力机械及工程热物理研究生作题为 *Design of Catalysts by A Data-Driven Framework* 的专题学术讲座；6 名学生申报中日青少年科技交流（日本“樱花科技计划”），获得日本学校资助并赴日本开展交流合作。本年度 2 名教师获批教育部“春晖计划”合作科研项目，2 名教师获批 2024 年度学校国际化课题，1 名教师获批 2024 年度学校资助出国访学项目。

（供稿人：车辆与能源学院 杨燕霞）

体育学院

【教师韩东和曹亮在杭州第 19 届亚运会执裁】韩东（国家级排球裁判员）和曹亮（国家级卡巴迪裁判员）两位教师受第 19 届亚运会组委会竞赛部邀请，以技术官员的身份参加排球和卡巴迪项目的执裁工作。

【学生张鸿博应邀参加北京文化论坛文艺晚会】9 月 14 日，学生张鸿博受邀参加 2023 北京文化论坛文艺晚会，参与《携手向未来》节目的录制，向世界展现中国青年朝气蓬勃、积极向上的精神面貌。

【教师陈杰荣获燕山大学第十届青年教师教学基本功竞赛文科组一等奖】11 月 16 日，在燕山大学第十届青年教师教学基本功竞赛中，教师陈杰荣获文科组一等奖，创造了学院参加该赛事以来历史最好成绩。

【常规工作】党建思政。修改或制定 22 个文件和方案，在制度和举措上强化政治引领；全年召开党委会议 32 次，组织党委理论学习中心组学习 19 次、干部网络专题培训 2 次；组织开展基层党支部书记、委员集中培训 7 次。修改《学院领导班子联系支部和服务群众制度实施办法（修订）》，健全党委管、书记抓、分管领导“一岗双责”机制，形成了责任明确、齐抓共管的基层服务型党组织建设工作格局。

教育教学。持续加强公共体育课程课内外一体化改革纵深推进，学生课外长跑除计入体育课程成绩和双创学分外，跑步距离适度增加。公共体育课持续 6 学期课程制度。完成全校近 23000 名学生体质健康测试工作。社会体育指导与管理专业被评为省级一流专业。获得省级以上教改立项1项，校级教改立项2项；3人获得河北省优秀高校体育教师的荣誉称号；1名教师在学校青年教师基本功竞赛中获得文科组一等奖。完善体育教师与各学院包联机制，着力构建“一院一品”的体育发展格局。

学科建设。修订《燕山大学体育学院体育硕士导师遴选及考核办法》，出台《体育学院硕士研究生毕业条件》相关文件。完成体育硕士专业学位授权点评估工作。获省级和校级优秀硕士学位论文各1篇。充实硕士生导师队伍，新增硕士研究生导师1名。新增2个研究生校外实践基地，聘请研究生校外导师3名。

体育竞赛及活动。9月，举办全校运动会，运动会开幕式团体操被秦皇岛市首届大学生体育运动会采纳。举办“阳光体育活动”18项，参加人数达到8000人次。打造高水平的、有学校特色的包括帆船、健美操、花样跳绳在内的学校体育竞赛品牌，参加国家级和省级比赛10项，其中获得全国冠军18项、省级冠军7项。

科学研究与社会服务。获批国家社科基金项目1项、教育部人文社会科学研究青年项目1项、省社会科学基金3项、省社科联项目4项，发表CSSCI、SCIE论文3篇。出版学术专著2部，获批资政报告7项；协助北戴河区政府承办亚洲轮滑球比赛。

队伍建设。在读博士教师1人；引进博士教师2人，硕士教师4人；组织完成3名申报教授、3名晋升副教授的教师专业技术职务评审工作；派出1名教师赴韩国进修、1名教师赴新加坡参加学术交流。

（供稿人：体育学院 赵翠玲）

考核与表彰奖励

二级单位目标绩效考核和突出贡献奖认定情况

2023 年度二级单位目标绩效考核结果

考核对象类别	考核等级	二级单位
理工类教学（科研）单位	优秀单位（3 个）	机械工程学院（含国家冷轧板带装备及工艺工程技术研究中心、极端条件下机械结构和材料科学国防重点学科实验室、先进制造成形技术及装备国家地方联合工程研究中心）、材料科学与工程学院（含亚稳材料制备技术与科学国家重点实验室）、电气工程学院
	合格单位（5 个）	信息科学与工程学院（软件学院）、建筑工程与力学学院、理学院、环境与化学工程学院、车辆与能源学院
人文社科类教学（科研）单位	优秀单位（2 个）	文法学院（公共管理学院）、艺术与设计学院
	合格单位（4 个）	经济管理学院、外国语学院、马克思主义学院、体育学院
党政群团职能部门	优秀单位（6 个）	学校办公室（保密办公室）、党委组织部（党校）、团委、计划财务处、审计处、学生工作处（党委学生工作部、人民武装部、学生资助管理中心）
	合格单位（13 个）	纪委办公室（监察处）、党委宣传部（新闻中心）、党委统战部（机关党委）、工会（妇女委员会）、教务处、研究生院（学位评定委员会办公室、学科建设办公室）、科学技术研究院（知识产权办公室、科学技术协会，含先进技术研究院）、社会科学处、人力资源处（老干部处、党委教师工作部、博士后管理办公室）、国际合作处（港澳台事务办公室）、实验室与资产管理处、安全工作处（党委安全工作部）、招生就业处
教辅及其他单位	优秀单位（6 个）	高等教育发展研究中心（法律事务服务中心）、信息技术中心、图书馆（知识产权信息服务中心）、档案馆（校史馆）、后勤服务中心、燕山大学出版社有限公司
	合格单位（12 个）	创新创业教育与指导中心、大学科技园、技术转移中心、工程训练中心、期刊社、校园规划建设中心、东北亚古丝路文明博物馆、离退休党委、西里西亚智能科学与工程学院、国际教育学院（欧洲学院）、继续教育学院、河北燕大资产经营有限公司、里仁学院

（供稿人：高等教育发展研究中心 刘毳）

2023 年度二级单位突出贡献奖获奖名单

序号	申报单位	获奖事项
1	牵头申报单位：材料科学与工程学院、亚稳材料国家重点实验室； 合作单位：人力资源处、科学技术研究院	刘日平教授、张福成教授当选中国工程院院士
2	牵头申报单位：国际合作处； 合作单位：计划财务处、文法学院（公共管理学院）	在非洲新建孔子学院、美国建设燕山大学托列多学院，强化服务国家国际传播力

（供稿人：高等教育发展研究中心 刘毳）

基层党委书记抓基层党建工作述职评议考核情况

2023年度基层党委书记抓基层党建工作述职评议考核结果

根据上级党组织部署要求和《基层党委书记抓基层党建工作述职评议考核实施细则（修订）》（燕大党字〔2023〕23号），学校党委对基层党委书记抓基层党建工作进行了述职评议考核。经党委常委会研究，2023年度基层党委书记抓基层党建工作述职评议考核结果如下：

等次	党委（排名不分先后）
好	机械工程学院党委
	材料科学与工程学院党委
	电气工程学院党委
	信息科学与工程学院（软件学院）党委
	文法学院（公共管理学院）党委
	理学院党委
	艺术与设计学院党委
	车辆与能源学院党委
	里仁学院党委
	继续教育学院党委
	机关党委
	工程训练中心党委
	图书馆党委
	后勤服务中心党委
较好	经济管理学院党委
	外国语学院党委
	建筑工程与力学学院党委
	马克思主义学院党委
	环境与化学工程学院党委
	体育学院党委
	西里西亚智能科学与工程学院党委
	亚稳材料制备技术与科学国家重点实验室党委
	河北燕大资产经营有限公司党委
	离退休党委

（供稿人：党委组织部 盖鸿章）

中层单位党政领导班子和处科级领导干部考核情况

关于2023年度中层单位党政领导班子和处科级领导干部考核结果的通报

根据《燕山大学中层单位党政领导班子和处级领导干部考核工作实施办法（试行）》（燕大党字〔2022〕25号），学校党委对中层单位党政领导班子和处科级领导干部2023年度工作进行了考核。经党委常委会研究，现将2023年度中层单位党政领导班子和处科级领导干部考核结果通报如下：

一、中层单位党政领导班子

（一）“优秀”等次（排名不分先后）

学校办公室，党委组织部，科学技术研究院，社会科学处，计划财务处，学生工作处，机械工程学院（国家冷轧板带装备及工艺工程技术研究中心、先进制造成形技术及装备国家地方联合工程研究中心、极端条件下机械结构和材料科学国防重点学科实验室、起重机械关键技术全国重点实验室），材料科学与工程学院，电气工程学院，文法学院（公共管理学院），艺术与设计学院，高等教育发展研究中心，创新创业教育与指导中心，信息技术中心，档案馆（校史馆），后勤服务中心

（二）“良好”等次（排名不分先后）

纪委办公室（监察处），党委宣传部，党委统战部，工会，团委，教务处，研究生院，人力资源处，审计处，国际合作处，实验室与资产管理处，安全工作处，招生就业处，信息科学与工程学院（软件学院），经济管理学院，外国语学院，建筑工程与力学学院，马克思主义学院，理学院，环境与化学工程学院，车辆与能源学院，体育学院，西里西亚智能科学与工程学院，国际教育学院，继续教育学院，里仁学院，亚稳材料制备技术与科学国家重点实验室，科技产业促进中心，大学科技园，工程训练中心，图书馆，期刊社，校园规划建设中心，离退休党委，河北燕大资产经营有限公司，出版社

二、处级领导干部

（一）“优秀”等次（以姓氏笔画为序）

马巨海　王一淳　王国伟　王春城　王培龙　王跃华　王　鹏　艾　超　丛　鑫　宁岩鹏　朱　坤　刘　永
刘国安　刘维尚　产　佳　杜　超　李飞虎　李国栋　李春玲　李　亮　杨永涛　杨健民　张文超　张玉华
张向前　张　杨　张春祥　张新宇　陈　飞　陈　玉　欧阳渊　周高仪　赵　孟　赵　琳　郝连旺　郝海滨
胡艺馨　胡铁巍　段　磊　姚建涛　袁云岗　袁旭梅　高大威　郭小强　郭　沛　唐志国　戚伟欣　彭　艳
董立峰　董国疆　韩　倩　漆汉宏　薛传佳

（二）“称职”等次（以姓氏笔画为序）

丁玉东　才　华　弓洪玮　马　锴　王　升　王　东　王年文　王亦晨　王志宙　王　林　王林海　王明利
王恩福　王海涛　王继东　王银思　王　晶　王景琳　王麒深　王耀峰　历　帅　孔庆瑞　付继林　从喜慧
冯清华　曲文静　朱文华　朱可嘉　朱　虹　任　海　刘立霞　刘汉峰　刘利刚　刘学才　刘祥城　刘　爽
刘雪强　刘　琳　刘遵峰　刘鑫刚　齐效文　齐跃峰　闫　波　许　岩　孙红磊　孙建亮　严书亭　严　冰
苏　静　李仕华　李兴国　李　茂　李　昊　李　明　李　朋　李俊哲　李　莹　李浩然　李　瑛　李　楠
李德凡　李曦达　杨小丽　杨广辉　杨东峰　吴伟龙　沈鹏超　宋俊杰　宋晓飞　张　力　张云飞　张文莉
张世良　张　冬　张立臣　张　宁　张亚杰　张庆瑞　张志超　张典范　张　欣　张宝竹　张振华　张　颖
张　磊　张　薇　陆　军　陈子明　陈月娥　陈宝峰　陈树冬　陈　硕　陈晶璞　陈　徽　林琴琴　尚雪梅
金立生　周向锋　郑占国　郑志峰　郑海武　屈晓阳　赵元春　赵　宁　赵延治　赵庆新　赵志刚　赵希海
赵　欣　赵春梅　赵逢达　赵　猛　郝圣旺　郝晓丹　胡林敏　胡建军　柯铁军　侯培国　姜文超　姜　炼
姚　静　骆秀曼　贾晓光　夏亮亮　顾广华　柴　勇　徐向伟　徐　进　徐　原　高新宇　唐先智　黄华贵
黄　娟　常　鑫　鹿　鸣　梁永日　逯宝峰　彭建交　彭秋明　董明伟　韩　冰　韩昱卓　韩增锟　焦体峰
曾　涛　曾　慧　温银堂　温　斌　甄红军　詹　丽　靖鲲鹏　潘　芳

三、科级领导干部											
（一）“优秀”等次（以姓氏笔画为序）											
么艳娜	马明建	马新成	王　娜	王伟伟	王怀宝	王青田	王明磊	王慧娟	石　和	冯　丹	冯师野
吕春雁	吕耀鹏	朱小亮	刘　畅	刘　舒	刘　赫	刘伟博	刘志坚	刘京辉	刘艳芳	齐　璐	许思龙
纪红月	苏小玲	李　晨	李　铮	李　源	李卫华	李宝军	李珊珊	杨　尧	时腾飞	佟连刚	宋　歌
张　宁	张　洋	张　颖	范兵利	赵兴华	郝丹丹	侯立娜	侯明玉	徐　琳	梁丽肖	韩　辉	谢姝琳
谢银珂	蔡常山	潘文宇	霍文刚	戴明溪	魏　东						
（二）“称职”等次（以姓氏笔画为序）											
丁桂青	于秀春	马　池	马发辉	马鹏飞	王　宇	王　芳	王　男	王　莹	王　萍	王　敏	王　静
王　鑫	王一行	王太隆	王少飞	王世运	王则兴	王丽芳	王明明	王春旭	王奕骅	王晓宁	王雅莉
牛金学	方立华	石朝霞	卢日环	叶淑芹	田银双	冯丹红	冯立颖	宁致璇	司　文	吕剑钊	朱　玲
任洪玲	刘　宇	刘　凯	刘　超	刘　毳	刘　蕊	刘　霜	刘秋慧	刘称称	刘祥英	刘鹏远	闫晓静
闫常春	闫静怡	安少凯	孙　菊	孙　惠	孙连京	孙洪胜	纪晶伟	李　宁	李　轩	李　娟（机械）	
李　娟（西里西亚）			李　硕	李　鹏	李文静	李安冬	李丽环	李英梅	李国强	李胜昌	杨　帆
杨　明	杨　群	杨　潇	杨春婧	杨美森	杨素霞	杨雯雯	吴　琼	吴爱芝	邹　楠	宋　冉	宋立巍
张　迪	张　炳	张　祺	张　谦	张　瑾	张亚靖	张丽娜	张晓宏	张彩文	张雅君	张婷婷	张薇薇
陈　娜	国明洁	罗铁军	岳睿燕	金楚涵	周兆君	周贺鹏	周艳萍	房俊峰	屈年瑞	赵莎莎	赵瑞雪
郝慧莹	段　炼	袁亚洲	耿巍娜	聂东雪	贾丽洁	贾建波	铁　瑞	徐延丽	徐铭艺	殷艳树	高　静
高琰宇	郭　鑫	郭刚军	郭庆贺	陶建新	黄　丽	曹婷婷	崔明远	崔博凯	康玮玮	盖鸿章	董　楠
董兴杰	董军凯	董新伟	韩　雪	韩阿蒙	焦莉丽	谢　波	靳　兰	靳玮钰	解　娜	褚玉晶	蔡　伟
蔡大军	臧传文	裴林保	樊剑武	燕　博	魏长宇	魏林涛					

（供稿人：党委组织部 盖鸿章）

一般工作人员考核情况

1. 考核结果为优秀（450 人）

学校办公室（1 人）

刘姣姣

纪委办公室（1 人）

张莉莉

工　会（1 人）

赵　昭

团　委（1 人）

张　玮

教务处（2 人）

韦震球　姜　新

研究生院（1 人）

杨霄玉

科学技术研究院（1 人）

王文棋

人力资源处（2 人）

庄　杉　窦炳敏

计划财务处（4 人）

纪长占　郑星华　许梦园　孟庆玲

审计处（1 人）

黎若然

学生工作处（4 人）

臧刚顺　闫佳钰　武永乐　肖　楠

国际合作处（1 人）

付文彧

实验室与资产管理处（1 人）

沈新悦

安全工作处（3 人）

刘亚军　史悦军　李　馥

招生就业处（1 人）

魏冬明

高等教育发展研究中心（法律事务服务中心）（1 人）

王晶喆

工程训练中心（10 人）

张　瑆　王雪姣　李　雪　陈　白　符雨萌　岳丽文

梁东魁　贾婉君　马亚磊　德力新

信息技术中心（1 人）

郝建威

图书馆（知识产权信息服务中心）（9 人）

石伟铂　赵　超　单　伟　刘　颖　毕云平　徐杨可
严　妍　马　莹　王　红
期刊社（1 人）
王建青
档案馆（校史馆）（2 人）
朱　爽　庞永真
校园规划建设中心（1 人）
朱金良
后勤服务中心（22 人）
张文杰　赵俊康　王德鹏　张亚洲　杨溢华　李春东
李　兵　李东英　李　红　刘淑英　宗江平　卢希茹
冯　毅　袁小雨　蔡永梅　马忠君　韩忠羽　宋小红
李秋生　徐　福　刘安平　赵玉良
东北亚古丝路文明博物馆（1 人）
邓树平
离退休党委（1 人）
张　红
亚稳材料制备技术与科学国家重点实验室（4 人）
刘日平　张新宇　温　斌　徐　波
起重机械关键技术全国重点实验室（1 人）
杨　柳
河北燕大资产经营有限公司（3 人）
李长东　王茜蕾　常顺利
燕山大学出版社有限公司（1 人）
董世非
秦皇岛燕大轧制设备成套技术工程研究中心（1 人）
查春燕
机械工程学院（60 人）
余　超　卢日环　李　明　刘　丰　王　健　金　昕
孙建亮　杨志南　田　阳　孟庆祥　何东泽　解明利
丰宗强　刘晓飞　李二伟　李姿葳　唐艳华　许允斗
张　晋　蔡　伟　王立新　陈东宁　袁晓明　胡建良
生培瑶　毛春亮　孙永根　杜　冰　陈继刚　吴凤和
陈建超　郭保苏　邢晓磊　柯雨蛟　宜亚丽　张芳芳
刘长鑫　梁瑛娜　董志奎　李　飞　张文文　马莉萍
何　般　刘　珊　王昕琦　吴玉娟　任素波　王佳坡
牛建业　陈文婷　张春宇　刘鹏伟　李　丙　陈　昊
黄传真　邢继春　谷大鹏　李兴东　周士琦　宋　龙
材料科学与工程学院（17 人）
李艺君　顾江龙　陈　晨　田永君　邹国栋　许世清
张海全　翟　昆　舒　予　张　兵　李艳国　范学美
许哲峰　高宇飞　王文洋　梁永日　薛天宇

电气工程学院（48 人）
刘福才　刘志新　刘　爽　马　锴　丁伟利　赵广磊
李　丽　呼子宇　李建雄　郑　维　关　哲　潘　钊
孟　宗　江国乾　张云刚　童　凯　李继猛　杨丽丽
吴希军　杜义浩　漆汉宏　郭小强　王晓寰　沈　虹
赵清林　殷桂梁　杨国良　王德玉　杨　婕　何良策
梅　林　党　会　呼忠权　郝亚琴　刘　明　王慧娟
张慧姝　闫　敬　魏立新　刘国聘　车海军　刘　斌
徐　伟　张玉燕　张　迪　李学平　韩　勇　李　倩
信息科学与工程学院（软件学院）（27 人）
吴培良　陈　真　孔维航　刘天歌　何洪豆　孙胜涛
李　贺　张　涛　顾广华　李玉博　李朝辉　李英伟
付兴虎　齐跃峰　刘　丰　刘　烁　刘凌光　谈爱玲
冯建周　王　林　尤殿龙　张　炳　窦　燕　宋江涛
刘许瑞　张　莹　梁顺攀
经济管理学院（22 人）
刘伟岩　梁兴辉　潘　伟　苏妍嫄　潘宏亮　石　蕊
王玖河　张春玲　白　静　涂　闯　郝佳佳　李　念
袁润森　高　磊　潘　越　王宏艳　王妍妍　胡小慧
安　静　蔡新江　宋　娜　喻江平
外国语学院（24 人）
张　颖　张馨月　李秀梅　张　宇　付继林　侯　羽
孙立成　于韶华　赵晓蕾　吕欣阳　马　兰　岳文华
张玉玺　刘立军　李继燕　宋　葳　曲　炎　李力超
许松慧　李　晶　潘　地　马月丽　王　倩　吴子艳
建筑工程与力学学院（20 人）
刘小蛮　张永建　刘泽良　梁　希　曾凡宇　杜　娜
梁　林　李　岩　杜楠华　李经伟　李雨浓　潘鹏程
吴吉贤　曹海莹　陈正心　徐　珊　王　磊　李　哲
胡宇达　李高磊
文法学院（公共管理学院）（25 人）
陈　胜　司景辉　姜永超　王晓慧　佟林杰　付瑞红
金福子　臧誉琪　徐　敏　高迎泽　陈　静　陆　洲
邓　昭　郑艳玲　贺春亮　刘艳娜　秦玉红　董雪松
项　琳　杨文彬　祝洪娇　张　舒　张　妍　高圣寒
马　双
马克思主义学院（11 人）
杨新宾　郭清秀　李小东　沈德昌　梁明伟　王　栋
杜利英　常玉洁　郭亚军　王　芳　张亚娜
理学院（25 人）
张素红　曹立朋　王明利　周春宇　孙　鑫　朱二旷
武旭浩　田广军　张孝华　高　炎　韦　超　马　旭

胡林敏　马占友　石胜利　方汶铭　马金旺　王丽飞
郭得峰　井西利　李晓红　李　心　李建东　孙　瑾
白　雪
环境与化学工程学院（24 人）
王鲁敏　张志辉　赵新美　李　媛　刘素燕　刘玉文
王龙刚　肖海燕　崔　钊　刘元望　田丽丽　刘艳艳
沙　鸥　张　琳　高大威　栗　坤　张旭武　姜　洋
康建新　孙丽波　陈　玲　樊玉欠　侯　莉　李志平
艺术与设计学院（26 人）
王年文　侯士江　李　静　冯　希　卢　颖　姚　远
蒋　玉　欧新菊　刘念念　吴　新　巴　玥　桑　懿
姜　博　徐　熳　许秋健　孟丹娜　颜景旺　李　超
孙佳茵　杨志宏　张艳梅　王　燕　杜小婉　张建永
杨立新　贾　丽
车辆与能源学院（16 人）
金立生　唐先智　李　昊　张利鹏　闫　梅　贾　拓
赵明慧　李　楠　张　静　王　强　马诗会　马平华
杨满平　郑黎明　杨燕霞　李洪庆
体育学院（9 人）
屈忆霞　赵　猛　杨广辉　吕　卓　林琴琴　董玉强
刘　颖　张婷婷　徐英微
西里西亚智能科学与工程学院（1 人）
郭　彤
国际教育学院（2 人）
葛　玮　刘效园
继续教育学院（5 人）
赵亚蓉　温新建　孙福兆　张文霞　孙洪胜
里仁学院（4 人）
张仲华　李耀珍　李玉兰　汪梅婷
2. 考核结果为合格（2050 人）：名单略
3. 考核结果为不合格（3 人）：席建议　陈　刚　贾元智
4. 不定等次（51 人）：
曹飞雄　刘宏亮　李　晓　石　丽　陆丽君　王英州
吴　菁　李　一　温　馨　孔倩雯　杜　倩　田　杰
沙　非　张希萌　郑啸旗　翟　云　宋婉玉　刘春怡
吉　康　闫长媛　陈　彬　吴天辉　吴启凡　邓书凝
陈玉柱　邱　石　谢志刚　孟宪源　陈　璐　刘新龙
张　琪　张　苗　李　晖　李　欣　陈昊泽　史亦轩
李　研　邵天琪　李宇涵　秦书洋　薛　亮　马国梁
卢衍正　王志杰　刘　溪　陈　伟　徐宏阳　陈新博
李宥臻　李　旭　陈　浩（车辆）

（供稿人：人力资源处 闫常春）

表彰奖励

2023 年度优秀共产党员、优秀党务工作者、先进基层党组织

一、优秀共产党员推荐对象（以姓氏笔画为序）

机械工程学院党委：
艾　超　孙　瑜　李安冬　吴　睿（学生）　郝秀红
翟富刚
材料科学与工程学院党委：
王岳峰　张贺贺（学生）　张振琳
电气工程学院党委：
刘　明　李继猛　张　迪　章仕起（学生）
信息科学与工程学院（软件学院）党委：
王　林　刘宇韬　宋　冉　鲍泰宇（学生）
经济管理学院党委：
毛清华　姜学永　郭凯宇（学生）
外国语学院党委：夏亮亮　李继燕
建筑工程与力学学院党委：田振国　赵广华
文法学院（公共管理学院）党委：
秦玉红　郭发展（学生）　彭建交
马克思主义学院党委：李　晔
理学院党委：白　雪　牟从普
环境与化学工程学院党委：
肖海燕　王志斌　刘世德（学生）
艺术与设计学院党委：
许秋健　卢　颖　杨玉欣（学生）
车辆与能源学院党委：吴爱芝　施而修
体育学院党委：高　婧
里仁学院党委：王鹏程　张仲华
机关党委：姜文超　刘　冰　宋晓飞　韩　辉
工程训练中心党委：李　雪
图书馆党委：谢姝琳
后勤服务中心党委：温利国
离退休党委：杨　尧　魏秀芳

二、优秀党务工作者推荐对象（以姓氏笔画为序）

机械工程学院党委：孔　玲　王成斌　吴立军　高俊玲
材料科学与工程学院党委：王少飞　王亦晨

电气工程学院党委：李浩然　张慧姝　赵雨桐　魏立新
信息科学与工程学院（软件学院）党委：
宋江涛　张　涛
经济管理学院党委：孙　惠　李凌雁　张志超　武永乐
外国语学院党委：刘　宇　吴子艳　赵志刚
建筑工程与力学学院党委：吴　琼　孟德亮
文法学院（公共管理学院）党委：张　瑾　高圣寒
马克思主义学院党委：张海茹　颜世晔
理学院党委：张素红　曾　慧
环境与化学工程学院党委：苏静静　韩　冰
艺术与设计学院党委：马凌云　贾　丽
车辆与能源学院党委：李　娟　唐先智
体育学院党委：屈忆霞
西里西亚智能科学与工程学院党委：冯清华
里仁学院党委：刘艳艳　张　楠　韩新宝
继续教育学院党委：沈鹏超
机关党委：
王　宇　周兆君　聂东雪　梁丽肖　彭宗忠　董　楠
工程训练中心党委：朱　燕
图书馆党委：王明明
后勤服务中心党委：王德鹏　国明洁
产业集团党委：陈　玉

三、先进基层党组织推荐对象（排名不分先后）

机械工程学院机械工学部党支部
机械工程学院机械电子工程系党支部
机械工程学院机电控制工程系党支部
机械工程学院冶金机械系党支部
机械工程学院机械电子工程系研究生第二党支部
材料科学与工程学院金属材料系党支部
材料科学与工程学院亚稳材料国家重点实验室研究生第二党支部
电气工程学院本科生第八党支部
电气工程学院自动化系研究生第一党支部
电气工程学院仪器科学与工程系党支部
信息科学与工程学院（软件学院）计算机科学与工程系党支部
信息科学与工程学院（软件学院）软件工程系党支部
经济管理学院旅游系党支部
经济管理学院会计系党支部
外国语学院英语系党支部
建筑工程与力学学院建筑环境与能源应用工程系党支部
文法学院（公共管理学院）中文系党支部
文法学院（公共管理学院）法学系党支部
马克思主义学院中国近现代史纲要教研部党支部
理学院实验中心党支部
环境与化学工程学院环境工程与生物工程系党支部
艺术与设计学院音乐系党支部
车辆与能源学院车辆工程系党支部
里仁学院经济管理文法外语系学生第二党支部
人力资源处党支部
计划财务处党支部
工程训练中心制造技术实训党支部
图书馆读者服务党支部
后勤服务中心综合办公室与居委会联合党支部
退休第十五党支部

2022年度“师德标兵”“师德先进个人”及“师德建设先进单位”

一、师德标兵（以姓氏笔画为序）

刘　永（理学院）
刘鑫刚（机械工程学院）
耿延宏（外国语学院）
高大威（环境与化学工程学院）

二、师德先进个人（以姓氏笔画为序）

王大宝（外国语学院）
王玖河（经济管理学院）
王　林（信息科学与工程学院（软件学院））
王艳宁（理学院）
王　鹏（材料科学与工程学院）
任素波（机械工程学院）
刘志伟（环境与化学工程学院）
刘利刚（工程训练中心）
刘思远（机械工程学院）
刘艳艳（里仁学院）
刘素燕（环境与化学工程学院）
许　良（经济管理学院）
孙洪胜（继续教育学院）
牟从普（理学院）
杜小婉（艺术与设计学院）
李学平（电气工程学院）
李凌雁（经济管理学院）
李　楠（车辆与能源学院）
杨新宾（马克思主义学院）

吴培良（信息科学与工程学院（软件学院））
张　颖（外国语学院）
陈　胜（文法学院（公共管理学院））
孟丹娜（艺术与设计学院）
胡建军（建筑工程与力学学院）
徐　敏（文法学院（公共管理学院））
高　婧（体育学院）
梁　希（建筑工程与力学学院）
梁振虎（电气工程学院）
董志奎（机械工程学院）
窦　燕（信息科学与工程学院（软件学院））
翟瑞雪（机械工程学院）
潘　钊（电气工程学院）
薛天宇（材料科学与工程学院）

三、师德建设先进单位

机械工程学院
信息科学与工程学院（软件学院）

2023 年度学生工作系统先进个人和集体

2023 年度辅导员个人所获省部级及以上奖励情况

序号	姓名	所在学院	荣誉名称	级别	授予单位	获奖时间
1	卢文龙	艺术与设计学院	河北省辅导员年度人物	省级	河北省教育厅	2023 年 10 月
2	王昕琦	机械工程学院	河北省第七届高校辅导员素质能力大赛本科组决赛基础知识单项奖	省级	河北省教育厅	2023 年 6 月
3	王昕琦	机械工程学院	河北省第七届高校辅导员素质能力大赛本科组决赛案例研讨单项奖	省级	河北省教育厅	2023 年 6 月
4	李安冬	机械工程学院	河北省第七届高校辅导员素质能力大赛本科组决赛谈心谈话单项奖	省级	河北省教育厅	2023 年 6 月
5	马　双	文法学院（公共管理学院）	河北省第七届高校辅导员素质能力大赛本科组决赛主题班会单项奖	省级	河北省教育厅	2023 年 6 月
6	吴　芳	文法学院（公共管理学院）	河北省高校辅导员 2023 年暑假“大家访”活动先进个人	省级	河北省教育厅	2023 年 10 月
7	丁旺龙	艺术与设计学院	河北省高校辅导员 2023 年暑假“大家访”活动先进个人	省级	河北省教育厅	2023 年 10 月
8	赵妍茹	信息科学与工程学院（软件学院）	河北省高校辅导员 2023 年暑假“大家访”活动先进个人	省级	河北省教育厅	2023 年 10 月
9	石燕凯	电气工程学院	河北省第八届普通高等学校军事教师授课竞赛特等奖、河北省高校军事课教学标兵	省级	河北省教育厅	2023 年 7 月
10	王　楠	车辆与能源学院	2023 年度“新征程杯”全省国家安全人民防线宣教比武一等奖	省级	河北省国家安全人民防线建设领导小组办公室	2023 年 8 月
11	冯丹红	艺术与设计学院	河北省 2022 年高校就业创业指导课程教师教学大赛本科组一等奖	省级	河北省教育厅	2023 年 3 月
12	冯丹红	艺术与设计学院	2023 年河北省高校生涯发展教育与就业指导名师金课	省级	河北省教育厅	2023 年 6 月
13	张　颖	电气工程学院	河北省 2022 年高校就业创业指导课程教师教学大赛本科组三等奖	省级	河北省教育厅	2023 年 3 月
14	李　娟	车辆与能源学院	河北省第二十一届河北省高校辅导员工作精品项目三等奖	省级	河北省教育厅	2023 年 4 月
15	王　兵	建筑工程与力学学院	河北省第二十一届河北省高校思想政治工作创新案例三等奖	省级	河北省教育厅	2023 年 4 月
16	张志超	经济管理学院	河北省第二十一届河北省高校校园文化建设优秀成果三等奖	省级	河北省教育厅	2023 年 4 月
17	段　磊	团委	河北省第二十一届河北省高校校院园文化建设优秀成果一等奖	省级	河北省教育厅	2023 年 4 月
18	杨东峰	机械工程学院	河北省第二十一届河北省高校思想政治工作创新案例二等奖	省级	河北省教育厅	2023 年 4 月

序号	姓名	所在学院	荣誉名称	级别	授予单位	获奖时间
19	李安冬	机械工程学院	河北省第二十一届河北省高校辅导员工作精品项目二等奖	省级	河北省教育厅	2023 年 4 月
20	宋　冉	信息科学与工程学院（软件学院）	2023 年暑期河北省大学生和青年教师“体验省情 服务群众”主题实践活动优秀指导教师	省级	河北省教育厅	2023 年 11 月
21	曾　慧	理学院	2023 年暑期河北省大学生和青年教师“体验省情 服务群众”主题实践活动优秀指导教师	省级	河北省教育厅	2023 年 11 月
22	聂文龙	机械工程学院	2023 年暑期河北省大学生和青年教师“体验省情 服务群众”主题实践活动优秀指导教师	省级	河北省教育厅	2023 年 11 月
23	王世运	机械工程学院	2023 年暑期河北省大学生和青年教师“体验省情 服务群众”主题实践活动优秀指导教师	省级	河北省教育厅	2023 年 11 月
24	张　颖	电气工程学院	2022—2023 学年河北省省级先进班集体一先进德育工作者	省级	河北省教育厅	2023 年 4 月
25	邵　将	经济管理学院	2022—2023 学年河北省省级先进班集体一先进德育工作者	省级	河北省教育厅	2023 年 4 月
26	张娟娟	建筑工程与力学学院	2022—2023 学年河北省省级先进班集体一先进德育工作者	省级	河北省教育厅	2023 年 4 月
27	程媛媛	文法学院（公共管理学院）	2022—2023 学年河北省省级先进班集体一先进德育工作者	省级	河北省教育厅	2023 年 4 月
28	崔明远	理学院	2022—2023 学年河北省省级先进班集体一先进德育工作者	省级	河北省教育厅	2023 年 4 月
29	丁旺龙	艺术与设计学院	2022—2023 学年河北省省级先进班集体一先进德育工作者	省级	河北省教育厅	2023 年 4 月
30	冯海龙	车辆与能源学院	2022—2023 学年河北省省级先进班集体一先进德育工作者	省级	河北省教育厅	2023 年 4 月

（供稿人：学生工作处 武永乐）

2023 年度辅导员集体所获省部级及以上奖励情况

序号	集体名称	荣誉名称	级别	授予单位	获奖时间
1	燕山大学（马　双　王昕琦　李安冬）	河北省第七届高校辅导员素质能力大赛本科组决赛特等奖	省级	河北省教育厅	2023 年 6 月
2	燕山大学	河北省第七届高校辅导员素质能力大赛优秀组织奖	省级	河北省教育厅	2023 年 6 月
3	燕山大学	河北省高校辅导员 2023 年暑假“大家访”活动先进单位	省级	河北省教育厅	2023 年 10 月

（供稿人：学生工作处 武永乐）

2023 年度学生个人所获省级奖励情况

省级三好学生、优秀学生干部

序号	姓名	专业班级	荣誉名称	授予单位
1	李思哲	机械工程学院 2020 级冶金 4 班（本科生）	省级三好学生	河北省教育厅
2	陈自力	机械工程学院 2020 级机控 3 班（本科生）	省级三好学生	河北省教育厅
3	渠雯菁	机械工程学院 2021 级机控 3 班（本科生）	省级三好学生	河北省教育厅
4	侯泽业	机械工程学院 2021 级冶金 5 班（本科生）	省级三好学生	河北省教育厅
5	秦亚璐	机械工程学院 2021 级博士 1 班（研究生）	省级三好学生	河北省教育厅

序号	姓名	专业班级	荣誉名称	授予单位
6	费昕宇	机械工程学院 2021 级硕士 5 班（研究生）	省级三好学生	河北省教育厅
7	陈　馨	机械工程学院 2021 级硕士 12 班（研究生）	省级三好学生	河北省教育厅
8	李靖涛	机械工程学院 2021 级硕士 6 班（研究生）	省级三好学生	河北省教育厅
9	牛欣竹	材料科学与工程学院 2020 级高分子 1 班（本科生）	省级三好学生	河北省教育厅
10	赵　射	电气工程学院 2019 级工自 5 班（本科生）	省级三好学生	河北省教育厅
11	王雅栋	电气工程学院 2019 级工业自动化仪表 1 班（本科生）	省级三好学生	河北省教育厅
12	马金泽	电气工程学院 2020 级电力系统及其自动化 1 班（本科生）	省级三好学生	河北省教育厅
13	郑同兴	电气工程学院 2021 级电力系统及其自动化 3 班（本科生）	省级三好学生	河北省教育厅
14	李思珂	电气工程学院 2021 级硕研控制科学与工程 6 班（研究生）	省级三好学生	河北省教育厅
15	崔泽浩	电气工程学院 2021 级硕研电气工程 15 班（研究生）	省级三好学生	河北省教育厅
16	郭梓浩	信息科学与工程学院（软件学院）2020 级软件工程 2 班（本科生）	省级三好学生	河北省教育厅
17	鲁家帆	信息科学与工程学院（软件学院）2020 级软件工程 2 班（本科生）	省级三好学生	河北省教育厅
18	邱世超	信息科学与工程学院（软件学院）2020 级计算机科学与技术 4 班（本科生）	省级三好学生	河北省教育厅
19	薛　良	信息科学与工程学院（软件学院）2020 级电子信息工程（卓越计划）1 班（本科生）	省级三好学生	河北省教育厅
20	赵培元	信息科学与工程学院（软件学院）2021 级电子信息类 11 班（本科生）	省级三好学生	河北省教育厅
21	朱　琦	信息科学与工程学院（软件学院）2021 级电子信息类 2 班（本科生）	省级三好学生	河北省教育厅
22	宋　柳	信息科学与工程学院（软件学院）2020 级硕研光电信息工程 1 班（研究生）	省级三好学生	河北省教育厅
23	张洪茹	信息科学与工程学院（软件学院）2020 级硕研计算机技术 3 班（研究生）	省级三好学生	河北省教育厅
24	谢鹏禛	经济管理学院 2019 级工业工程（国内）2 班（本科生）	省级三好学生	河北省教育厅
25	田明骏	经济管理学院 2020 级工业工程（中外合作办学）3 班（本科生）	省级三好学生	河北省教育厅
26	关舒心	经济管理学院 2020 级旅游管理 1 班（本科生）	省级三好学生	河北省教育厅
27	宋若诗	经济管理学院 2021 级会计学 1 班（本科生）	省级三好学生	河北省教育厅
28	郭凯宇	经济管理学院 2021 级硕研物流与工业工程班（研究生）	省级三好学生	河北省教育厅
29	宋　歌	外国语学院 2020 级法语 1 班（本科生）	省级三好学生	河北省教育厅
30	郭玉莹	外国语学院 2021 级硕研 1 班（研究生）	省级三好学生	河北省教育厅
31	张正凯	建筑工程与力学学院 2020 级建筑工程 3 班（本科生）	省级三好学生	河北省教育厅
32	李子健	建筑工程与力学学院 2020 级岩土与地下工程 2 班（本科生）	省级三好学生	河北省教育厅
33	徐佳兴	建筑工程与力学学院 2020 级工程力学 2 班（本科生）	省级三好学生	河北省教育厅
34	高歆蕊	建筑工程与力学学院 2021 级力学硕研 1 班（研究生）	省级三好学生	河北省教育厅
35	范敏莉	文法学院（公共管理学院）2020 级行政管理 1 班（本科生）	省级三好学生	河北省教育厅
36	齐若楠	文法学院（公共管理学院）2020 级法学 4 班（本科生）	省级三好学生	河北省教育厅
37	万亚宁	文法学院（公共管理学院）2021 级公共事业管理 3 班（本科生）	省级三好学生	河北省教育厅
38	赵晨曦	文法学院（公共管理学院）2021 级硕研 2 班（研究生）	省级三好学生	河北省教育厅
39	赵培垚	理学院 2019 级计算数学 2 班（本科生）	省级三好学生	河北省教育厅

序号	姓名	专业班级	荣誉名称	授予单位
40	张佳楠	理学院 2021 级数学 1 班（研究生）	省级三好学生	河北省教育厅
41	肖　洋	环境与化学工程学院 2019 级过程装备与控制工程 1 班（本科生）	省级三好学生	河北省教育厅
42	代晓宇	环境与化学工程学院 2020 级能源化学工程 1 班（本科生）	省级三好学生	河北省教育厅
43	李彦杰	环境与化学工程学院 2020 级过程装备与控制工程 2 班（本科生）	省级三好学生	河北省教育厅
44	王　硕	环境与化学工程学院 2020 级硕研 4 班（研究生）	省级三好学生	河北省教育厅
45	杜玉洁	艺术与设计学院 2020 级智能产品设计 1 班（本科生）	省级三好学生	河北省教育厅
46	董　欢	艺术与设计学院 2020 级空间环境 2 班（本科生）	省级三好学生	河北省教育厅
47	温蕊擎	艺术与设计学院 2021 级硕士 2 班（研究生）	省级三好学生	河北省教育厅
48	张乾成	车辆与能源学院 2019 级车辆工程（卓越计划）2 班（本科生）	省级三好学生	河北省教育厅
49	夏士坤	车辆与能源学院 2020 级热能工程 1 班（本科生）	省级三好学生	河北省教育厅
50	谷青锴	车辆与能源学院 2020 级动力机械及工程硕研 1 班（研究生）	省级三好学生	河北省教育厅
51	马践儒	机械工程学院 2020 级机制 1 班，班长（本科生）	省级优秀学生干部	河北省教育厅
52	杨师达	机械工程学院 2021 级硕士 11 班、班长（研究生）	省级优秀学生干部	河北省教育厅
53	薛昱迪	材料科学与工程学院 2011 级材料学硕研 3 班，班长（研究生）	省级优秀学生干部	河北省教育厅
54	兰凯新	电气工程学院 2020 级工业自动化 4 班，班长（本科生）	省级优秀学生干部	河北省教育厅
55	司云博	电气工程学院 2021 级过控 1 班（本科生）	省级优秀学生干部	河北省教育厅
56	邹绪缤	电气工程学院 2020 级控制工程 3 班，班长、本科生党支部副书记（研究生）	省级优秀学生干部	河北省教育厅
57	张浩哲	信息科学与工程学院（软件学院）2021 级硕研计算机技术 3 班，班长（研究生）	省级优秀学生干部	河北省教育厅
58	张佳丽	经济管理学院 2019 级会计学 3 班，学习委员（本科生）	省级优秀学生干部	河北省教育厅
59	乔柏霖	外国语学院 2020 级日语 2 班，班长（本科生）	省级优秀学生干部	河北省教育厅
60	朱紫轩	文法学院（公共管理学院）2020 级法学 5 班，班长（本科生）	省级优秀学生干部	河北省教育厅
61	陈嘉硕	马克思主义学院 2021 级马克思主义理论 1 班，班长（研究生）	省级优秀学生干部	河北省教育厅
62	崔泽鑫	理学院 2020 级现代物理学 1 班，班长（本科生）	省级优秀学生干部	河北省教育厅
63	赵慧敏	环境与化学工程学院 2019 级环境工程 1 班，团支部书记（本科生）	省级优秀学生干部	河北省教育厅
64	高　璐	艺术与设计学院 2020 级文化创意产业 2 班，学习委员（本科生）	省级优秀学生干部	河北省教育厅
65	杨梓栋	体育学院 2019 级社会体育指导与管理 1 班，学习委员（本科生）	省级优秀学生干部	河北省教育厅

（供稿人：学生工作处 武永乐）

2023届河北省普通高等学校优秀毕业生

机械工程学院

高　桐　杨　颖　张俊钰　李晓猛　郭林豪　任绍磊
江　磊　刘文静　邓作炜　宋月晗　曾　琳　武梓涵
董鹏飞　曲希蕾　沈世辰　王俣珂　弟梓铭　李光辉
李　曼　李子怡　谢奕凡　张大卫　牛芷婷　邓济阳
崔忠冠　张　琳　邢　程　周冰娆　刘富民　唐　猛
何志强　李子聪　苗　宁　张　政　鲁泽坤　程鹏腾
何蔼雯　刘建昌　李兆健　马　哲　罗元奎　王凤阁
王云飞　徐悦鹏　翟飞阳　赵代福　张　硕　郭路瑶

材料科学与工程学院

王佳乐　李　良　阴祥林　刘昕浩　赵一霖　尹欣然
王文祥　陈　昊　张珊珊　周明昊　任宝康　徐若楠
赵丽洋

电气工程学院

胡　旭　张　珂　刘春祥　苏浩翔　薛敬丹　梁芷晴
何依林　曹栩嘉　刘聪睿　高晗斌　王雅栋　郑丹阳
韩佳琪　王梦晴　范向阳　丁浩然　殷承悦　李　茜
曾献朝　李庆伟　赵振雯　赵　射　高寒松　顾若琛
师新潮　李忠嘉　于金东　郝泽洋　刘雪梅　刘　毅
李哲宇　郭峥峥　王　婧　邹绪缤　张　涛　李美洁
李　乾　张倩倩　贾益丞　张　腾　范俊杰　赵继颖
李权接　贾　乘　靳岚清　赵　灿

信息科学与工程学院（软件学院）

史廉正　梁新成　杜丹丹　赵文旭　张思雨　郜乐瑶
王　达　邢　隆　李文秀　张星宇　孙湜博　孙雨轩
刘冰焱　史　周　孙正灿　高梦瑶　陈亚婷　李雪婷
李河欢　李汐科　高帅松　黄　博　康家璇　李曲铭
亓云鹏　徐丽莹　曹云飞　石志峰　王文静　张洪茹
陈明旺　黄婉馨　高　原　马　良　杨　阳　文　峥
刘嘉宇　刘泽瑶　刘　钊　李　琳

经济管理学院

张佳丽　张　洁　陈　一　曾　珍　宋禹霏　尹茂梅
王姝媛　王　萌　赵琳波　吕　婧　杜　璇　顾　昊
宋　越　仇怡婷　贾　然　王艳婷　赵　晴　宋凯妍
闫　晗　秦怡华　冯轶慧　李　慧　李建朝　宋海莲
杨志葳　张鹏飞　张旭冉　吉克伍勒

外国语学院

袁斯涵　刘明慧　许靖安　薛雅惠　宋贝凝　张　堃
任娅岐　童懿霏　章婷婷　高　伟

建筑工程与力学学院

王伟涛　赵　璇　王建博　肖建宇　苗全付　李中亮
孙良伟　赵耕宁　孔泽硕　刘　娇　李远方　王　宁
王　杰　信玉岩　芦建鑫

文法学院（公共管理学院）

王赫嘉　杨　岚　张　爽　周　轩　李淑楠　王俊明
文宇杰　张岱麟　陈靖璇　吴　越　成　双　王　琳
刘雅楠　张继尧　孙　悦　孙立达　赵怀宇　郭佳宜
孙亚楠

马克思主义学院

梁艺璇

理学院

刘永昊　赵　薇　刘彦林　赵培垚　梁　宵　解欣睿
白怡凡　苏丁娆　王睿之　杜世锋　周欣荣　陈　强
王顺智　孟潇剑

环境与化学工程学院

赵慧敏　贾海瑶　肖　洋　杨晶晶　闫浩焜　孙雪娟
王春晓　李鑫淼　王文杰　王　璇　毕孟姿　肖　爽
刘书博　乌　芊　周仕磊　汪岩峰　刘世德　冯玲玲
郑　浩　刘春晓　王雪飞　孙兆鹏

艺术与设计学院

刘佳鑫　王一凡　李原慧　周　洋　罗纬华　许　博
赵佳琪　罗曼绮　李桂成　王雪洁　赵千瑞　王晋璇
李欣玉　李奕儒　杨艺萱

车辆与能源学院

李博宇　徐　泽　王云凤　周志成　张乾成　代嘉怡
赵　宇　马　赛　王嘉琳　夏子晴　王　浩　曲平平
孙琢刚

体育学院

杨梓栋　姚金玲

（供稿人：学生工作处 武永乐）

2023 年度学生集体所获省级奖励情况

序号	集体名称	奖励名称	级别	授予单位
1	电气工程学院 2021 级博士班（研究生班级）	省级先进班集体	省级	河北省教育厅
2	经济管理学院 2020 级硕研物流与工业工程班（研究生班级）	省级先进班集体	省级	河北省教育厅
3	建筑工程与力学学院 2019 级岩土与地下工程专业 1 班（本科生班级）	省级先进班集体	省级	河北省教育厅
4	文法学院（公共管理学院）2019 级法学专业 2 班（本科生班级）	省级先进班集体	省级	河北省教育厅
5	理学院 2019 级统计学专业 1 班（本科生班级）	省级先进班集体	省级	河北省教育厅
6	艺术与设计学院 2020 级智能产品设计 1 班（本科生班级）	省级先进班集体	省级	河北省教育厅
7	车辆与能源学院 2020 级车辆工程（卓越计划）专业 1 班（本科生班级）	省级先进班集体	省级	河北省教育厅

（供稿人：学生工作处 武永乐）

2023 年度学生个人和集体所获校级奖励情况

大学生年度人物、年度人物提名奖

序号	姓名	专业班级	荣誉名称	级别	授予单位
1	王　冉	2020 级化学工程与技术专业博士 1 班（博士研究生）	大学生年度人物	校级	燕山大学
2	代　言	2019 级过程控制专业 4 班（本科生）	大学生年度人物	校级	燕山大学
3	冯益为	2020 级硕研物流与工业工程班（硕士研究生）	大学生年度人物	校级	燕山大学
4	宋禹霏	2019 级经济与金融专业数量经济 1 班（本科生）	大学生年度人物	校级	燕山大学
5	弟梓铭	2019 级机械设计制造及其自动化（卓越计划）1 班（本科生）	大学生年度人物	校级	燕山大学
6	刘昕浩	2019 级硅酸盐专业 1 班（本科生）	大学生年度人物提名奖	校级	燕山大学
7	李芊芊	2018 级建筑学专业 1 班（本科生）	大学生年度人物提名奖	校级	燕山大学
8	肖　瑶	2020 级机械设计及理论专业博士 2 班（博士研究生）	大学生年度人物提名奖	校级	燕山大学
9	夏士坤	2020 级热能工程专业 1 班（本科生）	大学生年度人物提名奖	校级	燕山大学
10	徐　丽	2021 级工业设计工程博士 1 班（博士研究生）	大学生年度人物提名奖	校级	燕山大学

（供稿人：学生工作处 武永乐）

燕山大学三好学生

机械工程学院（193 人）

孙　宇　赵　宇　吴隆宇　何育田　刘书翔　王孟佳
孙京乙　李清念　曹艳强　张云鹏　赵紫怡　温师锦
侯飞扬　陈龙彬　佘官举　杜诗凡　马泽藩　徐一诺
李泽鹏　韩嘉棋　蒋　超　王泽浩　尹泽豪　马雨佳
李晓鹏　李　硕　韩志雷　梁广喆　刘　懿　王桂香
刘露芊　齐安康　杜秋实　侯泽业　王　智　皮国文
李荣凯　韩金峰　吴宗云　张昊原　李华伟　刘　乐
王伟鉴　梅睿泽　陈　龙　刘佳琪　李子鹏　李晓同
王连臣　范正航　苏泽琦　袁玉坤　丁祥瑞　任熠祥
蔡金岐　王　娟　魏仕林　王　飞　桑传仁　原浩然
门少凯　文皓伟　李鑫桦　薛淇文　赵泽旭　崔瑞丰
王浩冰　李豪杰　葛庆雨　吴官硕　吴金国　杨　旭
张起赫　王运泽　贺楷博　郑建伟　崔康宇　范红阳
张　凯　姬泽元　江润天　林维浩　李弈洋　野晓熙
袁梦强　韩怡锋　王　钘　沈佳俊　赵彦熠　彭卓越
郗嘉兴　陈莹冠　陈　霖　高　鹏　黄明欣　张　卓
张宸瑄　刘　端　刘增鑫　王　刚　王建豪　刘若楠
陈子怡　柴行建　李昆泽　刁世龙　李艺超　马前畅
马健明　李欣荣　陈春昊　刘　旭　刘星雨　史凯伦
孙千然　张博文　韩智聪　崔亚硕　冯世涛　刘炜亮
刘鹤鸣　刘春江　邵梓康　谭来杰　孙美宇　王　卓
向小利　杨俊辉　张　利　张晓东　赵浩翰　李　想
沈　虎　刘　政　黄朝洋　韩银亮　张　雨　张新楠
郑秋薇　严祥鑫　白志坤　赵静启　李　哲　卢改粉
张　伟　王子鹤　秦亚璐　高　静　陈　博　李　航

王永春 吴洪磊 李新浩 刘凤华 李瑞鑫 冯康康
曹晟维 陈 瑞 程丽丹 董历铭 房宇畅 冯和生
郭子毅 侯鑫宇 李广强 李廉清 李 伟 林子濠
刘嘉伟 马飞翔 马 征 亓焊同 佘进波 帅瀚钦
苏计兴 王 威 魏龙正 吴学飞 许克龙 杨亚森
岳新伟 张昊天 张 振 赵 哲 周子荐 郭雨芹
葛茂煜 李成祥 李云龙 刘 浩 申国义 王延鑫
赵 威

材料科学与工程学院（55 人）

陈 冉 包艾琳 卢江昊 闫帅飞 张佩君 李晓峰
张靖东 徐艺莹 李世玉 唐久超 张贺贺 王浩辉
徐紫夏 李硕妍 徐 浩 张梦雅 李芳源 张琳曼
王欣悦 徐荣玉 郑皓予 张国峰 张 昭 成家洛
刘玙璠 赵乙霖 赵建超 陈凯杰 王文博 刘英红
王越洋 席浩凯 王可欣 张 卓 邢宏伟 杨 艺
张晓晨 胡子毅 卢正浩 何 适 任文杰 童思睿
张笑影 田佳辰 闫若佳 韩世康 张恒远 曹晨星
白孟凯 李仁伟 周宸弘 张楚杭 张雅栋 郜永昌
杜婧涵

电气工程学院（159 人）

刘沛璠 曹博豪 刘莉莉 李佳豪 刘 睿 温惠钞
兰凯新 朱卫涛 李成祥 耿梦恩 王雪宜 沈嘉博
李迎旭 马金泽 张晓博 张彦松 任逸飞 范英起
铉子逸 谢 腾 白天明 张日博 马晓琰 张梦垚
陈麒亦 李斓颖 张甲松 王程远 高惠鹏 郭超凡
韩克红 赵淑婧 王作栋 吕 诺 石乃涵 赵晓轩
韩卓洋 张炳文 司云博 葛子婷 李天成 陈鲁苗
刘 斌 贾蕊闻 杨亚忠 梁 卓 吴 颖 王志伟
沈庆红 张骏秋 刘 博 张可欣 朱宇硕 黄雨蒙
杨庆伟 王明畅 韦青青 郑同兴 赵世超 张浩龙
李子傲 卢瑞俊 刘品源 高宇衡 韩子帅 杨金茗
赵学兴 李兆奇 范乐彪 郭克锐 程文森 张智文
张瑞鑫 张 磊 韩雪岭 张佳勇 王德鹏 郭子鹏
刘 洁 牛琦伟 邓翰林 邓衍彬 侯晓伟 杨定康
王晓阳 王皓晨 王 轩 王世宸 孙承昊 李锦泽
张天宇 郭玉泽 何奇正 朱梦欣 靳烨萌 刘家琪
杨露露 付果豪 张 欣 胡晓磊 徐 岩 李 帅
王贺永 朱立涛 高瑞阳 李玟玟 王倩倩 杨 斌
李景超 王 景 徐向东 崔泽浩 史欣宇 刘 伟
李 沐 贾淳迪 王乔璇 夏泽雨 赵 烁 黄佳安
安李腾 门延帝 王孝冉 朱 瑞 赵连洋 崔 欣
郑宏义 魏明轩 王浩洋 李 媛 郭宗昊 付利达
王晨宇 王永旭 温 涛 孙贵康 王近秋 胡 曼
颉虎杰 常 森 王泽一 张龙庆 李晓通 韩佳琦
董 淼 孙 震 王晴晴 王文烨 张子腾 张晓宇
周顺达 耿 曼 韩 录 罗 则 沈鹏宇 王建成
袁立双 张 宁 赵姗姗

信息科学与工程学院（软件学院）（162 人）

杨麒然 曹宇翔 柳金秋 叶家惠 梁 昊 赵星源
高若兰 林艺翔 王征宇 隋 欣 牛宏晔 杨铭晗
秦学婧 田子萌 李嘉林 陈胜浩 郭磊达 王博达
李宝玉 曹祯浩 李钜环 苑 琳 王弈宸 刘晓慧
张幸晔 朱 琦 刘雨深 田博松 徐静怡 栗 哲
王光鹏 杜学圣 郝圣翔 樊莹莹 黄 江 邹小凡
李顿顿 潘绍赫 代飞达 连博宇 张高鑫 李 晴
李鹏宇 王丽敏 周 彦 杨雨萌 卜天骐 曹安棋
张朝玺 崔佳宁 耿 赫 刘博爱 李 枫 李 宇
王瑞梓 李 鑫 张丽平 刘俊达 杨东岳 曹宸浩
汪佳泉 蒋永涛 史岐涛 何思宇 才 运 刘若珊
刘恩慧 周佳莹 胡宗浩 咸丽阳 王晓哲 蔡启扬
王松雨 张佳宁 刘泽广 杜懿峰 位驿欢 王振广
张佳怡 刘佳怡 李思亚 余志敏 邢博威 刘泽昀
耿子纯 龚盛业 胡贺强 李嘉乐 李 正 梁茜雅
马蕴懿 乔义楠 宋秋雨 王建权 武玲龙 薛 良
杨玥潇 张晨阳 张子艳 朱虹宇 朱俊豪 刘才凤
郭梓浩 叶 凯 赵明辉 陈佳欣 魏千越 鲁家帆
张云鹤 李佳龙 李夏楠 邵志旻 赵 祎 曹亚博
翟广进 陈斯琦 付子珍 张成磊 赵金烨 徐 达
陈 信 李 洋 吴 熙 张凯歌 孙尚晴 王 鹏
陈文辉 鲍泰宇 贾 旺 赵世伟 李晨辉 刘 懿
武聪颖 田 静 王宇奇 张琦明 孙梦圆 刘冰心
杜浩森 王 佳 王 志 赵 月 刘思成 李成宇
胡 兴 贾 静 彭佩栋 董 远 徐 航 徐克寒
周 朝 岑 强 孙丰涛 姜良振 刘宇航 宋艺杰
赵淞玮 武家晴 谢利文 王康乐 张可新 兰晨曦

经济管理学院（120 人）

王欣月 张 欣 杨丽雅 韩 瑞 刘 娜 王柯萌
刘雨霏 高嘉雪 刘长远 薛童心 罗歆潼 刘 博
姚圣阳 蔡路博 储嘉银 王向焜 卢彤彤 董鑫悦
郝若彤 刘琦琦 卢思楠 孙跃君 张 帆 王烨萱

吴　仪　陈浩淼　杨明萱　李洋洋　宋若诗　宗倩雯
武子昊　王若云　李　月　宋昕谣　李敬坤　姜丽美
赵　耀　高雅欣　鲁琴尧　刘梦媛　卢嘉奕　李佳芮
李喜晴　孙雨晨　张梦晓　范子怡　杨茗钧　韩　越
陈彩妮　于　浩　盖佳豪　赵哲豪　万俊杰　李京云
李佳颐　郑　蕊　徐奇贤　刘雪莲　梅梦颖　苏炜祎
韩晓颖　崔娅琦　魏泽政　闫彩霞　董陈丹　赵景怡
戈梓境　顾悦宁　单云飞　赵晗琳　宋雨瑞　张梦玲
张　颖　史晓莹　林以琳　张烨焜　秦念宏　连　莹
苑盈月　魏明悦　徐思远　史晓娜　耿嘉欣　赵　昕
徐敬敬　温陆瑶　周云凤　李梦然　庞怡晴　高思睿
周　佳　李　倩　唐玉芝　史佳珩　李庆怡　霍文腾
冯华跃　王泽天　赵贵骞　张梦瑞　费玥媛　王晓芳
韩　敏　张正昊　陈瑞莉　潘　露　齐梦霞　魏子洋
王明皓　刘　颖　李佳奇　代新月　崔琳婧　姜春如
贺增钊　李思瑶　吕明睿　王鸿斌　李铭朴　马赵燕妮

外国语学院（49 人）

于　洁　朱若曦　李卓妍　胡思胤　王艺凝　殷格兰
薛煜筱　刘思雨　安伽柔　许贝诺　张雨璇　冯蕊欣
张睿思　王　婧　朴正伟　吴佳萌　张俊鑫　秦滢玥
范明慧　尹世娟　冯　帆　周慧秋　张鑫媛　葛家欣
梁永静　钟清凌　侯宜欣　曹芳瑶　陈春芝　张亚妮
刘浩淼　刘东骥　王佳慧　张骁鸾　王子瑜　付可鑫
张文婧　郝子璇　苏琪珺　徐静雯　陈杰焜　于欣雨
蔡瑞宸　李可实　唐亚杰　田佳慧　韩惠心　杜雅禛
陈　倩

建筑工程与力学学院（75 人）

崔林健　陈　博　李　腾　高立媛　郝傲宇　徐　露
李敬创　王朝如　英潇凡　杨建行　刘昱彤　阴文杰
兰才海　连晓科　魏向倩　葛胜楠　李　笑　陶林子
张天佑　王一川　肖启辉　张峻浩　杨浩东　曲海翔
谢佳豪　梁瑞祥　李文佳　孙辉硕　周晋宇　田孟云
魏国杰　王　凯　赵俊博　王彤秋　刘　键　陈万津
苑旭嵩　侯傲宇　吕天祎　唐圣皓　孟子慧　李烨坤
刘露露　程卓如　栗　爽　禹文凯　潘锦程　田鹏辉
张译文　田汶元　于士翔　马亦然　张　艺　罗中煜
刘天贺　李磊磊　李雅倩　肖　璐　王　帝　卞泽宇
万　萌　姚会荣　张　欣　李晓峰　赵　蕊　董　帅
张宁涛　王欣然　张大海　肖　阳　段昶宇　王子跃
胡宽庆　余东洋　尉迟新阳

文法学院（公共管理学院）（93 人）

赵静雯　董佳萌　任刘增　刘安琪　徐毅强　王静宇
王园园　邵一玮　王志远　毕苏琳　张颖萁　徐梓萌
吴梦梦　王梓伊　董　乐　米丙硕　苏　蕊　赵嘉嘉
安　鑫　李岢芮　闫紫悦　白瑞洁　刘　璇　孙静怡
刘思晴　王可心　张傲然　那严木　张　蓉　陈可欣
李　想　吕奕然　王新颖　丁　洋　王秋月　李诗沂
刘昭辉　郭咏薇　刘观鑫　张冬月　冯慧琳　贺媛媛
余灿曦　赵梦轩　王　仪　王艺萌　祖健亮　魏　佳
赵辰溢　王宇枭　李可与　高娆娆　吴文艳　张欣慧
杨佳红　陈梦瑶　王欣蕊　米佳乐　郭梦晴　丁文鑫
许　赢　穆润瑶　杜一乐　王芊荟　方嘉玮　穆翰静
辛贝拉　边小龙　王振名　李佳旭　戚慧敏　郭一萌
曹雯溪　侯文利　马芸熙　王玉婕　石佳哲　张硕硕
孔庆赈　董　娇　冯佳璇　王佳美　刘　雨　刘新奇
卢衍航　王晓萌　杨　丹　林晶霞　姜明玉　姜若宁
吴昕羽　康　妍　焦刘晨曦

马克思主义学院（6 人）

后明强　韩金璐　李鹏礼　李牧霖　杨晰然　李　晴

理学院（62 人）

董博焱　籍怡诺　杨　阳　李晨洋　孙　卓　梁　晨
张佳美　王梓倚　李照恒　王豪杰　白亚楠　李沛瑾
李卓恒　杨佳硕　张腾蛟　韩　蕾　赵晨阳　周美琳
肖　净　石玟欣　王佳莹　杨紫琼　陈治锦　杨睿翰
刘靖翔　游浩欣　宋　圳　田佳硕　关　茜　李一帆
师　哲　邢潇玉　王湉漪　刘贤星　郭芸杉　李景楠
高晓世　吴佳欣　张紫妍　魏擎宇　韩　席　廖若星
樊　睿　于江南　李佩钊　郭晶琰　牛苗艳　郝兆敏
郭思怡　李　菲　昝泓含　朱芙容　李红伟　郭子玄
李　萌　何　杨　葛文成　靳晓丽　李思乐　张晋源
张笑然　高治刚

环境与化学工程学院（96 人）

张红霞　孟　轩　张傲云　黄文博　于朋闰　王嫣然
甘语桐　蒋佳帅　宋佳豪　彭　洋　蔡　卓　韩云肖
苏晨曦　田东娴　韩晓宇　成乐微　杨殿君　冯晓雯
陈冬阳　刘博文　姚琳琳　王　猛　张飞星　霍宇泓
杨　潇　卜祥帅　郭伟康　段圣展　王浩田　王晓萱

贺雨晴 栗梓杰 廖 锟 朱子丹 张鸿吉 胡冰昕
陈芝汐 秦静云 姜绍杰 贺欢欢 李 莹 徐佳欣
张雨鑫 宋华洋 张美怡 张筱婷 邓依宁 杨智超
孙 萌 蒋美娟 葛士泽 时露康 慕子涵 王 骢
代晓宇 冯家旺 穆俊涛 赵文雅 乔心怡 黄子芮
和嘉仪 张伊涵 祁墨达 陶穆楠 宫宏宇 王永辉
王冰冰 郭志玮 谷雯惠 全明玉 王 影 吴桐桐
赵 旦 赵天月 丁超剑 高守倍 张广鑫 李嘉琪
成晓畅 范展鹏 吴子航 刘 妍 张婉婷 张 楠
蔡嘉慧 王君妍 刘 璐 谷云峰 王 思 高梓雨
王榆涵 高语聪 耿嘉栋 崔境方 何瑞妍 欧阳明辉

艺术与设计学院（64 人）

王一博 薛小琪 黄 涛 汪春澎 王翠翠 朱永旭
韩永鑫 马语汐 万中华 伊芳杰 张雅淳 马 逸
杨舒凯 黄渲恬 马金雯 车硕鑫 章子扬 谢艳梦
吴梦怡 吴艺如 赵家敏 郑宇豪 牛睿颖 史苗苗
王小花 周子馨 候 林 曹鸿飞 侯昱良 李冬丽
贺 晶 唐 骄 来 韩 曹佳彤 朱一帆 高已晴
梁欣然 牛慧琴 纪雅涵 彭佳丽 宋冰姿 杨珊珊
陈婷婷 王新颖 韩大鹏 彭 可 李天宇 王宇骁
杨星月 李宏挥 张 宁 干静茹 陈 军 王煜超
黄小可 高 璐 李亚婧 范 琳 田非凡 杜玉洁
张 洁 侯昌昊 郎铸荐 郑晴雯

车辆与能源学院（64 人）

米国言 田昌家 安晓洋 夏士坤 徐凌瀚 张欣瑞
魏依凡 吕 川 张立源 王宇鹏 聂晓帅 左伟兵
张恒森 黄 捷 刘玉佳 沈瑞腾 刘明星 李亮亮
张瑞琦 张天昊 韩耀伟 李济宏 张洪菲 刘佳辉
王佳阳 许子聪 苏佳怡 崔怡飞 郭雅菲 徐立祥
王可莹 李 洋 张 悦 林茜希 刘子秋 朱麒文
齐佳尧 高 锐 蒋晨阳 王湛然 贺思盈 刘 翔
袁洪博 李亚鹏 谭焱文 穆 琢 柳月萍 董德范
柴世嘉 董杰钊 李腾龙 雒国凤 王 阳 王胤霖
王 宇 姚欣月 康鑫宇 周和平 吕 博 张洪瑜
孙 莹 齐 博 王欢欢 梁靖新

体育学院（12 人）

吴 方 刘佳熙 马坤宇 丁家慧 唐 艺 冯 田
张亚晗 祝浩哲 曹博文 王佳楠 张袁忆 李艺博

西里西亚智能科学与工程学院（14 人）

刘慕一 王泽源 林子峰 王若妍 韩张阳 沈岳楷
徐 楚 魏鹏锦 李奕程 王绍炎 王思卜 刘航诚
刘淼淼 张雅轩

（供稿人：学生工作处 武永乐）

燕山大学优秀学生干部

机械工程学院（60 人）

王悦鹏 许博文 杨敬贤 渠雯菁 白怡秀 种冬冬
张 彬 王一冰 唐新宇 张梓橦 祁少康 许华航
李里根 刘 畅 景建楠 石兴东 崔熙政 曹 境
刘振岳 刘金垚 李天宇 周梓翰 王晨曦 刘 飒
杨祎天 王启华 冯 超 刘玥君 马 莉 刘博钰
陈 政 刘欣蕾 董心智 叶子嘉 熊 浪 陈俊安
常尚滕 王浩文 付华君 王 刚 张海香 张天翼
黄盈栋 王 迪 薛 浩 高勃兴 王弘扬 马仕奇
齐志乾 张 峣 陈 荣 高飞越 黄炜杰 施东凌
位腾飞 于晓伟 范长琳 李馗源 张海达 张 振

材料科学与工程学院（14 人）

李晓峰 陈 冉 孙佳鑫 武朋磊 王 冲 柏 浩
牛欣竹 石凯鑫 崔新齐 张博彦 马鸣啸 宋明秋
王子墨 吴兴超

电气工程学院（41 人）

刘延学 牛铭昊 赵康乐 王梓璇 朱晋慧 郭欣园
施心佳 陈志文 赵一帆 赵 颖 段叙言 莫非凡
甄浩延 杨庆伟 张浩龙 陈佳骏 黄雨莫 董 宾
陈 昊 何 越 姜智超 王钰涵 边月杰 刘 昊
蔡年祎 宋佳宁 林禹辰 张 琦 李博晗 张继涛
邝清华 康春福 孙 震 王佳乐 王文烨 尹旭泽
常思雨 张昊晴 党浩东 雷 鸣 祝 捷

信息科学与工程学院（软件学院）（42 人）

韩敬轩 赵 蕊 袁 辉 齐 宁 张雨新 周子豪
蔡昊星 李延辉 杨东岳 才 运 邱世超 孙相国
于云涵 史兆今 陈佳欣 刘朋岳 贾亚杰 曹 爽
倪维臻 张汐琛 孙玮蔓 王雨露 杜浩森 张可新
李 根 张书慧 牛世鹏 徐 达 谷岳峰 郭通畅
何亚航 侯宇潇 李子昊 闵天怡 杨靖雨 伊 兵
张丽平 张欣怡 赵红丽 郑 毅 纪墨林 贺媛媛

经济管理学院（36 人）

陈妍潼 周昊冉 聂鑫博 李星洁 史若晗 王雨晴
卢睿聪 陈　晨 仇世民 张馨月 赵芸泽 陈嘉骏
李　袁 孔　琦 蒲丹妮 朱　慧 苏　雪 张　妍
张梦玲 苏　彬 范青宇 关舒心 徐敬敬 田明骏
谢玉锦 王汇颖 周燕华 荆昭娣 韩　欢 陈晶悦
梁津明 李红飞 高　丹 薛紫研 郭　曼 霍文腾

外国语学院（15 人）

王莹莹 张　晟 葛熙韵 王可欣 常智慧 刘一诺
刘东骥 马晓宁 陈佳琦 冯　帆 梁永静 李子瑶
韩　瑞 韩湘雨 唐亚杰

建筑工程与力学学院（23 人）

李玉洁 李婧闻 王立波 李怡聪 蔡孟浩 徐佳兴
徐　晶 陈铁木 刘晴晴 秦玺曜 刘佳鹏 于　昊
边绍雨 王晨曦 杨辉堃 任星宇 王建烨 王　茹
于红淼 郝凡荣 高歆蕊 李　震 刘佳昊

文法学院（公共管理学院）（26 人）

任　乐 姚新硕 汪语倓 万亚宁 裴佳欣 白靖轩
李钰阳 周晓雨 张泽浩 王　悦 李　佳 刘一诺
武士超 沈泽政 张佳仪 丁煜涵 陈　果 韩彤彤
张振宇 李怡然 李晋豫 张家铭 王　林 宋　晨
王凤磊 姚雅婷

马克思主义学院（1 人）

杨晰然

理学院（17 人）

杨晨鑫 董博焱 王豪杰 郑颖楠 鲍　童 吴佳琦
程　卓 陈双艺 李亚鹏 荆志伟 李品序 刘郁婷
司欣蕊 李兴玮 李　萌 张晋源 李增辉

环境与化学工程学院（29 人）

王　蕊 赵艺丛 杨宇浩 赵　宇 张佳帅 汪　卓
智　烨 宋承昊 赵前艺 林逢宇 刘铭垚 牟明鑫
郝　迪 崔佳硕 杨宇苹 王佳骏 李彦杰 任锡波
朱　林 代佳琪 张安懿 张彧博 陆欣欣 王晶晶
韩　硕 孙飞飞 张　内 王佳瑞 佟颜无双

艺术与设计学院（24 人）

王安然 冯小凡 刘家兴 籍曼瑜 李泽轩 刘　翔
张　喆 王恬恬 李　璇 杨轶然 张泽昊 贺弘毅
盖天骏 肖圆圆 邹美芳 肖雨晨 杨雨柔 杨　旭
刘萍萍 王宇嫣 周志衡 加学彬 肖松晏 魏鑫宇

车辆与能源学院（19 人）

魏梦浩 陈梦晗 刘思辰 林德泉 胡可轩 黄琦伟
于　洋 袁　迈 张　磊 张　铮 李　亮 高天浩
袁宇晨 张博浩 李佳宝 刘国峰 刘星辰 梁永祥
张　昊

体育学院（2 人）

张熙野 孔繁松

西里西亚智能科学与工程学院（5 人）

王一锟 吴明睿 王姿博 方　祎 张岩松

学生组织（29 人）

张　苗 彭瀛仪 吕佳硕 涂宇鑫 贾　洋 金小卉
王志航 李嘉桐 李　宇 甄佳慧 刘淑慧 范明慧
崔　静 尹琳琳 万　畅 李怡烨 刘丽萍 毛雨露
闫紫悦 蒋雨涵 于佳桢 栗　淼 覃苏红 刘鑫达
徐子航 于梓坤 唐国强 巩宇航 贾梦泽

（供稿人：学生工作处 武永乐）

燕山大学三好学生标兵

机械工程学院（5 人）

李昆泽 渠雯菁 许华航 秦亚璐 张晓东

材料科学与工程学院（1 人）

崔新齐

电气工程学院（4 人）

兰凯新 陈　昊 郭子鹏 常思雨

信息科学与工程学院（软件学院）（4 人）

胡宗浩 李鹏宇 王雨露 杨玥潇

经济管理学院（3 人）

仇世民 赵景怡 关舒心

外国语学院（1 人）

梁永静

建筑工程与力学学院（2 人）

曲海翔　王　茹

文法学院（公共管理学院）（2 人）

任刘增　汪语俠

马克思主义学院（1 人）

后明强

理学院（2 人）

鲍　童　张紫妍

环境与化学工程学院（3 人）

贺欢欢　代晓宇　李彦杰

艺术与设计学院（2 人）

宋冰姿　周志衡

车辆与能源学院（2 人）

米国言　许子聪

（供稿人：学生工作处 武永乐）

燕山大学 2024 届优秀毕业生

机械工程学院（149 人）

刘家轩　董博维　付长睿　金厚羽　李　旭　刘广正
李　广　李佳航　李思哲　王显夫　刘江悦　颜子涵
杜紫怡　丁美琪　冯连鹏　陈道州　程宇航　任新科
邓亦杰　孙顺旺　杜思铭　陈　鹏　高少博　杨　悦
邵贵林　陈东骏　孙国梁　赵禹熙　王梦阳　董超杰
冯智杰　李千华　石家赫　陈自力　牛文亮　王乐源
黄　毅　米天浩　张德龙　傅鉴峰　马践儒　刘　阔
张添天　高煦喆　杨佳昕　刘子毅　沈茂宸　郑泽熙
彭　丞　宋勇志　司唯一　宗　臻　殷　鹏　许晗迪
张旭凤　张　巍　冯佳亮　杨　骁　刘浩宇　洪　展
张　泰　李　青　马传超　葛昀昊　刘双嘉　郝若颖
段博豪　张韩枫　沈芊帆　赵　威　郑潇滢　马嘉玺
曾祥皓　韩　上　赵文爽　曹瑞康　陈　馨　陈奕丹
付精明　董文斌　董立军　贾一晗　郝亚婷　国东春
李胜男　李　新　李铁凡　马俊智　刘　全　刘旭东
石译文　孙世博　田晓勤　王嘉薪　王碧尘　王超世
吴　睿　吴　尚　王泽坤　杨子韬　杨巨伟　严吉开
岳宇卫　张　悦　张睿聪　邹文鹏　朱焕文　张祖安
董跃虎　都德伟　焦朝旭　宋　宇　雒腾腾　张泽雄
张加继　付健堃　孙万诚　宋吉顺　郝金鹿　程昱杰
郭　琪　刘彦东　辛　朝　魏　克　鲍梦媛　朱嘉晨
殷　航　费昕宇　郝朝晖　侯俊伟　焦逸帆　倪志浩
井　鑫　仝博宇　王晓楠　吴晨光　徐　超　袁润蛟
朱词明　李　扬　冯天一　张　杰　吴庚洋　姜　泽
宁圆盛　黄智鹏　葛士涛　徐扬欢　张　玉

材料科学与工程学院（45 人）

陈　冉　张思琪　包艾琳　崔思舜　卢江昊　耿一帆
邵明超　梅正兴　闫帅飞　薛昱迪　徐　麒　崔思琦
李晓峰　闫　涵　张靖东　任腾辉　李金健　周　凯
徐艺莹　李世玉　赵振杰　王金铭　赵　婷　丁帅军
张国峰　李　根　朱　琳　杨旭鹏　张添硕　陈凯杰
赵红艳　王文博　杨　迪　牛欣竹　刘英红　李　爽
王屿珩　王越洋　秦昌鹭　李　佳　刘　鑫　李　新
宁榴莲　王可欣　邢宏伟

电气工程学院（131 人）

刘沛璠　刘婧源　陶锦阳　康　泽　张宇昂　谷金轩
赵甜乐　温惠钞　张煜存　顾其英　赵子轩　刘　猛
高悦娴　朱卫涛　牛铭昊　崔胜璐　刘　畅　李成祥
耿梦恩　赵康乐　李慕尧　朱智林　沈嘉博　常明宇
许　朦　马金泽　刘宏达　程一诺　张彦松　徐英凯
尉源枢　任逸飞　范英起　赵亚鹏　曹迪安　铉子逸
惠　雨　吴柳颖　刘　苗　张少帅　谢　腾　张日博
白天明　王仁程　马晓琰　马濮若　刘晓雪　陈麒亦
李子涵　赵帅柘　郭欣园　余博涛　段利洋　李斓颖
高惠鹏　袁啸天　闫　奥　黄松松　王程远　王　彤
郭超凡　韩克红　王焕文　赵思博　赵淑婧　崔冰冰
马行正　李双旺　王作栋　张心雨　吕　诺　石乃涵
赵晓轩　张炳文　何顺顺　常思雨　刘　浩　夏泽珩
王昆宇　周　昊　张　欣　李鹏飞　党浩东　高语霞
赵悦彤　王　峰　张子龙　白　晶　黄皓宇　范陆新
李思珂　李雪轲　连政行　张伟一　张宇光　仵元梓
节培胜　高瑞阳　姜思远　雒福涛　林景胜　李子阳
温鈞淼　王倩倩　王晓越　张姗姗　颜宇薇　袁蕊霞
雷　鸣　郝秀娟　李景超　胡瑛男　彭俊玲　王庆惠

李卫强　张德升　王　泽　徐露露　崔泽浩　杜文航
刘子洋　董占羽　李泽昌　王子仪　王文波　祝　捷
隋　璐　王　涛　张恩菩　朱虹宇　魏泽林

信息科学与工程学院（软件学院）（129 人）

赵　祎　吕东灿　王美悦　张　瑞　王晓帆　张　凯
沈兴悦　贾静静　张汐琛　付子珍　赵　静　韩　磊
张浩哲　徐甘霖　张安顺　赵金烨　陈　信　冀超朋
李　洋　柳佳乐　赵　虎　庄家昊　张凯歌　张熙瑞
刘俊文　马宇歌　王　帅　王啸天　曹　爽　鲍泰宇
李良鹏　贾　寅　李英杰　李佳琦　赵世伟　蔡炎滨
李晨辉　罗伟伟　李泽正　陈嘉伟　张　浩　田　静
武聪颖　杨锡涛　齐金龙　李溢晔　王晓哲　蔡启扬
刘　昊　谢培元　张佳宁　贺媛媛　邱世超　刘泽广
郑运轩　杜懿峰　位驿欢　杜沁鍼　董先声　刘俊辉
王　彤　王振广　杨　婕　孙胜男　任宪明　陆雨晴
张佳怡　刘佳怡　史佳怡　余志敏　王美琦　邢博威
许　莹　薛　良　李　奇　朱俊豪　王建权　卢亚轩
樊梦丹　宋秋雨　连志鹏　田骏博　赵兴旺　周怡飞
王子易　乔义楠　张晨阳　孙浩南　丁　楠　王梦鸾
霍　茨　张越晴　王　晶　刘宇晟　朱梓潇　武玲龙
于云涵　龚盛业　杨玥潇　李　正　杨　帆　胡贺强
何美灿　石　琳　杨晓玮　贾思雨　郭梓浩　刘才凤
叶　凯　鲁家帆　赵明辉　陈佳欣　邵志旻　魏千越
李佳龙　李夏楠　孙明奇　兰晨曦　高佳然　张云鹤
杨　旺　唐聚贤　田云菲　闫梦成　杨喻焯　杨茗惠
刘宗博　杨紫晗　刘朋岳

经济管理学院（88 人）

曹　杨　魏泽政　李美琪　闫闪闪　孙韶乾　王　佩
赵景怡　杨佳雨　刘柏杉　杨欣雅　顾悦宁　戈梓境
苏　英　单云飞　许依诺　张　妍　程晓丹　宋雨瑞
兰　靖　赵文月　郑婧晶　田钧榕　史晓莹　王林杰
高碧云　林以琳　陈雅竹　魏延京　刘佳琦　赵伊菲
吴　鹏　谢玉锦　连　莹　何若熙　苑盈月　刘雨乐
刘灿灿　魏明悦　朱秋洁　刘　静　徐思远　史晓娜
古滋怡　周秀美　耿嘉欣　关舒心　聂思婕　徐敬敬
王紫祎　黄珍珍　温陆瑶　贾诚程　李梦然　周云凤
李贵林　张　弛　吴泽墨　介佩彬　李念铎　王晓冉
周　佳　田明骏　李穆天　刘　颖　许健源　王紫谣
夏　雪　王　茜　李铭朴　汪　夏　王　喆　郭凯宇
史明松　贺增钊　李美淇　王　玮　王鸿斌　吕明睿
赵笑雨　陈锦锦　李欢欢　李佳奇　赵亚楠　崔琳婧
耿童童　张雅婷　仝艺娟　关舒檀

外国语学院（34 人）

郝子璇　田　馨　王晓颖　马思滢　许海燕　韩　瑞
宋　歌　苏琪珺　段雨虹　赵羽童　周泽然　陆道娟
张文婧　李欣琪　李诗语　张　婧　庞佳妮　徐静雯
陈杰焜　周星星　张　英　陈敏轩　王俊兰　屈　琪
乔柏霖　王燕妮　蔡瑞宸　和浩璇　王佳慧　赵文碟
董思琪　王晶晶　孙　莹　王若琪

建筑工程与力学学院（53 人）

李明洋　崔林健　陶博勋　黄　鑫　李　腾　孙嘉蔚
张毓泽　谢昊霏　张正凯　张　任　张世宇　王立波
韩晓坤　王杰浩　郝傲宇　杨佳月　李玉洁　李子健
何伟琦　石博闯　李敬创　汪家伟　解曙光　吴京涛
李　卓　宋庆豪　万云晓　李怡聪　马慧颖　连晓科
王　娜　刘昱彤　李锦涵　赵　静　庞朝日　范溢芳
徐佳兴　宣其威　骆昊宇　王欣然　王福熙　李树博
李晓峰　高歆蕊　王　圆　郑　欣　董　帅　郝少杰
韩永基　唐华都　张宁涛　张　昊　尉迟新阳

文法学院（公共管理学院）（67 人）

倪　萌　王芷若　冀　杨　董　梦　李　欣　陈佳琪
路晓婷　魏　苗　沈佳旭　康秋笑　赵子茸　张瑞娟
兰伊卿　孙　畅　王嘉雷　王晓晴　毕梦婷　李一诺
杨佳宇　张佳萱　卢子超　沈　悦　张明宇　李嘉诚
冯健航　刘伟欣　熊田媛　焦培茹　凌晓曼　刘佳宁
刘靖驰　乔子瑶　王　楠　孙佳凝　朱紫轩　蔡菁华
刘雅雯　张梓萱　高紫腾　章洪馨　杨梓艺　杨宏娟
张　静　高　铭　王肖佳　夏艺丹　冯俊悦　白柏鑫
李怡明　吴　优　方　香　李一凡　杨雅欣　冯振阅
张　怡　杨沁芸　张雅婷　赵灿喆　赵晨曦　王一凡
王　贺　张亚静　周　露　姜　川　韩凯歌　何　适
张君颖

马克思主义学院（5 人）

陈嘉硕　王露露　景秋佳　刘亚玲　苏　可

理学院（49 人）

邢潇玉　范佳琪　魏曌宇　万育彤　李文轩　王湉漪
杨洁婵　郭苗苗　郭芸杉　马菁菁　吴佳欣　刘郁婷

高晓世 李梓涵 张紫妍 刘浩淼 魏擎宇 周银飞
崔泽鑫 张杰豪 韩 席 薛博森 廖若星 樊 睿
冯 凡 张映鹏 李佩钊 崔宏远 韩 叶 郭晶琰
司欣蕊 牛文轩 牛苗艳 郝兆敏 胡绮龙 郭雨鑫
张佳楠 徐 凡 李 薇 李艳艳 王佩之 姚懿恬
张丽丽 孙建强 张 博 李佳欣 王 莼 李 兴
高治刚

环境与化学工程学院（72 人）

贺云薇 时露康 赵宇涵 安玉坤 王玉翔 董 举
段欣宇 代晓宇 任涵阳 王 晨 熊如林 慕子涵
徐海娇 仇琪琪 高雨飞 王春春 王 赛 张苏蕾
张梦豪 于涵棋 孟一哲 张林萱 张渝悦 赵 薇
陈禹良 徐航宇 李彦杰 赵湛杰 刘漠萧 姚世达
杨鑫怡 张依纯 李啸天 张伊涵 周若涵 吴宛桐
刘 硕 汪仁杰 田媛媛 王玉琳 刘梓茜 张馨阳
郭子义 任锡波 黄子芮 乔心怡 周彦姣 袁佳楠
王慧敏 尚情情 赵天月 郝奕帆 胡宇鹏 杜孟晨
高守倍 丁超剑 张广鑫 郑瑞雪 杨逸博 王冬晴
朱尔玉 王晶晶 李嘉琪 韩 硕 成晓畅 吴子航
刘 妍 么明姝 张婉婷 岳金媛 张利欣 王君妍

艺术与设计学院（50 人）

杨 洋 杨玉欣 温蕊擎 于宛佳慧 刘云鹄 宋智英
张菁萱 乔 于 王欣欣 杨莹莹 王小冬 王宇骁
董景琦 杨星月 王欣雨 李宏挥 张 宁 干静茹
董 欢 王龙昊 陈 军 李爱琳 马婧雯 王煜超
于 新 丁语欣 高 璐 王译萱 黄小可 冯亚宁
王子一 李亚婧 陆春杉 范 琳 兰 洋 田非凡
杜玉洁 薛惠珍 刘婷婷 韩智慧 张 洁 田卓然
侯昌昊 郎铸荐 冀玉婷 刘心璐 李 想 王子辰
郑晴雯 荣成益

车辆与能源学院（39 人）

米国言 李笑天 李庚奕 刘 杰 魏梦浩 田昌家
陈江文 安晓洋 和 栋 夏士坤 陈梦晗 徐凌瀚
甘雅琪 刘思辰 张欣瑞 范家荣 魏依凡 左子阳
吕 川 张平旭 聂晓帅 吴佳傲 左伟兵 侯陶勇
沈瑞腾 张恒森 黄 捷 马 焜 王贺超 王钶涵
王湛彭 林德泉 李佳宝 王广启 李浩泽 姚欣月
高铭泽 王玉玺 李明阳

体育学院（9 人）

吴 方 张熙野 吉泽宇 唐 艺 陶 然 李 淼
孔繁松 徐子豪 董瀚博

（供稿人：学生工作处 武永乐）

燕山大学优秀寝室

机械工程学院（32 个）

东区第 2 公寓
102 105 134 225 323
东区第 5 公寓
404 414 417 418 421
东区第 7 公寓
539
西区第 5 公寓
B102 B605 B606 B607 B612
西区第 7 公寓
A526 A529 A530 A531 A534 A537 B122 B132
B133 B412 B419 B422 B432 B424 B535 B539

材料科学与工程学院（19 个）

西区第 3 公寓
A309 A303 A307 A301 A310 A125 A124 A235
B103 B104 B106
西区第 5 公寓
A416
西区第 10 公寓
B521 B518 B516 B515 B522
西区第 11 公寓
B409 B418

电气工程学院（54 个）

西区第 8 公寓
A209 A215 A531 A532 B128 B129 B130 B131
B133 B230 B232 B335 B432 B402 B404 B407
B408 B409 B410 B411 B412 B413 B414 B415
B417 B424 B428 B619 B618 B608 B611 A102
A127 B227 B228 B115 B121
西区第 9 公寓
A317 A413
西区第 10 公寓
B620 B621 B624 B625 B506 B507 B110 B111

B112　B113　B114　B115　B421　B123　B418

信息科学与工程学院（软件学院）（27 个）
西区第 2 公寓
A325　A320　B508　B509　B512　B517　B518　B408
西区第 4 公寓
A212　A408　A607　A312　A409　B611　B210　B102
B419　B517
西区第 3 公寓
A512　A517　A520　B605　B506　B409
西区第 5 公寓
A440
西区第 8 公寓
B225　B228

经济管理学院（33 个）
西区第 3 公寓
B106　B408　B422　B425　B527　B528　B530　B621
B622　B623　B624
西区第 5 公寓
A540　A622
西区第 6 公寓
B104　B114　B123　B127　B203　B204　B205　B213
B317　B318　B321　B327　B401　B502　B503　B504
B507　B511　B512　B626

外国语学院（33 个）
东区第 7 公寓
203　204　208　213　222　223　224　235　240　242
247　254　258　266　270　326　329　339　342　345
347　365　370　476
东区第 6 公寓
A510　A511
中秦公寓
613　618　619
西区第 10 公寓
A323　A321　A327　A310

建筑工程与力学学院（30 个）
东区第 6 公寓
119　256　348　350　425　428　305　546　547　603
618　621　623
东区第 7 公寓
426　428　429　450　455　420　432　428　444　445
东区第 5 公寓
445
西区第 7 公寓
A211　A215　A505　A508　A512　A519

文法学院（公共管理学院）（51 个）
东区第 1 公寓
103　107　118　119　120　122　127　132　133　134
135　138　202　207　208　214　215　217　219　220
223　306　311　318　324　326　333　404　410　412
413　417　418　420　432　502　504　510　511　512
513　517　520　528　534　537
东区第 6 公寓
B232　B241　A313　A314　A315

马克思主义学院（6 个）
西区第 10 公寓
A418　A419
西区第 7 公寓
B208
西区第 12 公寓
B313　B309　B310

理学院（12 个）
西区第 9 公寓
B210　B220　B419　B503　B609　B615
西区第 11 公寓
A312　A322
西区第 12 公寓
B2-206　B1-322　B1-412　B1-417

环境与化学工程学院（35 个）
西区第 1 公寓
B103　B112　B114　B115　B118
西区第 2 公寓
A532　A535　A633
西区第 3 公寓
A326　A417　A426　A528　B216　B217　B334　B411
B412　B416　B418　B516　B615　B616
西区第 7 公寓

A315　A325　A403
西区第 10 公寓
A525　A526　A604　A605　A606　A608　A613　A615
A619　A623

艺术与设计学院（21 个）
西区第 9 公寓
A123　A227　A135　A108　A130　A225　A109　A629
B410
西区第 10 公寓
B222　B225　A344　A244　A437　A442
西区第 11 公寓
A438　A430　A410　A409　A501
西区第 12 公寓
B401

车辆与能源学院（32 个）
东区第 4 公寓
423　425　426　429　439　501　507　529　613　639
646　649　650
东区第 1 公寓
618　619　621　622
中秦硕研公寓
5519　5520　5526
东区第 8 公寓
201　208　211　213　215　217　218　219
西区第 10 公寓
A309　A401　A402　A403

西里西亚智能科学与工程学院（2 个）
西区第 7 公寓
A108
西区第 12 公寓
B603

（供稿人：学生工作处　武永乐）

燕山大学先进班集体

机械工程学院（12 个）
2020 级机电控制 4 班
2021 级机器人
2021 级机电控制 3 班
2021 级机制 3 班
2022 级机械类 5 班
2022 级机械类 8 班
2022 级机械设计制造及其自动化（卓越计划）
2021 级博士 1 班
2021 级博士 2 班
2022 级硕士 9 班
2022 级硕士 11 班
2022 级硕士 18 班

材料科学与工程学院（3 个）
2020 级高分子材料与工程 1 班
2021 级博士 1 班
2022 级硕研 1 班

电气工程学院（8 个）
2020 级工业自动化 4 班
2020 级电力系统及其自动化 3 班
2020 级检测技术与仪器 1 班
2021 级过程控制 1 班
2021 级应用电子技术 3 班
2022 级硕士电气工程 4 班
2022 级硕士控制工程 1 班
2021 级硕士能源动力 15 班

信息科学与工程学院（软件学院）（9 个）
2021 级软件工程 1 班
2021 级电子信息工程 3 班
2021 级计算机科学与技术 4 班
2020 级计算机科学与技术 4 班
2020 级电子科学与技术 4 班
2020 级软件工程 2 班
2022 级硕研光电信息工程 1 班
2022 级硕研电子科学与技术 1 班
2022 级软件工程 1 班

经济管理学院（7 个）
2022 级经济与金融 2 班
2022 级工业工程（中外合作办学）3 班
2022 级工商管理类 7 班
2021 级工业工程 1 班
2021 级电子商务 2 班

2020 级经济与金融 4 班
2022 级工业工程与管理 1 班

外国语学院（3 个）
2021 级英语 1 班
2021 级英语 3 班
2020 级日语 2 班

建筑工程与力学学院（5 个）
2021 级道路与桥梁工程 1 班
2020 级道路与桥梁工程 1 班
2020 级建筑工程 3 班
2020 级工程力学 1 班
2019 级建筑学 1 班

文法学院（公共管理学院）（5 个）
2022 级法学 3 班
2022 级公共管理类 1 班
2021 级法学 3 班
2021 级汉语言文学 3 班
2020 级行政管理 2 班

理学院（3 个）
2021 级统计学 2 班
2020 级统计学 1 班
2022 级硕研统计应统班

环境与化学工程学院（6 个）
2022 级过程装备与控制工程 1 班
2021 级过程装备与控制工程 1 班
2021 级化学工程与工艺 1 班
2021 级生物工程 1 班
2022 级硕研 1 班
2022 级硕研 3 班

艺术与设计学院（5 个）
2022 级硕士 4 班
2022 级设计学类 7 班
2021 级智能装备与交通工具设计 1 班
2021 级空间环境 1 班
2021 级舞蹈表演 1 班

车辆与能源学院（4 个）
2021 级动力机械 1 班
2021 级热能工程 1 班
2022 级车辆工程 3 班
2022 级能源动力类 3 班

体育学院（1 个）
2022 级社会体育指导与管理 2 班

西里西亚智能科学与工程学院（1 个）
2022 级软件工程专业（智能）1 班

（供稿人：学生工作处 武永乐）

燕山大学特殊事迹奖

冯义舒（体育学院 2022 级社会体育指导与管理 2 班）
祖健亮（文法学院（公共管理学院）2022 级法学 3 班）

（供稿人：学生工作处 武永乐）

2023 年度共青团系统先进个人和集体

先进个人

优秀团务工作者（4 人）
王 男　马 双　崔明远　马 媛

共青团标兵（10 人）
材料科学与工程学院：张笑影
信息科学与工程学院（软件学院）：李鹏宇
经济管理学院：卢睿聪
外国语学院：梁永静
建筑工程与力学学院：肖 璐
文法学院（公共管理学院）：方 香
马克思主义学院：后明强
环境与化学工程学院：张钰彬
艺术与设计学院：刘家兴
车辆与能源学院：许子聪

十佳团支书（10 人）
机械工程学院：徐一诺
材料科学与工程学院：孙佳鑫

电气工程学院：郭欣园
经济管理学院：刘灿灿　王亚梦
外国语学院：侯宜欣
建筑工程与力学学院：王一川
文法学院（公共管理学院）：孙　畅
环境与化学工程学院：田宇涵
车辆与能源学院：唐元磊

优秀共青团干部（431 人）

机械工程学院（45 人）：
陈佳航　连　政　刘欣蕾　高　鹏　刁世龙　李艺超
许华航　王桂香　邱宪平　宋子锋　张梦丽　赵耀芃
徐一诺　房宇畅　祁少康　乔建达　杨凯钘　周文涛
韩润松　王　钘　陈　博　邵明扬　张景泽　王子煜
蔡金岐　王启华　张淼铭　王　浩　王伟鉴　王思豪
冯　超　王少谦　陈　霖　李昆泽　杨敬贤　张　峣
齐志乾　李泽鹏　张　泽　刘天尧　赵　宇　马雨佳
王悦鹏　张思成　张国强

材料科学与工程学院（18 人）：
柏　浩　王亚伟　孙佳鑫　王欣悦　包艾琳　霍本科
何璐邑　张笑影　尤欣玥　杨博安　张楚杭　石晓飞
王子墨　熊晨曦　张雅栋　吴兴超　许明慧　张恒远

电气工程学院（45 人）：
董　淼　王佳乐　刘丽丽　赵禄涵　李　媛　王永旭
王乔璇　常思雨　白　晶　马迎港　刘　奇　赵国廷
杜文航　王紫璐　田旭阳　刘婧源　李嘉慧　白天明
王梓璇　李子涵　张　博　马行正　陈志文　靳烨萌
孙艺文　于艺林　孙凯婧　刘　彤　郭嘉媛　张语桐
刘嘉硕　王琳杰　赵　颖　李泽玺　杜思瑶　陈志安
郑同兴　张浩龙　卢瑞俊　高宇衡　牛琦伟　陈　昊
韩子帅　王兴伟　张恩和

信息科学与工程学院（软件学院）（41 人）：
刘霖慧　闵天怡　徐　达　翟聆好　丁龙庆　刘俊达
刘宇航　王　雨　石丰源　张浩泽　潘　杰　陈琳杉
张欣怡　李　晴　袁　辉　贾　旺　牛世鹏　梁茜雅
魏千越　张云巍　郭亚祎　黄　江　赵培元　张雨新
张幸晔　王丽敏　杨雨萌　王嘉璇　李　鑫　韩敬轩
隋　欣　陈胜洁　胡宗浩　赵静怡　何思宇　张可新
曹　民　张书慧　王雨露　贾　寅　尹　哲

经济管理学院（45 人）：
王雨晴　储嘉银　杨　洁　史若晗　杨文浩　牛烁文
陈妍潼　李思雨　陈炯方　陆俊良　李博文　刘灿灿
周云凤　宋旭哲　刘梦媛　李喜晴　伏天昊　崔佳蕊
王奕颖　陈嘉骏　王亚梦　李慧婷　杨永琴　臧宇欣
周振业　王奕璇　杨荣耀　王　顺　王泽天　高　丹
岳紫薇　冯华跃　李　倩　霍文腾　陈晶悦　陈瑞莉
毛艺凝　周梓豪　董宵宇　李梦轩　郭明洋　吴　仪
佘佳瑞　刘权宇　杨春佳

外国语学院（17 人）：
韩林娣　苟　青　张　晟　王莹莹　周晓佳　张文翠
邹金珊　董　秦　谢　悦　唐亚杰　周慧秋　王梦雪
王　爽　刘一诺　田煜英　马晓宁　裴盈盈

建筑工程与力学学院（25 人）：
高明爽　段昶宇　李　森　李　乐　刘晴晴　赵俊博
陈　阳　郝凡荣　马佳睿　王一川　姜雅坤　许梦洁
段思懿　苏枳铭　王晨曦　王建烨　唐圣皓　于红淼
李磊磊　王　茹　侯　硕　刘叶雯　袁文浏　肖　璐
罗中煜

文法学院（公共管理学院）（27 人）：
董佳萌　张哲轩　任　乐　邵一玮　王志远　冯一曦
白瑞洁　裴佳欣　白靖轩　李钰阳　周晓雨　王　悦
刘观鑫　徐梓萌　万亚宁　国金玉　鲁苏涵　肖　玉
李心佳　杨佳红　杨萍萍　穆润瑶　赵徐鑫　方嘉玮
曹雯溪　赵晶晶　孙　畅

马克思主义学院（2 人）：
后明强　李孟潼

理学院（9 人）：
魏曌宇　杨洁婵　樊嘉昳　胡海涵　籍怡诺　郑颖楠
王佩之　张晋源　李　萌

环境与化学工程学院（27 人）：
赵天月　王晶晶　张利欣　陶穆楠　孙　然　王春春
王玉翔　赵湛杰　李锦康　王玉婷　邓升腾　林逢宇
杨雪菲　邓依宁　李　莹　张佳帅　平洋洋　刘玖玲

张汝屹　邳敬煊　张美怡　申欣瑶　崔境方　刘　璐
耿嘉栋　郝　迪　刘天奇

艺术与设计学院（25 人）：
庞涵月　吉玺樾　朱若婷　李　喆　卢潇浪　崔梦琳
马晶晶　刘家兴　马语汐　汪春澎　李言覃　刘萍萍
杨雨柔　冷若姿　肖雨晨　贺弘毅　李昀熹　贺　晶
邹美芳　林美姿　王　钰　柳　洲　单文博　任佳宁
张冉怡嘉

车辆与能源学院（25 人）：
刘　杰　夏士坤　马　莹　邵奇诺　王萌亮　徐雨超
许子聪　石凯元　李　亮　张博浩　姚　波　徐腾耀
张光宇　焦润泽　赵彬宏　梁志鹏　王可莹　齐佳尧
郭祎明　赵　卓　刘星辰　张　乐　张芳芮　赵亚辉
马胜利

体育学院（4 人）：
马坤宇　孔繁松　郭康红　姜　波

里仁学院（41 人）：
王锦鹏　李伟哲　秦嘉铎　张宇哲　徐　彪　陈少霆
刘　锐　杨东旭　李孜腾　陈思萌　刘嘉宁　郧柯萌
符志远　权向京　韩　畅　陈毅恒　陈宇璇　杨博奥
李政佳　郑浩然　李　旭　王一飞　刘昊男　黄欣萍
于欣月　杨亦澜　董家胜　唐乙天　薛斐译　李嘉颖
闫　畅　黄晨洋　邓倩倩　佟乐瑶　冀紫阳　康琬晴
王超群　李　萍　杜亚宁　袁慧明　张海佳

西里西亚智能科学与工程学院（6 人）：
李宇航　沙俊毅　宋　睿　田果儿　王博仁　赵梓彤

校级直属组织（29 人）：
王梓伊　张　苗　祁墨达　甄佳慧　孙仕睿　崔　静
毕馨月　尹琳琳　胡顺智　刘思晴　张　蓉　张一诺
万　畅　陈心怡　郭本鑫　唐国强　田煜英　曹颖钰
王　磊　吴京菁　刘鑫达　陈思颐　王祎然　闫紫悦
武旭蕾　金小卉　王哲琪　魏　萱　夏天佑

优秀共青团员（907 人）

机械工程学院（128 人）：
马　莉　彭卓越　薛子暄　赵彦熠　郗嘉兴　徐思佳
陈莹冠　朱宇航　蒲宇恒　张　卓　程泽玉　盛怡琳
陈　政　刘美悦　韩　璐　郭梓阳　张冀江　崔瑞丰
李　靳　常尚滕　刘星雨　孙千然　韩智聪　付华君
刘炜亮　刘子鸣　杨俊辉　张海香　张天翼　黄盈栋
张　雨　王星谕　陈　瑞　黄炜杰　李云龙　李　伟
李广强　施东凌　李建保　王晨旭　王世杰　吴学飞
张舒岳　张昊天　张　振　范长琳　李世媛　冯康康
付　伦　韩怡锋　陈龙彬　李晓同　曹　境　张　洋
张起赫　刘玥君　刘海航　石兴东　吴开心　任熠祥
王晨曦　杨　旭　景建楠　李豪杰　崔熙政　梅睿泽
叶子嘉　杨祎天　王连臣　丁祥瑞　田汶沅　白一帆
葛庆雨　薛淇文　赵泽旭　陈　龙　张　凯　仇天阳
吴官硕　苏雨轩　李天宇（机控）　李天宇（机电）
梁启瑞　顾佳兴　朱良伟　郭　硕　白志坤　严祥鑫
李玉雪　沈嘉俊　孙成航　宋林权　孙京乙　韩嘉棋
黄明欣　张佳欣　许博文　王辰佳　刘书翔　王　智
张少其　刘若楠　张云鹏　曹艳强　薛飞扬　张昊原
梁广喆　张梓橦　刘　懿　徐尧林　刘露芊　齐安康
李春旭　侯泽业　韩　爽　李华伟　林楚然　杜诗凡
佘官举　张　彬　渠雯菁　马泽瀟　王　刚（22 级硕）
刘　畅　白怡秀　王　刚（21 级本）刘增鑫　王　娟

材料科学与工程学院（35 人）：
王炜康　邢迎朝　张佩君　王浩辉　李硕妍　徐　浩
李芳源　武朋磊　徐荣玉　贺靖怡　赵乙霖　刘洋瑄
易云飞　蒋紫楠　刘　鑫　陈勇缜　宁榴莲　李　根
王越洋　卢正浩　童思睿　李娅瑄　张晓晨　何　适
杨　艺　任文杰　张博彦　刘华振　马鸣啸　韩世康
张欣宇　李健华　姜嘉璇　石　海　周宸弘

电气工程学院（113 人）：
崔云龙　孙　震　王晴晴　张晓宇　耿　曼　沈鹏宇
赵姗姗　颉虎杰　王泽一　毕文豪　王　松　郭宗昊
张冰雁　徐辰昊　王近秋　贾淳迪　赵　烁　周齐文
李梦茜　王孝冉　刘　浩　党浩东　胡晓磊　徐　岩
刘宗鑫　李　帅　连政行　节培胜　高瑞阳　李玟玟
雒福涛　温鈞淼　王倩倩　李景超　王　景　王庆惠
张德升　徐向东　李泽昌　魏泽林　陶锦阳　刘莉莉
刘　睿　杨珈绮　董博锐　李成祥　李慕尧　李嘉鹏
周孟宇　张晓博　张彦松　任逸飞　闫　旭　范雅晴
王仁程　铉子逸　张梦垚　陈麒亦　王凯歌　袁啸天

郑向磊　韩克红　赵淑婧　王作栋　吕　诺　赵晓轩
韩卓洋　王皓晨　李昀泽　王钰涵　刘　洁　边月杰
李锦泽　葛嘉玄　翟玉科　赵　哲　郭子鹏　刘　昊
李海贝　王晓阳　韩雪岭　付大鹏　樊昭莹　郝伟泽
付果豪　姜智超　石易平　杨露露　张　垚　刘财毅
刘　博　司云博　李天成　贾蕊闻　杨亚忠　梁　卓
赵世帆　黄雨蒙　张可欣　李昊龙　张泽明　洪　鑫
赵世超　姜　娜　李子傲　姚晓阳　黄雨莫　王　子
翁星腾　李兆奇　范乐彪　郭克锐　徐佳森

信息科学与工程学院（软件学院）（103 人）：
赵淞玮　张丽平　田文龙　武家晴　侯宇潇　姜良振
郑　毅　周佳莹　何亚航　宋艺杰　宋梦娜　韩奕帆
吴锦康　李嘉林　牛宏晔　何茜雯　李　正　赵兴旺
胡贺强　张子艳　王晓哲　赵永丽　王振广　孙胜男
刘佳怡　郭梓浩　李佳龙　刘宗博　臧晓瑜　张云鹤
赵明辉　祝希韵　谢淑祥　樊莹莹　李嘉桐　康红美
潘绍赫　姚　艺　张高鑫　王博达　齐　宁　唐恒莉
张骏勇　李钜环　车　昆　刘金秋　李鹏宇　卜天骐
刘宇婷　曹安棋　张舒程　王一萍　蔡昊星　朱　琦
刘玉凯　陆华强　李延辉　栗　哲　王光鹏　刘雨深
杨麒然　李汪洋　任　驰　赵星源　林艺翔　吴佳豪
张志博　孙宇新　何　毅　赵红丽　郭磊达　田子萌
才　运　于　响　陈紫杰　徐国庆　杨东岳　曹宸浩
李伟杰　蒋永涛　史岐涛　张琦明　张杰坤　杨海成
彭佩栋　杜浩森　姚春辰　王靖茹　刘冰心　周　朝
徐　航　孙丰涛　林天宇　侯越涵　王康乐　李　根
岑　强　秦　豪　张凯歌　孙尚晴　吴　熙　李晨辉
蔡炎滨

经济管理学院（76 人）：
王　爽　张瑞浩　杨仕鑫　彭伊冉　卢睿聪　王宇航
薛文静　武宣余　唐星星　刘博越　张可佳　王欣月
武国徽　高　泓　李润鹏　李　坤　张玉敏　李　宏
高嘉雪　李佳憶　薛童心　刘雨乐　朱秋洁　吴心怡
耿嘉欣　关舒心　徐敬敬　温陆瑶　李梦然　张　驰
高思睿　秦铂奥　黎晓倩　李佳芮　仇世民　赵　耀
鲁琴尧　宗倩雯　武子昊　王若云　郑恺月　张轩伟
孙雨晨　陈秋艺　杨茗钧　陈嘉诚　张力玮　万俊杰
李京云　马文龙　裴莹莹　刘雪莲　梅梦颖　苏炜祎
魏泽政　魏思婷　赵景怡　顾悦宁　赵晗琳　刘益宁
郑婧晶　邓洪林　吕祉潘　张烨焜　拜旭晨　王雨晴
李红飞　李庆怡　张小凤　张正昊　张梦瑞　唐玉芝
薛紫研　张世莹　李政法　林皆美

外国语学院（33 人）：
李炎泽　田佳慧　孙晓琳　李可实　王煦友　李信良
梁永静　常智慧　钟清凌　尹世娟　冯　帆　张骁鸾
王子瑜　刘东骥　秦滢玥　王展飞　王艺凝　高　梦
姚亿琛　张桓硕　金　轩　张雨璇　葛熙韵　朱若曦
赵　迅　张晓乐　薛煜筱　郭博渊　杨澳阳　张睿思
殷格兰　徐凯笛　李龙越

建筑工程与力学学院（45 人）：
李　笑　陶林子　徐　晶　张峻浩　张　震　曲海翔
王彤秋　陈铁木　秦玺曜　梁瑞祥　李文佳　孙辉硕
周晋宇　许靖涵　高中贺　张瑞石　樊佳航　周楷博
马亦然　田鹏辉　刘瑞晗　张子艺　张洛通　王建烨
栗　爽　薛聪辉　米玥莹　任星宇　张译文　张子恒
苑旭嵩　李烨坤　常士杰　曾晓颖　周学良　李　顺
余东洋　刘佳昊　彭涓钊　岳自怡　苑天一　郑海洲
王佳兴　刘天贺　姚会荣

文法学院（公共管理学院）（63 人）：
任刘增　赵静雯　毕媛媛　张凯羽　齐　鑫　徐毅强
王园园　司一含　孙文瑞　于佳桢　薛双玲　张芷萱
魏书文　李思佳　石　远　徐念华　侯童鸽　孙静怡
张傲然　那严木　姚新硕　汪语俟　崔佳颖　苏　蕊
陈可欣　李　佳　吕奕然　丁　洋　王秋月　郭咏薇
刘一诺　罗　金　王　仪　张佳仪　武士超　钱景灿
余灿曦　张冬月　王浩莹　魏　佳　闫柏源　许　赢
陈梦瑶　丁煜涵　王若溪　杨慧茹　潘星宇　张欣慧
高娆娆　王欣蕊　戚慧敏　贾明睿　边小龙　李佳旭
郭一萌　赵　薇　马芸熙　梁峻楠　高雨烁　方　香
姜明玉　申重阳　韩权碧莹

马克思主义学院（5 人）：
杨晰然　潘静宜　王梓烨　李鹏礼　宇雅赫

理学院（41 人）：
韩君嫣　王湉漪　郭芸杉　高晓世　刘浩淼　吴　倩
廖若星　张京祺　崔锦嵩　荆志伟　王　荀　刘晓敏
王岩松　胡娜娜　王佳莹　徐嘉鑫　刘靖翔　石玟欣
张蔓玉　刘　旭　滕显硕　关　茜　易义蒙　董博焱

周泽宇 孙　卓 张佳美 张若冰 郭思帆 赵谦毅
董佳楠 杨佳硕 杨晨鑫 李兴玮 孙建强 郭思怡
张笑然 张　琳 侯逸然 李思乐 马　颖

环境与化学工程学院（65 人）：

胡宇鹏 丁超剑 杨逸博 朱尔玉 赵彤彤 李　珂
朱　林 宫宏宇 张钰彬 杨旭姣 郝润仙 李　薇
田宁宁 张　慧 田宇涵 慕子涵 王　赛 王佳俊
王　晨 时露康 张林萱 代晓宇 李彦杰 赵文雅
乔　颖 张依纯 乔心怡 袁佳楠 柯　硕 王蕊蕊
王一凡 肖　旺 温自丽 刘永攀 徐子航 廖　锟
呼江楠 贺欢欢 张　飘 姜雨桐 武正阳 涂竣翔
蒋美娟 谢依琳 王　猛 胡译文 门　泽 王嫣然
赵　宇 成乐威 田东娴 王榆涵 杨芮琳 赵美芸
祁兴宇 郭依佳 谷云峰 高语聪 王佳瑞 何瑞妍
李　佳 尚情情 张宝月 欧阳明辉 佟颜无双

艺术与设计学院（37 人）：

肖宇飞 武智伟 史宇千 郭玉灿 高已晴 梁欣然
唐　骄 张泽昊 王树森 肖松晏 付韫瑶 加学彬
马金雯 席诺冉 章子扬 史苗苗 王恬恬 谭　鑫
邓海伦 巩宇航 张　喆 马　逸 张瑞敏 吕定香
杨家容 彭佳丽 宋冰姿 杨雅珺 牛慧琴 马飘飘
周志衡 杨珊珊 王宇嫣 吴犇犇 杨轶然 周子馨
刘赵茜汐

车辆与能源学院（43 人）：

田昌家 赖明芝 宋　慈 张欣瑞 左子阳 吕　川
沈瑞腾 黄　捷 刘伊阳 刘明星 伏　磊 张天昊
王　帅 苏佳怡 崔怡飞 徐立祥 于皓启 张家康
张　铮 文永昊 冯冰寒 王学浩 刘　翔 高天浩
焦广彬 孙李猛 梁靖新 李亚鹏 赵　茜 袁宇晨
张梓枫 高　锐 崔秉轩 齐　博 唐元磊 雒国凤
王　阳 刘国峰 周和平 张　扬 梁永祥 于靖尚
贺思盈

体育学院（7 人）：

吴　方 刘佳熙 陶　然 刘九江 张亚晗 李艺博
李　洋

里仁学院（64 人）：

耿佳豪 李勇桥 单　雷 潘　晨 陈泰宇 王美懿
王富伟 熊文静 周佳慧 崔鑫媛 冯　宇 吴文欣
刘聪霄 邓皓林 龚瑶荻 李晓敏 刘　璇 朱文龙
高　晔 刘　颖 程博卉 贾　成 常嘉文 武凯芳
吴欣怡 张梦梦 聂　岚 张　宁 黄　谦 靳　钊
齐占明 李林阳 王　禹 朱佳轩 林德壕 倪　桐
陈子尧 李雨畅 姚丁铭 万孝燕 赵昱婷 柯　盈
王佳艺 袁浩天 李佳欣 郭子梦 李成浩 齐俊蘅
李佳欣 郝文慧 王子琦 李怡蕊 孟紫鑫 刘祥宇
刘冲冲 李怡佳 胡仲奎 周文博 邬雨倩 高学峰
陈　岩 冯瑞毅 赵　毅 侯韩多多

西里西亚智能科学与工程学院（13 人）：

冯奕帆 韩瑞怡 解怡轩 李晟霄 李牧歌 连文通
刘宸赫 刘国民 刘志翔 任宇杨 石舒天 徐圣博
张子扬

校级直属组织（36 人）：

田芸菲 徐章铭 于姗姗 许　涵 韩金璐 冯丽莹
丁文鑫 毕馨月 崔　静 李　莎 郑建伟 穆翰静
高嘉琦 冯蕊欣 杨宇彤 王美云 张鑫媛 李偲语
淳雅心 田成瑶 陈　果 宋承昊 郑泽周 彭瀛仪
陈春芝 孙玉林 马　晗 刘孟阳 刘丽萍 冯佳璇
焦润泽 王雨晴 赵　晴 马思雨 张亚冉 谷宁轩伊

先进集体

五四红旗团委（5 个）

机械工程学院团委
电气工程学院团委
信息科学与工程学院（软件学院）团委
文法学院（公共管理学院）团委
艺术与设计学院团委

五四红旗团支部（125 个）

机械工程学院（19 个）：

2022 级硕士 1 班团支部
2022 级硕士 9 班团支部
2022 级硕士 11 班团支部
2022 级硕士 14 班团支部
2022 级硕士 18 班团支部
2022 级机电 2 班团支部

2022 级机电 4 班团支部
2022 级机控 2 班团支部
2022 级机器人工程 1 班团支部
2022 级机设 2 班团支部
2022 级机制 2 班团支部
2022 级卓工班团支部
2021 级机设 1 班团支部
2021 级机控 3 班团支部
2021 级机电 1 班团支部
2021 级卓工班团支部
2021 级机制 3 班团支部
2021 级冶金 3 班团支部
2021 级冶金 4 班团支部

材料科学与工程学院（4 个）：
2022 级硕研 1 班团支部
2021 级硅酸盐 1 班团支部
2021 级超硬 1 班团支部
2022 级无机非金属材料工程 1 班团支部

电气工程学院（14 个）：
硕研 2022 级单控 2 班团支部
硕研 2022 级电气 4 班团支部
硕研 2022 级仪科 2 班团支部
硕研 2021 级控制工程 10 班团支部
硕研 2021 级能源动力 15 班团支部
2020 级工业自动化 4 班团支部
2020 级应用电子技术 1 班团支部
2020 级自动化仪表 3 班团支部
2021 级应电 3 班团支部
2021 级工业自动化 1 班团支部
2021 级过程控制 1 班团支部
2022 级电力系统及其自动化 1 班团支部
2022 级工业自动化 1 班团支部
2022 级自动化卓越 1 班团支部

信息科学与工程学院（软件学院）（13 个）：
2020 级电子科学与技术 6 班团支部
2020 级软件工程 2 班团支部
2021 级电子信息工程 2 班团支部
2021 级电子信息工程 3 班团支部
2021 级软件工程 2 班团支部
2022 级电子科学与技术 2 班
2022 级电子科学与技术 3 班
2022 级电子信息工程（卓越计划）1 班团支部
2022 级电子信息工程 2 班团支部
2022 级硕士计算机技术 5 班团支部
2022 级硕士光电信息工程 1 班团支部
2022 级硕士信息与通信工程 1 班团支部
无线电爱好者协会团支部

经济管理学院（11 个）：
2021 级会计学 4 班团支部
2021 级电子商务 1 班团支部
2021 级工商管理 2 班团支部
2021 级工业工程 1 班团支部
2021 级经济与金融 1 班团支部
2021 级经济与金融 2 班团支部
2022 级会计学 2 班团支部
2022 级会计学 3 班团支部
2022 级经济与金融 2 班团支部
2022 级经济与金融 3 班团支部
2022 级硕研工业工程与管理团支部

外国语学院（5 个）：
2022 级硕研团支部
2021 级英语 2 班团支部
2021 级英语 3 班团支部
2022 级英语 1 班团支部
2022 级日语 4 班团支部

建筑工程与力学学院（8 个）：
2022 级土木专硕班团支部
2021 级工程力学 1 班团支部
2021 级工程力学 2 班团支部
2021 级建筑学 2 班团支部
2021 级建筑工程 2 班团支部
2022 级建筑环境与能源应用工程 3 班团支部
2022 级工程力学 1 班团支部
2022 级建筑学 1 班团支部

文法学院（公共管理学院）（8 个）：
2021 级法学 2 班团支部
2021 级汉语言文学 3 班团支部
2021 级行政管理 4 班团支部

2021 级公共事业管理 3 班团支部
2022 级法学 3 班团支部
2022 级汉语言文学 2 班团支部
2022 级行政管理 1 班团支部
2022 级硕研 1 班团支部

马克思主义学院（1 个）：
2022 级硕士研究生团支部

理学院（6 个）：
2020 级统计学 2 班团支部
2021 级统计学 2 班团支部
2021 级现代物理学 1 班团支部
2022 级应用物理学 1 班团支部
2022 级应用物理学 6 班团支部
2022 级硕研数学班团支部

环境与化学工程学院（9 个）：
2020 级材料化学 1 班团支部
2021 级化工工艺 1 班团支部
2021 级材料化学 1 班团支部
2021 级生物工程 1 班团支部
2021 级生物工程 2 班团支部
2021 级过程装备与控制工程 1 班团支部
2022 级应用化学 2 班团支部
2022 级硕研 1 班团支部
2022 级硕研 3 班团支部

艺术与设计学院（7 个）：
2021 级智能装备与交通工具设计 1 班团支部
2021 级空间环境 1 班团支部
2021 级空间环境 2 班团支部
2021 级舞蹈表演 1 班团支部
2022 级智能产品与交互设计 1 班团支部
2022 级文化创意产业 1 班团支部
2022 级媒体设计与传播 1 班团支部

车辆与能源学院（6 个）：
2022 级硕研 2 班团支部
2021 级动力机械 1 班团支部
2021 级石油工程 1 班团支部
2022 级动力机械 1 班团支部
2022 级热能工程 2 班团支部
2022 级车辆工程 4 班团支部

体育学院（1 个）：
2022 级社会体育指导与管理 1 班团支部

里仁学院（9 个）：
2021 级应化 1 班团支部
2021 级电科 2 班团支部
2021 级计科 1 班团支部
2021 级材料 1 班团支部
2021 级液压 1 班团支部
2021 级会计 1 班团支部
2021 级法学 1 班团支部
2021 级自动化 3 班团支部
2021 级电气工程及其自动化 4 班团支部

西里西亚智能科学与工程学院（4 个）：
2022 级电子科学与技术（西里西亚）2 班团支部
2022 级软件工程（西里西亚）1 班团支部
2022 级自动化（西里西亚）2 班团支部
2022 级自动化（西里西亚）3 班团支部

（供稿人：校团委 张玮）

附录

学校发文目录

2023 年学校党委文件目录

日期	文件编号	文件标题	主送单位	抄送单位
1 月 6 日	燕大党字 1 号	关于印发《燕山大学学生社团建设管理办法》的通知	各党委	
2 月 21 日	燕大党字 2 号	关于漆汉宏等同志职务任免的通知	各党委	
3 月 10 日	燕大党字 3 号	关于 2022 年度基层党委书记抓基层党建工作述职评议考核结果的通报	各党委	
3 月 10 日	燕大党字 4 号	关于 2022 年度中层单位党政领导班子和处科级领导干部考核结果的通报	各党委、校属各单位	
3 月 10 日	燕大党字 5 号	中共燕山大学委员会 燕山大学关于印发《燕山大学 2023 年工作要点》的通知	各党委、校属各单位	
3 月 28 日	燕大党字 6 号	关于印发《燕山大学 2023 年党的建设工作重点任务》的通知	各党委	
4 月 6 日	燕大党字 7 号	关于表彰燕山大学 2022 年度学生工作先进单位、优秀辅导员标兵和优秀辅导员的决定	各党委	
4 月 14 日	燕大党字 8 号	关于印发《燕山大学党委落实全面从严治党主体责任清单》的通知	各党委、校属各单位	
4 月 24 日	燕大党字 9 号	关于成立燕山大学学习贯彻习近平新时代中国特色社会主义思想主题教育领导小组及领导小组办公室的通知	各党委、校属有关单位	
4 月 24 日	燕大党字 10 号	关于印发《关于深入开展学习贯彻习近平新时代中国特色社会主义思想主题教育的实施方案》的通知	各党委	
5 月 6 日	燕大党字 11 号	关于调整燕山大学国家安全人民防线建设领导小组的通知	校属各单位	
5 月 29 日	燕大党字 12 号	关于印发《燕山大学全国数字档案室建设试点工作方案》的通知	各党委、校属各单位	
5 月 31 日	燕大党字 13 号	关于印发《燕山大学 2023 年处级党政领导干部集中调整工作实施方案》的通知	各党委	
6 月 29 日	燕大党字 14 号	关于印发《关于加强校园廉洁文化建设的实施方案》的通知	各党委、校属各单位	
6 月 29 日	燕大党字 15 号	关于印发《干部容错纠错实施办法（试行）》的通知	各党委、校属各单位	
6 月 29 日	燕大党字 16 号	关于印发《关于开展“六纠六促”推动全校党员干部作风持续转变的工作方案》的通知	各党委、校属各单位	
7 月 3 日	燕大党字 17 号	关于王昕琦等同志晋升科级专职辅导员的通知	各党委	
7 月 3 日	燕大党字 18 号	关于表彰优秀共产党员、优秀党务工作者和先进基层党组织的决定	各党委、校属各单位	
7 月 17 日	燕大党字 19 号	关于公布燕山大学内设机构及干部职数的通知	各党委	

日期	文件编号	文件标题	主送单位	抄送单位
7月16日	燕大党字20号	关于调整学校领导班子成员工作分工、分管部门及联系点的通知	校属各单位	
7月19日	燕大党字21号	关于印发《燕山大学深入实施新时代人才强校战略的若干措施》的通知	各党委、校属各单位	
8月9日	燕大党字22号	中共燕山大学委员会　燕山大学关于印发《燕山大学校级议事协调机构设置方案》的通知	各党委、校属各单位	
8月14日	燕大党字23号	关于印发《基层党委书记抓基层党建工作述职评议考核实施细则（修订）》的通知	各党委	
8月14日	燕大党字24号	关于成立燕山大学落实河北省高校党建领航工程工作专班的通知	各党委、校属有关单位	
8月14日	燕大党字25号	关于印发《燕山大学关于落实河北省高校党建领航工程的工作方案》的通知	各党委、校属各单位	
8月15日	燕大党字26号	关于印发《燕山大学关于加强新时代学生思想政治工作的实施意见》的通知	校属有关单位	
8月18日	燕大党字27号	关于成立学生社区党的工作委员会的通知	各党委	
8月18日	燕大党字28号	关于薛传佳同志兼职的通知	各党委	
8月24日	燕大党字29号	关于表彰2022年度燕山大学师德标兵、师德先进个人和师德建设先进单位的决定	各党委、党总支	
8月28日	燕大党字30号	关于韩昱卓等同志职务任免的通知	各党委	
8月31日	燕大党字31号	关于成立中共燕山大学亚稳材料制备技术与科学国家重点实验室委员会的通知	各党委	
9月4日	燕大党字32号	关于韩增锟同志任职的通知	各党委	
9月4日	燕大党字33号	关于印发《中共燕山大学委员会关于“室组”联动调研监督反馈意见的整改方案》的通知	各党委、校属各单位	
9月13日	燕大党字34号	关于李曦达等同志职务任免的通知	各党委	
9月13日	燕大党字35号	关于张世良同志任职的通知	各党委	
10月12日	燕大党字36号	关于印发《燕山大学绿色学校创建工作方案》的通知	校属各单位	
10月20日	燕大党字37号	关于印发《燕山大学科级干部选拔任用工作实施办法（试行）》的通知	各党委	
10月20日	燕大党字38号	关于印发《燕山大学2023年科级干部集中调整工作实施方案》的通知	各党委	
10月22日	燕大党字39号	关于公布燕山大学科级机构及干部职数的通知	各党委	
10月27日	燕大党字40号	中共燕山大学委员会　燕山大学 关于印发《关于深入学习贯彻习近平总书记重要讲话精神，加快推进“双一流”建设、实现内涵式高质量发展，为谱写中国式现代化建设河北篇章贡献燕大力量的实施方案》的通知	校属各单位	

日期	文件编号	文件标题	主送单位	抄送单位
10月28日	燕大党字41号	关于韩辉等同志职务任免的通知	各党委	
10月28日	燕大党字42号	关于张明同志任正科级专职辅导员的通知	各党委	
11月1日	燕大党字43号	中共燕山大学委员会 燕山大学关于成立亚稳材料科研大楼项目建设工作领导小组的通知	校属各单位	
11月2日	燕大党字44号	关于沈鹏超等同志职务任免的通知	各党委	
11月8日	燕大党字45号	关于印发《燕山大学官僚主义问题专项整治工作实施方案》的通知	各党委、有关职能部门	
11月15日	燕大党字46号	关于李安冬等同志任职的通知	各党委	
11月28日	燕大党字47号	关于印发《燕山大学关于新时代“翔燕工程”思政育人体系的实施意见》的通知	校属有关单位	
11月28日	燕大党字48号	关于调整中共燕山大学委员会党校校务委员会组成的通知	各党委	
11月28日	燕大党字49号	关于印发《中共燕山大学委员会党校工作细则》的通知	各党委	
12月21日	燕大党字51号	中共燕山大学委员会 燕山大学关于印发《燕山大学公文处理工作办法（试行）》《燕山大学公文版头适用范围及发文字号管理办法（试行）》的通知	各党委、校属各单位	
12月25日	燕大党字52号	关于印发《燕山大学信息办理工作办法（试行）》的通知	各党委	
12月31日	燕大党字53号	中共燕山大学委员会 燕山大学关于印发《燕山大学印章使用与管理办法》的通知	各党委、校属各单位	
2月4日	燕大党呈字1号	中共燕山大学委员会关于推荐2022年度“长江学者奖励计划”人选的报告	河北省教育厅	
1月30日	燕大党呈字2号	中共燕山大学委员会关于赵险峰等两名同志拟兼任有关社会团体职务的请示	中共河北省委组织部	
2月9日	燕大党呈字3号	中共燕山大学委员会关于孟卫东同志退休的请示	中共河北省委	
2月9日	燕大党呈字4号	中共燕山大学委员会关于卢志刚等同志职务任免的报告	中共河北省委教育工委	
3月13日	燕大党呈字5号	中共燕山大学委员会关于为刘宏民等2名同志办理高定薪级工资业务的请示	中共河北省委组织部	
3月13日	燕大党呈字6号	中共燕山大学委员会关于为孙录印等3名同志办理工资福利业务的请示	中共河北省委组织部	
3月17日	燕大党呈字7号	中共燕山大学委员会关于为孟卫东同志办理工资福利业务的请示	中共河北省委组织部	
3月17日	燕大党呈字8号	中共燕山大学委员会关于为孟卫东同志办理退休审批业务的请示	中共河北省委组织部	
3月17日	燕大党呈字9号	中共燕山大学委员会关于任家东同志拟兼任河北省高等教育学会第一届监事会监事长的请示	中共河北省委组织部	
3月21日	燕大党呈字10号	中共燕山大学委员会关于李兴国同志职务任免的报告	中共河北省委教育工委	

日期	文件编号	文件标题	主送单位	抄送单位
5 月 30 日	燕大党呈字 11 号	中共燕山大学委员会关于调整燕山大学内部机构设置备案的请示	中共河北省委机构编制委员会办公室	
4 月 10 日	燕大党呈字 12 号	中共燕山大学委员会关于为赵险峰等 15 名同志办理工资福利业务的请示	中共河北省委组织部	
6 月 1 日	燕大党呈字 13 号	中共燕山大学委员会关于赵险峰等两位同志拟到河北省高等学校科研管理研究会兼职的请示	中共河北省委组织部	
6 月 14 日	燕大党呈字 14 号	中共燕山大学委员会关于报送“长江学者奖励计划”总结评估情况的报告	教育部人事司	
6 月 30 日	燕大党呈字 15 号	中共燕山大学委员会关于推荐朱代春同志留任燕京理工学院党委书记（政府督导专员）、建议免去张明同志燕京理工学院政府督导专员办公室成员的请示	中共河北省委教育工委	
7 月 3 日	燕大党呈字 16 号	中共燕山大学委员会关于燕山大学“一站式”学生社区建设情况的报告	中共河北省委教育工委、省教育厅	
8 月 15 日	燕大党呈字 17 号	中共燕山大学委员会关于左莉等五十八名同志职务任免的报告	中共河北省委教育工委	
8 月 18 日	燕大党呈字 18 号	中共燕山大学委员会关于《燕山大学学习贯彻习近平新时代中国特色社会主义思想主题教育总结》的报告	中共河北省委主题教育领导小组	
8 月 28 日	燕大党呈字 19 号	中共燕山大学委员会关于张明等七十九名同志职务任免的报告	中共河北省委教育工委	
8 月 30 日	燕大党呈字 20 号	中共燕山大学委员会关于刘永同志职务任免的报告	中共河北省委教育工委	
9 月 5 日	燕大党呈字 21 号	中共燕山大学委员会关于为汪殿龙同志办理工资福利业务的请示	中共河北省委组织部	
9 月 19 日	燕大党呈字 22 号	中共燕山大学委员会关于王天生同志延长退休年龄的请示	中共河北省委组织部	
10 月 8 日	燕大党呈字 23 号	中共燕山大学委员会关于推荐 2023 年度“长江学者奖励计划”人选的报告	河北省教育厅	
10 月 19 日	燕大党呈字 24 号	中共燕山大学委员会关于王利民同志正式任职的请示	中共河北省委	
10 月 23 日	燕大党呈字 25 号	中共燕山大学委员会关于孙利等五名同志职务任免的报告	中共河北省委教育工委	
10 月 26 日	燕大党呈字 26 号	中共燕山大学委员会关于校纪委、监察专员办公室确定监察官等级人选及等级建议的请示	中共河北省纪委监委、省委组织部	
10 月 28 日	燕大党呈字 27 号	中共燕山大学委员会关于朱文华等两名同志任职的报告	中共河北省委教育工委	
10 月 30 日	燕大党呈字 28 号	中共燕山大学委员会关于蔡星周同志拟兼任河北省冰雪运动协会副主席的请示	中共河北省委组织部	
11 月 7 日	燕大党呈字 29 号	中共燕山大学委员会关于蔡星周同志正式任职的请示	中共河北省委	
11 月 13 日	燕大党呈字 30 号	中共燕山大学委员会关于校纪委、监察专员办公室确定监察官等级人选及等级建议的请示	中共河北省纪委监委、省委组织部	
12 月 15 日	燕大党呈字 32 号	中共燕山大学委员会关于 2023 年度意识形态工作报告	中共河北省委教育工委	
1 月 2 日（2024）	燕大党呈字 34 号	燕山大学关于解决部分引进人才事业单位工作人员待遇问题的请示	河北省教育厅	
1 月 2 日（2024）	燕大党呈字 35 号	燕山大学关于解决部分引进人才事业单位工作人员待遇问题的请示	河北省人力资源和社会保障厅	

（供稿人：学校办公室 孔倩雯）

2023 年学校行政文件目录

日期	文件编号	文件标题	主送单位	抄送单位
1 月 3 日	燕大校字 1 号	关于准予刘金源等 192 名硕士研究生毕业的决定	校属有关单位	
1 月 3 日	燕大校字 2 号	关于准予化迎新等 63 名博士研究生毕业的决定	校属有关单位	
1 月 3 日	燕大校字 3 号	关于准予博士留学生苏海毕业的决定	校属有关单位	
1 月 3 日	燕大校字 4 号	关于授予龚泽方等 193 名学生硕士学位的决定	校属有关单位	
1 月 3 日	燕大校字 5 号	关于授予范琰琰等 64 名学生博士学位的决定	校属有关单位	
1 月 3 日	燕大校字 6 号	关于准予高阳等 2 名研究生结业的决定	校属有关单位	
1 月 9 日	燕大校字 7 号	关于办理徐丽娟房改退房手续的函	秦皇岛市住房和城乡建设局	
1 月 12 日	燕大校字 8 号	关于注销研究生王尚涵学籍的决定	校属有关单位	
1 月 12 日	燕大校字 9 号	关于准予成人高等教育赵志君等 1026 名学生毕业的决定	校属有关单位	
1 月 12 日	燕大校字 10 号	关于准予成人高等教育李磊等 97 名学生结业的决定	校属有关单位	
1 月 12 日	燕大校字 11 号	关于准予成人高等教育魏冕等 111 名学生换发毕业证书的决定	校属各单位	
1 月 12 日	燕大校字 12 号	关于授予成人高等教育苗晓盼等 102 名学生学士学位的决议	校属有关单位	
1 月 13 日	燕大校字 13 号	燕山大学关于 2022 级刘涛等 14 名学生学籍注册的请示	河北省教育厅	
1 月 15 日	燕大校字 14 号	燕山大学关于增加 2023 年博士研究生招生计划的请示	教育部发展规划司	
1 月 16 日	燕大校字 15 号	燕山大学关于靳星灿信息核查情况的说明	河北省教育厅	
1 月 17 日	燕大校字 16 号	关于设立燕山大学双碳科学与技术研究院的通知	校属各单位	
1 月 19 日	燕大校字 17 号	燕山大学关于西里西亚智能科学与工程学院增加研究生层次办学并增设研究生专业和适量增加招生人数的请示	河北省教育厅	
2 月 6 日	燕大校字 18 号	燕山大学关于参加省北戴河事务中心人员安置联合工作组的函	河北省政府办公厅	
2 月 13 日	燕大校字 19 号	燕山大学关于上报燕山大学军工关键设备设施信息的报告	河北省国防科技工业办公室	
2 月 13 日	燕大校字 20 号	燕山大学关于报送亚稳材料技术融合中心项目可行性研究报告（代项目建议书）的请示	河北省教育厅	
2 月 15 日	燕大校字 21 号	燕山大学关于东校区浴池项目建设资金纳入财政预算管理的请示	河北省教育厅	
2 月 15 日	燕大校字 22 号	燕山大学关于亚稳材料技术融合中心项目建设资金纳入财政预算管理的请示	河北省教育厅	
3 月 2 日	燕大校字 23 号	燕山大学关于举办“第一届城市固废无害化协同处置及利用国际会议”的请示	河北省教育厅	
3 月 2 日	燕大校字 24 号	燕山大学关于举办“2023 年第十二届数量经济学国际学术会议”的请示	河北省教育厅	
2 月 18 日	燕大校字 25 号	关于成立河北省北戴河事务中心人员接收安置工作小组的通知	校属各单位	
2 月 21 日	燕大校字 26 号	燕山大学关于增加 2023 年博士研究生招生计划的请示	河北省教育厅	

日期	文件编号	文件标题	主送单位	抄送单位
2月18日	燕大校字27号	燕山大学关于推荐秦滢玥等4名学生申报2023年中俄政府奖学金项目的函	河北省教育厅	
2月21日	燕大校字28号	关于王培龙等同志职务任免的通知	校属各单位	
2月24日	燕大校字29号	燕山大学关于尽快推进天山南路地块划转的请示	秦皇岛市人民政府	
2月27日	燕大校字30号	燕山大学关于靳星灿信息核查情况的报告	河北省教育厅	
2月28日	燕大校字31号	燕山大学关于恳请全力支持燕山大学亚稳材料制备技术与科学全国重点实验室优化重组的报告	河北省科学技术厅	
3月1日	燕大校字32号	关于给郑宇典等22名学生换发毕业证书的决定	校属各单位	
3月1日	燕大校字33号	关于给郑宇典等23名学生授予学士学位的决议	校属各单位	
3月7日	燕大校字34号	燕山大学关于申请建立博茨瓦纳国际科技大学孔子学院的请示	河北省教育厅	
3月10日	燕大校字35号	关于公布2022年秋季学期教师教学能力与水平评估结果的通知	校属有关单位	
3月10日	燕大校字36号	关于2023年第一批报废国有资产的通知	校属各单位	
3月11日	燕大校字37号	关于周高仪等同志试用期满正式任职的通知	校属各单位	
3月13日	燕大校字38号	关于公布燕山大学2022年度二级单位目标绩效考核结果及突出贡献奖获奖名单的通知	校属各单位	
3月14日	燕大校字39号	燕山大学关于万云、张肖一等2人学士学位信息勘误的报告	河北省人民政府学位委员会	
3月14日	燕大校字40号	关于公布2022年度专业技术职务任职资格的通知	校属各单位	
3月14日	燕大校字41号	燕山大学关于推荐韩博等2人申报2023年创新型人才国际合作培养项目的函	国家留学基金管理委员会	
3月16日	燕大校字42号	燕山大学关于2022级刘涛等13名学生学籍注册的请示	河北省教育厅	
3月17日	燕大校字43号	关于予以杨志刚等10名研究生退学处理的决定	校属有关单位	
3月17日	燕大校字44号	燕山大学关于推荐第八批国家高层次人才特殊支持计划国防军工领域科技创新领军人才的报告	河北省国防科技工业办公室	
3月21日	燕大校字45号	关于表彰燕山大学2021—2022学年学生先进个人和集体的决定	校属有关单位	
3月27日	燕大校字46号	关于李兴国同志职务任免的通知	校属各单位	
3月27日	燕大校字47号	燕山大学关于同意燕山大学出版社报送2022年度社会效益评价考核情况的函	河北省教育厅	
3月28日	燕大校字48号	关于印发《燕山大学科研荣誉评选和管理办法（试行）》的通知	校属各单位	
3月28日	燕大校字49号	燕山大学关于推荐刘帛坤等3人申报2023年促进与俄乌白国际合作培养项目（第一批）的函	国家留学基金管理委员会	
4月1日	燕大校字50号	燕山大学关于赵险峰同志率教育代表团访问波兰、捷克和德国的请示	河北省教育厅	
3月31日	燕大校字51号	燕山大学关于省级一流本科专业建设点自查自评结果的报告	河北省教育厅	
3月31日	燕大校字52号	燕山大学关于国家级一流本科专业建设点自查自评结果的报告	河北省教育厅	

日期	文件编号	文件标题	主送单位	抄送单位
4月6日	燕大校字53号	关于印发《燕山大学研究生学业奖学金实施细则》的通知	校属各单位	
4月6日	燕大校字54号	关于印发《燕山大学研究生国家奖学金实施细则》的通知	校属各单位	
4月6日	燕大校字55号	关于给郭强等4名学生换发毕业证书的决定	校属各单位	
4月6日	燕大校字56号	关于给郭强等4名学生授予学士学位的决议	校属各单位	
4月12日	燕大校字57号	燕山大学关于里仁学院转设安全稳定工作情况的报告	秦皇岛市教育局	
4月15日	燕大校字58号	燕山大学关于申报创新型人才国际合作培养项目创新案例的函	国家留学基金管理委员会	
4月15日	燕大校字59号	燕山大学关于西里西亚智能科学与工程学院增加研究生层次办学并增设研究生专业和适量增加招生人数的请示	河北省教育厅	
4月23日	燕大校字60号	燕山大学关于推荐付瑞东等5名同志申报2023年国家公派高级研究学者、访问学者、博士后项目的函	河北省教育厅	
4月26日	燕大校字61号	燕山大学关于解除《燕山大学里仁学院转设协议》的函	秦皇岛市教育局	
5月4日	燕大校字62号	关于给孙泽豪等5名学生换发毕业证书的决定	校属各单位	
5月4日	燕大校字63号	关于给孙泽豪等5名学生授予学士学位的决议	校属各单位	
4月28日	燕大校字64号	燕山大学关于申请2023届优秀毕业生的确认函	河北省教育厅	
5月6日	燕大校字65号	燕山大学关于申请新增专业学士学位授予权的请示	河北省人民政府学位委员会	
5月10日	燕大校字66号	关于印发《燕山大学职称评审工作实施细则（试行）》的通知	校属有关单位	
5月11日	燕大校字67号	关于表彰燕山大学2022年“大学生年度人物”的决定	校属有关单位	
5月16日	燕大校字69号	关于调整燕山大学创新创业教育指导委员会的通知	校属各单位	
5月16日	燕大校字70号	关于2023年第二批报废国有资产的通知	校属各单位	
5月10日	燕大校字71号	燕山大学关于推荐张振琳等7名同志申报2023年地方合作项目的函	河北省教育厅	
5月11日	燕大校字72号	燕山大学关于推荐王立伟等2名同志申报2023年地方合作项目地方创新子项目的函	河北省教育厅	
5月18日	燕大校字73号	关于修订《燕山大学外国文教专家薪酬管理规范》的通知	校属有关单位	
5月18日	燕大校字74号	燕山大学关于所需一般债券资金支持的请示	河北省教育厅	
5月19日	燕大校字75号	燕山大学关于同意接收宋康同学转学的报告	河北省教育厅	
5月19日	燕大校字76号	燕山大学关于周亭秀毕业信息勘误的情况说明	河北省教育厅	
5月19日	燕大校字77号	燕山大学关于李卫燕信息核查情况的说明	河北省教育厅	
5月19日	燕大校字78号	关于印发《燕山大学本科教育教学审核评估工作方案》的通知	校属各单位	
5月19日	燕大校字79号	燕山大学关于王丽身份证信息勘误的情况说明	河北省教育厅	
5月22日	燕大校字80号	关于调整中外合作办学电气工程专业硕士项目学费收费标准的决定	校属各部门	
5月22日	燕大校字81号	关于调整中外合作办学工业工程专业本科项目学费收费标准的决定	校属各部门	

日期	文件编号	文件标题	主送单位	抄送单位
5月23日	燕大校字82号	燕山大学关于推荐温淑焕等2名教师申报博士生导师短期出国交流项目的函	河北省教育厅	
5月23日	燕大校字83号	燕山大学关于推荐邱永祥等17名学生申报国家建设高水平大学公派研究生项目的函	河北省教育厅	
6月2日	燕大校字84号	燕山大学关于西校区第一服务楼继续对外出租的请示	河北省教育厅	
5月29日	燕大校字85号	燕山大学关于审批亚稳材料技术融合中心项目初步设计的请示	河北省教育厅	
6月1日	燕大校字86号	燕山大学关于申请新增专业学士学位授予权的请示	河北省人民政府学位委员会	
6月1日	燕大校字87号	关于公布2023年校级优秀教学团队评审结果暨2023年省级优秀教学团队推荐结果的通知	各教学单位	
6月1日	燕大校字88号	燕山大学关于申请给予“中国长城学术研究发掘出版工程”项目支持的请示	中共河北省委宣传部	
6月1日	燕大校字89号	关于给张赛龙等7名学生换发毕业证书的决定	校属各单位	
6月1日	燕大校字90号	关于给张赛龙等7名学生授予学士学位的决议	校属各单位	
6月6日	燕大校字91号	关于予以陈佳祺等2名研究生退学处理的决定	校属有关单位	
6月8日	燕大校字92号	关于批准赵锴凝等194名学生毕业设计（论文）为2023届燕山大学本科优秀毕业设计（论文）的决定	各学院	
6月8日	燕大校字93号	燕山大学关于陈国强同志率教育代表团访问美国、加拿大的请示	河北省教育厅	
6月8日	燕大校字94号	燕山大学关于王利民同志率教育代表团访问日本的请示	河北省教育厅	
6月8日	燕大校字95号	燕山大学关于申请验收河北省工业智能控制工程研究中心的请示	河北省发展和改革委员会	
6月8日	燕大校字96号	燕山大学关于调增2023年度预算的请示	河北省教育厅	
6月12日	燕大校字97号	关于成立起重机械关键技术全国重点实验室燕山大学管理委员会的通知	校属有关单位	
6月12日	燕大校字98号	关于成立亚稳材料科学与技术全国重点实验室管理委员会的通知	校属有关单位	
6月27日	燕大校字99号	燕山大学关于房屋报废拆除的请示	河北省教育厅	
6月12日	燕大校字100号	关于授予吴子博等20名2023届毕业生荣誉学士学位的通知	校属各单位	
6月13日	燕大校字101号	燕山大学关于为已达到法定退休年龄重新建档的事业编制人员录入工资管理系统及社保系统并办理退休审批手续的请示	河北省教育厅	
6月13日	燕大校字102号	燕山大学关于为美国籍专家黄建宇办理居留许可延期的请示	秦皇岛市出入境管理支队	
6月13日	燕大校字103号	燕山大学关于张连芹重复信访事件的情况报告	河北省教育厅	
6月16日	燕大校字104号	燕山大学关于王宝诚同志率教育代表团访问加拿大的请示	河北省教育厅	
6月19日	燕大校字105号	关于准予薛睿等832名本科学生结业的决定	校属各单位	
6月19日	燕大校字106号	关于授予陈凯等5418名本科学生学士学位的决议	校属各单位	
6月20日	燕大校字107号	关于公布2023年博士研究生指导教师岗位资格审核结果的通知	校属有关单位	

日期	文件编号	文件标题	主送单位	抄送单位
6月16日	燕大校字108号	关于成立燕山大学国际产学研用工作领导小组的通知	校属有关单位	
6月16日	燕大校字109号	关于授予赵丹等17名第二学士学位专业学生学士学位的决议	校属各单位	
6月16日	燕大校字110号	关于授予秦倩等11名本科毕业生辅修专业学士学位的决议	校属各单位	
6月16日	燕大校字111号	关于准予段一凡等8名第二学士学位专业学生结业的决定	校属有关单位	
6月16日	燕大校字112号	关于准予陈凯等5428名本科学生毕业的决定	校属有关单位	
6月16日	燕大校字113号	关于准予赵丹等17名第二学士学位专业学生毕业的决定	校属有关单位	
6月19日	燕大校字114号	燕山大学关于智能控制与神经信息处理教育部重点实验室建设计划任务书通过专家论证申请报送的函	河北省教育厅	
6月20日	燕大校字115号	关于准予姚明等3名来华留学研究生毕业的决定	校属有关单位	
6月20日	燕大校字116号	关于准予陈标等3名研究生结业的决定	校属有关单位	
6月20日	燕大校字117号	关于准予卜令雨等2745名硕士研究生毕业的决定	校属有关单位	
6月20日	燕大校字118号	关于准予李波等101名博士研究生毕业的决定	校属有关单位	
6月21日	燕大校字119号	关于授予冯贺等2748名学生硕士学位的决议	校属有关单位	
6月21日	燕大校字120号	关于授予田宇等101名学生博士学位的决议	校属有关单位	
6月25日	燕大校字121号	关于给丁依然等8名学生换发毕业证书的决定	校属各单位	
6月25日	燕大校字122号	关于给丁依然等8名学生授予学士学位的决议	校属各单位	
6月25日	燕大校字123号	关于准予留学生顾亚丽本科学生结业的决定	校属各单位	
6月25日	燕大校字124号	关于准予留学生贝贝本科学生毕业的决定	校属各单位	
6月25日	燕大校字125号	关于授予留学生贝贝本科学生学士学位的决议	校属各单位	
6月27日	燕大校字126号	关于齐跃峰等同志试用期满正式任职的通知	校属各单位	
6月28日	燕大校字127号	燕山大学关于龙书琴信息核查情况的说明	河北省教育厅	
6月28日	燕大校字128号	燕山大学关于禹涵文信息核查情况的说明	河北省教育厅	
6月28日	燕大校字129号	燕山大学关于许炜铭信息核查情况的说明	河北省教育厅	
7月3日	燕大校字130号	关于成立燕山大学青年学生读书行动领导小组的通知	校属各单位	
6月29日	燕大校字131号	关于印发《燕山大学青年学生读书行动实施方案》的通知	校属各单位	
7月3日	燕大校字132号	关于准予成人高等教育朱亮等5281名学生毕业的决定	校属各单位	
7月3日	燕大校字133号	关于准予成人高等教育赵玉丰等262名学生结业的决定	校属各单位	
7月3日	燕大校字134号	关于准予成人高等教育匡国冬等61名学生换发毕业证书的决定	校属各单位	
7月3日	燕大校字135号	关于授予成人高等教育刘培岭等361名学生学士学位的决议	校属有关单位	
7月3日	燕大校字136号	关于给韩森等13名学生换发毕业证书的决定	校属各单位	
7月3日	燕大校字137号	关于给韩森等14名学生授予学士学位的决议	校属各单位	

日期	文件编号	文件标题	主送单位	抄送单位
7月4日	燕大校字138号	燕山大学高等学历继续教育毕业证明书、学士学位证明书管理实施细则	—	
7月4日	燕大校字139号	关于表彰燕山大学2022—2023年度优秀校外教学点、学历继续教育先进工作者的决定	校属有关单位	
7月4日	燕大校字140号	关于给巴晓岚等366名学生换发毕业证书的决定	校属各单位	
7月4日	燕大校字141号	关于给巴晓岚等365名学生授予学士学位的决议	校属各单位	
7月4日	燕大校字142号	关于给段一凡等3名第二学士学位专业学生换发毕业证书的决定	校属各单位	
7月4日	燕大校字143号	关于授予段一凡等2名第二学士学位专业学生学士学位的决议	校属各单位	
7月4日	燕大校字144号	关于授予林嵩植等8名本科毕业生辅修专业学士学位的决议	校属各单位	
7月6日	燕大校字145号	关于授予林嵩植等8名本科毕业生学士学位的决议	校属各单位	
7月7日	燕大校字146号	关于公布2023年春季学期教师教学能力与水平评估结果的通知	校属各单位	
7月10日	燕大校字147号	燕山大学关于举办“2023亚稳材料制备技术与科学国际产学研用合作会议暨第六届亚稳材料制备技术与科学国际研讨会”的请示	河北省教育厅	
7月14日	燕大校字148号	燕山大学关于东校区学生生活服务楼部分房屋对外出租的请示	河北省教育厅	
7月11日	燕大校字149号	燕山大学关于亚稳材料技术融合中心项目建设资金纳入财政预算管理的请示	河北省教育厅	
2月1日	燕大校字150号	关于印发《燕山大学东北亚古丝路文明博物馆三年发展规划（2023—2025）》的通知	燕山大学东北亚古丝路文明博物馆	
7月21日	燕大校字151号	关于给蒙国安等4名学生换发毕业证书的决定	校属各单位	
7月21日	燕大校字152号	关于给蒙国安等4名学生授予学士学位的决议	校属各单位	
7月21日	燕大校字153号	关于给刘金华等117名学生换发毕业证书的决定	校属各单位	
7月21日	燕大校字154号	关于给刘金华等118名学生授予学士学位的决议	校属各单位	
7月21日	燕大校字155号	关于授予刘艺等2名学生第二学士学位专业学生学士学位的决议	校属各单位	
7月21日	燕大校字156号	关于授予李庆伟本科毕业生辅修专业学士学位的决议	校属各单位	
7月21日	燕大校字157号	关于给赵新佳第二学士学位专业学生换发毕业证书的决定	校属各单位	
7月31日	燕大校字158号	关于印发《燕山大学本科专业动态调整管理办法》的通知	各学院及相关单位	
7月31日	燕大校字159号	燕山大学关于审批东校区浴池项目概算的请示	河北省教育厅	
8月2日	燕大校字160号	关于修订《燕山大学科技成果转化管理办法》的通知	校属各单位	
8月2日	燕大校字161号	关于印发《燕山大学赋予科研人员职务科技成果所有权或长期使用权试点工作实施细则（试行）》的通知	校属各单位	
8月9日	燕大校字162号	关于修订《燕山大学大型活动管理办法》的通知	校属各单位	
8月11日	燕大校字163号	关于印发《燕山大学创新创业竞赛奖励办法》的通知	校属各单位	
8月11日	燕大校字164号	关于印发《燕山大学财务管理制度》的通知	校属各单位	
8月11日	燕大校字165号	关于印发《燕山大学经费审批、使用和报销管理办法（修订）》的通知	校属各单位	

日期	文件编号	文件标题	主送单位	抄送单位
8月28日	燕大校字166号	燕山大学关于举办“2023年第十二届数量经济学国际学术会议”的总结	河北省教育厅	
8月28日	燕大校字167号	关于赵希海等同志职务任免的通知	校属各单位	
8月31日	燕大校字168号	燕山大学关于校长赵丁选率团出访博茨瓦纳必要性的请示	河北省教育厅	
8月31日	燕大校字169号	关于准予侯青航等116名硕士研究生毕业的决定	校属有关单位	
8月31日	燕大校字170号	关于准予高琦等36名博士研究生毕业的决定	校属有关单位	
8月31日	燕大校字171号	关于准予刘力卓等6名研究生结业的决定	校属有关单位	
8月31日	燕大校字172号	关于准予王康等5名来华留学研究生毕业的决定	校属有关单位	
8月31日	燕大校字173号	关于授予李伟等39名学生博士学位的决议	校属有关单位	
8月31日	燕大校字174号	关于授予陈雪涛等118名学生硕士学位的决议	校属有关单位	
9月1日	燕大校字175号	关于给安俊辰等5名学生授予学士学位的决议	校属各单位	
9月1日	燕大校字176号	燕山大学关于赵丁选同志率教育代表团访问博茨瓦纳的请示	河北省教育厅	
9月1日	燕大校字177号	关于给安俊辰等5名学生换发毕业证书的决定	校属各单位	
9月1日	燕大校字178号	关于韩增锟同志免职的通知	校属各单位	
9月4日	燕大校字179号	燕山大学关于邀请参加首届职普融通培养高质量人才研讨会的请示	河北省教育厅	
9月5日	燕大校字180号	关于表彰2023年“西部计划”志愿者的决定	校属各单位	
9月6日	燕大校字181号	燕山大学关于校长赵丁选率团出访博茨瓦纳必要性的请示	河北省教育厅	
9月7日	燕大校字182号	燕山大学关于增加限额拨款的请示	河北省教育厅	
9月9日	燕大校字183号	关于支持亚稳材料制备技术与科学国家重点实验室重组建设的通知	亚稳材料制备技术与科学国家重点实验室	
9月13日	燕大校字184号	关于黄华贵等同志职务任免的通知	校属各单位	
9月13日	燕大校字185号	关于郭小强等同志主持工作的通知	校属各单位	
9月13日	燕大校字186号	关于李国栋等同志兼职的通知	校属各单位	
9月13日	燕大校字187号	关于刘永同志职务任免的通知	校属各单位	
9月14日	燕大校字188号	关于王明利同志主持工作的通知	校属各单位	
9月14日	燕大校字189号	关于柴勇同志试用期满正式任职的通知	校属各单位	
9月13日	燕大校字190号	燕山大学关于推荐王海翔申报2023年促进与俄乌白国际合作培养项目（第二批）的函	国家留学基金管理委员会	
9月18日	燕大校字191号	燕山大学关于开展2023年度教育部重点实验室评估工作公示情况的报告	教育部科技发展中心	
9月19日	燕大校字192号	燕山大学关于邵未延长留学期限的请示	国家留学基金管理委员会	
9月19日	燕大校字193号	燕山大学关于董梁飞延长留学期限的请示	国家留学基金管理委员会	
9月13日	燕大校字194号	燕山大学关于先进锻压成形技术与科学教育部重点实验室主任变更的请示	教育部科学技术与信息化司	
9月16日	燕大校字195号	关于调整先进锻压成形技术与科学教育部重点实验室主任的通知	校属有关单位	

日期	文件编号	文件标题	主送单位	抄送单位
9月22日	燕大校字196号	关于公布创新创业课程、创新创业教育教学改革研究与实践项目、创新创业教学名师、创新创业优秀教学团队认定方案的通知	校属各单位	
9月24日	燕大校字197号	关于给予陈刚警告处分的决定	校属各单位	
9月25日	燕大校字198号	关于对陈刚的处理决定	校属各单位	
9月26日	燕大校字199号	关于印发《燕山大学人文社会科学研究平台管理办法（试行）》的通知	校属有关单位	
9月23日	燕大校字200号	燕山大学关于推荐袁晓明等7名同志申报2023年度青年骨干教师出国研修项目的函	国家留学基金管理委员会	
9月26日	燕大校字201号	燕山大学关于申请加入艺术类人才培养特别项目的请示	国家留学基金管理委员会	
9月28日	燕大校字202号	关于给王纪元等63名学生换发毕业证书的决定	校属各单位	
9月28日	燕大校字203号	关于给王纪元等63名学生授予学士学位的决议	校属各单位	
9月28日	燕大校字204号	燕山大学学生资助补助经费管理使用情况自查自纠工作报告	河北省人力资源和社会保障厅	
9月28日	燕大校字205号	燕山大学学生资助补助经费管理使用情况自查自纠工作报告	河北省教育厅	
9月28日	燕大校字206号	燕山大学学生资助补助经费管理使用情况自查自纠工作报告	河北省财政厅	
10月11日	燕大校字207号	燕山大学关于申报2024年度河北省高等学校科学研究项目（科学技术类）公示情况的报告	河北省教育厅	
10月11日	燕大校字208号	燕山大学关于申报2024年度河北省高等学校科学研究专项任务项目（科学技术类）公示情况的报告	河北省教育厅	
10月11日	燕大校字209号	关于确定燕山大学西里西亚智能科学与工程学院硕士研究生学费收费标准的决定	校属各部门	
10月13日	燕大校字210号	燕山大学关于申请新增创新型人才国际合作培养项目的请示	国家留学基金管理委员会	
10月13日	燕大校字211号	燕山大学关于申请继续执行创新型人才国际合作培养项目的请示	国家留学基金管理委员会	
10月16日	燕大校字212号	燕山大学关于报送2023年度本科专业设置情况的报告	河北省教育厅	
10月18日	燕大校字213号	关于予以储越等3名研究生退学处理的决定	校属有关单位	
10月19日	燕大校字214号	关于给予刘美江严重警告处分的决定	校属有关单位	
10月19日	燕大校字215号	关于燕山大学2022—2023学年本科生国家奖学金评审情况的报告	河北省教育厅	
10月22日	燕大校字216号	燕山大学关于申请恢复在校生李清念学籍电子注册信息的报告	河北省教育厅	
10月24日	燕大校字217号	关于给予贾元智降低岗位等级处分的决定	纪委办公室，党委组织部，人力资源处，机械工程学院党委	
10月28日	燕大校字218号	关于耿巍娜等同志职务任免的通知	校属各单位	
10月31日	燕大校字219号	关于印发《燕山大学“国防奖学金”实施细则》的通知	校属各单位	
11月1日	燕大校字220号	关于授予2023届本科毕业生杨佳颖辅修专业学士学位的决定	校属各单位	
11月1日	燕大校字221号	关于给赵苗淼等5名学生授予学士学位的决议	校属各单位	
11月1日	燕大校字222号	关于给赵苗淼等4名学生换发毕业证书的决定	校属各单位	

日期	文件编号	文件标题	主送单位	抄送单位
11月2日	燕大校字223号	关于给予马骏严重警告处分的决定	校属有关单位	
11月2日	燕大校字224号	燕山大学关于赵庆新等同志职务任免的通知	校属各单位	
11月2日	燕大校字225号	燕山大学关于郝圣旺同志主持工作的通知	校属各单位	
11月6日	燕大校字226号	燕山大学关于申报2024年度人文社科研究重大课题攻关项目公示情况的报告	河北省教育厅	
11月6日	燕大校字227号	燕山大学关于2022—2023学年研究生国家奖学金评审情况的报告	河北省教育厅	
11月7日	燕大校字228号	关于朱文华等同志职务任免的通知	校属各单位	
11月8日	燕大校字229号	关于批准高睿等224名学生调整专业的决定	校属有关单位	
11月8日	燕大校字230号	关于对2022年部分学生进行学籍处理的决定	校属有关单位	
11月10日	燕大校字231号	燕山大学关于第二批省级一流本科课程推荐结果的报告	河北省教育厅	
11月9日	燕大校字232号	燕山大学关于补报10条2013年1月授予硕士学位信息的报告	河北省人民政府学位委员会办公室	
11月13日	燕大校字233号	燕山大学关于2022—2023学年研究生学业奖学金评审情况的报告	河北省教育厅	
11月13日	燕大校字234号	燕山大学关于2023—2024学年本科生国家助学金评审情况的报告	河北省教育厅	
11月13日	燕大校字235号	燕山大学关于2022—2023学年本科生国家励志奖学金评审情况的报告	河北省教育厅	
11月14日	燕大校字236号	燕山大学关于增加2024年博士研究生招生计划的请示	教育部发展规划司	
11月15日	燕大校字237号	关于王太隆等同志任职的通知	校属各单位	
11月15日	燕大校字238号	关于公布燕山大学2021/2022学年度优秀博士硕士学位论文评选结果的通知	校属有关单位	
11月15日	燕大校字239号	燕山大学关于举办“2023亚稳材料制备技术与科学国际产学研用合作会议暨亚稳材料论坛”的总结	河北省教育厅	
11月16日	燕大校字240号	关于印发《燕山大学荣誉表彰办法》的通知	校属各单位	
11月17日	燕大校字241号	燕山大学关于推荐刘瑞晴等4名学生申报2024年中俄政府奖学金项目的函	河北省教育厅	
11月20日	燕大校字242号	燕山大学关于新增燕山大学欧洲学院硕士层次办学并申请备案的请示	河北省教育厅	
11月20日	燕大校字243号	关于印发《燕山大学募集捐赠资金奖励办法》的通知	校属各单位	
11月23日	燕大校字244号	燕山大学关于申请更正毕业生姜世俊学历电子注册信息的报告	河北省教育厅	
11月23日	燕大校字245号	燕山大学关于邀请省政府领导出席“燕山大学对接京津高校合作发展大会”的请示	河北省委教育工委，河北省教育厅	
11月28日	燕大校字246号	燕山大学关于宋紫微老师延长留学期限的请示	国家留学基金管理委员会	
11月29日	燕大校字247号	燕山大学关于申请新增促进与俄乌白国际合作培养项目的请示	国家留学基金管理委员会	
11月29日	燕大校字248号	燕山大学关于申请新增促进与俄乌白国际合作培养项目的请示	国家留学基金管理委员会	
11月30日	燕大校字249号	关于王鹏同志兼职的通知	校属各单位	
11月30日	燕大校字250号	关于给孙裕等14名学生授予学士学位的决议	校属各单位	
11月30日	燕大校字251号	关于给孙裕等14名学生换发毕业证书的决定	校属各单位	

日期	文件编号	文件标题	主送单位	抄送单位
12 月 1 日	燕大校字 252 号	关于印发《燕山大学个人信息保护管理办法（试行）》的通知	校属各单位	
12 月 4 日	燕大校字 253 号	关于给予杨曙光严重警告处分的决定	校属有关单位	
12 月 5 日	燕大校字 254 号	关于公布《燕山大学学报》创刊六十周年“十佳论文”“优秀审稿人”“团队贡献奖”“特殊贡献奖”“突出贡献奖”获奖名单的通知	校属各单位	
12 月 6 日	燕大校字 255 号	关于注销研究生李金朋学籍的决定	校属有关单位	
12 月 6 日	燕大校字 256 号	燕山大学关于报送亚稳材料科研大楼项目可行性研究报告的请示	河北省教育厅	
12 月 6 日	燕大校字 257 号	燕山大学关于推荐杜森等 2 位同志申报 2023 年青年骨干教师出国研修项目（第二批）的函	国家留学基金管理委员会	
12 月 8 日	燕大校字 258 号	燕山大学关于房屋报废拆除的请示	河北省教育厅	
12 月 13 日	燕大校字 259 号	燕山大学关于成立纪检监察学院的请示	河北省纪委监委	
12 月 13 日	燕大校字 260 号	关于予以研究生夏赛雪退学处理的决定	校属有关单位	
12 月 18 日	燕大校字 261 号	燕山大学关于陈国强同志率教育代表团访问新西兰、澳大利亚、新加坡的请示	河北省教育厅	
12 月 19 日	燕大校字 262 号	关于给予刘宇恒记过处分的决定	校属有关单位	
12 月 20 日	燕大校字 263 号	关于燕山大学亚稳材料科研大楼项目建设资金纳入财政预算管理的请示	省教育厅	
12 月 24 日	燕大校字 264 号	关于印发《燕山大学招生就业工作评优表彰管理办法》的通知	校属各单位	
12 月 26 日	燕大校字 265 号	关于印发《燕山大学改革发展研究课题管理办法》的通知	校属各单位	
12 月 27 日	燕大校字 266 号	关于表彰 2023 届毕业生就业工作先进单位和先进个人的决定	各有关单位	
12 月 29 日	燕大校字 267 号	关于印发《燕山大学公务用车租赁管理暂行规定（试行）》的通知	校属各单位	
12 月 28 日	燕大校字 268 号	关于予以吕世君等 4 名研究生退学处理的决定	校属有关单位	
12 月 29 日	燕大校字 269 号	关于修订和印发《燕山大学孔子学院工作管理办法》的通知	校属各单位	
12 月 29 日	燕大校字 270 号	关于给王鹏智等 38 名学生授予学士学位的决议	校属各单位	
12 月 29 日	燕大校字 271 号	关于给王鹏智等 38 名学生换发毕业证书的决定	校属各单位	
12 月 29 日	燕大校字 272 号	燕山大学关于报送学生公寓项目可行性研究报告的请示	河北省教育厅	
12 月 29 日	燕大校字 273 号	关于准予孙海妮等 2 名研究生转学科的决定	校属有关单位	
12 月 29 日	燕大校字 274 号	关于批准马悦等 309 名学生调整专业的决定	校属有关单位	
12 月 29 日	燕大校字 275 号	关于 2023 年对部分学生进行学籍处理的决定	校属有关单位	
12 月 29 日	燕大校字 276 号	关于给顾亚丽等 1 名留学生授予学士学位的决议	校属各单位	
12 月 29 日	燕大校字 277 号	关于给顾亚丽等 1 名留学生换发毕业证书的决定	校属各单位	
1 月 2 日（2024）	燕大校字 278 号	燕山大学关于学生公寓项目建设资金纳入财政预算管理的请示	河北省教育厅	
1 月 2 日（2024）	燕大校字 279 号	关于成立亚稳材料全国重点实验室管理委员会的通知	校属有关单位	

（供稿人：学校办公室 孔倩雯）

规章制度目录

燕山大学 2023 年制定 / 修订规范性文件目录

归口单位	文件名称
学校办公室	学校办公室会议室使用管理办法
学校办公室	燕山大学大型活动管理办法
学校办公室	燕山大学校级议事协调机构设置方案
学校办公室	燕山大学印章使用与管理办法
学校办公室	燕山大学公文处理工作办法（试行）
学校办公室	燕山大学公文版头适用范围及发文字号管理办法（试行）
学校办公室	燕山大学信息办理工作办法（试行）
学校办公室	燕山大学校名校徽管理使用规定
纪委办公室	中共燕山大学纪律检查委员会全体会议议事规则
纪委办公室	中共燕山大学纪律检查委员会委员联系基层党委工作实施办法
纪委办公室	关于加强校园廉洁文化建设的实施方案
纪委办公室	干部容错纠错实施办法（试行）
党委组织部	燕山大学 2023 年处级党政领导干部集中调整工作实施方案
党委组织部	燕山大学 2023 年科级干部集中调整工作实施方案
党委组织部	燕山大学科级干部选拔任用工作实施办法（试行）
党委组织部	关于建立基层党委会“第一议题”学习制度的通知
党委组织部	基层党委书记抓基层党建工作述职评议考核实施细则（修订）
党委组织部	中共燕山大学委员会党校工作细则
党委宣传部	燕山大学绿色学校创建工作方案
党委统战部	燕山大学铸牢中华民族共同体意识教育实施方案
党委统战部	燕山大学基层党委统战委员工作职责
党委统战部	燕山大学民族宗教网格员工作职责
团委	燕山大学学生社团建设管理办法
教务处	燕山大学教师试讲考核办法（修订）
教务处	燕山大学青年教师导师制实施办法（修订）
教务处	燕山大学关于本科生劳动教育课程修读说明的通知

归口单位	文件名称
教务处	燕山大学西里西亚智能科学与工程学院教学工作量计算暂行办法
教务处	燕山大学本科课程教学大纲管理办法
教务处	燕山大学本科专业动态调整管理办法
教务处	燕山大学本科教育教学审核评估工作方案
教务处	燕山大学本科毕业设计（论文）管理办法（修订）
科学技术研究院	燕山大学科研荣誉评选和管理办法（试行）
社会科学处	燕山大学人文社会科学研究平台管理办法（试行）
人力资源处	燕山大学职称评审工作实施细则（试行）
人力资源处	燕山大学深入实施新时代人才强校战略的若干措施
计划财务处	燕山大学财务管理制度
计划财务处	燕山大学经费审批、使用和报销管理办法（修订）
学生工作处	燕山大学关于加强新时代学生思想政治工作的实施意见
学生工作处	燕山大学研究生国家奖学金实施细则
学生工作处	燕山大学研究生学业奖学金实施细则
学生工作处	燕山大学“国防奖学金”实施细则
学生工作处	燕山大学关于新时代“翔燕工程”思政育人体系的实施意见
国际合作处	燕山大学外国文教专家薪酬管理规范（修订）
国际合作处	燕山大学孔子学院工作管理办法（修订）
国际教育学院	燕山大学国际学生招生录取工作实施细则（试行）
国际教育学院	燕山大学来华留学任课教师教学评价办法（试行）
科技产业促进中心	燕山大学赋予科研人员职务科技成果所有权或长期使用权试点工作实施细则（试行）
科技产业促进中心	燕山大学科技成果转化管理办法
信息技术中心	燕山大学个人信息保护管理办法（试行）
图书馆	燕山大学青年学生读书行动实施方案
图书馆	关于成立燕山大学青年学生读书行动领导小组的通知
档案馆（校史馆）	燕山大学全国数字档案室建设试点工作方案
校园规划建设中心	燕山大学基建工程管理办法（修订）

（供稿人：高等教育发展研究中心 刘毳）

学校外媒宣传报道目录

（一）人民日报、求是、经济日报、光明日报、新华社、中央广播电视总台等及其网络版或客户端刊载播发			
序号	宣传报道标题	媒体名称	日期
1	Diagnosis of success for Iranian TCM advocate's healthy outlook	人民日报	2023-01-14
2	长城专家董耀会人物传记《长城之子董耀会》新书出版	光明日报（中央级新媒体平台）	2023-02-05
3	秦皇岛：法治宣讲进校园 筑牢法治防线	中国新闻网	2023-02-24
4	河北秦皇岛：法治相伴 守护成长	中央广播电视总台（含央视频）	2023-02-26
5	为世界发展进步作出贡献——国际社会积极评价习近平主席对俄罗斯的国事访问	人民日报（中央级新媒体平台）	2023-03-22
6	不辍的攀登与不倦的追求——漫议董耀会《长城：追问与共鸣》	光明日报（中央级新媒体平台）	2023-03-24
7	你的样子丨毕业礼物请查收！辅导员为170名学生手绘肖像，记录青春模样	中央广播电视总台（含央视频）	2023-03-28
8	燕山大学交叉学科高水平国际化课程首次纳入研究生课程体系	人民日报（中央级新媒体平台）	2023-03-31
9	燕山大学章仕起团队研发氢能电池 可为用户全天供电	新华网	2023-04-13
10	千万师生同上一堂国家安全教育课	光明日报（中央级传统媒体）	2023-04-15
11	河北秦皇岛：一笔一世界 一字一乾坤	中央广播电视总台（含央视频）	2023-04-18
12	河北秦皇岛：外国留学生感受中医魅力	人民网	2023-04-22
13	讲好长城故事，建设书香城市	人民日报（中央级新媒体平台）	2023-04-23
14	【激扬青春】最佳“私人定制” 高校青年教师为毕业生手绘千余幅画像	央广网	2023-05-09
15	秦皇岛：建筑固废资源化 减排降碳促发展	人民日报（中央级新媒体平台）	2023-05-15
16	首届长城学论坛在河北保定举行（组图）	光明日报（中央级新媒体平台）	2023-05-16
17	秦皇岛：留学生近距离感受“山海长城”	人民日报（中央级新媒体平台）	2023-05-27
18	留学生体验京剧文化	人民日报（中央级传统媒体）	2023-06-15
19	秦皇岛北戴河：我为城市代言 让流量变“留量”	中央广播电视总台（含央视频）	2023-06-27
20	北戴河：“我为城市代言” 星推官活动启动	人民日报（中央级新媒体平台）	2023-06-29
21	秦皇岛市委政法委举办百名法学家百场报告会	人民日报（中央级新媒体平台）	2023-07-29
22	秦皇岛：暑期生活有新意 环境保护记心中	人民日报（中央级新媒体平台）	2023-07-30
23	燕山大学、秦皇岛市中医医院：外国留学生感受中医药文化	人民日报（中央级传统媒体）	2023-08-11
24	北环路街道、燕山大学：外国留学生进社区	人民日报（中央级传统媒体）	2023-08-19
25	河北秦皇岛：科技特派团赋能“小巨人”走上“快车道”	新华社（中央级新媒体平台）	2023-08-21
26	河北围场：艺术展示活动助力打造特色乡村	人民网	2023-08-28
27	燕山大学山海宣讲团开展暑期社会实践	人民网	2023-09-05
28	丝路花语——2023 首届当代中国书画名家学术邀请展	中央广播电视总台（含央视频）	2023-10-09
29	燕山大学：为归国留学人员提供广阔天地	中国网	2023-10-17

序号	宣传报道标题	媒体名称	日期
30	秦皇岛开发区：传统文化进校园	中国新闻网	2023-10-19
31	千城百县看中国丨河北秦皇岛：体验活字印刷 感悟传统文化	新华社	2023-10-27
32	博茨瓦纳第二所孔子学院揭牌	新华网	2023-11-01
33	博茨瓦纳第二所孔子学院揭牌	新华社	2023-11-02
34	燕山大学：构筑“多维矩阵式”辅导员队伍建设体系	全国高校思想政治工作网	2023-11-13
35	中国之声报道燕山大学后勤工作	央广中国之声	2023-12-04
36	燕山大学宋晓飞老师：建议本科生珍惜工作机会，先就业	央广中国之声《新闻进行时》	2023-12-07
37	燕山大学举办对接京津高校合作发展大会	人民论坛网	2023-12-11
38	秦皇岛：筑梦丝路 承古拓今	人民日报	2023-12-21

（二）科技日报、中国教育报、中国科学报、中国档案报及其网络版或客户端刊载播发

序号	宣传报道标题	媒体名称	日期
1	燕山大学在北美建立首家境外办学机构	科学网	2023-01-11
2	千方百计促进大学生就业|燕山大学：访企拓岗聚资源 线上线下促就业	中国教育报	2023-02-22
3	燕山大学获批第二个教育部重点实验室	科学网	2023-03-30
4	全国首家长城主题书店落户燕山大学	中国教育报	2023-04-28
5	燕山大学：奋力将“问题清单”变成“成效清单”	中国教育报	2023-06-07
6	燕山大学：助推地方新兴产业发展	中国教育报	2023-07-10
7	多地高校积极部署，开展受灾地区学生帮扶救助工作 心系受灾学生 倾情纾困解难	中国教育报	2023-08-07
8	燕山大学：校史成为思政教育“活教材”	中国教育网	2023-09-11
9	燕山大学：校史成为思政教育“活教材”	中国教育报	2023-09-11
10	燕山大学全力推进数字档案室建设	中国档案报	2023-10-02
11	一位老师和一座被艺术改变的山村	科学网	2023-10-17
12	燕山大学举办“筑梦丝路”参观研学活动	中国科学网	2023-12-07
13	为京津冀协同创新装上新引擎——河北燕山大学举办对接京津高校合作发展大会	中国科学网	2023-12-10
14	燕山大学举办对接京津高校合作发展大会	科学网	2023-12-10
15	为京津冀协同创新装上新引擎	科技日报	2023-12-11
16	燕山大学举办对接京津高校合作发展大会	中国教育新闻网	2023-12-11
17	燕山大学举办对接京津高校合作发展大会	中国科学报	2023-12-14
18	燕山大学生命健康与智能医学学院揭牌	中国教育报	2023-12-22

（三）河北日报、河北广播电视台、长城网等及其网络版或客户端刊载播发

序号	宣传报道标题	媒体名称	日期
1	配套科研启动经费 600 万元！燕山大学诚邀海外优秀青年人才申报海外优青项目	河北日报	2023-01-05
2	点点星火，汇聚燕赵力量	河北日报	2023-01-05

序号	宣传报道标题	媒体名称	日期
3	燕山大学经颅超声刺激系统精彩亮相	长城网	2023-01-11
4	燕山大学获批国家重点研发计划项目	河北日报	2023-02-09
5	燕山大学在美国建立境外办学机构	河北日报	2023-02-23
6	燕山大学（鹿泉）新一代电子信息产业技术研究院成立	河北日报	2023-03-07
7	燕山大学获批中国科协海智计划基地	河北日报	2023-03-16
8	为大国铸重器	河北日报	2023-03-23
9	燕山大学交叉学科高水平国际化课程首次纳入研究生课程体系	河北日报	2023-03-30
10	燕山大学“智能控制与神经信息处理”教育部重点实验室获批	河北日报	2023-04-13
11	国内首家长城主题书店落户燕山大学	河北新闻网	2023-04-23
12	“长城魂”长城十三关主题画展、“行走长城”绘画巡回展燕山大学站开幕	河北新闻网	2023-04-23
13	燕山大学举办第二届东北亚古丝路文明论坛	河北日报	2023-04-23
14	【学思想 强党性 重实践 建新功】学思用贯通 知信行统一 推动主题教育扎实有效开展	河北广播电视台	2023-04-26
15	河北秦皇岛：毕业季手绘画作“私人定制”	长城网	2023-05-09
16	燕山大学驻银里村工作队获承德市委肯定	河北新闻网	2023-05-12
17	传承长城文化！燕山大学首提“建构长城艺术学学科”理念	河北新闻网	2023-05-15
18	充分发挥学科教育优势！燕山大学首次提出“构建长城艺术学学科”理念	长城网	2023-05-16
19	燕山大学成立双碳科学与技术研究院	河北日报	2023-05-18
20	提供5000余个招聘岗位！河北省高校服务全省12大主导产业专场招聘会在燕山大学举行	河北日报	2023-05-19
21	8家企业28个需求点现场对接！燕大科技园这场沙龙活动值得点赞	河北日报	2023-05-25
22	燕山大学“一站式”学生社区：实现育人“零距离”	河北日报	2023-05-25
23	燕山大学成立主题教育理论辅导组	河北日报	2023-05-25
24	全面对标对表逐项抓好落实 奋力开创高质量发展新局面	河北日报	2023-05-27
25	省委十届四次全会极大激发全省党员干部群众干事创业热情 全面对标对表逐项抓好落实 奋力开创高质量发展新局面	河北日报	2023-05-27
26	燕山大学：在服务经济社会发展中建功立业	河北经济日报	2023-05-29
27	燕山大学荣获“国创计划”十五周年优秀组织奖	河北日报	2023-06-08
28	提供更多就业岗位——我省高校毕业生就业调查（上）	河北日报	2023-06-13
29	以实际行动在乡村振兴工作中建新功 燕山大学驻村工作队主题教育进行时	河北新闻网	2023-06-14
30	燕山大学以实际行动助力乡村振兴	河北日报	2023-06-17
31	【学思想 强党性 重实践 建新功·学思用贯通 知信行统一】燕山大学：发挥智力资源优势 助力经济高质量发展	河北广播电视台	2023-06-19
32	燕山大学成为全国数字档案室建设试点	河北日报	2023-06-29

序号	宣传报道标题	媒体名称	日期
33	燕山大学“双线”并行立体式推进主题教育督导工作	长城网	2023-07-05
34	政策“组合拳”助毕业生就业创业	河北日报	2023-07-10
35	河北省第六届大学生结构设计竞赛在燕山大学举办	河北日报	2023-07-17
36	燕山大学：向问题开刀 为发展开路	河北共产党员网	2023-07-18
37	我省举办大学生结构设计竞赛	河北日报	2023-07-20
38	燕山大学荣获教育部高校科研优秀成果奖	河北日报	2023-07-20
39	燕山大学车辆与能源学院毕业生张乾成 从科研“小白”到学术“达人”	河北日报	2023-07-20
40	倪岳峰在秦皇岛市调研	河北电视台	2023-07-22
41	倪岳峰在秦皇岛市调研	河北省人民政府官网	2023-07-22
42	第三届一带一路暨金砖国家技能发展与技术创新大赛工程仿真创新设计赛项总决赛在秦皇岛闭幕	河北广播电视台	2023-09-24
43	燕山大学举办“家国重器·魅力机械”实验室开放科普日活动	河北日报	2023-11-04
44	燕山大学“硬核科技＋精准服务”赋能地方发展	河北经济网	2023-11-20
45	燕山大学：第三届校史文化节“岁月烙印、迹忆犹新”非遗烫画体验活动成功举办	长城网	2023-11-20
46	我省刘日平张福成两位教授当选中国工程院院士	河北日报	2023-11-23
47	河北省刘日平张福成两位教授当选中国工程院院士	河北广播电视台	2023-11-23
48	科技报国 初心永挚——访中国工程院院士、燕山大学亚稳材料国家重点实验室主任刘日平	河北日报	2023-11-28
49	燕山大学举行新时代党建示范创建和质量创优工作展	河北新闻网	2023-12-05
50	燕山大学对接京津高校合作发展大会在秦皇岛举行	河北广播电视台	2023-12-10
51	秦皇岛：燕山大学对接京津高校合作发展大会举行	河北公共旅游频道	2023-12-10
52	燕山大学开展纪念“一二·九”运动主题活动	河北新闻网	2023-12-12
53	燕山大学与京津高校、科研院所签订 9 个合作协议 搭建京津冀高校交流合作新平台	河北日报	2023-12-21
54	燕山大学 2024 新年音乐会奏响新年华章	河北广播电视台	2023-12-29
（四）秦皇岛日报、秦皇岛市广播电视台及其网络版或客户端刊载播发			
序号	宣传报道标题	媒体名称	日期
1	凝心聚力谋发展 履职尽责谱新篇——市政协十四届三次会议开幕侧记	秦皇岛市人民政府官网	2023-02-08
2	发挥大学独特优势 挖掘地方特有历史 让“死资料”变成会讲话的“活教材”	秦皇岛日报	2023-02-22
3	燕山大学获批中国科协海智计划基地	秦皇岛日报	2023-03-10
4	“燕大杯”全国业余女子围棋锦标赛在我市举行	秦皇岛日报	2023-03-11
5	打造“多域沉浸式”文化育人场景	秦皇岛日报	2023-03-22
6	创新创业教育成果激发青春梦想	秦皇岛日报	2023-03-29

序号	宣传报道标题	媒体名称	日期
7	河北秦皇岛：外国留学生感受中国传统文化	秦皇岛新闻网	2023-04-03
8	燕山大学举办乡村振兴手绘作品展	秦皇岛日报	2023-04-21
9	社校联建 同心共学	秦皇岛日报	2023-04-24
10	燕山大学双碳科学与技术研究院揭牌	秦皇岛日报	2023-04-25
11	第二届东北亚古丝路文明论坛在燕山大学举行	秦皇岛日报	2023-04-28
12	燕山大学举办第二届校史文化节	秦皇岛日报	2023-05-10
13	2023“秦马”高校志愿者：我们准备好了！	秦皇岛新闻网	2023-05-11
14	你看你看，“秦马”的画面……	秦皇岛新闻网	2023-05-14
15	抓实思想理论武装 筑牢理想信念根基 燕山大学抓实抓细主题教育理论学习	秦皇岛日报	2023-05-15
16	燕大科技园携手海港区工商联举办企业沙龙	秦皇岛日报	2023-05-24
17	感知中国——感受“山海长城”文化体验活动举行	秦皇岛日报	2023-05-24
18	保研 + 考研，两个宿舍 10 人全部上岸！燕大学霸宿舍的优秀秘籍是……	秦皇岛晚报	2023-05-28
19	燕大科技园举办人力资源管理“大讲堂”	秦皇岛日报	2023-06-28
20	描绘青春绚丽画卷 燕山大学开展“新时代·新青年”青春心向党、奋斗新征程系列活动	秦皇岛日报	2023-07-22
21	让中华优秀传统文化扎根高校 燕山大学举办“丝路花语——2023 首届当代中国书画名家学术邀请展”	秦皇岛日报	2023-09-27
22	全新打造“以史育人 以文化人”新模式	秦皇岛日报	2023-09-27
23	抚宁区与燕山大学开展项目对接交流	秦皇岛日报	2023-10-23
24	燕大科技园开展“燕创山海行”双创品牌活动	秦皇岛日报	2023-10-30
25	搭建中外文化交流平台 共享和谐世界无穷魅力 燕山大学举办第六届国际文化节	秦皇岛日报	2023-10-30
26	聚焦热点领域 搭建交流平台 海内外专家在我市探讨亚稳材料科研课题	秦皇岛日报	2023-11-08
27	普及科学知识 领略机械魅力 燕山大学举办“家国重器·魅力机械”实验室开放科普日活动	秦皇岛日报	2023-11-15
28	燕山大学对接京津高校合作发展大会在我市举行	秦皇岛市广播电视台	2023-12-11
29	燕山大学对接京津高校合作发展大会在我市举行	秦皇岛日报	2023-12-11
（五）网络媒体刊载播发且点击量在 3 万以上			
序号	宣传报道标题及改革事项	媒体名称	日期
1	首个！地方强校，入选全国试点	新浪财经	2023-02-08
2	燕山大学：当唯美壁画“遇上”国之重器	冀云	2023-03-28
3	燕山大学师生手绘乡村振兴美好图景	冀云	2023-04-18
4	“丝路跫音”吴建科邓树平绘画作品展在燕山大学展出	燕山大学人民号	2023-04-18
5	走进燕山大学图书馆	燕山大学人民号	2023-04-23

序号	宣传报道标题	媒体名称	日期
6	燕山大学：书香致远，春来读书正当时	燕山大学学习强国	2023-04-23
7	燕山大学：学深悟透凝心铸魂 扎实推进主题教育走深走实	冀时	2023-04-23
8	燕山大学成立双碳科学与技术研究院	冀云	2023-04-24
9	燕山大学举办第二届东北亚古丝路文明论坛	冀云	2023-04-24
10	【学思想 强党性 重实践 建新功】燕山大学：抓实思想理论武装 筑牢理想信念根基	燕山大学学习强国	2023-05-15
11	学思用贯通 知信行统一 | 燕山大学：抓实抓细主题教育理论学习	冀云	2023-05-17
12	燕山大学：探秘东北亚古丝路文明博物馆	燕山大学学习强国	2023-05-18
13	学思用贯通 知信行统一丨燕山大学：在服务经济社会发展中建功立业	冀云	2023-05-27
14	C919，首次商飞！燕山大学，助梦飞翔！	燕山大学官方微信	2023-05-28
15	我的河北故事 | 诗词里的秦皇岛	冀时	2023-06-02
16	我的河北故事 | 海滨城市的惬意生活	冀时	2023-06-08
17	燕山大学：创新主题教育载体 确保学习活动成效	冀云	2023-06-08
18	你要写燕山大学，就不能只写燕山大学！	燕山大学官方微信	2023-06-15
19	你要写燕山大学，就不能只写燕山大学！	燕山大学人民号	2023-06-15
20	燕山大学“双线”并行立体式推进主题教育督导工作	冀云	2023-07-05
21	百姓看联播丨“最强外脑”为轮毂去毛刺	冀云	2023-07-05
22	燕山大学在科技赋能经济高质量发展中做好新时代答卷	冀云	2023-07-15
23	燕山大学荣获高等学校科学研究优秀成果奖科学技术进步奖二等奖	冀云	2023-07-18
24	秦皇岛：科技特派团赋能“小巨人”走上“快车道”	冀时	2023-08-23
25	第三届一带一路暨金砖国家技能发展与技术创新大赛工程仿真创新设计赛项总决赛在秦皇岛闭幕	冀时	2023-09-24
26	全国业余女子围棋锦标赛在秦皇岛开赛	冀时	2023-10-09
27	燕山大学：走进机械实验室 感受科技魅力	燕山大学学习强国	2023-11-01
28	沉痛悼念并深切缅怀周铁农校友！	燕山大学官方微信	2023-11-04
29	喜报！两位燕大人当选中国工程院院士！	燕山大学官方微信	2023-11-23
30	燕山大学东北亚古丝路文明博物馆举办“筑梦丝路”参观研学活动	冀云	2023-12-05
31	燕山大学对接京津高校合作发展大会在秦皇岛举行	冀云	2023-12-10

（供稿人：党委宣传部 蔡常山）

2023届本科毕业生名单

机械工程学院

机械设计制造及其自动化

机电（卓越）19-1班：

许开元　王琪汇　张立润　纪佳硕　林树权　轩永志　王浩权　王铭昊　付艳辉　蒙祖海　贾天宇　李建钊　王童正

机电19-1班：

宋旭初　陈昱霖　周跃正　吴　磊　田士骏　王　添　朱　亮　张跃振　王晓磊　贾子雄　马家伟　陈子健　刘展硕　韩明涛　徐超凡　张俊钰　郭则存　赵作龙　马志浩　王乔艺　张忠坡　安俊杰　孙季田　常晓龙　杨远帆　张宇坚　高　桐

机电19-2班：

刘元博　云泳力　龚为富　李宗蒲　曹沥壬　杨　健　王恩诚　钱昊溶　何凯阳　宋逍遥　张施展　张志进　史天琦　司荣琦　董汶艺　郝世博　陈伟奥　张晏铭　齐　鹏　任子硕　邓　鹏　齐浩楠　裴皓宇　张学骞　李晓猛　梁泽奇　刘　洋　梁梦宇

机电19-3班：

段伟琪　夏　爽　赵元昊　王朝阳　徐　攀　贾世鲲　龙诗豪　王泽华　李　帅　薛杰王　张心旺　胡襄屏　杨晓伟　陈　庚　张自立　杨宇杰　高泽朋　李新豪　白宪冲　刘雨昂　李浩楠　曹佳文　李　帅　梁笑天　李文豪　黄俊杰　杨　杰　南冰倩

机电19-4班：

李相宇　潘德诗　胡佳绪　刘　盖　王慧翔　曹毅达　任可欣　张　埔　李鹏飞　马浩楠　刘禄沛　唐　俊　杨　颖　刘浩楠　赵誉钧　李东辉　刘子康　杜爱宁　何津宇　赵建帅　刘志鹏　敖　帅　高明泽　吴今言　于锦川　史贺天

机电控制（卓越）19-1班：

张亚寒　孙伟克　赵国君　杨　晨　李天尧　王晰绩　龚政印　弟梓铭　李博妍　徐明江　程逸翰　陈迪庆　王嘉伟　刘炳淋　王福源　张财瑜

机电控制19-1班：

陈　凯　慈　克　王　淇　孙耀威　房耀迪　王　康　郑智琨　李雨航　李　洋　杨昱昊　戚鸿光　李海龙　陈　彦　邓　辰　刘建峰　李子淇　薛　睿　李宣潼　曾文甫　郝雪庆　李登科　李恩照　张东帆　张子艺　严知宁　刘金华　韩　浩　邵晨淼　牛芷婷　郭雨萱　陈彦合　周景轩

机电控制19-2班：

李　健　李光辉　黄政一　王腾达　陈宣谕　王召尘　张文龙　王浩宇　朱海朋　林　浩　吴　越　蔡鹏阳　王吉辉　任天驰　焦家伟　董家旭　王海煊　李　括　林黄涛　李海鹏　李　蕾　龚振明　薛广路　高　乐　李东旭　张　林　杨朝坤　李明睿　张大卫　李映澄　王　翟　赵乙泽　梅珂铭　孙清洋

机电控制19-3班：

韩震霄　刘保生　刘泽磊　吕晓森　王　震　王　倩　于昊辰　马兆闯　沈文奎　魏江泽　张腾飞　史建川　郭　鑫　陈　阳　王　韬　车怀宇　刘梦瑶　庞有玺　张世博　王世豪　谢濮泽　翟　过　谢家乐　史国昭　申　奥　郑伟旭　张　羽　李宗瑞　倪　捷　王浩宇　李鹏佳　刘昌林　孙肇禧

机电控制19-4班：

周小淞　杨世城　周学海　蒋富新　白　苇　吴子博　张晓航　田虎振　费庭益　胡　旭　杨荣豪　丁旭刚　张　壮　张一凡　巴晓岚　郭沛泓　胡博成　卢　汉　周　天　张新禹　许孟源　赵俊烨　李旭昇　王建鑫　王康伟　韩嘉祥　武文浩　张　震　刘献行　邓济阳　刘金恒

机设19-1班：

宋璐璐　赵　南　轩诗语　杜云龙　杨宇宁　唐海洋　窦泽城　常芮豪　李佳会　赵丽莹　李治洪　曹睿博　岳旭超　王焱凯　李天朝　闫　浩　闫　畅　庞永强　李佳龙　叶文凯　周友云　张　兴　韩　闯　余松松

机设19-2班：

王晓聪　高志轩　马振国　田　威　崔文亮　廖洪岑　张秀斌　龚　政　贾一鸣　张海阔　马常晟　刘文静　吴　昊　汝冈蓉　肖邦昱　王雨豪　边兆斌　王开斌

米成睿　王佳骏　孙贺伟　郭晨洋　吴　阔　王浩哲
陈思旭

机设 19-3 班：

赵文欢　张云峰　李　明　王恩泽　郝宝志　李伊凡
朱玺玉　周金宇　李　涛　张益宇　王来东　王叶文
盛　文　梁鑫宇　王泽一　安一诺　殷玉涵　彭　晨
杨贯宇　王梓辰　李泽楠　冯闰萌　唐　浩

机设 19-4 班：

商泽政　闫玉生　邓作炜　郑宇航　尹　旭　盛运政
张新芮　袁宗霖　郭晓龙　郭栋伟　荣开心　付文昊
张　海　李冠峰　张建华　程远平　郭振宇　梁根福
丁宇宁　宋维庭　任思瑶　赵　贺　宋月晗　刘俊汝
文昭晗

机制 19-1 班：

姜连杰　赵云龙　马绍涵　魏骁勇　胡宇鑫　张钰杰
侯梦雪　夏翌伟　李恩铭　任瑞思　杨艳妮　郝林浩
赵锴凝　刘　毅　解济铭　刘　洋　张　驰　徐　灿
次泽龙　邢　爽　张海清

机制 19-2 班：

李世垚　马一帆　王亚星　蒋天元　李嘉乐　孔梦炜
钟金洋　王金水　杨卓凡　王金增　葛俊杰　任绍磊
袁　洁　尤　硕　徐嘉伟　曹荣雷　耿振隆　刘运杭
胡博伦　樊岚清　苏　澎　张西亭　李亚泽　巩　超
樊卿波　罗嘉豪

机制 19-3 班：

王　硕　陈明昊　曹飞扬　马湉杭　袁泽龙　杨凯夫
孙　康　张梦泽　江　磊　孙丹宁　贺天昊　赵星晨
郭林豪　路文龙　赵晨阳　王高杨　李超然　秦国浩
赵梓杰　高　健　赵鲸凯　李浩政　刘　坤　郭马笑雨

机制 19-4 班：

韩宇帆　李　奇　何烨超　杨清宇　姜彭成　朱成楠
王昭文　罗钟浩　夏同乐　靳志鹏　张宇翔　胡风志
林迅全　王　龙　陈　龙　叶泽鹏　崔建伟　王鑫宇
张珂玮　房泽邦　张博达　罗千羽　魏天佑　刘世伟
田　畅

冶金机械 19-1 班：

孙东升　黄成文　张　硕　张　浩　王小龙　王浩渊
苑子侯　刘　委　董昊捷　杨　朔　刘博伦　李孚禛
江润琪　刘　灏　赵国梁　刘　洋　林志贤　庞子旺
蒋　钊　武梓涵　李远洋　王　备　韩　旭　张　旭
魏少鹏　于子睿　卢旭亮　姜善宝　吕伊水　曲希蕾

冶金机械 19-2 班：

王健宇　钱纾轶　刘　硕　高文谱　田晓慧　李之正
刘广辉　张　胜　文浩霖　陈晓锴　曾　琳　邵盼涛
李宝宝　次晓旺　胡文慧　鲁高杰　王恩旺　孙腾阔
施赵杰　杨世龙　姜鹏飞　王永康　赵腾祥　李振旗
王新迪　贾　博　任兴民　谷晓鹏　叶晓磊　王琳轩

冶金机械 19-3 班：

陈文军　李云龙　沈雅楠　李季洁　马博文　夏江圣
邵爱鹏　刘　岩　修德龙　利祥飞　徐良玉　芦建康
陈锦言　陈　更　熊术茗　李博文　王晨旭　袁海博
李家豪　张昭松　张子泽　潘子航　倪博宇　张安邦
门一彤

冶金机械 19-4 班：

吕先坤　赵贺宁　刘雨棋　李金龙　周　超　李红旭
王宇辰　尚天浩　丁瑞旭　王礼阳　黄鹏达　周思桐
赵宇航　李晓龙　李怡轩　王海洋　史奥博　苗江丰
闫湛文　赵浩东　张晓铭　李向前　葛鹏程　康子鹏
杨千潮　韩耀楠　陈祺凯

冶金机械 19-5 班：

张　喆　张　聪　田君杰　徐晗宇　杨　浩　乔　洋
张梦瑶　王文辉　李彦恒　张可迪　王　浩　高志航
李志伟　商英龙　张少坤　张润通　刘家豪　毛同兴
张博皓　陈昌浩　秦华森　冯益涛　张沐霖　孙　冰
刘晨旭　黎显城　王俣珂　张　航　王永胜　赵思语

冶金机械 19-6 班：

王帅博　张云超　穆子阳　董鹏飞　张金顺　王雪龙
冀民浩　张汉义　王文涛　卢祥宇　何丽莹　黎婷婷
陈朝銮　郝子鹏　亢彦奇　张祖源　高　杰　韩　卓
张　超　王晟泽　沈世辰　胡文俊

材料成型及控制工程

材料成型 19-1 班：

唐飞翔　岳雨菲　王沛垚　张月华　宋美儒　甄雷涛
艾志文　廖临鸿　张文玲　陈厚堂　谷晓良　李轩屹
刘明瑞　章　锐　穆利双　钱　浩　刘凯岳　冯　硕
陈金帆　刘兆禹　甄兴泽　陈嘉俊　黄宝富　曹宇轩

朱叶欣　武士欣

材料成型 19-2 班：

江　程　朱　锴　刁雪宁　陈楷文　王　晗　李思瑶
胡　睿　梁凯扬　张世涛　白振宇　石东阳　张世英
刘锐航　李素平　张　轲　赵相戎　郭子倩　佟浩然
潘　磊　邓福清　刘　为　方子横　付田婧怡

材料成型 19-3 班：

覃祥书　李晓龙　樊志龙　黄立春　姜凯迪　徐兆有
谢奕凡　杨林腾　赵　欢　关笑千　张梓仪　赵云龙
王佳惠　崔雨露　林嵩植　吴清宇　白冰涵　李艳林
刘伟众　周　健　安俊芬　商祖凡　士兵强　占求兵
王金金　刘　通　赵　迪

材料成型 19-4 班：

杨婉如　许敬豪　耿梓涵　王　冉　宋梦辉　张　越
王紫辰　殷崇光　董　硕　曲瑞佳　尹霆轩　孟　涵
彭　娇　张　垚　杨新仪　曹勇俊　杨　淋　李儒俊
张建策　李　曼　邓勃然　张世博　李子怡　赵佳奇
秦家锐　李其峰　王声泓

材料科学与工程学院

材料物理

材料物理 19-1 班：

张润润　严　磊　韩盼星　计宣帆　徐平俊　楚雨森
秦诗棋　王子瑄　李京奥　刘紫璇　肖新航　张素素
杨　勇　陈佳豪　孙芳玉　姜元祺　石庆波　尹欣然
王　盛　刘嘉义　密其超　韩　正　焦媛媛　丁　一
薛童新　赵晨炯　张鹤云　贺茜亚

高分子材料与工程

高分子 19-1 班：

孔佑震　李　征　梁杰熙　兰林凤　孙振堃　刘　磊
张晓雨　张雪静　赵子飞　平昕航　孙逸飞　万　耀
刘　姚　姚鹏磊　赵子轩　王怡然　王梓淇　董兆全
常宇凡　张一凡　赵　薇　安明锐　官孟翔　王　雨
宋嘉奇　谭安宁　陈思聪　柳向杨

无机非金属材料工程

硅酸盐 19-1 班：

李余跃　刘伟烁　李晓琳　袁　博　刘昕浩　周　烁
刘珊珊　陈　龙　张霖朝　陈　圣　宁　巍　秘　阳
郭亚涛　王露崎　张桓翊　何治安　单　菲　丁文全
张婷婷　毛辰毅　张益铭　赵颂洋　肖子信　马海涛
秦　哲　刘晓威　范泽普

超硬 19-1 班：

蔺鹏起　陆思雨　安浩泽　刘嘉欣　崔家宁　王飞杨
付文迪　鲁佳琪　张　帅　王佳乐　王博恒　孟浩臣
张博峰　黄一涵　周贻冰　马腾伟　宋　歌　周雨晴
邢　迪　赵子豪　马源浩　王继宇　杨文韬

金属材料工程

焊接 19-1 班：

褚博阳　谭　旭　廖伟峰　谷雪萌　王艳庆　陈明禹
郝宇轩　周开文　杨振兴　贾逸飞　姚　远　温　奇
邹　涵　刘　念　田朝阳　徐宏杰　王志为　乔　鑫
黄朝辉　赵文瀚　单晓星　徐长静　何云翔　李雨娇
孙雅贤　李　良　李一鸣　孟昕雅　王瑞宇

热处理 19-1 班：

姚佳慧　白康馨　田昊哲　孙经纬　郝家梁　于洪蕊
张奥成　杨　晴　张金成　马志毅　唐伟东　夏永康
郭浩浩　付　尧　刘　琪　贾永祺　张子怡　孙仲雯
李国正　李牧祎　高学伟　阴祥林　范泽兵　李　文
吴　旋　周润祺　李淑潭　毛佳伟

热处理 19-2 班：

卢晓宇　李龙胜　王郁静　杨　旭　赵敬敬　胡子晗
张洪然　刘心怡　喻　航　刘逍宇　于家明　李笑笑
白艺萌　周子翔　白昱林　王志远　苏艺伟　徐少帅
赵一霖　高　兴　赵世新　曹金旭　孙世玉　毕　奇
赵艳杰　杨丽媛　曲彦宵　汤晨曦　洪　陶　武晓慧

电气工程学院

自动化

工自 19-1 班：

陈效琳　郝文硕　张皓煜　吕　琳　武　怡　刘思圻
高文浩　杨世宇　王　铜　何东升　李辰烁　刘　聪
周　航　陈培涵　王　佳　杨　杰　刘浩远　张广宁
王　宇　李　晶　马文杰　徐浩轩　赵睿弘　苏雄浩
吴慧璇　张仁溥

工自 19-2 班：

沈佳楠 宿德龙 周梓萌 王 琪 姚丹蕊 栾晓帅
田 烜 李家辉 黄俊翔 韦柯成 韩 磊 邓博阳
徐世博 蔡 俊 吴芳远 许博瑞 周慈恩 张 麒
吕言博 冯钊如 冯 鸣 刘思远 李泽凯 曹晓娟
于嘉伟 赵振雯

工自 19-3 班：

石亚强 杨 悦 刘宝隆 杜聪雨 王学禹 孙帆雄
刘新宇 匡 杨 李肖钰 杨燕龙 吴 杰 申文珊
张晓宁 赵吉涵 刘瑜瑶 黄少轩 董禹希 王佳琪
王景龙 张丁宇 崔庆壮 尤俊贤 石浩枫 李 悦
李建鑫

工自 19-4 班：

蔡兴荣 唐艳顺 马永政 邱 颖 沈延冲 杨 辉
尹文超 郑昊辰 林 悦 郭晋民 陈 静 高鹏辉
刘祚辰 曾献朝 雷宏声 张博伦 杜学婷 朱黎明
王梓旭 杨沅尚 李庆伟 张梦雨 马金磊 曹富宇

工自 19-5 班：

谢正安 崔 朔 崔启沃 刘明阳 李丹雨 李 宁
刘纯瑜 陈 硕 武关瑞 李文鹏 赵 射 赵学睿
蒋 乐 桂 榕 苑梦实 叶润安 官平岩 李锦鹏
郭伟豪 侯晓楠 郭亚豪 刘奥仁 高 耸 黎先曜
张任飞 苏晓颖

工自 19-6 班：

张洪有 路一鸣 韩坤育 梁雪莲 董毕卓 郭志远
李浩男 王经纬 刘子涵 郭少博 袁明宇 牛成元
孔哲轶 王雪佳 王晨旭 石 乐 张宇轩 董嘉峻
瞿红强 石春雪 李 帅 徐佳伟 刘 茂 王一帆
锁金浩 刘 畅

过控 19-1 班：

冯宇浩 王春雷 郑灏征 尹晨丰 李 敬 王宏宇
曹逸晗 李晨阳 卢其哲 朱泳州 丁关旺 唐德威
石子恒 刘 婷 吴汉彬 刘星宇 巢敬尧 刘一铮
顾若琛 刘旭辉 刘 旭 张月新 孙庚辰 王震川
谷孟轩 胡海洋 曹霖静 李和雨 冯榆婷 郝 硕
骆思其 何建安 张素琪 高寒松

过控 19-2 班：

王 琛 杜思齐 郝泽洋 刘俊豪 韩 昆 韩 翔
王梓煜 刘嘉成 左国辉 韩晓时 葛 桐 王文瑄
牟靳松 潘军辉 于芳淳 陈伟健 马 腾 张胜辉
刘文博 姜 昊 应 骏 李松松 徐佳豪 孙永康
赵文暄 陈泽森 常鹏飞 裴羽中 刘力源 苏佳怡
马 鼎 赵 蕊 李 奥 刘子豪

过控 19-3 班：

陈浩东 彭登武 修全昊 刘云昭 刘 桐 马战超
付邦国 赵万宇 焦江一 余志坚 陈 茜 齐子豪
胡治承 陈 思 张 哲 陈文譞 刘子熠 王子龙
王浩然 师新潮 王含月 刘梁成 王文泽 宋丹娅
张舒琪 韩轶凡 刘文浩 王奥政 崔埔源 高宇飞
邵文博 胡林燊 李宇豪 刘 波

过控 19-4 班：

王 瑶 王文琦 李鹏涛 崔志远 冯子才 陈计怀
宋明照 林 峰 侯嘉豪 于金东 李轶凡 张英豪
唐 楠 井广朝 袁永贺 姚康辉 刘彤彤 石 彦
李 康 何清滢 成依潮 李忠嘉 陈 旭 李晨鹏
许千澳 张 轩 马琨竣 刘泽洋 覃基翃 代 言
王 上 魏美晨

测控技术与仪器

检测 19-1 班：

刘泽楷 仇利伟 李朝辉 李京龙 高晗斌 李天宇
陈金哲 文渝淞 程远智 贾秋畅 白治松 胡文超
刘浩远 王 东 刘秀城 刘建辉 赵润丰 罗美晴
李自强 张 飒 黄志航 马 雯

检测 19-2 班：

杨永建 田梦莹 张 翔 刘雨晨 李文静 王 龙
刘恩彤 陈伟鑫 李陇捷 杨新迪 罗 霄 果家隆
商瑾涛 王星硕 贺佳莹 高姗姗 王梓旭 张 欣
孙泽璇 王润田 王 豪

检测 19-3 班：

齐继旺 何 健 薛 彬 姜 莹 孙 宇 郭洪磊
谢天宇 王毅飞 李坤晓 邵 迪 张松林 徐言广
高 远 张曦鹏 荣云辉 张永智 张思齐 袁佳月
张宝宝 金童童 王泽佳 刘浩佳 刘泽松 粘亚茹
郭志豪

检测 19-4 班：

张佳旭 王梦晴 安婧瑞 李一凡 郑智坤 苏嘉贤
王天雨 杜双龙 丁浩然 刘一楠 李宏楠 蔡 越

王俊杰　魏学龙　安　宇　顾文龙　王鑫利　范旭策
王　浩　陈志琦　孔维帅　徐成浩　解东浩　杨子易
李世纪

检测 19-5 班：

曾雯婷　苏其赟　胡　渊　冯浩然　张福财　张倩汝
赵　云　范卫彬　王　明　刘　欢　王鑫睿　李永德
甄亚涛　陈吉星　王　宁　李慧聪　夏永星　杨雪航
尹　彪　崔嘉辉　宋昊宇　李鹏川　刘子涵

检测 19-6 班：

王彦淞　赵紫婷　张寒松　黄纪卓　马福祥　李鹏飞
丁亚楠　刘紫明　陈　晗　牛松昊　张艺强　郑丹阳
张朴诚　康佳琳　焦宇通　刘子辰　危志伟　彭可桢
刘　帅　郝　悦　陈泽锡　王京程　邢腾艳

仪表 19-1 班：

张　驰　张宇妍　林海燕　孙晓凡　马文龙　郑子庞
林琦盛　殷宁宁　李承泽　李亚飞　陈治汀　李　茜
鲍思源　孙永奥　李豪昌　杨　帆　程鹏举　韩佳琪
陈　磊　赵小雪　吴天远　王文波　张思雨　杨建新
王雅栋　周晓东　程　然　张本周　柳彦承　鲍羿夫
邢慧媛

仪表 19-2 班：

罗安泽　王相博　王天骥　安桐桐　许斯博　野楷漩
周一诺　张悦宁　宋昊东　张　墨　朱裕威　宁星维
甄嘉乐　张　驰　殷承悦　李鸿图　刘泽明　常嘉俊
秦　倩　程云菲　狄一帆　胡佩佳　徐志霄　杜浩宇
赵　妍　庞昊明　米子航　张震铎　刘子铭　苏佳豪

仪表 19-3 班：

李洪贤　柳惠文　孙　磊　常若雨　周　灿　李　静
王　硕　董晓梦　郝新硕　张　晴　石乐瑶　刘　扬
徐　冲　崔嘉旺　孟露露　马逸凡　刘梦晨　李　博
刘屹然　范景景　何展振　佟九姝　段良松　王叶凡
李　尧　贾琳涵　张智超　刘现金　宁　达　汤伟杰
张　珂　吴　双　郭福利

仪表 19-4 班：

付雲晖　张亚川　张　悦　白佳幸　王芷若　靳　诺
高逸航　裴文玉　吴涵天　赫旭凯　范向阳　郑如涛
杜金雨　殷玉杰　何　敬　苑煜海　陈韦轩　柳永天
谢永浩　张新宇　李东昊　张江伟　葛熙卓　崔　迪
王泽涛　田秀娟　李梦杰　李幼楠　李美琳　王继洲
胡艺凡

电气工程及其自动化

应电 19-1 班：

史晨阳　樊欣慰　张梦雨　刘佑萌　梁芷晴　耿雨晴
李泽政　张博通　张欣岳　欧阳升　何依林　李思朴
程家辉　高洋佳　杨德猛　王　斌　邓若冰　司华哲
欧　帅　戴依江　黄世纪　费　越　邵文泽　周铭涵
闫川钰　郭鹏松　李汶清　赵欣怡

应电 19-2 班：

陈飞宇　张帅博　张晓旭　陈家奇　韩　磊　李哲辰
张航璐　曹栩嘉　师　彤　陈子涵　李自昊　裴星天
高诗悦　胡延凯　鲍　林　沈　奥　哈朝翊　魏　崴
刘胜槟　钟善林　张名实　孙焕君　刘佳宪　李章奎
郝佳静　马子迪　吕　尹　欧灏楠

应电 19-3 班：

李志恒　李鉴航　张梦娜　王　睿　张海旭　韩雪敏
张　剑　刘志琪　安双玲　杨旭涛　张明轩　白佳璇
陈俞帆　王一凡　唐时炀　刘天畅　赵一迪　孙占江
李卓夏　刘聪睿　马依莎　莫　琨　师少泽　严振波
曹美琦　曹祺晗　刘　烨　李　倩

应电 19-4 班：

付　博　张　泽　吴　曦　张恺轩　孟　璐　肖义龙
李雨泉　罗嘉辉　穆正伦　胡蒙蒙　李　彬　张凯为
李降明　李旭柯　刘清峰　王萱烨　刘继琨　胡馨森
何启贤　潘家傲　马浩文　张文轩　谢龙颜　吴国照
高佳坡　贺一悦　李亚龙

电力 19-1 班：

徐春友　李萌杰　邹　煜　赵宇熙　陈震昊　王雪峰
闫　峰　石宏扬　姜义昆　邱召淞　刘连强　雷子烽
郑　研　闫　昊　胡　旭　刘博文　杜佳敏　于见龙
张佳魁　马梓源　张　硕　李晓飞　张璐宁　贾博伦
王天泽　伍云帆　尚　隽　曾乙豪　李朝阳　吴玎祎
廖国宇　刘雪慧　赵博轩　代浩岑　代礼锟　杨文龙

电力 19-2 班：

张博渊　司世龙　靳少普　李梦晴　李世磊　谷梦泽
孙家琛　薛登科　段智耀　王　正　张启航　张志浩
石昊宇　刘天笑　许　瑀　董家豪　李子杰　韩鸿泽
薛晓迈　岳　镇　韩振元　张春醒　刘海龙　郑皓文
杨朝溪　高佳宁　李坤诚　卢庆伟　武波宇　王延鹏
张　珂　张天乐　刘冰鹏　汪　尚　刘铭轩　王　雪

王诗垚　张圆园　房建诚

电力 19-3 班：

吴运辉　刘　畅　冯志高　赵　骏　李博宇　邓舜友
高雪涛　孙嘉俊　刘　岩　刘春祥　李树彬　李昭庆
刘雨桐　董盛昊　王泽慧　文　帅　潘佳旺　李学旺
王　筱　王鑫磊　林哈利　孙　昊　魏永健　高　宇
吴英博　吴奕哲　刘东昌　李浩龙　罗斐煜　王京伟
郝鑫言　刘鹤泽　徐英浩　汪江浩　王淑民　白沅鑫

电力 19-4 班：

郑　烁　董明晨　马驰宇　陈玮玮　魏霁瑶　庞琛雨
张　彪　王红瑞　王　斌　王子豪　李　岩　张家宁
阚思雨　李康硕　郎得志　薛敬丹　刘家健　吴昕宇
郝炜烁　林祖昌　赵家浩　杨天乐　杨慧桐　苏浩翔
陈籽蘧　赵保华　祝徐涛　周　琦　李　冰　肖文彬
马志尚　刘思佳　贾　杭　孙爱然　郑帅帅　王泽俊

自动化（卓越计划）

自动化（卓越）19-1 班：

李　斌　刘星宇　张诗杭　毕茜源　田雨霏　李浩琛
朱紫腾　张瑞萱　李　想　张　硕　焦瑞旭　孟祥杰
郭春超　朱　海　连　猛　高麒媛　陈哲宇　刘明珠
安雅新　胡瑞晴　陆　勇　谭克俭　袁　锐　张高菱
陈炫宇　赵　乐　李洪旭　雷超恒　张景桐　王博宇
李嘉欣　于　淼　李　杨

信息科学与工程学院（软件学院）

计算机科学与技术

计算机 19-1 班：

王东旭　韩天博　王雪纯　罗　卫　赵峻贤　张明昊
马浩梦　邢胤达　侯政奇　苏开伟　李星宇　杜庆赢
陈　阔　陈　研　王文龙　吴威华　瞿金伟　马中旺
陈江贤　袁艳芳　秦　莹　张文岩　赵　卓　陈亚婷
吴嘉豪　孙启朋　史壮壮　段彤瑶　段佳卉

计算机 19-2 班：

贾易朴　张宇航　曹　宇　胡文龙　杨溢帆　胡文豪
陈上蔚　康佳旭　闫旋旋　李雪杰　解正一　凌　艺
平　凡　李汐科　李凌浩　刘　洋　李浩男　赵　航
尹梓轩　张益轩　许雯雯　李佳明　褚　悦　史丙宅
郑　鹏　沈　烨　刘甲鹏　高腾飞　曾子雄　杨开星
李朝新

计算机 19-3 班：

牛毅豪　王　蔚　王　涵　焦　宇　于新娜　殷书洲
陈易楠　左光渝　宋佳怡　任浩源　刘　润　窦芸鹏
赵寿康　温昌健　宋育坤　焦旭康　杨　洋　刘雨晴
纳鹏飞　张南南　苗晓倩　刘玉琪　曹博超　刘妍菲
康佳凯　刘嘉晨　罗为佳　李东孺　高帅松

计算机 19-4 班：

史正简　吴佳帅　牛永康　刘　宽　梅家铭　胡洪轩
任志高　陈周欣　韦凯琦　范怡凝　邓诗凡　于国庆
于　泽　陈腾闯　宋海东　孙　慧　于明江　张庆源
田郝雨　李　鑫　张若璇　周恩宇　张峻豪　陈高锋
高鸿杰　陈尧一　岳宗钦　康海壮　许文静　朱弘毅

计算机 19-5 班：

赵新宇　马闻祥　杨秋生　赵晨光　姜文佳　徐　奥
王继豪　赵子森　贾梦坦　路　瑞　张海贤　蒋长龙
王金鑫　关浩然　曾庆哲　邢万里　封炎颖　吴梓钦
卢紫晗　樊晓帅　周珊珊　许炜铭　张天予　贾廷廷
赵旭航　姜旭桐

计算机 19-6 班：

蓝　玥　叶浩存　许　程　付宗腾　于　轩　李雪婷
付宇航　李晨光　李科贤　梁　雨　孙兴城　曲辰浩
郭智仙　李河欢　王义强　王晓雪　薛　文　张子豪
陈怡彤　刘辰璐　张明鑫　谢　康　李润泽　黄念桥
李垂恒　杨泽春　李子奇　刘博涵　刘博文　李瑞祥
廖宏伟

电子信息工程

电子 19-1 班：

严　硕　李　傲　赵凯悦　岳倩倩　卿睿智　孙佳琪
魏博添　赵焕洁　荣佳欣　李伟凯　李奕彤　郑英豪
赵鑫崇　和家俊　魏晓宁　董仁军　侯天宇　王　旭
郭峻玮　丛　明　胡　玉　苏建杰　张峻行　查之禹
肖施政　乞淑浈　李　帅　田鸿斐　倪傅正宽

电子 19-2 班：

罗开宇　金俊达　胡志远　王　硕　张　恒　庄逸群
林　靖　张普阳　屈兴海　胡添益　郝珂瑶　牛心雨
许书耀　王子叶　刘美奇　杜丹丹　胡立德　何　岸
杨蔚然　吴心诚　韩昭宇　郭雨彤　李仁瑞　李建超
沙国燕　赵乐东　王　浩　马振皓　孙　童

电子 19-3 班：

丁子硬 孙 佳 蔡子叶 郭志鹏 赵少华 徐 拓 宋淑萍 牟峻辉 周忠延 叶振宇 彭丽国 陈鹏宇 陈振昊 张泽浩 王 彤 刘明睿 姬 昌 马子茁 张 奥 郭洺坤 侯晓攀 李 妹 王梦晗 陶勇康 李泽宇 孙嘉俊 程 帅 赵文旭 黄义杰 夏祖煜 苏齐亮

电子 19-4 班：

沈酝诺 尹海景 张绍东 郝欣铠 姜 梦 陈正阳 王光林 程浩然 贾泽旭 张鑫江 万晴云 杨景举 刘奕德 赵云龙 李梓琦 张 宇 邱 阳 梁新成 陈新帅 王 颖 张永祥 黄瑞楷 李国庆 郝有为 白 槟 史廉正 王愉爽

通信工程

通信 19-1 班：

张婧媛 黄炫圣 张连仲 程美阳 陈 鑫 张思诺 丁高杰 翟奕杰 付少忠 王 冰 李泽昕 高嘉梁 昝灵敏 鲍守洋 孙兴泉 罗韶东 张 帅 陈士雪 尤冰冰 常凤杰 乔柯萌 张世强 刘 杉 李梦涵 李 昊 张 彪

通信 19-2 班：

孙湜博 祁舒涛 王 晨 陈王定 王亚男 周 凯 齐 薇 张洳华 梁国豪 牛梽宇 孙 权 张 皓 周世琪 李壮壮 张梦晓 孙 浩 殷嘉康 程 垚 刘紫柔 周怡萌 黄家鑫 张星宇 董培尧 田 嘉 邵鑫宇 张雨涵 李海淼 唐婧怡 刘金龙

通信 19-3 班：

李一桐 綦小波 李雯祺 郝佩旭 曹 硕 侯沛璠 赵虎彪 孙雨晴 王 晴 张 宇 姚佳龙 田家潞 申 浩 马启彰 邢 隆 剧银龙 侯 睿 朱云霞 刘兴怡 董金行 马芊慧 章子禾 张 睿 张继莹 姚晓雯 李超凡

通信 19-4 班：

王淼仪 薛 涵 刘向志 李文秀 韩淑娴 杨 春 隋少帅 党泽淼 樊林志 钱俊文 李易东 马芊芊 林秋橙 彭媛媛 熊婧婷 刘奕宸 熊 横 李佳玉 姜子安 贾志阳 张建业 靳佳乐 王凯琦 阴佳琦 李 瀚 赵正恒 王成龙 张帅辉

电子科学与技术

电子科学与技术 19-1 班：

朱彦泽 张 琛 范一恒 李福东 袁文杰 张少琼 苑瑜桐 韩金明 赵艺豪 孙海岩 于 潇 闫兹融 张洪召 张昌申 田瑞峰 王欣宇 刘界麟 刘文昊 林奕颖 闫 蕊 魏宇君 耿雅文 陈 楠 蔡浩翔 韩庆琛 卢婧仙 高 鑫 王奕卓 王子佳 王天一

电子科学与技术 19-2 班：

陈艺欣 李 桐 杨焱森 李丙军 赵泽雨 夏 飞 许淑楠 苗于栋 张 宇 郭建豪 胡 毅 耿麒邦 孙雨轩 解玉浩 张浩然 李世成 常 佳 李佳和 李 琦 吉相臣 张宇哲 张子朝 杨 皓 宋兆鸿 高梦瑶 寇志伦 张德龙 句兴达 黄思月 焦云鹏 康 灿 陈虹宇

电子科学与技术 19-3 班：

刘旭晨 史凯硕 李学涛 马若华 孟文博 周润池 陶园园 李泉玲 刘世哲 童敬宇 马晓迪 宫泽滨 张天泽 张宝杰 陆璟鑫 刘冰焱 孙正灿 卢普森 王元治 王斯诺 姚新宇 何欣泽 任增昊 彭晓会 杨宗霖 尚 杰 王 昊 张凯鑫 李文俊 郑博文 张 瑞 王 璐

电子科学与技术 19-4 班：

刘宇豪 高文保 白 凡 孙 晗 李孟泽 王君临 王莎莎 史 周 韩旭哲 栾雪双 祁佳宇 刘凯波 张子琦 王银鸿 张淑敏 张虹敏 宋金环 范申奥 李雪莹 王凯斌 徐 昊 殷良瑾 马彬辉 李昱燃 侯成鹏 张 晨 杨 洋 付博雅 莫美慧 马炜翔 王绍泽 孟德林 栗今越

电子信息工程（卓越计划）

电子（卓越）19-1 班

向承镇 张思雨 卞德武 车树超 张 鑫 唐紫凌 乔 铮 李 祥 王天宇 钟明扬 张家瑞 陈 芳 程金雨 刘志鑫 王 哲 王海冬 陈 宇 陈镇雄 李云龙 郭天寒 向俊扬 杨士耀 金可震 席心怡 刘善韬 冯志成 王新凯 李孟琪 王耀威 张云哲

光电信息科学与工程

光电信息科学与工程 19-1 班：

王志文　周文典　刘宝鹏　王燕楚　孙佳乐　刘同宇
齐泽奥　李桐非　韩潇阅　高赛晨　刘海龙　郜乐瑶
武　卫　孔德旭　曲佳睿　赵凯硕　刘　超　陈星宇
李凌旭　吴洁飞　王佳旺　崔荣轲　宋　辛　朱永莉
苏培磊　纪梓叶　唐　举　张宇晨

光电信息科学与工程 19-2 班：

耿海东　肖缘鹏　张柯欣　张恩华　肖　雄　张永刚
刘宏松　严重越　钟旭哲　杨中源　孔　烁　施孟硕
孙建硕　朱永胜　范俊辉　程昊云　张艺璇　肖超然
李旭超　梁泽威　马　铭　王梓萌　申占豪　杜冠衡
郭逸豪　王　达　王　傲　赵望烜　马悦航　徐　涛
胡红旭

软件工程

软件工程 19-1 班：

汤　欣　王承成　牛　芊　闫俊琦　李疏桐　高墨霖
陈　博　刘上佳　李嘉宝　娄家赫　韩俊华　黄子晨
冉博平　刘立智　刘韶頔　韩宇琛　申艳春　张玉祥
程慧聪　黄　博　耿晨茜　张世恩　郑安遇　武家豪
高鑫琪　张　泽　王一卓　赵财锁　胡江玉　张志豪
赵清霖　王乃坚

软件工程 19-2 班：

杨永超　吴　渤　廖宇航　毕书潭　赵天畅　范　铭
王怡喆　陶　帅　刘　帅　刘天旭　宋永强　金赫权
吴天琳　张宇贺　刘槟荣　王　宇　许泽浩　庄　润
程　思　林　鹍　孔德宇　高　峰　周乐蕊　马楚瞻
高　正　祖雅静　周瑞希　马子豪　姚晓丽　龚桂容
陈　帅　丛海南

软件工程 19-3 班：

闫驰恒　尹子奇　杨　进　贾云彭　田宏宇　张文萱
李彦琳　李浩然　康家璇　白新瑞　齐宇枫　唐宇睿
秦玉磊　王　冰　张　振　王疏煜　韩　婷　张　硕
冯建旺　王文豪　王振龙　齐乙蓉　刘海滨　窦欣怡
李聪健　李　哲　娄军松　张昊轩　方　磊　都泉森

软件工程 19-4 班：

汤志恒　苗振东　赵一泽　周海鹏　孙文洒　张学泽
刘佳尚　冀昭楠　郭真豪　王　顺　陈　曦　周泽源
陈　博　王宗哲　李曲铭　吕　顺　郎鸿赫　汤　璇
蔡振宇　丁泽坤　张晓彤　白宇峰　柴秀楠　李现光
胡帅涛　赵　欢　苏　江　李思聪　刘爱霞　王贺琛

软件工程 19-5 班：

陈帅波　杨永利　李　洋　苏　栋　刘城城　杨睿垚
李晨旭　谷卓诚　邱奕霖　巩保营　贾素奇　王雪欣
王贝宁　王浩然　赵　宇　孙　楠　徐逸凡　贾帅迪
梁家源　李　玺　周志伟　王星垚　侯雨佳　付恩龙
王　凯　房　悦　李文静　许朝阳　王一丹　章睿彬
张依诺

软件工程 19-6 班：

张子怡　徐丽莹　李涵涅　亓云鹏　路　馨　王薛雨
段佳乐　王泽光　裴博倩　刘美诺　李江睿　刘宇飞
陈子腾　李　尚　曹云飞　赵思清　肖　冰　成旭东
郝时迈　姚永杰　王延辉　张淑慧　樊琰杰　马梓溪
辛梦佳　王耀鸿　李悠然　白梦霏　贾栩阳

软件工程 19-7 班：

杨彬彬　郭雨航　王子树　于际淼　王成纬　武泽宇
马明亮　刘华烨　薛　颖　张　松　陈中鹏　张庆杰
巩鹏飞　刘水岩　许浩飞　任占帅　程泽月　米　迅
王子赢　李静宇　吴松松　王校凯　李　睿　田　园
王　昕　崔　皓　苗子晨　周　凯　孟艾婵　李　萌
李志宏　石志峰

软件工程 19-8 班：

聂海洲　宋森森　黄慕春　黄　睿　冯羿漩　杜鹏帅
李克钦　张　宇　甄盈雪　范家文　唐福权　甄子锡
孙潇茜　智雨飞　刘　科　程　昊　王庆梁　戴瑞雨
张贺宣　张紫浩　李子轩　赵一帆　王桐澎　梁伟壮
闫金杰　王燕林　刘玉佳　杨丰赫　郭子萍　刘泽成
邢思飞

经济管理学院

工商管理

人力资源 19-1 班：

杨旭若　张春颖　王雪颖　王馨莹　陈欣绯　陈明洁
王佳欣　陈沛璇　胡芳艳　常淼森　李紫轩　马文鑫
李舒娴　张　晴　付文龙　邹丽雅　张姚楠　崔佳薇
张译文　庄美玉　杨志旺　杜怡然　曹　杰　陈亚男
丛雨馨　张　阳　胡文萱　李　莹　刘梦颖　赵文庆
邱芸芸　朴香美

人力资源 19-2 班：

刘旺鑫　代迎新　刘文月　孙立娜　张改平　史佳乐
郭少敏　任梦轩　李学星　荣阳阳　张翠翠　李泽坤
孙梦媛　赵佳祺　王奕彤　贺雨桐　张园园　冯杨振
宋　越　武雪婷　闫　青　徐溶蔚　张策迪　李兴宇
张　妍　樊鹏如　冯嘉文　刘浩楠

生产与物流管理 19-1 班：

王海涛　武佳煊　陈孟华　宫子豪　张可心　何豪颖
樊江宵　仇怡婷　李可怡　阙金婷　戴佳美　王　伟
杨志刚　孟舒雅　温雨欣　张叶秀　杨佳宁　王一杭
李雅婧　汪文君　孙俊豪　任晓凤　赵洪博　左一帆
刘昕怡　王　萧

市场营销 19-1 班：

于增耀　罗文彬　张亚楠　韩银所　张　帅　袁新宇
王　玥　李嘉琪　陈琳琳　杜　璇　汪荣荣　贾梦帅
甄新颖　史咏琪　高培树　马路凡　邱　博　李燕钊
刘云颖　顾　昊

会计学

会计学 19-1 班：

彭雨竹　任　珂　张亚楠　曹雨心　高　旭　陈庆彬
尤双影　李　薇　贾金涛　冯佳力　尹　威　田文涛
刘雅妮　杨鑫雨　郭晓漫　马亚茹　乔颖颖　肖　芹
吕晓晴　孙　溢　祁　畅　杨娜斌　李雪婷　阚添瀛
袁晓豪　励雪萌　刘　洋　苏　芮　王璐璇

会计学 19-2 班：

孙晓玥　李舒萍　曹宇航　李　玲　焦诗淼　张　蕊
刘家璇　马可心　赵梓淇　魏靖珀　姜新月　徐梦欣
龙筱玮　赵园园　田颖暄　任宇飞　张　微　丁方涵
朱冠群　王亦菲　宋　新　刘添奥　武文慧　赵永慧
高天楠　孙泓楠　冯天钰　米　池　周　荣　卢冠楠

会计学 19-3 班：

陈俊霖　刘琛琛　孙　佳　张佳韩　李雨阁　吕增学
刘　颖　郭　然　张佳丽　张志楠　冀晓钰　张　倩
朱俊瑶　张　晗　贾泽畅　曹佳星　翁嘉潞　刘　琼
陈雨琪　武海森　刘杉杉　储洋洋　么济琛　王晓倩
苏帅轲　郭思雨　谭然文　汪玉龙　卫司雨　刘　培
王亦昕

会计学 19-4 班：

李含笑　代杉珊　李　柔　白天月　孔令嘉　赵　薇
张　洁　李　杰　张亚倩　李嘉诚　方　丹　付英凡
魏彤彤　罗大德　冯潇航　韩佳航　吴梦姣　李　响
武若轩　彭　欣　张乐迪　刘　康　窦会彦　柴雨晴
穆雨润　高欣欣　史林雪　王　菲　陈　一　吉克伍勒

旅游管理

旅游 19-1 班：

张　淼　钟小玲　夏伟琳　段紫煊　梁　彪　李旻瑜
裴晓冰　张晨泽　裴　妍　郭美茜　李艳娇　郝艺伟
高凌宇　孙亚美　刘　爽　于　淼　戴佳瀛

旅游 19-2 班：

刘卫凯　李　兵　金　也　文婷婷　田师瑞　王　杉
智薪诺　郝瑞杰　宋阿龙　蔡迎澳　路　玉　范雪倩
刘若霜　王黛瑶　范兆煜　石美娜　杨明帆　詹嘉琦
高　杰　王嘉琪

旅游 19-3 班：

仇一名　袁旭盈　向　燕　王溟涵　崔梦圆　肖健萍
孙雨欣　张若莹　赵　然　王　超　王熙栋　王芳宇
范琳晞　刘宇辉　史素满　毛杨洋　孙　鹏　刘柏轮
李晓娅　王杰宇　曹　颖

旅游 19-4 班：

付　来　王凌伟　杨倩倩　刘美辰　衣国庆　张　泽
李世诺　梁官盛　金晓宇　王　佳　卢潇晴　吕　婧
郎钰凝　王焕龙　房雨洁　黄丽辉　侯雨航　王　萱

工业工程

工业工程 19-1 班：

陈洵阳　殷芃萱　陈亦程　王彦文　苏君旭　刘浩然
焦硕宁　张文琦　王冰冰　陈　璇　周　鑫　丁　洋
岳鑫宇　陈明林　李永旭　杜宗达　聂文浩　王辉辉
朱子祥　随超旭　王晨曦　王国昊　贾　然　高天赐
杨　洋

工业工程 19-2 班：

刘鸿达　蔡嘉琳　冯　晨　刘朝鑫　俞洪潮　高墨轩
张圣烨　牛世菡　韩龙浩　柴　琦　王艳婷　张旭贞
蒋晓涵　丁祺磊　赵　晴　陈志辉　米东佳　霍继锋
杨金鹏　刘炳轶　李东营　张思成　何　瑞　李时全
赵欢庆　王　存　孙　净　龙施禄

电子商务

电子商务 19-1 班：

梁政杰　霍源浩　李红媛　宋凯妍　孙亚冲　宫博乐

张晓萍　黎宏立　张萌萌　张　妍　邬玉雪　李海涛
马永俏　孙丽娟　顾康昊　马晓雪　陈卓言　孙　俏
陈欣然　田小柯　胡　畔　高　歌　蒋皓羽　郭亚萌
张延盛　李小鹏　郑晓宇　宫　成

电子商务 19-2 班：

李　想　胡　丹　郭雅馨　赵文萍　陈罗昊　刘金金
王孟阔　宗学仕　鲍莹超　欧翀倩　韩铨定　乔彤佳
冯银婷　祗哲玮　常梦冉　李宇轩　郭一鸣　秦路媛
谭逸民　尤　浩　焦鸿鸿　赵雨欣　马向阳　张嘉城
汪　婷

工业工程（中外合作办学）

工业工程（国际）19-1 班：

张若愚　杨冬晗　朱坤宇　马　轲　张　琪　吴秉宸
赵康凯　陈禹嘉　董恺宁　马　啸　侯　波　郑　瑞
崔照东

工业工程（国内）19-1 班：

苗一圣　张　敏　杨　真　沈　晨　李俊育　刘洪志
张泽坤　樊泽芃　王　毅　郭子川　李瓔佳　李婉婷
李桐尧　杨　丹　胡宇婧　石一帆　段云龙　刘春旭
张仁华　闫　晗　宋玖泽　池汶杰　秦怡华　肖　进
李天润　马柯涵

工业工程（国内）19-2 班：

卢科琪　董正一　陈敬蕾　张龙超　宋日泽　谢鹏禛
刘星辰　马维尚　仕荟楠　陈一冰　梁文博　袁梦洋
刘高杨　刘　蓉　庄雨倩　张熙若　张　渤　王潇然
裴卓炯　王浩洋　朱云婷　刘禹泽　楚尊睿　肖雨瑄
范俊哲　李若民　张文龙

工业工程（国内）19-3 班：

吕佳熹　周凡靖　毕晨宇　李　梦　刘之湉　赵惠玉
王佳政　张梓垚　纪泽轩　黄艺滨　刘浩然　鲁佳瑞
郑兆晨　杨思琪　胡宗贤　佟佳鑫　黄禹博　戴世亮
唐嘉阔　刘耀天

经济与金融

数量经济 19-1 班：

张梦宇　宋禹霏　郭昌昊　高天悦　余琪琪　王梦瑶
王　思　施灵豪　赵佳雪　王鹏翔　杨立强　余婉琼
赵含玉　吴润鹏　宋梓菡　贾倩妮　倪浩楠　赵洁璐
杨浩彬　冯　淳　魏子文　王殊媛　聂　雪　徐　卓
韩伊凡　吴彦容　赫智颖　申　超　刘　超　谷定国

数量经济 19-2 班：

李　婧　徐明燕　杨梦瑜　祁梓怡　杨　茜　刘美辰
蔡　羽　冯敬之　刘　力　刘世龙　朱相臣　谭文娜
战　雪　杨玉婷　童家南　王瑞琪　崔沈浩　王　凯
冷炎熠　罗涵尹　刘伟熙　王瀚平　郭若森　余宛婷
胡　蕾　王圣凯　艾堃一　张梦坤　王　頔　闫佳昌

应用金融 19-1 班：

李　策　王昭颖　任伟哲　刘玉滢　张雅茹　李嘉宁
毛雨梦　瞿怡苗　贾鑫博　牛　群　邓怡欣　王　萌
宋靖宇　杨一琳　黄文畅　齐苗苗　高会硕　鲁　骞
秦　宇　王岳轩　王　蕊　张　媛　杜佳明　赵琳波
钟文静　尚烁冰　王国琴　陈柯睿　孙　怡　郝潇怡
乔浩森　李佳恒　张　晨

国贸 19-1 班：

代世强　于　航　高欣悦　张志潇　张晓荣　郑淑蕊
李云峰　刘扶摇　王晓萱　梅岳昊　孟婷洁　杜慧芳
陈晓琦　马浩然　谭好男　温馨雅　曾　珍　谢长智
王梦凡　杨紫慧　张润泽　陈厚霖　孙　莹　才馨萌
王振邦　王舒月　赵子慧　朱　蓉　贾天琪　郝京海
刘丽娜

外国语学院

英语

英语 19-1 班：

袁　也　孙艺萌　唐静文　石依柔　张文燕　吉如春
闫　欣　孙海旭　刘文瑄　朱佳怡　刘　唯　赵胜宵
步琪莹　谢子怡　王福林　韩子淳　宋亚娟　栗　颖
袁斯涵　初　月　郝博晓　司　婷　杨璐璐　骆畅杨
孙跃颖　赵佳艺

英语 19-2 班：

张梦洁　陈晓雪　张瑞连　张裕德　郭春蕾　赵雨婷
潘艳玟　杜英姿　郝宇宸　常晓莹　董文丽　代诗羽
郭金琪　龚紫光　张龙雨　常榆幸　周　扬　刘明慧
杨馥卉　戚德望　张琦雯　田新元　尉清绵　徐亚诺
徐雅洁　谢柃琪　许靖安

英语 19-3 班：

邓博仁　李乐婷　郝欣然　王　笑　徐雪婷　卢晓爽
马　颖　李晗曦　么君明　高　月　杨奥丽　刘毓南

李　晶　郑凌雲　张夏珂　张　婧　刘泽钊　孙佳倩
刘军辉　张伟涵　尹兆欣　孙雪琳　刘凯歌　李　楠
张宇芯

日语

日语 19-1 班：

崔美松　李　衡　张瑜致　李怡贤　张一鸣　兰　颖
宋宇腾　宁紫悦　王婧楠　刘婧萱　王　姝　刘纳昕
安奕霏　李　杉　白云飞　刘晏含　张铭芮　胡博闻
杨忠海　薛紫绮　蔡婧琪　欧阳玉洁

日语 19-2 班：

赵耘艺　欧阳春　康婷婷　蒲艾雨　徐雪雯　房云硕
史梦璐　乔昕宇　郭宇轩　白宇彤　付子康　汪　鑫
马毓阳　郭智旭　黄　莹　王倚天　张　绚　郝端阳
刘思宜　余晴晓贝

日语 19-3 班：

屈珈亦　郭晓峪　李子川　王一凡　王繁忙　刘若曦
宫雪莹　宋禹威　薛雅惠　张晓楠　黄怡硕　付东亮
孟王晗　崔志元　王思齐　安春苗　朱梦霞　玉　晓
吴莲影　任麒燃　王天朔　邢素娅　陆天睿奇

日语 19-4 班：

郑博宇　王佳荣　牛子凡　刘嘉怡　郭璐晗　王梦帆
赵馨雅　陈馨语　孙慧洁　焦俪缘　赵　微　韩雨欣
费佳鑫　马晓铮　赵　颖　刘　林　栗英鹤　沈奕含
宋贝凝　王艺霏　杨　洁　邢渝冀

俄语

俄语 19-1 班：

肖迦南　张欣蕊　肖琦瑞　郭　芮　袁藩森　李　萱
张梓涵　路祎诺　袁梦菲　张露丹　张梦源　王媛媛
薛姿君　杨　柳　王可余　杨　泽　高　莹　路明晗
王国凤　晋佳程　桑钰莹　郑　玲　崔靖轩

德语

德语 19-1 班：

杨静怡　王滋晗　刘依敬　张　宵　夏钰琦　谢静怡
魏向君　刘兴齐　赵欣雨　孟书宇　叩栓柱　乔子桐
张祝楠　刘奕萱　贾雨轩　闫卓丽　张星雨　王轶萱
李雨晴　胡雅琪　崔荧笑　楚一璇　安　楠　王丽娜
张　堃

法语

法语 19-1 班：

周　聪　杨泞瑜　张　伊　梁　雨　吴岱垚　史梦飞
刘　薇　陈　鑫　卢婧宇　艾思彤　李宛航　牛子怡
于文祺　李子涵　白少岩　任娅岐　蔡婉琪　刘思涵
杨悦丹　黄子敬　李静良　易子莹　张广锐　侯心怡
何思雨

翻译

翻译 19-1 班：

蔡　景　周晨鸣　张晓艺　田　源　柯蒙惠　闫若虹
张晓娟　陈佳姗　唐　杰　邓棋支　王若琳　刘晋菲
赵梓妤　李俊辰　张婧仪　张超月　贾子琦　李佳欣
黄惠灵　崔　杨　佟怡静　陈莹莹

翻译 19-2 班：

李欣坷　侯琳琳　童懿霏　袁觉琳　钮雯洁　张福佳
朱华亮　何　盼　赵一涵　徐菁婧　李尚青　张思贤
张宇晖　林子璇　周　洋　贾田浩　王　琳　高　洁
卢贵贤　王思懿　朱思雨　童香箐　吕　婷

建筑工程与力学学院

土木工程

道桥 19-1 班：

段沂辛　许中尧　苗航川　苗全付　肖建宇　韩歆瑜
马世豪　刘易凡　许书豪　祁雪非　王梓超　张晓薇
张朋博　侯宁晗　王瀛洲　武云旭　韩东奇　孙龙飞
王海云　郑智仁　马　帅　刘子文　张　辕　刘淞元
刘　再　张梦凡　刘鑫龙

道桥 19-2 班：

李亚磊　王炜松　杨佳慧　冯　洋　孔凡昆　刘定邦
蔡博航　靳世龙　张峻玮　窦宗岱　宁洪阳　尚驿忻
沈　超　王志超　张　硕　王建昊　张鋆哲　王　昊
吕佳豪　张泽鹏　李嘉伟　王晴雨　刘泽阳　周嘉仪
苏　成　杨华杰　胡宇豪　刘　君

建筑工程 19-1 班：

舒　凯　刘少泽　郭展旭　臧忠洋　双裕达　宋佳龙
段鑫宇　王文勇　莫明扶　王政达　孙彦朔　王紫晨
邹　恒　陈耀宗　寇芸绮　程冠鸿　刘　捷　齐军龙

胡育豪　陈言浩　郭文龙　张润凯　耿　昊　任成龙
许雍久

建筑工程 19-2 班：

常云鹏　攸兴起　李瑞麒　师子怡　杜　鹏　米茂龙
史小龙　李　昌　董艺源　孙良伟　杨文旭　崔家煦
郜风林　吕猷阳　顾凯新　刘哲钰　张继忠　欧茂林
刘伟杰　孙加硕　张依江　滕寿辉　贺宗玮　石玉峰
韩　琦　郭秋叙

建筑工程 19-3 班：

郑　浩　符子辰　吴坤魁　孙祎鸿　赵怡宁　胡俊豪
邹　锐　孙　硕　吴艺菲　方振宇　吕梦园　刘显杰
董暐迪　陈　宇　申佳伟　袁　兵　赵耕宁　张　浩
吕　康　李振青　张培雨　刘新宇　张立泽　孙晓卿
李田辉　王寒玉

建筑工程 19-4 班：

刘昊炎　朱雨潇　张垚玮　孟德发　龚治家　李文杰
刘赛强　王梦寒　王子健　张栋元　王子晨　王琳溪
周　杰　张天昊　李永腾　金　添　潘云天　闫嘉颐
李中亮　李佳硕　刘雪伟　王昱淳　沈红霖

岩土 19-1 班：

卜国起　聂海涛　刘　娇　徐兴楠　孔泽硕　赵春雷
何　腾　董云龙　孙维琦　刘　毅　杨建辉　黄洪阳
崔梦晖　曹　明　李静钊　孙　浩　陈　檬　晋泽辉
门家宁　李建龙　尹灿灿　马嘉一　吕文斌　邢大伟
杜泽恩　李　楠　郑亚腾　刘少聪

岩土 19-2 班：

王子千　张佳楠　李　响　赵　学　孙新宇　韩志超
宁耀宝　康明宇　胡世浩　吴家奕　宋英明　韩书臣
田　淼　冯靖雯　东泽宇　祝兆旺　寇海飞　吕爱华
李惠康　李博宇　王春硕　叶思根　王可心　王佳乐

工程力学

工程力学 19-1 班：

倪浩宇　边泽宇　董许海　赵　轩　马浩翔　林俊枫
徐　可　沈雨橦　杨志威　王子仪　刘天宇　向俊杰
李笑阳　刘安迪　安钊良　姜天豪　薄东辉　刘咏琦
孙瀚祺　王佳豪　赵成龙　孙　泽　赵一旭　郝　旭
曹程甫

工程力学 19-2 班：

周梦姣　贾董赫　陈　龙　曾　强　朱星星　徐晨龙
张子奇　刘星宇　李　聪　张祖伟　李　琳　梁栋波
沈景坤　张朝仁　陈嘉盛　秦亚森　赵天一　王腾飞
王正阳　史笑菲　王建博　于晓龙　刘飞龙　卜俊哲
江海洋　李浩龙　孙雨晴

建筑环境与能源应用工程

建筑环境 19-1 班：

王千千　郑　婷　戚光泽　高佳诚　宫　奥　贺鸿彬
李东丽　吕　璨　吕泰琎　崔彦林　尹文博　李雨涵
魏宁宁　佟子豪　韩廷琰　曹烨瑾　霍子瑜　赵　冲
王笑茶　杜昱霖　关松博　郝卫皋　马瑞雪　张宇睿豪

建筑环境 19-2 班：

赵兴旺　杨江博　邓喻云　杨海城　王思佳　谢泽厚
杨少川　史昊天　白之辰　尚子凯　石少杰　廉佳龙
赵　璇　李佳文　周　骅　吴少杰　张瑀晗　高旭辉
冯美倩　王　江　江润涵　李芝沿　郁　磊　王知行
方　圣

建筑环境 19-3 班：

黄学良　张　博　王　诺　李　焱　吴　悦　赵宝凯
罗敬禹　张　淼　张嘉乐　丁子毅　申建凯　张雅金
丁昊阳　常青松　姚晨曦　普　飞　刘昊学　孙崇博
徐小涵　范天豪　陈博涵　金美彤　夏韵怡　张文卓

建筑环境 19-4 班：

李志鹏　迟彤同　臧晓江　丁伟轩　王洋森　孔德沣
李金阳　崔　鹏　李泰志　王章哲　丛树锴　雷婕妤
张　旭　张雨龙　黄成毅　苏娜娜　韩晓春　王君翔
霍志勇　王伟涛　韩欣柔　耿梦莹　徐　鲸　孙宇辰
黄倩楠

建筑学

建筑学 18-1 班：

何　灿　田一鸣　史陈雅　刘嘉璐　李芊芊　刘潇涵
李　颖　张鹏华　苏宇航　马佳彬　蒋　宇　毕凯璐
赵茉含　李宜赛　丁　琛　敖　宇　黄文钰　周子涵
郑　南　冷冰涵

建筑学 18-2 班：

楚家琪　应　涵　张明泽　孙宏飞　李远方　周敬宇

于嘉琪　东桓屹　周伟琦　李元清　邱巧智　吕东蔚
郑伊含　唐　旋　刘　涔　孟庆庆　牛汪宇　吴颖颖
孙可可　刘思文

陈　博　李青沅　陈志颖　王诗音　吕政绪　王少谦
刘雅琪　李浩然　汤　玲　靳哲轩　王睿之　郭　颖
何瑞雪　张星宇

理学院

信息与计算科学

大数据科学与技术 19-1 班：

孙　昊　马正伟　郭晨达　刘雪珂　刘泊宁　陶　义
陈泳霖　杨潍铮　张江鹏　吴　芳　周春旭　朱旭晴
李安昕　武子豪　史元浩　郝雨欣　张雨芃　陈森淼
乔　博　董巧明　朱婧菡　王佳琳　刘静薇　刘邢业
王　昊　窦博文　王鑫鑫　赵恩博　顾子博　柴瑶瑶
张城玮　罗明轩　李双龙　李红伟　于　璇　王平尧
李华龙

计算数学 19-1 班：

罗鹏程　范亚辉　郝笑轩　刘星辰　张华庆　张　岳
贾　晨　姚兴元　管慧杰　高天硕　张　晓　邱子桐
但莹莹　高习悦　程轲轲　徐　赞　王子仪　沈建民
池江温　方梓静　王晓培　赵尚恒　贾立欣　章嘉根
王　盼　张亚龙　刘彦林　李胜楠　薛亚林

计算数学 19-2 班：

武蒙蒙　张子龙　谢钰馨　赵培垚　连梓健　林子悦
李春泰　张　茜　胡　洋　王子怡　李星霏　赵贺浓
郑云霞　王祎萌　杨舒欣　米　多　康　凯　赖　栋
张子瑄　王　雪　张紫琪　马云泷　高可欣　杨嘉琪
康旭艳　张维煜　庞泽怡　刘文龙　闫　博

统计学

统计学 19-1 班：

解欣睿　张志航　张　倩　陈治华　苏丁娆　崔译丹
刘文婷　汤小曼　廖佐禹　殷　鑫　郭世泽　张润怡
韩一轩　黄玉曦　周　阳　郝宇彤　李非凡　张云博
李远鹏　张　驰　柳保琛　刘　晗　李嘉宁　安婷婷
白怡凡　刘玉涛　张　博　冯龄慧　刘孟耀　李嘉茗
贾晓凡　张滨昱　杨　烁　韩紫嫣

统计学 19-2 班：

杭泽林　武佳惠　张宏晶　刘　可　李子琦　董懿颍
汪文涛　陈志玮　于　鑫　路雨薇　李　壮　杨含姿
闫家琳　林　红　杜世锋　周叶繁　孟婷婷　田安泰

应用物理学

光电子科学 19-1 班：

张子源　杨　欢　刘连虎　程楷翔　关　敏　汪芸竹
吴良杰　李家鹏　葛雨欣　郭晓雨　吴郑岩　田致豪
陈迎悦　高嘉豪　顾琳园　郭铭提　郭兴民　田志丹
石语林　周小煜　李东杰　刘雪松　张　旭　梁梓浩

光信息科学 19-1 班：

王　可　张怡宁　林思宇　刘举义　王子媛　王世达
刘　娇　崔　槟　张　瑄　赵敬俊　赵　薇　张　泽
李姬晓　陈曦曼　朱梓含　张沛洋　刘国鑫　张红伟
梁丰弋　刘光祖

微波技术 19-1 班：

杨景皓　冯海岭　姚　晴　陈尔娟　徐海爽　杨　月
刘雅晴　李　燕　申　柽　赵紫康　萧云秀　张天皓
方　贺　韩雨欣　刘昱鹏　杨柘涛　蔚秉轩　张竞文
王皓洲　梁士威

微电子技术 19-1 班：

赵泽朝　张晓薇　张奥博　马　帅　杨　森　武雪莹
李志军　黄世林　王一帆　李文博　李纪豪　崔美如
田　雪　陈子怡　张可心　高　野　翟　昊　刘亚维
卢信源　高才健　孙正新　王　浩　郭芮彤　周　超
冀硕宇　门美娇

微电子技术 19-2 班：

杜康伟　孟浩天　付俊翔　朱　旺　刘　帅　于天崎
张梓莹　孙仕洋　王启航　李子苗　魏霖坤　吕　行
刘辰朝　何鸣奇　徐　浩　李　畅　魏嘉兵　叶　雯
陈　旭　高亚飞　马贵岩　包宇萌　石小青　王世龙
邹艾霖　王冀晨洋

现代物理 19-1 班：

张元铮　宋晓龙　张　骞　池晓龙　朱宏宇　贾浩伟
刘康锐　段国宁　韩方超　钱昌天　申众缘　李浩范
康书宁　李　达　高佳瑶　魏思园　赵心雨　牛靖华
杨智明　白　天　韩江帅　董解元　王　斌　马翔河
梁　宵　张盛瑞

现代物理 19-2 班：

赵宝龙　胡智峰　李　冰　周星豪　张奥秘　韩泽飞
王佳乐　贾沛然　卢东恩　朱水宗　王永盛　刘永昊
李美爽　张庭毓　张　康　杜　玉　冯　尧　张　寒
金　亮　杨　淮　田　润　王　浩　朱万晟　张硕然
肖　夏　安婷伟

车辆工程学院

车辆工程（卓越计划）

车辆（卓越）19-1 班：

李泽星　穆启阳　邵麓铭　何姝媛　纪　超　王乐军
马荣涛　刘晋宏　杨炳朕　刘志佳　黄枝宇　王浩欣
胡雪丽　周　坤　徐　涛　张　晗　瞿子昆　林乐辰
李孟祺　陈禹名　石奇龙　胡濠铄　钱子聪　齐仟龙
尹子豪　覃　伟　周志成　杨子琢

车辆（卓越）19-2 班：

安　凯　刘丹阳　刘轶龙　梁建昕　孙锦辉　郭豪顿
杨绍杰　陈　森　谢　彬　康学文　李文龙　白雨欣
柳　恒　徐宇航　冯孟超　张智博　张长垒　赵中阳
杜嘉伟　王跃翰　郭梓渝　苏　洋　曹　正　李佳旺
张乾成　廖丹皓　符旭朋　于立涌　张　飞

车辆工程

车辆 19-1 班：

杜　鹏　陈一鸣　周晓玉　王宗旭　邢博涵　李金江
李壮壮　曹轩毓　闫永浩　王　坤　高若男　李相澎
高雨禾　赵　渝　杨　帅　张　超　赵嘉涵　刘　杰
吴　帅　宋成涛　刘成杰　韩欣格　刘　洋　李珠峰
李秀红　马建新　何　晨

车辆 19-2 班：

周欣然　梁建旸　蒋晓轩　王凯屹　姚　鹏　白辰兴
李　赛　刘福郅　张庭瑀　周祎洋　王　盾　支艺静
王伟鑫　张　翔　孟　奥　杨博韬　綦孝然　兰旭光
王仁广　雷开霖　王　虎　吴　迪　张少凯　宋卓然
马博文　赵舒凡　贾珺泽　张吉勋　金鑫宇　马恒宇

车辆 19-3 班：

黄俊辉　孙熙博　徐佳颖　张珂宸　王紫阳　黄　春
王俊波　张博瑄　傅泽友　李厚祥　谢　瑜　贾晨曦
吴一诺　陈炳年　张文睿　冯发辉　黄家奇　闫俊宇
刘业河　陈迎爽　张俊林　李博宇　赵光烁　张　龙
徐　泽　周　雍　王云凤

车辆 19-4 班：

熊梓涵　杨明鑫　杨思瀚　李欣宇　袁佳伟　郭子妤
刘鑫宇　张文涛　吴昊汐　陈甲未　王兴宇　郑博宇
刘佳宁　焦荣涛　王　维　刘　卓　许安波　郭梦宇
吴思潮　田　雷　王佳龙　马洺瑞　陈云浩　沈英俊
张　杨　王云鹏　刘丽倩　高　攀　窦浩政　乔巨毅
李洪智　王　昊

能源与动力工程

动力机械 19-1 班：

冯晨雨　韩金博　王嘉琳　杨　洋　周玉莹　董天意
盛海涛　陈赫铭　刘志恒　谢子硕　杨记林　王若飞
张闻建　陈泽毅　高洪瑞　王东才　韩　彬　马跃晋
尹　鹏　刘　宁　刘　泽　樊　博　薛森浩　胡若曦
韩文明　徐腾辉　王璟怡　舒俊杰　李　毅　曾宇坤

热能工程 19-1 班：

贾世杰　程腾飞　董圣翱　李志扬　张丽芳　冯瑞臣
孔艺霖　胡流超　夏子晴　骆长岭　万兴洋　闫　宇
周　杰　刘凯旋　孟令越　王海瑞　张鹏博　郭宬昊
葛承硕　李朝旭　米贝宁　张昊阳　邢　鹏　韩向远
谭嘉昊　武旭泽

热能工程 19-2 班：

刘德玖　乞子臻　孙　裕　乔祯生　杨文远　金晨阳
白丁祥　董天德　冯仲岩　刘彦昌　尹健宁　王祎楠
徐弘睿　马　赛　李庆新　闫泽润　宋婉婷　高　帅
宋家昌　王世星　李艳斌　贾明轩　王冠玮　纪子佳
古风鹏　马鋆发　陈楷帆　雷　健

石油工程

石油 19-1 班：

朱洪俊　姚　杰　刘　倩　刘京刚　赵震程　王智伟
郭佳龙　刘团飞　吴　月　王浩博　常瑞旭　李嘉伟
于佳伟　刘承鑫　张成果　徐礼浩　祁晓龙　张嗣鹏
王浩宇　李　奇　段昭宇

石油 19-2 班：

杜　峰　王　月　陈启阳　程浩然　代嘉怡　车文硕
王德强　王璐瑶　田启明　王　云　赵　宇　王　震

刘　琦　王　宁　周才一　王宇航　韩珺博　刘禹朋

石油 19-3 班：

王瀚锋　刘志明　王　泽　李　鑫　彭博宇　张泽玉
董洺瑀　张延龙　高玉杰　张宇宽　李龙雪　陆子含
苏护尧　田　柯　黄志远　凌　飞　颜宁婧　王新宇
刘奕伦　胡光远

环境与化学工程学院

应用化学

材料化学 19-1 班：

张英娜　贾悦新　梁　娜　董泽昊　贾兴业　王振宇
张　泽　邢涵钰　罗双霞　王　建　李承松　陆庆新
杨龙龙　刘琪琪　刘　星　吴玉杰　李金妍　李　亳
胡新宇　汪岩峰　曹　颖

过程装备与控制工程

过程装备 19-1 班：

杨得文　魏隆金　黄少谦　马　秀　刘　翔　弓佩宣
陈飞宇　赵若琳　石松松　杨　硕　张天赐　孙紫鹏
张继剑　冯博洋　刘先峰　肖　洋　阮子宸　王沛哲
马海明　李涵琳　耿　宇　任中骐　樊通浩　张易鹏
史鸿晟　陈睿哲　刘　浩

过程装备 19-2 班：

张洪春　刘　战　于　威　陈　亮　王　博　杨英恒
谭宏生　张光林　尹子方　闫文杰　李仕豪　王星翔
王晓函　刘　洋　车百慧　孙忠凡　程　挺　李尚书
孙正瑞　于文博　李晓策　董明智　吴雨菡　李　傲
孟庆航　王文熙

过程装备 19-3 班：

于引杰　张海鹏　孙　逊　李宝帅　路阳师　翟　强
陈金宇　高士博　张凯路　张雨琦　倪　林　冀泽晓
于　超　赵天阔　高智蓬　董　森　赵文龙　董　绪
李永康　杨昊东　孙卓越　孙云凯

化学工程与工艺

化工工艺 19-1 班：

朱美琪　谭庚林　赵志坤　朱　凯　刘双双　周仕磊
裴佳怡　闫兆兆　李蓉蓉　魏颖煊　付馨语　朱乐延
李学舜　常　营　曹凯乐　王　冲　李　巇　何建辉
许志怡　高怡静　杨乙杰　张雨馨

化工工艺 19-2 班：

李灵鹤　孙亿林　乌　芊　彭淞楷　宋聪鹤　刘韩平
叶富力　董继兵　田　奇　李百卉　卢紫薇　朱荣烨
毛浩晴　魏　巍　邓心悦　王骄阳　王子梁　张子龙
王嘉涛　杨佳佳　李青波　翟　浩

精细化工 19-1 班：

卢政兴　魏丽娅　郑　如　郑歌一　张　蓉　王梦迪
郑　迈　于子威　何丽敏　丁洪英　郭诗如　刘　骏
张洪茹　马振寰　殷晓航　吴　勇　籍龙超　王　辉
康灵嘉　安梓蓁　龙天华　孙豪敏　于　涛　程润泽
肖　爽

精细化工 19-2 班：

孔垂祥　王　鑫　王泽安　张　会　卢明阳　韦一贺
黄远杰　何　龙　张聪慧　张　珂　齐银虎　陈科达
刘书博　张梦妍　姜临风　李可涵　贺楚元　郝瑶瑶
刘佳蕾　周泽腾　郑智策　宗思嘉　闫建涛　冯泽炎
黄从军　杜　欣　王舒菡　庞丽丛　刘芮宁　申雪丽

环境工程

环境工程 19-1 班：

马　军　王　妍　曹泽坤　王春晓　李冬生　高　峰
刘子仪　崔嘉峻　胡鲻鋆　陈　立　白子剑　田梦凡
周振豪　龚泽西　李诚维　李　智　张藤月　张　迪
吕倩如　赵慧敏　陈士嘉　苗雨欣　王耀崇　孙　卓
王淑婷　王彦迪　付梦宇　刘　琦

环境工程 19-2 班：

郝佳艺　陈昭杭　臧怡宁　郭泽昊　林鹏越　邹　拓
王　派　韩若晴　赵嘉润　林洲月　王依贝　王禹茜
杨晶晶　卢泽润　郭　静　沈浩然　关博文　陈世超
张启航　黄燚凡　普俊伟　王子晔　李贺洋　闫浩焜
刘亭汝　冯宇阳　杜含月　王紫璇　慕典典

环境工程 19-3 班：

尹润达　符振波　康　慨　郭　悦　陈嘉琪　杨海燕
周滟桐　戚远宏　张宇璠　李鑫阳　魏文遥　董洪希
宋亚楠　吴雅曼　郭信瑜　苏莹莹　闫展熙　白慧龙
李纯兮　徐艳微　陈敏瑜　张姝颖　孙雪娟　李鑫淼
崔　月　许辰骜　张　奎　凌　晨

环境工程 19-4 班：

李冰玉　李子彤　杨美琪　柯彦丞　郭潇涵　高晓阳
李梦瑶　郑　蕊　刘奇隆　史　策　朱立龙　徐新慧
马朝阳　龚荟兵　邓　蓉　孙　睿　鞠　臻　曹源森
钱　婧　张纯瑞　闫　斌　张慧芙　吴佳莹　王梦羽
赵东衡　王　震　张晋瑄

能源化学工程

能源化学 19-1 班：

沈俊宇　张招资　刘依冰　万　里　李　雄　张　聪
欧世超　周　景　韩润仪　陈华松　王雨欣　王一帆
刘梦冉　陈亮琴　张淑贤　尤　川　王皓天　张成汉
王　琦　张　浩　杨聪念　王　浩　李翔宇　李佳雯
徐　赫　孟雨琪　魏金叶　王玮瑜

能源化学 19-2 班：

乔宇轩　冯雨欣　谷世鹏　秦艺力　张博妍　黄佳龙
于畅晓　姬嘉伟　荀贺芳　甘　霖　张　祎　李　鑫
刘　川　张浩楠　李　鑫　刘又旗　王　乐　孔冰洁
吴　昊　胡中状　陶　超　王文杰　王宏业　范文骏
张宇航　马泽朋　徐梓鸣

应用化学

商检 19-1 班：

梁淞元　董瑞敏　祁欣悦　高梦瑶　何　日　刘佳鑫
王馨瑶　董垚嘉　戴海金　毕孟姿　杜学达　于婉秋
邵思博　蔡梓涵　刘建丰　赵　瑞　王鹏霞　王雨涵
孙美芳　张　青　郭雨薇　李俊璐　杨　蕊　李冰浩
许泽龙　庞钛月　甄开茗　章萍芳　吴　悦　王锦媛
吴泽轩

应用电化学 19-1 班：

魏九红　张利军　韩　涛　王　璇　昝建宁　解天晓
翟静宇　高佳鑫　杨博文　张晋樑　沈立登　李　萌
张雨涵　郭怡飞　王雨萌　马祥宸　张心怡　张恬雅
郑晓慧　稂奥雪　许梓云　丁海涛　王鹏飞　李松岭
尤　港　贾镕婧　辜嘉豪　杜亚萍

生物工程

生物化工 19-1 班：

邳昊天　赵基宏　杨雅洁　杨相勇　宫佳宏　夏麒敏
王亚楠　李梵静　于文凯　武建强　赵金城　薛艳侨
韩立琨　王聚荣　王　帅　张旭锐　刘　阳　申奥然
孙一民　孙铭骏　侯振威　叶　妍　董　楠

生物制药 19-1 班：

范嘉惠　吕子微　魏新宇　王玉青　李美诺　王佳乐
李　薇　张浩田　刘笑晗　李长皓　徐云天　任玥潼
王世龙　冉慧杰　杨一硕　王俞崧　颜　锦　赵立瑞
崔祖彤　张少靖　贾海瑶　郭雨菲　宋子渲　王骏峰
李娇娇　贾泽华　庞梦瑶　耿佳迎　蔡英琪　薛世纪

生物制药 19-2 班：

左　煜　钟晓萌　杨宝鑫　甄静仪　张洁宇　曹雨晴
杨宣枭　赵久明　宋　涛　王　硕　陈迎迎　刘小雨
周　静　李　爽　张鑫昊　王毓璇　鲍周义　刘旖涵
徐天天　张若凡　秦霄霄　赵若斌　冀　俭　田　颖
胡采依　李　思　闫佩茹　何思环　孙思柯　武星翰

体育学院

社会体育指导与管理

社会体育 19-1 班：

王　众　韩　阳　宋春龙　纪皓博　刘泊伸　李梦阳
孙辨星　冯超群　幸宇杰　王鸿吉　刘玉伟　史志杰
贾振杰　吴泽辉　范文龙　安蓝图　王迪宁　吴含兵
王尚进　侯欣蕾　杨怀昱　马　彬　杨梓栋　孙　阳
张金研　李　炜　张志满　张云龙　马赫飞

社会体育 19-2 班：

毕天虎　程译飞　杨光宇　王　雨　安　毅　康世尊
曹天琪　陈佳浩　韩瑞鹏　张家豪　姚金玲　蒋云鹏
孙宇涛　岳靖凯　林泽阳　翟金辉　倪天宇　冯　达
黄绍文　汤立伟　王计月　刘泽华　赵浩胜　李威亚
张　瑶　李国庆　王贞已　高　伟　王　龙

文法学院（公共管理学院）

法学

法学 19-1 班：

宋佳怡　朱晓燕　张天爱　张伟奇　王洋洋　乔天祥
张志娟　蔡庭杰　李忻桐　娄东明　郝子晗　赵英坊
何宛玲　吴名震　时慧玟　林道静　韩嘉旭　宋　硕
付熙振　王金金　成星月　吕京鑫　康森茹　袁莹莹
杨嗣琪　高　田　陈　彤　于　淼　郭晨晗　赵雪薇
宋云波　张亚雪　李亚慧

法学 19-2 班：

郭一冰 张佳艺 吴旺达 贾清波 张旭 陈清华 贺丹丹 王智健 李斯斯 王琳雅 孙菲艳 李红霞 张兴龙 郝雨 谢婉莹 余佳璐 王逸森 孙张睿 王琳 王芷婷 成双 朱泽润 马占凯 王悦扬 陈思竹 孙硕 张冀萌 王苑如 楚玉柯 王慧敏 付恒宇 李瑞航

法学 19-3 班：

王凯博 许凯翔 刘禹含 杨佳琪 景绮云 张潇予 崔佳怡 贺钰 何蕊 黄利翼 展金羽 苗杨 张敏 于沁正 施其健 冯思怡 孙子怡 李自迅 李锦涛 陈靖璇 吴越 付俊龙 李萌 张晟维 刘国庆 王之彦 许哲 贺子怡 吴家轩 宋欣潞 郭梦

法学 19-4 班：

张楠 张汝惠 何奇 蔡佳宁 杨伟涛 杜佳会 王静文 宁荣旭 刘欣宇 郜雪格 修玉旺 孙亦文 石雯璐 郝佳薇 陈蕾蕾 李柏杰 屠雨莹 周攀 刘梓宁 许晓雷 袁雪浩 张浩泽 范小溪 熊智敏 肖欣 王海洋 祖相玉 曹荣庆 管琦 王心盈 桑慧雅 赵岩 彭靖斯

公共事业管理

公共事业 19-1 班：

李兴 郭发展 郑坤鹏 刘静 田彦飞 王宇盈 胡新宇 邹文惠 李重莎 张钰美 张俊泽 江文雅 蓝嘉琪 胡玉琪 李嘉敏 卫亚淼 王莉馨 宿金秋 刘思维 吴滨妤

公共事业 19-2 班：

杨凌瑜 刘仕亨 孙悦 董思睿 范宏博 李梅 李涵 马悦悦 赵露露 冷贵铭 徐玉娇 李梦哲 张钰曼 韩笑 王雨晴 刘可欣 樊梦茹 柳颖 倪文楠

公共事业 19-3 班：

李忠泽 李冰雁 张继尧 张滢 张紫璇 郝玥 孙文敬 牛晓梦 孟照曦 米方霄 宋晓雪 贾松宁 刘洁 赵晗晗 赵梓严 马晓艺 解景媛 郭天琪 袁乐欣 李响 董红芸 宋振涛 赵竟竹 姜兴辰 郑东起 江浩良 韩雪 杨欲饶

公共事业 19-4 班：

刘笑 杨阳 柳香园 袁佳鹏 赵佳美 黄羽乔 王佳辉 李雨彤 李秋月 张仕远 崔潇男 刘钰 韩紫硕 刘如萌 王思睿 王雨潇 徐寒玥 郭子琪 陈谢阳 孙振浩 李世超 郭家乐 张筠卓 刘雅楠 尤和楚琪

汉语言文学

汉语言 19-1 班：

林佳旭 杨岚 郭子敬 赵双媛 刘嘉玉 任元柳 李紫怡 罗欣宇 宋兴辉 郝家敏 王梵 史秋颖 冯帆 刘晓天 郭月欣 陶广平 王雨晴 贾明轩 王子龙 黄峥晗 李华 郭佳欣 雷新月 王佳兴 赵湘涵 董玉莹 刘欣欣 高子涵 李禹溪 陈源龙姝

汉语言 19-2 班：

王客程 殷亚飞 孙怡怡 张一凡 徐欣哲 魏佳华 王琦娜 赵莹莹 李仔信 夏灿灿 潘学蕊 李航霄 彭安妮 孙博远 贾悦炜 苗曦元 李湘柠 顾梦璇 王月 姚静洁 李静佳 鹿书慧 马鸿飞 侯博琰 刘思彤 茹雅婷 孙欣 王赫嘉 孙浛娇 郭湘婷 罗兰兰 陈嘉琪

汉语言 19-3 班：

樊海龙 崔婷婷 程晓宁 李孟蛟 杨涵月 张益策 吉胜超 刘华依 刘雅琼 陈美琳 冯梓阳 曹佩玉 齐玉洁 张爽 王越 杨傲然 张梦瑶 康昊东 李铭 郎蕊华 邵童歌 陈欣语 马婷婷 杨梦佳 段晓冉 于新洋 武美言 权雪景 武晓彤 叶乐如 刘奕

汉语言 19-4 班：

马楚贤 来梦寒 曾一丹 李彤 李媛 刘岱妍 高贵晨 郝伯伦 刘杨 王桂香 杨妍 臧雪菲 杨丛换 江山 汤婷 许弘瑜 张怡帆 李惠聪 张晓婧 申晓芳 李子旭 郭兴国 孙静晗 鞠双 王君秀 郭海阔 刘佳美 郑泽宇 墨星宇 史浩乾

汉语言 19-5 班：

任彦阳 牛玉洁 聂智慧 田磊 马庆杰 党飞扬 周轩 于婧 栾鹏羽 杨仪林 章佳境 胡湛 李淑楠 蒋宜伶 赵佳怡 牟雯旭 佟洁宇 崔旭梦 郝博 马晨影 郑爽 罗明光 黄珂 赵凤云 彭启云 陈恩迪 孙培源 胡晓杰 张霆 张怡欢

李欣茹　曹霁麒鼎

行政管理

行政管理 19-1 班：

杜书娇　邱华燕　王源源　郭昊园　孙雨新　曹若冰
刘　飞　张艺献　高佳欣　于浩瀚　姚梦圆　李　静
付川洋　赵祺清　严　涵　马奎甲　张亚男　文宇杰
王亚君　富宏宇　闫渊渊　刘梦瑶　孙佳鑫　周双迪
苏　颖　韩忠源

行政管理 19-2 班：

赵　磊　项　莹　吴　林　田晓曼　张华波　董俐延
杨晓荣　王苗苗　李　菲　王　晓　陈正轩　胡晓楠
吴艳婷　张朋辉　陈施宇　隆仕新　孙晨亮　王晓曼
马田田　秦　甜　王祎雯　韩冰冰　冯梦瑜　孙宏宇
郑芳群　郭奥蕾　田昊天

行政管理 19-3 班：

张聪聪　张彦昕　徐心竹　杨文敬　闫佳伟　邹海涛
徐　梦　安梦亭　刘甜泽　王　鑫　李佳烨　祖婧鑫
于　祯　涂嘉纬　崔德曼　张　玮　孟聪娟　吕泽章
张　鑫　周萌萌　杨诗雨　徐萌萌　王旭通　韩培颖
刘　璐　王学微　杨晓旭

行政管理 19-4 班：

吕玉森　陈昕宇　刘天勤　曹明东　姚子瑄　王佳豪
胡盼盼　赵丽倩　王　鹏　杜湛炯　李晶晶　吕　英
吴宇轩　董玉娟　沈尚东　冯阳阳　王　杰　冯梦慧
吴昊钰　刘辛婷　孙嘉晨　李子悦　孙冬昕　刘晨宇
徐　进　韩越群　张岱麟　张金瑞　刘若萱

政治学与行政学

政治学 19-1 班：

李欢欢

艺术与设计学院

产品设计

产品服务设计 19-1 班：

郭　健　杨世权　王　舒　朱子财　李明珊　朱　珠
彭小春　牛士心　曾　甜　李佳忻　罗曼绮　戴裕婕
马铭序　彭灿月　文志浩　许晓东　康麟童　王辰旭
李文嘉　陈文扬

产品服务设计 19-2 班：

何京衡　张　奥　徐　凯　梁刘芳　穆子帅　温晓晶
岳龙杰　王文鑫　赵佳琪　韩哲彬　张子玉　蒋新雨
廖文静　黄敏婕　张雨婷　钟明宇　丁璐敏　张博洋
李　颖　李毅康

雕塑

雕塑 18-1 班：

王俊玉　张　妍　李奕霖　江紫怡　王鹏洋　王姣姣
罗纬华　蔡博茹　孙颢一　张弘润　戎　静　温　琦
胡爽爽　周　洋　段玉辰　王菁怡　刘谨豪　舒　锦
李俊锐　刘栎婷

工业设计

工程装备设计 19-1 班：

刘竞放　李金雨　贾辰晔　裴紫微　王依凡　司庆贺
徐万红　王长建　王文玉　许　博　朱亚洲　吴　杰
黄　粤　赖禹锡　赵子琪　房少欣　朱天琪　石艳丽
刘玉珊　李海龙

环境设计

空间陈设 19-1 班：

张博羽　张青青　杨雨荷　贾永艳　高嘉隆　李诗如
唐雅萍　宋田斌　牛　妞　宋　娜　程　前　杨芷涵
黄天宇　谢　良　徐可欣　常飞燕　牛静怡　史　迈
曹雅丽　黄梦媛　罗　群　李梦媛

空间环境 19-1 班：

刘海妍　张亦彭　李嘉璇　尚秋珂　许赫男　唐家丽
何开悦　马瑞涵　李　赞　王佳慧　王　艺　林子毫
赵　雯　张怡楚　张译尹　李泓仕　王少聪　何京起
黄声发　郭思嘉　单依媚　刘　佳

空间环境 19-2 班：

刘永春　程　昊　周万翊　王亚林　吕万万　万可可
胡雪子　张康龄　刘昱辰　张　毓　蒋　楠　赵千瑞
王思淼　任士龙　李文俊　李沁灿　严　薇　吴欣茹
姚　婧　陈鸿明　童晓菡　谢　媛　刘凌汐

空间环境 19-3 班：

朱志超　蔡　祥　李梦杭　詹官杰　胡芳瑜　裘琳欣
李晨洋　王艺颖　侯玺显　杨连民　陈　瑞　张若楠
王子珩　牛瑞瑞　叶　筱　杨萌萌　张　钰　姜梦娇

常煜飞　黄江硕　付美怡　曹天昊　刘　铭

视觉传达设计

媒体设计与传播 19-1 班：

孙珲敏　张艺倩　王　彤　肖星宇　项晓梅　李欣玉
刁辰钰　侯天江　许　莹　董聪聪　柯梓涵　李佳妮
吴澳生　王莹莹　靳俊宵　刘雨溳　石洋洋　龙书琴
彭秋雨　钟　毅　殷如馨　冯华雨　赵营营　任思怡
王雨鑫　王清馨

文化创意产业 19-1 班：

赵茂清　张馨悦　刘胡芳　张志国　李静妍　孟　佳
杨艺萱　向　沛　毛军科　陈思宇　肖千荣　洪　婷
李政阳　单玉涵　王悦远　张钊扬　李强匀　何月欣
张鑫鑫　刘欣杰

文化创意产业 19-2 班：

燕惠惠　胡含瑜　张帅鑫　刘琬晴　林　帅　曲雅静
饶亭专　邹　阳　张悦滢　程　雨　邢泽玉　李　洋
兰鑫宇　丁子桐　李冬冬　熊嘉伟　刘　妍　钱瑶瑶
王子萱　郭文丽

工业设计

人机交互设计 19-1 班：

杨东杰　范嘉音　王梓凡　张依琳　刘　茂　刘铱文
林沛杨　李　晴　李嫣然　王　浩　韩永琪　邹宇鹏
刘梓涛　陈清琦　李怡晴　郭宇航　李　洁　陈子博
陈海云　李　帅　王一帆　丁鑫宇　王　妍　王孙清沄

产品设计

生活方式研究 19-1 班：

廖应柠　潘　坚　郭　宇　康　萍　柴子涵　李冰冰
张晓钰　李　晶　刘佳欣　杨姜美　郝洪基　伍成杰
郭亮杰　张明慧　周雯玥　刘瑶瑶　禹涵文　甄聪颖
朱慧杰　王雪洁　陈佳乐　彭　臻　张静娴　朱　颖
陆　颖　李　慧

生活方式研究 19-2 班：

王阳阳　桑若澜　黄芸梓　陈　冲　徐轩昂　谢　婷
邓　杰　李世恒　邹申奥　赵　萱　杨　志　周禹欣
黄星蕊　何　欣　王丽凤　史濮源　赵靖祎　符鹏锦
高满茹　晁佳媛　邓梦杰　李桂成　李佳宁　任俊杰
杨海霞

舞蹈表演

舞蹈 19-1 班：

席铭文　潘长鹏　杨佳颖　杨　青　李嘉雯　王晋璇
刘雅妮　郭锦源　金　阳　王　京　高于薇　马梦飞
柳瀚轩　徐现伟　袁胡蓉　刘瑞琦　姬孟玥　王晓庆
霍丽烁　王晓知　郭文轩　阳程程　王雅奇　张玲超
李孟勋　孙明巍　李　臻　伊　欣　李家成　张海成

音乐表演

音乐表演（器乐）19-2 班：

李芷焓　赵宇航　朱心蕊　张丽媛　冯璇艺　苗　萌
艾泓旭　于　泽　周江旭　唐书瑾　董玮琪　王逸宁
张珅瑜　王敬茹　李　萌　于子月　张文杰　钟　晴
李梦雨　张　扬　苏雅杰　王　乐　张天悦　张嘉宁
刘咏泽　杨　艺　王　璐　秦佳欣　王奥琳　杨韫思
牛春发　沈相杰　李祥宇　裴　涛　王晨好　于博童
石昕鑫　石雯瑄　高佳乐　栗雅楠　侯　帅　张雅旋
闫彩平　陈　璐　陈雨婷

音乐表演（声乐）19-1 班：

权英雅　赵　泽　樊　杰　刘宁宁　程泠矾　李佳祥
高雨婷　顾依依　娄雅卉　李奕儒　高萌萌　刘虹希
曹文宇　杨　莹　韩奥杰　罗　章　肖朝晖　张艺萱
马艳丽　张思睿　南　疆　张忠毅　雷泽斌

国际教育学院

英语

英语 19-1 班：

贝　贝（Bilbil Amanova）

汉语言文学

汉语言 19-1 班：

顾亚丽（Shemsetdinova Ogulgerek）

信息科学与工程学院（软件学院）2023 届第二学士学位专业毕业学生名单

计算机科学与技术

计算机（二学位）21-1 班：

赵　丹　段一凡　王德臻　张　乐　黄昕辉　李宗朔

刘　艺

计算机（二学位）21-2 班：

孙兴伟　李　旭　冯润莹

经济管理学院 2023 届第二学士学位专业毕业学生名单

会计学

会计学（二学位）21-1 班：

李佳玲

外国语学院 2023 届第二学士学位专业毕业学生名单

英语

英语（二学位）21-1 班：

王士铨

文法学院（公共管理学院）2023 届第二学士学位专业毕业学生名单

行政管理

行政管理（二学位）21-1 班：

夏婷婷

行政管理（二学位）21-2 班：

林云志　钞　琳　温晓雨

行政管理（二学位）21-3 班：

张　曦　杨虹宇　郭岩慧　赵新佳

环境与化学工程学院 2023 届第二学士学位专业毕业学生名单

化学工程与工艺

精细化工（二学位）21-1 班：

张凌云

（供稿人：教务处　马明建）

2023 届硕士毕业生名单

机械工程学院（648 人）

马泰森　龚泽方　王迎宾　胡庆宇　周永胜　王晨光
刘天伟　张瑞昭　陈雪涛　冯　贺　冯小宇　高润东
郭长春　郭子轩　李佳旺　李新基　刘秉谦　鲁泽坤
时兴豪　王　栋　王帅淇　魏明明　许帅康　杨广辉
杨泽钰　苑德烨　岳恒全　张安康　张　磊　张婉雪
张宇轩　赵陈龙　赵　杰　周　伟　朱　震　陈圣光
程雨旺　杜家正　付承伟　高　超　高鹏阳　高清山
关文博　韩延伟　韩智铮　何丝丝　霍　焱　冀承杨
蒋金佩　靖相宇　孔德才　孔德华　孔帅旗　李东肖
李　伟　李祥鲲　刘富民　刘　洋　刘子轩　卢子艺
陆鹏程　陆顺新　罗子茂　马钰皓　苗宇航　齐树鹏
申苗苗　宋子扬　唐　猛　田　宇　王　杰　王敬玉
王鹏跃　王世杰　王维锜　王新宇　吴砚博　肖　浪
辛大卫　郭慧琦　姚仁逸　尹　安　余海波　郁春嵩
苑雷扬　岳　峰　张凤奎　张小涵　张旭泽　张　政
赵宛男　郑　宸　郑鹏飞　邹博识　左琪昊　白晓帅
柏　雷　薄东明　卜新钊　常　杰　陈凡海　陈璐琦
陈小军　丛建华　崔玉元　崔紫怡　邓金坤　董立松
段　智　付志昌　傅章磊　盖宇航　关子横　姚米晨阳
郭云飞　和志斌　胡晓光　胡志新　黄华蒙　黄吉望
黄金聪　黄天用　纪鑫宇　贾海娇　贾洪杰　雷　干
李昌威　李冬生　李海祥　李　恒　李嘉欣　李剑南
李敬一　李孟旭　李绍波　李鑫宇　李　渊　李子聪
李紫琪　梁健青　梁树杰　刘　冬　刘佳琳　刘　军
刘　轲　刘鹏举　刘伟超　刘占琪　卢言路　马文志
苗　宁　聂宇晶　潘恒志　邱振波　邵靖斌　佘俊锋
申　戈　申惠赟　宋火阳　孙安男　孙　旭　谭雨龙
唐照楠　陶会成　王传锋　王大双　王红博　位中达
魏泽毅　向国进　项鹏飞　熊培州　徐　俊　徐正琦
徐宗国　薛启帆　闫朝鹏　闫宏斌　闫向阳　杨程文
杨福磊　杨汉平　杨家辉　杨俊锋　杨　匡　杨林栋
杨义鹏　杨子淅　于海波　曾嘉豪　张倍瑜　张琛璞
张珈瑞　张晋铭　张君威　张天翊　张学微　张逸飞
张云哲　张　政　赵冬杰　赵艳凤　赵永成　赵志成
郑华瑞　周彦钊　朱东林　朱　丽　毕研文　马　雷
郑博寒　卞光启　陈思国　崔佳佳　崔天伦　邓科伟
邸　鹏　董　睿　范　彪　何　宽　贾云柳　蒋东骁
景灵方　李康英　李琳锐　李荣智　刘宝宝　刘冠男
刘　颖　罗艺文　聂志华　欧阳绮　全永强　史梦阳

孙莉莉 汤文瑞 王晨阳 王竞岩 王凯瑶 王　鹏
王永攀 夏瑞琦 邢　程 徐益博 杨琪帆 杨晓伟
叶玺辉 于佳成 张攀科 张世奇 张兴红 张　尧
赵晓浩 赵　旭 赵英杰 周冰娆 罗　昊 张　昊
崔建强 郭秀生 王春雨 王　贺 张嘉方 张　洁
王飞龙 刘　阳 赵　坤 赵　杨 周子安 朱云鹏
艾子恒 白宇航 毕明杰 曹辰熙 曹恒义 曹品顺
曹新航 曹悦彤 曹忠鹏 常嘉琦 常　龙 陈伯文
陈浩东 陈　健 陈　锦 陈孟琴 陈念龙 陈宁超
陈启发 陈松亮 陈天朔 陈文彬 陈兴烁 程　凯
程鹏腾 程银虎 崔劲松 崔梦雨 单俊祥 邸龙昊
丁继东 丁泽文 董超辉 董国安 董　昊 董　杰
董　旺 董文杰 董学刚 董赟全 杜云祥 范先铎
范　哲 冯苗苗 冯　阳 高海成 高建新 高瑞泽
高　涛 高　甜 高　杨 高宇翔 高志强 葛　宇
顾璐昊 桂一鸣 郭超然 郭佳航 郭　林 郭刘强
郭　鑫 郭志远 海　杨 韩德泉 韩世超 韩伟达
韩　鑫 韩　旭 郝同同 何蔼雯 何冰耀 何　轩
何　阳 何子鹏 洪　勇 侯　硕 黄金辉 贾东飞
贾方振 贾鹏硕 贾文强 贾永涛 姜继尚 姜森威
姜　胜 姜述辉 金　灿 靳东鹏 靳金桥 匡展志
兰尧尧 黎灿明 李　背 李含笑 李翰林 李浩然
李浩然 李　恒 李宏民 李佳栋 李嘉琚 李景彬
李　侃 李峡瑞 李明远 李铭阳 李　南 李鹏飞
李　山 李盛斌 李　爽 李文超 李戊戌 李夕楠
李　想 李宇铭 李泽澳 李兆健 李　志 李梓昂
连鑫栋 梁健鹏 梁凯凯 梁　鑫 梁　星 蔺艺辉
刘博玮 刘东明 刘　栋 刘计尊 刘佳策 刘建昌
刘建军 刘建正 刘锦图 刘康辉 刘朋飞 刘　涛
刘文杰 刘文杰 刘文平 刘晓辉 刘晓看 刘迎港
刘迎堂 刘宇辰 刘　壮 刘子旭 卢睿洁 芦　莹
陆建新 吕小龙 罗元奎 骆雄帅 马棒棒 马　轩
马　哲 马志傲 孟凡月 默泽垒 聂鹏龙 潘光明
潘宜鹏 潘自给 庞浩东 齐叶叶 乔晓飞 秦　博
秦占永 庆小康 任佳豪 鄯　毅 尚虎城 沈　勇
沈　臻 师瑞卓 石慧明 石子鹤 时迎港 帅丹阳
宋琳杰 苏　杰 孙嘉胜 孙　健 孙铭琪 孙炜城
孙相宇 孙雅馨 谭昌宇 谭超超 唐仲鹏 田继勇
田世浩 田　硕 田　宇 汪银松 汪永明 王　彬
王登奎 王点正 王凤阁 王华玮 王　辉 王可心
王　宁 王　韧 王　帅 王硕岗 王天立 王天天
王　炜 王　骁 王鑫丞 王旭东 王雪升 王云飞
王云鹤 王　哲 王振宇 王知先 王子萌 王子朋
王宗智 卫广勐 魏　健 吴焕春 吴　矿 吴立世
吴　猛 吴其恒 吴　涛 吴万财 吴　晓 吴　璇
吴艳飞 武红波 席宏祥 夏超然 肖禄源 肖　洋
肖　洋 谢雪雷 辛浩天 胥　亮 徐成杰 徐东阳
徐　奇 徐悦鹏 许文强 许志凡 薛乐乐 闫茂荣
闫学峰 严西星 严晓强 杨丛亮 杨宏冠 杨建昊
杨景瑞 杨　猛 杨乔羽 杨少昆 杨　昇 杨世超
杨　威 杨元旦 杨　智 杨　卓 姚俊豪 伊　宁
于志伟 袁　畅 苑晓森 臧永昌 翟飞阳 张爱军
张　波 张　琛 张春义 张　舵 张瀚文 张嘉康
张金飞 张金明 张津澎 张晋府 张京城 张　康
张梦雅 张　宁 张琦瑶 张　权 张瑞桢 张士博
张　涛 张　涛 张伟哲 张文帆 张文杰 张艳闯
张燕东 张宇杭 张玉坤 张玉民 张钊墉 张珍年
张子名 章甫君 赵承乾 赵　聪 赵代福 赵国庆
赵金磊 赵金鹏 赵敏杰 赵平波 赵文耀 赵旭亮
赵延恒 赵　岩 赵　煜 赵自发 郑鸿飞 郑　阳
支振扬 周浩奇 周金华 朱鸿飞 朱健锋 朱　攀
朱勇勇 庄忠柱 邹小杭 白雪晨 魏红旭 白永胜
李明洋 闫伟驰 陈国文 陈宏亮 陈晓沂 陈星池
崔中雨 崔忠冠 崔子扬 范金卓 郭小天 胡童童
胡　巍 孔燕云 李学洋 李正帅 梁康博 刘金鑫
刘　雷 刘雪东 楼斯宁 吕俊屹 孟世谦 蒲士龙
邵立子 宋碧波 王皓宇 王鹤远 王泽飞 位　赛
肖新贤 杨亨艳 臧志伟 张呈祥 张　诚 张金铭
张　琳 张　伦 张晓超 张逸忠 赵凯悦 郑华康

材料科学与工程学院（168 人）

孔瑞瑞 刘金源 卜令雨 罗　阳 任宝康 荣盛伟
孙伟建 翟瑞祥 张　倩 伏思连 巩宇鹏 李贝贝
李媛媛 朱文帅 刘　意 马龙龙 王子伊 杨　冰
杨　树 张美玉 祝　媛 安　鑫 白　鹏 陈玉轩
程　奔 丁　靖 丁逸韵 董梦昆 方晓港 冯熠婷
高晓敏 龚　敏 郭　梁 韩　宇 韩　雨 江希红
金　龙 金　强 雷　雨 李　翱 李　林 李修海
连鸿瑜 梁玉亮 刘　璨 刘晨洋 刘威风 刘雅祺
刘志平 马　静 马　淼 门朝阳 邱家林 邱　俊
宋瑞丰 唐宇灿 王　琦 王文祥 王新竹 王硅钰
吴俊华 武乐乐 武龙鹏 徐若楠 许永超 闫　菲
杨若贤 姚文博 余海峰 昝建星 张成学 张　凯
张凯峰 张栩源 赵汗青 赵霄蒙 赵　勇 赵郑吉

郑哲　周亚薇　周影　白云龙　陈昊　陈文军
褚桂崧　董春艳　段慧涛　高静　何英豪　侯青航
黄文杰　贾东翰　贾彤　李航　李茜　李硕
李旭东　李勇　刘森　刘先丽　刘阳　刘子谦
卢奎虎　鲁洪伯　吕文翰　马梓译　孟迪迪　孟羽
庞琳琳　邵冠杰　司金辉　宋玉伟　宋哲铭　孙俊绒
唐甲兴　汪强　王敏　王涛　王忠祥　吴浩阳
肖宇鑫　谢威　邢延嗣　张衡　张家祥　张静杰
张乐怡　张寅鹤　赵聪聪　赵宇轩　赵子聪　周昊哲
周明昊　朱雪莲　祝学丽　高坠峰　陈孟伟　戴钊
高傲　高滨　耿路路　公锦州　黄敏平　靳泽鑫
马永瑞　彭嘉婧　孙学伟　田野　王冲　王坤
王舒蕊　王伟　徐澍　杨浩　杨阳　张欢欢
张珊珊　张升超　张鑫鑫　董卫国　李占京　裴莹莹
秦磊　杨丹　张晓倩　赵霄　赵昭阳　陆高泰杭

电气工程学院（518 人）

潘红苗　于越　张伟凯　李云龙　杨博　陈曼桐
陈蔚瑞　程磊　范双贺　高浩　高艳菲　耿星硕
韩领军　何竞　黄文汉　贾幼弛　姜楠　金业森
李聪　李哲宇　刘思源　刘毅　罗诚　马明伦
马仁琪　马吴旭　庞修身　秦晓阳　戎佳佳　王欣雨
王耀东　王雨畅　夏宇同　许宝然　薛静芳　杨远翔
杨志霞　翟玉洁　张宝中　张宁　张逸伦　张影
张哲　赵玄　赵子奇　宗舒宁　白浩宇　暴云飞
蔡俊鑫　曹立志　陈旭晨　池燕港　冯辉　巩秦海
郭明明　何刘欢　胡雨晗　姬厚召　贾帅虎　贾益丞
李建波　李璇璇　李一诺　李弈　刘东辉　刘慧婷
刘晶　刘伟泽　卢立明　马康　孟令浩　庞伟
戚鑫　秦淑凡　史华亮　苏新雨　孙凯　田一丁
王浩东　王建宇　王杰　王金鑫　王帅　王玮
王雪琦　王颖　王运韬　王子博　韦金龙　魏思雨
杨爱华　杨晨　杨丽　岳志远　臧朔　曾旭阳
张鹏飞　张腾　张宵宇　张欣悦　张鑫　张泽辉
张中强　赵宏泽　赵许冲　郑千　郑祎　聂玉昆
白敏　边双双　陈鹏飞　陈天明　陈甜　陈熙
陈意　陈子寒　程洪强　耿绍宸　郭郛　郭金华
郭悦　郝振宇　何晶晶　胡立杰　霍俊红　贾乘
金博昆　靳岚清　李宏　李剑　李昆达　李曼
李明月　李晓乐　梁文灿　刘红　刘鹏　刘鹏
刘洋　卢凯　路金铭　马浩彬　马哲　孟林源
孟岩　史页　苏永　孙海涛　陶雨婷　王馨
吴凡　吴凡　吴融　吴燕芳　吴裕彪　武倩倩
邢济湲　徐龙　徐伟杰　杨贵翔　杨宁　杨新宇
杨志航　姚美玉　姚宁　于明帅　张长兴　张超
张凯　张晓龙　张晓蕊　张秀敏　张友浪　张泽乾
赵灿　赵欢　赵蒙蒙　祝犇　陈婷　董啸林
范伟鹏　高上博　关勃然　韩琳　李枭　刘雪梅
任品　宋文扬　孙权威　陶金鑫　田晓波　王晖
王鹏宇　王天　王晓晨　王新宇　王子怡　蔚建
魏佳宁　吴入腾　杨杰光　张青雨　张延夫　张逸夫
钟君　周文达　邹舟　安建宵　任敬涛　徐新宇
白佳丽　曹嘉亮　陈安邦　陈潘鹏　陈泰宇　陈智
单艳楠　刁华康　董玉飞　董智超　杜晨　冯潇颖
冯鑫如　付雨亮　高杰　高视丛　高卫华　龚威
郭峥峥　韩腾杰　郝晓楠　郝欣宇　何志　贺津娴
侯佳琦　胡耀华　胡之涵　姜哲明　李晨生　李达
李宏波　李佳伟　李林祥　李明璇　李鹏江　李清华
李思源　李伟　李扬　李玉林　李志文　李紫晗
廖伟明　刘博闻　刘梅桢　刘玉岗　刘祉含　梅麟
孟庆福　潘佳辉　庞子桐　裴子琦　彭丙亢　彭思恋
邱伟杰　石浩达　宋亚冬　孙明昊　孙旭瑶　谭晓霏
唐波　唐晋北　唐经天　田秋来　王斌　王崇超
王海澎　王佳泰　王婧　王年果　王伟　王宇晨
王振　王子博　温个　闻艳鑫　吴登朝　吴浩毅
吴泽远　武昊　徐澄睿　杨晨　杨宏亮　杨清帅
杨玉净　姚磊强　姚世洁　尤康林　喻展琦　袁明明
张斌　张嘉元　张启扬　张涛　张婷　张文浩
张祥　张永超　张志鹏　赵军　赵悦　赵峥楠
周若思　周宣吉　朱启凯　邹绪缤　白枫泽　白佳荣
蔡风伦　常超群　陈耀东　成星　程金磊　崔健
党辉　邸银露　丁皖蒙　丁泽行　董晓娇　杜海海
杜灵韵　郭聃　郭浩然　何文静　贾梦菲　姜昊
李博宇　李丹阳　李佳庆　李进霞　李美洁　李明亮
李朋朋　李启航　李千　李乾　李强　李冉冉
李涛　李文悦　李鑫辉　李晔阳　李振阳　李志伟
梁洪月　刘鹏飞　刘亚茹　刘影　刘兆新　刘仲雨
鲁育洪　鲁政　罗浩　马伟　孟子杰　铃坤苗
秦芊　权鹏帅　申前　司雨　苏世敏　孙昌贺
王册浩　王稼鑫　王建坤　王凯　王磊　王亚威
王智愚　问育栋　吴丽媛　吴怡　武相鹏　夏菱缦
向艺凡　肖立峰　辛旺　徐栋　徐香院　徐子奇
许波　许崇轩　杨红光　杨天琪　杨鑫月　姚淼
伊思颖　张涵　张凯越　张倩倩　张姗姗　张升

张兴民 张　园 章玉鹏 赵海超 赵　蒙 赵梦雄
周俊超 曹宗帅 常梦婷 陈加南 陈　智 成子豪
董文韬 杜海辉 杜浩鹏 范嘉雯 范俊杰 冯　奔
付欢帅 韩月明 郝佳维 郝梦菲 胡齐贤 胡随阳
宦昱晨 姜海域 蒋博亚 瞿　瑶 孔　瑞 李京珂
李明明 刘飞来 刘浩宇 刘　欢 刘学敏 吕建勋
吕　静 麻　豹 闵　帆 牛栩卿 潘　玥 秦　莹
宋　杨 孙世成 王　兵 王晨宇 王　江 王铭丞
王鹏磊 王旭康 王耀堃 未兵加 巫　胜 吴光尧
吴思帆 邢晓珊 杨梦实 杨希同 袁腾飞 曾松林
张朝涵 张德强 张浩奇 张健蒙 张珂欣 张梦园
张　硕 张晓博 张宜然 赵炳文 赵成山 赵光轩
赵继颖 赵佳琪 赵　蔚 赵炫吉 赵子依 郑迪晨
郑金宝 郑　帅 周　符 周　颖 陈　晨 陈树涵
冯子烜 傅超伟 高语晨 郭彤彤 郝欣宇 侯京昕
黄心睿 贾镓铖 孔　文 李海强 李浩东 李　宁
李权接 李远航 刘明辉 刘懿霄 路坦若 祁俊达
宋紫薇 王婧邈 王子岩 吴卓群 向文旭 薛思嘉
薛宇航 杨京川 杨泽宇 张　寒 张　曦 赵晨汝
赵　璐 朱逸筱

信息科学与工程学院（软件学院）（385 人）

陈　攀 赵　熙 何　冬 于思雨 曹子尧 丁　一
葛学阳 管景昭 郭天安 郭晓洁 李倩男 李新玉
李智龙 李卓群 廖洪平 邵珠辉 宋佳田 宋泮锋
孙建成 王鹏举 夏学涛 谢晓东 张晨辉 朱奕铖
崔少鹏 高海翔 霍新伟 贾若帆 蒋秋梅 李　斌
李广亮 李　坤 李　娜 李　晟 李　帅 李添泽
梁　靖 刘　川 刘冠男 刘　津 刘生心 刘廷龙
刘阳阳 刘子岳 吕嘉伟 马晓明 孙宏鹏 谭启航
陶　瑞 王华杰 王　楠 魏林特 吴雷雨 徐　铭
许亚洲 苑孝通 张　恒 张棋栋 赵彬集 赵　畅
郑智鑫 周家豪 李　琳 白家彤 陈旭然 刁志强
杜雅欣 郭浩攀 洪飞越 李　涵 李林杰 李　琳
李少泽 李　妍 李　泽 刘　畅 刘铭阳 刘士成
刘文亚 刘　鑫 刘远东 马荣伟 毛建增 孟星宇
宋佳锐 王爱婷 王晓莉 吴佳棋 吴一凡 杨启繁
尹久运 于丽欣 曾亦黄 张光辉 张亚丽 张钇涵
张雨轩 赵　英 崔　拓 代　健 董　震 段云鹏
郭思倩 郭　鑫 郭志枫 韩世伟 郝明宸 贺鹏飞
侯燕荣 华锋康 纪浩瀚 贾玉彤 康婧文 寇肖萌
郎　月 李涵玥 李　瑾 李凯旋 李群鹏 李尚洋
李　响 李学文 梁　振 廖　颖 林柳安 刘超凡
刘嘉宇 刘文超 龙　景 米　杲 祁　凡 秦一臻
邵　迪 沈枳静 石瑞航 石玉鹏 孙己正 孙嘉伟
孙雅鹏 王　彬 王成龙 王宏伟 王家正 王琳珂
王　权 王　硕 王晓龙 王义杰 王永平 文　峥
吴浩楠 吴明友 吴重琳 武泽烁 夏浩洋 徐荣楠
许成伟 杨荣金 于明民 袁旭东 苑浩鹏 张国政
张瀚允 张　能 张　倩 张润琪 张心想 张亚飞
张雨微 赵　博 赵　浩 赵佳晨 赵景辰 赵丽晓
赵维勃 赵旭阳 郑　超 祝凌志 梁明航 郎曼云
索冠宇 侯婉莹 刘　鸣 王嘉宇 张学伟 白琳昶
常泽斌 陈娜兰 陈泽宇 方　鑫 冯　璟 高文景
高亚婷 龚士香 胡强强 胡　瑞 姜秋心 李　进
李若祎 李松岳 李　鑫 李　玉 梁珊珊 林丽琴
刘柯讯 刘梦青 刘鹏翔 刘　洋 刘悦茹 刘泽瑶
刘　钊 陆洋铭 罗柯心 马素薇 马洲洲 潘　博
彭天宇 秦家臻 任治宇 申明硕 苏争光 王勃基
王　飞 王护吉 王莉亚 王梦圆 王少娅 王　鑫
王　鑫 王亚茹 王钰鑫 温裕广 杨佩欣 杨朋辉
杨　帅 尹海丞 于　梦 于子翔 张博文 张梦皎
张　鹏 张秀茹 张研翀 张燕豪 张译文 张義武
赵　创 赵登宇 楚妍妍 崔晓寒 单宝华 高纪猛
郭星辰 康晓晨 李明璇 李　天 李文靖 李文娟
力茂林 刘思佳 刘泽昊 马子璇 宋　柳 宋芯洋
宋旭丹 隋艳茹 王慧婷 王　杰 王文静 王鑫涛
王鋆鑫 闫　浩 杨子雄 云　伟 张恒清 张　祥
郑　路 朱华华 曹丽娜 常文浩 陈　晨 陈龙笑
陈明旺 陈　洋 陈宇飞 陈玉皓 程思惠 董思琦
多文佳 付　旺 高曦祥 高义伟 高　原 郭　凡
韩春龙 韩凯旗 韩润瑶 郝俊韬 何宜昊 黄朝园
黄　雷 黄世明 黄婉馨 黄子学 霍苗苗 贾雪峰
姜海阳 焦文龙 景依策 康屹鑫 李开萍 李若岩
李　帅 李斯达 李紫娟 梁月琳 刘　博 刘　硕
刘　毅 刘钰杰 罗世诚 马　浩 马　良 马洋洋
门旭静 穆群艺 牛世娜 庞海涛 乞文超 秦乐玮
渠有源 申燕隆 时传宝 宋　彪 宋　乐 宋　顺
孙亚轩 田圣普 田　旭 王发超 王家淇 王凯歌
王凯丽 王明月 王　朋 王　威 王新雨 王则寒
王　震 魏棉鑫 魏士昌 吴连海 吴晓奔 谢三强
徐晨淇 徐　鹏 徐文涛 闫博文 闫　鹏 杨　帆
杨　阳 要姝琼 尹德阳 于　辉 于　凯 余仕伦
翟铁英 张恒源 张洪茹 张家齐 张　健 张景浩

张俊歌　张俊辉　张若阳　周宏旺　张韬祥　张胥圆
张译文　张志东　甄博宇　郑　通　郑智中　周春龙
张台定宁

经济管理学院（211 人）

郭　静　时歌歌　王　焙　储思玮　董　娉　冯　娣
谷　菲　关　博　郭　雯　胡丽泽　孔令敏　李珊珊
林明炀　刘保冰　刘俊平　刘盈男　刘宇晗　乔　丹
任　琴　孙康璐　田斯佳　王　菲　武美豆　许丹阳
闫崇峻　张晓川　张旭冉　张兆庆　赵春雷　赵浩景
赵旸春　李　慧　安　滢　程海芳　付尧飞　高祎晴
高　悦　侯江晓　冀　烨　郑　璐　李宝俊　李　萌
李世民　李书白　李鑫依　李　英　刘　烨　史旭芳
王佳静　夏丽君　谢　津　杨若澜　叶宁杰　叶子铭
余荣付　张金纯　张凯月　张　良　张文馨　张亚楠
张　翼　赵　心　周　鑫　祝卫鹏　尹　鑫　刘　畅
曹茂霞　崔　彬　崔智翔　范博一　冯轶慧　付　雨
胡　晓　李娇阳　李　妍　李艳秋　李　毅　刘萌萌
吕　蓉　罗新宇　骆良真　苗　洁　石佳好　孙　悦
武婷婷　张　静　赵丽娜　周　红　朱芸娟　崔会巧
杜豪伟　韩　悦　刘　菲　刘金梦　刘　蕊　刘婷婷
任　威　施雄天　宋咸珊　王姜硕　王俊阁　王　蕾
王悦珊　杨佳宁　张通宇　靳晓双　李丽艳　王雅贤
王载辉　何亚丽　梁　杰　毛娅琪　王　飞　尹文秀
臧晓文　张鹏飞　周海霞　倪丹阳　魏蕙聪　王帅雷
高路遥　胡　杨　查　健　陈凯丽　陈良杰　龚　媛
林小莹　刘　艳　马雯宇　宋　津　王冠军　王　铭
王志芳　温宏乾　杨　铭　杨志葳　叶俊廷　张娜勃
赵泽宇　祝　畅　蔡　琳　陈嘉奕　代会莲　段思宁
高　冉　郝铭蕊　郝思佳　李　础　李梦迪　李晓梅
李玉茗　李祖依　刘华粤　曲英嘉　史一琳　宋海莲
宋锶嘉　田一萌　王悦聪　王梓炎　许　强　杨宏琳
张靖怡　张淋智　张明玥　张　瑜　张　月　张志宏
赵佳琦　赵子涵　李　莹　马玉兰　陈晓鹏　刘洁霏
马万里　苗雨果　吴志友　冯一范　韩雅蓉　黄筱雯
李雅静　吕　建　苗向阳　聂佳军　牛晓辉　王欣麒
王迎港　吴润威　徐晓东　杨　博　杜红旭　方立鑫
高呈玉　纪晓佳　李建朝　李　敏　李晴雯　梁　凯
梁玉琳　陆　悦　邵文清　舒小艺　王美慧　王美倩
肖　寒　杨　帆　尹茂梅　余　健　张典博　张海燕
张辉萍

外国语学院（62 人）

邸晓华　冯虹雨　郭　晨　李　坤　徐红林　张岩岩
张宇航　赵　悦　郑金金　郑　欣　郭晓莉　张紫薰
赵　秀　董蔓僮　胡亚楠　李会颖　李　倩　李亚瑶
李紫菲　卢　楠　孟令楠　王美文　王亚娜　许　诺
杨　博　钟新宇　张小溪　曹晓辉　陈雅迪　杜佳欣
费宇盟　高　伟　谷瑞娟　郭梦圆　郭甜雨　郭亚茹
黄利利　李艳薇　刘佳玉　刘　静　刘　冉　刘　蕊
刘芸佳　梅子恒　任高赏　孙雯悦　王珊珊　王玉叶
王越茹　王　云　魏博茹　薛冰琦　杨　乐　姚冬悦
张琳洁　章婷婷　朱佳莹　魏　莱　赵　颖　邱　傲
史洋凡　谭瑜菲

建筑工程与力学学院（119 人）

刘　畅　陈晓艺　陈迎宾　董晓波　段泽宇　高荣俊
郭鑫宇　郭之熙　郝　青　贾　迪　李松远　李　壹
刘百诚　龙晓彭　吕　宽　马　超　马俊伟　穆　媛
乔士昌　宋风超　王浩翔　王　杰　刁晨辉　信玉岩
杨　光　张　彪　张　桐　周　琦　庄旭辉　冯雅斌
高青宇　李雪倩　孟祥雨　秦敬文　沈　畅　王　灿
王嵩乔　王伟玉　向泓舟　徐帅鹏　于飞翔　张军钊
张峣松　赵新宇　周城屹　成会龙　洪　睿　李傲奇
李永召　刘金鹏　杨　浩　张义仁　张雨昕　赵書瑶
刘京宇　王甜甜　付梓宴　高　岑　洪佳文　李明鉴
李逸腾　刘俊浩　刘　志　芦建鑫　孟　馨　王　帅
王　岩　张　坤　赵立喜　周朝鹏　周艳琼　鲍海超
陈　浩　邸曦瑶　丁一笑　关　京　韩志鹏　胡景珩
蓝淑涵　李少臣　李义良　刘　凯　牛　赞　王玲玲
王许可　张　飞　张　宁　周瑞华　蔡鉴民　程子勇
但　强　段靖宇　冯永强　高汉操　贺硕硕　李朝阳
李　宁　李伟超　路明宽　马帅帅　牟义飞　祁子航
阙春发　任强生　史文华　宋海林　孙艺宁　孙振昊
王　宁　王　宁　王泽龙　肖　畅　杨艳波　岳星宇
张　坤　张乾生　张世豪　赵　拓　赵　巍

文法学院（公共管理学院）（129 人）

李胜男　刘海明　李妍秋　刘　彤　冷思彤　王文华
肖家杰　常梦梦　谷春柳　孔祥琦　冷　杰　沈博文
史玉杰　孙嘉泽　王　静　王少伟　谢慧敏　薛　萍
张缓缓　张子贤　郑　霖　李　游　姚　达　孙亚楠
王海立　曾　琴　李炳璇　刘昭远　芦炽暄　马薜萱
袁　鑫　耿维蔓　韩　飒　何向楠　刘　畅　齐文波

王润旋　温佳静　陈芳宇　代群艳　邓佳媛　丁祺
杜慧　费晓香　高亚平　葛楠　韩雨婷　韩月
胡明雪　姜艳慧　李冬　李洋　梁宁宁　刘欢欢
刘润生　刘思妍　刘彦君　孟晨瑜　孟欣悦　苏泽鹏
孙立达　王聪　王焕　王祎　邢开华　杨美玲
雍婧　张婧怡　张琪　张冉　张廷廷　赵虹
赵怀宇　赵瑞泽　刘尚朋　贾征　张哲　邓艾琳
杜艳杰　范晓婷　霍美玉　李金洋　李洋　王可心
王一盟　王玉峰　文学庆　姚钰鹏　张萌　张耀
张子叶　李小洁　孙铭悦　孙晓伟　杨熙业　董敏
刘旋　孟玉　苗蓬发　武玲媚　杨晓东　尤彦志
安泓冰　窦茜茜　段倩　范博渊　冯一鸣　郭佳宜
何苗　黄慧　姜冰冰　李菲　李海旭　李倩
李玮琦　李彦荣　李亿灵　石爽　苏畅　孙璇
孙莹莹　王未未　息华杰　易晨佳　臧晨露　张雪妍
张艳光　赵丹　赵悦悦

马克思主义学院（45人）

牛宇　崔荣敏　董欣　付莘锋　高钰婷　黄国干
李欢溶　李佳　李少博　李世闯　李祎然　李宇仟
梁艺璇　刘春静　刘丝萌　卢惠　马莹莹　庞旭
彭佳荣　齐敏　宋学玲　孙楠　索建华　王东
王晶琪　王楠楠　王瑞娜　王迎哲　王永恒　吴梦瑶
谢英杰　禹航　岳晨茜　张怀宇　张乐怡　张明媚
张婷　赵丽丽　赵良晶　赵文苑　周雨寒　周志芳
安彩娜　吴宇珈　闫妍

理学院（110人）

陈燕昕　李凯杨　张静　曹东伟　胡亮亮　黄广耀
李宜真　孙铭悦　徐瑾　张宇　种世雄　周安平
陈云骢　安俊达　白婧　褚锦芳　杜雨欣　樊高峰
侯萌　康佳　李浩峰　李晶　李新娜　梁田田
吝晓楠　刘梦洁　马越　任小东　史磊晶　王春燕
王荣　王星星　王妍　王尹材　谢小贤　闫苗
闫守浩　臧桂英　张美华　张明霞　张琰　张尧
赵丽蕊　赵瑞莹　周婷婷　周欣荣　白鸽　鲍昱妍
曹会菊　陈翰霖　陈强　丁钰鑫　宫泽龙　郝阳
郝宗硕　洪烨赟　蒋皓文　孔双双　李娜　李淑荣
李争争　李作为　廖翰鑫　刘卫凯　马丽伶　马欣欣
王成军　王亚蒙　王颖慧　武彪　肖纪寅　徐霞
杨嘉璐　张博熙　张航　张继豪　张曼曼　张梦伟
张米畅　张饶　张鑫宇　张云健　赵婷婷　赵雅娉
朱文璨　迟艳伟　刘昕蕾　王勋　魏伊宁　李妍
车会明　程宝娜　程旭超　高李琳　韩云娜　何柳青
李东金　李彤　刘树青　刘易林　马嘉悦　谭玉廷
王瑞宇　王顺智　卫烁遥　吴欣宇　吴月影　辛梓铭
徐静萍　张羽康

环境与化学工程学院（186人）

刘世德　白玉伟　陈孜嘉　褚书珍　贾程翔　金鑫
孔祥悦　李超博　李明依　李舒凯　李鑫　刘丽娟
罗雨珊　孙晓宇　王宁　王雪涵　吴志云　谢玉芝
徐雅雯　于亚男　张洁　张天鸿　张甜甜　张昕瑀
张艳娟　张喆　周帅　常金鹏　程雨轩　李敏
李岩彬　钱家敏　吴英铜　庄阳　陈乐　董亚欣
冯亮　冯玲玲　高天翼　高亚柔　龚荣珂　郭三洋
郭艺凯　何蒙蒙　胡超　黄晓燕　纪苗苗　金志康
雷心悦　李娜　李如月　李爽　李文博　梁冬爽
刘恒　刘琦　刘晓英　马崇崇　毛超　潘翔宇
齐亚迪　隋问儒　唐煜文　王钱飞　王涛　王微
王园园　吴冬枚　向航宇　邢恩浩　胥柳阳　徐琳莉
杨光　袁朝晖　岳博文　张佳鑫　张龙晨　张森林
张永玺　张正光　赵佳瑶　赵文俊　赵子刚　曹光辉
贺暖　冀巧梅　张晴　周迪　毕志涛　曹博
崔恩铭　付雨潼　耿溪林　韩莹莹　胡一凯　焦旭萍
李昕煜　梁若轩　刘翠翠　刘湛淇　马吉忠　王婧伊
王梦舟　王子敬　文何鑫　向垚　许嘉谦　许阳
杨凯　袁梦　张春青　张丹　张慧　马蓄锐
白浩洋　白娟　曹帅　陈建敏　陈忠颖　崔如琨
董敏　董思月　冯毓菲　葛云霜　郭斌斌　郭俊杰
韩璐　何颖香　贾翔　姜倩宇　姜恬　晋腾达
李凡　李国华　李健　李晶劼　李睿思　李晓南
李宜霏　李玉波　李志伟　刘春晓　刘帅　刘洋洋
路金伟　马江姗　马凯璇　马晓春　孟秀艳　苗佳佳
庞雪慧　祁鑫静　齐予铭　申轩　石月梅　史凯
孙兆鹏　田磊　汪成　王国鹏　王建伟　王景民
王新宇　王星　王雪飞　王依然　王莹露　王子顺
向汉青　肖佳佳　徐华　徐晓月　杨欣　于雪寒
余晋昌　张海鹏　张璐　张天阔　张研　张宇
郑浩　郑莹　仲胜男　周伟　朱坤领　朱如强

艺术与设计学院（99人）

何颖超　刘佳鑫　刘笑含　邵佳盈　王怡璇　肖智
张馨月　董长桓　杜卓凡　李宜耕　吕梅芳　田庶含

徐启雯 卜凡坤 赤乐乐 韩玉柱 侯晓峰 贾玉婷
孔维歆 孟泽熙 彭　琪 覃忠志 王　琪 王巧玲
杨梦迪 杨智文 袁思琪 支梦帆 秦文静 王一凡
郭　研 柴子华 陈佳丽 王艺萌 武联敏 王静雅
傅　童 梁静然 于　蕊 郭绮涵 何　妍 王泽艺
耿　丽 马宏娇 张一诺 朱珈昕 冀婉钰 李元瑶
刘可心 王璐旖 王圣洁 魏　佳 杨　丹 殷铖骏
张雨桐 赵　宇 陈　瑜 侯　舒 李佳琦 李嘉慧
李沛晓 梁珀瑶 宁　飞 王佳莹 相立慧 张列列
程　仪 顾紫轩 何　姗 黄　旭 姜　伟 孔焕昕
李　琦 李茹钰 李　彤 李原慧 任思凡 孙佳欣
孙镱溪 王丽琳 温丽萌 武绍华 赵　剑 朱　贺
张　阳 陈　思 董　清 户建宇 姜明昊 蔺附鉼
吴美艳 谢　慧 徐琪琪 赵文浩 赵燕芳 张晶晶
李竺霖 尚欣颖 张　冬

车辆与能源学院（85 人）

李　宽 陈俏儿 程　鹏 方家帅 郭云飞 姬松亚
纪丙东 金秋坤 李国通 李世龙 廖柳芳 刘建伟
任　良 孙昌秀 孙　旭 孙琢刚 王彩月 王梦奎
王志伟 王子健 吴广峰 吴志航 湛永全 张淑静
支富祥 郭晓宇 荆宇燕 曲平平 苏　健 孙含笑
徐瑞阳 薛晨博 谷青锴 刘瀚泽 马宏博 孟纯涛
欧阳强 王　波 王囿心 张　莲 赵健龙 白宇飞
陈　朝 褚捷豪 崔立昂 董亚伟 杜　康 胡宽答
贾生超 李　伟 李莹莹 刘泓江 刘乐乐 刘显通
刘增茜 马祥生 潘佳雨 冉　印 石龙飞 宋勇新
唐家豪 王智明 吴昕蓉 吴　越 许新亮 杨崇伟
杨奇鑫 杨顺清 杨笑涵 姚　航 尹利润 岳　帅
翟海阳 张东生 张晓壮 张　哲 赵云龙 高文龙
韩森伟 韩钰婷 黄　岩 林景昱 王　浩 张宏远
朱国庆

体育学院（23 人）

柳永阔 孟庆峰 姜泽琦 李美琪 梁思宇 刘　帅
梅庆康 王俊明 杨佳奇 张琳琳 邹亚婷 王辰崧
白　圳 付诗阳 付宇舒 龚　城 孟海强 孙　涛
唐韶慨 王柏慧 王志方 杨铭祺 岳健松

经济管理学院 MBA 教育中心（155 人）

袁　伟 赵青欣 边　恒 曹　焕 陈　柳 侯爱英
计美娜 李　宇 刘　欢 刘可瑜 宁红燕 童泽宇
王　舸 杨柳依 杨　旭 叶　馨 张开翼 张　一
周　宁 王傲雪 王　慧 王　晔 张杰超 毕　婧
陈　尧 史浩南 宋雨泽 孙东辉 孙雨琪 孙　瑀
孙　悦 王嘉华 王莉莉 王雨晴 吴碧阳 燕翔宇
杨　煜 于　菲 张　宇 张展宁 艾晓资 边嘉明
柴怿莹 常　静 陈　辉 陈　旭 邓文平 丁上峰
丁　阳 杜海廷 范金硕 范力洁 冯丽丽 付春红
高　峰 高　伟 高泽慧 宫永凤 郭明辉 韩聪聪
郝璐平 何　霄 吉　航 计金利 姜丽媛 姜英姿
解　通 金新宜 蓝　姗 李长谦 李朝霞 李　刚
李世莲 李　伟 李玉垚 廉兰敏 梁　辰 林森远
刘宝申 刘海林 刘俊兰 刘天哲 刘晓野 刘禹杉
刘志良 刘子寒 柳　垚 陆继涛 鹿茜茜 马佳琳
马　杨 毛铁铮 孟凡东 孟　思 秦国锋 曲继伟
荣　誉 邵　龙 邵振博 申玉军 苏超凡 孙　雨
唐川宁 陶冬静 田　冉 田　园 王承飞 王瀚墨
王梦颖 王　娜 王　爽 王　烁 王　璇 王有涛
王　瑜 王　玉 王　越 魏旦旦 魏起贤 吴俐志
吴鹏达 武　征 熊　烨 徐　晓 徐源桧 薛北辰
薛玉璞 杨　录 殷　迪 游胜昔 于　婷 于　越
袁铭伟 翟红叶 张　涵 张　莉 张梦瑶 张铭烨
张天成 张潇月 张馨月 张雨晴 张元盈 赵玲玲
赵　烨 赵　元 赵圳海 郑　一 周　彬 周　旸
苏媛媛 陈克才 贾裕琨 曲　伸 王梦涵

文法学院（公共管理学院）MPA 教育中心（110 人）

黄银萍 龙祎洲 孙晓虹 赵　丽 安　婷 陈美玲
董文慧 冯　芫 冯　悦 顾家霖 李红杏 李　晶
李文秀 刘德慧 刘　琳 栾英杰 牛晓光 宋文灵
谭　君 王睿晗 王思凝 王夏倩 王新宇 王逸飞
辛　月 许建娟 杨　柳 杨智婕 尹丽娜 郁竹楠
赵齐冀 蔡文娟 曹　杰 曹雪飞 曹云凤 常世阳
陈　瑛 陈　正 董曼桐 董　阳 杜　凯 冯上容
高欣蕾 高　颖 郭　鑫 韩　玉 何晓琳 侯林林
黄璐莹 姜瑛瑛 姜元增 焦佳慧 李浩然 李　欢
李纪永 李　嘉 李江山 李　娇 李璐萌 李　晴
李　爽 李卓静 刘建辉 刘　健 刘丽敏 刘　玲
刘　苗 鲁晓萌 马子超 满亚杰 牟晓晓 潘恒泰
全佳娣 石方舟 孙　达 孙丽丽 孙琳琳 孙鹏飞
田　鹏 汪　琦 王存在 王　皖 王佳丽 王嘉莹
王君苹 王　曼 王　倩 王　雪 王子卿 谢晶晶
徐木娴 徐世帅 许舰英 许　莹 杨光泽 杨慧颖

姚　强　尹维康　于明熹　于　蕊　俞佳悦　虞梦琪
袁靖萱　张琳琳　张　硕　赵　雪　赵　阳　郑佳丽
周家琛　周晓航

来华留学硕士生

材料科学与工程学院（1 人）

Molla md Shobuj

经济管理学院（2 人）

Balde Abdoulaye　Kabo Idris Muhammad

外国语学院（1 人）

Destin Jean-Robert Matata

艺术与设计学院（1）

Lee Kyungmi

（供稿人：研究生院　马新成）

2023 届博士毕业生名单

机械工程学院（58 人）

李振宝　田　宇　刘　毅　丁实兴　陈　浩　付文博
赵日东　朱　葛　赵　丹　钱　胜　李　励　邢梦龙
陈　端　张启飞　李　伟　王晓康　常泽锋　郭路瑶
王晨阳　张　硕　陈新博　高　伟　刘　谦　贾祺祥
蔡先法　齐水林　王作华　张俊鹏　褚宏鹏　樊大宝
彭荣荣　王　佩　陈　光　郝　硕　柳　睿　孟庆党
姚　丹　周　盼　姜　锋　孙海东　王婷婷　郗晨阳
赵士明　李　飞　赵华洋　常晶媛　陈丽文　范琰琰
林木松　池　慧　韩　光　胡君泰　陈丽缓　赵小龙
曹宏强　张康武　解明利　王孝建

材料科学与工程学院（42 人）

化迎新　姜　波　吴文玉　焦小勇　贾　鑫　陈敬钊
叶宏俊　高　琦　李　波　王　吉　于芝鹏　刘　兵
杜　鹏　冯佳文　耿　林　韩俏怡　马　华　潘洋洋
邵　未　宋时炜　孙东云　孙　磊　王旭彪　王印庚
英伟涛　赵丽洋　佟连杰　孙晓文　戴秋实　李　豪
李　瑞　卢晓乾　杨　茜　岳一蕾　张瑞杰　张　山
张子奇　赵月红　赵红昌　王滨浩　吴国瑞　郑春雷

电气工程学院（45 人）

孙玉容　殷　娜　董文恺　高思宇　李晓伟　张晓文
潘　涛　梁　铁　史　鑫　冯　斌　潘作舟　苏　芮
赵　帅　赵　洋　林丽娟　董　伟　付立宁　胡学恒
马学敏　邱云飞　颜　方　董明如　张　婷　张文跃
庆宏阳　王星冉　王毅博　王志杰　谢宗奎　赵海燕
李峰磊　任蕴丽　张　洁　王　霄　马　壮　李梅梅
孙叶宁　沈久利　钱俊磊　张芝威　贾磊磊　于海峰
张亚坤　康健楠　强鹏辉

信息科学与工程学院（软件学院）（25 人）

王思远　郭文龙　郝天保　常　卓　张晓丹　仲美玉
牛浩然　张博智　马云菲　田立影　赵梦瑶　杨　亭
陈　军　何红艳　王思杨　马　将　郭建文　李卓易
崔　莉　杨郁池　孙中魁　于家新　田朋飞　赵建敏
王石磊

经济管理学院（9 人）

张玉英　郑翠翠　刘　畅　王　飞　陈亚硕　张　鑫
王玉坤　孟庆洪　刘恒丽

建筑工程与力学学院（3 人）

杨　光　王晓星　陶成林

文法学院（公共管理学院）（1 人）

张　莹

理学院（4 人）

康　娜　孙德仙　孟潇剑　李英梅

环境与化学工程学院（13 人）

白　磊　丛　聪　郭晨晓　孔丽娜　王　帆　闫纪桐
尹娟娟　李盼华　赵奕淞　付垚坤　杨云霞　王风彦
裴立超

来华留学博士生

电气工程学院（1 人）

Suhail Muhammad

经济管理学院（2 人）

Nida Gull　Maryam Maryam

信息科学与工程学院（软件学院）（1）

Waqar Khan

（供稿人：研究生院　马新成）

2023 届继续教育毕业生名单

继续教育学院 2023 年 1 月毕业生名单

函授本科（含业余）

专业：电气工程及其自动化（110 人）								
赵志君	赵汝鹏	牛喜旺	刘永卓	范一帆	翟俊峰	孙江涛	范正好	杜冠一
周旭东	王 硕	张 健	杜波波	王伟强	任小明	翟尧舜	张 信	张旭迪
耿 洁	贾志杰	田军作	康志轩	郎保杰	荣庆昌	陈克胜	李 志	郭学锋
冯志远	李永强	尹建辉	苏俊超	王 义	马瀚文	李守恩	吴国峰	刘存龙
彭 娜	张军杰	李佳琪	卢肖鹏	刘召贤	宋金岭	陈成成	李建华	王志君
冯冬生	李占东	王晓东	安渊明	王龙建	杨玉锋	姜 慧	陈 超	程 博
王 冲	李川成	杨伟波	栾会娟	楚子瑜	张海玉	张玉成	卢晓凯	徐春元
张 锐	杨永强	韩忠生	王敬号	冯志超	孙深田	何国平	刘志远	郑茜茜
田玉水	张少彬	邢朋伟	唐亚宁	李 征	牟昌敏	王秦义	王明杰	刘亚龙
王 川	刘雪涛	司建军	许海鹏	韩朝辉	范 猛	彭 锋	方 言	齐志强
许 硕	许美娟	董谨谨	康鹏飞	王志威	徐宁宁	季延芳	柳子瑞	赵智勇
李晓敏	王红民	邢雁全	边 宽	刘晓东	李新伟	晁亚萌	赵明瑶	王兴安
张志刚	田 硕							
专业：电子商务（44 人）								
吕 鑫	臧潇霖	鲁鸿宇	李 慧	宋兴芝	刘艺洁	陈海东	陈永刚	温 鑫
赵 娟	于艳华	吴浩康	骆瑛婷	刘 越	李 俊	田 兵	王 爽	黄静静
刘 奇	陈玉朋	杨浩冉	乔 晓	张志朋	赵亮亮	王翠然	周伟东	冀博华
陈 雪	闫红梅	王新淇	陈 光	刘 璐	王法涛	王巧林	蒲继娜	李永辉
关 庆	姜玉凤	高珊珊	傅培栋	李 屾	付立坚	侯伟丽	马天娇	
专业：法学（37 人）								
邓水明	孙恒伟	董振兴	吴晓琳	张 焕	肖 跃	王 飞	万建博	张建文
王江路	张建良	胥 松	刘茂鑫	任胜利	黄天一	王 龙	刘昱潼	郭建明
杨宗华	张 建	林芮光	刘敏彦	庞 禹	张卫祺	宋思斯	李小燕	张 剑
杨 旭	刘云艳	孙晓舜	杨星明	崔国艳	黄筠菁	孙晓晨	张 超	李 克
康明亮								
专业：工商管理（240 人）								
李 硕	安竞超	王 建	赵美娟	李 桐	赵丽芳	范晓聪	李佳蔓	韩 亮
周禹杰	贾娇娇	高云龙	赵红霞	任洪文	赵永锋	田泽鹏	张啸晨	许杏荣
邢姗姗	马 帅	王 震	王 蒙	刘 颖	王 乾	乔石磊	辛 成	李鹏程
姬盛隆	郭焰涛	郭 婕	孙 伟	包森林	杨海斌	朱杏超	史 拓	陈晓敏
刘 杰	赵美汐	夏润智	王 进	倪文亮	杨 洋	柴冰川	梁 晋	王海珍
闫丹丹	孙 湃	赵小闲	倪 鹏	王潇萌	马玉中	赵立霞	刘贺庆	李秀梅
龙伟丽	陈 晗	张银翀	耿喜利	任文涛	韩 盾	刘艳丽	陈丽娜	范文静
范亚洲	李 琪	张爱南	韩明月	曹晓萌	吴 莉	张 宁	穆珊珊	李妙岑

许敬	何金钊	杨皓翔	曹雪姣	杨甜	吴丽莹	米启文	徐利	刘彩虹
黄波	韩飞	李珊珊	曹玉娟	王娣	郭鸿讯	王冰	杨艳	王晨宝
彭钊	孙雪	黄志文	马兰丽	崔娟	刘丹	孟军	聂富源	孙二波
李莎	王劲松	孙丽娟	王凤娇	白向辰	袁倩楠	崔晓普	娄月	张雁霞
王惜春	李汉超	郭爱萍	于子芮	王晓培	赵越伦	刘俊凯	茹彩帅	贾晓宏
陈旭	蔡晨	王梦雅	庞晓雄	周春凯	安宁	贾亚伟	王娜春	张宝莉
王钰郝	霍非凡	张洋	李玲	孔转转	吴国利	戎芳	唐庆友	黄晓涵
杨子涛	王磊	张少敏	李然	董宇轩	刘亚超	王立建	刘旭	张喜翔
宋威	郭健	彭涛	史永随	李立刚	雷佳伟	平方	李延芳	牛迎亚
郭战萍	陈雨	蔡雪利	孙乐	孙书新	邢长智	王如梦	王帅康	何向东
赵伟	阴志超	于静	高飞	王世泽	侯银翠	刘传奇	边磊	纪鑫
赵轩	曹诚	杨洁	骆德龙	张永刚	樊江陵	王自洋	马龙飞	许经鑫
杨照亮	赵斌	杨晨	张晓勇	吴红真	张梦雅	李越	李小云	苏晓欧
缪志康	薛飞	田立峰	冯涛	杨硕楠	田龙姐	张俊丰	任雨	白龙
朱亮	崔倩	郑燕	耿海	杨伟亮	李彦中	侯影	赵强	孙庆
杨紫一	梁起超	高爱波	彭金玉	王飞	刘凯军	赵丽	容伟	施春雪
刘爽	尹强	尤晓云	翟亚	戎潇洋	袁绪红	任志娟	张晓飞	孙丽
郎唯雄	康梦	裴慧敏	赵燕燕	赵姗姗	周彬彬	于娜	付青	庞硕
马占国	赵大林	杨帆	申国庆	尹文民	周英杰			
专业：汉语言文学（13人）								
冉潇潇	梁锴	杜利霞	郝洁	刘婷	苏雅曼	孙艺欣	孙鑫	王素霞
雷亚明	李园园	张晶晶	陈美娜					
专业：会计学（149人）								
田会净	张丹	吴刚	樊世宁	闫树娈	魏志锦	梁喜云	杨亚雷	陈祎彤
杨丹丹	黄娜	陈宁	牛增立	申志艳	马菲菲	张莉芹	薛璐	魏鸣
王鸿	王叶	许金红	马莉	贾玮玮	未霞	李伟	朱小健	李凯智
巨立杰	杜娟	王岩	王景月	齐闪闪	赵景霞	解芳	陈媛媛	路璐
杨师萌	户茜婷	尤宏丽	王燕	刘凤英	王建满	李娜	潘雪娇	王菲
杨紫璇	张静瑜	吝茜茜	齐小宇	李昭	杨沙沙	刘娟娟	李胜寒	尹志慧
李敏	王曼丽	苏宁	陈秋双	安兴燕	赵聪	王佳佳	罗杨	王思琪
刘静	刘娜	高之雅	何婉璐	肖雪	王立琴	石芳	李凤侠	贾玫丽
胡颖	刘姗姗	曹金凤	刘巧燕	陈月茹	赵树鹏	赵佳	罗立光	范秀丽
王园园	陈建新	刘彦彦	杨新玉	苏花	朱俊清	马芳芳	武凤杰	赵川川
周坤	白艳如	张洪芳	陈晓曼	魏然	刁玲	熊欢欢	曹文燕	翟丽媛
范红妹	王泽华	马鑫鑫	崔娜	孙聪	刁鑫	田立红	魏淑哲	孙连清
周小翠	张晶	李梅	刘微微	裴林洁	赵旭娟	何娇	郭莉	赵迎迎
孙盼盼	王建凤	徐利琼	曲子霞	刘丽华	马亚冉	杨晴	李志华	丁晓苹
郑艳丽	李薇	杨红梅	梁增英	李林	范晓梦	田双	刘宁宁	闫冠荣
黄龙	张欣丽	张丽	高英杰	马丽华	焦会霄	白晓梅	孙腾腾	刘柏兰

康美娜	闵文娟	权　翠	安敬美	赵力芳				
专业：机械设计制造及其自动化（67 人）								
张柄帅	樊丽超	王　辉	王　轩	魏　来	薛晓军	王志涛	张小刚	董志跃
卢　佳	王云风	杨　冰	王晓松	刘昆永	段树华	张双龙	袁　超	武鹏飞
刘　彪	李亚东	李　坤	王世炯	李　贺	任小强	高　健	马建明	李文浩
郭鑫森	李泽平	郝文凯	赵文明	王聪聪	柳一凡	樊湘惠	文智睿	朱佳慧
方　岚	单朋飞	殷　刚	何春兰	李腾龙	邱诒豪	王吉庆	李　桐	冀双全
高　祥	秦新红	马俊超	陈建东	胡　宾	杜长胜	卢　明	唐家伟	颜天蕊
田　硕	李振红	赵志坤	陈　晨	任伟程	胡亮亮	赵晨阳	柴浩杰	侯　亮
马文龙	杨　跃	么金良	高　强					
专业：计算机科学与技术（112 人）								
张国浩	刘亚美	王晓翠	陈建达	李龙玉	张　静	鲍国瑞	吕智秀	张凤山
王　彬	鲍利超	李　倩	崔　磊	吴树乾	靳舒媚	李云霞	陈　雨	郭丽娟
牛　欢	闫芯雨	陈双丰	李晓鑫	张博文	刘锦辉	李改凤	李彩霞	张　宝
顾小毅	李春悦	刘凌聪	张佳佳	叶明清	赵　康	钱　程	马博文	杨瑞彪
李　顺	盛立兴	董　琼	张振宽	余　江	李彩昆	刘尚文	池　锋	韩佳迅
高　芳	刘　彭	谢　斌	唐晓婵	吕俊朋	靳旭阳	吴金奕	李梦雨	张志宝
刘　鹏	郭　稳	王欣悦	刘立静	胡龙飞	崔慧博	王立娜	蔡家兴	李　刚
曹亚倩	李颖菲	石东东	吴　琼	刘泽童	胡钊伦	郑美丽	曹智娟	王志勇
张　鹏	贾　帅	王云飞	樊晶红	姜晓鹏	韩苗苗	刘磊磊	张孝田	刘春雪
宋世杰	刘　群	刘梦瑶	冯一凡	谷振兴	张佳强	张小翠	高丽娜	闫　磊
赵　晴	王宇桐	安世亮	李兴辉	刘　斌	宋少垒	刘付文	闫怿威	胡　刚
李　东	张连润	胡文赞	张亚赛	李泽德	王　帅	王小红	刘小燕	邵晓冉
赵全益	王广旺	陈家琛	徐春花					
专业：教育技术学（19 人）								
黄青兰	刘　亮	田珊珊	尹晓丹	刘　莹	刘　宁	王　旭	王雪梅	米紫薇
王佳盼	张学岩	张　凤	邢桂真	苏振萍	王　瑜	张红玉	王宗超	高聪惠
张艳云								
专业：土木工程（109 人）								
姜渤明	薛　豹	赵爱国	司永文	吴林娟	李　志	肖常亮	谢志勇	时　涛
臧海涛	董红越	张承志	刘兰涛	胡凤琴	刘　峰	王美迪	刘建平	贺有旺
高晓萌	张晓诺	张国佐	张　强	赵　杰	李军旺	徐　玥	景献雷	张彩云
贺建强	提长栋	王韶勇	何伟龙	丁　策	白　静	杨　蒙	李亚军	成万辉
杨　政	杨国海	王韶月	卢亚军	苏诗昂	武志国	王金鑫	柳　焱	李雅军
李　逸	闫金卫	张吉祥	孔令凯	王士林	杨　韬	刘　杰	王文龙	王占兵
王佳豪	张洪发	周文静	陈奕硕	董亚伟	韩建元	薛　博	李俊杰	王　成
李　松	赵文生	邱来源	蔡彤彤	张丹丹	王晓艳	郑权根	张　伟	王建博
高　尚	张　瑶	王萌卉	任江飞	尚晨光	王子杰	任军峰	李续超	张恒畅
刘　娟	张　黎	费风英	刘军波	赵永志	宋光强	白占云	马莉娟	白　伟

景永超	张　晨	李建彬	孟祥艳	李　彬	杜英庆	刘东广	张进军	乔盼盼
张　斌	马　威	吴海琪	刘泽林	仵光士	张　帅	张立新	靳再强	王续锟
张玉鑫								
专业：行政管理（126 人）								
程桂军	杜丽娜	李天新	吕红博	吴洪春	张　琪	陈　琦	张　席	王海燕
王　龙	王　亚	王英伦	陈彩丽	杨晓莉	薛岩岩	刘芳彤	曹胜利	王　琪
曹献鹏	张　文	梁丽娟	邹国丹	李小娟	陈有勇	杨孟雪	靳亚军	崔　静
刘英康	史　航	王　彩	赵晨阳	范海妹	宁少华	田国建	薛蓉华	任彦佳
寇梦舟	王晨旭	苏荣华	霍　然	王兴佳	赵敬如	荆　伟	樊治科	宋泽敏
周亚旺	梁瑞环	李飞龙	李亚婷	闫晨晔	曹天康	张惠军	李彦峰	张　燕
陈　豹	卢建杰	朱文志	黄晶玉	陈伟红	张元正	李思琦	裴江北	郑宏亮
蒋　晔	刘　烨	夏正凯	徐玉冰	赵欢欢	刘春鸽	刘　飞	韩　玲	梁志慧
赵伟利	欧阳娇娜	孙　泰	肖　遥	陈　丹	张　瑜	陈　飞	于小雪	何　颖
李培培	佟若楠	杨　兵	李　慧	薛红莉	焦学娟	郭　静	李晓鹏	郭翠翠
张　闯	荆文霜	赵金水	宋文欣	苏俊伟	白莉敏	尤冬洁	刘晓敏	弓建霞
孙　颖	邵丽丽	付　策	宋文超	李亚森	李　梅	杨大鹏	张晓慧	张文涛
汪洪娟	狄珊琳	魏媛媛	张关中	李颜妍	李雪婷	陈明鑫	牛亚婷	赵　娜
宋国勇	葛红振	史苗苗	张海良	杜　蕊	李绮萱	毛帅华	史佳璐	吴媛媛

继续教育学院 2023 年 6 月毕业生名单

函授专科升本科（含业余）

专业：测控技术与仪器（5 人）								
朱　亮	赵金永	郭星伟	安瑞栋	巩雪岭				
专业：电气工程及其自动化（289 人）								
常鹏刚	陈海强	关　暖	邸永波	曹永涛	李　强	李　媛	于　坤	李　卓
刘盼东	张忠雷	甄辰龙	孙智晨	李亚男	刘　亮	王　赛	苗晓彤	李　峰
毛玉浩	郄松洲	王　娜	董炜林	蔡凯歌	王　鹏	苏舜鹏	李　进	张彦强
王　龙	李潇楠	段战雨	田伟杰	韩忠祥	赵梦菲	路玉龙	郭成军	白宇旺
王肖萌	刘向南	赵　佳	张　健	邓文祥	张龙龙	韩　瑾	刘玉琢	何一卿
袁　虎	庞　飞	张凯好	焦建光	陈玉德	裴王楠	王立峰	李红伟	戈　昆
于少雄	董　辉	赵小阳	高旭光	魏晓坤	王宇彬	马朝林	郗景山	方　丹
李晓娇	王　宏	王雪科	董军彦	马文静	王肖强	张小雷	张志良	董海鸥
赵明兴	张津生	贾艳平	王少杰	刘蓓蓓	台　林	常嘉宁	周子群	杨进京
金　珊	王建辉	李亚宅	赵　剑	王增华	刘　吉	杨彦坤	钱晶华	秦凯敏
陈　冲	刘建勋	武铁山	杨圆圆	崔焕振	李佩岩	鲁　康	吴　磊	张晓明
刘　阳	张翼飞	陈伟娜	阎泽玉	吕明军	陈　虎	陈建林	付童童	李文炜
霸明怡	张　鑫	解忠颖	杜旭涛	唐珺杰	丁志文	田超然	李　阳	邹吉林
徐　伟	薛　强	韩　敬	吴永刚	侯天信	李朝丽	张慧杰	杨　兴	朱丽娜
徐　阳	田朝进	王所柱	周晓东	王　蕾	冯　帆	李潇成	张　鹏	唐春雷
金乃坚	冀　业	范宏亮	刘　森	高文轩	龚　浔	岳鼎川	李艳艳	陈利阳

李 康	曹献科	安 旭	韩天培	崔盛伟	游晓东	李现波	郭 佳	刘晓君
袁 朦	李庆州	王东刚	孙永红	任耀功	郭忠豪	王 冬	陈 强	池献龙
李坤伟	刘保辉	朱君霞	程玉龙	颜 波	周 星	刘 淞	柴寅冬	王 傲
李亚珍	孙 伟	焦 敏	张 瑜	杨高山	刘 硕	宋 甫	徐 坤	郭泽鲲
孙可欣	黄佩茴	付会亮	宋瑶瑶	张 鹏	郝 聃	赵培培	王姜彭	李志龙
胡海泳	羡伟航	张立峰	孙 明	孙之浩	李育欣	江涛涛	赵 韦	李 超
朱海柳	杨建元	卜少娟	孟海滨	刘春红	张 江	张海东	韩 燕	王东旭
曹维川	宋胜然	花晓东	刘 洋	马阳阳	李 红	何晓辉	王美伶	刘 鑫
王 飞	张林路	耿金铎	隋承唐	王长峰	苑会冲	张雪冬	潘顶峰	李喆华
段美娇	刘宝莲	温东超	刘志功	白双双	姚朝轮	钱 伟	李秉正	王献龙
李伏天	刘东旭	王 帅	孙亮亮	马务鹏	孙敏霞	宋金超	白世聪	王有龙
臧鹏飞	宋红超	周仓立	卢龙龙	李 潇	孙晓峰	于思萌	黄 旭	李晓杰
张海勃	马存义	张晓斌	闫仕蛟	盛 琳	冯兴茂	韩玉秀	王宏亮	李俊杰
赵鹏亮	蔡景山	甄立鹏	赵鲁强	贾昌旗	张 凡	果明天	吴诏鹏	程雪江
刘 华	何文伯	陶佳森	曲环宇	姬后富	张鸣明	杨 平	黄建星	董瑞文
王 磊	常计欢	李 栋	孟翠翠	王永强	杨骏宇	徐作为	高玉洁	丁冬梅
王月军								

专业：电子商务（93 人）

李 星	尹佳慧	刘元慧	李 雪	李 欣	张孝敏	陈 斌	曹玫梅	王 山
卢 丽	姚 帅	刘 青	陈 闪	张 雪	刘晨辉	贾婉琪	冯晓蕊	乔晓娟
王劭达	孙雪婷	王 雪	田 华	张 萌	赵学盼	闫星宇	鲁定玉	刘艳飞
马 乐	刘培岭	张 静	张立红	宋晴晴	姜鑫莎	石 玉	王淑静	李亚青
刘振亮	刘文会	张婉聪	张田甜	郭艳芳	石 涛	姚 毅	刘明旭	成金平
刘昱含	刘小康	赵伯翰	樊一泓	王慧丰	苑志娟	孟鑫硕	张雪君	刘 强
王 丹	白 冰	刘智斌	马 然	张海山	刘梦杰	王志贤	李良苗	梁雪湄
吴 慧	陈丽文	张 梦	时兴芬	邵小溪	王 萌	王霁菲	龙 广	袁利锁
贾香香	邸 鹤	吴 琼	尚玉敏	牛海娇	冯丽婷	李 姣	王佳红	靳广南
张 莹	候永强	孟 文	付秀婷	于香贞	郭 娜	王少山	姚 远	刘晓静
张 帅	刘进松	鲁 曼						

专业：电子信息工程（48 人）

韩冬青	翟景晔	袁 伟	张泽磐	康少静	李松鹤	李慧敏	张文龙	王树旺
于淑芳	石丁亚	赵 聪	刘亚广	赵 涵	王 伟	彭 惠	闫轶男	刘海博
杨 芳	刘宏健	高 震	石巧婷	常彦凯	田佳明	王 奎	赵 璐	刘 洋
李若瑄	王小永	高 毅	范志欢	栾培伦	李 亮	杜佩义	王海仑	张 颖
杨建文	王绍宗	曲仪昂	张海潮	李亚军	徐 朋	韩向桥	陈宇萌	张志鹏
朱春华	张 锋	冯培念						

专业：法学（703 人）

房永刚	孟敬周	牟彦昭	徐 森	马跃国	朱朋霞	雷 鸣	王延星	赵福阳
石 丹	王春秋	刘 晓	李佳琪	王晓青	谌则学	范志勇	许 强	郭志宇

王若同	齐　勇	杜永海	赵　帅	相　彪	李东兴	苑海龙	王鹏飞	左慧金
胡月桥	张英杰	王永强	于彦芬	闫哲强	侍子安	王宇驰	乔治渊	高洪杰
于兆航	王衍菁	李玉环	安　泰	陈曼曼	温丽莎	李艳红	靳云鹏	张子良
尚文文	刘炳骅	宋江娥	杨志强	王彩霞	邹凯铭	刘晓鹏	路　闻	杨鹏勃
王　严	孙月东	王　宇	张　帅	张立雷	郭　颖	李　丹	王俊宁	温　茁
张　克	赵寿鸿	祝凡迪	李　艺	封慧坦	刘安安	王胜男	张旭强	郭海鹏
张　涛	韩　烁	王珊珊	邸炎辉	苏凯轩	刘诗彤	殷秀娟	肖　宁	梁鹤鹿
张家旗	王栩浦	刘　硕	高　静	程晓峰	乔尚昆	高　宁	张　军	武红星
田　甜	刘朝辉	姜　瑞	张　玲	刘　鹏	陈　健	刘　杰	李泽宇	周大船
靳紫琛	窦福杰	付新雷	郭胜杰	袁志友	董庆达	樊　华	边培毅	王艳成
张国华	伊占超	李希超	任健生	马晓燕	张腾飞	张建鹏	王　超	张博宇
马宇轩	张　贵	时梦凯	张　越	白子贤	陈　莹	刘　洋	武瑞雪	宋胜利
于庆帅	张云豪	田常胜	焦慧霞	高春梅	安　哲	张　尧	苏志恒	崔　伟
许佳旺	张　硕	吴赛龙	付石昊	杨月如	张　瑜	马　舰	郝乾章	安兴江
吴娟娟	马　锋	杜晓文	杨荣平	杨丽园	曹　玉	王新潮	乔胜彪	董　帅
韩　潮	李　妍	王　峰	孙旭日	庞子昂	刘　杰	高　磊	罗宝义	高　帆
李志刚	张　蕾	王　翔	李卫龙	李　敬	王　炜	杨鑫鑫	李　杨	白照宁
李　帅	王　磊	辛伟华	李　成	赵李冰	宋铁军	曹　健	王　栋	王　栋
凌　硕	刘伟刚	郑会朋	贺　磊	田　源	王春苗	杜志明	陈家辉	白雪海
郭　辉	安　然	姜正坤	张　博	王文超	范亦依	贾　斌	李世超	逯　建
沈天赐	詹新平	何云龙	路冬松	张　豪	郭文康	于　尧	张志杰	杨晨光
于兴龙	李梦瑶	郭帅龙	刘　妥	程晓峰	张　恒	邢志刚	安天云	吴大鹏
孙光光	杜梦妍	薛红博	武爱莲	李红豆	吴明芹	王雁鹏	王　凯	张中秋
孙　硕	翟建乐	魏会鹏	刘　潘	苏　帅	刘少颖	杜永峰	王文杰	米　磊
李　克	张童心	王众垚	王　闯	张海龙	田　越	王玉昆	任　轩	兰　虹
王　涛	李　从	李晓文	潘春梅	侯清方	赵　博	谷鑫鹏	郭建飞	赵义春
马亚竟	卢　利	万学伟	孟京浩	肖春萌	徐宏雨	张　斌	白晓伟	李文韬
连　阔	孟庆晨	艾文昊	田梓川	刘　鹏	刘倩玉	罗建敏	高浩宇	龙　腾
李　岩	肖　康	赵致尊	王鸿鑫	肖　雄	刘瑜筱	田思雨	苏雪峰	高　鹏
吴　岚	李　克	付天宇	谷金奕	温浩晨	杜亚娟	章田雨	李志宁	王俊杰
马鑫森	张翠艳	张栩恒	王宏森	董　琰	王芳舒	杜小伟	任　磊	程国会
葛亚男	辛　啸	任伟烨	罗立晓	李昕阳	王宏宇	马国伟	李春光	张　东
白亚明	方　瑶	王国强	贺改改	高学魏	贾　荣	乔　鹏	刘　杨	黄俊翔
牛园园	田　龙	贾龙飞	李　鹏	尚宸平	贾宜达	张广思	张　冉	孙文君
姚馨彤	刘沛龙	张亚磊	乔凤至	李金宇	王　震	郭志勇	陈建伟	孙金春
陈曦曦	翟　静	关俊鹏	石静静	付健航	金　龙	王　昊	闫晓哲	李　晓
佟宝蕴	张　蒙	武静雅	马　旭	赵　玄	李俊轲	王荣云	王　维	李　硕
白叶林	张　琦	裴成航	陈　昊	吴战会	李卫兵	郭亮亮	陈溪源	马建波
宫　安	张　乐	李金若	刘　状	赵立彬	尤　聪	吕佳伟	毕　然	侯永胜

王埁	杨朝阳	张雪	裴江帅	闵彦博	刘嘉伟	赵海飞	刘帅	王政杰
李斌	郭天峰	张子龙	聂彤威	周志伟	李世君	冀学伟	王海风	太启安
王紫微	王志远	郭翠艳	韩成	邓艺	白增照	胡建勇	王全修	李海军
楚雅倩	李泽琦	安晓博	周磊	侯雪亮	王羽	赵宏伟	高磊	祁健
臧雅琪	张立国	朱婧伟	李培培	项猛	孔德普	王建鑫	李亚琦	闫飞鸿
王璐	晋婷婷	钟立龙	杜超	高国超	王延东	王昊	刘硕	蔺巍
赵聪聪	王海松	贺程科	黄乐康	耿建欢	刘圣鑫	阴惠宝	宋磊	张苏
冀晨炎	程云雷	马晓友	梁智辉	何柳壮	吴志恒	李扬	苗东伟	陈秀娟
张子超	卢宝乐	杨帆	解翊彬	刘建光	段皓哲	赵华	赵煜	李浩言
王思博	张金环	郑士楠	郭丽君	高宇	宋泓延	屈晓彤	温少勃	张腾
赵新颖	吴学琦	高源	关敬心	李新	徐洪森	马晨辉	武彤	刘院红
耿晓颖	金晓昙	张晓雷	张羽朋	姚建松	李刚栋	梁智生	郝林旺	马秀琴
毛頔	门胜超	丁庚	王泽阳	程冰	吴冰	杨超	王铎	樊二帆
黄红娜	王飞	史晓光	梁贝贝	刘成宇	赵博楠	高雅君	狄清玉	张晓雪
甄泽臣	张洪祥	刘庆辉	胡刚	罗亚坤	郝力剑	任志宇	张玮琪	石艳伟
卢嘉凝	贺晨晨	李浩	张子豪	邵晨曦	武建雄	孙茂林	袁建坤	杨艳芳
赵士哲	陈梦娜	崔瑞行	秦田田	刘培源	史志磊	王晖	郝素川	张浩然
刘梦慧	刘立安	张亚辉	杜力珠	樊小爱	姜英广	梁壮	刘小军	孙燕
黄玉海	王蕾	高泰	李青松	曹宇	刘义龙	陈博凯	殷睿	张丽伟
杨杰	于珈铭	杨超	刘睿达	李宝顺	张长阳	刘政委	冯顺	李欣
李荣刚	杨晓坡	张彪	张清浩	李烨	杨淙钧	李世超	马龙	陈旭
赵雅琪	张世宽	张帅	苏晓同	刘辉	李萍	曹雨	武海	郄金平
张树松	张志旺	李业	吴晓光	李晨阳	徐畅	杨治龙	芦锦华	刘晓芹
杨晔	吕江涛	杨彦卫	陈鑫	齐媛	秦艳丽	于哲昊	肖颖璇	张树锦
刘璐	李凤	白泽璞	闫松伟	孙浩然	时鹏超	刘大成	张钢	苑宝华
朱凤蕊	董阳	刘洋	郑力成	陆宇航	刘珏玮	彭程	李国宁	刘美娜
陈曦	赵永久	王强	李飞	张文静	张晶丽	贾正飞	杨文博	林志刚
张国明	谢飞	贾宇硕	孙凯	杨斌	亢佳欣	崔昌权	闫维宁	武建丽
齐玉磊	刘亮	王子强	王茂	张筱悦	曹子光	李伟	郭小朋	张慧琴
王滋轩	刘彬	姜娟	李业	赵亚惠	王建强	郝杰	贾文龙	李婧
迟泽明	郑秉皓	董鹏真	白露	袁佳军	张竞择	李宇泽	沈宝山	何晓东
徐茂钦	王凯明	李慧慧	王帅	刘颖	王菲	吕世操	鲁晓芮	王爱斌
刘文庆	张国良	范衡	路威	王英龙	王宏桃	王恩泽	王宁	张丽
王文广	石建龙	刘雪静	徐浩	张曼玉	赵晓云	忻亮	龚世豪	牛志国
刘格格	王亮	李成龙	聂硕	王雨帆	郭佳宁	赵志刚	滑小军	杨宝柱
袁乐建	季超	王硕	张帆	宋超卿	李达	高志远	宋京升	舒志宇
孙朋	王建阳	翟子倩	杨光	王宇堃	韩云鹏	李富华	尉杉杉	张晓峰
李道宽								

专业：工商管理（715 人）								
张　满	槐　瑜	张　叶	高少如	李振洲	汤雪颖	高　伟	闫凯红	靳　平
陈淑辉	张　欢	陈　旭	祁芳芳	郭中秋	王贞贞	冯翱龙	崔祯伟	王瑶瑶
赵晨星	刘　琪	柏　越	杨　深	王志海	刘宝荣	王　浩	何会然	王　枫
付雪娇	方桂艳	李　超	焦亚亚	崔珊珊	李艳华	丁紫嫣	吴美红	李欣璐
刘家齐	刘　华	马　丹	孙　聪	范清卿	张现利	姬春新	张　硕	唐留站
刘红红	刘　森	李永钢	刘亚男	李金波	杨文慧	薛慧敏	何　洁	王红伟
刘　月	李　祥	张　婷	张　博	胡星星	唐　磊	索鑫栋	张春雷	姜海旭
马汉思	景贝贝	米珊珊	许　宪	戎青青	孙凡皓	杨盼亭	刘　瑶	张　媛
刘宏敏	娄　威	耿学辉	李心怡	陈　茹	王永超	杨春波	高梦君	杨春艳
翟江涛	刘建仓	顾晨涛	郑高岚	梁梦雪	邵昊洋	张　怡	马馨童	方　晨
段雪媛	颜　畅	杜景威	薛瑞帅	张泽鹏	马　红	贾　磊	孙　丹	赵　真
赵鹏程	柏　森	贾明轩	高　芳	张亚楠	赵世超	樊艳艳	杨　斌	郎立园
周金松	袁远兰	苑　丽	刘家宇	兰云磊	周忠跃	张同同	黄平川	赵志欣
殷　红	刘　博	杨萌萌	刘利虎	郭雪姣	王　阳	景晓伟	刘允通	刘　悦
王　平	祖晓松	佐丁丁	刘志国	李文娟	刘鑫莲	康　浩	杜　凡	郭　永
石林青	王　欣	王巧莉	刘汉宸	任天天	董英春	张立君	马海鹏	陈明明
李　威	白艳茹	李成浩	孙庆祥	卢二利	杨　辉	华　冰	王俊强	庞　辉
王　勇	王福聪	赵　萌	秦　颖	张安冉	李菁菁	冉　爽	邸楚然	赵小月
高俊杰	张　琪	苑洋洋	曹礼浩	李　悦	黄　勇	王梦丹	康凯胜	吕文博
李然然	柴石磊	李红利	霍艳娜	张泽冉	郭艳妮	刘改红	韩泽娇	王　硕
谢梦祎	王佳琪	韩芝薇	边洪坤	李晓飞	殷　磊	李国境	郎银鹏	张　鑫
刘源明	王喜龙	陈聪聪	牛晓萌	秘　慧	孙　艺	高　童	赵云倩	陈亚双
张佳美	郭　坤	王茂茂	韩　爽	张会平	张　健	孔菲菲	吴　璇	郭　冬
刘天一	李　瑶	谷浩然	李　涛	刘玲肖	程　凤	常建军	柴玲玲	郭　雪
孙小璐	王　涵	齐硕凡	郭　斌	康亚坤	常可振	田　瑶	刘维维	温丽蕊
王　琳	田　微	刘文正	闫静霞	苏利英	陈　龙	郝　晴	崔静欣	牛建岗
田云肖	王志浩	董伟超	李　沣	刘冬彦	张之洋	王　泽	申　剑	白梦雅
朱琳琳	陈　柳	张敬国	闫德琦	赵亚茹	葛平娜	郭银龙	高　晶	辛慧娜
许泽娟	王家乐	刘秋明	崔胜琦	王　龙	马　骏	张　硕	张永刚	孔帅康
田青青	张　猛	张秀娇	万晓朵	杨站龙	刘蓉蓉	许园林	王　璐	李　娜
张　静	杨　欢	王　钊	郭　灿	胡风玉	谢丽丽	李紫玉	赵　梦	程东雪
张凤杰	郭明洋	张晓云	李艳星	耿翡翡	包　牧	康　抗	刘　强	雷雨蒙
吴苗苗	牛春者	黄　盼	李英玉	赵慧芬	王洪军	刘　晶	宋鸿宇	王丽晓
李博涵	何　鑫	刘宏艳	杨晓燕	郝琳耐	任中杰	许　浩	韩　蕾	秦书贤
姚　瑶	张明明	安静允	魏　策	国红旗	常利军	王　臻	林鑫雨	马慧敏
王　月	毛艺晴	刘　铁	王　茜	耿雪冰	刘冉冉	张丽娟	葛俊杰	王伟娟
荆　玲	刘　锋	邢英志	崔晓通	刘国斌	李　锐	王　楠	彭元证	杜柳英
刘　珊	魏立娜	李文丽	刘君侠	石丽琼	孙飞龙	张引娟	张　威	金小越

柳 亚	石 佳	李方园	王彦彦	赵文芳	于宗敏	徐 云	李少鹏	吴思怡
韩 述	于华力	王银领	牛钊磊	贾梦娜	刘义祥	宁佳宇	孟艳红	李 飞
吴琪瑶	尹博雅	李亚楠	周崇崇	牛玉刚	刘体镇	田丽薇	王 颖	卢雨良
侯晶琛	李伟谦	田佳硕	胡 泊	王 阳	张丽君	韩欢欢	李海弟	武晓敏
冉雨晴	崔 毅	田 伟	赵雨依	郑 彤	赵 凯	孙琦帆	李梦雄	刘向东
王 蝶	田 涛	王会荣	张石岩	王 亚	成晓兰	张宝艳	董兆娜	石继丽
耿志同	何 洁	周端轩	赵巍亮	王 媛	秦彩虹	曹媛媛	赵 康	杜苏春
程博超	张 维	郝梦洁	张 思	张瑞瑞	王晓鑫	郭 龙	郝君洁	韩 微
李 朋	杜春光	张君成	齐晓光	杨 柳	武文靖	张兴兴	董立学	张利生
薛红妙	祁树松	刘小磊	刘晓倩	何昭君	刘继喆	李笑飞	裴杰雄	齐佳瑶
宁国涛	孙雯姗	周 燕	王聪聪	赵福媛	段培兴	赵 越	毕文臣	刘佳乐
杨东旭	宗晓梅	张晓楠	韩 笑	赵家悦	张耀东	王 谊	罗 超	高海燕
崔世谨	齐云佳	覃福庭	张茗华	张 通	王宏巍	任梦若	马 丹	杨进雯
陈 坤	刘晨旭	邱 静	尹江普	张效缇	吴 庆	王志伟	王兴东	徐梦帆
郑路路	卢 聪	马树斌	马海玥	徐雪娟	李晓平	何金宇	韩 旭	刘 超
栾 瑶	李 欣	吴凤莲	李彦霞	刘同浩	郝晓霞	路玉坤	李文涛	孟邵轩
罗 岩	于梦梦	于苗苗	马红彦	张 冲	王清志	李宁宁	曲 伟	甄 洁
商文浩	谢 那	倪姝雅	宋小雪	马晋豫	倪梦坛	刘思绮	赵 文	许靖爽
丁海波	张雪旋	靳 珂	李 琼	辛冰洁	姚晋繁	宋宏云	王 蕊	要 尧
齐 敬	任林强	郝亚倩	乔祥栋	罗晓杰	乔瑞琨	梁创飞	王嘉勋	吴琳琳
商雪兰	刘 畅	张 蕊	马 潇	苏晓丽	刘苗苗	王浩东	王 欢	邱海龙
王碧芃	董新浩	秦晓光	张艳红	史 鹏	张 玮	靳 娴	石景伟	王 磊
张海燕	任洛霖	武凤云	张艳双	曲世超	赵树芬	周胜宾	韩小美	王富晶
庄秋平	苏立鹏	李明洋	曹芳美	张 晨	何玉蕎	高 雅	刘利军	戴瑞峰
刘 炎	毕思茗	酉倩倩	陈礼铭	徐 帅	郝 琦	侯永辉	韩 昭	马 欣
殷柔思	陈立颖	刘 畅	张 宁	赵 虎	张玉杰	郭英彬	王继超	刘志钦
俎保霞	张东琴	焦肖亮	索 岩	李 英	宋晓红	李蕾茜	秦学媛	乔利霞
马利娜	郑媛媛	杨晓雅	范梦梦	齐元超	张金菊	穆培培	董治国	潘骏遥
康 珊	刘亚鹏	陈乐乐	赵倩男	梁 彬	朱倩宇	郑彤彤	王 妹	叶建伟
刘 锦	李 姣	刘 芳	康盼盼	单 宏	魏怡硕	王学腾	王冰瑶	王 昕
张静宇	李青雨	王九周	邵 帅	王康康	王雨彤	傅治鈞	张晓月	耿楠楠
高艳杰	王一君	赵 爽	张永向	吴海静	杨新建	马浩亮	贾晴华	韩 坤
胡方舟	郅 珊	赵梦瑶	武 戈	张 伟	王宗泰	刘 娇	付鑫磊	杨建勇
胡华丽	李江波	曹童埼	赵伟强	董 昕	孙 鑫	刘 杰	王晨明	苏 琳
俞文静	黄亚威	刘 佳	卢 凡	孙凤华	陈立宏	杜德辉	张陆一	刘纪书
商佳琦	杨 昆	钱 杏	李萌萌	陈少杰	祝 然	高菊强	佟月朋	曹 杰
阴孟珍	范紫嫣	李晓玲	李英锋	刘红艳	裴文杰	蒋慧娟	柳阳超	石岩星
安思远	王 淼	朱超雄	高永旺	迟晓蕙	孟翔宇	卢梦硕	冯 超	王艳琪
方 圆	周 帅	高一凡	陈 锋	王学祥	蔡珊珊	杨 乐	王春琦	杨 荣

马　波	刘海超	王长浩	衡亚杰	焦怀志	李竹悦	刘　冲	揣　悦	王　利
张　丹	张志强	付丽燕	曹玉净	范崇靖	张学洁	杨松语	杨　腾	左雨微
刘珊珊	吉春秀	段莹莹	胡云浩					
专业：工业工程（13 人）								
王博宾	羡灵芝	缪国威	裴玉芳	赵彩霞	路世玉	蔺晓丹	刘　杨	张长亮
李东兴	李继业	安江平	贾　振					
专业：汉语言文学（354 人）								
闫　颖	袁若曼	卢九月	娄　凯	王建勋	李旭丹	柳晓璐	高义勇	赵佳楠
赵　思	袁江玲	陈永武	高江飞	刘海迪	高　兵	梁士杰	苗永帅	赵芳慧
杨　艳	邓欢欢	李晓阳	冯枝茂	李成昆	郑媛媛	董春艳	张　硕	张亚峰
刘海先	郭康佳	焦敬文	王学彬	张　洁	李慧青	王　茜	杨　洁	田文富
冯林娜	李新苗	刘媛媛	赵雄飞	张　琪	李　曼	许咪咪	刘　旭	张东升
薄梦思	赵晓丹	张斌亚	尹雪松	张　悦	刘静改	赵雪松	牛春娜	王　涛
胡伟华	刘新颖	张子佳	张　珂	武明明	白雪迪	李　猛	阴　静	朱博文
韩聪玲	姚培培	郭文超	李鸿宇	牛丽蕊	王亚红	马曾曾	王　然	徐　杨
胡会丽	孙新颖	李　芳	李雅君	赵欣怡	刘亚男	徐梦晗	罗亚爽	白玉杰
郭　蕾	王晶晶	董士超	郭　商	李星星	马晓亚	白小杰	刘　芳	王伟男
杨　盼	李新爱	李晓蕾	闫荣飞	张坤霞	刘　杰	白　烁	郭伊宁	常志新
翁士尧	杨　红	岳晓岚	康亚南	魏茹梦	闫昭羽	张　雯	赵　雨	廉继峰
马冰倩	张　晓	张萌琪	张童鑫	赵苹苹	李梦竹	刘靖华	郑静月	高明辉
张雪潇	佟爱敬	王丹青	韩聪贤	李　敏	闫玲妹	周佳策	梁　敏	袁伟鹏
尹　月	李　丹	刘惠敏	张春雨	李林立	时肖强	李　念	韩静伟	刘力平
霍媛英	邢雅琪	崔圆圆	张作文	路　娟	郑航天	孔凡雪	周　海	薛英博
江凤英	王　浩	姚笑笑	李会柳	刘若琳	苏　倩	刘丙静	朱延逵	薛少杰
刘　欣	于　越	李　鑫	杜树勃	任会清	刘菲凡	李茉菊	孟亚利	杨　轩
杨天齐	张松赫	冯思远	宋华月	王　婵	郭亚亚	仇娜娜	张潇丹	李晓岚
尹广喆	王宪武	王清华	郭　冉	武　萌	杜静宇	郑胜楠	施　渊	薛　飞
邢丽娜	康洪凯	高　源	吴琛欣	杜晓然	许丽萍	张莎莎	庞　静	李　扬
张素良	王换换	周东芳	赵玲玲	蒋丽娜	张　艺	刘　鹏	申泽榕	盛鹏飞
梁　超	周国宁	马望丁	唐凯璇	李　旭	付全亮	侯凯悦	于　博	李　飞
张　萌	司　淼	闫　滨	路鑫怡	宋星航	何禹玢	纪月娜	钱如雪	张晓雨
张　威	杜健康	秦　磊	梁丙志	耿松彦	李婷婷	边俊一	徐殿龙	尚光峰
张灿灿	冯　影	韩青妹	王明月	董　娟	郝娟娟	刘思萌	宋国栋	刘　洋
王　夏	王胜欣	潘媛媛	范晓伟	孙亚倩	张晓珂	李达亚	曲宏飞	关云飞
李　珊	赵　淼	马爱静	曹瑞琦	何买燕	赵逸飞	闫华华	秦子莹	白雪岐
杨子艺	董　凯	关书静	马　梦	梁　辉	刘　珊	师喜凤	高大伟	郝　鹏
张　凯	王　静	王立倩	任运平	何琳琳	赵　亚	张艳芳	孙　静	郭亚如
王双隆	范翠婷	曹　琳	吕慧颖	张立婷	李晓勋	申佳怡	刘　岳	孙晓霞
左　政	陈　然	崔克新	于　龙	付岩岩	梁　荣	王志阳	吕国红	姚月月

马　强	孙亚玲	贾翠平	沈　帅	高　湃	刘梦晗	魏　祎	张晓晓	曹文萍
李　栓	张　伟	李淑军	路泽龙	董兴海	毕静贤	许建华	孟　源	杨世鑫
陈康康	李丹丹	宋燕晓	田高明	武倩倩	张　达	彭宇佳	戴蓓蕾	韩晓旭
孙志丹	陈　灿	刘玉婷	艾海路	杨伟伟	张　明	吴　琦	刘仕博	刘春晓
陆　岩	刘奕含	沈欣欣	赵家兴	高　玙	陈冬梅	安保恒	刘　霞	杨　崟
李　蕊	唐美鹤	杨文玉	张一祎	金　磊	杨克柔	于　海	罗　晶	强　壮
梁金萍	冯佳惠	尹海鑫	张意诚	赵西颖	韩玉华	张启轩	闫　静	陈天其
王　亭	王静超	李和蜜						

专业：化学工程与工艺（126人）

魏　莹	卢建伍	薛慧贤	公长青	薛艳玲	张仰敏	申亚琼	张瑞宏	李燕飞
孙朋飞	武晓建	陈　帆	孙崇鹤	黄　晖	陈富琴	牛鹏康	薛　蕊	张林娜
杨　崇	孙　洋	裴闪闪	吴佃刚	李伟伟	付金幸	姬印凯	吴宁康	谢英宗
王　栋	隋学朋	卢进军	肖云朋	刘　东	王有良	卢素鹏	张　磊	孙莹洁
刘　超	李天军	时晓涛	张　强	张菲菲	牛　犇	姜雅宁	梁雅青	赵玉清
陈广华	张瑞雪	关登仕	李继龙	李单杰	殷翠霞	陈　齐	朱江伟	赵善兴
王　蕾	郑文娟	白素珍	王云鹏	刘安源	王新灵	李超超	王长乐	王向荣
高　新	王晓杰	袁亮亮	张飞飞	张洪彬	梁晓智	李　岩	徐春燕	冯丽颖
谢大伟	申梦媛	窦伟建	赵丙鑫	刘　波	贾　波	崔　凡	王若肖	刘　林
温少花	周　松	宋一日	袁园园	刘　飞	王君茹	卫　珉	高云玺	任石岩
陈　菲	毕苗苗	张智琨	贾敬开	李卫国	刘莎莎	李明飞	周文举	李　雨
杨智香	李思思	钟　诚	李　球	徐佳佳	田　刚	原肖飞	冯婷婷	柳夫杰
李　涛	王晓洁	仲海舰	姚　猛	李广翠	杨裕超	丁　鹏	赵汉卿	李丹丹
贺彦毅	秦　旺	巩智成	郝润清	鲍秀秀	杨玉瑶	贺亚涛	徐洪雷	冯慧明

专业：环境工程（207人）

任　洁	孙汝月	常　玲	臧华康	刘　欢	卢　峥	马艳艳	范玉李	甄庆晓
李　莹	周　倩	金莹莹	赵　鑫	刘彦霞	李建龙	马英杰	李　超	杜连康
杨万启	周　芳	赵　彦	李　萌	赵云龙	魏　烨	郭雄辉	牛子豪	李少雷
于　童	王　永	王瑞乾	侯盼苗	王奇慧	杨赛赛	张　敏	闫春玲	段少君
魏梦霞	史　良	朱红旭	任胜华	乔郭阔	贾战龙	张慧贤	秦程浩	周子程
金　璐	刘　旺	崔文文	张亚茹	刘　健	马江波	高逸阳	彭兴利	周　平
魏月婷	赵　强	李江浩	杨凌燕	程全通	薛凯华	苏杰玉	李雅庆	王　芳
李志超	李敏敏	杨晓冬	李芃伯	史新贵	张　慧	朱海鹏	李玉宝	谷玉环
王　娜	白洪茶	孟祥纬	张　璐	谭　巍	白晓楠	韩艳莎	冯晓英	宋子乾
赵满洲	魏艳侠	刘宝印	马玲元	杜家宏	王晓明	王小敏	王绍舫	罗朝强
李新灿	马　超	轩　超	段伟欣	边　涛	曹仁杰	赵雷宁	孙　蕾	张小晶
李艳玲	何普庆	闫　伟	王晓辉	吴洪旋	庞松林	张笑瀚	张永晨	程晓晓
沈锦辉	刘　金	刘晓木	刘春涛	高岩松	刘世敬	杨志鹏	张　浩	王亚晓
辛小宁	栗　平	边泽宇	刘茜茜	李　源	刘志燕	史　叶	李旭旺	于晓霞
王秋颖	董　艳	秦会平	孙少虎	李　浩	崔朝廷	刘会霞	王立佳	郭建娜

许雅妹	陈佳林	冯素贞	范沙沙	刘新民	裴苗灿	吴富梅	白雪	宋伟华
王正	翟少华	陈泽鹏	杨志丽	张立鹏	张亚静	苏克迪	张正月	张宏
王腾虎	韩金锁	雷美艳	马路路	邹庆奇	徐昭阳	李家腾	吕龙强	张馨印
侯少云	闫亚涛	周琳飞	郭宏义	吕兴旺	田新林	郭超	曲晋	杨志慧
荀高佩	侯伟康	高璐超	李亚杰	徐晶娟	杨喆	徐燕峰	刘丹	杨巨霞
王金慧	赵世超	赵文超	孙伟鹏	高亮	王旭阳	谢新雨	杨悦聪	王翰雄
刘曼	苗松	吴洁	杨磊	田宇飞	成涛	宫维伽	吕志祥	夏伟光
刘胜	张香芸	石晓	刘思佐	刘志宏	王素欣	张诵	王华辉	刘冰涵
专业：会计学（739 人）								
李亚亭	马艳欣	郝春园	胡金龙	张颖	唐秀娟	于剑强	李兵	杜园园
杨姣	孙蕊	王雪	张小熊	马红云	李光	李萃娟	赵青春	张林磊
史琳嘉	丁莹	王景霞	杨贺欣	崔雪娇	宋雪雪	范腾腾	张梦洁	韩蕊
范雅娟	袁润杰	陈康婷	何琦	叶姣姣	杨琳	梁彦玲	刘云龙	江卫卫
王玉凤	崔爱玲	王立玲	赵田	邵伟娜	苗盼盼	宁丽然	李娜	杨婧鸥
李翠	许丹丹	王婷	廖健	陈世虹	梁雪	支欢	林再敏	刘彩霞
马环宇	赵明波	温馨	范玉杰	闫美景	牛盼盼	张玉清	秦梓曼	李绍茹
刘丹	郭艳亮	李媛媛	赫建芳	娄庆芝	胡晓旭	王意	史欣悦	张雯
郑兰娟	李文秀	李红雨	李梦雅	娄庆珍	郭文萍	侯仕琦	赵佩	杨娟
郑晓蒙	赵明明	李蒙	张紫微	田小娇	王国柱	侯佳昕	王晓琦	苟志慧
渠镧娜	焦娇娇	张钰	于敏	张红霞	张海防	王彬	张宏伟	张若曦
马淑靖	商淑艳	解一品	王维	韩严伟	代玉瑶	魏丹丹	牟晓余	王丽婷
卢倩	房珍珍	杨真真	张宇聪	张凤仙	耿迎迎	乔译司	郑安娜	孙丽婷
张曼	马广地	尚士存	池晓泽	张坤	张雨	李静会	武剑	郝建丽
霍金金	王琪	赵希	王霞	王京	侯蓉	刘婵婵	姚鸿昊	聂春婷
张娜	李坪峰	方淑贤	翟贞贞	刘萧彤	高志芳	石蕾	李亚坤	张琰
仝伟娟	赵瑞敏	吴思涵	张瀚方	卢洁	王澎鑫	王凯迪	周爱丽	贺一丹
王梦彦	李子璇	张艳秋	张静茹	陈菲	张剑锋	刘湘淇	李杨	武燕
郭群	张晓丹	马雪玲	刘平	孙晶晶	姜天巧	张怡	张金思	宋靓然
张雪晴	王木兰	田文梅	孟爱花	李玥昕	樊妮	李琪	常娜	岳鹏
张入延	安姗	曹晓芳	闫顺然	邓聪艺	张芳	胡振浩	陈莹	周利彦
姜悦	毕晓毓	何娟	王婵	高秀荣	许凯丽	王淼	李鑫宇	王宏伟
方秀梅	郭秋月	苗娟娟	李佩环	马宏达	张宇晨	刘莎莎	蒋春霞	赵江琪
崔沙沙	孟伟	肖明津	马晓	尤东雪	冯荣珍	胡旭明	肖英	孟凡婷
石晓丽	孙鹤	李明珠	冯康蕊	杨贺敬	阴劭勋	鲁欢欢	王凤玲	刘海波
杨璐名	高鑫蓝	马世良	李书华	解玉琴	阎彩霞	乔闪	金全清	李爽
刘旭立	李永莉	周金红	张巧红	高菲	刘小群	路瑶	杨磊	王彦莉
任伟烁	李梦然	李紫银	张晨光	张雨	杜丽娜	桑晓曈	刘金伦	张秀玲
马亨利	李杨	刘宁宁	康志芬	刘娜	靳瑶瑶	张佳旭	侯丽媛	田晶
杨柳青	王苓	王胜男	段炳磊	田卫娜	杨慧芳	尔莉莎	尚美伊	袁星菲

米　岩	王婷婷	姬晓红	王　莎	苑雪莲	白　雪	侯玉粉	杨雨蒙	刘海倩
孙苗苗	李　婷	杜若楠	邓　钰	斉晓娟	孔　姗	侯巧红	李　萍	秦艳璐
原　媛	付　鑫	刘　志	马　巧	范兴华	朱连文	曹平平	郭豪雨	高智泽
董　郑	田艳芳	张晶晶	许光远	朱芳瑶	刘小丽	曹天姣	陈丽红	石嘉靖
刘倩倩	王海清	祝小娥	苗婧涛	杨丽敏	张棉棉	吴兰兰	历　阳	刘学洋
黄　婷	裴雪微	王子睿	刘景云	惠雅靓	李国祎	赵献利	张影雪	史佳鑫
包新艳	杨　笑	郝　梦	王金玉	王向平	史晓琼	范晓超	刘　爽	孙慧琴
刘　存	刘墨琦	廖志红	蔡天奇	李芍潘	房梦晓	高　玮	杨金婷	高美丽
张　曼	刘　瑾	朱咸玉	李贺宇	陈世菊	赵瑞田	杜　特	张　雪	张慧敏
王猛思	苏　悦	张晓伟	张锦锦	季丽雯	刘萧婵	王敬婵	马　玲	唐晓洁
师若楠	申　飞	李　梦	李闪闪	任培培	王　雪	贾素素	张陵敏	马晓霜
何中宁	李晓东	吕　星	吴巍倩	张正英	尹云婷	崔　赞	任起娜	赵日昕
刘　莉	刘思莹	李曼茹	张　亚	王　淦	王晓然	王玉欢	王　璐	翁婧杰
田　娇	王　肖	方晓燕	陈　其	隋尚容	焦贺静	苏　璞	陈　雪	贾晓敏
随伟超	王　瑜	张逸夫	李　贤	钟梦秀	成　铭	高　军	王　颖	董一凡
张素芬	李雪芳	申议泽	甄红霞	王　喆	田晓航	梁玉娟	刘　迪	褚少虹
吕　蕊	孙凤云	郭恬静	康雪丽	宋康琪	班　曼	田葱霞	刘双阳	刘　婧
高　营	陈　珊	马　阳	王永素	郑　宣	张　杨	李梦晗	安淑娜	侯富燕
刘军培	于念念	杨　欣	耿世云	王欣玉	张惠娟	郎　灿	袁丽君	王子文
刘晓娜	王　帆	崔欣颖	姚倩云	杨　柳	高玲华	刘俊霞	刘丁南	戴　敏
荣洁欣	孙泽平	候丽芳	李丽芝	张赛男	王翔君	韩立艳	杜宜欣	廉素霞
马　丹	杨　帆	时红莲	张　颖	孙　月	李玉佩	李丽慧	魏秋云	苗俊岚
郭会京	马彤彤	陈月联	王　丹	李月明	薛　冰	刘重阳	彭茹松	王　伟
牛　从	刘菲菲	郑华英	石清华	战英杰	刘梦云	雷　昆	张　钦	张玉荣
赵　爽	于春春	宋亚超	张俊娇	宋嘉文	侯慧丽	周广红	王婵玉	王艳晓
白　梅	路　然	李云龙	张　静	刘　晓	赵晓玉	王俊婷	陈　博	梁　静
白利利	吴　艳	王素叶	左珍珍	胥淑敏	申雪艳	马伟肖	李　妍	张甜甜
陈　旭	高　欣	梁子默	杨星星	王红光	赵鹏雪	李　风	朴　军	颜　波
王思远	苏勤勤	武建仓	白雨轩	李艳欣	胡录录	刘欢欢	武海双	张　颖
张艺丛	李　沛	贾　敏	王　盼	靳晓艳	李亚亚	赵晓静	段亚婷	裴鹏彪
王　月	王朝华	曹朝茜	赵晓晓	姜亚楠	黄恒猛	杨　青	杜倩倩	曹新薇
李小燕	王秋妹	赵晓楠	刘彦琴	高林伟	张苏华	张海鸥	王校婷	袁　博
李梦菲	李文博	王金璐	张丹丹	王晓燕	徐雅雯	赵雪微	肖健花	杜春雨
郝月檬	左飞鸿	安　楠	齐振平	陈　雪	康丽丽	颜淑静	韩素霞	赵婷婷
付　宁	岳丽娜	高茜茜	王　丹	刘增慧	褚佩佩	张晶晶	杨苗苗	冯永俊
杨　萍	梁志国	张　华	刘　丽	赵海花	宋梦婷	刘丽娟	侯利燕	姜雨鹏
郭　雪	周玉凤	李　朔	韩丽红	乔　伟	谢宗峰	李　倩	孙　雨	肖　琳
李田姗	王春茶	宋玉然	李　青	杜一凡	马沙沙	王凤岭	陈杰亮	王丽莎
王洁颖	李爱晓	于会亮	马娟娟	陶　香	白雅月	郭　圆	李小静	李　婷

张春雨	马占娇	武敬哲	安飞虹	周秀亭	张　岚	才立亚	郭佳佳	姜　维
刘晴晴	梁　伟	杨青云	何海龙	沈栋超	张　蕊	陈　曦	刘　玉	王天悦
陈　馨	安彩阳	付孟孟	赵　漫	史芳芳	许　芮	吴玉彬	王　婷	李俊燕
李　峥	杜淑静	郄颖颖	何琳洁	张立刚	余翠翠	郝　蕊	马新雪	张宏飞
李明珠	何　卓	康姿昂	孙文莉	张　红	程　珂	李莹莹	简书荣	李秋月
张柳嘉	马亭亭	李聪颖	许静静	齐　晴	刘俊峰	王敬杰	常士杰	肖　颖
杨梦莹	冯　荣	闫　晓	王　静	冯广明	狄瀚然	刘凯颖	马　娜	张玉华
何会杰	孙冉冉	何玉香	郑　倩	李雪倩	李秀玲	贾勋倩	赵嘉旭	马荣悦
王　甜	支永婉	王盼盼	武　言	张翠翠	程军彩	李　辉	管雨濛	马　征
刘恩强	刘凤熙	王晓萱	王　晶	孙晓宇	刘　颖	朱永艳	梁枢桃	赵红伟
张竹青	朱孝钰	武小琪	杨梦艺	许秀丽	田　睿	付少鑫	薛晓彤	范晓姣
孙丽杰	韩俊彩	郭雪洁	王　繁	郭炳娟	张　颖	王月东	徐向霞	黎晓玲
刘喜迎	葛雪梅	闫昌菁	芦金环	孙芹芹	候大伟	王　昕	刘彩霞	葛春雪
刘雅楠								

专业：机械设计制造及其自动化（212 人）

李　姗	崔会建	张　磊	付晓旋	吴少丰	杨本宏	陈叶楠	高树强	杜沛旭
牛文磊	窦铁勇	尹晓熙	王鹏肖	相永涛	靳泰峰	温　丽	孔艳妥	谢立铁
霍红娜	王韫博	齐杨杨	李建飞	高明亮	宋风库	马海雷	王　涛	冯凌云
崔　宁	李　松	钟　旭	周　巍	胡志杰	王洋洋	尹晓虹	焦　扬	乔岭峰
李　明	赫蛟龙	张　雪	王龙醒	刘晨旭	李保路	李利昆	郭志学	王志胜
陈瑞锋	路　康	李路遥	刘　洁	王开春	郭建光	孙媛媛	张　婕	张　健
曹良良	席石雷	贾春雷	张　钊	陈善龙	李世龙	马晨露	王　彬	汤　帅
刘硕坤	朱晓博	田学超	张治平	赵昆仑	杜慧东	王海洁	陶　骏	王小明
赵志明	米　楠	胡　伟	宋姗姗	谭　娜	杨泰龙	丁朋超	张海涛	温　波
边向东	张明月	刘少卿	孙付豹	曹汝荷	徐晓冬	赵华子	曹永涛	赵叶鑫
齐彦朋	王　硕	黄　帅	张　森	许恒福	杨　洋	李贺杉	李　丰	郑永刚
刘志强	徐腾跃	唐　彪	葛腾飞	亓华伟	杨鸿龙	弓艳伟	姚佳伟	刘建朴
韩冬梅	胡　赛	刘　强	于国珍	宋培州	郭新伟	王晓策	王元奎	刘旭东
刘江滨	杨泽鹏	王聪聪	董浩楠	刘小雯	金鹏飞	王敬轩	郑广辉	徐耀辉
霍聪敏	周　月	郑　强	贾艳强	杨宏宏	王海涛	李常凯	周　磊	王小强
王　番	郭仲萍	耿晓旭	宋晓慧	闫昌宁	靳　仟	常新龙	郭志旺	麻晓乐
崔自学	赵瑞华	丁明森	崔少宾	王德玉	许耀升	董立鑫	王天贺	王婷婷
翟志强	李庆磊	刘博远	杜志娟	王军鹏	孔文龙	董万瑞	张龙辉	赵　元
李万鹏	赵　婉	刘　冲	李鹏飞	李栋栋	张雍德	刘铠硕	王春雨	张晓鹏
张　慧	张龙锋	张春霞	周方坤	赵　刚	孙一博	宋子春	马环杰	戈伟珍
李剑锋	陈　猛	张振儒	王　泽	赵　全	张赛赛	边久贵	李建光	张广鹏
曹海涛	尚振英	李　胜	杨延姣	刘　磊	李朝阳	裴玉明	蒋增宝	张　友
张兴法	赵子豪	张泽旺	李建辉	徐迪迪	杨胜永	李新团	李宏磊	张文君
王晨池	刘雪峰	闫晓阳	黄　凯	陈敬涛				

专业：计算机科学与技术（454人）								
国志安	赵国宝	李　侠	王雅萌	郭洋婵	于翠霞	吴亚卓	贾　婷	杨娇娇
张旭策	王　盖	王媛媛	张　猛	刘长友	王明琪	罗云鹏	檀建培	薛　伟
宋一帆	刘　峤	张云肖	刘晓静	李敬瑶	耿　旭	阎　昌	张硕康	常惠中
贾沈月	张　震	闫　鸽	张　聪	冯小红	赵立彪	王　芳	赵艺婷	陈　浩
郭　晓	仲向坤	王　彤	张晓娣	刘伟欣	冯焕焕	苗　康	郑　倩	张兆华
赵彦磊	孙　佳	康义德	苏　凡	刘沙沙	刘建军	冀　晶	崔振涛	刘凯杨
齐纪园	郭小倩	马颀涵	王雅琴	葛少杰	王　强	狄少冕	刘慧林	于志平
张　轮	谢博琳	罗　靖	张鹏凡	乔　徽	孙扭转	崔康安	盖攀佳	王　辉
高永安	安苗苗	巩金霞	张　婷	孟　晴	赵佳乐	杨青华	冯梦骄	郭凤雨
时　青	迟飞红	唐　霞	苑景峰	张曦元	郝　鹏	王　科	田帅帅	王海慧
葛重阳	刘　月	李晓静	曹玉清	张丽梅	王晨鹏	林　雯	李　宁	段　跃
刘丽茹	吕哲辉	宋晨晨	汤海洋	黄国策	张雅鑫	吉祥光	张　伟	张春利
徐兴松	梁　楠	李晓娜	李维燕	王婧宇	刘　瑞	王　珍	呼　杰	武佩佩
崔　帅	穆　鑫	赵伟斌	王　腾	胡左军	王宏维	梁世庆	刘　鹏	闫　龙
王　婷	刘振明	刘志台	杨　正	张洪伶	赵　懿	王　颖	刘　琨	杨田温
张福乐	刘菲菲	韩　琪	贾振兴	崔　峰	常海兰	王　强	张晨明	陈　晓
解玮琨	刘迎辉	史世康	王力宁	佟海燕	王路慧	刘世超	石建正	李　磊
刘书磊	陈齐齐	伊广平	何彦军	孟祥双	夏东圆	刘　辉	苏志强	张文强
刘佳妮	孙必成	牛南南	赵晓庆	张运动	常啸天	韩兴杰	陈春生	史其典
王姝力	肖天龙	时子阔	史晓云	何宇博	卫婵龙	阮　征	吴　琦	王鹏飞
张少朋	张雪飞	白爱琴	李静蕾	徐建月	冯素秋	杨　柳	陈　石	寇文华
吴瑞章	梁月瑶	郝文超	董金闯	李　杰	赵贤贤	马雅梦	高雅倩	王　楠
常逸凡	刘　磊	曹雅贤	金会新	田　原	李金亮	刘　程	李克忠	谷淑娟
赵海涛	樊永乐	高景景	张天蕊	李洪波	李旭毅	杨　凡	王　江	崔　哲
李瑾麒	王晓娟	李金霞	王　浩	马　杰	杜宇喆	王超伟	张　静	甄宪文
何飞飞	孟昭文	赵　贤	张朝伟	刁杨鑫	康秀琴	陈旭昇	张文刚	皇甫婷
翟飞飞	宋　召	张　震	卢泽田	王佳宾	高卉卉	张云松	朱　雨	杨　辉
陈翠茹	张　泽	梁小翠	胡　亮	张凯云	张茂杰	张少杰	陈晓敏	张向东
许士武	谢宝树	王昊彤	刘　彻	栾孟斌	武丽童	白旭林	刘晓阳	薛佳妮
相芳萍	臧兴洁	齐丽平	王晓宁	景利欣	翁仕超	李　帅	杨玖东	冀晓燕
史硕硕	蒋东东	李　幸	靳鹏飞	唐嘉欣	李晓丽	闫东琴	安会童	康晓敏
高秀鹏	唐　蕊	岳冰儿	李义芳	门雨佳	马鹏昭	邸腾达	尹学玮	李明珠
张　媛	王欢宝	贾晓腾	石崇举	高雯雯	尹晓东	赵　丹	赵　阳	张丽娜
朱　皓	张　杰	刘　维	李晓阔	彭文强	张雪龙	李艳辉	陈佳陆	左慧娇
刘　宁	钱　磊	柴曙光	常玉莹	井明芳	闫　靖	董亚鑫	裴永亮	张凤娇
徐俏竹	赵　宁	徐美娇	时萌萌	李晓晴	邱鹏达	李明泽	林常禹	闫爱华
李艳平	刘进贤	霍　亮	费　璇	杨晓东	张凯利	徐嘉节	王伟楠	闫海龙
曹　朔	王蕾蕾	郑江宁	田佩瑶	白雪明	林晓娇	李　硕	王　强	杨　彦

由　昕	张　雪	刘聖光	何凯凯	孙慧林	张林然	高泽阳	于龙飞	牛文涛
张宇飞	梁小龙	郑湾湾	何国亮	庄歆禹	刘天隆	闫英杰	于　洋	史仲一
于邦贺	胡利霞	韩进波	赵彦芳	高瑞群	艾勇百	刘佳丽	郝　旭	樊　宇
王　艳	周雪岩	孙帅飞	苏春雨	王海洋	柴满满	徐泽涛	王　娜	李文静
卢　杰	石鹏涛	李洪丹	孙泽康	王　娜	韩宇斐	贾晓方	李永成	朱建华
卢　威	马莹莹	王　迪	吕英健	陈　钰	张亚杰	杨江浩	赵宇星	陈　昱
张宇航	肖　琪	梅国平	王　俊	张　普	赵宏强	肖　冉	周文浩	徐中华
袁建社	李向南	张之伦	王九亮	郑天文	霍华松	索　磊	孔永杰	赵志华
王美玲	陈孟营	王　猛	侯康康	楼剑跃	曹　伟	马　帅	申帅雷	胡小永
李　平	屈　爽	那　启	乔士平	于永杰	吕忠帅	齐　佳	耿英英	张文慧
韩　哲	李世会	胡金迪	李晓岚	徐　成	师少鹏	张　静	王　萌	韩海霞
桑瑞芹	陈哲华	杨世雄	吴玉荣	多　文	刘肖肖	李　婵	薄永梅	王　彪
张　可	王　锐	史　尧	运玲引					
专业：旅游管理（20 人）								
李　倩	王　辉	刘爱娟	童学燕	韩立平	刘梦雪	汪臻浩	安晓晶	张晓楠
杨文珂	孙晓猛	李泽慧	张荣策	张凤艳	范元元	刘雅静	梁景卫	李婉琼
邸瑞娟	刘　西							
专业：通信工程（62 人）								
黄宝龙	李熙磊	陈　云	张冬瑞	张领兵	李　敏	吴　倩	吴严严	刘　鹏
朱玉龙	邢天石	马连鹏	宋燕飞	刘　通	陈　浩	张名伟	张　栋	李佳昆
贾潭柠	安　刚	张合建	陈立群	张海峰	张怡宣	王　锋	宁　鹏	高聪颖
郭兆磊	黄会元	耿向上	薛会英	杜　鹃	刘玉鑫	祇永坚	崔国庆	范志刚
赵洁凡	窦士杰	赵浩然	崔伟娜	张　翠	黄增涛	贾永晨	桑　斌	张　胜
崔志兴	杨　磊	李　璐	郝江鹏	苗利斌	董孟姣	张宏伟	刘亚民	朱文龙
张小雄	薛盼盼	曹宗顺	李鑫鑫	张国辉	张倩倩	李恒冲	殷海燕	
专业：土木工程（682 人）								
彭丹月	马红立	张洋洋	韩承杞	张运增	林祥雨	李红响	崔佳琦	程应月
朱松华	贾　伟	郝　滨	王华美	林　萌	王　杰	荆　昊	孟希光	赵建良
刘建涛	杨少卿	赵彦青	李二妮	孔　旭	尹世群	赵士青	杨　飞	徐　瑾
齐雅莉	郭文秀	祖立曼	赵　龙	张　琦	徐以东	翟　存	刘淼青	王　楠
田方明	王家昭	张　闯	王海民	张　娜	陈长永	常利波	苏　厦	王肖云
郭　珣	张春雪	赵二磊	刘政伟	王　凯	赵　沂	赵静绚	贺　龙	赵　鹏
冯宏林	李鹏冲	王培培	贾冬霞	秦皓天	张文军	赵贺飞	徐　杰	张丽媛
赵慧军	邢　红	张朝阳	马　成	柏泽林	陈　雷	侯冬青	李春玮	岳　刚
胡金贺	董　贺	邢晓斌	郭艳良	宋婵娟	昌文月	朱　佳	刘　盈	李泽新
张　茜	卢楠楠	刘章超	张彦敏	王玉华	万　鹏	王　旭	徐祎雄	潘力杰
张晨光	耿晓光	王士丹	刘　晶	张凯霞	王　芬	乔广震	杨兰芳	刘　夕
杨红霞	高　旭	马红迁	杨丽霞	杨　旭	李旭锋	崔蕾蕾	彭兰英	肖超英
李惠松	崔连拓	张　旭	刘翠芳	霍培培	杨延顺	李　航	王　可	曾　兵

孙锁堂	姜胜琴	刘璐璐	尹志兵	刘洪欣	冯贺成	李志朋	陈欣悦	黄　贺
刘　策	黄刘涛	范梦熙	甄江信	贾泽南	李　辉	张　修	赵巧梅	李　博
霍宏军	伊思倩	王淑聪	高石磊	张治涛	王春为	赵永波	戚　乐	张云肖
隰姗姗	庄殿征	支俊平	范航航	刘铠硕	邹希望	贺迎宾	陈金瑞	杨　巍
田彦辉	蔡玉蕊	刘庆哲	王立峰	刘宇松	崔晓翠	张泽凯	李　炜	李丹阳
张　茜	于立飞	庄朝阳	马鑫琪	孙文刚	田庆超	朱宇策	邱　博	孙巧颖
刘　婧	季雅晴	孙敬芳	谢童贞	汪　玲	师桂金	刘　畅	陈海亮	高　璐
张金磊	刘立国	武士良	成　佳	王玉玺	张建超	朱兴彩	周雪松	高　率
宋　昕	祁亚茹	李晓明	赵　蒙	耿书田	夏倩倩	刘春燕	张　南	尤　伟
刘　通	张芮珩	陈晓霞	张美然	侯宜军	李志会	张会鹏	伊海霞	齐站立
陈艳芳	崔钊阳	王铭浩	于成功	周栋梁	闫国泽	张学光	张祥亮	王延波
邓　贤	池亚红	李　璐	李石川	聂静静	王红兵	李　超	白智泉	尼立静
刘建良	田程方	高艳杰	田桂平	王金龙	卞高鹏	史丽丽	王金荣	毕　聪
石金宝	李赵南	陈萌萌	刘　佳	郝新萍	付政方	张馨予	杨大鹏	李相红
田晓雨	赵中媛	赵青华	李晓龙	张艳君	李　峰	王　旗	张　嫚	赵文燕
杨永清	张莹莹	吕文弟	张　硕	迟元琳	梁衍利	高荣青	安爱雪	张燕强
刘江涛	宋冠仑	史晓妹	闫　然	王　磊	张西岭	祁同同	倪艳彬	董雪飞
刘　旺	白晶晶	刘艳江	黄新利	刘　璐	张双双	刘庆广	李焕丽	王倩华
肖俊东	冯美英	孟愿	姚飞宇	兰茂衍	张先善	张献芳	陈振川	王　勇
崔铁宝	胡　楠	李　佳	冯艺曼	麻吉运	杨辰欣	詹曦萌	刘　杰	郭钟泽
周　博	胡学师	庞雁北	杨　建	林　帆	贺小菊	赵少坤	杨　浩	李　辉
侯春海	苗宁朔	于兴伟	张学娇	张忠梅	康媛媛	冯　洋	董　成	马静红
范玉涛	苏　博	冯　浩	封瑞丽	沈　颖	尤志强	韩兴辉	宋宇航	谢军凤
孙立凡	崔　杰	薛　伟	康立昆	曲　家	郑　波	吕建光	董国凤	张娟娟
马万龙	胡景芳	张　明	赵苏苏	陈　平	桑丽娜	于景辉	代　宁	郭娜娜
赵伟涛	常万福	马　娜	杨宇帆	宋凌燕	韩志锋	崔素会	黄郭轩	武志勇
王晓宾	毕美琳	邹艳妮	张尚卿	高浩文	张　鑫	左志民	翟　莹	李雪伟
李文凯	周建忠	高　波	刘　闪	李剑英	王帅伟	王坤宇	姜立霞	赵江伟
陈占位	何　晶	尚洪庆	王　瑜	李海霞	王　帅	杨　越	郑逢凡	王　衡
李明骏	耑　前	高　飞	郑嘉博	李明亮	苏　宽	魏静滨	刘倩倩	张国振
马世英	鄂伊楠	王　静	李建伟	李海丰	陈浩然	吴春燕	刘　畅	刘伟伟
胡　苹	宋新萌	赵腾飞	杨少康	王起香	倪　君	仉　浩	徐永鑫	闫广宝
齐　丹	詹宇华	盖春娟	王　冬	陈艳双	亢　睿	雷博伦	周　臻	董思思
赵宇超	李　义	齐浩洋	任亚超	牛婧婧	沙志强	吴丽杰	王新彤	孙孝伟
王艳珠	胡兰华	韩　克	李　静	杨爱刚	牛丽芳	张　帆	王闪闪	张　鑫
王　川	关鹍朋	崔翠敏	贾玉姣	张绍亮	郝玉华	王佳文	贾建男	王海燕
杨建康	樊立思	李灿灿	张　凯	李桂勇	邱　宇	安　娜	徐满凤	何　宁
王　欢	孙玲玲	吴旭薇	刘雪霞	管言臻	高树梅	王增辉	潘福宇	孙文孜
王翠娟	史杉杉	郑娅丽	张若含	姜明秋	任　江	康建鹏	翟东杰	赵　磊

牛国亮	孙泽龙	郑　悦	张少康	王　磊	李海峰	张自斌	许传强	于越川
郭晓松	王　旭	张　超	马　宾	董　倩	王羽珂	徐莉敏	张亚楠	郭丽敏
杨京京	赵　魁	李思雨	李丹丹	邱星舜	秦秋红	郭栓扬	贾宝义	马　鑫
刘　萌	宫淑馨	王　赟	吴　晗	王　笛	丁　健	王　召	吴　晨	郝千芸
田　傲	张海峰	杨　帅	薛　旭	杨月芹	宫玉泉	姚　硕	史横宇	于霄淇
申道祥	王云龙	单晓东	祁晓磊	尹晓迪	高振中	王　龙	张嘉正	刘　洋
樊海松	石少亮	杨海贞	谢鸿赛	隋　伟	郝国军	梁　鹏	刘　岩	李　乐
李梦瑶	姬士超	申静敏	周邵华	张　桓	翟晨景	崔　敏	张　鑫	张圆月
徐丽娜	芦　杰	刘少杰	牛红波	周　刚	薛锦肖	安丽静	黄学姣	张子宣
侯志丹	侯龙梅	张月明	魏家骏	徐　帅	郝亚楠	胡　峰	张　月	刘向东
刘　培	史子栋	刘　颖	余　娜	张春泉	田文娟	冯　辉	陶　鹏	李续超
张孟林	冯　蓓	张　东	乔　丽	李英强	杜彦军	王　姗	刘　斌	苗　洁
刘鹏元	郭宝虎	梁　红	张晓刚	刘海辉	张福召	吕增壮	雷　刚	杜林浩
胡秀娟	闫洪涛	胡利锋	薛婉静	尹　嵘	石亚梅	王书源	王志丹	王　利
郭美静	张　佳	朱丹丹	张新飞	王雪庭	李　藤	陈　浩	李亚飞	敖奇峰
槐　宁	石　丹	楚化宇	王玉杰	吴秀英	张　强	刘　磊	甘占贵	孙佳婷
薛大朋	赵玲玲	吴鑫涛	刘会芳	郭举祥	吕小娜	郭青青	杨　双	任　静
曹月衡	刁一新	秦珊珊	杨建波	王都臣	张　振	安　琳	吕　茜	程　扬
张　翼	邢俊恋	刘巧遇	李成成	崔　强	赵珊珊	刘晓东	李　静	邓　倩
武非凡	崔　赞	张　培	葛美秀	周全涛	文德鑫	白少彬	王　安	刘　宵
赵陈云	侯学婷	许科星	牛学涛	李晓林	甄志霞	姚喜军	赵　宁	王建兴
石新悦	牛世雄	李辛兴	张　润	朱为华	焦玉哲	郝　晴	田丽靖	闪秀琦
石　涵	石云凯	杨　硕	刘海亮	陈修光	曹灿灿	张　珊	孔　伟	李增宝
周天浩	武士静	刘　顺	王文萍	韩明红	赵圆圆	陈风起		

专业：行政管理（474人）

仝勋彪	张　露	刘　敬	朱　苗	陈　静	王荣旺	耿　乐	张艺凡	史江涛
石旭红	翟亚炜	张　庆	周薪薪	吴彩玲	毕研一	赵晓娜	于湧涛	蒋丹妮
赵雨晴	刘　杨	孙　悦	田月卫	王洪媛	王锦秀	齐冰辉	张　琦	白永翔
黄　丹	张金玲	王洪胜	吴彭欣	顾英俊	龚之强	聂玲瑜	贾会岩	郑晓帅
许　竞	宋　晓	张　萌	刘　珊	潘巨勇	孙佳乐	李慧珠	吴　凡	李燕霞
李素伟	张　波	王　锦	段晓凤	赵　月	李永滨	刘慧芳	于　靖	吕春雅
吴岸松	赵　珊	冯淑新	朱甜甜	王　楠	徐丙凯	黄朝鹏	李　欣	郭东宁
刘恒烨	王　磊	张　伟	董　巍	赵梦月	刘　莹	王　丹	冬　君	荣　荣
刘　悦	何超越	艾丽婷	何兴辉	崔　静	孙雨荷	黄　玲	王　静	王海燕
郭　峰	孟祥慧	张倩倩	段聪姿	刘长松	刘惠真	魏晓彤	李　倩	梁晓敏
李　琦	卢会阳	韩宇轩	张智辉	巩　磊	周　燕	贾林妹	董　静	姚纪烁
于　贺	安明娟	李英君	张可心	赵　曼	田艳玲	张　倩	张海钰	赵　旭
梁双双	李　贞	李瑞丽	宋　文	刘雪杰	孙庆奎	张云响	刘杨杨	赵静轩
刘月芬	董拯嘉	李成林	李召贺	陈　凤	聂明明	何　悦	李雪迪	唐岩宁

陈浩	刘蕾	何月月	刘少博	李克	宋艳洁	邢舟	李忆菲	王慧敏
韩倩	王颖	杨希	张哲	吴思含	何启威	王珺	褚光伟	贺玥
张萌	尹钵	郑丽	刘岁	赵娜	程丽莎	李帆	亢祎嫡	李海君
梁梅	荣容	郭兴雅	杜培培	李培玉	李媛媛	张巧克	辛江华	贾顺晨
赵洋	马翔天	刘子光	鲁佳琦	张慧玲	李洋	焦鑫	李响	李奇
王英	杨敏	焦文丛	赵玲	董影雪	程文元	刘永利	母利贺	张昊
田继盛	胡水	李祥斌	卢晓倩	王亚洲	贾亚娜	刘晓甜	朱平平	李玲
吕宾	朱志良	廖晗滔	王冰	梁晓磊	李艺伟	李亚迪	孙翠方	樊佳英
闫民英	梁帅旗	武士朴	许会青	马旭	贾文静	康红伟	么乔	牛占全
李昀诺	王凯	杨宇帆	高征丰	米莹	李一君	段懿君	李静	郭晓昆
郭灿	康丽	李肖倩	王学静	李欢	关艳霞	杨敬宜	桑浩凯	郑建霞
孙博涛	刘晨靖	杜天锦	刘伟宁	赵甜甜	苗华	王立杰	王宏业	王怡超
訾越博	李海冲	王慧哲	石一涵	李孟杨	郑云峰	赵凯印	刘新颖	刘妤欣
宋二英	马俊涛	谢梦梦	冯玉鑫	彭亮亮	李艳霞	杨敏捷	李梦杰	刘军
刘颖	齐欣	刘灿	梁洁冰	贾震	张爱民	李亚涛	秦雪婷	吴瑞雪
闫金荣	张帆	杨雅静	崔洪僖	徐玉玉	牛玮智	王艺琳	郑一	乔秀海
陈景浩	王浩然	王凡	金浩天	张浩	霍江东	郑通	王丽琪	罗俊丽
刘佳齐	王书芳	孙颖杰	张萌	赵丹丹	张敏	秦树民	张礼金	张建华
孙萧竹	刘红阁	侯琳	何刚	韩锦秀	杨凯	刘荣芳	高俊涛	孙广彪
涂云龙	崔静	左元雪	贾佳旺	彭娟娟	王泽平	张献武	丁丽	裴亚丽
赵志琦	高凯明	刘意琳	郜佳宇	张永占	曲健	王配璇	彭程程	刘亚慧
刘茜林	辛美琪	张惠景	李影	马运龙	田红叶	李忠丽	徐海燕	薛利芳
何蜜娟	黄丽	杨佳宁	杨彩燕	孙洁	冯志超	田素素	董宗斌	郭秀梅
刘莹	梁伟	韩兴	李慧敏	张明丽	马海燕	张通	刘新霞	李杰
杜佳义	严兵	肖晓桐	贺丽敏	从湘海	贾亚楠	杨春	马欣	张英英
岳鹏程	郭斌	范雨婷	辛梦楠	楚艳艳	靳晓鑫	南桂平	陈铮	白旭峰
张云鹤	魏春龙	杨哲	刘璐	李金涛	张萌	李晓贝	王亚静	杨磊
王红岩	宋卫民	聂志强	杜倩	邵倩	韦莎	安贤贤	张炜	张雪芳
张敬辉	谷小艳	刘文强	崔学烂	陈晓红	张莹	舒予	王晶	郝珊珊
崔银娜	姜雪莲	梁娟	杨凡	高爽爽	黄丽丽	刘芳	田一龙	孙琳琳
王宇	张兴	王吉静	张二朝	赵潇敏	张航	张丽薇	贾海玲	王海波
张月	杜宪	许筠旋	李冠强	张晓晓	董晨晖	靳钰琪	秦升	郭继鹏
张仁奎	陈敏	杜清明	张玲池	韩娜	张文雅	刘洁	孙苗苗	莘海林
王爽	贡艳荣	刘爱妹	张子茹	毕霄涵	高扬	刘曼	张敬	殷利华
王选	王金娜	刘名扬	谢加平	马扶才	周秋宏	杨海媛	崔晓楠	陈宏英
申鑫昕	刘蒙蒙	车宇	张海霞	郭风春	高天恩	刘炯麟	闫春亚	杨成森
王军	王琪	孙晓爽	艾庆丹	赵千	刘轩睿	张永欣	桑梦迪	宋尚宇
王至柔	郭玉	马雄飞	黄江波	高正	李晓梅	王莉颖	郑婕	白学芳
王鑫	赵宇鹏	刘思达	王逍娴	赵学武	王玉肖			

专业：英语（85 人）								
侯严严	陆　维	安　然	赵　荣	李伟艳	许建美	魏麟婷	毕爱乐	胡振强
李　薇	李　广	李梦竹	刘　萌	于冰晶	张　娜	付巧妹	王　猛	韩　旭
刘艳格	王丽欣	孟　茜	杨　灿	李聪慧	李振杰	陈玉洁	王学成	王小红
卢　晶	张佳佳	吴丽娜	王　倩	刘晓云	孙会霞	韩媛媛	孙莹莹	郭丹丹
石思琪	宋明云	张　蕊	曹秀玲	耿　硕	赵茹娜	殷超月	张　宁	尹佳颖
赵　辉	孟建东	陈美荣	傅彦楠	王金侠	董悦娇	赖文丽	杨梦娇	何秀林
马玉娇	王民杰	李燕燕	李晓强	高学敏	王晓敏	郑　娇	武惠娟	黄　华
陈　丽	周一平	张　颖	崔梦盼	王　贺	张静郁	齐娅男	高娅静	王　华
张伊萌	时　芳	张国庆	左超凡	王娇娇	张雅囡	胡永吉	马苗苗	杨依妮
李晓霞	马晓东	谢丹丹	陈楠楠					

（供稿人：继续教育学院 岳睿燕）